DO TERROR À ESPERANÇA

auge e declínio do neoliberalismo

CB143384

THEOTONIO DOS SANTOS

DO TERROR À ESPERANÇA

auge e declínio do neoliberalismo

IDÉIAS & LETRAS

Diretores Editoriais:
Carlos Silva
Ferdinando Mancílio

Editores:
Avelino Grassi
Roberto Girola

Coordenadora Editorial:
Elizabeth dos Santos Reis

Preparação dos Originais:
Carlos S. Lacerda
Marianne Figueiredo
Raquel Coelho

Revisão:
Ana Lúcia Leite
Elizabeth dos Santos Reis
Maria Isabel de Araújo

Projeto Gráfico
Marco Antonio Santos Reis

Diagramação:
Alex Luis Siqueira Santos

Capa:
Marco Antonio Santos Reis

© Idéias & Letras — 2004

IDÉIAS & LETRAS

Rua Padre Claro Monteiro, 342 — Centro
12570-000 — Aparecida-SP
Tel. (12) 3104-2000 — Fax. (12) 3104-2036
Televendas: 0800 16 00 04
vendas@redemptor.com.br
http//www.redemptor.com.br

Dados Internacionais de Catalogação na Publicação (CIP)
(Câmara Brasileira do Livro, SP, Brasil)

Santos, Theotonio dos
Do terror à esperança: auge e declínio do neoliberalismo / Theotonio dos Santos. -- Aparecida, SP: Idéias & Letras, 2004.

Bibliografia
ISBN 85-98239-10-0

1. América Latina - Condições econômicas 2. América Latina - Política e governo 3. Democratização 4. Globalização 5. Liberalismo I. Título

04-1896 CDD-320.513

Índices para catálogo sistemático:

1. Neoliberalismo: História política 320.513

Prólogo

O terror tem sido uma arma poderosa para impor os interesses contrários às aspirações das forças sociais submetidas ao poder vigente. Trata-se do terror de Estado, exercido pelas instituições existentes para assegurar sua continuidade. A necessidade do terror é maior quando as classes dominantes perdem sua capacidade de gerar consenso.

Marx nos alertou sobre este elemento básico ao assegurar que a ideologia dominante é a da classe que domina. Max Weber, de um ponto de vista conservador, mostrou a importância da legitimidade para assegurar o exercício do poder. Quando as forças socialmente subjugadas crescem a ponto de questionar as formas sociais existentes, o terror passa a ser a arma fundamental para deter a rebeldia e a insurreição.

As ideologias se ajustam a este processo. Quando o não consenso acentua sua importância, vivemos no campo do pragmatismo mas ou menos reconhecido; quando o consenso se rompe predominam as doutrinas sectárias e se implanta o terror ideológico. O leitor talvez queira um exemplo.

Durante a ascensão da burguesia comercial nos séculos XV e XVI o consenso medieval foi posto totalmente em questão na Europa Ocidental. De um lado, avança uma nova perspectiva científica ao lado da expansão comercial além-mar, de outro lado, estabelece-se a inquisição para proteger o poder da Igreja católica romana. A ideologiatomista se converte na sua própria caricatura e desenvolve-se a escolástica: a arte de ocultar a realidade e os interesses dominantes através da aparência de rigor formal que se articula com os tribunais da inquisição e suas fogueiras para impor o terror e deter a reforma protestante, o avanço da ciência moderna e a formação dos novos Estados imperiais europeus.

Vivemos uma época semelhante. A revolução científico-tecnológica, em marcha desde 1940, vem rompendo definitiva e radicalmente os limites do crescimento econômico e do desenvolvimento da humanidade. O poder colonial tradicional soçobrou depois da II Guerra Mundial e emergiram novos Estados super-poderosos no planeta. A produtividade do trabalho avança de forma avassaladora deixando pouco espaço para as velhas empresas privadas, o planejamento econômico e social, tanto macro como microeconômico, e se impõe sobre as idéias obsoletas de um mercado entre empresas ou indivíduos que desconhecem os seus compradores. Queira-se ou não, a economia e as relações sociais se submetem cada vez mais à regulação estatal e às política públicas.

As corporações nacionais, transnacionais e hoje globais substituem as empresas familiares, as sociedades limitadas e as sociedades anônimas tradicionais. O Estado absorve cada vez mais setores da economia direta ou indiretamente ao converter-se no organizador universal dos serviços públicos cujo peso econômico se torna fundamental.

Neste contexto, a reação das forças sociais inspiradas na velha sociedade capitalista que iniciou este processo assume uma forma parecida à estabelecida pelo mundo feudal contra o avanço das novas relações sociais burguesas em ascensão. A "ciência econômica" substitui o papel central das teologias medievais. E o terror se estabelece em condições ainda mais violentas. As políticas econômicas contemporâneas estabelecem seu efeito sobre milhares de pessoas. Mas podem conduzi-las ao desemprego ou ao emprego, à fome ou à qualidade de vida, ao desespero ou à esperança de uma vida melhor.

Este é o tema deste livro. Procuramos demonstrar, numa linguagem relativamente acessível, como a doutrina neoliberal se impôs no mundo contemporâneo e como as políticas econômicas delas derivadas produziram terríveis desequilíbrios na economia mundial conduzindo-nos ao mal-estar generalizado a que a sociedade contemporânea nos fez submergir. Desde a crise de 1967, que conduziu à guerra do Vietnã, a humanidade viu ruírem progressivamente os avanços sociais alcançados no período posterior à II Guerra Mundial. Na América Latina, avançaram os golpes de Estado - de caráter fascista - contra insurrecionais. Tiveram seu ensaio geral no golpe de Estado de 1964 no Brasil, seguido dois anos depois pelo brutal golpe de Estado na Indonésia, modelo considerado muito radical, que se repete contudo no Chile em 1973, com Pinochet.

Este mesmo Pinochet iniciou a aplicação radical dos princípios da chamada "escola de Chicago" cuja história analisamos neste livro. Contudo, os militares argentinos, depois de sucessivas tentativas, conseguem implantar neste país um regime de terror ainda mais brutal. E políticas econômicas ainda mais neoliberais...

Este livro reconstrói em parte esta história pois o seu autor a viveu diretamente. Demitido pela Universidade de Brasília no dia posterior ao golpe de 1964, fui condenado em 1965 pelos tribunais da ditadura como "mentor intelectual da penetração subversiva no campo" a 15 anos de prisão. Consegui exilar-me no Chile em 1966, onde vivi o auge do movimento popular de 1966 a 1973, como havia vivido no Brasil este mesmo auge entre 1954 e 1964. O golpe fascista de setembro de 1973 me colocou entre os 100 mais buscados cuja lista se publicou no seu primeiro dia.

No meu novo exílio no México pude viver a ascensão do pensamento crítico neste país enquanto se anunciavam mudanças muito profundas em todo o continente. A revolução nicaragüense e o auge das lutas populares centro-americanas foram vividas muito dramaticamente desde lá. Conheci de perto a dialética entre o ascenso popular e o terror, a esperança tantas vezes renascidas e a repressão sempre implacável. A terrível sucessão entre democracias, ditaduras e democracias que eu tento explicar neste livro.

Creio que o leitor poderá sentir este rastro de pólvora que percorre todo o livro. Este é um livro com o máximo de rigor possível que se pode alcançar no meio da luta. É portanto também um livro de combate e espero que o leitor não se deixe assustar pelo seu tamanho. Ele busca ser o mais próximo possível de uma introdução às relações internacionais no contexto do mundo contemporâneo e privilegia evidentemente uma perspectiva latino americana apesar de tratar temas de caráter universal.

Devido à necessidade de intervir no debate ideológico em curso no Brasil, aceitamos a oferta da editora para apressar sua divulgação.

Isto teria sido impossível sem a ajuda dedicada e competente de Carlos Lacerda, Marianne Figueiredo e Raquel Coelho que deram a forma final ao texto. O entusiasmo com que se dedicaram a esta tarefa fez-me acreditar de que se trata de algo importante para nossa juventude.

Trata-se de uma nova geração que se forma no contexto democrático, com amplitude de visão e vontade de transformação. A eles e seus colegas dedico este esforço para ordenar as referências de nosso futuro.

Em tempo: o leitor poderá perguntar que relação existe entre o título do livro e o processo político em curso no Brasil: Toda. O povo brasileiro assumiu a esperança como meta e como método sobretudo nas últimas eleições. Mas ele está descobrindo que a esperança exige mais que um voto para se tornar realidade. Este é o tema da parte final deste livro.

Theotonio dos Santos
Agra, abril de 2004.

cidade da Índia

ÍNDICE

INTRODUÇÃO

A dissolução do bloco monolítico que representou o pensamento único nas décadas de 80 e 90 do século passado está chegando a seu ponto crítico. Contudo o cadáver não está sepultado. Ainda não está claro quem serão os encarregados de enterrá-lo. A tarefa é muito mais complexa do que possa parecer à primeira vista. Trata-se de um fenômeno muito complexo que tem muitos lados entrelaçados.

Em primeiro lugar, o triunfo do neoliberalismo como doutrina econômica foi o resultado do grande período de descenso econômico iniciado em 1966-7, quando os Estados Unidos buscaram manter seu crescimento econômico através de uma nova onda de gastos militares que se canalizaram para a guerra do Vietnã.

Isto aconteceu num momento em que os gastos públicos saltavam para um novo nível, como conseqüência do auge dos gastos com o chamado Estado de Bem-estar, em conseqüência da campanha de Lyndon Johnson pela Grande Sociedade, que pretendia eliminar a pobreza nos Estados Unidos.

A tensão gerada pelos novos gastos de guerra chocou-se com a mobilização de conteúdo social e seus ideais. O aumento dos gastos públicos continuou pressionando os Estados Unidos para o aumento das importações, ao mesmo tempo em que cresciam cada vez mais os gastos no exterior. O déficit da balança de pagamentos ficou mais sério com a chegada do déficit comercial em 1969 para ficar definitivamente como uma característica estrutural da nova fase do império norte-americano. Desde essa época, até nossos dias, esse desequilíbrio básico das contas externas dos Estados Unidos continuou crescendo, preparando uma nova era de desequilíbrios na economia mundial.

É importante compreender que, nesse momento, se esgotavam os mecanismos fundamentais do crescimento econômico, que se desenvolveram durante os anos da ascensão econômica iniciada depois da Segunda Guerra Mundial. Esses mecanismos estiveram associados ao triunfo das idéias de Keynes na ciência econômica que serviram de base teórica para uma nova fase do pensamento liberal, que se libertava da noção de equilíbrio geral como centro da mecânica econômica e rompia com alguns princípios fundamentais do liberalismo como o padrão ouro e o equilíbrio fiscal.

Mesmo assim, o auge das lutas sociais no pós-guerra, depois de anos de graves confrontos, iniciados em 1917 com a Revolução Russa, não deixava espaço para o livre-mercado que, segundo Keynes, não permitia o pleno emprego que se convertia no objetivo fundamental das políticas econômicas. A queda do crescimento econômico no novo período da economia mundial, iniciado em 1966-7, permitiu a volta do desemprego. Ao mesmo tempo, o aumento da dívida pública, exacerbado pela aventura militar, exercia fortes pressões inflacionárias. A combinação de inflação e queda do crescimento deu origem ao fenômeno da "stagflação" que desafiou a ortodoxia econômica de base keynesiana.

Esse foi o momento adequado para a entrada em cena do pensamento que na América Latina chamamos de "neoliberal" e que corresponde de fato a uma visão "neoconservadora" como dizem os norte-americanos e os europeus. A implantação do neoliberalismo começa pela entrega da política econômica do governo fascista do general Augusto Pinochet aos chamados "Chicago Boys", em 1973.

A Universidade de Chicago havia recolhido o desmoralizado grupo de pensadores ultraliberais que se reuniam desde 1947 nos encontros anuais de Mont Pèlerin. Entre eles ganhava destaque o monetarista radical Milton Friedman, que propunha uma política antiinflacionária de base monetarista, a qual sempre contou com boa disposição do Fundo Monetário Internacional.

Não deve causar espanto esse vínculo do ultraliberalismo com o fascismo. Todos os chefes fascistas importantes se consolidaram no poder através de políticas de estabilização monetária, seguidas de períodos significativos de crescimento econômico moderado ou simples estagnação da renda nacional.

Um exemplo significativo dessa ligação entre o ultraliberalismo e o fascismo encontra-se no artigo de Gustavo Franco ao apresentar o livro do ministro das finanças de Hitler, Hjalmar Schacht, *Setenta e Seis Anos de Minha Vida,* editado em português pela Editora 34. Sob o subtítulo de "a autobiografia do mago da economia alemã da República de Weimar ao III Reich" encontramos uma apresentação geral do livro feita pelo representante do Brasil no Conselho do Fundo Monetário Internacional, Alexandre Kafta; uma apresentação política por Bolívar Lamounier e finalmente a apresentação econômica por aquele que se considera o verdadeiro autor do plano real e que foi o presidente do Banco Central em boa parte do governo de Fernando Henrique Cardoso.

Aprendemos com o "teórico" do plano real que "as idéias de Schacht eram boas, mas estavam adiante de seu tempo". E sabemos também que seu livro é uma "sucessão de aulas ministradas por um professor em um teatro que cobre os principais eventos do século XX". Como se vê, o plano real do Brasil também tem suas dívidas com o pensamento econômico fascista.

Não é, pois, absurda a constatação de Joseph E. Stiglitz no que se refere ao Fundo Monetário Internacional. Em seu livro *Globalization and its Discontents* ele afirma:

"A extensão das condições impostas pelo FMI significa que os países que aceitam as ajudas do Fundo têm de ceder uma grande parte de sua soberania econômica. Algumas das objeções aos programas do FMI são baseadas nisto e no conseqüente dano que causa à democracia; em outros casos se baseiam no fato de que as condições exigidas não logram (ou não procuram) restaurar a saúde econômica".

Essa relação entre o pensamento único, o ultraneoliberalismo e o totalitarismo não é algo novo, como vimos, mas tem sido colocada em segundo plano nos últimos anos. Mas não devemos esquecer a relação estreita entre o governo de Nixon e o golpe de Estado no Chile em 1973, o mesmo podemos afirmar do período Reagan ou das relações tão estreitas entre a senhora Thatcher e Pinochet. Na realidade foram os governos de Reagan, Thatcher e Kohl que assumiram oficialmente a perspectiva neoliberal em toda a sua extensão.

Eles se impuseram no período mais difícil da longa crise, iniciada em 1966-7, endurecida em 1973-75, retornada em 1978-81, combatida em nome do neoliberalismo entre 1983 e 1987, com alguns resultados positivos em termos de retomada do crescimento, logo comprometidos na crise de outubro de 1987, quando se inicia a decadência do pensamento único nos Estados Unidos que será questionado no governo Clinton, e logo chegaria a grande parte da Europa através da "onda rosa", vitórias eleitorais dos social-democratas e socialistas. Contudo o pensamento conservador continuou muito forte na América Latina e nas antigas zonas coloniais, onde o FMI e o Banco Mundial exerceram uma hegemonia desastrosa e onde se consagrou em 1989 o chamado Consenso de Washington.

Como vinculamos a ascensão do pensamento único ao fascismo e a outras formas de autoritarismo, como a tecnocracia internacional e os governos conservadores, podemos também vinculá-lo a uma tendência do pensamento filosófico ao formalismo que tendeu a ser hegemônica nas décadas de 80 e 90. O estruturalismo filosófico abriu caminho para esse desprezo da história que se consolidou na força das propostas pós-modernas, que dominaram o ambiente cultural dos anos 80 e 90.

Foi típica dessa fase a intenção de valorizar os períodos históricos pré-revolucionários e de desqualificar os períodos revolucionários. É assim que se desenvolve uma interpretação extremamente conservadora da Revolução Francesa durante a comemoração de seus 200 anos. Ao mesmo tempo, procura-se desmoralizar totalmente a Revolução Russa aproveitando-se da crise do sistema socialista na URSS e suas zonas de influência. Finalmente, o governo Salinas no México procura desqualificar a Revolução Mexicana e valorizar o período do ditador Porfirio Días.

No plano da teoria do conhecimento devemos ressaltar também a hegemonia das tendências neokantianas nas Ciências Sociais que já haviam ganhado muita força nos anos 50. Entre seus principais expoentes está Karl Popper que freqüentou as reuniões de Mont Pèlerin desde o começo. Com o fortalecimento do estruturalismo essas tendências se fizeram definitivamente dominantes apresentando-se como a única forma de conhecimento científico.

Dessa análise muito geral podemos tirar a conclusão que o fenômeno do pensamento único esteve situado no contexto de um processo múltiplo e complexo. No plano econômico ele responde às dificuldades sociais geradas por um longo período de recessões ou quedas do crescimento, com o aumento das taxas de desemprego e a degradação das condições de luta dos trabalhadores em geral.

Assim, mesmo no plano econômico há um abandono total das atividades de planejamento macroeconômico e uma hegemonia crescente do setor financeiro que passa a fortalecer-se diante das dificuldades de investimentos diretos e do aumento das taxas de juros.

As contas públicas vêem-se afetadas pelo crescimento do déficit fiscal, agravado dramaticamente pelo aumento das taxas de juros que se converteram em um dos ítens principais dos gastos públicos. Com a recessão, aumenta também a população desempregada, cai a força dos sindicatos e aumentam os gastos do Estado com a assistência aos trabalhadores desempregados e outros gastos sociais.

Todos esses fenômenos fortalecem as forças conservadoras e até mesmo as tendências reacionárias que pretendem empurrar a história para trás. É uma condição para o pleno desenvolvimento dessas tendências o abandono da história como uma referência evolutiva da humanidade. Como não há acumulação na conjuntura econômica, estima-se que também não há acumulação em toda a história. Isto é, esvazia-se a história da idéia de evolução e acumulação do horizonte intelectual.

Quando se recorre à história é para assumir seu final, a anti-história, como o fez com extremo êxito de divulgação, Fukuyama em 1990, com seu célebre artigo, logo convertido em livro, apoiado num enorme aparato publicitário.

No plano político, a aventura neoliberal teve também seu reforço pela exacerbação das ditaduras militares para-fascistas nos anos 70, mas, sobretudo, com a retomada do poder pelos partidos conservadores a partir de Reagan, Thatcher e Kohl e sua projeção sobre a agenda política dos anos 80 e 90.

Restou por analisar o estreito vínculo dessas mudanças gerais com o manejo dos aparatos ideológicos. As ideologias esvaziaram-se nos meios de comunicação e essas idéias reacionárias transformaram-se em forças materiais indiscutíveis. Isso ajudou a produzir um terror ideológico muito evidente que impede até em nossos dias a superação dessas concepções arcaicas.

Estamos, portanto, no começo de um amplo desmoronamento desse vasto complexo da hegemonia do neoliberalismo e necessitamos armar urgentemente uma resposta articulada a esse grande embuste. Seja no plano filosófico, como no econômico e político. Somente assim poderemos iluminar a encruzilhada em que nos encontramos. Este livro é uma tentativa de contribuir para essa tarefa, que já submetemos a um balanço em nosso livro *A Teoria da Dependência: balanços e perspectivas*, Rio de Janeiro: Civilização Brasileira, 2000. Foi nosso objetivo, contudo, repensar essas questões, sobretudo no marco latino-americano e brasileiro que domina as duas sessões finais do livro.

A democracia latino-americana é uma planta muito frágil que precisa de um cuidado especial. O problema mais grave que a ameaça é a falta de solidez de suas raízes socioeconômicas. A dependência estrutural; o crescimento desigual que se orienta para setores limitados da população que se baseia em exportações de baixo valor agregado; na distribuição negativa da renda que aumenta a distância entre as elites e as massas populares; na retirada maciça dos excedentes conseguidos à custa da superexploração dos trabalhadores (sob a forma de pagamentos de juros internacionais, remessas de lucros sem controle, pagamentos de serviços superfaturados, retiradas clandestinas de recursos nacionais, etc.), todos esses ingredientes negativos formam a base de um desenvolvimento perverso. Denominamos historicamente a esse desenvolvimento dependente, concentrador e excludente.

Para sustentar esse modelo de desenvolvimento, que nos afasta cada vez mais dos centros da economia e da sociedade mundial, nossas elites recorreram às ditaduras militares, com pretensões fascistas, que dominaram a região na década de 70, sob a égide do apoio político, econômico e militar norte-americano. Na década de 80, assistimos a uma abertura política em nome dos direitos humanos, que restabeleceu os regimes liberais, onde haviam sido banidos pelas ditaduras, buscou liberalizar os regimes produzidos pelo movimento nacional-democrático de corte populista e impôs formas liberais de governo onde nunca houve.

Mas essa onda de democratização, impulsionada desde os centros da economia e da política mundial, não foi acompanhada de uma política de desenvolvimento econômico que procurava aliviar os graves problemas ocasionados pelo modelo de desenvolvimento dominante. Pelo contrário, procurou reforçar esse modelo acentuando seu conteúdo liberal na economia, debilitando os Estados Nacionais criados a duras penas, em choque com essas poderosas forças internacionais e locais que sempre os capturaram para colocá-los exclusivamente a seu serviço.

A hegemonia neoliberal trouxe o modelo dos ajustes estruturais da década de 80, segundo o qual nossas economias se converteram em máquinas de pagamento de juros internacionais em detrimento do consumo interno e do desenvolvimento. Em seguida, na década de 90, inserimo-nos no Consenso de Washington que nos amarrou às moedas sobrevalorizadas aos déficits comerciais e às altas taxas de juros administrados pelos Estados para atrair o capital estrangeiro interessado nas reservas internacionais que havíamos acumulado durante as renegociações da dívida externa no final dos anos 80 e na privatização de nossas empresas públicas.

Duas décadas de aprofundamento de uma opção econômica cada vez mais negativa para a população conseguiram somente reforçar os graves elementos estruturais que ameaçam nossa democracia. Devemos associar a esse acúmulo de perversidades, o crescimento do consumo mundial de drogas, e conseqüentemente de sua produção para a qual a região dispõe de vantagens comparativas definitivas, como a tradição do cultivo da coca na zona andina, onde melhor se desenvolve e com a mais alta produtividade.

Podemos afirmar que a crise na região andina seria de uma profundidade muito mais grave se não houvesse progredido o negócio das drogas. Ainda mais grave: a máfia colombiana (e outras, em seguida) conseguiu organizar a venda da droga nos Estados Unidos e na Europa, em aliança com as máfias italianas e cubanas que já dominavam grande parte dos negócios ilegais nesses países. Ainda mais grave: a enorme liquidez proporcionada pelo mercado das drogas permitiu que as máfias latino-americanas penetrassem no sistema financeiro internacional e se convertessem num poder regional gigantesco.

Foi assim que conhecemos na década de 90 o fenômeno das eleições de presidentes da república claramente vinculados ao comércio de drogas, reforçado pelo contrabando de armas, a ele associado, e outras atividades ilegais. Não devemos esquecer que o fenômeno da dolarização está articulado com essa liquidez, a lavagem de dinheiro e a corrupção associada à expansão do pagamento de comissões dos créditos internacionais.

Se fizéssemos uma descrição de todos esses fenômenos poderíamos criar a imagem de que essa região é um doente de câncer incurável. Não. Existem caminhos para sair desse atoleiro de perversidades contido num determinado modelo de desenvolvimento econômico. Mas é necessário dizer com clareza que são necessárias transformações radicais, sem as quais não se pode esperar uma mudança profunda de um desenvolvimento perverso para um círculo de crescimento virtuoso.

Neste momento, tudo indica que estamos nos afundando no pântano da dependência, da concentração de renda, da miséria e exclusão, da corrupção e violência. A crise do modelo mexicano, com todas as vantagens da aproximação com os Estados Unidos, possibilitada pelo NAFTA, é um sério anúncio. A crise na Argentina é extremamente grave. A crise venezuelana mostra que os princípios democráticos não são essenciais para nada e que o golpismo volta a ter apoio dos Estados Unidos. A crise colombiana, que abre caminho para uma intervenção militar norte-americana na região, aprofunda-se com a elevação de um "duro" defensor da solução de força para a presidência. No Equador, uma dolarização irresponsável aumenta a crise interna. No Peru, um governo nascido da resistência contra o golpismo de Fujimori afunda-se dramaticamente por falta de vontade política e submissão às pressões internacionais.

É hora de refletir, de buscar alternativas, de apontar para mudanças substanciais, de gerar esperanças em uma população cansada de duas décadas de estagnação. É hora de colocar de lado as pretensões dos tecnocratas de manter os princípios doutrinários do FMI e do Banco Mundial que estiveram na base de todas as políticas econômicas dessas duas décadas e retomar os caminhos trilhados pelo pensamento social latino-americano.

Uma coisa é certa: as propostas de resolver os problemas da região com base no "livre-mercado" não só têm fracassado como têm agravado os problemas do subcontinente. Fechar os olhos a essa realidade dramática ou tentar deter as mudanças com medidas de força não indicam o caminho. Podem somente levar ao aprofundamento da crise. É a hora de graves decisões. Vamos tomá-las!

I
O NEOLIBERALISMO COMO DOUTRINA E O FUTURO DA CIÊNCIA ECONÔMICA

1. MODERNIDADE E NEOLIBERALISMO: UMA FALÁCIA

A década de 80 foi marcada pelo surto da ideologia neoliberal. Este surto foi precedido pela entrega da economia chilena à famosa "escola de Chicago", neste momento sob a liderança intelectual de Milton Friedman. Coube ao fascismo chileno do General Pinochet o importante precedente histórico de dar todo o poder a uma corrente de pensamento econômico desmoralizada desde a vitória da democracia contra o nazismo. Mas a onda neoliberal começou a tornar-se hegemônica. Ela se iniciou com vitória da Srª. Thatcher como primeiro-ministro da Inglaterra e a eleição de Ronald Reagan como presidente dos Estados Unidos. Neste período, as políticas econômicas dos países mais poderosos estiveram dirigidas a uma desregulamentação de vários mercados, à privatização de várias empresas e atividades econômicas e ao aumento da competitividade internacional. Nos Estados Unidos e na Inglaterra, sobretudo, tais medidas se complementaram com a diminuição de impostos sobre as camadas mais ricas da população e cortes importantes dos gastos sociais. Esta política termina com a derrota de Bush em 1993, mas tem um renascimento com a vitória republicana nas eleições parlamentares de 1995, logo contra-restada pela reeleição de Bill Clinton em 1997. A vitória de George W. Bush e as circunstâncias geradas pelo atentado contra as Torres de Nova York e o Pentágono fizeram renascer muitas destas políticas nos EUA. Contudo, esta nova versão do neoliberalismo é extremamente confusa e contraditória revelando seu estado terminal. A queda da Srª. Thatcher em 1991 e a derrota dos conservadores ingleses em 1997 vieram completar o fechamento do ciclo neoliberal. Estamos, pois, em condições para analisar o alcance e os efeitos da doutrina e da prática política neoliberal como fenômeno histórico.

Na Europa Oriental e na União Soviética, o movimento democratizador, antiburocrático e antiestatista, iniciado pela perestroika e a glasnost em 1985, terminou sendo extremamente influenciado pelo pensamento neoliberal. Somente na segunda metade dos anos 90 estas perspectivas entraram em forte decadência na nova república russa e em toda a região sob sua influência. No entanto, os países do chamado Terceiro Mundo ainda são pressionados até o final do século a adotar um regime liberal de governo e uma política econômica neoliberal. Eles não saíram ainda deste ciclo mas o fracasso das políticas de ajuste estrutural, sobretudo na África e com a crise mexicana de 1994, colocaram na ordem do dia as políticas de compensação dos efeitos sociais negativos das políticas econômicas estabilizadoras e não tardaram a produzir mudanças políticas mais substanciais.

Em meu livro sobre *Socialismo e Democracia no Capitalismo Dependente* (Editora Vozes, Petrópolis 1991), procurei explicar a verdadeira origem dessas mudanças, seus limites e contradições internas. Também chamei a atenção para o caráter ilusório deste neoliberalismo, quando analisei a prática econômica dos anos 80, entre outras oportunidades, no meu livro *Economia Mundial, Integração Regional e Desenvolvimento Sustentável*, Editora Vozes, 1994). Nestes e em outros trabalhos mostramos que estes anos foram marcados por uma intervenção estatal crescente, com o aumento dos gastos públicos e do déficit fiscal norte-americano, que foram a verdadeira base do auge econômico da década de 80[1].

Não se pode aceitar tranqüilamente a afirmação de que vivemos ou vivíamos sob uma política neoliberal quando o déficit público, o investimento militar e a especulação financeira a partir dos títulos das dívidas públicas foram as molas propulsoras da economia neste período em que os neoliberais exerceram o poder. Aqui se revela uma das questões centrais que pretendemos esclarecer neste livro: há uma evidente contradição entre a doutrina neoliberal e a prática de seus adeptos.

No início da década de 90, começaram a ser postas em questão as ilusões neoliberais tão avassaladoramente propagandeadas na década anterior. Começou a fazer água o barco neoliberal, com a recessão iniciada com o "*crash*" de 1987, mas adiada até 1990 por medidas anticíclicas. De 1989 a 1993 foi-se aceitan-

---

[1] Veja-se sobretudo o meu artigo "As Ilusões do Neoliberalismo" na *Carta*. Informe de distribuição restrita do Senador Darcy Ribeiro, nº 8, 1993, Brasília. Há edição em espanhol (*Nueva Democracia*, nº117, Caracas, jan.fev.1992) e em japonês (*Ritsumeikan/The Journal of International Studies*, vol.5, nº1, maio, 1992, Kioto)

do o fato incontornável de que a economia mundial encontrava-se numa recessão grave: os valores financeiros e imobiliários, inflados pelo *"boom"* de 1983 a 1987, entraram em franca bancarrota, levando consigo alguns dos maiores bancos e seguradoras dos Estados Unidos e de outros países. O desemprego alcançou índices extremamente elevados, confirmando uma tendência que já se impusera desde 1967, quando começou a romper-se a situação de pleno emprego criada depois da II Guerra Mundial. Na década de 70 e nos anos posteriores produziu-se um novo patamar do desemprego que se aproximou dos 2 dígitos nos principais países. Somente na década de 90, durante o auge econômico norte-americano de 1993 a 2000, a taxa de desemprego caiu a índices próximos do pleno emprego (3,4% em 1999). Sobre o significado desse auge e da recessão que o sucedeu em 2000-2002 vejam-se os capítulos respectivos, na parte terceira do livro.

As lutas pelo controle dos mercados nacionais aumentaram as medidas protecionistas e acirraram os choques entre Estados Unidos, Europa e Japão, envolvendo inclusive os chamados *"Novos Países em Industrialização"*. As penosas negociações das Rodadas de Negociação Internacional, desde a Rodada Japão até a Rodada Uruguai, patrocinadas pelo GATT, conduziram a novos impasses, mas sobretudo, à criação de uma Organização Mundial do Comércio que produziu uma regulação global do comércio disfarçada de "livre-comércio". A formação ou fortalecimento dos blocos regionais que se operou nesse período começou a criar o temor de que se acentuassem os antigos e se criassem novos protecionismos em seu interior. A concorrência mundial assume a forma de conflitos entre regiões. Substituem-se os mecanismos de protecionismo cambial pelas políticas de subsídios, pelas normas técnicas de importação e outros mecanismos.

Tudo isso ficou evidente no fracasso da reunião da OMC em Seattle, no começo do ano 2000. Ela pretendia ser a "Rodada do novo século", mas se apagou momentaneamente pela resistência de cada região do mundo em abandonar os setores econômicos por elas protegidos. Os resultados medíocres da reunião de Doha em 2001 não alteraram esta situação de impasse.

Os efeitos sociais do acirramento da competição mundial afetam particularmente os interesses dos trabalhadores. A recessão mundial, o debilitamento de ramos econômicos inteiros, a queda do emprego industrial e o conseqüente aumento do desemprego derivado dessa crise geral e do efeito das políticas neoliberais voltadas contra as conquistas sociais dos trabalhadores se refletem sobre os movimentos trabalhistas, particularmente os sindicatos que entraram em grave crise na década de 80, da qual só começaram a emergir na metade da década de 90. A mais importante manifestação desta recuperação está na participação fundamental da AFL-CIO, a maior organização sindical do Ocidente, nas manifestações de rua de Seattle, fato que obrigou o presidente dos Estados Unidos a assumir, no plenário da reunião internacional, a principal reivindicação dos trabalhadores americanos. Segundo eles, só pode haver livre comércio mundial quando as condições de trabalho forem igualadas no planeta. Enquanto isto, a competitividade entre os capitalistas se baseará fundamentalmente no preço degradado da mão-de-obra nos vários países do mundo.

Ao mesmo tempo, acentuam-se as lutas de minorias nacionais e de regiões economicamente deprimidas no interior dos blocos regionais, aguça-se o racismo e exacerbam-se as perseguições aos emigrantes. Reconhece-se cada vez mais oficialmente que aumentam a miséria e a marginalização ao mesmo tempo em que o desemprego e a pobreza se convertem nos temas centrais das políticas econômicas da década de 90. Nesses anos, a máfia da droga se incorpora ao sistema financeiro mundial e se institucionaliza.

Mas as dificuldades se tornaram mais decisivas quando começou a ruir a mágica do renascimento neoliberal no plano político a partir de meados dos anos 90. As pontas de lança do conservadorismo que armaram a ofensiva neoliberal entraram em descrédito. Alguns fatos podem atestá-lo: os herdeiros da Srª Thatcher foram há muito tempo rejeitados pela maioria da população inglesa, apesar de manterem o governo pelos mecanismos do voto distrital até 1997. A vitória espetacular do Partido Trabalhista, em 1997, encerra uma era e inicia uma nova agenda econômica, social e política. A incorporação de certos princípios neoliberais no programa de governo trabalhista e mesmo em alguns aspectos pragmáticos e doutrinários da chamada "Terceira Via" não tem condições de se manter como veremos posteriormente. Esta vitória foi sucedida pela volta ao poder dos socialistas franceses e a vitória da Social-democracia alemã. Essas mudanças eleitorais transformaram a Europa num continente majoritariamente governado por socialistas e social-democratas até 2002, quando a crise conjuntural reverteu temporariamente esta tendência.

Nos Estados Unidos, Bush não conseguiu renovar o apoio que teve Reagan, mesmo depois de conduzir uma desigual guerra vitoriosa contra o Iraque. Seu sucessor democrata, Bill Clinton, além de ser identificado com a geração rebelde que se recusou a participar da guerra do Vietnã, defendeu um amplo programa "liberal" (no sentido norte-americano, isto é, a favor da intervenção estatal e dos gastos sociais). A reeleição de Clinton em 1997 foi outro golpe muito forte no neoliberalismo. Lembremo-nos de que na Alemanha, o primeiro ministro Kohl amargou derrotas regionais da Democracia Cristã para a Social-Democracia e perdeu as eleições gerais de 1998, apesar de seu papel como unificador da Alemanha. Isso conduziu finalmente à derrota dos social-cristãos nas eleições de 1998. As revelações posteriores sobre a corrupção do Sr. Kohl e de seu partido parecem selar a sorte do conservadorismo alemão que não conseguiu voltar ao governo em 2002, apesar dos estudos de opinião que os favorecia. A volta da direita na França é um fenômeno transitório e não devemos nos enganar sobre as tendências mais profundas.

O Partido Democrático Liberal do Japão se viu extremamente desgastado devido às acusações de corrupção de seus líderes e sucumbiu diante de suas divisões internas. Depois de dois governos dirigidos pelo Partido Socialista Japonês retornou-se, em 1996, a uma coalizão liberal-socialista sob a hegemonia de ala mais dura do Estado intervencionista japonês. Por fim, uma ala mais centrista dos liberais assumiu o governo neste país adotando um programa de recuperação econômica baseada no gasto público que não garantiu uma recuperação econômica sustentável.

No Terceiro Mundo, as democracias liberais instaladas de cima para baixo na década de 80 buscaram moderar o descontentamento popular através de governos que, apesar de eleitos contra a política do Fundo Monetário Internacional, se transformaram, em seguida, em aplicadores ortodoxos dessas políticas, praticando uma espécie de *"golpe de estado eleitoral"*. Mas estes governos vieram a sentir seus limites, com a onda de descontentamento que geraram em toda parte. Ao mesmo tempo, é uma fonte crescente de preocupação o ressurgimento dos movimentos armados na região. A rebelião zapatista no México e a consolidação das zonas liberadas pela FALN e outros movimentos como o ELN na Colômbia colocam em risco as tentativas de imposição de políticas econômicas desde cima. Ao mesmo tempo, surge em vários países uma oposição militar de cunho nacionalista, que ganhou um inesperado apoio popular em alguns países, como no caso da Venezuela durante o "Caracazo", violento movimento de protesto popular contra a política econômica neoliberal imposta por Andrés Perez que chegara ao governo em oposição à mesma. Este movimento terminou levando ao poder, oito anos depois, a Hugo Chávez, que introduziu profundas reformas institucionais e políticas de cunho oposto ao neoliberalismo.

O renascimento e a sobrevivência do intervencionismo militar estão mudando de inspiração e de inimigo. Do golpismo pró-norte-americano dos anos 60 e 70, passa-se a um movimento militar nacionalista e antinorte-americano cujos fundamentos se colocaram durante a Guerra das Malvinas, quando os Estados Unidos romperam definitivamente o acordo militar com a América Latina e assumiram a defesa de um "agressor externo": a Inglaterra da Srª Thatcher.

O golpe de Fujimori no Peru na metade da década se colocou primeiramente como insubordinação às pressões norte-americanas, e refletia mudanças nas forças armadas e na política econômica. Apesar de eleito como oposição ao programa neoliberal, defendido por Mario Vargas Llosa, no poder, Fujimori instalou uma política econômica neoliberal e um projeto político autoritário e conservador, destruindo o estado de direito no Peru e instaurando uma ditadura disfarçada na qual pesam enormemente os setores militares comprometidos com o tráfico de drogas. Apesar da insatisfação com esse encaminhamento, os estrategistas norte-americanos não encontraram uma alternativa a esta situação tão incômoda. Isso os obrigou a aceitar a reeleição de Fujimori em 1996 e sua terceira eleição em 2000, apesar dos protestos importantes do governo norte-americano. Um movimento popular de grande alcance deteve o novo golpe de Fujimori e logrou derrubá-lo impondo um governo democrático no país.

O golpe do Haiti contra o presidente Aristides não teve apoio popular, mas se fez contra as orientações norte-americanas, revelando uma tendência à autonomia dos aparelhos armados do continente, fato sobre o qual chamamos a atenção. Os Estados Unidos tiveram de invadir o Haiti para recolocar no poder um presidente que lhe era ideologicamente hostil, inspirado na "Teologia da Libertação". Isso mostra que a direita começa a ser um inimigo mais perigoso que muitos setores da esquerda... Isso talvez explique em parte uma inclinação em processo para as fórmulas de centro-esquerda.

No mundo islâmico, um fundamentalismo crescente e majoritário (veja-se o caso da Argélia) ameaça os próprios fundamentos da democracia liberal. As eleições dão maioria àqueles que pregam o fim da democracia e o estabelecimento de um estado religioso. Não foi possível estabelecer, nos anos 20 e 30, uma maioria eleitoral que apoiasse o fascismo italiano e alemão? Começa-se a temer a ascensão dos partidos neonazistas na Europa, e o fortalecimento eleitoral desses partidos encontrou seu ponto máximo na incorporação do Partido Popular da Áustria no governo deste país no ano 2000. As forças liberais começam a assustar-se ainda mais quando se vê a difusão de seitas terroristas de direita nos Estados Unidos e a persistência de candidaturas de direita e conservadoras no quadro eleitoral deste país.

Por fim, não se deve desprezar o alerta do ex-presidente Nixon, um pouco antes de sua morte, sobre o fracasso da democracia neoliberal na Europa Oriental e na União Soviética. Ele temia, sobretudo, o avanço de um socialismo democrático na região, mas não deixava de considerar a possibilidade de um renascimento do autoritarismo, talvez de base militar. Os fatos lhe estão dando razão. Os ex-comunistas que assumiram um programa socialista democrático alcançaram importantes vitórias em toda a Europa Oriental e na antiga URSS. E o autoritarismo tem importantes bases populares na Europa Oriental e na Rússia, onde a eleição de Putin em 2000 se deu a partir do orgulho chauvinista russo, apoiado no genocídio do povo chechênio.

O Brasil, apesar de seus esforços de crescimento econômico baseado na importação de tecnologias, capitais, cultura e processos administrativos dos centros econômicos mais desenvolvidos, não pôde resolver nenhuma de suas chagas históricas. Ao contrário, aprofundou a concentração econômica, submeteu seu povo a formas dramáticas de "modernização", empurrando sua população do campo para as metrópoles sem poder oferecer-lhe trabalho, habitação, educação, saúde e alimentação.

Essa falsa "modernização", alcançada através do golpe militar de 1964, do regime de exceção, da tortura e da repressão cultural, moral e física, foi o produto de um pensamento social oligárquico, colonizado e racista, que pensou ser possível criar uma *"grande potência"* econômica e moderna nas costas de famintos e analfabetos. O grave, contudo, é que não se aprendeu a lição. Num passe de mágica, este pensamento conservador e reacionário pretende e tem conseguido convencer o povo brasileiro de que o regime ditatorial criado pelo grande capital internacional pecou, não por excesso de liberalismo econômico a serviço do capital, e sim por excesso de intervenção estatal, nacionalismo e planejamento.

Aqueles que chegaram ao poder pela força, em nome do liberalismo, do livre mercado, da livre entrada do capital internacional, das políticas econômicas de curto prazo, do pragmatismo, querem convencer o povo brasileiro de que ocorreu exatamente o contrário. Que a ditadura foi o reino do socialismo (!), do planejamento (!), do estatismo (!), do nacionalismo (!). E que, para modernizar o Brasil, é necessário aumentar a desregulamentação, a livre ação do mercado, a privatização, a exportação, etc... etc...

Todas essas receitas foram aplicadas nos 20 anos de ditadura e nos anos seguintes, ditos de transição democrática. Essa transição, por sinal, no primeiro momento foi comandada pelo antigo presidente do partido da ditadura (Sr. José Sarney)! Depois dele, durante mais dois anos instalou-se um governo "neoliberal", sob a égide do neoliberal Fernando Collor, herdeiro das mesmas forças que realizaram a ditadura e que se apresentaram como salvação do país! O país continuou sob a eterna e paternal égide do Banco Mundial e do Fundo Monetário Internacional, que orientaram sua política econômica desde 1964!

Depois de um interregno com o breve governo Itamar Franco, em 1994 voltou-se a constituir um governo com maioria conservadora (PFL e PTB) unida agora a um partido de centro, o PSDB. A única diferença é que a cabeça do governo ficou com o centro, através de Fernando Henrique Cardoso. Mas as políticas seguidas foram as mesmas de todo o período anterior. Apesar desse continuísmo quase absoluto, cada um desses governos foi apresentado ao país como algo totalmente novo em relação aos anteriores. A única novidade, contudo, é a radicalização crescente dos princípios liberais que inspiraram o golpe de 1964. Nem mesmo o milagre econômico de 1968 a 1973 e o governo Geisel escaparam desse modelo econômico concentrador, de abertura ao capital internacional e de sobreexploração dos trabalhadores. O governo de Castelo Branco, sob a égide do liberalismo radical de Roberto Campos-Gudim-Bulhões foi um antecedente do governo Pinochet e sua Escola de Chicago.

Os oito anos de clara hegemonia neoliberal levaram o país à recessão, ao desemprego, à falta total de perspectiva. Como veremos na parte final deste livro, esta situação deu origem a uma eleição *sui generis* na qual a oposição teve maioria esmagadora, levando ao governo o candidato da principal força partidária oposicionista, o Partido dos Trabalhadores em ampla aliança com as forças do centro. Contudo, os derrotados armaram uma enorme campanha nos meios de comunicação para comprometer o novo governo com as políticas econômicas derrotadas, alcançando certo êxito.

Tamanho cinismo e impostura capazes de inverter o verdadeiro signo de políticas econômicas só são possíveis pelo trabalho sistemático de desinformação que realizam nossos meios de comunicação e nossas elites culturais e políticas cooptadas. Também é possível pelo baixo desenvolvimento educacional de nossa população e pelas limitações provincianas de nossa intelectualidade. Nesses anos de ditadura só se fez reafirmar a idéia de que o mundo se resume a Nova York, Londres e Paris. E talvez Tóquio, num forte esforço de atualização.

Mas em Washington sempre se praticou o mais brutal intervencionismo estatal através dos gigantescos gastos militares do Estado americano, seus enormes sistemas de saúde, educacional e de bem-estar e, finalmente, através da administração da maior dívida pública do mundo que gera e sustenta um enorme setor financeiro. Não se pode dizer menos da Alemanha, onde predomina um gasto público dos mais altos do mundo. Mesmo a Inglaterra da Srª Thatcher apresentou uma permanente intervenção do gasto público na economia[2]. Na Europa pratica-se uma poderosa intervenção estatal na forma de políticas industriais, culturais e, sobretudo, sociais.

Em Tóquio se pratica uma forte política de intervenção estatal, sob o comando do Ministério da Indústria e Tecnologia — o famoso MITI. Aí se definem as prioridades, os setores tecnológicos e industriais a desenvolver, os investimentos a realizar, as políticas de educação, o desenvolvimento social e a alta qualidade de vida de seu povo. Aí se pratica também um forte movimento cultural-social e populacional de preservação da identidade cultural japonesa. Só os tolos podem deixar-se impressionar com as imitações de comportamento ocidental feitas pelos japoneses. Elas são totalmente superficiais e, às vezes, até canhestras. O Japão é japonês, oriental e próprio. Autêntico. Este foi o caminho também dos chamados tigres asiáticos: Coréia do Sul, Hong Kong, Taiwan, Cingapura. Esse

---

[2] Sobre o papel crescente do gasto público durante o período de governos neoliberais veja-se o meu artigo sobre as ilusões do neoliberalismo e o meu artigo, "O papel do Estado num mundo em globalização", nos *Anais do 2º Encontro Nacional da Sociedade Brasileira de Economia Política* (publicada na Revista da SEP, nº 2, 1998).

enorme pólo populacional, econômico e civilizacional, que congrega hoje a China continental, as outras Chinas, os "tigres" e os "novos tigres" (Malásia, Indonésia e Tailândia) sob a hegemonia do "capitalismo comunitário" japonês, que utiliza uma integração econômica planejada, apesar de não formalizada.

O abandono de alguns destes princípios com o favorecimento do livre movimento de capitais internacionais no princípio dos anos 90 facilitou a crise de 1997 que analisaremos mais em detalhe na terceira parte deste livro.

Na Europa Oriental e na antiga URSS, os setores neoliberais foram levados ao governo no bojo de uma campanha internacional, que perde força a cada dia e deixa um lastro de desemprego, corrupção e caos econômico. Nestes países formam-se novas correntes socialistas e social-democratas, que buscam herdar as conquistas sociais dos anos do chamado *"socialismo real"* e ao mesmo tempo avançam na democratização e em sua integração dialética e dinâmica (não só passiva, mas também ativa e ofensiva) na economia mundial.

Há, pois, muita diferença entre o discurso teórico e doutrinário e as práticas políticas, como assinalamos. O avanço da ideologia neoliberal e a espécie de *terrorismo ideológico* que criou com apoio dos meios de comunicação buscaram identificar a modernização com os princípios neoliberais. Chegou-se a imaginar um "fim da história" com a imposição global dos princípios neoliberais.

Contudo, os dados apontam numa direção contrária. Há, pois, muita água para rolar neste início de um novo século, e elas vão levar consigo estas cassandras neoliberais que atormentam há séculos nosso povo, ao submetê-lo à dependência econômica, à superexploração do trabalho, à concentração da riqueza, à miséria e à marginalidade. No transcorrer deste livro buscaremos determinar as causas e a direção destas mudanças.

2. O RENASCIMENTO DO LIBERALISMO: A DOUTRINA LIBERAL E O NEOLIBERALISMO

Logo após a II Guerra Mundial estendeu-se uma onda política liberal no mundo ocidental. O nacionalismo, o protecionismo, o militarismo, o racismo haviam conduzido o mundo a duas brutais guerras mundiais. Tratava-se de resgatar a democracia política, o livre comércio, as doutrinas liberais de respeito às minorias. Contudo, no plano econômico, reconheciam-se os limites da economia liberal. A intervenção estatal revelava-se necessária para garantir os mercados e estimular o crescimento e particularmente o emprego.

O antigo liberalismo econômico era substituído por um novo "liberalismo" que aceitava a intervenção estatal a favor do pleno emprego; as grandes empresas como forma mais eficiente de organização da produção, seguindo planos de crescimento, dimensionando o mercado e introduzindo inovações; as instituições financeiras multilaterais, como reguladoras do dinheiro mundial, com uma cotação fixa para o dólar em ouro (a libra inglesa também teve este privilégio, mas logo teve de abandoná-lo); os partidos políticos (exceto os comunistas, que foram ilegalizados, a partir de 1947, sob a pressão da Guerra Fria); a distribuição de renda através de um regime fiscal progressivo, etc.

Os liberais aceitavam assim as teses econômicas e políticas dos social-democratas e se deixavam confundir com eles, mas davam uma interpretação bem mais conservadora das doutrinas socialistas e pressionavam os partidos social-democratas e socialistas a abandonarem seus princípios socialistas.

Nos Estados Unidos a palavra "liberal" passou a designar este ideário político que, cada vez mais, se identificava com o Partido Democrata, apesar de se encontrar este tipo de liberal também no Partido Republicano. Em muitos países desenvolvidos, sobretudo onde os socialistas resistiram a romper com os comunistas, criaram-se partidos social-democratas defendendo este ideário. Os social-cristãos alemães e os democrata-cristãos italianos tornaram-se também seguidores do programa social "liberal".

Contudo, para os conservadores, esta era uma grave deformação do liberalismo. Tratava-se de fato de "um socialismo disfarçado". Sob a inspiração de Von Mises, de Hayek e de outros líderes desta corrente, reuniu-se em abril de 1947, no Hotel Mont Pèlerin, no sul da Suíça, com 37 participantes[1], uma nova sociedade doutrinária e política. Aí se fundou a sociedade liberal que, segundo Donald Steward Jr., teria sido o verdadeiro nascimento de um liberalismo econômico. "O que pode chamar-se de 'economia liberal' é um fenômeno do pós-guerra"[2].

Contra a hegemonia de Keynes, que justificava a intervenção estatal, contra o fascínio pela União Soviética e o "romantismo" da Revolução Russa, contra o "desarmamento" dos intelectuais e, sobretudo contra os economistas dispostos a apresentar planos de desenvolvimento nacionais, contra a "contra-revolução intelectual" de que falou Milton Friedman, referindo-se ao período posterior à IIª. Guerra Mundial, levantou-se um enorme aparato de propaganda ideológica, de política acadêmica e de coordenação de políticas econômicas.

Recentemente, quando se sentiam vitoriosos devido à "implosão" da URSS, os propagandistas da Sociedade Mont Pèlerin puderam contar abertamente suas histórias. Para Odemiro Fonseca[3] a participação dos economistas liberais na recuperação da Itália, França e Alemanha e outras partes da Europa, no pós-guerra, explicam grande parte de seu êxito econômico. O autor não explica, contudo, por que o estado aumentou tão drasticamente sua participação na renda nacional desses países, chegando hoje a mais de 50% do PIB, se ele esteve sob o domínio das políticas neoliberais!

Para esse mesmo autor, o outro êxito da Sociedade Pèlerin está em sua expansão acadêmica, sobretudo a partir da Escola de Chicago, onde Hayek lecionou de 1950 a 1962, e outros centros universitários europeus e depois australia-

---

[1] Veja-se a lista completa em Odemiro Fonseca, *Crônica de uns Liberais Impertinentes, The Mont Pèlerin Society* – Instituto Liberal, Rio de Janeiro, 3ª edição, 1993, p.31. Entre eles estão uma boa quantidade de prêmios Nobel de economia, pois esta instituição é um novo braço da sociedade Mont Pèlerin. Veja-se a fonte da informação em F. A. Hayek, *The Fortunes of Liberalism*, editado por Peter Klein.

[2] Donald Steward Jr., *Correntes do Pensamento Econômico*, Instituto Liberal, Rio de Janeiro, 1993.

[3] Op. Cit, p.17.

nos e asiáticos. O domínio do Prêmio Nobel de economia que preteriu um François Perroux, um Shigeto Tsuru, um Paul Sweezy, um Ernest Mandel e tantos outros para nomear, até 1995, oito membros de Sociedade Mont Pèlerin[4] foi a consagração desta corrente.

Sustentando a atividade acadêmica e exercendo um papel de divulgação estão os Institutos Liberais que saíram de Mont Pèlerin. É interessante copiar em detalhe a descrição triunfalista de Odemiro Fonseca:

> O último episódio do pós-guerra no campo das idéias liberais, umbilicalmente ligado à Mont Pèlerin, foi a enorme expansão, principalmente a partir da década de 70, dos chamados institutos liberais de análise política. O primeiro foi fundado por Leonard Read, em 1946, em Nova York. Em 1955, seria fundado por Anthony Fisher, o Institute of Economic Affairs (IEA), num pequeno escritório em Hobart Place, Londres. Fisher, um ex-piloto condecorado da RAF e empresário de sucesso, tinha lido *O Caminho da Servidão* e queria agir. Procurou Hayek na LSE e ouviu dele que sua atuação seria mais efetiva no campo das idéias do que no campo político-partidário. Fisher tornou-se membro da Mont Pèlerin e, em 1957, convenceu um jovem professor de St. Andrews, Ralph Harris, a dedicar-se ao Instituto, e Arthur Seldom, a editar suas publicações. O Instituto travou uma memorável batalha com o coletivismo predominante na Inglaterra, criou o movimento intelectual que se materializaria politicamente no "thatcherismo", e espalhou o seu conceito pelo mundo. Quando Fisher morreu, em 1988, ele era presidente da Atlas Economic Research Foundation, uma espécie de instituto dos institutos, e fundador (em 1974) do Fraser Institute, no Canadá, do de São Francisco, nos EUA, e dava apoio a mais de 60 institutos liberais em 20 países e preparava-se para abrir o primeiro instituto na África. O IEA e seus seguidores se distinguiram de institutos com mais claras ligações políticas, como o Centre for Policy Studies de Londres, Heritage Foudation e Brookings Institute em Washington. Do Free Enterprise Institute, na Suécia, ao Carl Menger Institute, na Áustria; do Hong Kong Center for Economic Research ao CISLE no México; dos Institutos Liberais do Brasil ao CATO Institute em Washington, todos usam o modelo do IEA. Mas outros mem-

[4] Friedrich A. Hayek (1974), Milton Friedman (1976), George Stigler (1982), James Buchanan (1986), Maurice Allais (1988), Ronald Coase (1991), Gary Becker (1992), Bob Lucas (1995), todos pertencem ao grupo de Mont Pèlerin.

bros da Sociedade criaram outros centros de estudos liberais. Goodrich fundou o Liberty Fund e F. A. "Baldy" Harper, o Institute of Humane Studies em 1962. Manuel Ayau e outros fundaram a Universidade Francisco Marroquim, na Guatemala, e a família Benegas-Lynch, a ESEADE, na Argentina. A UCLA e a University of Virginia se tornaram importantes centros de liberalismo clássico.

Ao que Fisher não pôde assistir, mas Hayek ainda testemunhou, foi a explosão dos institutos liberais do Leste europeu, sempre influenciados por O Caminho da Servidão. No caso da antiga Tchecoslováquia, a tradução não autorizada do livro foi feita na década de 70, por Tomas Jerek, que correu grandes riscos pessoais. Jerek, com outro amigo dissidente na época, Václav Klaus, estavam entre os fundadores, em 1990, do Liberální Institut de Praga, que organizou, em 1992, a primeira reunião da Mont Pèlerin no Leste Europeu. Klaus era então ministro da Fazenda e Jerek, o ministro da Privatização.

Hoje, mais de 25% dos 540 membros da Mont Pèlerin são dirigentes desses independentes institutos de análise, que atualmente somam mais de 100 pelo mundo. As reuniões da Sociedade representam um gigantesco processo de recarregamento das baterias intelectuais de tais institutos. A Mont Pèlerin é de fato um enorme grupo de estudo, no qual papers são apresentados e discutidos. A Sociedade não tem publicações e não emite opiniões. Oferece apenas local e agenda para seus membros se encontrarem e confrontarem suas idéias". (Odemiro Fonseca, op. cit).

Odemiro Fonseca cita Friedman e vários outros que vêem na Mont Pèlerin um mundo das idéias, de "fortes experiências pessoais" onde não se trama nenhuma ação, nem se financia nenhuma atividade, nem mesmo os "*papers*" apresentados (como, aliás, em nenhum congresso acadêmico ou de sociedades profissionais!). É preciso ser muito alienado para não ver que a Sociedade Mont Pèlerin é um típico grupo de pressão, que garante a seus membros ótimos empregos, prêmios Nobel e outras "pequenas" compensações.

Mas, afinal, que pretendem estes paladinos do liberalismo autêntico ou do hoje chamado "neoliberalismo"? Von Mises nega a possibilidade de um neoliberalismo: "emprego o termo liberal", diz ele em seu *Tratado de Economia*[5],

[5] Ludwig Von Mises, *Ação Humana – Um Tratado de Economia*, Instituto Liberal, Rio, 1990, Prefácio à Terceira Edição.

"com o sentido a ele atribuído no século XIX, e ainda hoje, em países da Europa Continental. Esse uso é imperativo, porque simplesmente não existe nenhum outro termo disponível para significar o grande movimento político e intelectual que substituiu os métodos pré-capitalistas de produção pela livre empresa e economia de mercado; os absolutismos de reis ou oligárquicos pelo governo representativo constitucional; a escravatura, a servidão e outras formas de cativeiro pela liberdade de todos os indivíduos".

Tratava-se do "sistema kosmos" de Hayek, que, "a despeito de resultar também da ação humana, não é o resultado do desígnio humano, e sim um projeto espontâneo evolutivo, do qual todos participam, mas ninguém em particular decide sobre os atributos e características do sistema"[6].

Trata-se de um automatismo dos fenômenos econômicos que, apesar de incluir no nível micro-econômico a subjetividade dos atores, termina oferecendo sempre os mesmos resultados do ponto de vista macro-econômico. Trata-se de afirmar a inutilidade da intervenção de políticas estatais (exceto violentas intervenções, como os choques econômicos, para "restabelecer" o "livre mercado"), a impossibilidade do planejamento e a necessidade de garantir o livre mercado como condição fundamental de liberdade individual. Trata-se, sobretudo, de negar a chamada Terceira Via entre capitalismo e socialismo, que alimentou a Guerra Fria durante quarenta anos. Voltemos a um de seus divulgadores locais:

"Isso significa, na prática, a inviabilidade da *Terceira Via do Estado Previdenciário* ou do *Liberalismo Social*, ou qualquer outra tentativa de conciliar a economia liberal de mercado e o Estado de direito com qualquer forma de *estatismo*, intervencionismo ou qualquer outra forma de *construtivismo* (ou engenharia social)"[7].

Não se pode negar os fundamentos teóricos desta posição. De fato, o sistema capitalista puro seria uma negação absoluta do socialismo puro imaginado por estes senhores. Ocorre que o capitalismo é um sistema histórico e não elimina as contradições sociais. Pelo contrário, aumenta ainda mais a contradi-

[6] Og, Francisco Leme, *Sistemas Econômicos Comparados*, Instituto Liberal, Rio, dezembro de 1992, p.2, texto da Conferência proferida pelo autor na Escola de Guerra Naval, em setembro de 1992.
[7] Og, Francisco Leme, op. cit., p.12

ção entre o trabalhador livre que recebe um salário por sua atividade produtiva e o capital que se forma a partir da apropriação dos resultados do trabalho humano, que se converte em lucro. Os liberais dão mil voltas para tentar negar esta contradição e até inventam uma realidade econômica onde o trabalho não é o fundamento do intercâmbio, isto é, do valor. Embaralhados neste esforço de ocultar, chegam a esta notável conclusão de que o mercado livre é o único escalonador correto dos produtos da ação econômica.

Ocorre, contudo, que o capital concreto necessita da intervenção estatal para dominar as enormes forças produtivas que o modo de produção capitalista libera. Como mostra Marx, o caminho do capitalismo é a concentração da produção (sob a égide crescente da ciência), o monopólio e a centralização de capital (particularmente as sociedades anônimas e o sistema financeiro) e, por fim, o capitalismo de Estado (o Estado é, segundo Engels, o capitalista coletivo).

Daí esta terrível contradição entre o discurso neoliberal e sua prática política. Para defender o capitalismo, que ele considera o princípio e o fim da ação econômica, não lhe resta outro caminho do que defender, na prática, a concentração, a centralização, o monopólio e a crescente intervenção estatal.

A história desta contradição e sua manifestação na realidade econômica e política atual serão aprofundadas nos próximos capítulos.

3. NEOLIBERALISMO E CIÊNCIA ECONÔMICA

Vimos os princípios doutrinários que inspiram o neoliberalismo. Mas já indicamos que o grupo de Mont Pèlerin buscou também ter uma base forte na Academia. Sem dúvida, a Universidade de Chicago foi seu ponto de apoio principal, mas posteriormente o pensamento liberal foi-se expandindo pela Academia norte-americana e mundial com grande êxito.

Depois da II Guerra Mundial o pensamento econômico ocidental esteve profundamente influenciado pela "*démarche*" teórica keynesiana, que era uma crítica ao princípio de Say de que a produção gerava sua própria demanda. Keynes colocou o pleno emprego no centro da reflexão teórica ao aceitar a tese de que ele não era um resultado natural do equilíbrio econômico. Ele mostrou que sob condições de livre mercado, poderia haver uma insuficiência de demanda que levaria a uma subutilização da produção e do emprego. Ao colocar a fonte da crise econômica na ausência de demanda, ele encontrou no gasto público uma possível solução para a crise econômica, na medida em que os fatores multiplicadores do gasto permitiam inclusive sua utilização ótima.

Em torno das idéias centrais de Keynes armou-se um modelo teórico, sob inspiração de Hicks, Samuelson e outros, que restabeleceu sua compatibilidade com a economia neoclássica e a noção de equilíbrio geral que a fundamenta. Apesar da dificuldade de combinar a necessidade da intervenção estatal para garantir o pleno emprego e a noção de um equilíbrio geral[1], elas foram unidas por dois diagramas chave: 1) o equilíbrio entre o mercado de bens e serviços e o

---

[1] "Segundo ele (A. Leijonhufvud) o consenso Keynesiano-clássico, conhecido sob o nome de economia Keynesiana ou ainda neokeynesiana, não está de acordo com a verdadeira economia impulsionada por Keynes. Situações de *desequilíbrios duráveis* devem ser descritas com a ajuda de instrumentos conceituais verdadeiramente Keynesianos". Synthèse. Basle, M. et al. *Histoire des Pensées Économiques*, Éditions Sirey, Paris, 1988.

mercado de capitais (incluindo a taxa de juros no modelo) é representado pelo diagrama IS-LM e 2) o equilíbrio entre o crescimento do produto e a oferta de trabalho (e o desemprego em conseqüência) através da curva de Phillips. O caso keynesiano passou a ser um simples caso particular da teoria clássica que não rompe o modelo de equilíbrio geral.

Tudo isto se traduz num modelo geral de relações macroeconômicas que se concentra em recomendações de política. Elas se reduzem a três objetivos: a) níveis aceitáveis de crescimento econômico; b) altos níveis de emprego (baixas taxas de desemprego) e c) manutenção de preços estáveis (baixas pressões inflacionárias). Todas as divergências de política econômica seriam reduzidas à hierarquia entre estes objetivos, como o diz sinceramente Robert B. Carson:

"As três metas não se situam separadas nem despertam necessariamente a mesma lealdade. Em primeiro lugar, aceita-se que o nível do produto de uma economia seja o principal determinante do emprego e dos preços. Em segundo, sabe-se (sic) que os níveis de emprego e preço guardam uma relação mais ou menos inversa entre si (*com exceção da estagflacionária década de 70*). Economistas de diferentes correntes teóricas ou ideológicas podem erigir como principal consideração a estabilidade de preços ou o alto emprego, com os liberais reconhecendo geralmente o primado dos empregos, enquanto os conservadores destacam a estabilidade dos preços"[2].

Esta confiança nas políticas econômicas faz parte da tradição keynesiana que entrou em grave crise na década de 70, quando um de seus pilares foi contestado pelos dados econômicos. A estagflação do período produziu recessão (com desemprego e baixo crescimento) combinada com inflação crescente, negando o comportamento da curva de Phillips, tão cara aos neokeynesianos.

Havia de explicar essas rigidezas de preço através de mecanismos institucionais (força dos monopólios para administrar preços, resistências por parte dos sindicatos a baixar os salários, manutenção de preços altos etc.). Mas, na visão neoclássica, estamos diante de "ruídos" no sistema de livre mercado e de equilíbrio geral. Abriu-se caminho então para explicações monetaristas que levaram Milton Friedman, o paladino do monetarismo, a uma posição de gran-

[2] Ver Robert B. Carson (1992).

de prestígio no final dos 70. Mas suas propostas e previsões não deram resultados marcantes e a crise da teoria keynesiana levou a crítica mais longe. Surgiram os novos clássicos que, através da crítica às explicações monetárias das flutuações econômicas, partiram para uma retomada do modelo clássico de equilíbrio geral com alguns incrementos macro e, sobretudo, microeconômicos.

Segundo a descrição de Robert Barro, seus modelos de "macroeconomia de expectativas racionais, ou como abordagem de equilíbrio de macroeconomia, iniciados por Bob Lucas no início dos anos 70"[3], permitiam encontrar explicações para as flutuações econômicas do mundo real. Estas flutuações não podiam explicar-se através "de falhas de mercado facilmente corrigíveis, tais como aquelas presentes nos modelos keynesianos. Daí que as flutuações tinham de refletir distúrbios reais ou monetários, cujos efeitos econômicos dinâmicos dependiam dos custos de obter informação, custos de ajustamento, e assim por diante"[4].

No que se refere aos fenômenos monetários, pareciam empiricamente importantes, apesar de que na teoria neoclássica "a estrutura de equilíbrio com preços flexíveis tende a gerar uma estreita aproximação à neutralidade monetária". Contudo, os novos-clássicos conseguiram resultados mostrando teórica e empiricamente a influência das flutuações das moedas nas flutuações macroeconômicas, pelo menos a curto prazo. Não encontraram, no entanto, "efeitos monetários sobre as taxas de juros, taxas salariais e consumo", nem a relação prevista do tipo curva de Phillips entre movimentos de preços e atividade econômica real, nem a esperada relação positiva entre choque monetário e produto, a não ser com agregados monetários amplos. Na verdade, os economistas novo-clássicos não têm muito a apresentar como resultado do funcionamento de seus modelos, o que os leva ao empirismo quase absoluto com a criação da "teoria do ciclo real". Passaram a enfatizar os choques tecnológicos, ou outros distúrbios do lado da oferta "como forças orientadoras centrais".

Entre elas se encontram os mercados perfeitos, agentes otimizantes são "tipicamente modelados como famílias representativas com horizontes infinitos".

---

[3] Robert I. Barro, "Novos Clássicos e Keynesianos, ou os Mocinhos e os Bandidos", *Literatura Econômica*, Número especial, Junho de 1992, Rio de Janeiro, p.5.

[4] Robert I. Barro, Op. cit., p.5.

Daí que alguns economistas são definitivos em sua avaliação do fracasso dos novos-clássicos. Blanchard[5] crê que "dado o montante de energia que se dirigiu para isto (voltar aos fundamentos), nós não temos muito o que mostrar".

"Aqueles que seguiram as sugestões de Lucas e Sargent para a reconstrução teórica da macroeconomia vieram a ser conhecidos como *novos clássicos*. A escola novo-clássica seguiu o curso clássico das revoluções, passando por sucessivas depurações das curvas, a fim de alcançar a pureza teórica. Tendo-a alcançado, ela está agora próxima à extinção (mas, como deverei argumentar abaixo, sua influência na pesquisa da metodologia às manias foi assustadora, e ela sobrevive)"[6].

Contudo, os "insights" originais foram todos abandonados devido ao resultado dos trabalhos empíricos. "Os mercados descentralizados, a informação imperfeita, e o papel da moeda através desses canais foram em tempo descartados e substituídos pelos mercados competitivos, pela maximização explícita de agentes e firmas representativas: pelos 'ciclos econômicos reais' e por seu mapeamento imediato em economias Arrow-Debreu. Na medida em que o modelo ficava mais puro, muitos dos velhos guerreiros o deixaram para trabalhar com crescimento ou com aprendizado"[7].

Mas então sobraria o aperfeiçoamento metodológico através do avanço dos modelos de ciclos econômicos reais? Nem isto Blanchard lhes outorga. Os novos keynesianos desejam restabelecer a visão básica do macro, melhorando seu embasamento teórico. Eles propõem assim a análise das rigidezes nominais, das rigidezes reais, várias formas de concorrência imperfeita, das taxas salariais e de juros, do papel da informação assimétrica, da solução adversa e do perigo moral (*moral hazard*).

As propostas novo-keynesianas não convenceram os novos clássicos. Barro critica sobretudo seus métodos para avaliar seus modelos. Seu objetivo, segundo ele, é comprovar a correção das afirmações de Keynes. "A geração de respostas keynesianas de velho estilo a partir de novas e mais sofisticadas estruturas teóricas não é um substituto para a evidência empírica" (Barro, 1992, p.15).

[5] Olivier Jean Blanchard, "Novos Clássicos e Novos Keynesianos: A longa pausa", *Literatura Econômica*, Número especial, Junho de 1992, Rio de Janeiro, p.20.

[6] Olivier Jean Blanchard, op. cit, p.20.

[7] Olivier Jean Blanchard, op. cit., p.21.

Rudiger Dornbuch também entrou na polêmica para enterrar os novos clássicos[8]. Na verdade os críticos queriam excluir alguns elementos progressistas do pensamento keynesiano que haviam servido de fundamento teórico para as políticas de pleno emprego e do Estado de Bem-estar. Eles pretendiam também atacar "o core da ortodoxia keynesiana que é o ativismo — a capacidade de afetar o desempenho da economia através da política descricionária" (p.32). Se os críticos novo-clássicos desejavam eliminar a intervenção estatal keynesiana ou de outra origem doutrinária, não lograram os resultados almejados.

O objetivo deste trabalho é demonstrar que o auge do neoliberalismo, sob os governos Thatcher e Reagan, não diminuiu a intervenção estatal, mas, pelo contrário, a aumentou. Mais ainda foi a expansão da demanda estatal, sob o governo Reagan, que permitiu a recuperação da crise de 1979-82 e que explica a evolução posterior da economia mundial.

Ao mesmo tempo, se os novos clássicos pretenderam diminuir a importância das reflexões e estudos sobre a chamada concorrência imperfeita ou concorrência monopólica, eles fracassaram outra vez. Os dados demonstram um aumento do monopólio no período, mesmo nos setores onde ocorreu desregulamentação e se acentuou a concorrência. Ao contrário, a desregulamentação, em vez de favorecer o funcionamento do livre mercado, favoreceu o monopólio, a administração de preços, as corporações sindicais e outras rigidezes.

Com isto não quero defender os novos-keynesianos, mas somente reconhecer que sua agenda de pesquisa é bem mais próxima da realidade, apesar de que lhe faltam questões chaves, como os ciclos longos, os paradigmas tecnológicos, os regimes de regulação e, sobretudo, o que falta a toda "ciência econômica": os fenômenos de exploração, superexploração, luta de classes, sistema mundial, imperialismo e dependência, luta geopolítica pelo poder mundial etc.

Nosso objetivo neste livro, insista-se, não é teórico. Deixamos isso para outros trabalhos[9]. Nosso objetivo aqui é de demonstrar:

---

[8] "O desafio decisivo veio das expectativas racionais e, depois, da macroeconomia novo-clássica. Essa abordagem triunfou nos anos 80, incitando as mentes mais brilhantes, mas agora perdeu o gás". Rudiger Dornbuch, "Novos Clássicos e Novos Keynesianos", *Literatura Econômica*, Número especial, Rio de Janeiro, Junho de 1992, p.31 e segs.

[9] Apresentamos como tese para concurso de professor titular da UFF, em 1994, o trabalho sobre: " Os Elos Perdidos de uma Teoria Elegante" onde discutimos estas pretensões teóricas diante dos grandes temas de análise do nosso tempo. No momento, preparamos uma versão ampliada desta tese sob o título de *Economia Política do Mundo Contemporâneo*.

1º) que a doutrina neoliberal estudada no capítulo anterior teve uma cobertura teórica através da escola novo-clássica;

2º) que esta cobertura teórica, apesar de gozar do mesmo modismo que a doutrina neoliberal, não logrou resultados aceitáveis, nem no plano teórico, nem no plano das evidências empíricas (exceto as pesquisas sobre a influência da educação e dos recursos humanos no ciclo econômico, que corroboraram outros estudos mais profundos sobre o tema), nem no plano de sua influência sobre as políticas econômicas dos países centrais;

3º) nos países periféricos, contudo, estas teorias serviram de pano de fundo para as políticas de ajuste econômico segundo o denominado consenso de Washington, praticadas sob orientação do Banco Mundial e do FMI, com resultados desastrosos, como veremos mais adiante.

4. A "REAGANOMICS" OU A ECONOMIA POLÍTICA DO DESASTRE

Como vimos, no fim da década de 70 os princípios que orientavam a síntese econômica pós-keynesiana, sobretudo a idéia de que a inflação e o desemprego eram situações opostas entre si, entraram em crise, sobretudo devido ao fenômeno da stagflação, isto é, a mistura de estagnação econômica e inflação que se produziu nesta década e particularmente na recessão de 1978-82. Isto abriu caminho para uma ofensiva contra o princípio keynesiano da necessidade da intervenção estatal para gerar demanda, recuperar a economia e criar pleno emprego. Esta ofensiva esteve comandada, como vimos, pelos "neoliberais". No clima intelectual criado pela ofensiva neoliberal, no fim da década de 70 e começo dos 80, tornaram-se possíveis as aventuras intelectuais mais incríveis.

Durante a década de 70 o monetarismo de Milton Friedman havia encontrado uma oportunidade excepcional. Depois do golpe militar contra Salvador Allende, em setembro de 1973, estabeleceu-se um governo militar com amplos poderes para aplicar uma política econômica liberal. Um grupo de discípulos de Milton Friedman, com sua assistência pessoal, assumiu o Ministério de Economia para aplicar suas teorias sem limitações políticas. Além da cooperação e do convívio com um dos mais sanguinários governos do mundo, o resultado econômico foi desastroso. Entre 1973 e 1983 a economia chilena mergulhou numa depressão brutal (com um período de crescimento moderado entre 1977 e 1980). A indústria chilena tradicional foi destruída. Segundo Hirschman (1987), o emprego industrial que incorporava 555.000 pessoas em 1973 caiu para menos de 378.000 durante a depressão de 1983[1]. Neste mesmo ano o produto industrial chileno era igual ao de 1967 e o grau de industrialização do Chile, em 1982, era

---

[1] Hirschman, Albert O., "The Political Economy of Latin American Development", *Latin American Research Review*, vol. XXII, nº 3, Texas, 1987.

igual ou inferior ao de 1950, segundo dados da CEPAL[2]. A recuperação que se iniciou depois de 1984 não garantiu uma recuperação dos níveis anteriores, apesar do tratamento especial que a economia chilena recebeu do capital financeiro internacional[3]. No final da década de 70, quando chegam ao governo a senhora Thatcher na Inglaterra e o ator Ronald Reagan nos Estados Unidos, as concepções monetaristas estavam em dificuldade para sustentar os governos conservadores. Surge então uma nova salada doutrinária conhecida como o "supply-side", o lado da oferta.

Em resumo, essa doutrina colocava a necessidade de recuperar para o centro da teoria econômica a Lei de Say, que havia sido rejeitada por Keynes na década de 30, após o colapso econômico motivado pela crise financeira de 1929. Robert E. Keleher e William P. Orzechowski, considerados como dois importantes teóricos do supply-side, colocavam o seguinte:

"O enfoque do lado da oferta não é nem uma novidade e nem uma moda passageira. Ele está bem enraizado na análise macroeconômica clássica. (...) As políticas do lado da oferta foram implementadas por autoridades públicas como William Gladstone, primeiro ministro britânico no século XIX, e Andrew Mellon, Secretário do Tesouro dos Estados Unidos, na administração do presidente Calvin Coolidge, nos anos 20 (sic) (...) O domínio da visão do lado da oferta continuou ininterrupto até o período interguerra, quando as preocupações com a redistribuição e a estabilização começaram a receber maior ênfase de que a orientação para o crescimento através da política fiscal".

E eles continuam:

"É a produção e a oferta agregada que criam a riqueza e o crescimento econômico; as pessoas produzem para consumir. Em particular, a produção de bens cria uma renda a ser paga aos fatores de produção. Tal 'renda gerada durante a produção de um determinado produto é igual ao valor deste produto'. O au-

---

[2] Fernando Fajnzylber, "Reflexões sobre os limites e potencialidades econômicas da democratização", *Revista Econômica Política*, vol. 6, nº 1, janeiro-abril, 1986. Depois de 1983, a economia chilena entrou numa fase de recuperação econômica mais ou menos sustentada. Bastaram estes anos de melhoria para criar-se uma ofensiva ideológica baseada num suposto "milagre" chileno.

[3] Uma postura crítica está em Aracibia, Sergio, "Economía y Dictadura en Chile", *Cuadernos de Nuestra América*, vol. V, nº II, La Habana, julio-dec., 1988.

mento da renda (recebida pelos fatores) constitui um poder de compra maior e, portanto, uma demanda maior"[4].

Como se vê, tratava-se de uma volta aos princípios do equilíbrio geral, em sua forma mais simples. Nesta colocação, os economistas do "supply-side" estão fincados na mesma linha dos teóricos chamados de "novos clássicos" que tanto os desprezam. Eles se separam um pouco no segundo aspecto do enfoque do lado da oferta. Trata-se da recomendação de política econômica que derivaram de suas redescobertas "teóricas"[5]: eles se apoiaram na curva de Laffer, que se tornou "o símbolo de uma nova era econômica", como anuncia em sua capa o *Economic Impact*, número 35. Assim resumem seus editores essa curva maravilhosa:

"De acordo com o economista Arthur Laffer, existe uma estreita relação entre as taxas impositivas, as rendas e a produtividade. Quando a taxa dos impostos sobe a 100%, toda a renda termina; ninguém trabalharia por nada. Por outro lado, se a taxa dos impostos fosse zero, não existiria governo. Em algum lugar, há um ponto nesta curva em que a taxa de imposto produzirá a renda desejada — e o produto nacional desejado. Esse ponto é variável, mas num sistema democrático ele estará, para citar o Dr. Laffer, 'onde o eleitorado deseja ser taxado'. Uma taxa muito alta pode diminuir o incentivo para o trabalho. As rendas e a produção cairão. Taxas mais baixas podem aumentar ambos (as rendas e a produção)"[6].

Inspirados nestas propostas, os assessores do presidente Reagan produziram uma peça de propaganda da doutrina neoliberal que foi seu discurso à sessão conjunta do Congresso norte-americano de 18 de fevereiro de 1981, conhecido como "Programa para a Recuperação Econômica". Esse plano tinha três obje-

---

[4] Robert E. Keleher and William P. Orzechowski, "Classical Origins of Supply-Side Economics", *Economic Impact*, nº 36, Washington, 1981.

[5] Esses senhores passeiam pela história do pensamento econômico como um elefante numa loja de porcelanas. Vão cortando pedaços de teoria arrancados de corpos teóricos muito mais complexos sem nenhum pudor. Isto se deve à tendência das universidades norte-americanas de fundar seus estudos em leituras de artigos de revistas científicas, capítulos de manuais e de antologias de textos (*readers*). Um "economista" pode receber seu doutorado sem nunca ter lido um livro completo e entender, portanto, o que é uma teoria econômica. Infelizmente, estas práticas pedagógicas se generalizam pelo mundo, pois elas simplificam o trabalho dos professores e dos alunos.

[6] Ver o número especial da hoje extinta revista, *Economic Impact – a quartely review of world economics*, publicada pela Internacional Communication Agency dos Estados Unidos, nº 35, Washington, 1981.

tivos-chave: "estabilização da economia norte-americana, redução da taxa de inflação e restauração de um forte crescimento econômico" que deveriam "fortalecer o dólar norte-americano e beneficiar o mundo tanto quanto a economia doméstica".

Explicitamente este programa não visava à distribuição de renda e, sim, a "aumentar o bolo para dividi-lo entre os vários setores da economia". Ele diminuía o limite máximo do imposto de renda a 30%, assegurando às rendas mais altas livre expansão. Isto deveria "expandir nossa prosperidade nacional, aumentar nossa renda nacional, e as oportunidades para todos os americanos".

Vejamos os termos confiantes desses valorosos "*experts*" econômicos: "Alguns poderiam argüir, eu sei, que reduzir as taxas dos impostos agora seria inflacionário. *Um sólido corpo de 'experts' em economia* não está de acordo. E certamente os cortes nas taxas impositivas adotados nos últimos três quartos de século indica que estes '*experts*' estão certos. O conselho que eu tive é de que, por volta de 1985, nossa produção real de bens e serviços crescerá 20% (sic) e será maior em US$ 300 bilhões do que hoje. O salário médio dos trabalhadores aumentará (em poder de compra real) em cerca de 8% em dólares, descontados os impostos"[7].

Segundo esta visão, a renda deve ser redistribuída em favor dos setores de alta renda, pois eles deverão investi-la e gerar mais riqueza para todos.

Segundo Reagan, a regulação tornara-se um emaranhado de códigos que resultavam em preços mais altos, maior desemprego e menor produtividade! Sem pretender liquidar as agências reguladoras, ele prometia contê-las. Sem pretender negar os aspectos negativos da burocracia encarregada de aplicar os regulamentos, seria necessário, contudo, identificar os efeitos da não-regulamentação. Entre outros estava a criação de monopólios privados, cuja burocracia é tão ineficiente, corrupta e cara quanto a estatal.

A política monetarista era invocada para evitar a inflação. A menor oferta de dinheiro ocupava seu papel chave na contenção da inflação. Assim se expressava o presidente Reagan:

---

[7] Presidente Ronald Reagan, "A Program for Economic Recovery", *Economic Impact*, nº 35, Washington, 1981, p.8.

"Um programa que tenha sucesso em alcançar um padrão de crescimento estável e moderado no suprimento de dinheiro manterá a inflação e a *taxa de juros baixas* e restaurará o vigor de nossas instituições financeiras e de nossos mercados".

Contudo, o governo Reagan produziu resultados completamente diferentes dos propostos:

1º) Se é verdade que recuperou o crescimento econômico, este se dirigiu basicamente ao setor militar e de serviços. A produtividade norte-americana cresceu em ritmo muito inferior ao passado e ao dos demais países desenvolvidos. Isto aumentou enormemente o déficit comercial dos Estados Unidos com o resto do mundo.

2º) Se é verdade que cortou gastos no setor social, como prometera, o governo Reagan explodiu os gastos militares e o déficit público. Para financiá-lo, emitiu bônus de dívida em vez de moeda e aumentou dramaticamente a taxa de juros paga pelo Estado, em conseqüência, o serviço da dívida, por sua vez, passou a pesar cada vez mais sobre o déficit público.

3º) É verdade que o dólar se valorizou durante o período inicial do governo Reagan, e o setor financeiro norte-americano cresceu enormemente como intermediário da dívida pública. Mas os compradores dos títulos públicos passaram a ser cada vez mais os japoneses e os alemães, que aumentaram enormemente seus superávits comerciais com os EUA. Isto levou ao fortalecimento das moedas desses países (o yen e o marco) e dos seus setores financeiros. Os dez maiores bancos do mundo deixaram de ser norte-americanos e o Japão passou a ter uma posição hegemônica no controle dos recursos financeiros mundiais, durante a década de 80 em que se efetivou o governo neoliberal.

Qualquer observador que analise honestamente os resultados desta política só pode concluir que o "*supply-side*" não passou de um aparato ideológico para justificar a distribuição negativa da renda, os gastos militares desenfreados e outras políticas conservadoras. Como ciência e como doutrina tratava-se de uma piada. Os "novos clássicos" tentaram primeiramente cobri-la num plano mais teórico, mas, depois, procuraram descomprometer-se dela de qualquer jeito, quando se caracterizaram os seus resultados negativos. Isto demorou um pouco porque nos seus primeiros anos, os efeitos dessa política pareciam altamente positivos.

Um estudo mais aprofundado da verdadeira política econômica do período Reagan nos revelará que ela teve um efeito devastador sobre grande parte da economia mundial. Ela produziu uma enorme euforia inicial nos EUA e uma grave recessão no final de seu ciclo. Reagan destruiu o que encontrou pela frente para obter resultados imediatos favoráveis. Depois dele só restava o dilúvio que outubro de 1987 anunciou em grandes manchetes.

Em sentido restrito, a "reaganomics", com a revalorização do dólar e os gigantescos déficits comerciais, freou e posteriormente estabilizou os preços internos e trouxe efeitos positivos para os grandes fornecedores da economia norte-americana, notadamente a Alemanha, o Japão e os demais Tigres Asiáticos. Quem pagou a conta, contudo, foram as economias endividadas da periferia do sistema capitalista, principalmente a América Latina. Por trás da revalorização do dólar estavam os altos juros básicos impostos aos devedores, e no rastro dos juros altos veio a crise da dívida externa que levaria mais de uma década para ser atenuada, e cujos efeitos sequer foram inteiramente dissipados.

5. O CONSENSO DE WASHINGTON E SEU FRACASSO

Vimos como, nos países centrais, os keynesianos e os monetaristas se enfrentavam em torno do caráter do Estado e o sentido do gasto público. O enfoque do "lado da oferta" veio completar o enfoque monetarista tentando liquidar o Estado de Bem-estar, com a ajuda acadêmica dos "novos economistas clássicos". Contudo, na prática das políticas econômicas, sob o governo neoliberal de Reagan, o Estado norte-americano não diminuiu seus gastos. Pelo contrário, aumentou-os no setor militar o suficiente para gerar o maior déficit fiscal da história. A diminuição das despesas públicas com os pobres não deu sequer para compensar a renúncia fiscal produzida com a redução das taxas de impostos cobradas aos ricos.

Se estas idéias já eram absurdas e extremamente cruéis nos países centrais, imagine-se a sua aplicação nos países dependentes e subdesenvolvidos. Reagan, como a Sra. Thatcher, era muito duro na questão das relações dos Estados Unidos com os países subdesenvolvidos. Assim como a ajuda aos pobres favorecia, segundo ele, a indigência e a preguiça, a ajuda aos países mais pobres só favorecia as suas elites incapazes e indolentes. Tratava-se, pois, de eliminar ou pelo menos diminuir os programas de ajuda e fortalecer o comércio com os países em desenvolvimento, reforçando suas próprias capacidades institucionais.

Peter McPherson, administrador da Agência para o Desenvolvimento Internacional (AID), assim explica a filosofia do governo Reagan:

"Eu gostaria de ver menor transferência de recursos e mais o que nós chamamos de construção de instituições ou transferência tecnológica (...) É melhor para nós trabalharmos duro para desenvolver instituições no Terceiro Mundo que permitirão a estes países resolver seus problemas por si mesmos. No final, a ajuda é meramente um facilitador para o Terceiro Mundo; ela só ajuda a trazer a mudança econômica. As políticas, os programas, a vontade do

Terceiro Mundo são o que trará o tipo de progresso de que o Terceiro Mundo necessita e merece"[1].

Em resumo, por trás da oratória: nada de ajuda econômica, somente imposições de políticas consideradas "corretas". Ao mesmo tempo, "na posição do Presidente há um pequeno desvio a favor da ajuda bilateral". Isto é, os Estados Unidos passavam a retirar seu apoio econômico às instituições multilaterais, particularmente aquelas que resistiam à ideologia neoliberal, como a UNESCO ou a OIT. O governo Reagan negou-se a apoiar a criação de um setor dedicado a financiar o desenvolvimento energético no Banco Mundial. Também se opôs aos acordos para estabelecer auxílios na área de meio ambiente. Estas foram algumas, entre outras, das recusas a assumir uma responsabilidade estatal pelo bem-estar da humanidade.

Na verdade, o governo Reagan desviou os recursos destinados ao Terceiro Mundo para a sua concepção de "guerras de baixa intensidade" que tiveram por objetivo desgastar os governos progressistas e revolucionários do Terceiro Mundo com o apoio a guerrilhas contra-revolucionárias, ao terrorismo e às sabotagens, além de algumas invasões diretas a pequenos países que não implicassem custos em vidas importantes (como o caso de Granada em 1983, ou do Panamá, já no governo Bush, em 1989). Os programas de "Alimentação para a Paz" (PL 480) foram cada vez mais incorporados à concepção defendida pela CIA de que a superioridade alimentar dos Estados Unidos deveria ser usada como uma arma, inscrevendo-se portanto na estratégia geopolítica do país. Esta política teve especial efeito na África, onde promoveu a destruição das economias de subsistência em troca de alimentação gratuita.

Para a América Latina desenvolveu-se uma nova política definida em Santa Fé, em Maio de 1980, pelo Comitê de Santa Fé, formado por encargo do Conselho de Segurança Interamericana, e composto de L. Francis Bouchey, Roger W. Fontaine, David C. Jordan, Gordon Sumner e Lewis Tabs. Este conselho partia de uma concepção de guerra permanente. Segundo ele: "O continente americano encontra-se sob ataque. América Latina, a companheira e aliada tradicional dos Estados Unidos, está sendo penetrada pelo poder soviéti-

[1] Stewart W. Ramsey. "Interview with M. Peter McPherson", *Economic Impact*, nº 35, Washington, 1981 (3); p. 42.

co. A Bacia do Caribe está povoada por agentes soviéticos e delimitada por Estados Socialistas (sic)".

A descrição é dramática:

"O êxito cubano no Caribe e América Central é assombroso. Guiana, sob o governo do primeiro ministro Linden Forbes Burnham, é um estado marxista pró-soviético. Forbes Burnham solicitou ser membro associado do COMECON em janeiro de 1977".(... e seguem outras provas da aliança entre Guiana e Cuba).

O primeiro ministro da Jamaica, Michael Noeman Manley, visitou Cuba em julho de 1975. *Gramma*, o jornal comunista cubano, qualificou-o de 'sincero amigo da revolução cubana'. O filho de Manley estuda em Havana. Seu governo deu apoio oficial à aventura cubana em Angola e sua polícia, que é maior que o exército jamaicano, é treinada em Cuba. (... continua arrolando fatos).

"Maurice Bishop chegou ao poder em Granada em Março de 1979. O novo aeroporto de Bishop está sendo construído pelos cubanos" (... e continua a enumeração da importância estratégica desta relação).

"O canal do Panamá também representa um papel vital no abastecimento de petróleo dos Estados Unidos. Panamá encontra-se sob o controle de um regime militar de esquerda, o qual, de acordo com a CIA, foi o intermediário dos sandinistas na tomada do poder pelos marxistas na Nicarágua, em julho de 1979. El Salvador e outras nações da América Central estão agora ameaçadas pelas guerrilhas revolucionárias. Enquanto isto, o governo dos Estados Unidos continua com uma clara atitude de indiferença estratégica, ao mesmo tempo em que exige reformas sociais, econômicas, agrárias e de Direitos Humanos, como se inclusive a mais perfeita resolução destes problemas pudesse deter a expansão colonial (sic) castróide e a subversão, e pudesse, portanto, resolver as questões estratégicas como um subproduto"[2].

Não se trata de uma descrição exagerada. De fato, no auge da crise econômica internacional de 1979-83, o movimento revolucionário e reformista mundial apresentou avanços importantes, e a região do Caribe e Centro-América foi um dos seus pontos nevrálgicos. A administração Reagan, expressando o espírito deste documento de Santa Fé, buscou aumentar a pressão sobre os países do

[2] O documento de Santa Fé foi publicado entre outros locais, no livro de Bocco, Comitê de Santa Fé, Medina, Ortiz, Maira e Maugé, *La Guerra Total*, Ediciones El Conejo-ALDHU, Quito, 1982.

Terceiro Mundo e latino-americanos em particular, através de mecanismos bilaterais, no sentido de:

1. Forçar uma política antiinflacionária, de cunho monetarista acentuado, com metas de controle de emissão de moeda, elevação das taxas de juros e restrição do consumo via limites aos ajustes salariais. Ao mesmo tempo, forçava-se um forte controle de gastos públicos e estímulo aos impostos que não afetassem a poupança. Até aqui, as políticas coincidem com as dos próprios Estados Unidos.

2. Há, contudo, um outro setor de políticas internacionais onde as recomendações se opõem. Se, no caso dos Estados Unidos, pratica-se uma política de valorização da moeda que conduz a um déficit comercial grave e crescente deste país, nos países dependentes e, sobretudo devedores, pressiona-se por uma política de desvalorização das moedas locais a partir de desvalorizações cambiais permanentes. Esta política termina por favorecer um "superávit" comercial destes países durante a década de 80 que foi utilizado para o pagamento dos juros das dívidas externas.

3. O crescimento do volume do pagamento dos juros e a estatização das dívidas dos países do Terceiro Mundo geraram um poço sem fundo de endividamento público sem contudo gerar gastos públicos novos. Pelo contrário, ao mesmo tempo em que se elevaram as dívidas públicas, aumentaram os cortes de gastos públicos. Esta contradição não foi vivida pelos países centrais, particularmente pelos Estados Unidos, que aumentaram tranqüilamente seus gastos públicos até pelo menos 1987, quando o pagamento dos juros da dívida norte-americana começou a ser percebido como um gasto exagerado que devia ser controlado, devido ao elevado montante de dívida estatal nacional e internacional deste país.

É claro, portanto, que a década de 80 foi caracterizada no Terceiro Mundo por restrições crescentes do gasto público. Primeiramente, cortaram-se os investimentos; em seguida, foi a vez dos gastos de funcionamento e dos funcionários públicos, depois se passou para o corte puro e simples de setores estatais e para a venda de empresas públicas ou privatizações.

Com os anos, o governo norte-americano foi tendo que abdicar de sua pretensão de prescindir dos organismos multilaterais. A falta de recursos líquidos

dos Estados Unidos foi aumentando durante a década de 80. Japão e Alemanha passaram a controlar os maiores excedentes em dólares. A política norte-americana foi-se especializando em utilizar estes recursos alheios sob sua égide. Voltou-se a estimular ações multilaterais sob a liderança norte-americana, nas quais os EUA prescreviam os princípios de política, enquanto Japão e Alemanha colocavam os recursos. Em outubro de 1987, diante da crise financeira mundial severa, os bancos centrais do Japão e da Alemanha tiveram que desovar seus dólares para conter a baixa desta moeda internacionalmente. A política interna norte-americana tornou-se cada vez mais dependente da compra de títulos do tesouro norte-americano por japoneses e alemães. Na guerra do Golfo e no financiamento aos países da Europa Central, os Estados Unidos continuaram esta prática de liderar e impor situações de fato a serem resolvidas com o dinheiro japonês e alemão. Desde 1990 vem sendo posto um basta a esta política.

Chegamos ao fim da década de 80 com mudanças significativas de políticas. Durante o governo de Gorbachev, os Estados Unidos vêem a URSS aliar-se à Alemanha e abrir-se à Comunidade Européia fortalecida pela valorização do marco alemão. Desde então, com a OTAN em queda, a política norte-americana na Europa é uma tentativa desesperada de conservar a aliança Atlântica (e até mesmo estendê-la, mas à custa de quem?).

Há um sentimento unânime no mundo de que a queda do muro de Berlim é um fortalecimento geopolítico dos Estados Unidos e de sua aliança ocidental-capitalista. Vejo as coisas completamente ao reverso. Creio que é o começo do fim da aliança Atlântica e a posta em marcha da unidade euro-asiática. Esta nova realidade geopolítica passa pela antiga União Soviética, dissolvida apesar de contra os resultados do referendum popular realizado meses antes e por vontade das forças russófilas contra as zonas mais pobres da URSS, e a serviço dos interesses estratégicos norte-americanos. É verdade que melhor houvera servido aos objetivos da Unidade Européia, num sentido mais amplo, se se conservasse unida, mas o medo do poder militar da URSS, unia seus adversários e os levou a aplaudir a divisão mesmo quando ela introduzia um enorme risco e incerteza na evolução geopolítica desta enorme região do mundo.

O efeito destas novas condições estratégicas foi a necessidade dos Estados Unidos de reforçar sua frente hemisférica. Três iniciativas são fundamentais:

a) O NAFTA, como tentativa de fortalecer a frente interna norte-americana ampliando suas fronteiras com Canadá e México.

b) A iniciativa do Caribe — buscando garantir a hegemonia norte-americana reconquistada à custa de duas invasões (Granada e Panamá), uma guerra de baixa intensidade com a Nicarágua, uma guerra antiinsurgência na Guatemala e El Salvador, uma forte desestabilização na Jamaica e na Guiana, etc, etc.

c) O lançamento da Iniciativa das Américas e seu desdobramento posterior na proposta de um mercado comum americano (o ALCA) buscando estabelecer um mecanismo de incorporação do MERCOSUL e do Bloco Andino, que os EUA primeiro tentaram destruir (com resultados no caso do Bloco Andino, desde a década de 70, mas sem êxito no caso do MERCOSUL, na década de 90).

Ao mesmo tempo, ao abandonar a política de valorização do dólar, no meio da violenta crise de 1989-93, os Estados Unidos viram-se na necessidade de apoiar-se mais fortemente nos organismos multilaterais. O Consenso de Washington, logrado em 1989, é um reflexo destas mudanças políticas. Tratava-se de inverter os termos da política econômica interna e externa dos EUA.

Internamente era necessário baixar os juros e diminuir o déficit fiscal, além de tentar conter os efeitos desmoralizadores da concentração de renda e do aumento da pobreza e, conseqüentemente, da violência e da confrontação racial e social.

Externamente, era necessário conter o déficit comercial aumentando as exportações norte-americanas, o que exigia uma significativa e inevitável desvalorização do dólar.

A pressão sobre o Terceiro Mundo se inverte. Trata-se agora de buscar superávits comerciais mesmo com os países pobres e principalmente com os novos países industriais, como o Brasil. Para isto era necessário estimular uma política de valorização cambial que reforçasse as moedas nacionais das economias subdesenvolvidas. Isto se tornava possível na medida em que estes países podiam atrair os capitais excedentes que os Estados Unidos não mais atraíam com a queda de sua taxa de juros. Era necessário que estes países privatizassem recursos estatais, para gerar liquidez, e elevassem suas taxas de juros, para repassar aos capitais financeiros internacionais (em grave crise de liquidez desde 1989) todos os excedentes acumulados em reservas e fundos derivados das privatizações.

Em 1989, o grupo de Santa Fé se reuniu para fazer um balanço de suas teses depois de 10 anos no poder. Suas conclusões do ponto de vista econômico foram:

"A política econômica dos Estados Unidos deve estar relacionada com nosso apoio ao regime democrático. Tal regime requer um sistema econômico sadio, independente do controle excessivo e da interferência governamentais. O desenvolvimento de um mercado nacional de capitais privado e autônomo é indispensável para manter a sociedade independente. Uma das maiores decepções da época de Reagan foi o não-aproveitamento da crise do endividamento para criar sólidos mercados de capitais, do jeito que este Comitê de Santa Fé havia recomendado em 1980".

"Quando o problema da dívida eclodiu como crise em 1982, seu foco central consistiu em como manter a solvência dos credores e a liquidez dos devedores. Embora tal objetivo fosse realizado escassamente, perdeu-se em grande escala a oportunidade de conduzir as sociedades latino-americanas rumo ao capitalismo democrático, quer dizer, para os sistemas de livre empresa e de mercados nacionais de capital que sustentam as sociedades independentes. Não é demasiado tarde para consegui-lo. A crise atual da dívida deveria ser aproveitada para fazer avançar o processo de transição da América Latina, de governos democráticos para regimes democráticos".

"Ainda que resultem progressistas para a redução das cargas da dívida dos Estados latino-americanos, inovações tais como o Plano Baker, a troca de dívidas por capital, o plano mexicano, a reestruturação e outros similares, a política da dívida deveria também incluir medidas mediante as quais o seu tratamento apóie a criação de mercados nacionais de capital. É provável que nenhuma proposta específica seja definitiva, todavia um caminho de aproximação a este objetivo poderia ser algo que compreenda a revenda da dívida num mercado nacional. O financiamento bem sucedido da dívida interna dos Estados Unidos feito por Alexander Hamilton, durante a fundação deste país, proporciona o modelo".

Os mesmos autores definiam claramente os riscos decorrentes da política de cobrar a dívida externa e reforçavam o caminho de um acordo sobre a dívida, que já se perfilava na administração Reagan:

"O Departamento do Tesouro dos Estados Unidos deve desempenhar um papel dominante na formulação de resoluções da crise estrutural da dívida que afeta muitos dos nossos vizinhos latino-americanos. *A solução da crise deve ser o resultado do reconhecimento de que a atual carga de endividamento deverá ser diminuída*, devido ao fato que *nunca poderá ser reembolsada nas condições atuais*. É viável certo número de variáveis do Plano Morgan/Tesouro/México de dezembro de 1987".

"Por fim foi reconhecido que a crise da dívida é estrutural. A dívida de alguns países supera a sua capacidade de reembolso. Os países menos desenvolvidos (LDC — *less developed countries*) de todo o mundo têm no conjunto uma dívida de 450 bilhões de dólares; e se a esse montante fossem aplicadas as taxas atuais de juros, os países devedores deveriam pagar, só em termos de juros, um trilhão, oitocentos bilhões de dólares (1.800.000.000.000) nos próximos vinte anos, sem que o principal da dívida se reduza de um só centavo!"

"Todavia, o simples fato de manter esses níveis de pagamento de juros teria efeitos devastadores sobre suas economias e *sobre a nossa*. Os países devedores experimentariam um crescimento negativo ou zero, enquanto se registraria um aumento da pobreza e *não teriam dinheiro para comprar produtos dos Estados Unidos*. Estima-se que desde 1982 a deterioração das economias latino-americanas, provocada pela dívida, *custou aos produtores dos Estados Unidos 70 bilhões de dólares em vendas que estes perderam*"[3].

Poucos estudiosos perceberam esta importante mudança de política que, aplicada desde o final da década de 80, na Argentina e no México, sobretudo (e posteriormente no Brasil), abriu caminho para uma nova fase das economias da região, baseada em moedas fortes, déficits comerciais e atração de capitais financeiros. O México adotou plenamente este modelo, a Argentina o seguiu e depois o Brasil, com algumas modificações.

A crise do modelo mexicano no final de 1994 veio a questionar os enormes gastos realizadas para a exaltação destas políticas na mídia e nos meios acadêmicos e profissionais. O Consenso de Washington que se estabeleceu sobre estas linhas começou a exigir retificações que se demonstraram lentas, entre outras

---

[3] "Documentos de Santa Fé II: Uma Estratégia para a América Latina nos anos 90", *SEDOC*, Serviço de Documentação, Editora Vozes, volume 22, nº216, Petrópolis, setembro-outubro, 1989, ps. 190-1.

razões porque o grupo que as forjou perdeu sua posição de poder e não surgiu imediatamente uma estratégia liberal-democrata para a região[4]. Este livro trata destes temas com mais detalhes em sua última parte.

Podemos concluir, portanto, que entre a elaboração doutrinária neoliberal e a prática dos agentes políticos e econômicos aparentemente filiados à doutrina, existem diferenças radicais. Tudo indica que a doutrina é nada mais do que uma cobertura ideológica para uma prática sem princípios, em função de interesses econômicos concretos que nunca poderão ser identificados com uma construção teórico-formal que ignora totalmente a realidade histórica.

A próxima sessão será dedicada à ilustração desta tese no coração mesmo da doutrina neoliberal: o governo Reagan. Antes, contudo, devemos aprofundar o debate com as ciências sociais oficiais, particularmente a economia.

---

[4] Sobre o Consenso de Washington, veja-se o balanço feito pelo seu autor: John Williamson, "Revisión del Consenso de Washington", in Louis Emmerij e José Núñez del Arco (compiladores), *El Desarrollo Económico y Social en los Umbrales del siglo XXI*, BID, Washington, 1998. Neste livro estão ainda o texto original de Williamson e os comentários de Frances Steward, Bishnodat Persaud e Taru Yanagihan. Sobre a crítica ao Consenso de Washington dentro do *establishment* das organizações internacionais, veja-se, sobretudo: Joseph E. Stiglitz, "Más instrumentos y metas más amplias para el desarrollo. Hacia el Consenso Post-Washington", *Instituciones y Desarrollo*, nº 1, Octubre de 1998, Barcelona.

6. CONSTRUIR O FUTURO: O PAPEL DAS CIÊNCIAS SOCIAIS

A arrogância do pensamento único

A autocrítica é um método de controle e de legitimação das hierarquias burocráticas. Ela garante que os indivíduos que compõem uma ordem burocrática se ajustem às mudanças de orientação desses aparatos que se modificam sob a ação de fatores externos e internos.

As tecnocracias modernas são muito pretensiosas e arrogantes para se submeter a esses métodos. Com a pretensão de se apoiar em métodos científicos de gestão, elas têm grande dificuldade de reconhecer seus erros. Em geral, buscam ocultá-los enquanto procedem às mudanças de atitude. Depois tentam apresentar estas mudanças como "retificações" relativas a atitudes anteriores.

Esse é o problema que as organizações internacionais vivem diante do fracasso das políticas de "ajuste estrutural" que elas patrocinaram nos anos 80 e 90. Particularmente, sua versão consagrada pelo "Consenso de Washington", de 1990, consolidado pelo apoio do governo norte-americano (encabeçado por Bush pai), pelo Banco Mundial e pelo Fundo Monetário Internacional, e logo adaptado pelas demais organizações internacionais e regionais.

O "consenso" se apoiava em uma valorização exacerbada das políticas antiinflacionárias sustentadas por cortes de gastos públicos, altas taxas de juros e uma política de valorização cambial baseada em âncoras lastreadas pelo dólar. Buscava-se o equilíbrio das contas públicas por meio das privatizações, como forma de arrecadar fundos para o setor público, além de "melhorar a eficácia econômica" ao substituir as empresas públicas "mal-sucedidas" e "deficitárias", por empresas privadas "eficientes" e "eficazes".

Essas propostas de política apoiavam-se na corrente econômica dos novos clássicos, trazendo de volta para a economia o liberalismo conservador exacerbado do grupo de Mont Pèlerin, que se apoderou da Escola de Chicago e, depois, de grande parte do *establishment* acadêmico e do Prêmio Nobel da Economia, além de se incorporar aos governos de Margaret Thatcher, na Inglaterra e Ronald Reagan, nos Estados Unidos.

Tratava-se de um movimento mundial reacionário semelhante ao fascismo e ao nazismo dos anos 20 e 30, ou ao ambiente da *"belle époque"*, no final do século XIX e começo do século XX. São movimentos ideológicos e políticos que tentam reverter conquistas realizadas pelos movimentos sociais em períodos imediatamente anteriores. Apelam para as vantagens econômicas do livre mercado, para reverter essas conquistas, atribuindo à ação reivindicatória da classe trabalhadora a função de gerar imperfeições no mercado e no pleno funcionamento da economia.

Não afirmam a mesma coisa em relação ao capital. Em geral, utilizam sua força política momentânea para abrir espaço para o grande capital, com a desregulação econômica. Isso ocorreu no final do século XIX e no começo do século XX, quando se registrou o aparecimento dos trustes e cartéis nos Estados Unidos, ou o capital financeiro (fusão de grandes empresas e bancos), sobretudo na Alemanha.

Na Itália, nos anos 20, e na Alemanha, nos anos 30, o capitalismo monopolista de Estado se desenvolveu com forte influência militarista, associando o gasto público em ascensão (na Alemanha o gasto público chegou a representar 40% do PIB em 1937) com os grandes monopólios, particularmente aqueles ligados ao setor militar, como o célebre caso da Krupp.

A crise do *"mainstream"*

Nos últimos anos, viu-se um movimento crescente de oposição à hegemonia ideológica do neoconservadorismo ou neoliberalismo e de suas políticas. Tais mudanças se expressaram na derrota eleitoral dos conservadores nos Estados Unidos e na Inglaterra, e nas vitórias socialistas e social-democratas em toda a Europa e em várias outras partes do mundo. Passou-se a comentar a existência de uma "onda rosa", ou a formação de um movimento de "centro-esquerda" mundial.

Nas organizações internacionais, berço do neoliberalismo e do Consenso de Washington, começaram a aparecer focos de resistência. O governo japonês patrocinou, em 1993, o estudo denominado *O milagre do leste asiático*, no qual os tecnocratas do Banco Mundial foram obrigados a reconhecer o papel fundamental da intervenção estatal, mediante políticas industriais, no sucesso dos países do leste asiático.

A expansão do desemprego e das populações excluídas nos países centrais e, mais ainda, nos países em desenvolvimento, coloca na ordem do dia a questão do emprego. A OCDE, em particular, realizou um estudo muito detalhado sobre o desemprego. A reunião do "Grupo dos 7", em 1995, declarou o emprego como objetivo central do desenvolvimento.

Mais importante ainda foi o agravamento da crise africana. Na África, o fenômeno da fome, ampliado pela guerra civil, pela instabilidade política, pela criação de grandes massas de exilados e refugiados, colocou em xeque, sobretudo, o Banco Mundial e o FMI. Na década de 80, as políticas econômicas africanas foram totalmente subservientes aos programas de ajuste estrutural do Banco Mundial.

Em 1995, seus dirigentes tiveram de reconhecer, em uma auditoria interna, o fracasso quase total dos projetos do Banco Mundial na região. Mais ainda, tiveram de admitir que sua ênfase na privatização e no Estado mínimo impediu a consolidação dos Estados africanos recém-formados. Em conseqüência, esses países não dispuseram do agente econômico privilegiado para formular e aplicar as políticas de "ajuste estrutural", ou seja, os Estados nacionais.

As críticas se aguçaram em 1996 e 1997. Em 1998, veio o teste mais sério. O FMI foi chamado a intervir nas várias crises financeiras da década. Em todos os casos foi tomado de surpresa, pois os países em crise eram seus protegidos e seus melhores alunos. Quanto mais comportados, mais grave sua crise financeira. O caso do México, em 1994, foi exemplar. Mas as coisas se tornaram mais graves com a chamada "crise asiática", em 1997, a posterior "crise da Rússia", a crise brasileira em 1999 e, finalmente a crise argentina em 2002-2003. Não sobrou nenhum aluno aplicado.

Em todos esses casos, o FMI e o Banco Mundial têm responsabilidade imediata na crise. Em todos os casos, sua intervenção posterior à crise foi extremamente cara para seus contribuintes. Particularmente para o governo norte-americano, que não conta com reservas e excedentes fiscais para sustentar as políticas de controle das crises. A oposição a tais fundos cresce a cada dia no congresso norte-americano, de um lado, por parte dos conservadores e, de outro, por parte dos sindicalistas. Deve-se esperar, portanto, crescentes dificuldades para o apoio às políticas do Banco Mundial e do Fundo Monetário Internacional por parte desses países. Nos últimos meses, a crítica vem do próprio aparelho tecnoburocrático. Joseph Stiglitz, ex-vice-presidente *senior* do Banco Mundial e seu economista-chefe, nomeado anteriormente por Clinton como chefe de sua assessoria econômica, iniciou a nova etapa da autocrítica em um artigo publicado em janeiro de 1998.

Não se trata mais de críticas circunstanciais. Trata-se de uma crítica frontal ao Consenso de Washington, ao pensamento neoconservador e neoliberal, como os chamamos nos países latinos. Stiglitz estava particularmente preocupado em evitar que a crise asiática se transforme em uma crítica ao modelo do leste da Ásia, ao papel do Estado e às políticas industriais. Ele saiu em defesa dos avanços realizados nesses países. "Foram conquistas reais, afirma, não um castelo de areia: a expectativa de vida aumentou, a educação se expandiu e a pobreza foi reduzida, tudo isso acompanhado de grandes aumentos do PIB *per capita*".

O Consenso de Washington trouxe graves problemas para os lugares onde sua receita neoliberal foi aplicada. "O foco na liberalização dos mercados" – disse Stiglitz – "no caso do mercado financeiro pode haver provocado um efeito perverso, que contribuiu para a instabilidade econômica. Em termos gerais, a ênfase na abertura do comércio exterior, na desregulação e na privatização deixou de lado outros ingredientes importantes para construir uma economia de mercado efetiva, especialmente a competição (...) outros ingredientes essenciais ao crescimento econômico foram deixados de lado e pouco enfatizados pelo Consenso de Washington. Um deles, a educação, teve um amplo reconhecimento no seio da comunidade de estudiosos e técnicos do desenvolvimento. Mas outros, como a evolução tecnológica, ainda não receberam a atenção devida."

Aqui não é o lugar para analisar em detalhes essas críticas de tão eminente membro do aparelho de poder internacional. As críticas se Stiglitz se aprofundaram depois que deixou o Banco Mundial chegando a questionar muitos outros aspectos da ação do Banco Mundial, mas alcançou seu ponto mais alto ao chegar ao questionamento da própria ciência econômica[1]. São muitos os campos da polêmica em expansão, e são muitos os protagonistas do novo debate que recupera a validade da ciência econômica, invadida por verdadeiros farsantes nos últimos anos.

Chamamos a atenção para estas mudanças doutrinárias em curso. Devemos esperar novos desdobramentos deste debate e seus efeitos políticos na região. Na América Latina, produzimos um pensamento econômico e social de grande impacto mundial, que esteve sufocado pela ofensiva neoliberal. É hora de recuperar a continuidade desse pensamento e retomar os grandes temas de nossa ciência social.

O mundo das incertezas

A incerteza sobre a economia mundial aumenta a cada dia. Nos Estados Unidos, centro do sistema mundial, há de um lado uma corrente de teóricos que se deixou levar totalmente pelo êxito econômico da segunda metade da década de 90. Eles acreditaram que o crescimento sustentado de 1994 a 2000 anunciava o aparecimento de uma "nova economia" pós-cíclica baseada na inovação tecnológica permanente a partir das novas tecnologias da informação. De outro lado há uma corrente conservadora dos economistas que teme uma onda inflacionária em conseqüência do "aquecimento" da economia provocada pela manutenção do crescimento por seis anos consecutivos, o aumento célere da bolsa no mesmo período, a retomada da militância sindical e as pressões trabalhistas crescentes. Contudo, nada disso conduz a um aumento da inflação. Pelo contrário, as pressões inflacionárias baixaram enquanto a taxa de lucro e o emprego aumentaram.

De onde se origina o erro dos economistas conservadores? De sua noção estática do fenômeno econômico. Para eles, as variáveis econômicas tendem ao equilíbrio geral que se realiza quando as leis do mercado atuam livremente. Com maior ou menor sofisticação, sua concepção da economia se restringe a

[1] Estas críticas foram sistematizadas em parte em seu livro *Globalization and its discontents*, First Edition, Editora W. W. Norton & Company, INC., New York, USA, 2002.

essa lógica elementar, derivada dos princípios da mecânica clássica dos séculos XVII e XVIII!

Faltam-lhes pelo menos duzentos anos de história da ciência e do pensamento humano, que eles ignoram definitivamente, ainda que tenham passado por um certo polimento neopositivista do século XIX, ao assimilar alguns procedimentos deducionistas transformados por Masch, Popper e outros no "método científico". Lembremos, no entanto, que esse neopositivismo é uma atualização da obra de Kant, síntese do iluminismo do século XVIII. De fato, os mais avançados deles não ultrapassaram uma temática epistemológica do século XVIII.

Na realidade, a ciência vem rompendo com esta visão estática do conhecimento e da realidade desde o século XIX. A introdução dos fenômenos químicos e biológicos no universo vazio e estático da física newtoniana não permite manter o quadro teórico e metodológico do iluminismo.

Em seguida, o avanço das ciências históricas e sociais e a descoberta dos limites sociais e psicanalíticos do conhecimento possibilitaram o rompimento definitivo da ingenuidade epistemológica dos cientistas.

O ato de conhecer se faz cada vez mais complexo. O sujeito cognicente ganha carne e osso com Feuerbach, transforma-se em classes e grupos sociais com Marx, vê-se invadido pelo inconsciente com Freud, pelo papel da liberdade existencial com os existencialistas, ou vê-se imerso na intersubjetividade das teorias da comunicação atuais.

O objetivo da análise científica se faz complexo e histórico, enche-se de incertezas, não se pode estender fora de uma temporalidade cada vez mais claramente irreversível, como o ressalta Ilya Prigogine.

A irrelevância do formalismo

O que interessa ressaltar é o total desprezo que tem o *establishment* da Ciência Econômica por essa evolução do conhecimento científico. Daí sua incapacidade de analisar e prever o comportamento dos fenômenos econômicos. Suas construções teóricas mais puras não podem pretender realizar honestamente tais análises. No máximo, podem estabelecer o comportamento provável de certas variáveis, como os chamados *fundamentos* da economia. Estes seriam os princípios de uma boa "política econômica" (se é que numa economia neoclássica conseqüente há lugar para isso). São os fundamentos dos chamados "ajustes estruturais".

Para os economistas neoclássicos, isso se converte em uma espécie de polícia das principais variáveis macroeconômicas. Segundo eles, se há muito crescimento da atividade econômica, haverá aquecimento e conseqüente inflação. Os mecanismos reguladores (que mudam segundo a moda e os últimos modelos) são então chamados a operar. Nas décadas de 80 e de 90 a moda se concentrou na taxa de juros, devido ao compromisso crescente do *establishment* profissional com o sistema bancário (basta dizer que os prêmios Nobel de economia são outorgados e gerenciados pelo Banco Central da Suécia).

Eis a razão para os bancos centrais pressionarem constantemente para que se aumente a taxa de juros. Alan Greenspan, conservador típico no comando do Federal Reserve Bank dos Estados Unidos – FED –, gostaria de ter colocado em prática essas recomendações durante os anos 90. Mas as variáveis econômicas não se ajustam às previsões de comportamento propostas pela "teoria" hegemônica. Apesar do crescimento da produção, do emprego e da ação estatal, do "aquecimento" da bolsa e de um pequeno aumento salarial, as variáveis chaves para determinar a saúde da economia e avaliar os chamados "fundamentos" continuam firmes. O gigantesco déficit público se converteu em superávit da economia norte-americana! E a razão principal foi... a queda vertical da taxa de juros, que a cada dia elevava os gastos públicos com o pagamento do serviço de uma dívida pública incontrolável. Mas a queda da taxa de juros, que havia sido mantida na estratosfera porque os "teóricos" econômicos asseguravam a necessidade de fazê-lo para conter a demanda e, conseqüentemente, a inflação, não resultou num aumento desta: pelo contrário, levou-a a uma dramática baixa!

É inacreditável como não aprenderam nada com esses acontecimentos! Continuaram exigindo aumento da taxa de juros para conter a inflação que, no entanto, diminuía. Será que uma visão epistemológica menos ingênua não nos poderia explicar esse comportamento aparentemente irracional?

Será que o raciocínio teórico e a prática desses profissionais não estão a serviço de certos interesses sociais que lhes garantem o reconhecimento profissional e o destino de suas carreiras? Será que sua objetividade científica não está comprometida pela própria qualidade de seu aparelho conceptual, que lhes impede de perceber a realidade econômica em toda a sua complexidade histórica, social e política?

Essas perguntas talvez nos ajudem a entender os limites de tais propostas "científicas" e nos alertam sobre a necessidade de uma metodologia de análise mais complexa e mais rigorosa. Vejamos o que passou entre 2000 e 2003. O comportamento do FED neste período é paradigmático. Para seguir suas concepções conservadoras o FED conseguiu finalmente elevar a taxa de juros em 2000, alegando a "ameaça" representada pelo aumento do preço do petróleo como um grave perigo inflacionário. Conseguiram quase dobrar a taxa de juros em alguns meses (de 3,5% para 6,5%) para "desacelerar" a economia e permitir-lhe um pouso adequado no mundo do livre mercado restaurador do tão desejado "equilíbrio" econômico.

De fato, conseguiram baixar a taxa de crescimento. Mas não puderam controlar o chamado "pouso" conduzindo a economia mundial a uma perigosa ameaça recessiva. Já na metade de 2001, Greenspan iniciava uma forte pressão sobre os conservadores presidentes dos bancos centrais europeus para realizarem, em conjunto com os Estados Unidos, uma baixa drástica da taxa de juros.

Desta forma, um ano e pouco depois se iniciaram a aventura do aumento da taxa de juros, as autoridades monetárias se viam obrigadas a baixa-lo. Mas não aos níveis anteriores que, segundo eles, eram inflacionários. Agora tinham que baixa-las muito mais do que a "perigosa" faixa anterior. Nos Estados Unidos o FED baixou em cerca de 10 meses a taxa de juros de 6,5% a 12,5%. Na Europa, o conservador Banco Central Europeu, muito a contragosto, baixou-a de 3,6% a 2,6% em poucos meses. No Japão ela já é negativa desde 2000 quando chegou a 0,2% (na verdade, uma deflação posterior elevou automaticamente a taxa de juros real).

Este episódio é paradigmático para demonstrar quão às cegas operam estes economistas e sua "ciência". Por sorte os Bancos Centrais não podem isolar-se totalmente do clamor público e terminaram por adotar uma política contrária a seus preconceitos "científicos". É verdade que neste reconhecimento dos fatos jogam um papel especial as ambições eleitorais do novo presidente eleito com a minoria dos votos presidenciais. George W. Bush se encontra obcecado pela idéia de que uma economia recessiva não permitirá sua reeleição.

A recuperação da economia norte-americana é a chave da recuperação da economia mundial. A queda das taxas de juros nesse país é um fato extremamente favorável para a recuperação. Afirmá-la no centro, o que inclui a Europa e o Japão (pressionado para aumentar suas taxas de juros e, ao mesmo tempo, seus gastos públicos, além de estimular o crescimento com um conjunto de medidas confusas e contraditórias), poderia ter um efeito positivo na periferia e na semiperiferia, pois, nessa zona do mundo, ainda predominam as pressões pelos altos juros pagos basicamente pelos Estados Nacionais, cada vez mais debilitados pelos "ajustes estruturais" impostos pelo Banco Mundial e pelo FMI.

Talvez a teoria econômica pudesse se reformar e ajudar esses países a escapar da armadilha maldita que os debilita cada vez mais. Talvez isto seja possível no momento atual, quando todos os "milagres" do ajuste estrutural e dos bons "fundamentos" econômicos fracassaram. No México de Salinas, no Brasil de Fernando Henrique Cardoso, na Rússia de Yeltsin, no Peru de Fujimori, na Argentina de Menem, depois de auges econômicos artificiais só se viu o desastre econômico, humano e social. Sem falar do campo de experimentação mais submisso e ortodoxo ao Banco Mundial e ao FMI que foi a África subsaariana, convertida em zona de fome.

Os fatos indicam que é necessário que a teoria econômica mude com urgência, para nos ajudar a gerenciar as incertezas de nosso tempo.

Educação e tempo livre

A Unesco realizou no começo do século XXI um encontro internacional sobre educação, no qual se constatou que o ensino básico ainda é a chave dos projetos de desenvolvimento do "antigo" Terceiro Mundo, mas a educação universitária universal é uma realidade só no "primeiro" mundo. O objetivo talvez possa ser retomado nas desarticuladas economias socialistas européias, hoje chamadas de economias e sociedades "de transição", se elas superarem os devastadores efeitos das reformas neoliberais e encontrarem um caminho de desenvolvimento equilibrado e democrático.

Mas a educação não é a única forma assumida pelo tempo liberado das necessidades da produção pela revolução tecno-científica. É seguramente seu resultado mais revolucionário, pois organiza o tempo livre em uma nova estrutura institucional que apresenta uma vocação não só de reprodução do conhecimento já alcançado pela humanidade, mas também se converte em um organizador da produção de novos conhecimentos. A universidade teve um papel crescente no desenvolvimento da pesquisa e da ciência. Atualmente, as empresas criam seus próprios centros de pesquisa não somente em aplicação e desenvolvimento de produtos, mas também em ciência pura e influenciam dramaticamente a produção de conhecimentos, dos símbolos culturais e dos valores humanos.

Está claro, então, que a humanidade tem de elaborar metas bem definidas de desenvolvimento e organizar as oportunidades oferecidas pelo avanço de seu domínio sobre a natureza. Sobretudo quando esse "domínio" aumenta a responsabilidade humana sobre a conservação e a implementação do ambiente em que ela vive.

Não há dúvida de que a dimensão ambiental elevou a questão do desenvolvimento a novos níveis e deve fazer parte essencial de uma nova agenda mundial. Ela se articula profundamente com a diminuição da jornada de trabalho, o aumento do tempo livre e o papel especial da educação na preparação do novo mundo.

Não se pode esquecer, contudo, da questão da generalização, para todo o planeta, da capacidade produtiva gerada pela humanidade nos últimos 300 anos de revolução industrial.

É uma questão diretamente associada à distribuição da renda no planeta, particularmente nos países que foram objeto de colonização. Só ela permitirá romper os limites do desenvolvimento e oferecer um caminho de auto-realização a estes povos.

Exclusão social e pobreza como problemas

Os neoliberais nos quiseram fazer acreditar que o enorme avanço tecnológico gerado nos últimos anos não pode ser apropriado por esses povos e transformado em instrumento de desenvolvimento. De um lado, querem condenar ao desemprego e à exclusão social grande parte da população nos países desenvolvidos. De outro lado, querem conduzir os dependentes e subdesenvolvidos à exclusão socioeconômica absoluta e permanente.

Trata-se de gerar uma política de acomodação e melhoria da pobreza. Até agora essa política traduziu-se em excelentes empregos para "especialistas" no tema, regiamente pagos pelas organizações internacionais. Mas nos países que aceitam suas políticas fracassadas, não se produziu nenhuma mudança qualitativa importante no nível da pobreza, apesar do aumento de estudos sobre o tema.

Essa é outra armadilha do neoliberalismo nos últimos anos, mas que, com uma nova e correta perspectiva mundial, certamente deverá ser desmoralizada. Segundo esse pensamento, não há recursos disponíveis para nada. Isso é incrível, quando há vários trilhões de dólares circulando livremente no setor financeiro. Mas este é exatamente o problema. As massas de ativos financeiros supervalorizados são remuneradas por altas taxas de juros, pela especulação bancária e por outros mecanismos que concentram a renda nas mãos do setor financeiro. As várias crises financeiras que vivemos desde 1987 até o presente não conseguiram desvalorizar maciçamente estes excedentes financeiros. E a razão básica para esta dificuldade é a intervenção estatal sistematicamente a favor da sobrevivência deste mundo financeiro sobredimensionado. São as colossais dívidas públicas estimuladas no período que sustentam estes impérios de papéis e valores superinflados.

Crise e capital financeiro

A essência da crise atual é a derrubada dessas rendas artificiais. Desde 1987 que as remunerações desses ativos e seu valor tendem a cair, mas os governos intervieram sistematicamente para salvá-los. Seguramente, estamos chegando a uma fase final da questão. Se os governos vão continuar a intervir para defender os clientes desses especuladores terão de se impor três limites:

- Quando sua intervenção for muito alta, deverão assumir esses ativos, como no caso do Long Term Bank of Japan;

- Quando sua intervenção for mais estratégica, deverão impor fortes regulamentações cambiais e assumir uma intervenção direta com moratória explícita, como na Malásia e na Rússia;

• Quando for necessário restringir este aparelho financeiro a dimensões compatíveis com sua função de financiamento do desenvolvimento, será necessário aceitar a quebra de muitas empresas do setor (como na Rússia e, talvez, no Japão), diminuir o custo do dinheiro para os Estados e reduzir a dimensão da dívida pública.

Essas reformas são grandes e drásticas. Mas abrirão caminho para uma retomada do crescimento, e ditarão os termos de uma nova agenda mundial pelo desenvolvimento de uma clara orientação pós-neoliberal.

A crise da ideologia neoliberal

Uma das características mais negativas do movimento ideológico que inspirou a retomada conservadora do liberalismo clássico – o neoliberalismo – é a descrença na capacidade humana de produzir seu futuro.

O objetivo final das políticas econômicas neoliberais é alcançar o equilíbrio das variáveis macroeconômicas. O equilíbrio é um fim em si mesmo. Assegura o funcionamento pleno do mercado que, por sua vez, é uma espécie de estado ótimo da vida humana, no qual as instituições se ajustam à natureza humana.

O neoliberalismo nega sistematicamente o papel do planejamento, da autoconsciência coletiva voltada para o alcance dos fins que a humanidade se propõe. O ceticismo de seus teóricos diante desses valores, desejos e vontades é radical.

Chegamos assim a uma Humanidade sem objetivos nem tarefas; sem valores que transcendam o alcance da felicidade através do equilíbrio entre seus impulsos fundamentais para alcançá-la e a obtenção dos meios ótimos para realizá-la. Os instrumentos passam assim para o primeiro plano em todos os aspectos da vida.

Uma das teses mais queridas do neoliberalismo é o fim das ideologias, o fim da história, a racionalidade ou a adequação definitiva dos meios aos fins, o pleno desenvolvimento da ciência objetiva e instrumental que prescinde definitivamente dos valores e se concentra totalmente no desenvolvimento de um instrumental neutro.

Nada mais tedioso do que essa proposta. Nada mais limitador e destrutivo, moral e emocionalmente. Fica ainda mais grave quando se percebe que só é possível alcançar o equilíbrio em pauta para um setor restrito da população mundial. O equilíbrio, quando é alcançado, é localizado, e só se efetiva se ignorar o destino de massas enormes de excluídos nos centros da economia mundial e, particularmente, nas zonas periféricas. E não há nenhuma força ou razão para que esse equilíbrio, já em si discutível, se generalize para todo o planeta.

Uma das características mais negativas do pensamento neoliberal é a de nos fazer acreditar que os avanços da revolução tecno-científica – que desestrutura permanentemente a ordem social existente – é uma ameaça permanente a esse equilíbrio quase "natural" que seus adeptos defendem.

Os conservadores querem garantir uma ordem social ultrapassada e, por isso, chocam-se com o avanço tecnológico. Veja-se o caso do desemprego chamado "estrutural". As soluções conservadoras negam qualquer relação entre o crescimento da produtividade gerado pelo desenvolvimento coletivo da ciência e da tecnologia e a jornada de trabalho. Sua contestação à teoria do valor é total; chegam a ponto de ignorá-la sistematicamente, como algo metafísico, o que os impede de estabelecer qualquer vínculo entre o aumento da produtividade, a jornada de trabalho e a taxa de exploração.

No entanto, essa relação é fundamental para a compreensão do verdadeiro sentido revolucionário do desenvolvimento das forças produtivas da humanidade. Trata-se da liberação do ser humano da necessidade do trabalho repetitivo para superar a sua sobrevivência imediata. Só que a liberação – na sociedade capitalista, baseada na venda livre da força de trabalho e nas sociedades pós-capitalistas, baseadas no trabalho socialmente dirigido – requereria a regulamentação do tempo de trabalho dividido em jornadas diárias, muito superiores às necessidades criadas pelo desenvolvimento tecnológico e a produtividade crescente.

Mudanças tecnológicas e tempo livre

Para que o avanço tecnológico e o aumento da produtividade possam se traduzir em diminuição do peso do trabalho sobre cada trabalhador é necessário mudar as condições de venda da força de trabalho. É necessário que cada trabalhador venda uma proporção menor, ou seja, venda-a em um espaço de tempo menor, reservando para si mesmo o resto de seu tempo diário. Os sindicatos e os partidos trabalhistas têm essa missão e alguns liberais os apoiaram historicamente nesta reivindicação.

O aumento do tempo livre é a essência mesma dessa revolução técnico-científica. O tempo livre de crescentes massas de indivíduos é que gera o cidadão moderno e as instituições da modernidade.

A mais importante delas é a educação crescente e permanente. Até o começo do século XIX, não era uma obrigação ter uma educação formal e nem havia instituições voltadas para esse objetivo. Durante o século XIX, consolidou-se o ensino primário ou básico como objetivo mínimo para uma sociedade e uma economia cada vez mais dependentes da leitura dos livros, dos jornais e de uma variedade de novos meios de comunicação escrita.

O século XX viu o ensino secundário se desenvolver e se fazer universal em vários países, depois da Segunda Guerra Mundial. A incapacidade de algumas sociedades de estabelecer estas metas é seguramente um dos componentes essenciais do subdesenvolvimento, do atraso e da miséria. Fica cada vez mais claro que este desajuste entre o avanço tecnológico e sua distribuição na forma de tempo livre está associado à manutenção das desigualdades sociais e seguramente é uma de suas causas principais.

Neoliberalismo e capital humano

Uma das "descobertas" progressistas das pesquisas sobre o capital humano e a economia da informação que foram postas em moda pelos novos clássicos é estabelecer uma forte correlação entre o grau de educação, da distribuição de renda e do desenvolvimento econômico. O grave inconveniente desses trabalhos é sua incapacidade ideológica de articular corretamente a corrente causal. Segundo eles, a ausência de educação gera a desigualdade e não, como ocorre na realidade, a desigualdade social é que gera a ausência de educação. Para esses teóricos a revolução inglesa, a revolução francesa, o shogunato no Japão, a reforma agrária no México e sua relativa frustração, as reformas agrárias no Japão, na

Coréia do Sul, em Taiwan, na China, etc. não são os precedentes históricos de vastos processos de distribuição de renda e educacionais. No entanto, esses processos revolucionários explicam o avanço da cidadania e o papel crescente da educação nestas sociedades.

A revolução técnico-científica, que se iniciou durante a Segunda Guerra Mundial e cujo desenvolvimento se liga à derrota histórica do nazismo nessa guerra, prossegue hoje sua marcha para aumentar o tempo livre da humanidade. Nas décadas de 80 e 90, uma nova onda de inovações liberou horas e horas de trabalho, que se converteram em desemprego devido às instituições arcaicas em que se desenvolvem essas forças revolucionárias.

De fato, depois da Segunda Guerra Mundial, o ensino superior se converteu em parte normal da vida humana nos países centrais e nos países socialistas. As nações recém liberadas do colonialismo também estabeleceram metas de desenvolvimento universitário, mas não conseguiram generalizá-lo.

O importante é assinalar que a presente onda de transformações socioeconômicas estará marcada pela meta da universalização do ensino universitário. O presidente Clinton apresentou esta meta para os EUA no plano imediato, em seu discurso sobre "O Estado da União" de 1998. A Europa e o Japão deverão seguir essas metas.

Enquanto isso, a campanha pela diminuição da jornada de trabalho para 35 horas semanais se generaliza na Europa, transformando-se em lei na França e na Itália, e logo se expandindo por toda a região. Na mesma direção, Oskar Lafontaine propôs a diminuição da idade de aposentadoria de 65 para 60 anos, seguindo o mesmo caminho inevitável, barrado até o momento pela hegemonia neoliberal que conduziu à sua demissão.

Os fatos políticos e ideológicos transformam-se assim muito rapidamente, mudando drasticamente a agenda econômica e política internacional.

7. GLOBALIZAÇÃO E CIÊNCIA ECONÔMICA – APONTAMENTOS SOBRE MUITOS EQUÍVOCOS E SUAS REPETIÇÕES

Este trabalho defende a tese de que a ciência econômica, sob a forma do "*mainstream*" neoliberal se converteu em um obstáculo para a compreensão do sistema econômico mundial.

Suas recomendações buscam limitar o crescimento econômico nos países centrais e lança as zonas dependentes em grande crise. Isto acontece num momento de grande potencial de crescimento, uma nova fase *a* dos ciclos longos de Kondratiev baseada nas inovações geradas pela revolução técnico-científica. Compare a ciência econômica atual à Escolástica medieval que se converteu no principal obstáculo para a grande ofensiva modernizadora iniciada no Renascimento.

A nova escolástica

Parece que o tema do crescimento econômico retornou ao centro do pensamento e a prática econômica. Todos os dias os investidores dos países centrais e periféricos, particularmente os latino-americanos, aguardam as estatísticas do crescimento da economia norte-americana.

Paradoxalmente, no ano de 2000, os senhores das finanças queriam notícias desfavoráveis ao crescimento. Eles desejavam uma "aterrissagem suave" da economia norte-americana num nível mais baixo de crescimento. E por que? Porque a "teoria" econômica neoliberal afirma que crescimento gera pleno emprego e o pleno emprego gera inflação. Mais ainda: esta "teoria" econômica elevou (na fase "b" do longo ciclo do pós-guerra) a taxa de pleno emprego para 6% ou 7% de desempregados. Mas em 2000 os EUA tinham somente 3,7% de desempregados!

O leitor se perguntará: mas seguramente há vastos estudos científicos por trás destas afirmações? Eu posso dizer tranqüilamente que não há. Estas teses se fundamentam em argumentações lógicas com alguma ilustração matemática. Da mesma forma que os escolásticos medievais provaram a Cristóvão Colombo que a Terra não poderia ser redonda ou a Galileu que a Terra não pode girar ao redor do Sol com argumentos logicamente incontestáveis, estes economistas "provam" que menos de 6% de desemprego provoca uma terrível inflação.

Quando a economia norte-americana chegou a 3,7% de desemprego com diminuição da inflação, vocês sabem o que fizeram? Não questionaram para nada o seu aparato "teórico". Simplesmente mudaram a taxa mínima de desemprego para 3,7% e exigiram aumento da taxa de juros porque então sim a economia chegara à mais baixa taxa de desemprego. Com menos de 3,7% não se poderia impedir a inflação!

Se estes senhores usassem sua pretendida atividade científica para exercícios literários, tudo estaria bem. Mas eles influenciam políticas estatais e os agentes econômicos, formam a cabeça dos novos economistas e desperdiçam recursos humanos que poderiam produzir trabalhos mais interessantes para a humanidade.

Em sua análise das ondas longas, Kondratiev constatou a existência de ciclos de 50 a 60 anos compostos de uma fase *a* na qual predominam os anos de crescimento econômico com uma duração de 25 a 30 anos e uma fase *b* com predomínio de anos recessivos ou de baixo crescimento, de igual duração. Veremos este tema mais em detalhe na 3ª parte deste livro.

O progresso da humanidade no Renascimento dependeu vitalmente da derrubada da hegemonia do pensamento escolástico sobre o Ocidente Europeu. Da mesma maneira, o progresso da humanidade na atual fase de desenvolvimento econômico mundial depende da derrubada do pensamento econômico neoclássico em sua versão ultraliberal.

O progresso não parece ser uma tarefa difícil. Veja o caso do surgimento do superávit fiscal de aproximadamente 200 bilhões de dólares nos Estados Unidos no ano de 2000, depois de anos de déficit fiscal criado pelos gastos dos neoliberais em recursos de guerra e no pagamento de altos juros da dívida pública.

Os democratas, com apoio da maioria da população, propuseram utilizar este superávit para melhorar o sistema de previdência social (que os neoliberais mostraram à sociedade que não poderia continuar existindo por falta de fundos). Quando estes fundos sobraram, devido ao abandono dos gastos ociosos que os conservadores impuseram ao país, estes propõem e conseguem diminuir os impostos e fazer desaparecer estes excedentes. O senhor Bush conseguiu reverter o superávit deixado por Clinton criando um déficit fiscal em torno de 200 bilhões em 2003, que pode chegar a níveis astronômicos com a guerra do Iraque.

Com que argumento? Não invocam a sua verdadeira razão, que é a defesa aos interesses dos ricos, que desfrutarão os benefícios dos cortes de impostos. Eles alegam que os cortes de impostos que favorecem os mais ricos e fortalecem os investidores garantem o crescimento. Por outro lado, querem deter a todo custo o crescimento econômico resultante da política de Clinton que abandonou suas receitas recessionistas. De fato, os anos de hegemonia neoliberal com Reagan e Bush mostraram que os cortes de impostos, sobretudo dos ricos, levaram somente ao déficit fiscal, à diminuição do crescimento e à crise recessiva que em outubro de 1987 e em 1989 a 1991 derrubou a economia norte-americana levando à queda de Bush e dos republicanos.

Atualmente vemos Bush filho retomar as mesmas políticas no meio de uma recessão econômica grave provocada pelas políticas restritivas do Banco Central norte-americano, que tenta agora consertar o desastre provocado por ele ao reduzir drasticamente a taxa de juros.

Recomendações para as colônias

Estes interesses e preconceitos "científicos" disfarçados de ciência econômica são ainda mais graves quando recaem sobre economias mais limitadas e sofridas, como as dos países dependentes e subdesenvolvidos, ou, para estar bem com o atual inexplicável otimismo, economias em desenvolvimento ou "emergentes".

Opor-se ao crescimento em tais circunstâncias é simplesmente um crime. Contudo, esta é a orientação do FMI e das equipes econômicas "ultracompetentes" que assolam nossos governos.

Cercados de miséria por todos os lados, continuam insistindo que o problema de nossos países é o excesso de demanda e seus efeitos inflacionários. Mas vivemos uma época deflacionária! Como vimos todas as equipes econômicas se beneficiaram da tendência mundial à deflação que derrubou todas as hiperinflações do mundo na primeira metade dos anos 90.

Todos atribuíram às suas políticas econômicas o controle de uma inflação que espontaneamente caía no mundo todo, apesar dos déficits comerciais e fiscais que estas equipes geraram durante a década de 90, ao adotar altas taxas de juros e excessivas valorizações cambiais. De fato, poderíamos dizer que a onda deflacionária mundial era tão forte que provocou quedas da inflação *apesar* das políticas econômicas recessivas apoiadas pelo Consenso de Washington e pelo FMI, como o veremos mais detalhadamente nas duas partes finais deste livro.

Todos sabemos que moedas supervalorizadas, como praticaram Salinas até 1994 e o Plano Real de Fernando Henrique Cardoso, até a queda de janeiro de 1999, provocam pressões inflacionárias.

Sabemos também que um aumento da dívida pública em 10 vezes em 7 anos, como aconteceu no Brasil de Cardoso, é uma terrível bomba de tempo que termina explodindo através de violentas pressões inflacionárias, como ocorreu no Brasil a partir de 2002.

Contudo, as políticas de desvalorização cambial não provocaram inflação e, ao contrário, estiveram associadas a períodos de controle inflacionário. Depois das desvalorizações cambiais, estas equipes foram surpreendidas pelos efeitos positivos de uma mudança mais equilibrada. Em vez de revisar seus conhecimentos de economia, se vangloriaram de sua capacidade de provocar fenômenos totalmente contrários às suas previsões.

Quando o então candidato à presidência do México, Fox, propôs uma taxa de crescimento do produto bruto de 6 a 7% riram dele, de sua ingenuidade e desconhecimento da economia. Nas vésperas das eleições, se apressaram em divulgar o aumento das taxas de crescimento do México para 6,7%. Hábil, Fox os respondeu com uma pergunta: de que vocês se vangloriam? Não era impossível?

Contudo, apesar de seus evidentes fracassos, estes senhores não perdem o respeito que os meios de comunicação e a opinião pública oficiosa mantém em suas artes de feiticeiros. O Fox presidente os manteve no poder, apesar de seus grosseiros erros de política econômica e suas falsas previsões. No primeiro ano de seu governo, o PIB caiu drasticamente.

Foi convencido o candidato fogoso que acreditava no crescimento, que a recessão é o melhor caminho para derrotar uma inflação já derrotada, não por eles senão pela desvalorização de ativos mundiais, pela queda do preço de *commodities* (exceto em parte o petróleo, o que é bom para o México), pela queda dramática dos preços de produtos manufaturados, etc.

As possibilidades históricas se chocam com a teoria

Vemos, portanto, que os setores interessados no crescimento econômico numa fase histórica extremamente favorável ao mesmo, pois nos encontramos numa fase *a* do ciclo de Kondratiev, como vimos afirmando desde 1993, contra todo um aparato pretensamente teórico que negava o crescimento da economia norte-americana, falando do rompimento de uma bolha financeira que se havia explodido em 1987, ou de um limite inflacionário determinado pelo pleno emprego, cujos limites foram caindo ano a ano.

É hora de dizer incisivamente: a humanidade pode resolver alguns de seus problemas milenares na atual fase de desenvolvimento das forças produtivas. Para isso deverá empregar maciçamente sua capacidade de ampliar sua base tecnológica através de inovações cada vez mais radicais, baseadas na robótica e nas novas fases da revolução técnico-científica, como a engenharia genética, o laser, os novos materiais, a biotecnologia, etc.

O que bloqueia estes avanços é a conservação de relações de produção atrasadas que impedem o pleno desenvolvimento econômico e a aplicação de políticas industriais que favoreçam o crescimento. São as idéias já superadas que se opõem à diminuição da jornada de trabalho, à distribuição mais justa das riquezas, à utilização dos excedentes a favor do desenvolvimento social, à hegemonia de uma cultura planetária mais solidária e pluralista, baseada no respeito das potências econômicas a cada civilização, a cada cultura local ou nacional.

Cercada de miseráveis e orientada por uma "ciência" econômica destinada a provar a necessidade da miséria, a humanidade encontra-se, como na Baixa Idade Média, contida em seu potencial transformador e revolucionário. Façamos como Colombo, desafiemos os teólogos do atraso. É como romper a ponta da casca de um ovo e ele ficará de pé.

A verdadeira origem dos erros sistemáticos de análise da economia mundial se encontra no universo teórico gerado pela ortodoxia da ciência econômica. Pode-se confirmar esta tese ao constatar as ameaças de novas situações muito delicadas como conseqüência dos erros passados.

Por um lado os Estados Unidos apresentaram uma forte tendência ao crescimento, sem inflação e com diminuição significativa do desemprego na década de 90. Contudo, este comportamento da economia norte-americana que se manteve aproximadamente oito anos não estava de acordo com a teoria econômica ortodoxa. Segundo estas teorias, a manutenção de altas taxas de crescimento e a tendência ao pleno emprego já deveria ter gerado fortes pressões inflacionárias, apesar de que este crescimento esteve associado à formação de um superávit fiscal, o que coloca de cabelos em pé os economistas keynesianos, membros agora desprezados, do "*mainstream*".

Frente ao desmentido dos fatos a esta interpretação fracassada da teoria econômica oficial, o que deve mudar é a realidade não a teoria. Pelo menos esta é a atitude dos presidentes de bancos centrais. Na cabeça deste comportamento se encontra, o presidente do *Federal Reserve Bank* dos Estados Unidos, o Sr. Alan Greenspan. Para justificar os aumentos da taxa de juros pagas pelo Fed em circunstâncias de uma inflação controlada, este "mago" das finanças nos falou de uma inflação secreta. Com isto se justificava a contenção do crescimento da economia norte-americana através do aumento absurdo da taxa de juros em 2000.

O mais grave é como a imprensa internacional e grande parte do conservadorismo norte-americano saudou o "êxito" do FED em deter o crescimento norte-americano, em aumentar o desemprego, em diminuir a construção de novas casas e assim por diante. Parecia que a função da ciência e das políticas econômicas é gerar desemprego e miséria.

Em nome de que base teórica ou empírica podem estes senhores intervir tão poderosamente na economia e saudar as misérias por eles impostas à população? Em que manual de economia e em que trabalho teórico significativo existe este conceito de inflação secreta? Como a medimos? Como a combatemos?

É natural, portanto, que até setores conservadores se pronunciassem contra esta decisão reacionária e criminosa de aumentar a taxa de juros sem sérios sinais de inflação, inclusive o aumento do preço do petróleo foi absorvido sem grandes efeitos inflacionários.

Já vimos as conseqüências negativas desta decisão e as tentativas de correção invertendo a política e baixando drasticamente a taxa de juros.

Outra vez seus efeitos nas economias dependentes

Como vimos, é mais grave, contudo, a aplicação destas "teorias" nos países por eles chamados "em desenvolvimento" ou "emergentes". Tomemos o caso do Brasil, país com um potencial de crescimento econômico invejável, contido há 20 anos pela transferência maciça de seus excedentes para o exterior em forma de pagamento de juros, remessas de lucros e outros mecanismos de especulação, como o veremos adiante.

As políticas oficiais não podem, contudo, conter uma economia informal em expansão todos estes anos, na qual se incluem o contrabando, o tráfico de drogas e os vários tipos de crime organizado, como os seqüestros, os jogos de azar, etc.

Mas a imprensa internacional se dedicou a confirmar as previsões oficiais de uma recuperação do crescimento no Brasil no ano de 2001. Estas não ocorreram. Apesar de uma recuperação do crescimento do PIB em 3,7%, em 2000 as exportações não se recuperaram. Pelo contrário, diminuíram em valor absoluto. E somente não aconteceu uma crise cambial mais grave devido à diminuição dramática das importações, também em termos absolutos. Em conseqüência, o Brasil diminuiu ainda mais, em 2002, sua participação no comércio mundial. O interessante é o desprezo pelos dados. Um país que tem diminuído a sua participação no comércio mundial, desde 1994, é apresentado à opinião pública e ao setor bem remunerado da profissão de economista como um exemplo de equilíbrio cambial e de êxito comercial!

Para neutralizar o déficit comercial (que havia aumentado drasticamente entre 94 e 98) o pequeno superávit que se conseguiu em 99 (que só foi possível através da diminuição das importações) não foi suficiente. As melhoras posteriores só foram possíveis devido à recessão. O corte de renda aliado ao aumento do dólar gerou finalmente um superávit comercial em 2002 que continua em 2003. Ao mesmo tempo se recorreu e ainda se recorre a taxas de juros absurdas para pagar uma dívida pública gerada exclusivamente para atrair dólares do exterior, ingressados no país através de facilidades absurdas.

Para compreender o efeito desta política, basta dizer que não houve aumento de gastos em nenhuma atividade do setor público em todos estes anos. Os salários dos servidores públicos estão congelados desde 1994. Desde então não se realizou uma só mudança significativa na infraestrutura ou em qualquer setor. Somente se venderam empresas públicas gerando assim alguma renda para o Estado prontamente utilizada para pagar o serviço da dívida. Outra prova da ausência de gasto público é a manutenção e aumento do superávit fiscal primário (entradas e saídas, exceto pagamento de juros), outra vez com o objetivo de pagar o serviço da dívida pública.

O mais dramático deste quadro é que a dívida pública crescente de 61 bilhões de reais em 1994, quando se iniciou o Plano Real, para 850 bilhões em 2003, segundo dados oficiais.

Como é possível aumentar de maneira tão espetacular a dívida pública enquanto se gera um superávit fiscal primário, se cortam gastos e se aumentam as entradas fiscais?

A razão se encontra em certos manejos da "teoria" econômica ao serviço de interesses inconfessáveis. O argumento é mais ou menos assim: precisa-se de moeda forte ou uma âncora cambial para deter a inflação; isto provoca déficit cambial. Para cobrir o déficit é necessário importar capitais de curto prazo, e a única maneira de fazê-lo é através da venda de títulos públicos de curta duração e altíssimas taxas de juros.

Estas taxas de juros são calculadas da seguinte forma: devem ser iguais à taxa de juros internacional (com o aumento imposto pelo FED, em 2000, a "llbor" esteve em torno de 6% ao ano, hoje em dia, com a queda dramática da taxa de juros nos Estados Unidos, ela está em torno de 1,7% ao ano), a qual se soma um dado subjetivo que se traduz em um tremendo aumento da taxa de juros, trata-se dos custos correspondentes ao "risco" de investir em um país emergente (contudo destes "riscos" este país conseguiu pagar ao capital especulativo internacional, em 1995, os 52% da taxa de juros, em títulos públicos dos mais sólidos no mundo, com uma moeda perfeitamente estável e uma inflação já baixa e em queda).

Quando a taxa de juros americana estava em 6,5%, a taxa de juros básica imposta pelo Banco Central do Brasil era de 18,5%, depois da queda dramática da taxa de juros norte-americana para 1%, a taxa de juros imposta pelo Banco

Central do Brasil 26,5% . Assim se desmascaram a cada dia os modelos formais que se usam de acordo com as circunstâncias e o grau de esperteza dos tecnocratas que gerenciam o Estado.

Os leitores devem acreditar que estou exagerando. Às vezes eu também creio. Não parece possível uma coisa assim. Mas desgraçadamente é verdade. E os responsáveis por esta política continuaram em sua maioria no poder até o final do governo FHC. E são considerados uma equipe de grande competência técnica que implantou a "responsabilidade" fiscal do Brasil (!).

Como pode ser que os responsáveis por desequilíbrios fiscais, financeiros e cambiais de tal montante possam ser elogiados como rigorosos defensores dos "fundamentos" da economia? Este é um mistério que somente pode explicar-se se mudamos nossa análise para o plano dos interesses econômicos e políticos e de como as afirmações consensuais são formas disfarçadas de garanti-los. Mas é necessário agregar o descalabro a que chegou a ciência econômica para permitir que tais "modelos" analíticos possam implantar-se e serem aceitos por vastos setores profissionais.

Ciência econômica e criminalidade

Que seriedade podemos atribuir a conceitos pretensamente econômicos como o chamado "risco Brasil" que explicava em 1994-1995 uma taxa de juros de 52% ao ano, com uma inflação de aproximadamente 8% no mesmo ano? Como se calcula este risco? Quais são os seus componentes e como se mede a incidência dos mesmos? Contudo, estimados leitores, foram transferidos bilhões de dólares a investidores de todo o mundo em nome da competência técnica dos formuladores de tais charlatanearias, e o povo brasileiro sofre até os nossos dias com as conseqüências destas decisões.

Lamento ter que estabelecer a questão nestes termos criminais. Mas esta é a posição da procuradoria pública do Brasil. Entre os vários casos destacados temos o da desvalorização do real em janeiro de 1999. O então presidente do Banco Central fez operações em dólares com o preço antigo com, pelo menos, três empresas financeiras entre as quais uma que estava ligada a ele, amigos e familiares.

O presidente do Banco Central, nesta época, era um destacado economista do grupo da PUC do Rio que assumiu o poder com a adoção do plano real. O argumento para ajudar estas empresas com aproximadamente 1,5 bilhões de dólares foi inventado em uma improvisada carta escrita um dia depois da operação por uma também destacada funcionária do segundo escalão. Segundo ela, a não concessão desta ajuda às empresas assinaladas provocaria um "risco sistêmico". No caso de que estas empresas realizassem suas operações com os novos valores cambiais, estaria ameaçado todo o sistema financeiro brasileiro. Depois de muito examinar o assunto e seguramente não podendo comprovar a existência deste risco tão subjetivo, as autoridades judiciais do país decidiram processar as autoridades financeiras envolvidas nestas claramente fraudulentas operações.

A quantos casos de prisão chegaríamos se iniciássemos numa análise rigorosa dos pretendidos conceitos técnicos ou científicos usados pelas autoridades financeiras para justificar a transferência de bilhões e bilhões de dólares de nossos contribuintes para as mãos dos titulares de títulos de dívidas públicas e vários outros títulos respaldados por conceitos de duvidosa validade científica?

A verdade é que precisamos rigorosos controles da opinião pública sobre estas operações que se fazem hoje em dia à sombra de sigilos bancários, autoridades técnicas pretensamente inquestionáveis, poderes discriminatórios às vezes assegurados por lei aos bancos centrais e outras entidades financeiras. Para dar-lhes respeito e dignidade a estas operações, foi criada uma linguagem econômica tão subjetiva e tão hermética como aquela dos padres e médicos da Idade Média que utilizavam o latim para protegerem-se da curiosidade dos leigos. No Brasil, estas práticas duraram até os anos 50.

Continuemos a nossa análise considerando os argumentos apresentados sobre a impossibilidade de diminuir drasticamente a taxa de juros no Brasil. Há quase um consenso sobre a impossibilidade de diminui-la a níveis próximos à taxa internacional. Outra vez estamos diante de categorias analíticas de baixo rigor científico como o chamado "risco Brasil".

Em 2000 as autoridades financeiras, sob forte pressão da opinião pública, se viram obrigadas a diminuir a taxa de juros dos títulos públicos de 18% para 17,5% e 16,75%, com um claro indicativo para continuar baixando-a. Não faltaram os comentários contrários a esta queda. A oposição duvidava se a queda continuaria devido aos enormes compromissos financeiros internacionais que assumiu o governo, além do enorme déficit cambial que enfrentava o país devido à política do Plano Real.

Não obstante, em 2001, sob o impacto do "caso argentino", a taxa de juros voltou a subir para 18,5%, nível em que se manteve até o final de 2002 quando, como vimos, a taxa de juros mundial entrou em queda violenta. Contudo, em vez de cair, com a queda mundial, a taxa de juros no país aumentou, chegando a 26,5% em março de 2003. É evidente que não será possível ampliar significativamente as exportações do país com tais taxas de juros. Nem poderá haver uma recuperação econômica estável sem uma queda significativa destas taxas. É necessário diminuir o grau de intervencionismo a que o capital financeiro tem submetido nossas economias, enquanto defende o não intervencionismo nos outros setores da economia, onde o Estado sim precisa intervir, como o setor social, as políticas industriais, etc.

Além disso, o Estado sim deve intervir nas políticas financeiras, mas no sentido de conter o capital financeiro e seu poder, com o objetivo de facilitar o financiamento das atividades produtivas que sim cabe ao Estado proteger.

É hora, portanto, de uma verdadeira inovação da ciência econômica. Temos que comparar estas experiências de políticas econômicas e seus efeitos em vez de propor doutrinas extremamente negativas que têm por objetivo limitar a capacidade de avanço da humanidade. É hora de colocar o real (quer dizer, a realidade e não a moeda que traz este nome para confundir) em primeiro plano e comparar com critério e sabedoria. A teoria deverá renovar-se à luz dos fatos. Se não o faz, está falhando gravemente.

A contabilidade e o crescimento

Devemos, portanto, incursionar mais profundamente na questão teórica.

Há muito tempo a contabilidade macroeconômica da América Latina se vê submetida a princípios e metodologias impostos pelo Fundo Monetário Internacional e o Banco Mundial. Trata-se de assegurar certos princípios de informação necessários para a comparação entre as várias economias nacionais e para a tomada de decisões do sistema financeiro internacional. Trata-se, portanto, de questões técnicas de interesse de um pequeno grupo de funcionários internacionais e nacionais. Pelo menos é o que se pretende nos meios tecnocratas e acadêmicos.

Nós nunca estivemos de acordo com estes postulados. Pelo contrário, demonstramos já nos anos 60 que os sistemas de contabilidade vigentes em nossos países, muitos deles impostos pelas organizações internacionais, ocultavam os fenômenos mais importantes para a orientação de nossas políticas econômicas.

Mostrávamos, por exemplo, a crescente submissão de nossas economias a déficits no setor de serviços, como os fretes e pagamentos de *royalties*, e a um balanço negativo na conta de capitais na medida em que a saída de lucros e juros se sobrepunha à entrada de capitais a longo prazo. Mostrávamos assim a necessidade de recorrer, desde aquela época, a empréstimos internacionais que fariam explodir a questão da dívida externa da região.

As aventuras do financiamento externo dos anos 70, proporcionado pela criação dos excedentes do petróleo e sua reciclagem pelos bancos internacionais, aumentaram ainda mais os mecanismos do endividamento estrutural que, associados ao aumento da taxas de juros nos anos 80, fariam ativar a bomba do endividamento externo.

Até nossos dias estamos submetidos a esta situação estrutural cada vez mais grave, apesar dos economistas oficiais negarem a existência destes problemas estruturais e anunciarem soluções e melhoramentos, ajustes e falsa recuperação do crescimento todos os anos. Apesar de desmentidos pelos acontecimentos, insistem em defender seus instrumentais teóricos e analíticos fracassados como uma ciência exata e indiscutível.

O mais grave, contudo, é que estes senhores vêm obtendo um poder crescente sobre as políticas públicas, cada vez mais submetidas a seus princípios doutrinários. Este é o caso das contas públicas que se transformaram num campo de batalha das idéias dos novos escolásticos ou tecnocratas no poder. O cavalo de batalha desta mitologia é o chamado "déficit" público.

Por déficit público deve-se entender um dado geral das contas públicas, quer dizer, a diferença entre as receitas e os gastos do Estado. Mas, que parte dos gastos se considera déficit e que parte deles se considera gastos normais é matéria de doutrina, de valores, de decisão pública.

Nesta matéria os tecnocratas não têm nada que contribuir exceto pelo fato de que estão a serviço de certas doutrinas e ideologias onde seus interesses estão mais bem defendidos e representados. Portanto, sua pretensão de impor políticas de gastos e decisões de governo em nome de uns princípios de equilíbrio macroeconômico (discutíveis inclusive como política econômica) corresponde a uma usurpação evidente de suas atribuições e competências.

É assim como os instrumentos de medição e cálculo econômico começam a impregnar-se de ideologia e falsificação deliberada e a entrar em choque com os fatos. Seria enorme a lista destes conceitos deformados a serviço de interesses não declarados. Mas o governo brasileiro colocou em evidência um dos mais interessantes aspectos deste problema ao propor ao Fundo Internacional uma mudança contábil de grandes implicações.

Há algum tempo o Fundo Monetário Internacional incorporou entre os dados referentes ao déficit público os gastos realizados pelas empresas públicas em investimentos. Desta forma os lucros reinvestidos por estas empresas ou os financiamentos por elas obtidos para realizar seus investimentos passaram a ser contabilizados como gastos públicos da mesma maneira que qualquer custo de serviços públicos que não podem obter posterior ressarcimento.

Claro que o conceito de déficit público foi sempre drasticamente condenado pelos economistas de formação keynesiana que se dedicaram a demonstrar que o gasto público era o instrumento fundamental para superar o desemprego e o atraso econômico. O que dizer então de um gasto produtivo que geraria receitas posteriores acrescidas por novos níveis de produção?

Não é necessário dizer que este jogo contábil esteve na base de toda uma campanha contra as empresas públicas, apresentado-as como fonte de déficit público, quando os dados em geral mostravam estas empresas com superávits importantes que geravam receitas significativas para o Estado.

Particularmente, as empresas de *commodities* como o cobre chileno, o petróleo venezuelano, mexicano ou brasileiro, o aço e os minerais do Brasil, Venezuela e muitos outros casos foram fontes fundamentais para os recursos do setor público.

É evidente que, se passamos a contabilizar os investimentos destas empresas como gastos públicos e fonte de déficits fiscais, cria-se um importante meio de propaganda contra as mesmas. Da mesma forma, apresentam-se estes gastos como uma fonte de desequilíbrios macroeconômicos negativos quando na realidade são fatores positivos para o crescimento econômico sem os efeitos inflacionários que tais contabilidades permitem supor.

A armadilha fica ainda mais grave quando se incluem na categoria de empresas públicas, serviços prestados pelo Estado sem remuneração como é o caso do ensino universitário. Por princípio, quase todos seus gastos passaram a ser "déficits" das empresas públicas. E assim várias outras atividades similares como a previdência social dos funcionários públicos para qual o Estado é obrigado a contribuir, etc.

A questão fiscal e suas armadilhas

Mais grave ainda é o efeito desta definição sobre as exigências do Fundo Monetário Internacional para cortar gastos públicos não necessários e inflacionários. Tal enfoque levou a cortes de investimentos na região durante os últimos vinte anos, nos quais comprometemos definitivamente nosso desenvolvimento ao aceitar a tutela do FMI.

No Brasil, por exemplo, a poupança do governo, que representava 5,58% do PIB entre 1971 e 1980 caiu para –0,4% entre 1981 e 1990 e para 1,59% entre 1991 e 1996. Isto significa, de fato, o fim de qualquer investimento público e a quase paralisação do país. É fácil compreender as conseqüências destas políticas não somente sobre o crescimento da economia como também sobre o sistema de educação, saúde, transporte, moradia e outros setores sociais que dependem cada vez mais do investimento público.

E não podemos dizer que o investimento privado conseguiu substituir a ausência de investimentos estatais. Ainda sem considerar o fato de que os investidores privados raramente se interessam por atender a massa dos consumidores sem recurso, existem ainda os problemas da falta de poupança privada, da concentração de aplicações financeiras extremamente rentáveis, da falta de tradição empresarial no setor privado, do desinteresse do capital internacional por investimentos produtivos nos países em desenvolvimento e, finalmente, o alto custo do dinheiro, fato gerado por determinação da política econômica e pelas violentas taxas de juros pagas pelo Estado.

Por estas razões, a poupança privada teve um aumento de 1971-80 a 1981-90, de 12,35% do PIB para 19,67%. Mas no sexênio seguinte (1991 a 1996) a poupança privada já havia caído para 16,95% do PIB do Brasil. No que diz respeito à poupança externa ela representou 3,87% entre 1971-80, caindo para 1,57% em 1981-90 e finalmente 0,83% em 1991-96.

Nada disto impede aos ideólogos tecnocratas de continuar afirmando que suas políticas facilitam a entrada de capital externo e o financiamento externo de nossas economias. Está, portanto, muito claro como os agentes econômicos terminam por refugiarem-se cada vez mais na economia informal, que se encontra relativamente protegida da competição internacional através de mecanismos tais como o não pagamento de impostos e a baixa remuneração da mão de obra que não conta com o apoio do Estado.

Esta economia da miséria, tão elogiada por muitos cientistas sociais da região, saudados pela imprensa internacional como grandes teóricos do atraso, vai se expandindo a níveis impressionantes. Outra vez utilizamos os dados do Brasil. Segundo cálculos do Instituto Brasileiro de Geografia e Estatística (IBGE), o emprego no setor informal cresceu de 52% do total de emprego no Brasil em 1990 para 62% em 1999.

É muito interessante constatar o fato de que uma administração tão subordinada às metas do FMI, como o governo Fernando Henrique Cardoso, tenha se visto obrigada a postular uma revisão do conceito de déficit fiscal aplicado pelo FMI, eliminando deste conceito a conta dos gastos em investimentos das empresas estatais que sobraram do furacão privatista que viveu o país.

É estranho constatar que os vários governos do país e da região aceitaram uma violência conceitual tão grande por tanto tempo. Mas não devemos nos assustar com estes absurdos. Como vimos, o governo FHC foi apresentado ao mundo como um modelo de rigor fiscal. Contudo, entre 1994 e 2002, ele elevou o déficit público do governo federal de aproximadamente 64 bilhões de reais para aproximadamente 850 bilhões de reais!

Como esta irresponsabilidade fiscal pôde ser convertida em um modelo de rigor fiscal é uma destas obras de propaganda política, baseada na ausência de qualquer honestidade informativa, capaz de assustar qualquer um.

Como se vê, as opiniões dominantes não têm que se apoiar em fatos. Basta que sejam do interesse daqueles que as transmitem. Contudo, os fatos terminam por impor-se, como se viu no resultado das eleições presidenciais de 2002.

Nas pesquisas do Latinobarometro se constata a queda impressionante do apoio às privatizações na região. No Brasil, por exemplo, a discordância das privatizações representava somente 43% da população em 1998 e chegou a 61% no ano de 2000. Um aumento similar se encontrou em todos os demais países da região.

A desilusão com o programa de reformas neoliberais no plano econômico se derrama sobre a confiança no regime democrático. No Brasil, a aprovação do regime democrático é uma das mais baixas da região. Somente 35% dos brasileiros se encontram satisfeitos com a democracia, segundo esta mesma fonte de investigação. Trata-se de um dos mais baixos índices de toda a região que somente perde para o Paraguai, onde o apoio à democracia se mantêm em 31%.

É, pois assustador constatar que a população de um país tão chave no hemisfério ocidental se encontre tão longe do ideal democrático e tão insatisfeita com sua aplicação. Teremos sem dúvida que aceitar que esta usurpação do Estado pelos tecnocratas e o caráter absurdamente conservador e até reacionário de suas decisões, a serviço das forças sociais mais negativas, é a razão fundamental para a desilusão de uma população que lutou muito bravamente, até recentemente, contra uma poderosa ditadura militar.

8. ÉTICA, POLÍTICA E ECONOMIA

Foi criado em Santiago do Chile, nos dias 10 a 14 de setembro de 2002, o Seminário Internacional PEKEA (A Political and Ethical Knowledge on Economic Activities) sob o título de um saber político e ético nas atividades econômicas. Nesta oportunidade se reuniram economistas políticos e cientistas sociais de mais de 40 países para iniciar um programa permanente de pesquisa com o objetivo de reorientar o pensamento econômico para o campo das ciências humanas e sociais. Na condição de presidente do Conselho Científico Internacional desta interessantíssima rede, desenvolvi as notas seguintes.

O objetivo de separar os julgamentos de valor dos julgamentos de realidade esteve no âmago mesmo da constituição das Ciências Sociais durante os séculos XVIII e XIX. Contudo não podemos assegurar que esta operação tenha sido bem sucedida. Quando analisamos historicamente o desenvolvimento das disciplinas que constituíram este esforço científico, verificamos que elas estão impregnadas de uma filosofia da história que reivindica a superioridade moral e civilizatória do capitalismo, da democracia política e da ideologia individualista sobre as formas e modalidades anteriores de organização social.

Esta clara visão evolucionista tentou ocultar-se sob princípios científicos e conceitos de realidade, mas hoje em dia sabemos de seus vínculos profundos com o colonialismo e o imperialismo modernos. Sabemos como serviram de fundamento para uma visão eurocêntrica da história, da natureza humana e do próprio comportamento humano.

A própria divisão entre as disciplinas sociais reflete este marco ideológico. A Economia se diferenciou primeiramente na medida em que tomava como objeto o indivíduo possessivo que a filosofia utilitarista definia como a essência da natureza humana. A Sociologia se diferenciará posteriormente ao preocupar-se com a conduta racional que fundamenta a ação econômica pura e a ordem social que a viabiliza. A Ciência Política completa este quadro analítico ao estabelecer a questão do poder como a condição de garantia e legitimidade destas mesmas condutas racionais, utilitárias e progressistas.

Em seguida foi necessário definir qual é o verdadeiro papel da História neste saber estruturante, voltado para o equilíbrio e para a ordem a-históricos. Pode-se prescindir então da idéia de evolução histórica e transformar os comportamentos econômicos, sociais e políticos em emanações diretas da natureza humana. Tudo o que se inscrevia em outros modelos de comportamento se agrupou sob os conceitos de barbárie, atraso, irracionalidade, comunidade, tradicional e assim sucessivamente.

Era tal o abismo entre o civilizado, o avançado, o racional, o societário, o moderno e o mundo tradicional que se constituiu uma ciência à parte para estudar estas sociedades estáticas e sem história. A Etnologia francesa ou a Antropologia anglo-saxônica criaram assim um espaço científico para o sentimento e a política colonialista. Ela se tornou tão forte a ponto de conseguir colocar entre os povos a-históricos a própria essência da história humana. Aí se misturaram as tribos iletradas e as civilizações antigas, o *medievo* árabe, a modernidade italiana, portuguesa e espanhola, que fundou o moderno sistema mundial e o capitalismo como nova modalidade de produção, distribuição e consumo.

A encarnação destes preconceitos se cristalizou nas teorias da modernização que serviram de base às teorias do desenvolvimento depois da Segunda Guerra Mundial. Foi então quando separamos as economias, as sociedades e os processos políticos e ideológicos em tradicionais de um lado e, de outro, aqueles capazes de garantir a decolagem do desenvolvimento ou o famoso "*take off*" de Rostow.

Era necessário um delírio histórico colossal para colocar, numa mesma categoria, a civilização islâmica, a civilização chinesa, com uma continuidade de milênios, a civilização japonesa, os povos da Índia, e todo o mundo Afro-asiático, sem deixar de incluir aí a América Latina, o sul da Europa, a Europa Central e Oriental e a Rússia Imperial. A teoria do desenvolvimento nasce assim no mais puro ambiente ideológico eurocêntrico.

A noção de Primeiro, Segundo e Terceiro Mundo refletem esta realidade. A Guerra Fria havia conseguido dar aos países que buscavam um caminho de desenvolvimento socialista uma categoria especial que lhes permitia sair do limbo do atraso e do tradicional.

Se no plano planetário se procedia a estas operações intelectuais tão empobrecedoras, não devemos esquecer que artifícios similares afetavam o desenvolvimento das ciências sociais nos países centrais deste sistema mundial. Vemos, por exemplo, a especialização científica cortar as relações entre o econômico, o social, o político, o ideológico e o histórico. Em nome da necessidade de captar as estruturas do social ou de refletir o equilíbrio perfeito das categorias econômicas se esvaziava a realidade social da história.

Ao mesmo tempo, em nome de estabelecer juízos de realidade e evitar os juízos de valor que não corresponderiam à ciência, estes "cientistas sociais" transformaram os valores do capitalismo nascente em categorias *naturais* que se desprendem diretamente da constatação antropológica da existência de uma natureza humana, a qual se tornava livre e se impunha às relações sociais quando o mercado passava a reger estas relações entre os seres humanos.

Parece então que enfrentamos uma tarefa colossal quando pretendemos restituir o mundo dos valores éticos e das decisões políticas no coração das reflexões científicas sobre o humano. Teremos que levar até o final aquela que foi a intenção primeira de Marx ao propor realizar uma crítica da economia política cujo primeiro esboço esteve nos *Grundrisse*, e da qual a *Contribuição à Crítica da Economia Política* e o *Capital* foram somente uma primeira parte.

Muitos esforços posteriores também mereceriam ser analisados (como as contribuições de Durkheim, Max Weber, Polany, Schumpeter, Keynes e tantos outros), mas neste momento fundador gostaria de restringir minhas evocações históricas a esta aventura intelectual tão rigorosa e tão bem sucedida que ficou, entretanto, em seus inícios e somente foi sendo revelada muito depois que as outras obras de Marx já haviam causado um impacto científico e político tão imenso.

Trata-se, pois, de levar até as últimas conseqüências a crítica da economia política e das ciências sociais à luz da experiência histórica da humanidade de romper com suas raízes orgânicas com o planeta e de impor o mecânico, o artificial, o "humano" sobre os demais seres do planeta e sobre si mesma. Sobretudo temos que pensar como foi possível construir uma ordem mundial tão contraditória, injusta e instável, ao mesmo tempo em que se produziam certas circunstâncias nacionais ou locais, cuja continuidade e estabilidade se encontram profundamente ameaçadas por um sistema econômico e social que busca reduzir o humano ao mercantil e utilitário.

Devemos dedicar a esta crítica da economia política contemporânea nossos próximos esforços teóricos já avançados na minha tese para o concurso de professor titular da Universidade Federal Fluminense, em 1994, sob o título de "Os Elos Perdidos de uma Ciência Elegante", e em vários artigos publicados em diversas revistas científicas.

O nosso próximo passo será o estudo do Estado contemporâneo neste contexto da competitividade exacerbada. Aí veremos que, ao contrário do que diz a onda doutrinária dominante, ele aumentou enormemente sua participação na economia sob a pressão de diversas forças sociais e se vê pressionado pelas novas funções que passa a exercer.

Em seguida passaremos a analisar a experiência histórica concreta dos governos neoliberais quando veremos que elas não são determinadas pela doutrina senão muito vagamente. Na verdade a prática desses governos aparentemente muito doutrinários está marcada por um pragmatismo pouco ortodoxo e ajustada aos interesses econômicos que se impuseram sobre o Estado. Teremos de discutir com maior rigor as políticas macroeconômicas que se colocaram a serviço dos interesses do capital financeiro mundial provocando exatamente o contrário do que pretendem os ultraliberais. Em vez do equilíbrio automático assegurado pelo mercado, vamos admirar o espetáculo brutal do desequilíbrio crescente no conjunto do planeta e em cada nação.

II
O ESTADO NUM MUNDO EM GLOBALIZAÇÃO

INTRODUÇÃO

O debate atual sobre o Estado não se refere à sua evolução histórica e sim a modelos ideais sobre a conveniência de sua maior ou menor participação na economia. Esta sessão busca, contudo, resgatar os dados e as análises que demonstram a tendência histórica da intervenção crescente do Estado a qual corresponde a uma necessidade essencial do processo de acumulação capitalista. Primeiramente realizamos um balanço das razões teóricas para esta intervenção que está crescentemente associada ao processo de socialização das formas de propriedade e das relações de produção. A socialização da propriedade privada e do processo de trabalho é a única forma possível de sobrevivência da propriedade privada, colocada diante de um processo de produção cada vez mais socializado.

Em seguida, utilizamos um amplo conjunto de dados históricos que demonstram a tendência ao crescimento do Estado mesmo durante os governos neoliberais que se declaram inimigos radicais desta intervenção.

1. LIBERALISMO, GLOBALIZAÇÃO E INTERVENÇÃO ESTATAL

Dentro do pensamento liberal radical — e o neoliberalismo é uma expressão desse pensamento —, o Estado é um monstro que se opõe aos indivíduos. Estes são entes utilitários que buscam alcançar o máximo de satisfação de suas necessidades ou desejos através do mínimo de esforço. Segundo esta doutrina, este comportamento racional maximaliza os esforços humanos e permite alcançar o máximo desenvolvimento de cada indivíduo e, em conseqüência, de toda sociedade, pois esta não é mais do que a soma dos indivíduos.

Na visão liberal radical, o Estado se opõe assim à sociedade civil, em vez de ser a sua expressão, como Marx havia constatado. O caráter impositivo e ditatorial do Estado, no qual se concentram a soberania, o poder de vida e de morte e o monopólio final da violência, que liberais e anarquistas reconheceram, era também aceito por Marx e seus seguidores. Contudo, ele reconhecia no Estado um produto da divisão de classes da sociedade civil. Ele é o instrumento máximo do poder da classe dominante num modo de produção e numa formação social dada. Quanto mais legítimo este poder menos necessidade há do Estado; quanto mais questionado, mais necessidade deste instrumento de imposição de normas e regras ao conjunto da população, permitindo a reprodução das relações de produção dominantes.

Mas o Estado não cumpre somente esta função soberana de garantia da ordem. Além disto deve materializar seu poder militar e policial. Historicamente, ele foi sempre uma fonte de poder econômico, cumprindo tarefas produtivas de conteúdo social que os poderes privados não logram realizar. O Estado do modo de produção asiático implantou o sistema de regadio que lhe deu um imenso poder sobre as comunidades rurais. Na Antigüidade, no Oriente Médio, ele exerceu papel similar no que diz respeito à agricultura, aos conhecimentos astronômicos essenciais ao êxito das plantações e das colheitas. Ele cumpriu um papel regente na expansão mercantil européia, tanto marítima como terrestre. Ele assegurou o regime de trabalho escravo e apoiou materialmente sua expansão nas colônias. Ele cumpriu um papel fundamental na implantação das atividades religiosas, a organização urbana, o comércio, o artesanato, a acumulação do conhecimento etc.

Se na alta Idade Média Ocidental o Estado teve menor poder é porque estas economias representavam zonas muito atrasadas em relação ao Oriente. Roma manteve o ideal imperial e a burocracia estatal mais ou menos interligados com as classes dominantes e a burocracia religiosa. As cidades-estado mantiveram e mesmo acrescentaram seu poder em torno das atividades comerciais do Mediterrâneo, devido à sua função de intermediárias entre estas e a Europa Central. Enquanto isto, no Oriente, os grandes Estados Imperiais continuaram a sustentar as economias comerciais ou simplesmente a pilhagem militar ou a cobrança de tributos aos povos dependentes do poder militar imperial.

A moderna economia mercantil nasceu acoplada diretamente ao poder das Coroas — sobretudo, às monarquias ibéricas: Portugal e Espanha. As burguesias comerciais nascentes não dispunham de poder suficiente para conduzir sozinhas a imensa tarefa de expansão oceânica. E o capital financeiro acumulado por genoveses e judeus serviu antes de tudo aos monarcas espanhóis e portugueses, cujos planos de expansão mundial financiou. Se o Estado holandês não exerceu diretamente funções produtivas, ele teve, contudo, um importante papel na organização das finanças e das condições comerciais da expansão holandesa. Mais ativo ainda foi o Estado inglês na criação da acumulação primitiva que permitiu o surgimento do capitalismo como um novo modo de produção. O Estado francês organizou diretamente as manufaturas que deram origem às indústriais modernas. Foi o tão criticado mercantilismo que criou as condições de existência de seu inimigo: o liberalismo.

Quanto mais se desenvolve e consolida a economia industrial moderna, mais avançam as tarefas econômicas de conteúdo coletivo e mais se vê o Estado obrigado a assumir tarefas fundamentais para a sustentação do desenvolvimento econômico. Foi assim que o Estado liberal foi ampliando suas tarefas do século XVIII ao XIX. Afastou-se dos monopólios comerciais, que realizaram a expansão imperialista comercial, e fez-se anti-mercantilista somente para apoiar as novas atividades industriais e os novos centros urbanos, que se expandiram através da destruição da economia rural pré-capitalista e da expansão das concessões estatais para a construção de infra-estruturas em todo o império (centro e colônia): ferrovias, barcos a vapor, portos modernos, telefonia, gás, eletricidade e extração de carvão.

Toda esta parafernália moderna foi-se instalando sob a orientação do Estado que foi financiando e construindo os meios do chamado progresso e criando, ao mesmo tempo, as condições da cidadania moderna com o surgimento da educação pública na segunda metade do século XIX. O protecionismo foi combatido na Inglaterra onde ele colocava graves limites ao desenvolvimento industrial. Tratava-se de permitir a importação de produtos agrícolas para os trabalhadores industriais e matérias-primas para as fábricas nascentes. Mas os princípios protecionistas foram adotados pelas novas potências industriais, como os Estados Unidos de Hamilton e da Guerra Civil contra a rebeldia livre-cambista dos produtores agrícolas sulistas; como a Alemanha de Bismarck e o Japão da restauração Meiji (exemplo perfeito do Estado articulador e organizador da atividade econômica industrial).

Quanto mais avança o modo de produção capitalista e a forma social da produção (concentrada em enormes fábricas e unidades de produção, distribuição, comercialização e financeiras) mais se necessita da intervenção estatal. As tarefas da consolidação nacional (sempre produzida através da força, exercida pelas etnias e grupos lingüísticos e religiosos triunfantes sobre os demais) e da expansão imperialista exigiram uma intervenção ainda maior do Estado no plano militar. As forças armadas se comprometeram com estas políticas expansionistas, até que se chegou às duas Guerras Mundiais do Século XX, nas quais o Estado assumiu o controle direto do sistema econômico capitalista em seu conjunto.

Da Primeira Guerra Mundial resultou a Revolução Russa e a queda definitiva das monarquias da Europa Central. A crise de 1929 demonstrou os limites finais dos sistemas de regulação econômica baseados no mercado e introduziu novas regras de condução da vida econômica sob intervenção crescente do Estado. Esta intervenção começou a ser considerada uma obrigação do Estado de Bem-estar. A noção de cidadania e de sociedade civil mudou drasticamente. Surgiram novos direitos sociais que passaram a responsabilizar o Estado pelo pleno emprego, pela educação até o nível universitário, pelo crescimento econômico e pela inovação tecnológica que o sustenta, pelos transportes, a habitação e toda a infra-estrutura urbana e suburbana.

Deve-se ressaltar o conteúdo mundial destas tarefas: derrotado o nazi-fascismo, depois da Segunda Guerra Mundial, os Estados Nacionais dos países que surgiram do processo de descolonização tiveram de se responsabilizar diretamente pelo desenvolvimento. As empresas multinacionais exigiam também a intervenção estatal para sustentar sua expansão mundial. Os empréstimos internacionais organizados pelo Banco Mundial, o financiamento de exportações pelo Eximbank norte-americano, logo imitado pelos países desenvolvidos recuperados dos efeitos da guerra, os planos de desenvolvimento internacionais, como o Plano Marshall, e os vários planos nacionais passaram a financiar projetos econômicos internacionais, nacionais, regionais e locais. A ajuda econômica converteu-se numa obrigação estabelecida pelas Nações Unidas. O FMI intervém cada vez mais no mundo ex-colonial para impor medidas de estabilização monetária.

Nas décadas de 60 e 70, a explosão dos regimes progressistas no Terceiro Mundo e dos novos movimentos sociais nos países desenvolvidos, que se intensificaram nas jornadas de 1968, aumentou ainda mais drasticamente a intervenção do Estado no conjunto da vida econômica, social e cultural.

O surgimento e desenvolvimento dos Estados Socialistas haviam aumentado significativamente a intervenção do Estado nas economias da Europa Oriental, da URSS, da China, de Cuba e Argélia, Coréia e Vietnã. No Japão, na Coréia do Sul, na China de Formosa, profundas reformas agrárias se combinavam com políticas industriais e comerciais bem definidas e poderosos impérios industrial-comerciais-financeiros. As comunidades locais, prefeituras e governos ou conselhos de planejamento regional aumentavam o papel do Estado na definição, apoio e financiamento de quase todas as atividades econômicas.

Nos países dependentes e coloniais em processo de industrialização e nas novas nações e Estados em formação, os Estados nacionais recém-criados ou recém-fortalecidos assumiram um crescente papel nas políticas de desenvolvimento. Eles tiveram de criar diretamente infra-estruturas colossais de transporte, energia, educação, habitação, saúde, indústrias de base (sobretudo siderurgias, petroquímica e química em geral) e até parte das indústrias de bens duráveis e de consumo final.

Destacam-se neste processo a nacionalização da prospecção e o refino de petróleo no fim da década de 1960. O cartel das sete grandes empresas petroleiras (algumas delas fortemente estatizadas como a Shell) foi todo substituído por empresas estatais ou semi-estatais, criando-se o cartel dos países produtores de petróleo (OPEP), enquanto as 7 grandes se concentravam na distribuição, refino mais sofisticado e petroquímica fina. Isto possibilitou o aumento do preço do petróleo em 1973 e a emergência geopolítica do Terceiro Mundo nesse período com a proposta de uma Nova Ordem Econômica Mundial a partir da Carta do Direito Econômico dos Povos, aprovada nas Nações Unidas.

A nacionalização do cobre no Chile de Allende, em 1971, e em outros países como Zâmbia e Equador levou à criação da organização dos países produtores de cobre (OPEC) que não alcançou o mesmo êxito da OPEP porque a ditadura que derrotou Allende, apesar de conservar a nacionalização do cobre, não deu continuidade à política de cartel de produtores.

É verdade que estas políticas se desenvolveram num período de diminuição da importância estratégica destas matérias-primas que se encontram em processo (ainda longo) de substituição por sucedâneos tecnológicos mais eficientes. Contudo, o susto representado pela política de preços da OPEP foi suficiente para gerar a Comissão Trilateral, criada exatamente para responder a este fortalecimento dos países socialistas; dos Novos Países Industriais do Terceiro Mundo e dos cartéis de matérias-primas.

O confronto militar dos EUA com o Vietnã foi outro importante fator de intensificação do gasto público no período de 1967-73. O gasto militar assumiu uma nova dimensão nesse período. O avanço da tecnologia militar aumentava enormemente os custos dos equipamentos militares e de pesquisa e desenvolvimento neste setor: as bombas nucleares acopladas a foguetes inteligentes de alta precisão e cada vez maior autonomia de vôo transformavam o caráter do gasto militar. Terminada a guerra, diminuía o número de recrutas e aumentava a necessidade de pessoal técnico profissional, além dos altos custos do material e equipamento utilizados. O gasto militar diminuía, em conseqüência, seus efeitos favoráveis ao pleno emprego, mas gerava empregos de pessoal altamente qualificado e técnico.

O esperado efeito de "speed off" destes investimentos ficava cada vez mais distante dos gastos em pesquisa básica que cresciam em maior proporção. Estes assumem a forma dos grandes projetos da década de 80, conhecidos como "Grande Ciência" (Guerra das Estrelas ou Iniciativa Militar Estratégica, Projeto Genoma, o grande acelerador de partículas etc.), cujos efeitos mais imediatos no plano militar são de médio prazo e no plano civil de longo prazo ou às vezes até inexistentes.

A intervenção crescente do Estado no período aumentou enormemente a participação do gasto público no produto nacional bruto, como veremos no próximo item. Isto significou um sistema impositivo cada vez mais forte e algumas vezes a intervenção direta do Estado no sistema produtivo e distributivo com a encampação de empresas e setores econômicos inteiros como o financeiro. Nas décadas de 70 e 80 foram estatizados, entre outros, os setores financeiros do Chile (depois do golpe de Estado de 73 foi devolvido ao setor privado mas novamente nacionalizado pelo regime militar em 1982 e novamente privatizado), da França (que recentemente vem sendo re-privatizado), do México (depois re-privatizado e agora sob forte assistência estatal), de Portugal (também re-privatizado em parte). Em muitos outros países cresceram bancos e serviços financeiros estatais. Mas o mais importante é o crescimento da intervenção dos bancos centrais sobre a atividade financeira em geral, ao mesmo tempo que cresceram enormemente o déficit público e conseqüentemente a dívida pública e sua rolagem permanente, sobretudo na década de 80.

A queda dos investimentos produtivos desde 1967 se seguia à queda da taxa média de lucros do sistema capitalista mundial, particularmente nos países centrais. Tratava-se do início de uma fase b (recessiva) das ondas longas de Kondratiev. O aumento do desemprego até os dois dígitos começa a anunciar-se como elemento estrutural no fim da década de 60 e se consolida nas décadas de 70 e 80. Os custos do seguro-desemprego começam a elevar-se juntamente com os demais gastos sociais. A especulação financeira começa a substituir os gastos produtivos. O crescimento do gasto público, e por conseguinte, o crescimento do déficit público nas décadas de 70 e 80 aumentam a base do sistema financeiro. Os títulos da dívida pública começam a pressionar as taxas de juro para cima. O surgimento dos petrodólares na década de 70 vai gerar um grande excedente financeiro mundial que será reciclado pelo sistema financeiro norte-americano e, secundariamente, europeu. Esta reciclagem se dirige em primeiro lugar aos países do Terceiro Mundo e aos países socialistas que assumem enormes dívidas externas na década de 70. Mas, como vimos na sessão dois deste livro, os Estados Unidos têm a liderança mundial do déficit público, ativado sobretudo pelos gastos militares e aumentado pelos custos crescentes do seguro de desemprego e outros gastos sociais devido ao aumento do desemprego.

A pressão dos movimentos sociais aumenta junto com a dos países produtores de matérias-primas e as políticas de crescimento econômico dos países socialistas que começam a se infiltrar no sistema financeiro e comercial internacional e a sofrer, em conseqüência, os efeitos da crise internacional do capitalismo. O caso mais evidente foi o efeito do aumento do preço internacional do petróleo sobre as relações entre a URSS e os demais países do COMECOM. A URSS era a única produtora de petróleo no COMECOM e não tinha nenhum interesse em manter os baixos preços praticados no interior do bloco. Por outro lado, se subissem os preços, seguindo a tendência internacional, produzir-se-ia uma total anarquia dentro do bloco. Que caminho seguir? Desprender-se do bloco ou manter os baixos preços do petróleo e os compromissos assumidos? A solução encontrada foi a dissolução do bloco.

Não há dúvida que uma política de ajuste ao mercado mundial inviabilizava o desenvolvimento destes países e abria uma grave crise entre eles que iria desembocar na desagregação do campo socialista. A baixa do preço do petróleo no fim da década não veio a resolver o problema. Ao contrário, aprofundou as dificuldades econômicas da URSS e precipitou a crise do COMECOM.

Vemos assim que a maior estrutura estatal do mundo — erguida nos anos 20 e 30 nos países socialistas — entra numa profunda depressão e desagregação em função da destruição de sua indústria militar, assumida como política unilateral da URSS, de sua reestruturação industrial e de sua articulação crescente com o mercado mundial. Esta reestruturação generalizada e mesmo revolucionária gerou uma crise do Estado Nacional (na realidade, multinacional) Soviético, mas nada permite concluir que ela seja definitiva e conclusiva. Possivelmente, o Estado Soviético, dissolvido em 1991, deverá se reconstruir em bases novas, menos burocráticas e autoritárias. Sobretudo, deve-se prever que ele assumirá funções novas ao aumentar a integração da Rússia com as economias da Comunidade de Estados Independentes e com a economia mundial. Sua incorporação crescente na economia mundial deverá fortalecer as soluções de capitalismo de Estado no interior do bloco e nos outros países com os quais comercia. As trocas econômicas se encontrarão cada vez mais determinadas pela intervenção do Estado russo e da CEI na economia mundial. Quando este Estado se encontrar com seu peso real na economia mundial, novos processos de estatização deverão ocorrer com enormes conseqüências internacionais. Desta forma, o ciclo de privatizações ocorrido na década de 80, e ainda em formalização nas décadas seguintes, não é uma tendência histórica e sim um ajuste de médio prazo.

2. UMA ANÁLISE ESTATÍSTICA DA INTERVENÇÃO ESTATAL

Os estudos empíricos sobre a intervenção dos Estados nacionais na economia e na vida social confirmam claramente as análises realizadas no item anterior. Um dos mais amplos esforços de análise estatística foi praticado pelo economista Vito Tanzi e colaboradores para o Banco Mundial[1]. Infelizmente elas se limitam aos países industrializados, cujas estatísticas são mais completas. Elas indicam contudo uma tendência geral que só se exacerbaria se incluíssemos os países em desenvolvimento e os países socialistas, até as reformas de transição ao mercado de 1989 a 1996[2].

Ao analisar o Quadro I sobre o crescimento da despesa dos governos em percentagem do PIB, podemos constatar uma tendência histórica a elevar o patamar de intervenção estatal sobre a economia.

O primeiro patamar é alcançado por volta de 1880, e é representativo para a segunda metade do século XIX. Os países que tinham mais tradição histórica de gasto público passam da marca dos 10%. É o caso da França, com 12,6% do PIB, da Alemanha (10,0%) e da Itália (11,9%). Os demais não passam de 1 dígito. Estados Unidos com 3,9% e Noruega com 3,7% estão bem abaixo. A média do período é de 8,3%. Não se constatam mudanças muito grandes até as vésperas da I Guerra Mundial quando a média sobe para 9,1%. Lembremo-nos que de 1870 a 1913 ocorre uma importante expansão das colônias e da luta por sua consolidação e, conseqüentemente, de expressão do gasto militar das metrópoles.

O segundo patamar se instaura a partir da I Guerra Mundial e se estende ao pós-guerra (década de 20), apesar do recuo dos gastos militares ao terminar o

[1] O trabalho preliminar para o Banco Mundial destes autores sobre "O Crescimento do Governo e a Reforma do Estado nos Países Industriais" foi resumido na Gazeta Mercantil de 21 de Maio de 1996, pág. A-9.

[2] Uma síntese dos resultados destas reformas está no informe Anual do Banco Mundial (1996).

conflito. A desmobilização militar não foi suficiente para fazer recuar os gastos públicos aos níveis anteriores a 1914. A média geral dos gastos do governo por volta de 1920 sobe para 15,4 % dos PIB dos países listados. Alguns países entram no patamar superior aos 20 % como França (27,6%), Alemanha (25%), Itália (22,5%), Reino Unido (26,2%). Enquanto isto, países que não participaram da I Guerra, como EUA (7,0%), Suíça (4,6%), Espanha (9,3%), Suécia (8,1%), Noruega (8,3%), Holanda (9,0%) e Japão (8,3%) estão muito abaixo da média. Pode-se dizer que nesse período surge o capitalismo monopolista de Estado que Nikolai Bukarin identifica como definidor de uma nova fase histórica (Hilferding classificará a fusão do capital monopólico com o gasto público de "capitalismo organizado")[3].

O segundo patamar vai alcançar seu ponto mais alto às vésperas da II Guerra Mundial. Durante a década de 30 a intervenção estatal aumentou ainda mais em conseqüência da crise de 1929. O crescimento avassalador do desemprego colocou definitivamente em questão a lei de Say, segundo a qual a produção cria sua demanda. Keynes e outros economistas vão apelar para a intervenção do Estado para aumentar a demanda e estimular em conseqüência a produção e o emprego. Nos Estados Unidos o Novo Trato de Roosevelt colocava em prática muitas dessas idéias.

Ao mesmo tempo, na Itália fascista e na Alemanha nazista, investia-se fortemente contra os princípios políticos do liberalismo e se combinava uma política monetária de restrição drástica dos serviços públicos com a ampliação dos gastos estatais no setor militar.

É assim que, por volta de 1937, encontramos a média do gasto estatal dos países estudados aumentando ligeiramente para 20,7% do PIB. Mas, ao mesmo tempo, encontramos contrastes extremamente fortes. A Alemanha nazista havia elevado as despesas governamentais para 42,4% do PIB. E no Reino Unido, sob pressão das forças trabalhistas, o gasto público havia alcançado 30% do PIB. Tratava-se de dois modelos opostos de capitalismo de Estado: o militarista e o socialista. Contudo, ambos indicavam a mesma tendência de crescimento da intervenção do Estado na economia. No mesmo ano a França alcançava uma rela-

[3] Ver Bukarin, Nikolai, *Imperialismo e Economia Mundial* e Hilferding, Rudolf *O Capital Financeiro*, ed. Grandes Economistas, São Paulo: Ed. Abril.

ção despesa pública de 29%, a Itália alcançava 24,5%, o Japão já saltava para 25,4% em função de sua política imperialista na Ásia. Os Estados Unidos (com 8,6%), a Suíça (6,1%) e a Suécia (10,4%) continuavam com baixas porcentagens do gasto público em relação ao PIB.

O terceiro patamar vai se inaugurar a partir da II Guerra Mundial. A vitória aliada eliminou drasticamente o gasto militar das importantes economias derrotadas, como a alemã e a japonesa, mas, por outro lado, o hábil manejo do fantasma da guerra fria permitiu uma significativa re-conservação do gasto militar nos EUA e até uma expansão do mesmo diante de duas guerras coloniais (Coréia e Vietnã).

Em 1960 (apesar de não encontrarmos nenhum caso extremo de militarismo como a Alemanha nazista) a média dos gastos públicos salta para 27,9% do PIB, aproximando todos os países aos 30%. Só o Japão ocupado (17,5%) e a Espanha fascista, que se tinha conservado como "neutra" e, ao mesmo tempo, bastante isolada (18,8%), apresentaram-se com menos de 20% do PIB.

Entre 1960 e 1980 dá-se contudo um enorme salto nos gastos públicos, que se explica pelas razões que descrevemos no item anterior: o auge da guerra fria e da guerra do Vietnã, o crescimento dos antigos Estados coloniais, o aumento da luta e das conquistas sociais e seu desenvolvimento em novas frentes, a socialização crescente da produção e sua dependência de gastos crescentes em pesquisa e desenvolvimento, educação e avanço cultural.

Em 1980 chega-se a um quarto patamar, com uma média de gasto público relacionado ao PIB de 42,6%. Alguns países, como Bélgica (58,6%), Holanda (55,2%), Suécia (60,1%) chegam próximos a 60%. Todos são países voltados para os gastos sociais e não para o gasto militar. Alemanha (47,9%) e Japão (32,0%) estão proibidos de expandir seus gastos militares no período e se voltam intensamente para o desenvolvimento científico-tecnológico e o crescimento econômico com base em forte competitividade internacional. A França (46,1%), os Estados Unidos (31,8%) e o Reino Unido (43,0%) são grandes investidores no setor militar, mas também aumentam muito seus gastos sociais no período.

Enfim, entre 1960 e 1980, o chamado Estado de Bem-estar consolida-se no mundo desenvolvido. Os partidos social-democratas e socialistas chegam ao governo depois de anos de oposição (exceto na Suécia, onde estiveram no poder desde os anos 30, na Inglaterra, onde os trabalhistas foram governo brevemente nos anos 20, 40 e 50 e em outros países onde ocasionalmente formaram parte de governos como na Alemanha de Weimar, mas sempre em aliança com os liberais). Nesse período, os gastos em pesquisa e desenvolvimento também se tornaram parte substancial do gasto público e aumentaram as formas de participação do Estado no apoio, regulação e gestão da acumulação de capitais[4].

Este aumento do gasto público significou, ao mesmo tempo, um importante crescimento do déficit público. Mas devemos analisá-lo com cuidado. Segundo dados da OCDE (1995) houve um importante crescimento da dívida pública bruta em porcentagem ao PIB entre 1973 e 1980, em vários países. Não foi o caso dos Estados Unidos, que comandam a economia mundial, onde a porcentagem da dívida pública sobre o PIB caiu de 40,6% a 37,9%. Isto se explica pelo fim da guerra do Vietnã em 1973 e a conseqüente queda do gasto militar. O mesmo ocorre no Reino Unido onde a dívida pública baixa de 69,7% para 54,6% do PIB, no Canadá (de 46,7% para 45,1%) e até na Itália (de 60,6% para 58,5%). Contudo, no Japão temos, nesse mesmo período, um enorme aumento da dívida pública de 17% para 32% do PIB e na Alemanha de 18,6% para 32,5%, na França também constatamos um aumento de 25,1% para 37,3%.

Mas o crescimento mais importante da dívida pública vai ocorrer em seguida, isto é, entre 1980 a nossos dias. E isto se explica pela elevação da taxa de juros dos Estados Unidos em 1979, responsável pelo aumento da taxa de juros dos demais países. Segundo o Quadro II, entre os 7 Grandes Países, a participação da dívida pública bruta no PIB aumenta de uma média de 36,8% em 1973 para 43,2% em 1980, 55,5% em 1985, 59,5% em 1990 e 67,3% em 1994. Em aparente paradoxo, este foi um período sob hegemonia conservadora. Foram os anos de triunfo do pensamento neoliberal quando se cortaram drasticamente os gastos sociais na maior parte desses países. Nesse período se impôs o "princípio" tão "sábio" de Milton Friedman de que não há almoço sem que alguém o pague. Parece, contudo, que nesse período houve mais pagamento e menos almoço!

A explicação para o aumento dos gastos públicos se encontra no aumento dos gastos militares nos Estados Unidos e nas transferências sob a forma de pagamento de juros que, como se sabe (sem ter de apelar ao alto nível filosófico dos

[4] Veja-se um balanço destas mudanças no nosso livro: *Revolução Científico-Técnica e Capitalismo Contemporâneo*, Petrópolis: Vozes, 1983.

"banquetes" do sr. Milton Friedman), vão parar nas mãos dos investidores e especuladores que não pagam almoço para ninguém. Ao contrário, os contribuintes é que pagam o almoço deles... Entre 1980 e 1994 a porcentagem do pagamento de juros líquidos sobre o conjunto das despesas públicas subiu de 3,9% a 6,1% nos Estados Unidos. Na Alemanha (de 2,7% para 6,1%), na França (de 1,8% para 6,2%) e na Itália (de 11,1% para 21,1%). No Japão (de 3,3% em 1980 cai para 0,7% em 1994) e no Reino Unido (de 7,3% para 6,9% no mesmo período) ocorreu contudo uma tendência à queda destas transferências. No resto do mundo prevalece a tendência a um substancial aumento dos gastos com pagamentos de juros em relação ao gasto público total. Nos países europeus estudados pela OCDE esta participação sobe de 7,5% em 1981 a 9,4% em 1994.

Estes dados nos mostram que a maior responsabilidade pelo aumento da dívida pública se encontra nos altos juros pagos para o financiamento da mesma. Segundo os autores anteriormente citados (TANZI e SCHUKNECHT) "o crescimento das despesas públicas nos países ricos deveu-se principalmente às transferências e subsídios, que saíram de 0,9% do PIB em 1870 para 23% em 1992. Os gastos feitos diretamente pelo Estado (o consumo do governo) crescem também, mas de forma menos dramática — de 4,6% em 1870, para 17,7% em 1994"[5].

Esta tendência é mais clara ainda quando recuamos a análise dos dados a 1970. Dizem os mesmos autores: "Os juros pagos pelos governos sobre suas dívidas públicas, em período mais recente, saíram de 1,9% do PIB em 1970 para 4,3% em 92"[6].

Os autores querem explicar o aumento dos juros a partir do aumento da dívida pública, mas é claro e evidente que o que se deu foi exatamente o contrário: é o aumento da taxa de juros que faz aumentar a dívida pública. Na verdade, o aumento da taxa de juros paga pelo Estado não nasce necessariamente das relações mercantis e sim da orientação e administração das políticas públicas. É aparentemente contraditório (mas só aparentemente...) o fato de que foram governos conservadores ou pressionados por idéias conservadoras (de clara origem e influência dos pensadores neoliberais) os que iniciaram esta onda de

[5] Estes dados se encontram no artigo citado da Gazeta Mercantil, 21 de maio de 1996, p. A-9.
[6] No mesmo artigo citado.

endividamento público. Este assunto será tratado mais em detalhe em outros trabalhos do autor[7].

Na verdade, os anos de hegemonia neoliberal, de 1980 à metade da década de 90, não alteram a tendência ao crescimento do gasto público. Nos Estados Unidos de Ronald Reagan o gasto público subiu de 31,8% do PIB, em 1980, para 33,5% do PIB, em 1994. No Reino Unido da Madame Tatcher e seus herdeiros conservadores, a participação das despesas públicas no PIB caiu de 43% em 1980 a 39,9% em 1990 e voltou a 42,9% em 1994. Desta maneira, os dados mostram que os governos neoliberais não conseguiram mais do que estabilizar o gasto público em relação ao PIB. A média dos países estudados por Tanzi e Fanizza subiu de 42,6% em 1980 para 44,8% em 1990 e 47,2% em 1994 (ver Quadro I).

É verdade que nesse período houve uma importante privatização de empresas estatais. Contudo é necessário mitigar esta afirmação com os seguintes fatos:

1) As empresas privatizadas foram constituir, em geral, parte do sistema monopólico e oligopólico privado fortemente articulado com o Estado. Em muitos casos foram empresas estatais que compraram as empresas "privatizadas", como a Ibéria, adquirindo a Aerolíneas Argentinas etc. Por fim, as "privatizações" contaram, em geral, com enormes subsídios estatais.

2) O processo de privatização de empresas, em vez de ser acompanhado de uma diminuição do déficit público, está ligado a um enorme aumento do mesmo e da taxa de juros paga pelos Estados nacionais, pelo menos até 1989-90 nos países desenvolvidos, continuando a aumentar contudo nos países periféricos na década de 90, sob pretexto de atrair capitais do resto do mundo para financiar um novo déficit comercial criado por políticas cambiais de sobrevalorização das moedas locais.

Ao lado das privatizações ocidentais está o caso realmente importante das privatizações na Europa oriental e na ex-URSS. Neste caso houve uma efetiva privatização cujos efeitos finais são ainda desconhecidos. De imediato, a privatização de empresas que geravam recursos para o Estado, sem um regime fiscal capaz de compensar estas perdas, gerou enormes "déficits" públicos e pagamento crescente de juros, especulação com títulos públicos etc. Os efeitos ime-

---

[7] Veja-se nosso ensaio: *Revolução Científico-Técnica, Nova Divisão Internacional do Trabalho e Sistema Mundial*, Publicação da ANGE, Vitória, 1994.

diatos foram o desemprego e o aparecimento de "gangsters", conforme mostra o informe do Banco Mundial já citado, no qual procura-se minimizar esta situação taxando-a como "transitória", mas as pesquisas de opinião pública na Rússia indicam que a população tem opinião diferente a respeito. Segundo o informe citado:

"Pesquisas realizadas em dezembro de 1991 indicavam que mais de um quarto dos russos discordava da afirmação de que o povo seria beneficiado com a introdução da propriedade privada. Em março de 1995, mais de dois terços discordavam" (Banco Mundial, 1996, p. 13).

Não há pois segurança de que as privatizações sejam resultado do avanço democrático, como se aponta, nem está claro que continuarão ou que venham a se consolidar em sua extensão atual. Ao que tudo indica vai se estabelecer nestes países uma nova relação entre a empresa pública, as empresas sociais e as privadas, segundo princípios que garantam a eficiência e a competitividade, mas também o emprego e as conquistas sociais que todos reconhecem.

3. RAZÕES PARA A PRESSÃO NEOLIBERAL

Não foi sem razão que chamamos o neoliberalismo de uma ilusão cujas fontes são evidentemente ideológicas. Os economistas neoliberais certamente sabem que vivemos num mundo no qual prevalecem o crescimento da concentração econômica, a monopolização e o capitalismo de Estado. Se não o sabem é porque ignoram os dados mais elementares da vida econômica contemporânea. Então, por que insistem em propor uma volta à concorrência perfeita?

Podemos encontrar duas razões materiais para estas preocupações por parte desta legião de economistas que se dedicam a modelar formalmente tendências e comportamentos inexistentes e superados secularmente.

Em primeiro lugar, as décadas de 1960 e 1970 foram marcadas pela queda da taxa média de lucro nos Estados Unidos e demais países desenvolvidos. Ao mesmo tempo, e em parte por esta razão, aumentou a competição dos Estados Unidos com a Europa (principalmente a Alemanha) e o Japão, que completaram sua recuperação da destruição ocorrida durante a Segunda Guerra Mundial no começo da década de 60 e voltaram a competir com os EE.UU, a partir de então, por mercados para produtos e investimentos na economia mundial.

Ao mesmo tempo, os países em desenvolvimento emergem como produtores industriais em busca de mercados externos. A URSS e o bloco socialista também aumentaram seu intercâmbio com os países capitalistas. Na verdade são um novo mercado potencial para o sistema capitalista mundial que desperta o interesse e a concorrência entre os países e as empresas capitalistas por sua conquista. Além disto, os países emergentes também começam a competir (ainda moderadamente) no mercado mundial. Todas estas mudanças parciais configuram uma tendência mais geral a um aumento da concorrência no conjunto do sistema capitalista mundial e uma conseqüente quebra de monopólios até então consolidados. Aumenta portanto a concorrência mundial não só entre as empresas de distintas nacionalidades, como, ao mesmo tempo, as empresas multinacionais procuram maximizar o uso destas situações diferenciadas (que elas podem utilizar nos diversos países em que operam) para aumentar suas vantagens competitivas em relação aos capitais exclusivamente nacionais (inclusive de seus países de origem).

Diante da complexidade dos interesses em pugna, os Estados nacionais diminuem sua capacidade de intermediar os conflitos e abre-se um período de concorrência anárquica internacional. A Comissão Trilateral buscou, com Carter, colocar ordem neste caos relativo ao criar o Grupo dos 7, mas este mostrou-se insuficiente. Ronald Reagan e Mme. Tatcher colocaram na ordem do dia um princípio ordenador: a liderança dos Estados Unidos mesmo que isto significasse uma divisão de trabalho nova na economia mundial (SANTOS, 1994). Esta nova liderança exigiu um maior grau de desregulamentação em alguns setores da economia para permitir que a disputa econômica se resolvesse no mercado. Não no sentido do livre mercado e sim no sentido de facilitar a quebra das empresas menos eficientes e consolidar as empresas mais poderosas em suas posições monopólicas. Este foi o caso da aviação civil mundial cuja desregulamentação por Reagan resultou, num primeiro momento, no aumento da competição, mas logo em seguida numa gigantesca concentração, nos anos 90, com a fusão de várias empresas.

Outra característica dos anos 60 e 70 havia sido, como vimos, o gigantesco aumento da intervenção estatal na economia (via regulação de novos setores como o ambiental), mas também através da maior intervenção do Estado como produtor direto.

Este foi o caso das nacionalizações realizadas pelo governo socialista francês na década de 70, pelo governo revolucionário português no mesmo período, pelos trabalhistas ingleses e outros governos social-democratas e socialistas. Nos países em desenvolvimento vimos os casos extremos do petróleo (que foi encampado em quase todos os principais países produtores); e do cobre; dos vários sistemas financeiros nacionalizados no México, na França, em Portugal e até no Chile de Pinochet (depois que as aventuras dos "Chicago boys" de Milton Friedman quebraram a economia do país no início da década de 80).

Colocou-se a necessidade, para o sistema capitalista mundial, de reordenar e balancear esta onda de nacionalizações que ultrapassava em muito a funcionalidade capitalista. A intervenção direta do Estado como produtor só interessa ao capital quando a taxa de lucros baixa demasiado em certos ramos de atividades. As empresas estatais, cooperativas e empresas de trabalhadores podem operar estes setores com taxa de lucro zero ou próxima a zero. Em se tratando de setores de utilidade pública, pode-se até praticar um subsídio direto contando com forte apoio social. Essa intervenção libera capitais presos em setores decadentes para investiram em setores e ramos de maior lucratividade, elevando a taxa média de lucro da economia capitalista [1].

Contudo, para o capital, não se justifica uma nacionalização quando afeta setores que podem se mostrar lucrativos novamente ou que nunca o haviam deixado de ser. Ao mesmo tempo, uma "limpeza" das empresas nacionalizadas e a recuperação de seu caráter lucrativo podem fazê-las novamente interessantes para o setor privado. Não é aqui o lugar para discutir os casos concretos, mas é evidente que a lucratividade dos vários ramos de produção varia com a conjuntura econômica, com as mudanças tecnológicas e com as mudanças dos mercados por elas afetados. Se a conjuntura econômica geral permite prever uma recuperação da lucratividade de certos setores econômicos é pois natural que se desenvolva uma onda privatizadora depois de uma onda estatizante, como a que ocorreu nos anos 60 e 70. Sobretudo se a onda privatizadora busca "racionalizar" ou "enxugar" um enorme crescimento produzido na onda estatizante anterior.

Há contudo um elemento ainda mais profundo a favor da retomada da reflexão econômica sobre o mercado. Como resultado da revolução científico-tecnológica, aumentou drasticamente a possibilidade da automação da produção e dos serviços. Nos anos 80, houve uma onda de investimentos com tecnologia automatizada para enfrentar a competição internacional crescente. Esta tendência a inovações significativas é típica dos períodos mais depressivos do ciclo longo e constitui, ao mesmo tempo, a pré-condição para uma nova onda longa com um período de 25 a 30 anos de crescimento econômico. Para que o novo

[1] No Brasil, vimos a estatização da Cia. de Eletricidade Light processar-se como uma das primeiras medidas de um governo militar que chegou ao poder pelo golpe de Estado de 1º de Abril de 1964 em nome da liberalização da economia e da retirada do Estado da economia. Por sinal, este governo aumentará enormemente as estatizações na década de 70, seguindo as tendências econômicas do período.

período de crescimento se dê, é necessário, contudo, uma forte desvalorização do capital instalado e sobretudo das enormes massas de capital especulativo ultravalorizado durante a depressão. Vimos ocorrer esta desvalorização de ativos nos anos de 1990 a 1994. É pois natural que, durante este período de depressão e renovação do capital instalado, se acentue a expansão das relações capitalistas no setor de serviços, incorporando cada vez mais atividades, antes exercidas por profissionais liberais, no regime de produção assalariado.

Estas mudanças lançaram maciçamente na economia mercantil grandes massas de atividades até então consideradas como à parte da racionalidade capitalista. Este é o caso do amplo campo do conhecimento, da informação, da educação, da arte e da cultura, da diversão, do financiamento, da securitização, da saúde etc.

Marx já havia mostrado como relações de produção superiores assumem a forma das relações sociais dominantes nas formações sociais que não podem absorvê-las "naturalmente". (Veja-se entre outras a análise do capítulo sexto inédito de O Capital sobre a subordinação "formal" e "real" do trabalho assalariado.)

O raciocínio econômico de custo e benefício se deslocou para atividades de difícil mensuração e fora do sistema produtivo capitalista tradicional. Estas mudanças estimularam a busca de modelos econômicos formais capazes de captar as relações de mercado nessas atividades antes desprezadas pelas análises de mercado. Tal avanço da racionalidade capitalista para novos campos da atividade humana produziu uma espécie de "fundamentalismo econômico". Desenvolve-se a idéia de que todos os aspectos do real são redutíveis a fenômenos econômicos e que cabe à motivação econômica reger a ética e a política.

Nada disto implica num aumento real da capacidade do capitalismo, como sistema econômico, de reger as relações de produção e reprodução da vida social moderna. Pelo contrário, estas aberrações teóricas só indicam as dificuldades de ajustar ao modelo de relações capitalistas as novas relações sociais que nascem da revolução científico-técnica. Elas exigem mecanismos éticos e políticos mais conscientes e explicitamente humanos para dirigir a sociedade moderna. Por isto, se tornam tão ridículas as tentativas de subordinar estas relações sociais cada vez mais complexas às leis cegas do mercado.

Estas são as conclusões de todas as Cúpulas Sociais realizadas nos últimos anos pelos governos de todos os países e com a participação de organizações não-governamentais e de representantes dos movimentos sociais. A Cúpula Mundial da Infância, em 1990, a Conferência das Nações Unidas para o meio Ambiente e Desenvolvimento (1992), a IX Conferência Internacional de Direitos Humanos (1993), a Conferência Internacional sobre População e Desenvolvimento (1994), a Cúpula Mundial de Desenvolvimento Social (1995) e a IV Conferência sobre a Mulher (1995), todas elas exigiram a submissão das leis cegas do mercado à lógica humanista e às necessidades sociais. Os mais recentes relatórios das Nações Unidas e da UNESCO vão na mesma direção[2]. A culminação deste choque de enfoque se consolidou na entrada do século XXI na Cúpula do Milênio que consagrou estes princípios "intervencionistas" no cenário mundial. É evidente que essas conclusões correspondem à vontade coletiva dos povos refletida no consenso mundial dos respectivos governos. Como pode persistir uma contradição tão grande entre a hegemonia ideológica do economicismo neoliberal no poder e a vontade dos povos?

[2] Ver Comissão sobre Governança Global (1995) e World Commission on Culture and Development (1995) além dos relatórios anuais do PNUD e da UNCTAD.

4. O ESTADO E AS MUDANÇAS ESTRUTURAIS DO CAPITALISMO

Não há dúvida que o novo papel do Estado é o resultado de profundas transformações na estrutura do modo de produção capitalista. Torna-se necessário portanto fazer uma análise das mudanças estruturais mais importantes do período posterior à Segunda Guerra Mundial, particularmente os anos 80 e 90, quando a revolução científico-tecnológica, iniciada nos anos 40, produz saltos qualitativos impressionantes.

Existem neste momento tentativas teóricas de pensar um sistema econômico no qual o trabalho não seja mais o fator de integração da economia. Isso porque há elementos que permitem pensar que não se poderá gerar empregos suficientes para atender ao crescimento da população no mundo.

Mas, antes de mais nada, é necessário detectar onde está a origem do problema para entender por que o desemprego é tão grave na atual fase de desenvolvimento do capitalismo mundial.

O primeiro ponto que deve ser considerado para responder a essas questões é o que o Programa das Nações Unidas para o Desenvolvimento (Pnud) chama de *crescimento sem emprego*: tudo leva a crer que assistimos a uma nova fase do crescimento econômico — apoiada no desenvolvimento tecnológico, principalmente na automatização — sem geração de empregos.

A produção cada vez mais é dirigida por computadores, dispensando mão-de-obra. Seja diretamente, através da atividade produtiva, ou de forma indireta, ao alimentar o processo produtivo, o computador exerce um papel central que permite ao sistema funcionar com total autonomia.

O operador foi deslocado para o controle geral do sistema e das atividades de conservação, limpeza e manutenção. Essa nova realidade divide os trabalhadores em dois setores, um de alta qualificação, responsável pelos mecanismos de controle, e outro bastante desqualificado, que se ocupa do cuidado físico das instalações: fundamentalmente das tarefas de segurança e de limpeza.

Esta tendência, na realidade, já é antiga. Toda a história da Revolução Industrial levou a este tipo de desenvolvimento. Mas é inquestionável que, de 1945 em diante, com o surgimento dos computadores, o salto foi muito maior. Ao ponto de, nos anos 90, se ter chegado à criação de grandes sistemas de produção relativamente autônomos.

A robotização foi a novidade da década de 80. Os robôs foram importantes na mudança porque podem ser utilizados na indústria tradicional. De fato, o robô serve como ferramenta de modernização de indústrias já instaladas, que foram ficando obsoletas, mas que, com a robotização, podem dar um salto muito importante. Daí, a revolução provocada principalmente nas linhas de montagem, setor que ocupava grande quantidade de mão-de-obra e era muito conflitivo.

Do campo à cidade — No início do século XIX, mais de 80% da população trabalhadora estava no campo, dedicada às atividades agrícolas ou artesanais. Essa mão-de-obra foi empurrada para as fábricas com grande velocidade pela Revolução Industrial, provocando uma drástica mudança no perfil da ocupação mundial. No início do século XX, as atividades industriais já ocupavam 30% da mão-de-obra, chegando a 50%, se se considerar também os serviços complementares, a produção industrial, assim como os transportes, o armazenamento e o comércio.

Essa evolução continua até meados do século XX. Em 1950 começa uma nova etapa de generalização dos processos de automatização, que deslocam trabalhadores do setor industrial para o setor terciário, o setor de serviços (e, dentro do setor de serviços, é preciso diferenciar os vinculados à indústria, transportes, comércio tradicional, dos novos serviços relacionados ao conhecimento e à informação).

A partir de 1980, em uma antecipação do que ocorrerá no próximo século, se pode prever que a mão-de-obra agrícola deve situar-se dentro dos parâmetros do modelo norte-americano, em torno de 3% da população empregada. Essa tendência tende a gerar uma média (para os países industrializados) de menos de dez por cento da população ocupada em áreas rurais e, para os países subdesenvolvidos, menos de 20%. As exceções representadas sobretudo pela China e pela Índia se devem à importância histórica da comunidade rural no chamado "modo de produção asiático". Mas estas populações rurais não se ocupam majoritariamente de atividades agrícolas. Elas se ocupam do artesanato, do comércio, do transporte, da construção e outros serviços.

O que ocorreu nesse lapso com o setor industrial? A ocupação de mão-de-obra na indústria caiu de cerca de 30% para 20% atualmente, sendo que nos países de maior desenvolvimento tecnológico a cifra é ainda inferior: entre 18 e 16% do total da mão-de-obra disponível.

O setor que se tornou gigante foi o de serviços, dedicado principalmente à ampliação do conhecimento, ao planejamento e, também, a uma área em plena expansão, a do lazer. Este último foi o setor que mais gerou empregos na década de 80, reativando, por sua vez, outros setores da economia.

Desta forma, nos últimos anos, se chegou a uma composição completamente nova da distribuição da mão-de-obra no sistema econômico internacional. E, apesar de serem mudanças drásticas, como costuma acontecer com transformações tecnológicas cuja reversão é muito pouco provável, a tendência é no sentido de um aprofundamento do fenômeno.

Ao mesmo tempo, este processo produziu uma migração de atividades dos países mais desenvolvidos para os países de desenvolvimento intermediário, situados no Terceiro Mundo. A partir dos anos 70, grande parte das atividades industriais *"desalojadas"* das nações mais ricas se transfere para o Brasil, a Polônia, a Coréia e a China, provocando um crescimento da mão-de-obra industrial nesses países (os casos da China e da Índia são especiais, porque possuem também uma economia rural muito importante, sem que isso signifique que sejam países agrícolas, como vimos acima, seu setor rural é muito diversificado, há muitos serviços e indústrias. Obviamente, nas zonas rurais existem cidades e aldeias camponesas).

A automatização reduz empregos nas atividades produtivas, que cada vez mais estão *"nas mãos"* dos computadores. Mas começa também a gerar empregos em tarefas de planejamento, ou seja, em setores como projeto e cálculo.

O processo está acompanhado de outro, simultâneo: assim como morrem velhas profissões, outras novas são criadas, com o surgimento de setores antes inexistentes na sociedade. Trata-se, fundamentalmente, de atividades vinculadas ao planejamento, pesquisa e ao desenvolvimento, com especial ênfase na informação e nas comunicações.

Todas elas geram novos postos de trabalho, que exigem, ao mesmo tempo, uma alta qualificação. Produzem, portanto, uma importante demanda no setor da educação, um dos principais geradores de emprego em todo o mundo desde a Segunda Guerra Mundial.

O papel do Estado — Chegamos, então, ao tema central, que é o papel do Estado nesta nova sociedade dominada pelos serviços. Curiosamente, nesta época de tanta ênfase no discurso neoliberal, a constatação é que se trata de serviços prestados pelo Estado. A crescente complexidade da sociedade exige uma ação do Estado muito maior. O Estado é o grande empregador na modernidade. Em todos os países, principalmente nos desenvolvidos, a idéia de que o Estado tende a diminuir é falsa. Ao contrário: a grande crise do Estado é conseqüência de seu imenso crescimento, que vimos nos dados estudados no capítulo anterior.

A reforma de Estado implica sua adaptação à exigência de cumprir atividades que antes eram exercidas pelas empresas privadas ou pelos profissionais e trabalhadores independentes. Ao contrário do que pretendem os economistas neoliberais ao tentar levar o Estado à sua mínima expressão, a privatização é um aspecto de alcance mínimo diante das demandas que o Estado deve enfrentar.

Nos últimos anos, o Estado está crescendo, não diminuindo. Durante a gestão de Margaret Thatcher à frente do governo britânico, o Estado aumentou sua participação na economia inglesa, aproximadamente 2%. O mesmo ocorreu na era Reagan, nos Estados Unidos, quando o Estado norte-americano alterou seu perfil, através de mudanças de áreas, mas aumentou sua participação global na economia.

Inclusive a terceirização e a privatização são fundamentalmente atividades do Estado, porque é ele que contrata a atividade privada. Em conseqüência a atividade privada se torna cada vez mais dependente do Estado.

O grande debate deste momento é se o Estado deve voltar às atividades de planejamento, uma vez que está claro que evoluirá rumo a atividades de regulamentação de forma cada vez mais acelerada. Tanto as atividades privadas como as públicas exigem um alto nível de regulamentação. Além do mais, por seu grande poder de compra, o Estado gera muita demanda e induz à atividade econômica.

A tendência que se observa é que a geração de empregos depende de forma crescente do Estado, pela necessidade de aperfeiçoar o planejamento, incentivar o desenvolvimento científico, melhorar a organização e estruturação da economia e da sociedade em seu conjunto. Atualmente, nos setores de alta intensidade tecnológica, 60 a 70% das atividades empresariais são de pesquisa e desenvolvimento, planejamento, projeto e *marketing*. Apenas 40% a 30% são de produção, uma atividade final, condicionada pelas fases globais de planejamento.

Os dados da realidade permitem afirmar que a essência da competitividade está hoje na formação da mão-de-obra qualificada, no treinamento e qualificação dos trabalhadores. O peso dos recursos humanos de alta qualificação é cada vez maior na economia. E a tarefa educativa, em sua maior parte, só pode ser cumprida pelo Estado. A expansão dos cursos e atividades de treinamento no âmbito das empresas, paralelamente à expansão das atividades de extensão, e as novas formas de educação a distância como campo de ação das universidades.

A importância da educação – Este é um aspecto-chave do problema do desemprego: a atual defasagem entre o avanço da tecnologia e a formação da mão-de-obra. A sociedade moderna oferece postos para um perfil de trabalhador que ainda não existe. A solução para superar esse problema está nas mãos do Estado, por seu papel na educação, no investimento dirigido ao conhecimento e à indústria do lazer.

Por isto, o tema da educação ganhou um papel preponderante no debate atual sobre desenvolvimento. A essência da questão está no processo educativo, na preparação de profissionais e técnicos. Não somente pelo seu efeito microeconômico mas sobretudo pelo seu impacto macro-econômico, como gerador de emprego e responsável por uma parte substancial da renda nacional.

A estrutura do emprego, do processo de produção, está sendo completamente alterada. Nada parecido ao mundo de hoje existia há poucas décadas. Quantos cientistas havia no mundo antes da II Guerra Mundial? Algumas dezenas de milhares. Hoje, podemos pensar em milhões. Grande parte do sistema de pós-graduação nas universidades foi criado depois da II Guerra Mundial. A universalização dos estudos secundários também foi completada nessa época. Hoje, já se exige uma universalização do terceiro grau, que implica dois ou três anos de especialização técnica (Alemanha) ou universitária (Estados Unidos).

Esse nível de instrução seria o mínimo necessário para se sobreviver no mundo atual em termos de emprego. O trabalhador que não tenha alcançado esse mínimo terá uma competitividade muito baixa. Será forte candidato ao desemprego.

E a educação, em termos globais, é principalmente pública. Pensar hoje em termos de educação privada é quase impossível. Se pensarmos no nível de escola primária e de algumas escolas secundárias, é possível manter a educação privada para uma parte da população de alta renda, mesmo assim sempre contando com subsídios estatais. Mas, no nível universitário, isso é impossível. A universidade privada só pode sobreviver se receber altos subsídios. Ou então se renunciar totalmente à qualidade do ensino. Neste caso o nome universidade é farsa.

A pesquisa, principalmente, requer altos subsídios do Estado, seja em forma direta, via ministérios da Educação, Ciência e Tecnologia, ou pela via indireta, através de fundações, que canalizam fundos de isenções fiscais permitidas para atividades privadas. No setor de pesquisa aplicada, as indústrias realizam investimentos importantes, mas o grosso da investigação em ciência e tecnologia é financiado pelo Estado, mesmo quando realizadas por laboratórios de alta tecnologia criados pelas empresas através do uso de novas modalidades de renúncia fiscal.

As limitações do capitalismo — O processo de adaptação da mão-de-obra às novas tecnologias, considerado em termos globais, é uma meta impossível de cumprir para o sistema capitalista. Por isso há crescente desemprego. O modelo neoliberal, confiando só nas forças de mercado, não está em condições de lidar com esse processo em escala mundial. Esta é a primeira conclusão.

A segunda é que os esforços que se fazem para conservar o sistema capitalista funcionando e orientando a acumulação de capital têm um efeito dramático para o emprego. À medida que se introduzem novas tecnologias e se expulsam pessoas dos postos de trabalho que elas suprimem, o funcionamento harmônico do sistema exigiria um imediato mecanismo de reciclagem dessa mão-de-obra. Aquele que perdeu um emprego porque este deixou de existir deve ser preparado para assumir novas responsabilidades no sistema econômico.

Mas esta não é a filosofia que vigora no sistema de produção capitalista. Quem pressiona a favor da reciclagem não é o teórico neoliberal, nem o empresário, mas o sindicato e o Estado, que estão fora da lógica do capitalismo e refletem as razões do trabalhador e da cidadania em geral.

Mas, por outro lado, o movimento sindical muitas vezes não impõe estas contrapartidas porque o aumento do desemprego o enfraquece muito. Por esta razão, é o próprio Estado que deve intervir como regulamentador.

Mas é verdade que existe uma crise do Estado. Com o deslocamento de indústrias do Norte para o Terceiro Mundo, as demissões de mão-de-obra — que hoje ocorrem em massa — provocam a destruição do movimento sindical nos países centrais de onde sai a unidade produtiva. O movimento do capital lhe permite aumentar sua eficiência, ao mesmo tempo que transfere à sociedade os efeitos e os custos sociais derivados de sua busca pela eficiência. É a sociedade que paga as mudanças que os empresários praticam com certa autonomia, ao ver-se obrigada a dar assistência aos desempregados.

Nesse processo, a empresa se adapta às novas exigências de competitividade, se moderniza, recupera relativamente suas margens de lucro, mas transfere à sociedade os custos de sua adaptação. Esse é o fenômeno que teve de enfrentar o *Estado de Bem-Estar* na Europa, ao ver-se obrigado a financiar uma massa enorme de desempregados. O capital se salva acabando com o bem-estar.

Porque o Estado de Bem-Estar só pode funcionar com uma economia de pleno emprego, quando a falta de trabalho é um fenômeno marginal. Mas é extremamente difícil subvencionar o desemprego quando se trata de milhões de operários parados e sem perspectivas de voltar aos postos de trabalho.

Esse problema nos leva a um aspecto fundamental a considerar na análise das causas e soluções para o desemprego: o tema da jornada de trabalho. O aumento da produtividade que trazem as inovações tecnológicas deveria produzir uma diminuição da jornada de trabalho, aumentando o tempo livre dos operários. Se funcionasse corretamente o mercado de trabalho, os trabalhadores deveriam ser os beneficiados principais pelo aumento da produtividade, trabalhando menos tempo de acordo com este aumento. O capitalista, apesar do desenvolvimento tecnológico, mantém a mesma jornada de trabalho, aumentando sua taxa de lucro. Este é um dos limites mais graves do modo de produção capitalista. O aumento da produtividade em vez de servir ao conjunto da sociedade é apropriado pelo capital como uma fonte de monopólio e de concentração de renda. Em conseqüência o avanço tecnológico que liberaria do trabalho a milhões de indivíduos se converte numa fonte de desemprego ou deforma a estrutura de emprego existente já que a concentração da renda gera uma demanda de luxo, socialmente desagregadora.

Hoje, tecnicamente, a jornada de trabalho não deveria ultrapassar 20 e poucas horas semanais, mas se mantém em torno de 38 a 40 horas. No fundo, a jornada que hoje se considera como de meio expediente, de quatro ou cinco horas por dia, está próxima do verdadeiro período de trabalho para uma sociedade altamente informatizada.

Uma solução política — Portanto, a solução para o problema do emprego é política e, em parte, a sociedade tem começado a reagir, como se observa nos Estados Unidos e na Europa.

A reação varia de país para país e em geral se dirige a uma renovação dos postulados socialistas e social-democratas. O grande desafio para estas correntes é retomar o crescimento, voltar ao pleno emprego, condição necessária para que o Estado de Bem-Estar funcione.

E só se pode alcançar o pleno emprego com uma drástica diminuição da jornada de trabalho e ampliando o investimento do Estado em educação, ciência e tecnologia, isto é, na formação de uma mão-de-obra capacitada técnica e culturalmente para fazer avançar o potencial de tempo livre trazido pelo aumento de produtividade do trabalho.

Como nenhum outro, o problema do desemprego mostra que o capitalismo, tal como o conhecemos, está em uma dinâmica decadente. O neoliberalismo é uma demonstração do enorme esforço que deve ser realizado pelo capital para conseguir algum tipo de revitalização de seu sistema econômico. Seu fracasso prova que, na realidade, o capital hoje não tem mais condições de operar sem o apoio do Estado. A tendência nos próximos anos é a consolidação do Estado como grande investidor de capital. O Estado é cada vez mais o "capitalista coletivo".

5. A REVOLUÇÃO CIENTÍFICO-TÉCNICA E O ESTADO

Apesar do intenso processo de integração e globalização da economia mundial no qual as empresas multinacionais têm um papel decisivo, os Estados Nacionais continuam a ser o núcleo privilegiado do mercado mundial. São eles que patrocinam ou freiam os processos globais, são eles que organizam, através da cessão de sua soberania nacional, os processos de integração regional que continuam apoiando-se contudo nas suas bases institucionais e em seu poder de legitimação e repressão.

É pouco provável que estes processos pudessem ocorrer sem a mediação de um organizador coletivo da dimensão dos Estados nacionais. As empresas multinacionais, que hoje percebem a si mesmas como transnacionais ou mesmo globais, não poderiam operar uma economia mundial diretamente sem o financiamento e o apoio dos Estados nacionais, seja nos países de onde se expandem para o exterior, seja nos países que as hospedam. A idéia de um processo de globalização sob condição de uma nova unidade empresarial de tipo metanacional ou global é sugestiva, mas pode conduzir a uma visão ilusória do processo de mundialização em vigor.

O fundamento dessa globalização se encontra na revolução científico-técnica, cujo avanço está ligado ao apoio econômico dos Estados nacionais, seja através do financiamento direto das pesquisas nos seus centros de pesquisas e laboratórios, nas universidades ou nas empresas, seja através de subvenções e renúncia fiscal que são extremamente importantes no setor militar, na indústria espacial e em outros setores diretamente dependentes do gasto fiscal. Ao mesmo tempo, é hoje aceita universalmente a necessidade de encontrar meios de planejamento do desenvolvimento científico-tecnológico, cabendo a organismos estatais ou por ele patrocinados o delineamento das estratégias de políticas em ciência e tecnologia. Os Estados Unidos, apesar de sua retórica liberal, têm hoje seu informe bienal de ciência e tecnologia que avalia este planejamento global estabelecido pelo governo. A OECD generalizou para todos os países que a compõem a obrigação de produzir informes anuais das políticas científico-tecnológicas.

Ao mesmo tempo, a evolução do sistema empresarial não pode ser vista independentemente dessas tendências. Como vimos, apesar dos fortes ares neoliberais que sopraram na década de 80, o crescimento do déficit público norte-americano foi o fator econômico fundamental da recuperação econômica de 1983 a 1987. Esse déficit foi criado não para atender a demandas sociais ou para desenvolver o *"Estado gendarme"* do liberalismo. Ao contrário, o déficit público norte-americano se orientou nos anos 80 (e voltou a fazê-lo nos governos de George Bush, Clinton e George W. Bush) no sentido de sustentar o aumento da demanda nacional norte-americana que resulta num enorme valor agregado à demanda mundial. Na medida em que a nova demanda foi atendida em grande parte pela oferta internacional de bens e serviços, gerando um déficit da balança comercial norte-americana similar ao déficit fiscal, a recuperação dos anos 80 foi um fenômeno induzido pelo maior gasto público da história humana. Vimos em detalhe este processo na parte segunda de nosso livro. Da mesma forma o crescimento da década de 90 dependeu da demanda fiscal que diminuiu em parte. No século XXI, sobretudo depois do atentado de 11 de setembro, a administração de Bush filho acena como uma diminuição dos impostos mas cria na prática um déficit fiscal gigantesco para tentar recuperar a economia.

É impressionante notar, ao mesmo tempo, como o déficit público se orienta para o financiamento da pesquisa e desenvolvimento, sobretudo do setor militar. Quando o Estado intervém tão fortemente na criação de áreas de investimento e na orientação das estratégias das empresas privadas, em seu financiamento e na demanda de seus produtos, é simplesmente ridículo falar numa tendência à privatização e à liberalização da economia.

É evidente também que estes gastos públicos aumentam a intervenção do Estado nos mecanismos da vida econômica, ao colocar sob sua dependência uma parte tão extensa e estratégica da economia. A partir da década de 80, o Estado norte-americano interveio diretamente na fixação da taxa de juros, na política de emprego, aumentou sua proteção aos setores econômicos ameaçados pela competição externa, determinou políticas educacionais, de formação, de treinamento e recolocação de mão-de-obra. Dificilmente pode-se encontrar no mundo uma regulação estatal tão rigorosa de quase todos os aspectos da vida econômica, social e política.

Contudo, tudo isto foi feito em nome do neoliberalismo, das forças do mercado, da livre iniciativa e da liberdade individual. Isto se explica em parte porque o Estado norte-americano continua evitando a sua participação direta na produção e inclusive nos serviços públicos. Para poder prescindir dessa intervenção ele sustenta indiretamente, através de contratos e subcontratos, uma enorme massa de empresas e trabalhadores.

A outra razão dessa impressão é o fato de que grande parte da regulação econômica realizada pelo Estado norte-americano se faz em nome de garantir o livre funcionamento do mercado, a livre iniciativa e as liberdades individuais. É impossível negar o conteúdo ideológico da afirmação de que os 550 bilhões de dólares de gastos militares que convertem a economia norte-americana num dos maiores capitalismos de Estado do mundo (maior inclusive que os de todos os antigos países socialistas somados) seja um caso típico de livre mercado. Ao contrário, esta intervenção maciça do Estado atropela o livre mercado a favor do monopólio e da proteção estatal às empresas clientes do Pentágono.

Ao mesmo tempo que o sistema empresarial dos Estados Unidos submete-se tão drasticamente ao seu Estado nacional (como ocorre, por sinal, em todos os países capitalistas), ele evolui no sentido de uma maior concentração produtiva e econômica, de uma maior monopolização da economia e de uma maior centralização de capital. Os dados da Comissão de Justiça do Senado (subcomissão de antimonopólio) e de vários outros organismos e instituições dedicados à luta contra a monopolização, em defesa dos consumidores, pela proteção do ambiente etc., revelam sempre a impotência dos cidadãos para deterem este processo de concentração, monopolização e centralização. Algumas vitórias parciais só confirmam a tendência geral.

Tais fatos são ainda mais evidentes fora dos Estados Unidos, onde os Estados nacionais têm de investir diretamente em vários setores da economia, abandonados pelo capital privado em busca de taxas de lucros mais elevadas. Raramente a empresa pública surgiu em setores ou ramos de alta lucratividade. Ela se instala exatamente naqueles onde as inversões de capital fixo são extremamente elevadas e os usuários tendem a reivindicar preços e tarifas baixas, sobretudo quando se trata de produtos e serviços consumidos pelas empresas que têm de proteger seus custos.

Por isto, as famosas políticas de privatização têm sido um redondo fracasso, como admitem os estudos sobre o assunto. O próprio Banco Mundial, um dos maiores patrocinadores das privatizações, admite sua pouca profundidade. Depois de citar o único exemplo "*bem-sucedido*" que é o Reino Unido, chega à conclusão, no que se refere aos países em desenvolvimento, de que "*só em alguns países (Bangladesh e Chile, por exemplo) houve uma privatização substancial, sobretudo no tocante a pequenas firmas de manufatura e serviços que já haviam sido propriedade privada*" (*Relatório sobre o Desenvolvimento Mundial, 1997, pág. 68*). Não deve causar surpresa o fato de que tanto a Inglaterra, como o Chile e Bangladesh passaram por profundos processos de estatização na década de 70, que não chegaram a ser totalmente revertidos pelas privatizações assinaladas.

A verdade é que os dados revelam um crescimento da intervenção estatal e da empresa pública em todo o mundo, particularmente nos países de maior desenvolvimento, como se vê no quadro apresentado no capítulo anterior. Vê-se a forte presença da empresa pública em vários países nos setores têxtil, eletrônico, petroquímico, veículos automotivos, cimento, mineração, fertilizantes, nitrogenados, aço, serviços de telecomunicações. Deve-se incluir nesta lista as empresas de transporte e outros serviços públicos por natureza. Não se trata de uma questão ideológica e sim do abandono do capital privado destes setores essenciais devido à sua baixa taxa de lucros.

Não podemos esquecer também a importância da concentração, monopolização e centralização das atividades de pesquisa e desenvolvimento no corpo das estruturas empresariais. A criação de grandes laboratórios e centros de pesquisa por empresas privadas conta, evidentemente, com apoio público, mas os resultados dessas pesquisas e desenvolvimento são privatizados e pertencem às firmas executoras e não ao financiador público. O alto nível de correlação entre o avanço da tecnologia e a ciência pura tem levado inclusive os laboratórios e centros privados a investir diretamente na pesquisa pura, ao mesmo tempo em que mantém o financiamento aos centros de pesquisa universitários com os recursos das fundações, originados da renúncia fiscal do Estado.

Para manter-se à altura dessas exigências da pesquisa e desenvolvimento internacionais, as empresas passam a adotar estratégias de fusões e até mesmo surge uma nova forma de cooperação interempresarial em nível mundial, para poder dar conta dos gastos e da concentração de recursos humanos e materiais envolvidos em certos níveis da pesquisa de ponta. Isto leva, evidentemente, a novos padrões de centralização e internacionalização de capital que mudam cada vez mais o caráter das empresas, do Estado e das estruturas socioeconômicas.

O aumento do sentido social da ação empresarial tem provocado um crescimento significativo da inter-relação não só entre as empresas públicas e privadas, mas também destas com os movimentos sociais, tanto tradicionais como de novo tipo. É mais conhecida e estudada a dependência crescente das empresas de contratos de trabalho assinados com os sindicatos. Estes contratos tendem a incluir não só medidas salariais, de carreira, de saúde no trabalho, de assistência social e seguros, mas também um número cada vez maior de itens referentes à própria gestão da empresa, à sua política de investimento e às suas responsabilidades sociais. Nos últimos anos, os estudos de relações industriais têm posto cada vez mais ênfase na co-gestão sindical alemã e na gestão cooperativa entre empresários e sindicatos no Japão.

Entre os acionistas das grandes corporações desenvolve-se um amplo campo de preocupações éticas que se estende às questões ligadas à luta contra os gastos militares e a ameaça do holocausto nuclear, à defesa dos consumidores, à defesa do ambiente e até mesmo ao comportamento político dos países onde as empresas investem seu capital (*caso do boicote ao apartheid na África do Sul, às ditaduras militares etc.*) ou às questões relativas à igualdade sexual, ao apoio às minorias sociais e étnicas e aos direitos humanos. As organizações não-governamentais (ONGs) e os movimentos sociais têm conseguido não só alterar as políticas governamentais, mas também atuar eficazmente nos conselhos dos acionistas das empresas. O crescimento das organizações não-governamentais em nível mundial cria um fenômeno institucional supra-nacional que começa a intervir seriamente na formulação e implementação das políticas públicas. Criam-se assim novas relações de propriedade, de trabalho, intergovernamentais e dos Estados com a sua cidadania.

A importância dessas organizações começa a ter seus efeitos na vida política e a alterar programas e atitudes partidárias. A idéia da participação e da co-gestão dos trabalhadores nas empresas ganha uma força inusitada na Europa. A participação das organizações comunitárias nas decisões regionais e locais é outro fato político em crescimento.

É aparentemente paradoxal (apesar de plenamente racional dentro do pensamento socialista clássico, sobretudo marxista) o fato de que os únicos e radicais processos de desestatização que ocorreram na década de 80 deram-se exatamente nos países socialistas. A lei de autogestão votada no Soviet Supremo da URSS em 1986, promoveu a transferência da gestão de grande parte das empresas deste país para os trabalhadores, que passaram a eleger o conselho diretor das empresas, o qual elegia por sua vez a direção executiva. Ao mesmo tempo, as empresas aumentaram sua autonomia em relação ao plano central que restringia cada vez mais suas metas ao conceder às empresas importante liberdade na escolha de clientes, nas formas de financiamento, na utilização dos seus recursos, nas decisões de investimento etc.

A onda neoliberal que dominou a URSS levou à sua extinção em 1991, e mudou somente em parte estas tendências. Ao lado das privatizações selvagens que se desenvolveram na antiga URSS e na Europa Oriental continuaram a existir experiências de gestão dos trabalhadores que terão um papel crescente na nova fase de reestruturação destes países em bases mais sólidas que combinarão um capitalismo de Estado ainda dominante, as novas empresas privadas, monopólicas ou não e as formas de organização corporativa relativamente autônomas.

Esta evolução, no sentido de uma maior participação dos trabalhadores na gestão das empresas, é uma conseqüência inevitável, de um lado, da crescente centralização dos investimentos necessários para colocar uma empresa em funcionamento, separando cada vez mais os empreendimentos da realidade da propriedade privada que se conserva mais como uma sobrevivência cultural (extremamente limitadora, é verdade) do que como um dado real ajustado às novas relações sociais. Cria-se assim um vazio de poder que tende a ser preenchido pelas comissões de trabalhadores, cuja experiência e conhecimento direto do processo de trabalho são a única garantia de uma gestão efetiva das instituições ligadas à produção. Apesar do conteúdo corporativista, implícito na evolução complexa das instituições contemporâneas, esta tendência tende a se fortalecer.

Por outro lado, o aumento da concentração da produção e conseqüente centralização das decisões gerenciais em coletivos que exigem a atuação de várias especialidades vêm eliminando o conteúdo pessoal da decisão administrativa e aumentando a responsabilidade do grupo de gerentes, profissionais e técnicos. A organização de brigadas de produção, com metas coletivas de trabalho, tende a substituir os métodos de administração "racional" ou "científica", baseados na apropriação patronal da experiência dos trabalhadores para permitir, em seguida, a sua racionalização, normatização e implantação autoritária sobre os próprios trabalhadores.

A automação, ao substituir pelas máquinas, pelas usinas modernas e pelos robôs o trabalho repetitivo e alienado do trabalhador, aumenta a flexibilidade da jornada de trabalho e transforma os grupos de trabalhadores em unidades primárias de produção e serviço, permitindo e exigindo mesmo uma noção muito mais diferenciada e flexível do processo produtivo.

Estas mudanças favorecem necessariamente a democratização do sistema empresarial e exigem um enfoque distinto da realidade sindical, da co-gestão e da autogestão que se encontram já em marcha em diferentes partes do mundo. Na medida em que as novas tecnologias se imponham universalmente, estes novos padrões de gestão e participação terão de gerenalizar-se, assim como movimentos sociais que refletem estas novas realidades socioeconômicas

O impacto dessas transformações é bastante peculiar num Terceiro Mundo onde coexistem formas de trabalho arcaicas e modernas, articuladas por sistemas de produção baseados na superexploração da força de trabalho. Onde a liberação de mão-de-obra do campo vem ocorrendo em escalas colossais (eliminando as reservas de economia natural ainda existentes nas décadas de 50 a 70), e lançando essas massas numa economia urbana e industrial que gera cada vez menos empregos proporcionalmente à população. Cria-se em conseqüência uma massa de marginais e semimarginais, cujas condições de vida se vêem atenuadas somente pela expansão de uma economia informal cada vez mais gigantesca. A associação dessa economia informal com a criminalidade organizada conduz estes países a uma situação simplesmente explosiva.

A América Latina vive intensamente este processo e vem gerando uma população disponível para movimentos sociais novos, que exigem uma análise especial. Os trabalhadores rurais permanentes e temporários formam sindicatos ao lado de camponeses com pequenas terras ou de posseiros que se apossam das mesmas em zonas de nova colonização. Destas, resultam então novas organizações que oscilam entre as lutas salariais, em níveis extremamente baixos de demanda e as tentativas de invasões de terras, em busca de uma base produtiva. Esta é a base social para novos movimentos como os Sem Terra no Brasil.

Nas cidades, as massas deslocadas vão se acumulando em coletividades semimarginalizadas, de propriedades irregulares, na maior parte das vezes fruto da invasão de terrenos baldios. Na defesa de seu direito de moradia e na luta por atrair os serviços públicos e a urbanização para estas regiões essas massas vão adquirindo uma experiência coletiva, organizacional e cultural, que se desenvolve numa faixa entre a clandestinidade e a tentativa de regularização de seus terrenos e suas benfeitorias, e de sua integração na sociedade e nas instituições legais. A expansão do consumo de droga dá origem a vastas redes clandestinas de comercialização das mesmas que se concentram em parte nas regiões cujo abandono pelo Estado facilita a ação de grupos clandestinos. Estas atividades inundam de recursos significativos as populações locais e produzem uma forte escalada de violência estimulada pelos recursos disponíveis para a compra de armas cada vez mais poderosas.

Vemos assim co-existirem nesses países os filhos da nova tecnologia, e de suas mais complexas formas de organização, ao lado de uma complexidade de problemas novos gerados pelos filhos espúrios da destruição das velhas economias que lutam por um espaço e por sua sobrevivência nesta nova sociedade incapaz de absorvê-los.

Forma-se assim um vasto campo social, político e cultural onde os elementos do antigo populismo e suas técnicas de mobilização social estendem-se a uma nova população urbana e rural em formação, enquanto convivem com um movimento operário cada vez mais complexo, sofisticado e internacionalizado. Neste campo popular, tende a formar-se também um sindicalismo de classe média, de profissionais e técnicos, antes aferrados ao seu individualismo, como vendedores autônomos de seu trabalho, que se transformam em assalariados de colarinho branco e adotam rapidamente as formas de luta e as tradições do sindicalismo operário. O encontro de tradições culturais e situações sociais tão diversas num mesmo campo social e político, determinado em geral pela oposição ao regime capitalista e oligárquico, expresso sobretudo nas suas políticas econômicas, provoca uma nova coalizão de forças, dentro de um ecletismo ideológico cada vez mais difícil de sistematizar e um pragmatismo político que tende a impor-se na vida dessas nações.

Estas mudanças desestruturam as formas sociais próprias do modelo de produção capitalista como os partidos políticos e os sindicatos, grandes responsáveis pela organização das massas nos países centrais do sistema capitalista mundial. Surgem em conseqüência novas organizações e movimentos sociais pressionados entre o caráter emergencial, precário e inusitado de suas necessidades, de um lado, e as aspirações humanas de verdadeiras "soluções" destas necessidades. Estas "soluções" implicam na incorporação destas populações no sistema socioeconômico e ideológico existente.

É interessante notar como a ideologia do grande capital internacional (expressa em grande parte nos relatórios técnicos das organizações internacionais mais diretamente associadas com ele, como o FMI, o Banco Mundial e a OMC) abandona cada vez mais suas perspectivas universalistas. O capital desiste de propor e oferecer uma sociedade igualitária para a humanidade e pretende convencê-la de que é *naturalmente* impossível alcançar esta sociedade igualitária que o liberalismo burguês mais progressista imaginou. As Ciências Sociais contemporâneas se preparam para consagrar um regime de castas para a humanidade onde existem incluídos e excluídos, e um sistema de estratificação social inerente à *impossibilidade* de elevar todos os cidadãos aos padrões sociais do regime de produção assalariada.

A divisão do planeta entre mundos hierarquizados passa a ser uma conseqüência natural dos impactos causados pelo desenvolvimento da ciência e da tecnologia, sobretudo por sua incapacidade de gerar empregos. A hipótese de diminuição da jornada de trabalho é radicalmente descartada em nome da competição entre as várias economias. Apesar do ridículo deste argumento diante das hipóteses de baixa *universal* da jornada de trabalho. Que outra razão pode existir para impedir a queda vertiginosa da jornada de trabalho pois a humanidade só pode considerá-la como um objetivo a ser alcançado. Uma vez mais a ideologia do capital entra em choque com os seus ideais universais: igualdade, democracia, progresso, emancipação social são pretensões do passado, da etapa utópica do capitalismo e da modernização capitalista. Se a humanidade pretende realizá-las terá de superar a visão capitalista do mundo e assumir a perspectiva de uma mutação civilizatória a partir de um novo modo de produção da vida material espiritual.

6. A IDEOLOGIA DA ADMINISTRAÇÃO PÚBLICA

Particularmente nas décadas de 50 e 70, quando o desenvolvimentismo hegemonizou a vida política e ideológica dos países dependentes e subdesenvolvidos, procurou-se fazer desaparecer do conceito de Estado o choque entre as forças sociais. Tentou-se apresentar o Estado como uma realidade puramente administrativa, que atuava com eficiência para alcançar os objetivos do conjunto da população. Contudo, historicamente, o resultado desse processo foi a exclusão da grande maioria da população dos resultados do desenvolvimento. Como toda ideologia, pode-se falar em nome de conceitos muito abstratos como o interesse nacional, quando de fato a prática corresponde a interesses concretos completamente diferentes e até opostos ao chamado "interesse público". Este esforço tecnocrático continua a exercer-se até nossos dias. Com a grande ofensiva neoliberal, que vai alcançar seu auge na década de 80, a empresa privada se apresentou como um sucedâneo do setor público em nome da eficiência e da eficácia. O setor privado pretende ser um modelo porque, ao ser eficiente, ele custa mais barato e, portanto, está exigindo um esforço menor da sociedade do que um sistema burocrático contra o qual se volta.

Esta ofensiva internacional se consagra sobretudo nas empresas multinacionais, transnacionais ou globais que se apresentam como grande modelo de organização moderna, ou pós-moderna, com a pretensão de haver superado qualquer alternativa histórica, para constituir uma forma final de sociedade. Elas representam o fim da história, o fim da evolução histórica. Este "fim da história" teria a forma da eficiência, encarnada pelas empresas transnacionais e, particularmente, pelo sistema econômico neoliberal e o sistema político liberal.

Na verdade, após a II Guerra Mundial, a internacionalização da economia passou a ser um fator muito decisivo e as empresas multinacionais assumiram um papel extremamente dinâmico. Tratava-se normalmente de grandes empresas, que operavam em nível nacional com alguma ação internacional e que passaram a operar em distintos mercados, organizando-se neste ambiente múltiplo e atuando de forma extremamente eficaz, com uma capacidade de comunicação extraordinariamente elevada, que permitia manter o conjunto desses novos sistemas de decisão relativamente disciplinados.

Os Estados nacionais serviram de apoio, muitas vezes, à evolução e ao desenvolvimento dessas empresas. Por exemplo, nós não podemos entender a expansão das empresas norte-americanas, em nível mundial, sem o Plano Marshall, com o qual o Estado norte-americano colocou à disposição dessas empresas recursos gigantescos para a sua entrada massiva na Europa, no Japão e em outras regiões. Tratava-se dos louros da vitória militar. Pensar que essas empresas poderiam ter alcançado o nível de influência que obtiveram sobre o resto do mundo só pela eficácia econômica é uma ingenuidade que só se impõe no cérebro das pessoas através da manipulação ideológica. É impossível também pensar a expansão dessas empresas na América Latina e nos países do Terceiro Mundo em geral, sem o programa do Ponto Quatro, sem os vários programas de ajuda internacional, organizados pelo Eximbank, a A .I .D, o Banco Mundial, o FMI etc. O governo norte-americano entregou a essas empresas o instrumental indispensável para a sua expansão mundial, particularmente o poder financeiro do dólar.

Não se pode ignorar também o papel do Estado na criação da Revolução Científico-técnica que se operou no pós-guerra. As empresas foram um agente muito importante neste processo. Mas o financiamento do mesmo, em mais da metade, veio do Estado e não das empresas. Elas financiaram as fases de desenvolvimento final dos produtos para chegar ao mercado. Mas nenhuma empresa estava disposta a pagar o risco de financiar a pesquisa básica, cujo custo é extremamente alto e arriscado. Somente nos anos 90 vêm sendo obrigadas a atuar no campo da ciência pura pela implantação crescente dos resultados da pesquisa básica sobre as inovações "comerciais". Na medida em que o "comércio" destas empresas se realiza, cada vez mais com o setor público. Foi o Estado que, direta ou indiretamente, fez essas pesquisas ou as financiou nas universidades e, muito raramente, dentro das empresas. A década de 1980, década do neoliberalismo, década em que a Sra. Thatcher e o Sr. Reagan foram os grandes modelos da visão ideológica do mundo contemporâneo, foi menos a década dos investimentos diretos no mundo e muito mais um período marcado por um grande crescimento do sistema financeiro mundial. Este sistema cresceu em torno do déficit público norte-americano que saltou de 60 bilhões de dólares para 280 a 300 bilhões de dólares ao ano no final da década. Trezentos bilhões de dólares é mais da metade da renda nacional do Brasil. Pode-se imaginar o impacto desta quantia colocada à disposição de um projeto nacional e do mercado financeiro mundial.

Quer dizer, o Estado norte-americano coloca cada ano um poder de compra no mundo, sob forma de dívida, igual à metade do que todo o povo brasileiro produz em um ano. Esta dívida se destinou, sobretudo, ao gasto militar, particularmente à pesquisa militar. O Estado cortou gastos com os pobres, no setor do bem-estar. Mas, no setor militar, os gastos foram aumentados drasticamente na década de 1980. Então, o que se chamou de neoliberalismo não foi nenhuma ação econômica neoliberal. Porque um dos princípios do liberalismo é o equilíbrio das contas públicas. Ninguém pode falar em liberalismo, em Estado mínimo, em um Estado que não vai pesar sobre a população etc., quando ele apresenta um déficit fiscal crescente capaz de alcançar esta dimensão. Todos estes temas foram vistos nas partes anteriores deste livro.

A Europa viveu neste período uma forte concentração de poder nas mãos da recém-criada burocracia continental. Na década de 80 criou-se o Parlamento Europeu e a Coordenação Administrativa da Comunidade Européia em Bruxelas. Foi um período de aumento vertiginoso da intervenção estatal na economia e nos mais diversos aspectos da vida, particularmente no plano cultural. Durante esta década, a Inglaterra da Mrs. Thatcher aumentou o gasto público em mais de 2% da renda nacional e, ainda assim, a sua foi considerada uma gestão liberal.

Ao mesmo tempo, o êxito econômico, comercial e financeiro do Japão neste período foi apresentado ao resto do mundo como a mais expressiva vitória do liberalismo. Este êxito econômico e financeiro durante a década de 80 foi explicado pela eficiência do mercado e pela supremacia do privado sobre o público, pela hegemonia do modelo empresarial sobre o modelo estatal. Ora, o Japão é o antimodelo do privatismo. Primeiro, porque as empresas japonesas estão sob um forte controle do Estado japonês. Um controle que se fortaleceu desde a Segunda Guerra, sobretudo, porque, como se sabe, a economia japonesa foi reestruturada depois da guerra sob a ocupação norte-americana, que realizou a reforma agrária e a dissolução dos grandes monopólios[1]. Neste período, o M.I.T.I. — Ministério da Indústria, Tecnologia e Comércio Internacional — planejou, controlou e organizou todo o sistema empresarial japonês. Este é hoje um sistema altamente oligopolístico ou até monopólico. Eu acho que a palavra *oligopólio* é mais correta, no caso japonês, porque sempre encontramos duas, três grandes firmas competindo. Mas são duas ou três grandes firmas que controlam o grosso de cada setor econômico. Não é um modelo de capital privado, de forma nenhuma. Não é um modelo de livre empresa, é um modelo de empresa oligopólica moderna com forte integração com o Estado.

Há, contudo, um segundo aspecto sobre o qual não se chama a devida atenção. Os princípios que orientam a organização econômica das empresas japonesas são inaceitáveis e até impossíveis de serem entendidos pelo pensamento liberal. Os três grandes princípios da vida econômica do Japão são: em primeiro lugar, o princípio da estabilidade do trabalhador na empresa, da fidelidade à empresa. A empresa não é vista como um sistema com o qual se tenha uma relação essencialmente econômica. Não. A empresa é um sistema de vida, é algo ao qual se deve uma fidelidade por toda a vida. O vínculo com a empresa é um vínculo até a morte. Despedir alguém numa empresa japonesa é um ato legalmente possível, mas moralmente inaceitável. Nos debates atuais sobre o papel da capacitação e de sua qualidade como instrumento da competitividade, considera-se que o fator diferenciador entre as economias que permitem a um país ser mais competitivo que o outro é fundamentalmente a capacitação e a formação dos recursos humanos.

Trata-se não só do treinamento mas também da educação primária e secundária e de todo o processo cultural, no qual o Japão tem apresentado resultados excepcionais. Técnicos e teóricos japoneses colocam algumas questões-chaves como o pensamento economicista que predomina nos EUA e no Ocidente em geral. Como se pode treinar as pessoas quando há um *turnover* enorme nas em-

[1] Veja-se nosso livro: *Revolução Científica, Técnica e Capitalismo Contemporâneo.*, Petrópolis: Vozes, 1984. No qual estas tendências são aplicadas dentro da lógica de acumulação capitalista. Neste sentido ver também o meu livro *Revolução Científico-Técnica e Acumulação de Capital*, Petrópolis: Vozes, 1986.

presas? "Vocês treinam as pessoas para outras empresas? Quem é que vai se interessar na qualidade do treinamento?" perguntam eles. O trabalhador não tem uma carreira definida dentro de sua empresa? A condição de ser membro de uma empresa para a vida é uma motivação fundamental no treinamento e no desenvolvimento da qualidade da mão-de-obra. E isso vai contra os princípios liberais fundamentais que afirmam a necessidade de flexibilidade da força de trabalho como condição para a eficiência. As concepções sobre a flexibilização do trabalho insistem na necessidade de pagar menos direitos sociais e de tornar a dispensa do trabalhador mais fácil, em diminuir os custos do *turnover*. Ora, o Japão é o *antiturnover*, o Japão é a antiflexibilização do trabalho, e, no entanto, foi apresentado como modelo de eficiência capitalista durante toda a década de 1980 e parte de 90.

O segundo princípio é ainda mais incompreensível para o Ocidente: no Japão se paga aos trabalhadores por idade. Na nossa imprensa, quando se traduz esta expressão, usa-se a idéia de pagamento *"por antigüidade"*. Não é verdade. No Japão não se ganha por antigüidade, não é o tempo que se está na empresa que determina o salário, mas é o tempo de vida, são os seus *anos de idade*, não tem nada que ver com sua antigüidade dentro da empresa. Se você tem 20 anos, você ganha 100; se você tem 21 anos, você ganha 103 etc. Você vai aumentando seu salário de acordo com sua idade. Se você entrou na empresa hoje e tem 50 anos, você ganha o salário dos que têm 50 anos. Para a visão liberal do mundo isso é a coisa mais absurda que pode existir, porque isso é a antimotivação. Pois se eu ganho por idade, vou ficar mais velho de qualquer jeito, não preciso de eficiência nenhuma para ficar mais velho, basta viver. Vivo mais, ganho mais. Pois bem, este é o segundo princípio fundamental do modelo japonês.

Qual a razão para esse princípio? O fato é que o jovem japonês trabalha intensamente mesmo ganhando menos que o ancião japonês. Talvez porque ele saiba que, quando sua vida for passando e ele for diminuindo sua eficiência, vai ganhar mais. Ele está investindo numa questão moral, num reconhecimento de seus companheiros sobre a aplicação, o respeito que ele teve num certo momento. E o fato é que ele trabalha entusiasticamente quando jovem.

Este fenômeno é muito complicado em alguns setores como a informática. Um engenheiro aos 30 anos está fora do mercado no setor de informática, ele já não tem conhecimento para continuar sendo uma pessoa eficiente e criativa no campo da engenharia. Então, nas empresas japonesas, um engenheiro com 30 anos continua recebendo por idade? Com 31, 32, até os 65 reconhecidamente diminui seu papel na empresa, mas vai continuar ganhando mais? Sim. Apesar de todas as pressões dos técnicos formados na mentalidade ocidental, continua a funcionar o princípio da remuneração por idade.

Terceiro princípio: o sindicalismo por empresa. Este é um princípio fundamental do milagre japonês. É impressionante a intervenção da organização sindical na empresa japonesa. Não se trata do modelo alemão, que é o modelo da co-gestão, onde os trabalhadores elegem seus representantes — que representam os trabalhadores no processo de gestão. Não é isso. É um processo de gestão em que o trabalhador participa de todos os aspectos dela. A pessoa que tem a função gerencial abaixa a cabeça para o mais eficiente no contexto concreto. Há um modelo de formação de equipes por *situação*. É muito difícil compreender isso sem estar ali, convivendo. Porque os preconceitos do pensamento ocidental são enormes em relação a isto e não queremos compreender esta realidade. Mas as coisas operam assim. Existe alguma sistematização disso, por exemplo, o conceito da "*toyotismo*", que se vincula com as tendências à flexibilização do trabalho. Mas, na realidade, as equipes se formam *por problemas*. Ex.: Tem de tirar este copo daqui e passar para ali. Alguém propõe uma solução, imediatamente um outro propõe algo mais e, de repente, são cinco ou seis pessoas resolvendo o problema de pôr o copo ali. E resolvido o problema, vão embora, acabou a equipe. Há uma comunicação impressionante entre eles. Todos estão informados sobre o que todos estão fazendo, de tal forma que qualquer um pode assumir, imediatamente, a tarefa que o outro deixou por qualquer impedimento.

A explicação deste comportamento "democrático" na formação de grupos "ad hoc" para resolver situações específicas nas quais o comando se desloca para o mais capaz se dá em relação com o conceito japonês de hierarquia e de dependência pessoal. Não há essa visão ocidental de que a hierarquia tem de ver com a ação. A hierarquia é outra coisa, é uma questão de respeito mútuo entre as pessoas, é uma forma de relações humanas. Não é uma questão de eficácia do trabalho. A hierarquia não tem uma função propriamente no trabalho.

Há muitos teóricos que pretendem definir esse modelo como "pós-moderno" e apresentam o Japão como modelo da sociedade da terceira revolução industrial, da sociedade altamente flexível, onde a automação comanda o processo de produção, onde a informática modifica totalmente as relações de poder dentro do processo de organização que seria, portanto, o modelo ideal de relacionamento. Pode ser apresentado assim. Acho que realmente existe um conteúdo novo, importante neste estilo de operação. Muitos autores japoneses alegam que este estilo de gestão não tem a ver com a tradição japonesa, que ele foi criado dentro do processo de pós-guerra. Ele não seria uma expressão da mentalidade conservadora do Japão e não teria a ver com o sistema hierárquico feudal japonês, com os samurais, com o budismo etc.

Este comportamento teria surgido depois da Segunda Guerra Mundial pelas condições de poder que se geraram no Japão, com a derrota militar e a ocupação norte-americana que destruíram a oligarquia japonesa que foi a grande inimiga dos Estados Unidos durante a Segunda Guerra Mundial. Estas circunstâncias criaram um novo sistema industrial. Num primeiro momento, a ocupação apoiou o movimento sindical, que se organizou muito rapidamente. Depois, as autoridades norte-americanas recuaram deste ponto de vista, mas já estava criada uma situação de poder no interior das firmas em que os dirigentes tiveram de ir aceitando os trabalhadores como a principal força organizadora do processo de produção.

Apresentar o Japão, que foi colocado na ordem do dia na década de 80, como expressão do liberalismo, é, pois, uma proposta totalmente falsa. Não corresponde a nenhuma realidade. Jamais um liberal reivindicará algum dos três princípios aqui citados. Eles são a antítese do pensamento liberal. O grande fator de eficácia do Japão vem de uma ordem social altamente participativa. A família é ainda o primeiro núcleo de organização social, mas em segundo lugar, e talvez hoje mais importante, está a empresa. Porque a família está em decadência como instrumento de organização social, a empresa é, cada vez mais, um instrumento fundamental. Se encontra no Japão um processo participativo tão intenso em nível de Empresa, ele deverá se refletir sobre o conjunto da sociedade. Ele também existe no plano político. A sociedade japonesa é organizada fundamentalmente no nível local, do bairro e da rua. As ruas têm suas associações e seus dirigentes. Todo mundo pertence a uma associação de rua. Isto é uma coisa absolutamente natural no Japão.

A organização da rua tem seu conteúdo tradicional, mas tem sobretudo seu conteúdo moderno. É preciso lembrar o papel das organizações de vizinho nos

Estados Unidos, das comunidades na Europa. É neste nível que começa a organização social. No Japão a noção de cooperação comunitária é impressionante[2].

Antes de tirarmos algumas conclusões, temos de nos lembrar, também, que o outro exemplo de grande eficácia da década de 80 foi a Alemanha. Na Alemanha, o sistema de co-gestão é extremamente forte. Os trabalhadores alemães participam na direção das empresas, por votação, o que se deve ao caráter de luta de classe historicamente definido. Mas a intervenção dos trabalhadores alemães não se restringe aos problemas dos trabalhadores. Os trabalhadores alemães participam nas decisões fundamentais da empresa como tal, como realidade empresarial, como fenômeno de capital e decisões de investimento. Os trabalhadores desenvolvem não só na organização do sistema produtivo mas também no sistema econômico em seu conjunto. Nisso, inclusive, os trabalhadores alemães têm mais força que os japoneses, que participam mais especificamente no processo de trabalho do que na área da gestão da empresa. A presença dos sindicatos alemães se estende a toda atividade empresarial.

Como se vê, estamos muito distantes desse mundo que querem nos pintar para o Japão ou a Alemanha como se fossem o mundo da eficácia tecnocrática, como se a eficácia fosse um produto de uma mente fora do processo social concreto, da ação das pessoas. Isso é uma postura ideológica, imposta por um grande aparelho ideológico cujo objetivo é sustentar um sistema de poder.

Vejamos um terceiro modelo histórico. Os Estados Unidos também são apresentados como um padrão importante de organização social eficaz, apesar de encontrar-se em declínio. Os Estados Unidos que tiveram força histórica são os Estados Unidos da democracia americana, da comunidade americana que começa lá na comunidade rural ou no bairro, com uma alta participação comunitária. Na empresa, na escola americana a participação da comunidade é fundamental. Pode-se afirmar que esta participação comunitária tem elementos fascistas. Para existir algum fundamento nesse tipo de crítica. As formas de coerção

[2] É interessante ressaltar como um autor nipo-norte-americano foi o que mais destacou a importância destas formas locais de organização para o desenvolvimento do capitalismo moderno. Francis Fukuyama, depois de suas aventuras no campo do "fim da história" encontrou nas teses de Hegel sobre o papel das comunidades no processo de modernização um filão bem adequado à sua sensibilidade cultural. Veja-se o livro: *Trust: the social virtues and the creation of prosperity*. London: Hamish Hamilton, 1995.

que a comunidade exerce sobre as pessoas são totalitárias, muitas vezes. Mas a verdade é que sem essas formas comunitárias não podemos esperar que haja um processo de decisão realmente forte e eficaz. Existem os elementos para contrabalançar isso. O liberalismo, em grande parte, desenvolveu esses elementos. Este é o lado positivo do liberalismo. O papel do indivíduo, o respeito ao indivíduo são elementos positivos do liberalismo que permitem contrabalançar este poder de a comunidade pode exercer sobre o indivíduo. Não é possível pensar um sistema comunitário moderno sem o outro lado liberal. Essas duas lógicas têm de ser pensadas em conjunto, dentro de um processo histórico[3]. Hoje estamos assistindo a um momento da história em que o grau de socialização, de internacionalização, de globalização, dos processos de decisão, do processo de produção, da Comunicação Moderna não permite que pensemos uma sociedade onde elementos tradicionais, comunitários, sejam os princípios organizadores da sociedade.

Todos nós sabemos da importância do mercado no sistema produtivo e de distribuição, mas entregar ao mercado os ajustes da sociedade moderna é uma temeridade. Está aí a década de 80, quando o liberalismo teve o papel hegemônico: o desemprego brutal, 22 milhões de desempregados mostram que a sociedade não pode deixar de intervir no planejamento, na organização da vida social em seu conjunto e na vida econômica etc. E, portanto, o modelo que nos querem impingir de um processo de decisão tecnocrática, que ignora os processos globais, que ignora os interesses sociais em seu conjunto, que ignora a necessidade do planejamento, que ignora a necessidade do comunitário, do coletivo, está nesse momento em plena crise. A sociedade está buscando, nos países desenvolvidos, soluções que sejam baseadas no pleno emprego. Nelas, o Estado tem um papel extremamente decisivo. Em conclusão, essa grande ofensiva contra o servidor público, contra o papel do Estado, contra o sentido da coletividade, contra o planejamento, em nome de um mundo liberal, de um mundo do tecnocrata, do mercado livre, das decisões econômicas que ignoram o social etc., que coloca a eficácia como uma meta em si, está em crise.

---

[3] Assim pensava Hegel quando tentou resgatar o papel das comunidades na formação do Estado moderno. Veja-se a biografia de Terry Pinkard, *Hegel*. Madrid: Acento, 2001. A edição original em inglês é da Cambridge University Press. Pinkard. Coloca especial ênfase no papel que exercia a comunidade na concepção teórica de Hegel. Fukuyama também está influenciado por Hegel.

Na verdade, a década de 80 nos apresentou uma realidade totalmente diferente. Os Estados Unidos de Reagan mergulharam o seu Estado num endividamento colossal e crescente, cuja superação não se pode ver no horizonte. O que vimos foi uma política de cortes dos gastos sociais do Estado de Bem-estar, cujas intervenções foram objeto de muita crítica durante os anos 70 e 80, para gerar um novo tipo de intervenção estatal, com muito mais força, e com muito mais recurso, destinado a fortalecer outros setores, particularmente o setor militar, o setor de pesquisa e desenvolvimento e o setor financeiro.

Durante os anos 80, em cujo final se instalou uma crise muito grave e uma situação de recessão, retomou-se, apesar do discurso contra o Estado, o aumento dos gastos do Estado norte-americano, através de um déficit brutal, das contas públicas que permitiu à economia recuperar-se. O comércio mundial também se recuperou porque os gastos gerados pelo Estado na economia americana não foram empregados em produtos norte-americanos, foram gastos com a importação de produtos de todo o mundo. E daí se produziram esses irmãos siameses: o déficit fiscal e o déficit da balança comercial norte-americanos. Os dois déficits marcharam juntos, inclusive com valores similares. Manhosamente, o déficit público gerou os recursos lançados sobre a economia mundial sob a forma de compra de produtos do resto do mundo. Um dos maiores beneficiários foi o Japão, o grande exportador para os EUA nesse período. A Alemanha, outra grande exportadora, e outros países, como o Brasil, aumentaram suas exportações nesse período formando, assim, um superávit muito importante na década de 80.

A diferença entre o Brasil, o Japão e a Alemanha foi o destino do superávit da década de 80. Ele serviu para os japoneses se converterem na maior potência financeira do mundo — porque esses bilhões de dólares se converteram num poder financeiro brutal. Os alemães, da mesma maneira, usaram este superávit comercial para fortalecer sua moeda e a Unidade Européia que, a partir desta base, ergueu o euro no século XXI. Mas o Brasil não pôde se aproveitar de seus superávits porque estes 16 a 20 bilhões de dólares por ano foram todos entregues sob forma de pagamento de juros de uma dívida bastante duvidosa, a taxas de juros elevadíssimas. Para sustentar essa situação, o governo norte-americano elevou a taxa de juro, brutalmente, de 6, 7, 8% até 18% e mais ainda no nosso caso, porque nós pagávamos um *"spread"*, além dos juros que o mundo todo pagava, por sermos um país de duvidosa possibilidade de pagamento.

Gostaria de chamar a atenção não tanto sobre o aspecto econômico, mas sim sobre o aspecto ideológico e político. Ideologicamente, tudo isso era apresentado em nome do neoliberalismo, em nome da retirada do estado da economia. Ora, ocorria exatamente o contrário. E não houve nenhuma corrente de pensamento capaz de dizer MENTIRA! O REI ESTÁ NU!

O Estado estava e está intervindo muito mais que no passado. Mas, segundo a ideologia, continua vestido. Todo mundo diz: "Olha a roupa dele, que linda!" Como na velha história, faltava a criancinha para dizer: "Não, o rei está nu!". Todo mundo continuou dizendo que o rei estava magnificamente vestido. Mas na verdade, como nós vimos, o rei estava é nu. Houve um processo de intervenção estatal brutal na década de 80, um aumento inclusive dessa intervenção, sob a forma da dívida pública. Mas não é a primeira vez na história que a dívida pública é um grande instrumento de formação de riqueza, um grande instrumento de intervenção do Estado. Nós tivemos o período do nazismo alemão — onde a dívida pública cumpriu este papel fabuloso. As enormes taxas de juros que alcançaram 25% ao ano, na década de 80, formaram um sistema financeiro mundial em torno dos enormes recursos do Estado. Criou-se a nova situação do crescimento financeiro do Japão, que passou a fazer girar em torno deste país as expectativas de uma sociedade pós-moderna, que se basearia nas novas modalidades de gestão etc.

É verdade que o Japão demonstrou uma eficiência econômica brutal. Demonstrou essa eficiência no plano produtivo e comercial, de maneira realmente espantosa. No começo da década de 80, 430 ienes compravam 1 dólar. Vamos dizer que um lápis custa 1 dólar, então este lápis custava 430 ienes. O dólar caiu, nesses anos, para 140 ienes. Ele chegou a valer em torno de 84 ienes por dólar. Então o lápis que custava 430 ienes, portanto 1 dólar, passou a custar para um japonês, 4 dólares ou mais. É necessário diminuir o seu preço internacional senão seria impossível vendê-lo. O Japão logrou estas baixas colossais de custo através do aumento da produtividade, e das transferências de parte das perdas para as pequenas e médias empresas, assim como para a economia familiar.

Esse aumento de produtividade do Japão, essa capacidade de resposta revelada pela economia japonesa não podem ser atribuídos simplesmente ao funcionamento das leis do mercado. Elas têm que ver com uma política industrial que vem sendo implantada no Japão desde a II Guerra Mundial. Têm que ver com um sistema educacional e de treinamento, que viabilizou a resposta japonesa aos desafios globais. Têm que ver com uma distribuição de renda, com uma organização comunitária, um sentido de unidade nacional, que estão interligados entre si sob a gestão de um Estado nacional extremamente eficaz e legitimado socialmente.

A crise da economia japonesa, nos anos 90, mostra o limite da "alternativa" japonesa, que discutimos em outras partes do livro.

Neste rápido balanço creio haver demonstrado que não há nenhuma razão para que os defensores da administração pública se deixem intimidar pelo *terrorismo ideológico* desatado pelos meios de comunicação contra os servidores públicos e contra a eficiência do Serviço Público. Este continua a ser um campo de forte valor ético e de eficácia institucional. Sua renovação, através da utilização de novos instrumentos de gestão desenvolvidos pelos setores privados e através de contratos de gestão com a utilização de outras formas de organização para a prestação de serviços (tal como propõem autores como David Osborne e Ted Gaebler em seu instigador livro *Reinventando o Governo*, ENAP e MH Comunicação, 1994), só pode reforçar o papel de liderança que a administração pública deve exercer sobre o conjunto do sistema produtivo e socioeconômico.

Eles enfatizam não só o papel da participação do público e da sociedade civil na gestão pública, mas também sua articulação com o setor privado e formas não-governamentais de organização. Esta necessidade nasce não do fracasso do Estado, e sim do capital privado, que cada vez mais não consegue sobreviver sem a cobertura do Estado. A extensão das tarefas do Estado e a expectativa crescente da sociedade em sua intervenção geraram a sua crise contemporânea, ao contrário do que afirmam os neoliberais. Cabe-nos libertar o Estado das tutelas exercidas pelos poderes privados e colocá-lo cada vez mais a serviço do interesse público, torná-lo mais ético e eficaz e orientá-lo para a implantação de políticas que sirvam aos interesses das maiorias oprimidas da população.

A partir deste momento, podemos prosseguir o nosso livro passando a estudar a experiência dos governos neoliberais. Ela vai nos mostrar como este aparelho intelectual, ideológico e doutrinário, não pode encontrar sua expressão coerente na prática social. Contudo, contra a evidência dos fatos, se tentará apresentar o gigantesco desequilíbrio em que se encontra a realidade macroeconômica contemporânea como a aplicação da Teoria pura do equilíbrio perfeito. Isto nos obrigará a incursionar várias vezes no campo da crítica cultural, da decodificação dos conceitos e das imagens manejadas sobretudo pelos meios de comunicação.

Quadro I
O Crescimento da despesa dos governos
(Em percentagem do PIB)

Países	Século XIX por volta de 1887 (1)	Antes da 1ª Guerra por volta de 1913 (1)	Depois da 1ª Guerra por volta de 1920 (1)	Antes da 2ª Guerra por volta de 1937 (1)	Depois da 2ª Guerra 1960	1980	1990	1994
Áustria	...	...	14,7	15,2	35,7	48,1	48,6	51,5
Bélgica	...	...	...	21,8	30,3	58,6	54,8	54,8
Canadá	...	...	13,3	18,6	28,6	38,8	46	47,4
França	12,6	17	27,6	29	34,6	46,1	49,8	54,9
Alemanha	10	14,8	25	42,4	32,4	47,9	45,1	49
Itália	11,9	11,1	22,5	24,5	30,1	41,9	53,2	53,9
Japão	8,8	8,3	14,8	25,4	17,5	32	31,7	35,8
Holanda	9,1	9	13,5	19	33,7	55,2	54	54,4
Noruega	3,7	8,3	13,7	...	29,9	37,5	53,8	55,6
Espanha	...	8,3	9,3	18,4	18,8	32,2	42	45,6
Suécia	5,7	6,3	8,1	10,4	31	60,1	59,1	68,8
Suíça	...	2,7	4,6	6,1	17,2	32,8	33,5	37,6
Reino Unido	9,4	12,7	26,2	30	32,2	43	39,9	42,9
Estados Unidos	3,9	1,8	7	8,6	27	31,8	33,3	33,5
Austrália	...	...	...	...	21,2	31,6	34,7	37,5
Irlanda	...	...	...	...	28	48,9	41,2	43,8
Nova Zelândia	...	...	...	...	26,9	38,1	41,3	35,7
Média	8,3	9,1	15,4	20,7	27,9	42,6	44,8	47,2

Fonte: OCDE e Banco Mundial (apres. Vitor Tanzi e colaboradores, "Crescimento do Governo e a Reforma do Estado nos Países Industriais" – Informe preliminar para o Banco Mundial).

Quadro II
A Dívida Pública Bruta

Dívida pública bruta nas administrações públicas em % do PIB – 1973 —1994

Países	1973	1980	1985	1986	1987	1988	1989	1990	1991	1992	1993	1994
Est. Unidos	40,6	37,9	48,3	51,3	52,6	53,2	54	58,2	59,8	63,2	65,1	65,9
Japão	17	52	68,7	72,3	74,9	72,8	70,6	69,8	68,2	55,2	66	65,9
Alemanha	18,6	32,5	42,5	42,5	43,8	44,4	43,2	43,6	42	43,2	46,6	49,6
França	25,1	37,3	45,4	45,7	47,2	46,8	47,5	46,6	48,6	51,6	56,7	61,4
Itália	60,6	58,5	84,3	88,2	92,6	94,8	97,9	100,5	104	108,1	114,5	116,3
R. Unido	69,7	54,6	52,7	51,1	48,6	42,2	36,8	34,7	35,4	41	47,6	52,5
Canadá	46,7	45,1	65	68,9	70,1	69,3	89,5	71,9	77,6	83	86,2	87,1
Países acima	36,8	43,2	55,5	57,9	59,4	59	58,6	59,5	61,2	63,3	65,9	87,3
Austrália	...	25,1	...	...	31,1	27,3	27	25,5	26,3	29,4	34,4	39
Áustria	...	37,2	49,6	53,6	57,3	57,6	56,9	56,4	57	55,8	56,2	56,2
Bélgica	...	79,9	122,6	127	131,8	133,2	130,5	131,2	133,2	135,3	140	141,5
Dinamarca	...	33,5	64,1	58,3	55,9	58	58,5	59,5	60,7	62,4	65,7	68,4
Finlândia	...	13,6	19	18,8	20	18,6	16,4	16,8	22,4	31,4	41,4	49,8
Grécia	...	27,7	57,9	58,6	64,7	71,5	76,3	68,7	95,9	92,4	90,9	90,8
Irlanda	...	78	107,9	119,9	120,6	118,2	108,8	101,7	99,8	98,8	95,1	93,3
Países Baixos	...	45,9	67,9	69,6	73,5	76,2	76,3	76,1	75,8	77	79,7	80,6
Noruega	...	52,2	40,7	51,1	42,7	42,6	42,7	39,1	40,1	43,3	47,1	49,9
Espanha	...	18,5	48,8	49,9	49,4	45,7	47	48,6	49,3	51,9	55,7	59,1
Suécia	...	44,8	67,6	67,1	59,1	53,5	48,4	44,2	45,7	52,9	65,8	76,4
Países europeus acima	...	42,6	56,7	57,7	58,5	57,8	57,1	57,1	58,3	61,3	66,3	69,6
Países OCDE acima	...	42,5	55,8	50,1	59,5	59	58,5	59,2	60,9	63,2	65,9	57,7

Fonte: OCDE, *Perspectives Economiques.*

Quadro III
Peso dos juros das administrações públicas
Peso dos juros líquidos em % das despesas públicas totais

País	1980	1985	1986	1987	1988	1989	1990	1991	1992	1993	1994
Est. Unidos	3,9	6,2	5,9	5,9	6	6,1	6,3	6,7	6,3	6	6,1
Japão	3,3	5,5	5,1	3,9	3,3	2,8	1,7	1,1	0,8	0,7	0,7
Alemanha	2,7	4,9	5	5,1	5,1	4,9	4,6	4,5	5,3	5,6	6,1
França	1,8	3,9	4,1	4,2	4,2	4,5	4,8	5	5,5	5,9	6,2
Itália	11,1	14,5	15,3	14,7	15,2	16,4	17,1	18,1	20,4	21,1	21,1
Reino Unido	7,3	7,7	7,4	7,5	7	6,4	5,9	4,9	4,3	5,8	6,9
Canadá	4,9	8,9	9,4	9,7	10,1	11,2	11,8	11,3	10,8	10,2	9,6
Países acima	4,2	6,5	6,4	6,1	6	6,1	5,9	5,9	5,9	6	6,2
Austrália	3,6	5,3	5,8	6	5,3	5,7	5,3	3,9	4,2	4,6	4,4
Áustria	3,6	5,6	5,6	5,9	6,4	6,4	6,5	6,7	6,7	6,5	6,3
Bélgica	10	17,6	18,9	18,3	18,2	19,3	19,9	18,9	19,5	18,9	17,9
Dinamarca	0,9	10,4	9,2	7,8	7,1	6,4	5,7	6	6,2	6,2	6,2
Finlândia	0,5	2,1	1,8	1,9	2	1,2	0,6	1,1	2,3	5,2	7,3
Grécia	7,3	10,9	12	14,8	16,4	16,7	22,7	24,6	23,8	26,5	27
Irlanda	7,4	12,6	12,9	13,3	13,5	15,2	15	15	14,2	13,8	13,6
Países Baixos	4,8	8,8	8,8	8,7	9	9	8,9	9	9,3	9,5	9,2
Noruega	0,4	-3,3	-4,2	-5,2	-6,9	-4,6	-2,9	-3	-2,3	-1,2	-0,5
Portugal	...	21,5	22	20,1	17,9	17	19	18,9	19,6	16,7	15,1
Espanha	0,8	6,6	8,1	7,2	7,6	7,6	7,5	8,3	8,6	9,2	9,2
Suécia	-0,7	4,7	3,6	3	1,6	0,6	0,2	0,2	0,1	2,5	3,2
Países europeus	...	7,5	7,7	7,5	7,5	7,6	7,7	7,8	8,4	9,1	9,4
Países OCDE	4,1	6,6	6,6	6,3	6,1	6,2	6,1	6,1	6,2	6,3	6,4

Fonte: OCDE, *Perspectives Economiques*.

Quadro IV
Finanças públicas na América Latina: Governo e empresas públicas
1970-1985 (em % do PIB)

	Argentina				Brasil				Chile			
	1970-73	1974-78	1979-81	1982-85	1970-73	1974-78	1979-81	1982-85	1970-73	1974-78	1979-81	1982-85
Governo												
Renda Corrente	23,59	23,84	29,97	28,48	25,8	25,78	24,32	23,82	29,27	34,86	32,51	28,75
Despesas Correntes	21,18	21,9	26,48	27,6	19,98	21,98	22,81	26,96	29,13	26,92	26,29	30,68
Poupanças	2,41	1,94	3,49	0,88	5,82	3,8	1,51	-3,14	0,14	5,94	7,22	-1,93
Renda do Capital	...	...	...	...	-1,95	-1,69	0,74	0	-2,91	0,96	0,09	1,21
Investimento	4,82	6,91	6,64	5,18	4,11	3,72	2,43	2,11	6,72	5,04	2,7	2,4
Superávit	-2,41	-4,97	-3,15	-4,3	-0,24	-1,61	-1,66	-5,25	-9,49	-0,06	4,53	-3,12
Empresas Públicas												
Renda Corrente	9,96	13,68	13,47	16,08	9,74	15,86	17,83	15,38	15,65	30,32	24,86	29,84
Despesas Correntes	8,44	11,36	11,28	14,78	7,67	12,7	17,02	13,71	18,83	28,02	23,7	27
Poupanças	1,52	2,32	2,19	1,3	2,07	3,16	0,81	1,67	-3,16	2,3	1,16	2,84
Renda do Capital	...	...	...	...	0,65	0,07	-0,42	-0,25	-0,06	0,65	0,39	0,2
Investimento	4,04	5,6	5,01	4,67	2,73	5,91	8,54	3,8	3,01	3,24	2,36	3,23
Superávit	-2,52	-3,28	-2,82	-3,37	-0,01	-2,68	-8,15	-2,38	-6,25	-0,29	-0,81	-0,19

Fonte: Felipe Larrain e Marcelo Selowsky (ed.). *The Public Sector and the Latin American Crises*, ICS Press, San Francisco, Ca, 1991.

Quadro IV (Continuação)
Finanças públicas na América Latina: Governo e empresas públicas
1970-1985 (em % do PIB)

	México				Peru				Venezuela			
	1970-73	1974-78	1979-81	1982-85	1970-73	1974-78	1979-81	1982-85	1970-73	1974-78	1979-81	1982-85
Governo												
Renda Corrente	8,92	11,64	15,07	17,67	15,33	15,1	19,37	16,45	20,1	30,08	26,83	26,88
Despesas Correntes	8,25	12,48	15,56	23,9	13,05	15,12	16,13	16,93	13,58	14,96	16,43	18,73
Poupanças	0,67	-0,84	-0,49	-6,23	2,26	-0,02	3,24	-0,48	6,52	15,12	10,4	8,15
Renda do Capital	0,1	0,08	0,03	0,05	0	0	0,05	0	0	0	0	0
Investimento	3,6	3,96	5,17	4,05	3,06	2,8	3,64	3,65	2,38	2,45	1,57	1,55
Superávit	-2,83	-4,72	-5,63	-10,23	-0,78	-2,82	-0,4	-3,63	4,14	12,66	8,83	6,6
Empresas Públicas	0,25	0,8	3,1	5,9	...	...	...	...	13,25	25,25	19,66	16,5
Renda Corrente	9,27	11,96	15,27	22,32	8,78	19,14	28,8	31,4	29,7	40,02	41,7	38,1
Despesas Correntes	7,57	9,48	9,8	12,4	7,93	19,54	28,57	29,66	14,6	11,85	16,54	19,08
Poupanças	1,45	1,68	2,37	4,02	0,85	-0,4	0,23	1,72	1,65	2,92	5,5	2,52
Renda do Capital	0,03	0,02	0,03	0	0,38	0,13	0,48	0,75	...	...	...	...
Investimento	2,28	4,06	5,83	3,85	2,17	4,72	3,53	5,41	4,46	9,26	11,67	9,83
Superávit	-0,8	-2,38	-3,43	0,17	-0,94	-4,99	-2,82	-2,93	-2,83	-6,34	-6,17	-7,31

Fonte: Felipe Larrain e Marcelo Selowsky (ed.). *The Public Sector and the Latin American Crises,* ICS Press, San Francisco, Ca, 1991.

Quadro V
Gastos do setor público na América Latina
1970-1985 (% do PIB)

Anos	Argentina	Brasil	Chile	México	Peru	Venezuela
1970	38,62	35,92	41,27	22,3	24,5	28,7
1971	37,76	34,44	49,93	20,5	27,1	29,2
1972	37	35,19	56,05	23	31,2	33,5
1973	40,52	33,96	49,39	25,7	38,6	32,8
1974	47,06	38,81	43,17	27	45,1	29,5
1975	46,4	42,74	40,44	31,9	46,1	38,9
1976	43,49	44,17	37,82	32	45,8	44
1977	43,01	42,04	40,74	30,3	48,4	50,5
1978	48,92	47,56	34,57	31,4	47,6	52,6
1979	45,88	54,45	31,65	33	48,4	49,4
1980	49,06	52,66	31,58	35	60,1	53,3
1981	53,3	42,7	34,11	41,4	57,4	54
1982	49,16	46,06	39,84	46,4	60,2	57,6
1983	55,79	44,44	38,31	42,8	66,33	47
1984	51,86	43,1	39,66	40,3	55,5	42,9
1985	52,09	48,26	39,92	40,7	56,9	43,6

Fonte: Felipe Larrain e Marcelo Selowsky (ed.). *The Public Sector and the Latin American Crises*, ICS Press, San Francisco, Ca, 1991.

III
OS NEOLIBERAIS NO PODER E SUAS CONTRADIÇÕES 1979 A 1993

1. AS ONDAS LONGAS DE KONDRATIEV

Numa pesquisa cujos resultados foram publicados em 1926[1] o economista russo N.D. Kondratiev constatou a existência de três ciclos econômicos de 50 a 60 anos entre 1780 e 1920. Kondratiev analisou o comportamento do índice de preços, das taxas de lucro, dos salários, do movimento internacional de capitais, do consumo de carvão e da produção de carvão, ferro em lingotes e chumbo, basicamente na Inglaterra, na França, na Alemanha e nos Estados Unidos. A partir destes dados, ele encontrou séries consistentes que repetiam o mesmo padrão cíclico de longo prazo. Foi assim que ele determinou 3 ondas ou ciclos longos:

Primeira onda longa: A — O ascenso iniciou-se no final de 1780 ou começo de 1790 até 1810-17.

B — O declínio durou de 1810-17 até 1844-51.

Segunda onda longa: A — O ascenso durou de 1844-51 até 1870-75.
B — O declínio durou de 1870-75 até 1890-96.

Terceira onda longa: A — O ascenso durou de 1890-96 até 1914-20.
B — o declínio provalvemente começou nos anos 1914-20.

---

[1] N.D. Kondratiev, "The Long Waves in Economics Life", *Review*, II, 4, Spring 1979, ps 519-62. Tradução original de W. F. Stolper do mesmo artigo publicado originalmente em alemão em 1926. A tradução foi completada por Mark Lonis Goldman. Veja-se meu artigo: "La cuestión de las Ondas Largas", *Ensayos de Economía*, Universidad Nacional de Colombia, Medellín, julio de 1998, p. 9-33.

Não é aqui o lugar para discutir a complicada carreira de Kondratiev (socialista-revolucionário de esquerda que apoiou o governo bolchevique, dirigiu o Centro de Estudos de Matemática Econômica onde realizou as pesquisas que o fizeram célebre e terminou sua vida deportado na Sibéria), cuja obra atrai crescente interesse[2]. Suas descobertas causaram repercussões polêmicas. Contra suas conclusões, colocaram-se o ministro da guerra Leon Trotsky e vários economistas. Eles negaram, sobretudo, a possibilidade de um comportamento cíclico de longo prazo, embora quase nada se tenha oposto ao rigor dos dados utilizados, apesar de seus limites. Schumpeter será o economista que melhor assimilou os resultados de Kondratiev. Em seu livro sobre O Ciclo Econômico[3] buscou articular os ciclos longos com ciclos menores de 10 e 4 anos, chegando a uma teoria bastante consistente do ciclo econômico. Estas descobertas chocaram-se, contudo, com a hegemonia do keynesianismo na ciência econômica. Para os keynesianos, tratava-se, sobretudo, de assegurar a possibilidade de eliminar o ciclo econômico através de políticas econômicas anticíclicas. Chegava-se a crer que a economia havia alcançado uma fase pós-cíclica[4], devido ao alto grau de planejamento praticado pelas grandes empresas e pelo Estado moderno. Esta visão ganhou grande prestígio no período de pós-guerra quando os ciclos econômicos diminuíram sensivelmente suas oscilações. Os períodos de recessão tornaram-se mais curtos, e poucas vezes se observam uma sincronia entre as recessões norte-americanas, européias e asiáticas.

Contudo, no fim da década de 60, voltaram a manifestar-se os ciclos mais pronunciados, aumentando, sobretudo, as fases de recessão e queda do crescimento econômico em períodos cada vez mais longos. Neste momento, voltam os estudos sobre as ondas longas[5]. Há uma coincidência incrivelmente exata com os cálculos de Kondratiev. É então o que se torna clara a extrema precisão dos ciclos longos.

---

[2] Com o auxílio de sua filha, conseguiu-se reunir os textos principais da obra de N.D. Kondratiev publicadas sob o título de: "*Les Grands Cycles de la Conjoncture*", Economica, Paris, 1992.

[3] Joseph A. Schumpeter, *Business Cycle*, edição abreviada, McGrall Hill, 1964.

[4] Veja-se minha crítica à concepção do capitalismo pós-cíclico no meu livro: *Teorias do Capitalismo Contemporâneo*, Editora Vega/Novo Espaço, Belo Horizonte, 1983, e no meu artigo no livro de Pedro López (coord.), *La crisis del Capitalismo: Teoría y Práctica*, Siglo XXI, México, 1984.

[5] No início da década de 70 apareceram vários livros de orientação marxista ou próxima recuperando as ondas longas de Kondratiev, Mandel (1975); Frank (1978), (1980), (1981); Wallerstein (1979); Dos Santos (1973), (1987); Rostow (1978); Freeman (1979), (1984); entre outros.

Se analisarmos o período posterior à morte de Kondratiev teremos o seguinte resultado.

Terceira onda longa: B — 1914-20 a 1940-45, nova fase de descenso.
Quarta onda longa: A — 1940-45 a 1967-73, nova fase de ascenso.
B — 1967-73 a 1994-98, novo período de descenso.
Quinta onda longa? A — 1994-98 a 2020, novo período de ascenso?

Em vez de rejeitar os fatos por apresentarem um caráter determinista, como o fazem vários, deveríamos voltar-nos mais seriamente para a tentativa de explicar estas ondas longas e sua possível repetição e previsibilidade. De fato, a literatura que se desenvolveu sobre o tema nos últimos anos tem buscado encontrar as causas mais profundas destas ondas longas, descrever sua morfologia, as possíveis especificidades de cada uma, suas possíveis mudanças de comportamento.

O que sabemos hoje é que cada uma dessas ondas longas esteve associada a um paradigma tecnológico novo e partiu de uma nova base de forças produtivas e de um novo modelo de acumulação de capital que supõem de certa forma os anteriores. Se apelarmos para a noção de regimes de regulação que criaram os regulacionistas franceses, poderíamos associar cada ciclo a um regime de acumulação, apesar da recusa dos regulacionistas em aceitar as ondas longas[6].

Nos últimos anos, travou-se um vasto debate sobre a existência das ondas longas antes da revolução industrial, isto é, da primeira onda longa descoberta por Kondratiev. A partir de Fernand Braudel foram encontradas ondas longas ainda maiores, abrangendo 2 séculos e um século e

[6] O economista japonês Koichi Shimizu, entre outros, entre os quais me encontro, tenta realizar esta integração conceitual: "Apesar de J. Schumpeter sublinhar a individualidade de cada ciclo, ela deve se vincular, segundo nosso critério, não com a individualidade técnica, mas sim com a dos regimes de acumulação, e , pois, no fundo, as normas de produção e de consumo". Koichi Shimizu, "La dynamique du capitalisme: le cycle des affairs, l'innovation et la crise chez J. Shumpeter et K. Marx", *Keizaigaku-Rouso – The Dashida University Economic Review*, vol. XXXX, nº 2 – November, 1988, ps. 154-229.

meio. Estas ondas revelam uma clara tendência a diminuir os seus anos médios[7].

O resultado final desta análise propôs o seguinte esquema de pares de ciclos de Kondratiev que foi trabalhado posteriormente, tendo no estudo recente de Giovanni Arrighi alcançado um dos seus resultados mais brilhantes[8].

Pares de Kondratiev e Hegemonia/Rivalidade.

Poder hegemônico EUA	**I. Espinha dorsal Habsburgos**	**II. Holanda Países Baixos**	**III. Grã-Bretanha**	**IV. Estados Unidos**
A1 Hegemonia Ascendente	1450	1575-1590	1798-1815	1897-1913/20
B1 Vitória hegemônica	——	1590-1620	1815-1850	1913/20-1945
A2 Maturidade hegemônica	1559	1620-1650	1850-1873	1945-1967
B2 Hegemonia em declínio	1559-1575	1650-1672	1873-1897	1967-?

Fonte: *Review*, vol. II, nº 4, spring 1979.

[7] Um grupo de pesquisa do Fernand Braudel Center, coordenado por Immanuel Wallerstein e Terence K. Hopkins, propôs entre 1977-78 um amplo projeto de pesquisa sobre "Ritmos Cíclicos e Tendências seculares na economia capitalista mundial" no qual identificaram os ciclos longos de Kondratiev a partir de 1450, estabelecendo uma aproximação entre os pares de ondas longas e os períodos de hegemonia/rivalidade na economia mundial. Além de identificar os processos de expansão e retração com três tendências (expansão "externa", mais "interna" ou comercialização da terra; proletarização e mecanização) identificaram 4 fases dentro de cada par de ondas longas em relação ao estabelecimento de hegemonia e seu descenso: A1 – Ascenção da hegemonia – agudos conflitos entre rivais pela sucessão; B1 – Vitória hegemônica – o novo poder sobrepassa o antigo que se encontra em declínio; A2 – Maturidade hegemônica – verdadeira hegemonia; B2 – Hegemonia declinante – agudo conflito do antigo poder versus seus possíveis sucessores.

[8] Giovanni, Arrighi (1996), *O Longo Século XX, Dinheiro, Poder e as Origens de Nosso Tempo*, Rio de Janeiro, Contraponto-Editora UNESP. Arrighi apresenta um esquema um pouco diferente baseando-se nos ciclos sistêmicos de acumulação de Fernand Braudel, p. 219.

Como devemos estar iniciando uma nova fase **a** do ciclo longo de Kondratiev a partir de 1994, isto é, um crescimento econômico sustentado da economia mundial, com crises econômicas e recessões cada vez menos extensas, talvez entrem novamente no esquecimento as teorias do ciclo econômico e particularmente dos ciclos longos. Mas é tempo ainda de tentar sensibilizar os economistas e cientistas sociais mais realistas para o comportamento cíclico da economia (e neste sentido a crise de 2001 até 2003 é uma demonstração da combinação entre os ciclos longos e os ciclos de 4 e de 10 anos que encontrou Schumpeter) e para a necessidade de não perder de vista fenômenos tão evidentes e tão essenciais para a boa previsão da conjuntura e do planejamento econômico (que seguramente voltará a entrar em moda quando a estabilidade se demonstrar mais sólida e o crescimento mais viável).

O objetivo desta parte de nosso livro é analisar a economia do pós-guerra do ponto de vista da teoria das ondas longas tal como ela se coloca hoje, articulando cada onda longa com novos paradigmas tecnológicos, novas modalidades de regulação e novas etapas nos processos de hegemonia em escala mundial. Ao fazê-lo pretendo demonstrar as razões históricas que levaram a uma onda ideológica neoliberal nas duas décadas finais do século XX e a possível evolução desta tendência, com a perda desta hegemonia neoliberal e a retomada do crescimento econômico.

Não se trata de um simples determinismo econômico pois o fenômeno das ondas longas não está totalmente explicado e pretendemos apontar somente alguns elementos teóricos nesta duração.

Trata-se, sim, do reconhecimento de um fenômeno histórico que deve orientar o trabalho teórico e analítico. Como vimos, a formação atual dos economistas está baseada na total ignorância dos fatos da história econômica.

Portanto, eles podem desprezar tranqüilamente o que ignoram. Daí a irrelevância teórica e prática de seus estudos.

2. O LONGO CICLO DO PÓS-GUERRA – 1945-1967

Entre 1945 e 1967 a economia capitalista internacional apresentou um crescimento permanente com recessões curtas e localizadas. Tão grande e contínuo foi este crescimento que os economistas de origem keynesiana acreditaram que haviamos chegado ao fim das crises econômicas e chegaram a conceber um capitalismo pós-cíclico [1]. Na verdade houve crises importantes no período (em 1946, com a desmobilização da economia de guerra nos EUA; em 1953, com o final da guerra da Coréia; em 1958, quando Eisenhower pretendeu desmobilizar a economia de guerra; em 1961 quando os fatores cíclicos já despontavam claramente), mas elas não produziram uma sincronia mundial, foram relativamente rápidas e as ações anticíclicas dos Estados nacionais pareciam capazes de superá-las rapidamente.

Por outro lado, esta fase **a** (ascendente) do ciclo longo de pós-guerra foi acompanhada de 3 mudanças estruturais do capitalismo que geravam um novo padrão de acumulação.

No plano das forças produtivas e das relações básicas de produção, o regime fordista de produção, que se iniciara na primeira parte do século, após a Primeira Guerra Mundial, se estendeu a todo o planeta sob formas distintas, mas dentro de um mesmo padrão. Tratava-se da instalação das cadeias de produção baseadas no trabalho especializado, na generalização das relações assalariadas e no aumento da demanda dos trabalhadores, inclusive para produtos de consumo intermediário, com o auxílio do crédito.

Em segundo lugar, expandiram-se as ações estatais de intervenção direta na economia. No plano produtivo, o Estado planejava, assessorava e financiava os

[1] Veja-se minha crítica à tese do capitalismo pós-cíclico, entre outros, no livro *Teorias do Capitalismo Contemporâneo*, Belo Horizonte: Veja/Novo Espaço, 1983.

investimentos, algumas vezes assumia diretamente a produção nos setores vitais de infra-estrutura e estratégicos cujos produtos e serviços eram consumidos pelas demais empresas a preços subsidiados. Ao assumir as atividades econômicas com baixas taxas de lucro, o Estado permitia aos capitais privados concentrar-se nas atividades com altas taxas de lucro e fortalecia assim a acumulação de capital.

Ao mesmo tempo, o Estado conhecido como de Bem-estar passa a assegurar o seguro desemprego, a atenção de saúde pública e privada, os meios básicos de alimentação, habitação e transporte para o conjunto da população e mais especificamente para os trabalhadores assalariados. O aumento do tempo livre com a generalização da jornada de 48 horas permitiu o avanço da educação e do lazer e deu à classe trabalhadora (pelo menos a uma fração importante dela) os meios para ampliar sua ação política organizada e seu nível de consumo. A intervenção do Estado se generalizou, portanto, com dois objetivos: assegurar a acumulação de capital garantindo o consumo e o crédito e o investimento e legitimar a ordem social, formar a mão de obra, organizá-la e discipliná-la através de um sistema de educação básica e profissional[2]. Os instrumentos fiscais para estas políticas foram dos mais diversificados passando do impostos puros e simples às cobranças de taxas específicas e às mais variadas formas de subsídios e renúncias fiscais e algumas vezes puramente o déficit público e a conseqüente dívida pública ou a emissão monetária cada vez mais separada do padrão ouro ou de qualquer lastro que não fosse a própria produção de bens e valores.

O terceiro fenômeno se inscreve nessa ação crescente do Estado. Trata-se do crescimento espetacular das atividades militares, em período de paz. Entre esta distinguiremos a pesquisa militar, a inteligência, o recrutamento obrigatório, o treinamento e a simulação de guerra. Tendo os Estados Unidos como seu principal líder, esta economia de guerra se estendeu ao resto do mundo de maneira espetacular, acompanhando a guerra fria e a generalização dos movimentos de libertação nacional e o surgimento de mais de uma centena de novos e poderosos Estados nacionais pós-coloniais. Inclusive Alemanha, Itália e Japão, proibidos desde sua derrota na Segunda Guerra Mundial de desenvol-

---

[2] Esta definição do gasto público foi amplamente analisada por James O' Connor em seu livro clássico: *A Crise Fiscal do Estado*, Nova York: St. Martin, 1973.

ver suas forças armadas, foram sendo liberados pouco a pouco para ampliar seus gastos militares.

É necessário ressaltar que estas novas realidades implantadas depois da Segunda Guerra Mundial configuravam, para muitos, um novo sistema econômico, social e político mundial. Como a guerra foi ganha pela ação conjunta da ofensiva soviética no Oriente europeu até as portas de Berlim, de um lado, e da ofensiva norte-americana com apoio inglês e muito secundariamente francês do lado Ocidental europeu, o mundo dividiu-se entre os dois blocos ganhadores.

Recordemos que na Ásia e na África o imperialismo europeu entrou em crise definitiva. Nestas regiões, as tropas soviéticas expandiram-se em direção à China e ao Japão, enquanto os Estados Unidos e os ingleses usavam o poder atômico para conseguir a rendição japonesa sob ocupação norte-americana, e a Índia conquistava sua independência.

Neste mundo de pós-guerra, a paz havia sido produto de um vasto movimento progressista mundial. Os Aliados impuseram a democracia sobre o nazifascismo, os princípios de uma ordem social onde a soberania nacional, a democracia e a justiça social e a confiança na unidade do gênero humano serviam de princípios comuns para reordenar o mundo. O pleno emprego, o bem-estar econômico, o desenvolvimento e o crescimento econômico passavam a ser ideais universais.

A Organização das Nações Unidas e o sistema econômico de Bretton Woods, articulados, pretendiam assegurar as condições para o pleno desenvolvimento da humanidade.

É importante ter em mente este ambiente de Triunfo Aliado para compreender o atraso que representou a deflagração da Guerra Fria por Churchill e Truman, com oposição inicial da social democracia e dos liberais mais progressistas. A intensificação desta estratégia foi envolvendo o outro lado e criando as motivações para uma ofensiva do socialismo mundial.

A revolução iugoslava com a oposição de Stalin, a radicalização das democracias populares da Europa ocidental, somente aceita por Stalin como resposta às pressões da Inglaterra e dos EUA, a revolução chinesa aceita como arma de desestabilização mundial definitiva, a guerra da Coréia, medição de força que revelava a fragilidade do colonialismo mesmo quando apoiado pelo exército norte-americano. A vitória dos vietnamitas contra o imperialismo francês, o levantamento dos países árabes no Oriente Médio, o ascenso revolucionário da América Latina e as vitórias das lutas anticoloniais na África configuravam um campo de luta mundial onde o socialismo foi-se transformando numa bandeira da luta mundial e em regimes políticos e experiências de governo.

A Guerra Fria permitirá separar os setores mais avançados da Europa Ocidental e dos Estados Unidos das experiências revolucionárias e progressistas do resto do mundo, dividindo-as. Neste sentido, a resposta radical do stalinismo no final da década de 40 favoreceu a quebra das Alianças e Frentes produzidas durante a II Guerra Mundial em torno das Resistências. Os serviços de inteligência ocidentais vangloriam-se de haver logrado esta divisão com o rompimento entre os social-democratas e os social-cristãos de um lado e os comunistas do outro.

Portanto, o ascenso econômico do pós-guerra foi associado a quatro fenômenos distintos:

a) À luta entre duas ideologias que apresentavam concepções distintas do ordenamento mundial, da economia e da política. Isto não significa que o poder mundial estivesse dividido entre duas potências de poder similar. A idéia de que se viva num mundo bipolar não tinha nenhum fundamento. A hegemonia norte-americana era incontestável e tanto a URSS quanto qualquer outra experiência de gestão econômica tinha de se subordinar às leis econômicas, militares e políticas do sistema mundial capitalista;

b) Ao Estado de Bem-estar no Ocidente, caracterizado pelas políticas de pleno emprego e pelo planejamento econômico indicativo, ambos princípios que se opunham ao liberalismo ortodoxo, submetendo o mercadoà ação consciente da humanidade;

c) À emergência dos Estados pós-coloniais que segregavam uma nova e poderosa força econômica, política e militar ao cenário político internacional. Civilizações seculares como Índia, China e os povos árabes, novos povos apoiados em comunidades seculares, como a Indonésia, a Coréia e o Vietnã, as sofridas sociedades tribais africanas – objeto de 500 anos de espoliação sistemática de seus melhores filhos, transformados em escravos, e reestruturadas em torno de grandes líderes anticoloniais como Nkrumah, Sekou Touré;

d) O surgimento de Estados cujo objetivo era fundar um novo sistema de produção pós-capitalista e que se articulavam com a experiência histórica da União das Repúblicas Socialistas Soviéticas. Estes regimes de transição dominavam quase 2/3 da população mundial ao reunir os dois maiores países do mundo (URSS e China), a maior concentração populacional do planeta (China) e *economias médias semi-industrializadas* como a Europa Oriental e Cuba. A vitória da revolução argelina ampliava estas experiências à África do Norte, que se encontrava com a civilização árabe, onde o conceito de socialismo árabe apresentava uma versão própria da modernização do mundo panárabe.

Pode-se dizer, portanto, que o ascenso econômico do pós-Segunda Guerra Mundial, apesar de sua ligação com o gasto militar e dos monopólios com o Estado, esteve associado a um conjunto de fenômenos progressistas que têm no pleno emprego e no Estado de Bem-estar suas expressões máximas. Ao mesmo tempo, este ascenso se combinou com lutas revolucionárias vitoriosas que emergiram diretamente da vitória aliada na guerra antinazista. Iugoslávia, a Europa Oriental, a China, a Coréia e o Vietnã do Norte, se desdobraram nos anos posteriores em experiências mais distantes da zona de conflito da II Guerra Mundial, como a Bolívia, a Guatemala e Cuba na América Latina, a Argélia na África do Norte. A consolidação nacional dos Estados da Índia, da Indonésia, da África indicava que o período deveria consolidar-se através de uma nova ordem econômica mundial.

As fases **a** dos ciclos longos de Kondratiev se caracterizam, em geral, por acontecimentos aparentemente contraditórios: a combinação das reformas nos Centros do sistema e as transformações revolucionárias, sobretudo em suas zonas semiperiféricas. Mas o avanço das reformas é o resultado do crescimento econômico que coloca as lutas dos trabalhadores num plano mais elevado historicamente. Numa situação de pleno emprego trata-se de garantir a máxima participação do trabalho na distribuição da riqueza produzida e portanto na elevação das condições de vida dos trabalhadores. No plano internacional, a expansão econômica das economias centrais gera melhores condições de crescimento na periferia e colocam na ordem do dia a necessidade de redefinir as relações econômicas internacionais em favor das economias periféricas e dependentes.

3. O FIM DO AUGE DE PÓS-GUERRA E A CRISE – 1967-1983

Como veremos em seguida, o esgotamento da onda expansiva em 1967 irá abrir uma conjuntura histórica completamente nova caracterizada, de um lado, pela perda de dinamismo da economia mundial e, de outro, pela tentativa das classes dirigentes de deter e, se possível, destruir as conquistas sociais e políticas alcançadas pelas classes, grupos e forças sociais e políticas subjugadas e dependentes historicamente, particularmente no período do pós-guerra. A guerra do Vietnã foi talvez a primeira forma global de encaminhar esta ofensiva. Contudo, a derrota norte-americana obriga a uma mudança de tática que se expressa sobretudo no surgimento da Organização Trilateral. Criam-se as condições subjetivas para uma unidade dos Estados Unidos, Europa e Japão expressa na criação do Grupo dos 7 e outras instâncias de poder mundial com o objetivo de derrotar o avanço das forças populares, definidas como a aliança entre os países socialistas e o movimento socialista mundial e os países do chamado Terceiro Mundo e o movimento nacional democrático internacional. Esta ameaça se concretizava no Movimento dos Não-Alinhados. A hegemonia do pensamento único neoliberal e fenômenos como o Consenso de Washington são expressões posteriores desta contra-ofensiva do poder mundial.

As razões para a recessão ou perda do dinamismo econômico já estavam presentes no período anterior. Entre elas se destacam as seguintes:

A expansão da produção se apoiava numa expansão do consumo, sobretudo financiada pelo Estado, seja por renúncia fiscal, seja pela simples emissão, ou seja pela criação de dívida pública. Por isto, esta fase expansiva esteve caracterizada por um aumento permanente das pressões inflacionárias. É necessário advertir que o bloco histórico que estava por detrás destas transformações era baseado num acordo entre capital e trabalho nos países centrais com repercussão nas zonas semiperiféricas e periféricas. Este acordo deixava, em geral, intocadas algumas questões básicas. Aceitava-se, em geral, o aumento de padrões salariais, das conquistas sociais, da diminuição da jornada de trabalho, com o aumento das férias e outras formas de tempo livre, da organização sindical desde que o Estado assumisse grande parte dos custos da expansão econômica e do aumento da demanda.

Por outro lado, a expansão dos gastos públicos, sobretudo no plano militar, com o apoio ideológico da "Guerra Fria" e outros gastos paralelos, como a conquista espacial, formavam o patamar pelo qual se garantia a expansão da acumulação capitalista.

Não há dúvida que o modelo de Estado de Bem-estar com Estado militar (Welfare com Warfare) era cada vez mais explosivo. A oposição conservadora tentou durante anos conter estas tendências, mas não dispunha de legitimidade para tanto. O crescimento econômico rompeu todas as barreiras e oposições, mas o modelo tinha seus limites. Ele aprazava a luta de classes para um futuro incerto, que vivia, contudo, no horizonte.

O custo do Estado militar era particularmente elevado. Ele começava pelo recrutamento militar que retirava da força de trabalho desempregada uma massa enorme de jovens que passava a ser sustentada diretamente pelo Estado. Continuava pelos custos de manutenção e deslocamento destas forças militares em todo o planeta que correspondia à potência hegemônica mundial: os Estados Unidos da América. Estes gastos pressionavam o dólar gerando um déficit cambial cada vez mais sentido pela economia central. Em seguida, estavam os gastos com a pesquisa e desenvolvimento (P & D) dos produtos e serviços militares. Durante muitos anos se pretendeu que os custos de pesquisa e desenvolvimento militar se espalhavam pelo setor civil (o famoso *speed off*). Os anos foram demonstrando que as economias que não se ocupavam com estes gastos como Alemanha e Japão (proibidos de realizar gastos militares elevados) desenvolviam inovações de mercado mais agressivas e de melhores resultados.

De fato, a produtividade norte-americana se viu afetada por esta política militarista, que reforçava ao mesmo tempo os preços monopólicos e os subsídios públicos destinados a uma P & D extremamente cara. Em conseqüência, durante os 25 anos de pós-guerra a hegemonia norte-americana foi desgastada pelos custos desta mesma hegemonia. Do superávit comercial de pós-guerra, apoiado nas vantagens tecnológicas e na produtividade norte-americana, caminhamos para o déficit comercial deste país que se consolida em 1969. O dólar que se expandia pelo mundo em inversões norte-americanas e no pagamento dos seus exércitos que ocupavam toda a Terra tornaram-se demasiado abundantes pressionando no sentido de sua desvalorização, de um déficit fiscal apoiado nos gastos militares e de um déficit cambial derivado em parte do movimento de capitais (as remessas de capitais para o resto do mundo só eram compensadas pela expansão das multinacionais norte-americanas nas zonas periféricas e semiperiféricas que continuavam produzindo lucros muito superiores aos seus investimentos).

A desconfiança crescente com uma moeda abundante, devido ao crescimento dos euro e asian dólares, se somava ao déficit cambial crescente e corroía as bases da convertibilidade do dólar em ouro. Os saques de ouro pelos credores dos EUA transformaram este país (que detinha 70% das reservas de ouro mundial no pós-guerra) num devedor líquido. Em 1967-69 suas reservas em ouro estavam por esgotar e eram muito inferiores às suas dívidas e mesmo à soma de seu déficit em dois ou três anos. Não era mais possível assegurar a convertibilidade do dólar em ouro estabelecida em Bretton Woods. A libra já havia abandonado esta pretensão na década de 50. Agora, os Estados Unidos da América, centro da reestruturação econômica e financeira de pós-guerra, preparavam-se para abandonar um dos pilares de sua dominação: a firmeza de sua moeda, usada como medida de valor mundial.

A política econômica norte-americana não se deixou sensibilizar por esta conjuntura dramática. Em vez de cortar os gastos militares que estavam na origem do drama monetário, a nação imperialista se lança numa guerra sem perspectiva e inicia a escalada militar no Vietnã exatamente em 1966. Em pouco tempo este país estava envolvido em gigantescos gastos internos em pesquisa e desenvolvimento, recrutamento militar e logística para enormes gastos com uma tropa de ocupação que chegou aos 500.000 soldados, além dos gastos em aparatos, armamentos e arsenal incalculáveis, envolvendo a região de toda a antiga Indochina (Vietnã, Laos e Camboja). Ao mesmo tempo se acentuavam os gastos militares no resto do mundo diante de uma possível escalada da guerra à China e à URSS.

Desta forma, o déficit externo (comercial, de gastos no exterior em turismo e em ocupação militar, de movimento de capitais) se combina com o déficit fiscal interno (com a indústria de guerra em primeiro lugar, com os gastos da previdência social e do bem-estar, com os subsídios aos monopólios). Inicia-se o ciclo perverso do aumento de preços e a queda do crescimento econômico, a desvalorização do dólar e o abandono da convertibilidade do dólar em ouro.

A partir de 1967 inicia-se uma etapa de desacelaração do crescimento econômico nos países capitalistas centrais e começam a desenhar-se recessões de caráter internacional, envolvendo simultaneamente todas estas economias. Entre 1969 e 1971 ocorreram as primeiras manifestações da "estagflação" (a combinação de estagnação com inflação). Esta combinação desafiava o saber econômico estabelecido que pretendia haver provado a existência de uma incompatibilidade entre inflação e recessão através da curva de Phillips. Após uma leve recuperação econômica entre 1971 e o 2º semestre de 1973, a economia internacional entrou numa grave recessão. Desta vez não somente chegou-se a índices dramáticos de queda de produção, como também estes se estenderam por todo o planeta — engolfando os países capitalistas dependentes de desenvolvimento médio que ainda resistiam à depressão e afetando os países socialistas em seu conjunto, cada vez mais articulados com a economia mundial.

Ocorria assim uma segunda recessão — com características nítidas de depressão — que se prolongou entre o segundo semestre de 1973 e o final de 1975 ou 1976. Esta recessão foi combinada com o aumento do preço do petróleo (que buscava compensar a violenta inflação do dólar, tornado de livre conversão em 1971, com o conseqüente encarecimento do ouro) e o surgimento da chamada *"serpente monetária"* na Europa. Surgiu uma imensa massa de *"petrodólares"* que foram reciclados, entre outras maneiras, através do endividamento crescente do Terceiro Mundo e dos países socialistas, em parte para cobrir os déficits cambiais gerados pelo aumento do petróleo e em parte para dar vazão à enorme especulação financeira gerada pela referida reciclagem.

De fato, podemos caracterizar este período como o "Inferno Astral" dos EUA. Em primeiro lugar estava a derrota no Vietnã com a retirada norte-americana em 1973. De fato, até 1980, os EUA não ganharam nenhuma das guerras que se iniciaram posteriormente à Segunda Guerra Mundial. Na Coréia, não conseguiu destruir a Coréia do Norte e depois de anos de luta tiveram de aceitar um acordo com a URSS e a China. No Vietnã sua derrota foi arrasadora. Carter teve de enfrentar, sobretudo, a revolução islâmica do Aiatolá Komeini. Não só caiu a pérola da CIA que era a Pérsia de Rezha Palevi, como triunfaram forças ideológicas novas, extremamente hostis aos EUA. A derrota da operação militar, que pretendia resgatar os reféns norte-americanos no Irã, selou a derrota eleitoral de Carter e a vitória de Reagan.

Na América Latina a concepção de guerra antiinsurrecional combinada com golpes militares *para-fascistas* resultou em vitória para o governo americano, mas não trouxe um alívio devido às dificuldades de identificar-se com estas ditaduras. Pelo contrário, o Governo Carter se caracterizou por uma confrontação ideológica com os governos fascistas gerados pela intervenção norte-americana. A campanha pelos "direitos humanos" permitiu abrir uma nova linha estratégica que será continuada, com matizes mais anticomunistas pelo período Reagan.

Contudo, no plano internacional, desenhava-se uma ofensiva do Terceiro Mundo, apoiada na estratégia do Cartel do Petróleo (OPEP) que demonstrava o caminho pelo qual os países do Sul poderiam obter melhores preços para os seus produtos. A proliferação de tentativas revolucionárias se multiplicava desde o socialismo pela via democrática no Chile à criação de novas repúblicas populares na África com a queda do Império Português.

A gravidade dessa situação — reconhecida no princípio — foi ocultada logo em seguida por uma certa euforia econômica entre 1976 e 1979, quando começou a cair o preço do petróleo e os excedentes financeiros começaram a financiar um aumento do comércio mundial baseado em *"grandes projetos"* que absorveram a maior parte desses recursos excedentes na forma de imensos processos de endividamento.

Estimularam-se, assim, novos investimentos, que começaram a absorver tecnologias novas e a provocar uma forte revisão da divisão internacional do trabalho. No ambiente recessivo e de crise geral dos anos 70 foi possível destruir setores econômicos inteiros, como ocorreu com a reestruturação da siderurgia. Em primeiro lugar, o aço começava a ser substituído pelos novos materiais, diminuindo drasticamente a demanda dos produtos mais rudes. De outro lado, o avanço na automação da produção siderúrgica aconselhava o fechamento, que de fato ocorreu, de grande parte da indústria histórica do leste dos EUA e de quase toda a Europa.

O superdimensionamento dos novos projetos começou a manifestar-se logo em 1979 quando já haviam desaparecido os excedentes financeiros do petróleo, cujo preço estivera em baixa desde 1976. Houve nova tentativa de elevar o preço do petróleo em 1979 com novos efeitos depressivos. Dessa vez, contudo, eles não se combinaram com uma alta na inflação. A extensão do endividamento gerado no período anterior não permitia continuar o movimento especulativo. As próprias economias dos países desenvolvidos necessitavam de recursos para viabilizar seus projetos iniciados na fase anterior. Cria-se assim uma escassez de dinheiro que os petrodólares não logram suprir. A elevação da taxa de juros, decorrente dessa escassez de dinheiro, acentua o quadro depressivo do período, inviabilizando ainda mais o impulso produtivo.

As políticas econômicas anticíclicas são abandonadas e retomam-se os princípios monetaristas tentando debelar definitivamente a "estagflação". Começam os processos de deflação e abate-se finalmente o auge inflacionário com políticas coordenadas de estabilização entre os Sete Grandes. A política da Trilateral, aplicada por Carter e seus parceiros europeus e japoneses, permitira iniciar uma coordenação entre os principais centros financeiros e entre as políticas econômicas dos governos dos países capitalistas centrais. Esta política se materializou com a criação do Grupo dos 7, que reunia EUA, Alemanha, França, Japão, Itália, Inglaterra e Canadá.

Em seguida, com o ascenso de Reagan em 1980 e seu questionamento do trilateralismo, essa coordenação passará a ceder lugar às imposições do governo norte-americano. No primeiro momento, Reagan acentua as políticas de estabilização diminuindo a carga fiscal e cortando os gastos sociais do estado, facilita o intercâmbio com o exterior e aprofunda a nova divisão internacional do trabalho que já se esboçara na recuperação de 1976 a 1979[1].

Dessa forma, a economia internacional estava pronta para uma nova fase de crescimento que deveria ter como centro a recuperação norte-americana. A presença dos conservadores no poder nos Estados Unidos, com Ronald Reagan, na

[1] A teoria do "supply-side" ou "economia de oferta" pretendia que a diminuição dos impostos dos setores de altas rendas aumentaria as possibilidades de investimento, gerando uma renda nacional maior e conseqüentemente um volume maior de arrecadação fiscal. Reagan chegou ao governo com a bandeira do corte dos impostos – que de fato realizou para as altas rendas – mas não restringiu os gastos do governo senão em alguns serviços sociais destinados a amparar a pobreza. Ao contrário, aumentou drasticamente os gastos do Estado, particularmente os militares. Um resumo sobre o assunto encontra-se no artigo de F. Carneiro, "Ascensão e Queda da Economia de Oferta", *Conjuntura Econômica*, 31/07/89, Rio, Vol. 4, Nº 7, p. 83 a 86.

Alemanha, com a Democracia Cristã, na Inglaterra, com a Sra. Thatcher, indicava que se buscaria uma recuperação moderada e controlada. Contudo, o que ocorreu foi algo totalmente diferente. Reagan rompeu com todos os princípios do liberalismo econômico ao elevar o déficit público norte-americano a limites jamais imaginados pela ciência econômica, e ao forçar uma recuperação cujas características marcaram a década de 80 e se projetam sobre a década de 90. É, pois, necessário fazer uma análise detalhada desse processo para compreender grande parte dos acontecimentos posteriores[2].

[2] Este capítulo se baseia em vários trabalhos anteriores do autor sobre a economia internacional entre os quais destacamos: *La Crisis Norteamericana y América Latina*, 1970, Santiago: PLA; *Imperialismo y Dependencia*, México: Era, 1978; *La Crisis Internacional del Capitalismo y los Nuevos Modelos de Desarrollo*, Buenos Aires: Controvérsia, 1987; *Economia Mundial, Integração Regional e Desenvolvimento Sustentável*, Petrópolis: Vozes, 1997 (4ª edição atualizada).

4. A ESTRATÉGIA DE RECUPERAÇÃO ECONÔMICA MUNDIAL NO PERÍODO 1983-1989

A origem do auge econômico de 1983 a 1989 encontra-se no mecanismo do déficit do Tesouro norte-americano, que alcançou a cifra de 134 bilhões de dólares em 1982, 230,8 bilhões em 1983, mantendo-se neste patamar até 1989 (237,8 bilhões)[1]. O déficit fiscal havia se situado na década de 70 em torno dos 50 bilhões de dólares anuais, o que levou a um amplo movimento pela contenção dos gastos ou pelo aumento dos impostos no país. O governo Reagan eliminou a segunda hipótese (chegando inclusive a reduzir os impostos sobre o capital e as altas rendas) e realizou cortes de despesas somente nos gastos sociais.

Estes déficits equivalem ao valor do Produto Nacional Bruto do Brasil na época e a cerca de três vezes a sua dívida externa. Para compreender o conjunto do Esquema da Recuperação Econômica Mundial no período 1983-89, ver o Quadro I. Para avaliar o peso do déficit norte-americano, ver o Quadro II. No Quadro III pode-se ver a importância do déficit federal dos EUA em seu Produto Nacional Bruto. Esta porcentagem salta de 2,91% em 1980 para 6,19% em 1983, só voltando a um patamar de 3% de 1987 a 1989. Contudo, a gravidade do déficit não diminuiu até os primeiros anos do Governo Clinton. Ele se sucedeu todos os

[1] Antes de entregar-se às políticas neoliberais, a URSS exercia uma clara liderança na tecnologia espacial. Veja-se o comentário do *Le Monde* em 1990: Em torno da nave espacial MIR devem "montar-se os cinco elementos do maior "Meccano" espacial jamais colocado em órbita, formando uma estação ortbital de 90 toneladas habitada por tripulações que ficam cerca de 1 ano no espaço desde 1986. "Isto faz empalidecer de inveja os norte-americanos cujas proezas neste domínio remontam a maio de 1973 e que não disporão de um instrumento análogo até o final dos anos 90, com a estação espacial Freedom". Jean-François Augeram, "Les Soviétiques s´apprêtent à mettre au place une station orbital de 90 tonnes", *Le Monde*, Paris, 2 de junho 1990. Os projetos comuns espaciais entre os Estados Unidos e a Rússia, com o final da guerra fria colocaram a XXX esta superioridade tecnológica soviética, profundamente abalada pela crise fiscal gerada pelas políticas neoliberais na década de 90.

anos elevando o volume total da dívida pública. Como este déficit é financiado em sua maior parte por recursos externos, elevou-se a dívida externa dos Estados Unidos de 737,7 bilhões de dólares em 1980 a 2.175 trilhões de dólares em 1989. No mesmo período a dívida interna se elevou de 194,1 bilhões de dólares a 676,9 bilhões. Desta forma a dívida pública total, como porcentagem do Produto Nacional Bruto, se elevou de 37,2% em 1981 para 51,1 em 1986, mantendo-se nesse nível até 1989.

Sob pressão do "*establishment*" de pesquisa e desenvolvimento militar, dedicado à alta tecnologia, aumentaram-se drasticamente os gastos militares[2] e, em particular, aqueles relacionados com as pesquisas das tecnologias de ponta. Estes se sintetizaram na Iniciativa de Defesa Estratégica, a mirabolante "guerra nas estrelas", que se tornou objeto de crítica das maiores autoridades científicas do país por sua inviabilidade e pelo desperdício de recursos que representava.

Os gastos militares representavam 39,1% do Produto Nacional Bruto dos EUA em 1945. Esta porcentagem caiu no pós-guerra para 5,1% até 1950. A guerra da Coréia elevou estes gastos novamente até 11,1% em 1955, mantendo-se desde então em torno deste nível pela ação do "complexo industrial-militar" denunciado pelo presidente Einsenhower.

Com o aumento do movimento pelos direitos civis dentro dos EUA e a adoção do programa contra a pobreza do presidente Ford, essa porcentagem caiu para 7,5% em 1965 e 7,9% em 1967, elevando-se novamente com a guerra do Vietnã a 9,0% em 1967 (com Nixon), 9,6% em 1968, 8,9% em 1969, 8,3% em 1970. A luta contra a guerra do Vietnã dentro dos EUA baixou estas porcentagens para 7,5% em 1971, 6,9% em 1972, 6,0% em 1973, 5,6% em 1974 (fim da guerra do Vietnã). Os gastos militares permaneceram em torno de 5% do PNB até o período Reagan, em que voltaram a elevar-se a 6,3% em 1982, mantendo-se neste patamar até 1989.

Deve-se assinalar, contudo, que muitos gastos militares estão embutidos nos dispêndios em recursos humanos que se elevaram enormemente desde o pós-guerra. Os gastos em defesa propriamente representavam cerca de 10% do orçamento no início do governo Eisenhower e no de Kennedy. Já no período Reagan eles se elevaram até 35%, mantendo-se em cerca de 29% no período. O mais importante, contudo, é constatar a mudança no caráter desses gastos militares cada vez mais orientados para a pesquisa e desenvolvimento de ponta. As indústrias aeroespacial e de computadores pesados dependem essencialmente desses gastos. A Strategic Defense Initiative (SDI) ou Guerra nas Estrelas, iniciada em 1983, tentou recuperar para os EUA um papel proeminente nas tecnologias de ponta, tais como os lasers e a fibra ótica, novos materiais, defesa aérea e espacial, controle de tráfego de aviões, medicina e biotecnologia. Este plano mirabolante foi abandonado nos governos Clinton e regressam no governo de Bush, filho. Na verdade, apesar dos objetivos mirabolantes da Guerra nas Estrelas, os resultados dessas pesquisas permitiram aos EUA produzir uma nova máquina de guerra colossal, tecnologicamente impressionante. Seu primeiro teste ocorreu na guerra contra o Iraque, em 1991. Ficou patente seu poder de destruição e sua precisão, mas também ficou claro o alto custo desse tipo de guerra. Em 2003, a segunda guerra contra o Iraque retomou o quadro operativo anterior e seus altos custos se convertem em grave problema fiscal para os Estados Unidos.

De alguma forma, podemos comparar a "guerra nas estrelas" com o papel econômico que Keynes atribuía às pirâmides egípcias: um enorme gasto estatal para gerar emprego e renda, e permitir, assim, o funcionamento da economia. Só que no passado esses gastos se realizavam em setores de baixa renda e, na década de 80, eles se concentraram nas atividades de tecnologia de vanguarda e nos seus efeitos secundários, quase todos ligados à expansão dos serviços ligados à informação. Quer dizer: uma política anticíclica que, à falta de uma guerra que justificasse os gastos militares como fator de recuperação econômica, se voltou para a tecnologia de ponta em nome de uma estratégia militar de compreensão inacessível para os cidadãos comuns. Contudo, essa opção estava carregada de pretensões ideológicas que atraíam a opinião pública e buscavam:

a) reafirmar a potência militar estratégica dos Estados Unidos, questionada pelo equilíbrio estratégico alcançado com a União Soviética desde o fim da década de 1960;

b) garantir a hegemonia científico-tecnológica dos Estados Unidos, duplamente ameaçada:

I) no plano tecnológico e das ciências aplicadas, pelo avanço do Japão (e de outras potências, sobretudo a Alemanha);

II) na aplicação de alta tecnologia na produção industrial, que colocava em risco a superioridade dos Estados Unidos em desenho, produtividade e custo.

c) no plano científico e militar (apesar do emaranhado de notícias falsas plantadas na imprensa), os Estados Unidos se viam ameaçados pelo enorme desenvolvimento do aparelho científico soviético, sobretudo no campo espacial (cujos efeitos tecnológicos poderiam ser decisivos em duas décadas mais) e nas pesquisas sobre fusão nuclear, laser e inteligência artificial (que decidirão o modelo tecnológico do século XXI).

d) essa constatação os obrigava a retomar os gastos com ciência pura e alta tecnologia, sobretudo quando o Japão e a Alemanha (e, junto com ela, toda a Comunidade Européia) aumentaram seus investimentos nessas áreas e poderiam se tornar independentes dos Estados Unidos nesses setores estratégicos.

Tratava-se, portanto, de combinar uma política anticíclica com a luta pela hegemonia da revolução científico-técnica que comanda na atualidade a evolução da economia mundial.

Diante dessa opção pelos investimentos de ponta, os Estados Unidos deveriam aceitar a sua decadência nas tecnologias aplicadas abrindo seu mercado às economias mais competitivas e especializando-se nas áreas estratégicas. Tratava-se de promover uma nova divisão internacional do trabalho na qual os Estados Unidos se especializariam na ciência pura e nas "tecnologias emergentes" (pós-novas tecnologias): laser, fusão nuclear, engenharia genética, inteligência artificial, supercondutividade, espaço e cosmologia. A União Soviética, que poderia tentar esta opção seria, contudo, impossibilitada de fazê-lo — segundo os estrategistas da CIA – devido a seus limites econômicos, expressos numa renda nacional e per capita bastante inferior a dos Estados Unidos; devido a sua dificuldade de obter tecnologia e conhecimento científicos fora de sua área de influência; devido aos seus limites para importar produtos alimentícios e de consumo em geral; devido à inconvertibilidade de sua moeda e, sobretudo, devido a seu isolamento estratégico, provocado pela Guerra Fria, ou melhor, pelo cerco do sistema capitalista mundial.

Essa linha estratégica, desenhada nos debates sobre ciência e tecnologia da década de 70 (desde 1967 os Estados Unidos haviam estagnado seus investimentos em pesquisa e desenvolvimento e sua formação de cientistas), exigia uma decidida opção pelo aumento dos gastos em P&D e pelo seu planejamento centralizado no Pentágono, sob a orientação do Conselho Nacional da Ciência, recém-criado para assessorar o presidente neste campo. Era necessário ocultar o caráter cada vez mais planejado e centralizado do desenvolvimento econômico norte-americano e lograr ao mesmo tempo apoio para ele. A solução encontrada foi a de disfarçá-lo dentro das atividades do Pentágono, cujos gastos astronômicos eram justificados por um clima de retomada da guerra fria e pelas características satânicas do socialismo que era necessário combater.

Estávamos, assim, diante de um aparente contra-senso: um governo anti-socialista aumentava drasticamente o planejamento centralizado da economia, embutido dentro dos gastos militares. Ao mesmo tempo um governo ultraliberal, para sustentar essa política, gerava o maior déficit do Tesouro, jamais imaginado pelos mais audazes neokeynesianos. Nunca a humanidade viveu uma contradição tão brutal (e evidente!) entre a retórica e a realidade.

Se o leitor se detiver no Esquema de Recuperação Mundial no Período 1983 - 1989 (Quadro I), que apresentamos no final deste capítulo, poderá compreender como esta estratégia gerou e determinou, desde os Estados Unidos, o auge econômico de 1983 - 89. Rompendo as perspectivas do trilateralismo, Reagan impôs ao resto do mundo desenvolvido um modelo de crescimento sob o comando inquestionável do novo *"establishment"* militar dos Estados Unidos (Pentágono, mais empresas de tecnologia de ponta).

Esta imposição se fazia também internamente, colocando em posição desvantajosa o *"establishment"* econômico tradicional baseado na costa leste, onde se concentrava a oligarquia financeira, industrial e comercial dos Estados Unidos. Era evidente o mal-estar causado pela *"reaganomics"* nas grandes famílias que formam a oligarquia norte-americana que detinha e ainda detém em grande parte o poder no país e no mundo. O choque entre a oligarquia do capital financeiro norte-americano e os novos conglomerados nascidos da indústria militar e dos novos campos tecnológicos vem se desdobrando em novas confrontações desde quando os setores tradicionais abriram luta contra os "conglomerados" (sobretudo a ITT) na década de 60[2]. Em seguida tivemos o drástico enfrentamento contra as pretensões do presidente Nixon que — apoiado outra vez pela ITT e outros novos "conglomerados" — tentou um projeto de autonomia em relação ao capital financeiro do leste. Depois de uma retomada do governo por Nelson Rockfeller e, em parte, através de Jimmy Carter, essas forças tradicionais viram-se de novo enfrentadas pelo "populismo" de direita de Ronald Reagan, contra o qual desenvolveram uma ampla luta nos anos 80 sem muito resultado concreto do ponto de vista eleitoral. Era o oeste californiano e seus novos-ricos impondo-se à oligarquia tradicional de Boston e Nova York.

Reagan conseguiu impor seu modelo que viabilizava os gastos militares de ponta e as novas empresas do complexo industrial militar.

Como se pode ver pelo Esquema, o aumento do déficit do Tesouro produziu um enorme crescimento da demanda norte-americana. Essa nova demanda concentrou-se em setores de serviço ligados à pesquisa e desenvolvimento, à educação, à comunicação e ao lazer. Ao mesmo tempo, ao gerar uma imensa dívida pública que passou a ser gerida pelo Setor Financeiro, esse setor se agigantou, o que deu origem à época dos "*yuppies*"[3].

O aumento da demanda numa moeda internacional como o dólar, provoca imediatamente uma expansão das importações do resto do mundo, particularmente dos países ao sul dos Estados Unidos, principalmente seu vizinho, o México. A demanda gerada pela valorização do dólar incidiu também sobre a costa oeste, particularmente a bacia do Pacífico, em países como o Japão e os Tigres Asiáticos (Coréia do Sul, Taiwan, Cingapura e Hong Kong). Também se ampliaram as importações da Europa, particularmente da Alemanha[4] e de outros países de desenvolvimento industrial recente (NICs) como o México e o Brasil.

---

[2] Os "Conglomerados" eram as novas formações empresariais desenvolvidas na década de 60, que se caracterizavam por uma expansão anárquica de investimentos em setores econômicos sem nenhuma articulação entre eles. Em geral, esta expansão arrancava da valorização de suas ações devido à sua performance tecnológica de vanguarda apoiada em geral pelas ordens de compra e os subsídios à pesquisa do Pentágono. Esta expansão financeira permitiu a estas firmas comprar novas empresas ("*mergers*") com suas ações altamente valorizadas e ameaçar o poder das oligarquias financeiro-industriais dos Estados Unidos, além de expandir-se mundialmente. Na década de 90, voltaram a ocorrer fusões de empresas ainda mais espetaculares pelas empresas virtuais ou e-investimentos.

[3] "Durante a década de 80 os graduados das melhores universidades dos países mais ricos se orientaram sem hesitação para o 'oba-oba' dos serviços financeiros e bancos. Nunca houve uma unanimidade tão grande da primeira escolha profissional desde a geração de 1914". Norman Macrae, "Banks in Trouble", *The Economist*, Londres, 8 Setembro 1990.

[4] Ver a evolução da balança comercial dos EUA, Japão e Alemanha Ocidental na Tabela IV.

Formou-se assim o imenso déficit da balança comercial dos Estados Unidos, que saltou de 36.4 bilhões de dólares em 1982 para 36.7 em 1983, 112.5 em 1984, 122.1 em 1985, 144.5 em 1986, 160.3 em 1987, 126.5 em 1988 e 128.9 em 1989. Mas este imenso déficit comercial se transformava em superávit de dólares, sobretudo do Japão e da Alemanha (que se converteram em grandes investidores nos EUA, nos Tigres Asiáticos e nos NEIs).

O Quadro V mostra como os Estados Unidos se converteram em importador líquido de capital a partir de 1983. A partir dessa data os Estados Unidos, que haviam sido grandes exportadores de capital, começam a discutir um problema típico dos países dependentes: é positivo ou negativo para um país ser cada vez mais dependente do capital e da tecnologia de outros países? Os EUA tinham um "superávit" do investimento de 27 bilhões de dólares (saída versus entrada de capitais) em 1982, e passam a importar mais do que exportar 34 bilhões em 1983, 80 bilhões em 1984, 97 bilhões em 1985, 123 bilhões em 1986, 135 bilhões em 1987 e 118 bilhões em 1988. Essa situação se converte em estrutural e dura até o século XXI.

O Quadro VI mostra como a Alemanha e o Japão se transformaram nos maiores exportadores de capital a partir de 1983. Em 1981, o Japão transferia para o exterior um valor líquido (saída versus entrada de capitais) de 14,9 bilhões, a Alemanha, 2,4 bilhões, enquanto a América Latina recebia 4,4 bilhões de dólares. A partir de 1982, o Japão aumenta para 15,9 bilhões, a Alemanha para 4,8 e a América Latina retira 6,3 bilhões de dólares para o exterior. Esse quadro se amplia durante o período e, em 1987, o Japão exportava 56,2 bilhões, a Alemanha, 20,2, e a América Latina, 16,9.

Os novos países industriais latino-americanos, não se apossaram dos resultados dos seus superávits, que aumentaram no mesmo período seguindo a política de "ajuste estrutural" que analisaremos na penúltima parte deste livro. Eles foram convertidos em pagamento de juros e eventuais amortizações de suas dívidas, provocando uma forte descapitalização[5]. Os dólares gerados pelos superávits cambiais dos anos 80 foram parar, por fim, nas mãos do sistema financeiro norte-americano, juntando-se aos dólares já disponíveis nas mãos dos investidores do Japão e da Alemanha.

Em conseqüência dos superávits comerciais desses países, esses fluxos em dólar tinham para a Alemanha e o Japão uma aplicação imediata: a compra de

[5] Ver Quadro VII. A partir de 1982 a América Latina se transforma abertamente numa exportadora líquida de recursos para o exterior. Nos períodos anteriores estas condições já existiam, mas não eram perceptíveis por razões de conceitos estatísticos que não é o caso discutir aqui. Ver trabalhos estudados no nosso livro *Teoría da Dependência: Balanço e Perspectivas*, Editora Civilização Brasileira, Rio de Janeiro, 2000.

títulos da dívida pública norte-americana, que eram lançados para compensar os déficits do Tesouro (ponto de partida de todo o processo). Para atrair esses investimentos, o governo norte-americano teve que elevar extraordinariamente a taxa de juros e garantir a valorização do dólar diante das outras moedas[6].

Os efeitos para os países devedores em dólar foram evidentemente arrasadores, provocando a crise do endividamento externo da América Latina, países devedores da Europa Oriental e outros do Terceiro Mundo.

Chegamos assim a um resultado paradoxal que parecia haver criado o paraíso na terra. Um governo que se endivida, interna e externamente, mas sua moeda, em vez de desvalorizar-se, se valoriza! Ver Quadro IX. O dólar aumentou seu valor em relação às 13 principais divisas dos principais países exportadores entre 1980 e 1985, exatamente no momento em que os Estados Unidos passaram a ser os devedores líquidos do resto do mundo!

Um governo deficitário que aumenta drasticamente a demanda e não gera uma inflação de preços, e sim um aumento da concorrência internacional, que deu aos norte-americanos acesso a melhores produtos e mais baratos, de origem japonesa, alemã e de outros países! A inflação nos EUA entre 1980 e 1989 teve a seguinte evolução: 13,3%, 10,2%, 6,2%, 3,1%, 4,2%, 3,5%, 1,9%, 3,6%, 3,9% e 5,0%. Portanto, nos anos de maiores déficits fiscais e comerciais dos Estados Unidos na década de 80, a inflação caiu aos seus índices mais baixos. Somente a partir de 1987, 88 e 89 é que ela volta a subir. Esses dados são muito claros para demonstrar a irrelevância dos modelos econômicos neoliberais que vinculam a inflação com o déficit fiscal.

A conseqüência concreta dessa situação é a desindustrialização dos Estados Unidos e a queda de sua produtividade média em relação à Europa, ao Japão e aos NEIs, conforme se vê no Quadro XI. É evidente também que sua participação nas exportações mundiais cai e cede lugar ao Japão e à Alemanha, ver Quadro X.

Mas os milagres não existem. O tempo é o melhor conselheiro. Que aconteceu ao longo desses anos?

O aumento sem cobertura da dívida pública é um fenômeno acumulativo. Supõe um estoque e não um simples fluxo como pretendem alguns economistas

[6] Ver no Quadro VIII a evolução da Prime Rate que orienta o mercado de juros sob influência norte-americana na década de 80. Foi sua elevação drástica em torno de 15% ao ano no início da década que começou a atrair recursos internacionais massivos para os EUA, mostrando a viabilidade de financiar desde o exterior o déficit do governo norte-americano. Sua queda e ascenso posterior (entre 84 e 87, queda, e novo ascenso em 88-89) fazem parte das dificuldades geradas por esta política.

tresloucados. A cada ano o montante da dívida cresce e, assim também, o montante dos juros pagos, que aumentam sua proporção em relação ao gasto público e, mais ainda, em relação à arrecadação fiscal. Quando essa dívida é com o exterior a situação se torna ainda mais grave pois o governo dispõe de um menor controle sobre os seus proprietários.

Dois fenômenos acompanham esse aumento da dívida pública. Em primeiro lugar está o crescimento do setor financeiro, seja nacional, seja, sobretudo, internacional, que especula com ela. Foi apoiado nos enormes excedentes financeiros gerados pelos superavits do comércio japonês que os bancos desses países se internacionalizaram na década de 80 e se converteram nos maiores do mundo.

Em segundo lugar, a alavancagem ou o poder de multiplicação monetária e financeira dos recursos inflacionários estocados à disposição da economia se realiza através de um vasto sistema especulativo. Este envolve as compras de empresas (os "*mergers*" que cresceram enormemente no período), a especulação com os títulos da dívida pública, a especulação com as ações das firmas que realizam essas fusões e aumentos fictícios de seu capital, a especulação imobiliária (que se agiganta com os novos empreendimentos) e as valorizações artificiais das ações, títulos e imóveis em geral que entram no circuito do "*boom*" especulativo.

Tudo isso gera uma enorme massa de papéis e títulos, que são valores e signos financeiros com um longínquo respaldo na realidade econômica. Em conseqüência, o desbalanceamento dos fatores econômicos chega a extremos incontroláveis. É então que os mais prevenidos iniciam um comportamento econômico de signo contrário que faz ruir toda essa massa de recursos artificiais. Inicia-se, então, um processo de desvalorização de ativos, sobretudo financeiros.

Dessa forma, vemos que os investidores japoneses e alemães começaram a desconfiar dos títulos do governo norte-americano a partir de 1987, quando ficou claro que, em vez de diminuir seu déficit, os EUA tendiam a aumentá-lo mais. Ao mesmo tempo, o enorme volume de juros pagos pelo governo obriga-o a restringir a taxa de juros, provocando uma fuga de capital do setor. A desconfiança nos títulos do governo norte-americano e a sua menor atração pela baixa da taxa de juros e o perigo de uma onda inflacionária levam os capitais externos à compra de ativos reais. Estes se compõem de imóveis e empresas, que entram num gigantesco processo de fusões, e iniciam uma desnacionalização altamente temida pela cidadania norte-americana. Esta desnacionalização é percebida como ainda mais grave quando se mistura com uma boa dose de racismo, que reage ao "*perigo amarelo*" representado pelo capital japonês em plena expansão nos Estados Unidos, assim como em outras partes do mundo.

Já em 1987, a mágica começa a falhar. É preciso cortar o déficit público, pois não há mais como financiá-lo. É preciso desvalorizar o dólar, seja para aumentar as possibilidades de exportação, seja para desvalorizar os ativos em mãos de estrangeiros. Mas se o dólar se desvaloriza, devido aos enormes excedente dos mesmos no mundo inteiro (sobretudo os "*euro*" e "*asian*" dólares), gera-se uma corrida para moedas que parecem mais seguras, como o marco alemão e o iene japonês, e se debilita o poder financeiro dos EUA.

De qualquer forma, a diminuição do déficit público e a desvalorização do dólar como conseqüência da crise de outubro de 1987, provocaram uma queda da demanda norte-americana, gerando-se um forte efeito depressivo, tanto interna como externamente. Entretanto, as ameaças de desvalorização do dólar foram detidas num primeiro momento pela compra dos mesmos pelos bancos centrais do Japão e da Alemanha.

As desvalorizações das ações em bolsas (sobretudo a de outubro de 1987) foram contidas, em parte, pela intervenção dos bancos centrais e dos governos. A desvalorização da dívida externa do Terceiro Mundo (inflada a partir dos aumentos das taxas de juros e dos refinanciamentos puramente contábeis) foram controladas pelas propostas estatais e multilaterais de financiamento de grande parte das dívidas.

Ao mesmo tempo, a especulação bancária, com a geração de empréstimos contábeis que pagavam as dívidas com novas e gigantescas dívidas, foi controlada com a exigência de garantias em fortes encaixes bancários para novos empréstimos. Mesmo assim, no mercado paralelo, esta dívida chegou a valer às vezes 20% de seu valor nominal.

Se é verdade que foi o Estado que iniciou este processo de auge mundial através do aumento irresponsável da dívida pública, cabia a ele mesmo buscar conter sua crise e fiscal o restabelecimento de um equilíbrio razoável das contas mundiais. Enfim, colocava-se em questão o funcionamento do mercado financeiro altamente desfigurado pela intervenção pública e pela especulação dela decorrente.

Nesse clima, o grande capital busca uma saída em seu favor. Propõe e impõe (em nome do livre mercado!) que os Estados nacionais se desfaçam de seus patrimônios para pagar suas dívidas, dando substância, assim, a parte dos enormes excedentes especulativos sobrantes em nível mundial. Dessa forma papéis inúteis e sem valor passam a receber o respaldo de bens públicos que se convertem em patrimônio dos especuladores financeiros.

Esse é claramente o princípio que orienta as chamadas "*conversões*" da dívida externa. Através delas os papéis desvalorizados dos bancos, que são pretensos valores de dívidas, se convertem em empresas e bens retirados do setor público em geral. Seria uma forma ideal para o capital financeiro evitar a quebra geral dos bancos e empresas privadas, substituindo-a pela quebra dos Estados. Muito mais difícil contudo é obrigar os contribuintes a aceitarem a idéia de sustentar as empresas e os bancos em quebra indefinidamente. Mesmo porque a cada ano aumentava o volume dessas quebras e diminuía a possibilidade de o Estado financiá-las[7].

De 1960 aos nossos dias o gasto público dos vários estados nacionais aumentou drasticamente da casa dos 20 a 30% para a dos 40% do Produto Interno Bruto. Particularmente sob a égide do "neoliberalismo" de Thatcher, Reagan etc. O Quadro XII nos mostra o aumento do gasto público em relação ao PNB nos Estados Unidos, Japão, Alemanha Federal e Reino Unido desde 1960 a 1985. Ao contrário da "desestatização" que os "neoliberais" tupiniquins tanto propalam, temos um aumento confirmado por várias outras fontes e em vários outros países do gastos públicos dentro do PNB. Particularmente nos EUA de Reagan e no Reino Unido da Srª Thatcher. O que é mais do que compreensível na fase atual do capitalismo monopolista de Estado.

Trata-se, portanto, do neoliberalismo do capitalismo monopolista de Estado que consiste no aumento da intervenção estatal para garantir a sobrevivência do capital, sobretudo dos grandes monopólios e do capital financeiro. Quando se trata de defender esses interesses, a economia de mercado é mandada às favas, pois ela não se compactua com o mundo dos monopólios, oligopólios e corporações multinacionais que dominam a vida econômica dos nossos dias.

---

[7] Um bom resumo sobre as dificuldades do sistema financeiro internacional encontra-se no já citado artigo do *The Economist* na nota (8) sob o sugestivo título de "Banks in Trouble". Há muito vimos defendendo a tese de que o início da década de 90 seria marcado por uma violenta desvalorização de ativos que desvalorizaria o capital constante em nível mundial e permitiria, assim, um novo e sólido período de crescimento da economia mundial; com a introdução de inovações radicais através da incorporação de novas tecnologias. Era o fim do período depressivo de longo prazo, iniciado em 1967, e o início de um novo ciclo de ascenso de 25 a 30 anos, a partir da metade da década de 90. Ver nossos livros citados em notas anteriores e o nosso trabalho de consultoria para o Sistema Econômico Latino-americano sob o título "A América Latina e o Caribe na Economia Mundial", em 1990.

Num artigo da época, Robert Kuttner, no Economic Viewpoint do *Business Week*, de 15 de outubro de 1990, destaca essa realidade que se renova no debate sobre a globalização da economia mundial e o desaparecimento ou não dos interesses nacionais. Aterrorizado pelo avanço tecnológico do Japão, o autor assumia um ponto de vista mil vezes desenvolvido pela teoria da dependência: "As companhias japonesas desenham produtos de ultra-alta tecnologia que podem ser montados em grande parte por jovens mulheres asiáticas sem maior nível educacional. O coração da operação (sic), contudo, fica no Japão, o conhecimento científico, a engenharia e o talento comercial, e a corrente dos lucros para capitalizar a próxima rodada de novas inovações". Quantas vezes dissemos isto sobre o capital internacional nos nossos países dependentes?! Pois agora quem o descobre são os economistas norte-americanos. E arremata o nosso autor: "Se as empresas de alta tecnologia baseadas nos EUA são simplesmente postas fora dos negócios pelo mercantilismo de outras nações (sic), nós iremos gradualmente assumindo a posição daquelas mulheres de baixos salários do Leste da Ásia". Oh! Que esta sorte fique reservada só para os 80% da humanidade que vive nos países dependentes e subdesenvolvidos com a ajuda de nossos governantes neoliberais.

Escutemos seus íntimos pensamentos: "*O mercado nos mata*"— pensam intimamente os grandes capitalistas disfarçados de neoliberais: "avancemos sobre os mercados que ainda existem e liquidemo-los. Que se abram os mercados ... dos outros!".

Entre 1989 e 1993 o sistema capitalista mundial se aproximou de seu auge e ao mesmo tempo de seu mais agudo abismo. De fato, depois de ficar clara a impossibilidade de controlar os principais efeitos da crise de outubro de 1987, começou um processo de ajuste às tendências depressivas que ali se anunciaram.

Ora, esses ajustes se realizaram exatamente no momento em que as lideranças dos países socialistas se aventuraram num complexo processo de transição a economias de mercado que foi apresentado ao mundo como o fracasso total do socialismo e o triunfo do sistema de livre mercado que representaria o fim da História.

APÊNDICE DO CAPÍTULO 4: ESQUEMA DA RECUPERAÇÃO DA ECONOMIA MUNDIAL NO PERÍODO DE 1983 – 89

O funcionamento do esquema se apoiou em dois buracos negros: aumento da dívida pública interna e externa dos Estados Unidos, cuja origem estava no déficit do tesouro, ponta de lança da recuperação econômica internacional do período. Ao não se conter o déficit público e cambial, o valor do dólar cai e se desvalorizam as dívidas (interna e externa). Com isso, restringe-se a procura dos dólares e cai o nível da demanda norte-americana gerando uma depressão global no final da década de 80. Os ensaios de recuperação posteriores, durante o período Clinton, no qual se tentou superar o marco estabelecido por Reagan, não conseguiram superar este esquema. Na realidade, o governo George W. Bush voltou a dotar os mesmos recursos de Reagan, num conceito muito mais deteriorado.

QUADRO I

Esquema da Recuperação da Economia Mundial no Período 1983-1989

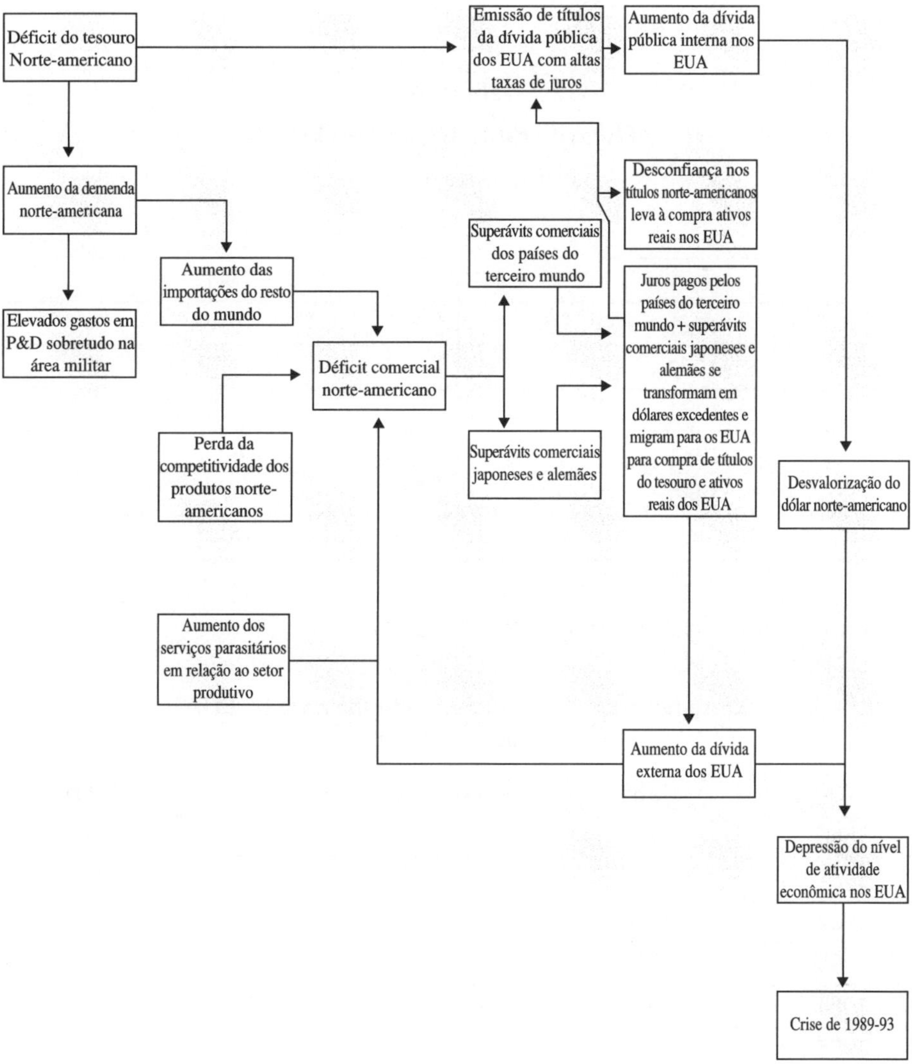

Em conseqüência, os anos 89 e 93 se caracterizaram por uma crise no sistema capitalista mundial à qual se agregava uma abismal crise e depressão econômica nos antigos países socialistas.

Principais Indicadores Econômicos do Esquema de Recuperação da Economia Mundial

Tabela 01
Fluxo de capitais para os EUA
(bilhões de dólares)

Ano	US$
1980	-28,0
1981	-27,9
1982	-27,4
1983	34,0
1984	80,3
1985	97,2
1986	123,2
1987	118,8

Fonte: World Economic Survey, 1989, pág. 27.

Tabela 02
Transferência Líquida de Recursos para os EUA*
(bilhões de dólares)

Anos	Japão	Alemanha Ocidental	América Latina	Total
1980	9,8	1,8	-0,9	23,0
1981	14,9	2,4	-4,4	22,1
1982	15,9	4,8	6,3	31,3
1983	23,2	7,8	20,0	64,7
1984	36,2	12,8	22,8	116,9
1985	42,8	15,4	18,7	129,8
1986	54,5	18,9	15,2	150,1
1987	56,2	20,2	16,9	164,3
1988	50,5	-	11,8	127,8

* Balance of payment on goods, private transfers and services other than investment income, with sign reversed.

Tabela 03
Balança Comercial
(bilhões de dólares)

Anos	EUA	Japão	Alemanha Ocidental
1980	-25,5	2,1	7,9
1981	-28,0	20,0	15,3
1982	-36,4	18,1	24,0
1983	-67,1	31,5	20,6
1984	-112,5	44,3	21,6
1985	-122,1	56,0	27,2
1986	-144,5	92,8	53,9
1987	-160,3	96,4	68,1
1988	-126,5	94,8	73,8
1989	-128,9	64,2	71,6

Fonte: World Economic Survey, 1989, pág. 235-237.

Tabela 04
Importações Norte-americanas do Resto do Mundo
(bilhões de dólares)

Anos	EUA
1980	249,7
1981	265,1
1982	247,6
1983	268,9
1984	332,4
1985	338,1
1986	368,5
1987	409,9
1988	446,4
1989	492,3

Fonte: World Economic Survey, 1989, pág. 235.

Tabela 05
Fluxo Líquido de Capital Privado
(bilhões de dólares)

Anos	EUA	Japão	Alemanha Ocidental
1980	-30,2	2,3	3,2
1981	-22,6	-9,7	3,7
1982	-19,9	-15,0	-5,8
1983	35,4	-17,7	-2,7
1984	85,6	-49,6	-7,0
1985	105,1	-64,5	-4,6
1986	89,4	-131,5	15,3
1987	80,2	-136,5	-13,1
1988	79,7	-130,3	-47,6

Fonte: World Economic Survey, 1989, pág. 235-237.

Tabela 06
Déficit do Tesouro Norte-americano
(bilhões de dólares)

Anos	US$	% PNB
1980	82,6	2,91
1981	85,8	2,68
1982	134,2	4,07
1983	230,8	6,19
1984	218,2	4,89
1985	266,4	5,43
1986	283,0	5,12
1987	223,1	3,35
1988	244,2	3,15
1989	237,8	3,00

Fonte: Statistical Abstract, 1989, e International Financial Statistics, 1989.

Tabela 07
Dívida Externa Norte-americana
(bilhões de dólares)

Anos	US$
1980	737,7
1981	825,4
1982	987,7
1983	1.174,5
1984	1.373,4
1985	1.598,5
1986	1.813,3
1987	1.967,7
1988	2.091,2
1989	2.175,2

Fonte: International Financial Statistics, 1989.

Tabela 08
Dívida Interna Norte-americana
(bilhões de dólares)

Anos	US$
1980	194,1
1981	204,9
1982	210,7
1983	237,5
1984	290,8
1985	350,1
1986	404,3
1987	478,6
1988	589,5
1989	676,9

Fonte: International Financial Statistics, 1989.

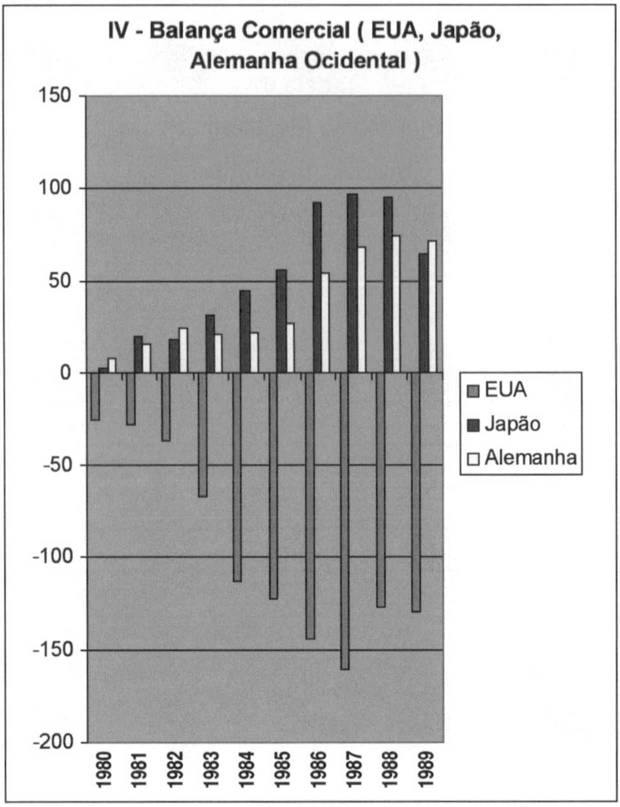
IV - Balança Comercial (EUA, Japão, Alemanha Ocidental)
150
100
50
0
-50
-100
-150
-200
1980
1981
1982
1983
1984
1985
1986
1987
1988
1989
EUA
Japão
Alemanha

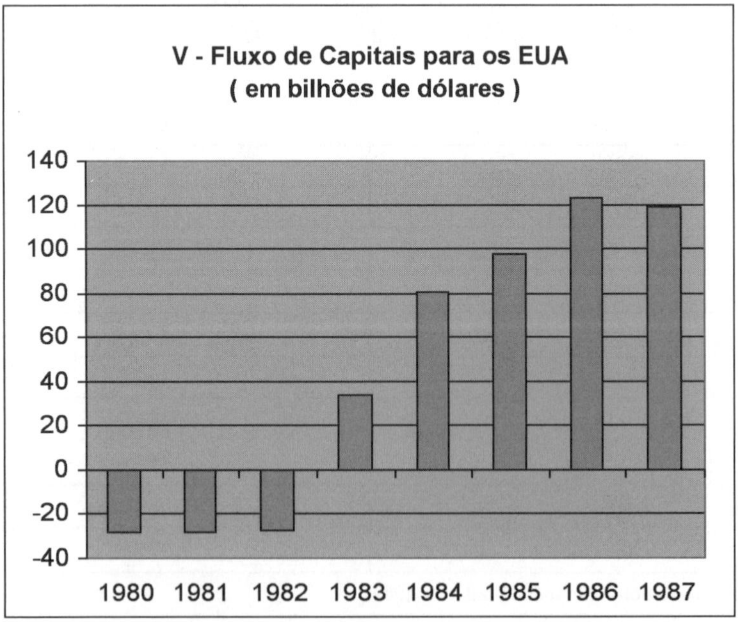
V - Fluxo de Capitais para os EUA (em bilhões de dólares)
140
120
100
80
60
40
20
0
-20
-40
1980
1981
1982
1983
1984
1985
1986
1987

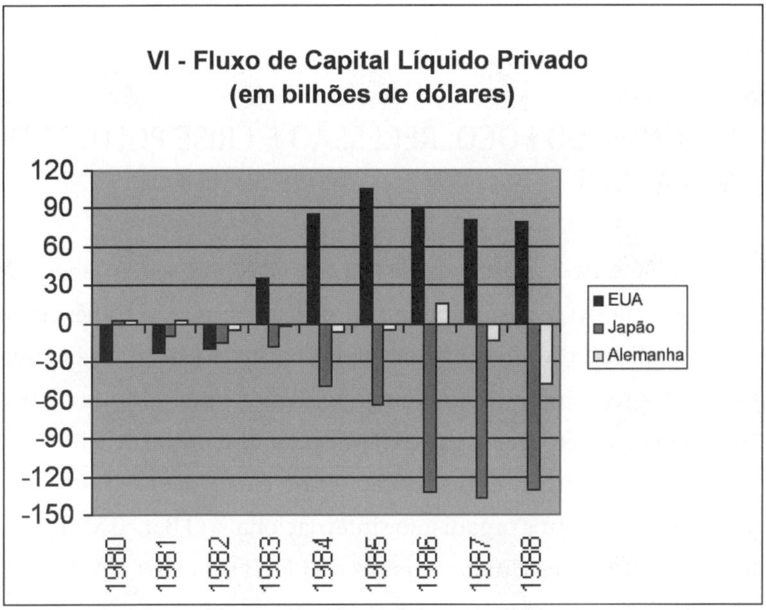

Os gráficos foram preparados com o apoio dos seguintes auxiliares de pesquisa: Luiz Carlos Ros Filho, Wellington Dantas de Amorim e Marisa Von Bullow. [O trabalho gráfico para esta publicação, em computador, foi executado por Adalberto José Rolim Tubbes, via PRODASEN – Processamento de Dados do Senado Federal].

5. NO FUNDO DO POÇO: RECESSÃO E CRISE POLÍTICA DE 1990 A 1993

Entre 1990 e 1993 escutavam-se por todas as partes do planeta clamores desesperados: a crise econômica, o desemprego, a violência social, a criminalidade, a corrupção, as crises políticas e as guerras interétnicas indicavam que a humanidade, em vez de ingressar num período de bem-estar anunciado pelo neoliberalismo, passava por uma fase muito difícil. Sucederam-se as tentativas de controlar esta situação. Entre elas, deve-se destacar as ações das Nações Unidas e outros organismos internacionais. O Banco Mundial, o FMI, a OIT, a OCDE, as Nações Unidas, através do PNUD, da UNCTAD, da UNICEF e do FNUAP, publicam dramáticos informes sobre a situação mundial em suas várias esferas de ação. Ao lado desses órgãos de representação mais ampla, a mais pretensiosa tentativa de dirigir os destinos do mundo foi o Grupo dos Sete, criado pelo presidente norte-americano Jimmy Carter na década de 70, sob a inspiração da Comissão Trilateral. Naquele momento tratava-se de unir os interesses norte-americanos, europeus e japoneses (representados nos sete países mais ricos) para deter o avanço do Terceiro Mundo e dos países socialistas. Na década de 80, Reagan esvaziou o Grupo dos Sete para afirmar a hegemonia norte-americana. Nos anos 90, ele foi revivido.

Nos anos 90, o Grupo das Sete Nações mais poderosas do mundo, passou a contar com a presença já permanente da oitava nação, a Rússia (que ficou parada na sala de espera por um bom tempo). Seus governantes pretendem representar os países mais ricos e industrializados do mundo, mas a cada dia que passa, isto deixa de ser um fato pacífico. Os dados do Banco Mundial, baseados no "*Purchase Power*" ou poder de compra, indicavam que a China já era o terceiro e logo passou a ser o segundo PIB do mundo, apesar da ainda baixa renda per capita de sua população. A Índia já era uma potência naval em plena expansão e o quinto PIB do mundo. Os PIBs do Brasil e do México superavam o do Canadá, e sobretudo o Brasil poderia ser uma potência importante se retomasse seu crescimento. Os países petroleiros e os povos muçulmanos não aceitavam sua discriminação dos centros de decisão mundial.

Mas as dificuldades do Grupo dos Sete não terminavam aí. Os dirigentes de cada um desses países encontravam-se em graves dificuldades políticas e poucos deles continuaram no poder na metade da década em diante. Nos Estados Unidos, Clinton sobreviveu, apesar das tentativas de "impeachment", reafirmando o seu programa de recuperação da economia norte-americana, baseado na queda da taxa de juros, no reajuste cambial e nas políticas de bem-estar e de educação. Na Inglaterra, Major mal se sustentou no poder depois de vários votos de desconfiança que levaram à vitória trabalhista em 1994. Na Alemanha, Helmut Kohl terminou sua carreira política cercado de províncias sob hegemonia social-democrata até que sua derrota se deu em 1998, com a ascensão de um governo social-democrata com o apoio dos verdes. No Japão, Miyasawa teve seu governo derrubado por um voto majoritário de desconfiança como conseqüência do fracionamento de seu partido, e emergiu neste país, após 45 anos, um governo de uma coligação da oposição ao Partido Liberal Democrático. As vicissitudes da política japonesa nestes anos revelam uma grande instabilidade e a perda de um consenso muitas vezes exaltado. A Itália passou por um furacão moralizador e eleitoral que levou ao poder, pela primeira vez, um governo de centro-esquerda, liderado pelo antigo Partido Comunista, transformado em Esquerda Democrática. Mas a direita italiana se reagrupou em torno de Berlusconni, alternando-se no poder. Na França, depois de uma grave derrota eleitoral da direita, os socialistas retornaram ao poder apoiados numa greve dos transportes que paralisou o país. Em 2002, a esquerda não chega ao segundo turno e vota em Chirac para deter o avanço do fascista Le Penn. Na Rússia, Yeltsin viveu em grave crise de governabilidade, depois de haver entregue aos lobos o seu delfim Gaitar, líder das reformas neoliberais, e ter de se enfrentar a um Partido Comunista majoritário na Duma. Esse impasse abriu caminho para o governo Putin que passa a reorientar a política russa dentro de um capitalismo de Estado. Nem é necessário falar das violentas crises econômicas e políticas que assaltam os países do chamado Terceiro Mundo.

Esses fatos revelam a profundidade da longa crise internacional que chegou ao seu ponto mais baixo em 1990-94. Essa crise extensa iniciou-se em 1967, nos centros capitalistas mundiais e se estendeu aos países subdesenvolvidos e dependentes a partir de 1970, terminando por afetar o campo socialista na Europa Oriental e na antiga URSS. De 1989 até 1993 ela assumiu a forma de uma baixa de crescimento com recessões generalizadas, sobretudo nos países centrais. Em que consistiu essa crise?

Como já vimos, ela foi uma fase de longa duração que se iniciou de fato em 1967-68, quando os Estados Unidos e a Europa tiveram pela primeira vez uma recessão conjunta depois do auge econômico iniciado em 1945. Nesta época, se anunciaram as dificuldades para que os Estados Unidos mantivessem o respaldo em ouro ao dólar, tal como se decidira em Bretton Woods, em 1943. O aumento dos gastos militares em função da escalada da guerra do Vietnã tentou regar a economia norte-americana com novos investimentos. Mas foi em vão. Em 1968, a explosão de rebeliões políticas, sociais e culturais abalou todo o mundo. Em 1973, os Estados Unidos abandonaram o respaldo em ouro ao dólar, levando a uma desvalorização brutal do dólar e à serpente monetária que colocava a insegurança como norma da economia mundial e marcava um abandonaram dos investimentos nas atividades produtivas para dirigirem-se à especulação cambial, primeiro, e financeira depois. Em 1973, o ajuste do preço do petróleo ao valor do ouro anunciou o aparecimento de excedentes monetários — os petrodólares — que se acompanharam de uma onda recessiva de graves conseqüências. A derrota dos Estados Unidos no Vietnã anunciava os limites de sua hegemonia. A recuperação que se iniciou em 1975 foi limitada e curta. Já em 1979-82 uma nova recessão se configurava e reafirmava-se o fenômeno da "estagflação": a união de estagnação econômica e inflação nos países industriais.

Entre 1983 e 1987 (com um forçado prolongamento até 1990) houve uma nova revitalização da economia mundial. Nesse período o déficit do Tesouro norte-americano elevou-se de 50 bilhões a 270 bilhões de dólares anuais. Os Estados Unidos passaram de exportador de capital a importador líquido, e converteram-se num país devedor. O déficit comercial norte-americano chegou a cifras inacreditáveis em benefício do Japão, da Alemanha, dos tigres asiáticos e das novas economias industriais, como o Brasil, que entregou todo o seu superávit comercial para o pagamento dos escorchantes juros da dívida externa.

O "crack" econômico de setembro de 1987 já anunciava a irracionalidade dessa política econômica, apoiada na especulação e na valorização artificial de ativos financeiros e imóveis. Num só dia cerca de um trilhão de dólares desapareceu da economia mundial. O dólar caiu e só se recuperou pela ação dos bancos centrais do Japão e da Alemanha, que compraram dólares em grande escala para impedir sua queda. Mas o custo de evitar a recessão e a desvalorização dos ativos financeiros mundiais era muito alto. A especulação continuou até 1990, quando as quebras dos bancos e grupos financeiros, a ruína do dólar e a desvalorização dos ativos financeiros e imóveis mundiais tornaram-se uma realidade e afetaram, por fim, as taxas de crescimento econômico. Anunciava-se uma nova recessão que durou de quatro a seis anos e prolongou-se até 1994-96, conforme o país. No Japão a recessão iniciou-se em 1993 e estendeu-se até 1999, e não se pode dizer que esteja superada até o presente.

Como se pode ver no Quadro III, depois da grave recessão de 1990-91 os Estados Unidos lograram uma pequena recuperação. Apesar de moderada no princípio, a retomada da recuperação econômica norte-americana assumiu a dianteira em relação aos demais países industrializados. Esta situação se acelerou nos anos seguintes, quando os EUA anunciaram crescimentos de 4,3% em 1998, 4,2% em 1999 e 5,2% em 2000. Por outro lado, o Japão ingressou na crise exatamente em 1992-93 enquanto a Alemanha já havia iniciado sua queda em 1991 e chega à recessão aberta em 1993, quando ocorreu a queda de seu PIB em 1.9 %. Esta situação recessiva prevaleceu nos países industrializados em geral, mas afetou, sobretudo, a África e o Leste Europeu — que amargaram uma depressão brutal desde que foram assaltados pelos neoliberais. Estas regiões ficaram totalmente submetidas ao controle do FMI e do Banco Mundial.

A situação é oposta na América Latina (com a importante exceção de Brasil, Cuba e Haiti) onde se iniciou uma modesta recuperação econômica no começo da década para cair na recessão a partir da metade dos anos 90. A Ásia Ocidental e o Sudeste Asiático continuam a crescer até 1997, e a China aparece como a estrela do crescimento econômico mundial com 12.8% de expansão do PIB em 1992, performance que se mantém em toda a década de 90.

Vemos assim um desenvolvimento desigual, típico da evolução do sistema capitalista mundial que se faz cada vez mais complexo, tendo em seu interior regimes econômicos e políticos extremamente diversificados, apesar da alardeada vitória do neoliberalismo em escala mundial. Como vimos, a recuperação de 1983-87 foi apoiada no déficit fiscal norte-americano que inundou o mundo com a demanda norte-americana, originando, de um lado, o déficit da balança comercial norte-americana e, de outro, os superávits japonês, alemão, dos Tigres Asiáticos etc. Estes superávits foram também a fonte dos excedentes financeiros japoneses e alemães que passaram a investir na compra dos títulos do Tesouro norte-americano, transformando o iene e o marco em poderosas moedas e transformando o Japão na maior potência financeira do mundo e no principal investidor do planeta, enquanto pôde manter este superávit comercial.

A especulação monetária foi o instrumento típico do crescimento nesses anos de expansão forçada através da dívida pública norte-americana. Ela se baseou na instabilidade do valor das moedas, que permitiam grandes ganhos aos especuladores e nas gigantescas taxas de juros pagas pelo governo norte-americano para financiar seu enorme déficit. O aumento das taxas de juros ocorreu no começo dos anos 80 e levou à crise da dívida externa. Esta resultou da exigência de que os países devedores pagassem os mesmos juros especulativos que o governo norte-americano pagava ao resto do mundo para atrair capitais com o intento de cobrir o seu déficit público. Estes pagamentos escorchantes se fizeram em detrimento do desenvolvimento desses países e levaram à recessão e à miséria as suas populações, como ocorreu no Brasil e na América Latina em geral. Todos sabemos os resultados desta extração dos recursos regionais. O Brasil, a América Latina, a África e os países da Europa Oriental se viram encurralados numa armadilha financeira sem saída.

Como vimos, formou-se, em conseqüência, um vasto movimento de especulação financeira mundial em torno da dívida norte-americana e dos enormes excedentes financeiros nas mãos do Japão e da Alemanha. Esta situação prolongou-se até 1990, quando esta especulação entrou em crise. De todos os resultados criados pela crise gerada com o estouro desta bolha financeira internacional, o mais dramático foi o desemprego que se generalizou por todo o sistema mundial. A partir de 1990, agravou-se o desemprego nos países subdesenvolvidos e dependentes e ressurgiu o desemprego nos países centrais da economia mundial, como podemos ver no Quadro IV. Mais grave ainda, surgiu o desemprego nas economias até então de pleno emprego na Europa Oriental e na antiga URSS. Somente alguns centros privilegiados da Ásia puderam escapar desta situação, mas não por muito tempo. A crise de 1997 e a estagnação do Japão fizeram renascer o desemprego no Sudeste Asiático.

O mais grave desta situação global é a constatação clara de que uma nova fase de crescimento econômico que ocorreu a partir de 1994, gerou muito pouco emprego e não logrou alterar drasticamente esta situação. Em 1994, Clinton alertou o Grupo dos Sete para o caráter estrutural do desemprego. A nova onda de crescimento se baseou em altos níveis de automação e robotização da produção e dos serviços que destrói ocupações anteriores e gera poucos empregos novos. Mas onde está o problema? Em conseqüência das novas tecnologias, a humanidade pode produzir em poucas horas e com uma pequena parcela de sua população todos os bens e serviços necessários para atender as necessidades de sua população. Isto é uma bênção ou uma tragédia?

Será uma tragédia se imperar o princípio do mercado, da propriedade privada, de utilizar estes avanços para o enriquecimento de uma minoria. Mas, ao contrário, será uma bênção se este potencial produtivo for colocado a serviço da humanidade. Como? Diminuindo a jornada de trabalho e permitindo que sejam contratados novos trabalhadores. Isto é, distribuindo os efeitos do avanço tecnológico para o conjunto da população, em vez de permitir que sejam apropriados pelos proprietários privados dos meios de produção. Hoje, nos países ricos, já existe consenso em chegar a uma jornada de trabalho de 36 horas semanais. Mas isto é pouco. Nas próximas décadas ela deverá baixar a 20-25 horas semanais em todo o mundo. Com os atuais níveis de avanço científico-tecnológico e com as mudanças que virão nos próximos anos ninguém deverá trabalhar em longas jornadas, pois a responsabilidade no trabalho e o "stress" que provoca o novo estágio do processo de produção aumentarão decisivamente. O tempo restante deverá ser dedicado ao estudo, ao avanço do conhecimento, ao lazer, ao desenvolvimento pessoal. Mas isto só será possível se a sociedade dominar e gerir seus meios de produção e planejar sua vida social do micro ao macro e ao global. Esta sociedade terá de dar aos indivíduos que a compõem os meios para seu total desenvolvimento, e estes terão que colaborar radicalmente na criação de uma civilização planetária, na qual o respeito aos direitos humanos, ao meio ambiente, ao pluralismo étnico e cultural e ao ideal de paz será uma parte essencial da realização de cada indivíduo. Ao mesmo tempo é necessário assegurar que este terá que ser um desenvolvimento sustentado para todos os países e para as novas gerações.

Se não for assim, será o desemprego maciço e a violência social que continuará. A concentração da renda, do conhecimento e do poder se realiza de um lado da sociedade enquanto se produz o caos e a marginalização de milhões de seres humanos. De alguma forma, a comunidade internacional foi tomando consciência desta problemática. A cúpula da humanidade para o desenvolvimento sustentável e o meio ambiente, a RIO-92, mostrou que as ameaças globais ao nosso planeta e à sobrevivência da humanidade são demasiado sérias. A possibilidade do holocausto nuclear (ainda em superação), as guerras interétnicas e de imposição de interesses econômicos, as agressões ao meio ambiente, a pobreza e a miséria da maior parte da população do planeta, o desenvolvimento da criminalidade e das atividades clandestinas e ilegais são tendências destrutivas, demasiado fortes para serem superadas sem uma ação consciente de toda a humanidade. Por trás de todas estas mazelas está o desemprego e a marginalização social. E ele surge diretamente da idéia de superioridade do mercado como alocador de recursos e como princípio orientador da vida econômica e social.

Na oportunidade da RIO-92, e em vários outros momentos das relações internacionais contemporâneas, a humanidade vem reafirmando a necessidade de uma ação consciente de planificação, baseada no pleno emprego, em oposição à retórica neoliberal que pretende entregar o destino da humanidade a entidades fantasmas como as "forças cegas do mercado".

Neste quadro de grandes problemas gerados pela crise atual do sistema econômico mundial existe, contudo, alguns elementos positivos e que nos permitem esperar que a médio prazo — 20 a 30 anos — venham se impor os princípios racionais sobre a irracionalidade. Os dados mostram que, afinal, durante a recessão de 1989-93, a inflação começou a cair nos países capitalistas centrais. Ocorreu, então, uma deflação que permitiu que os seguintes períodos de recuperação econômica fossem mais prolongados e sustentados. Ao mesmo tempo, o avanço das integrações regionais anunciaram o aparecimento de unidades econômicas mais viáveis diante do aumento das novas economias de escala decorrente dos novos níveis da revolução científico-técnica. Na presente fase do avanço das novas tecnologias, criadas pelos novos campos das ciências, os mercados têm de ser dimensionados em termos regionais e até planetários.

A violenta crise de 1989-93 foi um reflexo da maneira como o capitalismo se ajusta a estas colossais mudanças. São setores inteiros de tecnologias obsoletas que desaparecem da economia mundial ou que são re-alocados para regiões onde a mão-de-obra é mais barata. Estados Unidos, Japão e Europa se desindustrializam para se especializarem nas atividades de pesquisa e desenvolvimento, na criação de cultura e lazer, no controle das comunicações que comandam a vida produtiva contemporânea, na produção de milhões e milhões de indivíduos educados e preparados para gerir esta etapa superior de uma civilização do conhecimento e da comunicação. Os países de desenvolvimento médio como os Tigres Asiáticos, as potências regionais como a China, a Índia e o Brasil, e as novas economias industriais absorvem as indústrias recicladas em escala mundial (sobretudo as que supõem mais emprego de mão-de-obra não qualificada, as poluentes e as tecnologicamente obsoletas). Eles lutam por participar também da criação de novas tecnologias e do avanço da ciência e da sociedade, do conhecimento e da comunicação. Mas encontram grandes obstáculos, sobretudo no plano internacional, onde o comportamento monopólico das corporações multinacionais e as leis brutais da concorrência as excluem da ponta do sistema. Por outro lado, uma massa enorme de países fica completamente marginalizada dentro destas perspectivas de evolução da economia mundial, formando o que se vem chamando de "quarto mundo".

Este panorama ameaçou a recuperação econômica que se desenhou no horizonte. E colocou também o desafio de fortes desequilíbrios e confrontações mundiais. A população diminui nos países centrais onde a fertilidade cai radicalmente atendendo às exigências da vida social contemporânea. Mas ela continua a aumentar nas regiões de desenvolvimento médio, sobretudo nas camadas sociais mais pobres e famintas. Por outro lado a concentração do crescimento econômico e do desenvolvimento nos países centrais atrai para eles emigrantes de todas as partes onde o excedente de mão-de-obra é o resultado da destruição das velhas economias de subsistência, ou mesmo das economias de exportação ou industriais hoje decadentes. Numa fase em que o desemprego prevalece nos países centrais, estas tendências fazem aumentar o racismo e o preconceito racial como tentativa de deter a concorrência desta mão-de-obra imigrante.

Vemos, portanto, que os fatores de conflito são muito profundos, mesmo quando ocorreu uma recuperação econômica a nível mundial, que se manteve até 2000. O caminho das leis cegas do mercado como princípio ordenador do mundo só faz acentuar esses conflitos que assumem dimensões planetárias. A volta ao crescimento econômico mundial depois da crise iniciada durante a Primeira Guerra Mundial (1914-1918) só foi possível depois da Segunda Guerra Mundial. Serão necessários novos holocaustos tão brutais para redimensionar os mercados e os desequilíbrios econômicos, sociais e políticos contemporâneos? Ou a humanidade será capaz de dirigir o seu destino e avançar pacifica e planificadamente para etapas superiores de seu desenvolvimento?

ESQUEMA DA RECESSÃO - 1989 — 1993

QUADRO III

Principais indicadores, segundo previsão da OCDE em junho de 1993

PaísesPIB (*real*) **Inflação Desemprego**

1991 1992 1993 19941992 1993 19941992 1993 1994

EUA —1.2 2.1 2.6 3.1 2.6 2.6 2.4 7.4 7.0 6.5

Japão 4.0 1.3 1.0 3.3 1.8 1.6 1.7 2.2 2.5 2.6

Alemanha 1.2 1.0 —1.9 1.4 5.4 4.9 3.1 7.7 10.1 11.3

OCDE/Europa 1.0 —0.3 1.8 4.9 4.1 3.9 9.9 11.4 11.9

Total OCDE 3.4 1.5 1.2 2.7 3.3 3.0 2.8 7.9 8.5 8.6

América Latina

(*segundo o BID*)

Argentina 9.0 17.5 12.3*

Bolívia 3.7 10.4 7.4*

Brasil —1.0 1157.8 1382.2*

Chile 10.0 13.7 13.2*

Colômbia 2.7 25.1 22.2*
México 2.7 11.9 10.1*
Uruguai 5.5
Venezuela 9.0

Outros
(*cálculos da ONU*)
China 12.8 11.0
Ásia Ocidental 6.6 6.0
Sudeste Ásia 5.3 4.9 5.5
África 2.0 1.4 3.0
América Latina
e Caribe 3.4 4.9 3.0
Leste Europeu —9.0 —16.8 —10.0

---

* maio de 1992 a maio de 1993

QUADRO IV

Desemprego segundo a OIT (1994)

Os países industrializados 8 % de sua população ativa33 milhões de pesso-
as

África sub-sahariana15 a 20 % (desemprego urbano)14 milhões de pessoas
(60 % no setor informal)
Coréia e Cingapuraescassez de mão-de-obra

Malásia e Tailândiaescassez de mão-de-obra

Filipinas15 % de desemprego2 milhões trabalham fora do país

América Latina8 % de desemprego nas46 % abaixo da pobreza
zonas urbanas

Europa Oriental emergência do desemprego (1989-93)

TOTAL NO MUNDO — 110 milhões de desempregados

IV
A CRISE DO NEOLIBERALISMO: UMA AGENDA PARA A RECUPERAÇÃO MUNDIAL DE 1994 AO SÉCULO XXI

1. CRISE E CONJUNTURA

Em várias oportunidades demonstramos que a partir de 1994 se inicia uma nova fase de crescimento sustentado da economia mundial. Entretanto, nestes anos se apresentaram crises de ajuste do sistema econômico mundial a esta nova fase de crescimento econômico global que se inscreve nos ciclos longos de Kondratiev, como vimos.

Segundo estes ciclos, descobertos pelo economista russo, a economia mundial se move em períodos de 50 a 60 anos caracterizados por uma primeira fase A na qual predominam os anos de crescimento econômico e se moderam as recessões e que duram cerca de 25 a 30 anos, seguidas pelas fases B do ciclo longo que se caracterizam por períodos de 25 a 30 anos, dominados predominantemente por recessões com moderadas retomadas de crescimento.

As crises a que assistimos desde a *débâcle* mexicana de 1994 até os acontecimentos do sudeste asiático em 1997, com seus reflexos internacionais negativos, não puseram em xeque, em nenhum momento, a vigorosa recuperação econômica norte-americana e não ameaçaram o lento, porém, constante, crescimento econômico europeu. As tendências recessivas só triunfaram em 2001 devido à intervenção do FED ao elevar drástica e artificialmente a taxa de juros nos Estados Unidos. Tanto é assim que, ao baixar esta mesma taxa em 2002, criaram-se rapidamente as condições para uma recuperação da economia norte-americana.

A chamada crise asiática permitiu ao Japão e aos Tigres Asiáticos o reajuste de seus tipos de câmbio que deu início a um novo período de crescimento que já se esboçou em 1999, mas foi frustrado pela política recessiva do FED em 2001.

A Rússia, que está envolvida nesta crise por distintas razões, apelou para a moratória e colocou-se no caminho de uma redefinição política que viabilizou sua recuperação econômica, a partir de 1999.

O Brasil fez um ajuste cambial atrasado, só em 1999, o que foi possível devido ao apoio do sistema financeiro internacional à reeleição de Fernando Henrique Cardoso. Este país passou por uma grave crise em 1998, em conseqüência destas irresponsabilidades, mas redefiniu em parte sua política econômica com a desvalorização cambial de janeiro de 1999. Apesar disto, continuou com uma política de altos juros que comprometeu a estabilidade fiscal radicalmente e inviabilizou a retomada do crescimento econômico e o saneamento da economia.

Entretanto, se olharmos o conjunto da situação mundial depois do susto e dos desconcertos teóricos e políticos evidenciados pela crise do sudeste asiático, podemos reconhecer que grande parte das dificuldades econômicas que se apresentaram em 2001 vieram mais de graves erros de política econômica do que de uma tendência recessiva mundial.

Se admitirmos a solidez da recuperação norte-americana e européia, a força do crescimento da Índia e da China e a rápida recuperação do sudeste asiático, podemos imaginar a retomada de um período de expansão econômica relativamente importante. Este se esboçará depois que se superem os erros praticados pelos Bancos Centrais dos Estados Unidos e Europa que aumentaram suas taxas de juros numa conjuntura deflacionária (a pesar do crescimento econômico do período) e com isto aprofundaram as tendências recessivas de 2001 a 2002.

Existem, contudo, graves problemas sistêmicos que limitam a intensidade desta recuperação econômica, que se iniciou em 2002:

1°. Entre elas estão os graves desequilíbrios cambiais que deverão persistir numa nova fase de recuperação. Nos últimos anos, os Estados Unidos se converteram definitivamente numa economia deficitária comercialmente, e não há perspectiva de superar esta situação devido a três fatores: a exagerada valorização do dólar, os altos salários relativos pagos nos Estados Unidos, as dificuldades de substituir as instalações industriais norte-americanas que sofrem a competência das novas tecnologias do resto do mundo. Deve-se agregar a estas causas sistêmicas a política militarista do governo Bush filho que aumenta enormemente os gastos do governo norte-americano no exterior acentuando o déficit comercial e de toda a balança de pagamentos.

2°. O mais grave é que as entradas de capitais para esse país (independentemente de suas conseqüências estruturais em termos da desnacionalização de seu sistema financeiro) e a venda de serviços para o exterior não poderão compensar indefinidamente o gigantesco déficit comercial, devido aos altos níveis de consumo alcançados pela população norte-americana.

Em conseqüência, estabelecer-se-a um desequilíbrio crescente entre a valorização do dólar e os efeitos do déficit permanente da balança de pagamentos. Podemos prever em conseqüência uma tendência sistêmica para a baixa desvalorização do dólar.

3º. Da mesma forma, é evidente que a recuperação do sistema econômico mundial está baseada em fortes medidas protecionistas aos sistemas financeiros nacionais e seus aos movimentos internacionais.

Isto significa que a fase de recuperação econômica será marcada por uma constante incerteza sobre o funcionamento do setor financeiro e por uma sucessão de crises derivadas da especulação financeira e cambial.

Ao mesmo tempo, os orçamentos estatais continuarão condicionados por fortes transferências e subsídios destinados a manter este sistema financeiro com suas ondas especulativas inevitáveis.

4º. Não nos cabe aqui aprofundar nas contradições regionais que este modelo de recuperação supõe. Ele fortalece claramente as políticas de integração regionais e tende a consolidar, pelo menos por um período médio, a formação dos grandes blocos regionais com suas confrontações comerciais, cambiais, financeiras, monetárias e ... militares.

Está claro também que este modelo não consegue integrar claramente as potências médias emergentes como China, Índia, Brasil, África do Sul, Turquia, Indonésia, México, Irã, as quais se projetam contudo sobre regiões inteiras. Esta contradição torna disfuncional o aprofundamento das tendências do sistema.

5º. Enfim, uma retomada do crescimento põe em tensão os interesses das classes sociais fundamentais do capitalismo – capitalistas e assalariados – em escala mundial, o que faz renascer um processo ideológico global de novo tipo, no qual não se apresentam Estados nacionais em oposição, mas se esboçam mais claramente os interesses e soluções contraditórias propostas por classes sociais em choque.

Este choque não ocorre somente no interior de cada país, mas tem fortes implicações sobre o caráter do próprio sistema mundial. Trata-se de uma retomada do debate ideológico sob a forma de propostas históricas e globais sobre a reorganização da economia e da política mundial e só secundariamente sobre as formas nacionais e locais destas propostas alternativas.

Nos próximos capítulos procuraremos analisar o período 1994-2001 no contexto destas linhas gerais de interpretação. Elas entram claramente em conflito com as interpretações dadas pelos neoliberais às instabilidades crescentes da conjuntura internacional, decorrentes em grande parte das contradições entre as forças da recuperação econômica em processo e as limitações teóricas e doutrinárias impostas pelo chamado pensamento único.

A crise que enfrentamos entre 1997 e 1999 a partir da Ásia teve um efeito devastador sobre as expectativas econômicas dos neoliberais. Ela revelava uma dimensão conjuntural, apesar de ter sido também a manifestação de uma crise sistêmica de caráter cambial que se refletiu também sobre o sistema financeiro.

A solução da crise foi fácil de apresentar e estava ligada primeiramente à atitude conservadora do Federal Reserve Bank (FED), que, ao elevar a taxa de juros dos títulos públicos norte-americanos, provocou um grande movimento de capitais para os Estados Unidos, num momento de queda das reservas em divisas das chamadas economias "emergentes". Ao provocar uma escassez de divisas e uma fuga de capitais numa região em expansão, afundou-as numa crise não somente econômica, mas também social, política e ideológica.

Em segundo lugar, os conservadores europeus, principalmente na Alemanha, se recusaram a baixar as taxas de juros, com os mesmos objetivos: atrair capitais para seus países, aprofundando a escassez de capitais no sudeste asiático.

O Bundsbank na Alemanha se negou a baixar a taxa de juros opondo-se às pressões do novo governo social-democrata cujo ministro de economia, Oskar Lafontaine, defendia abertamente a queda da taxa de juros na Alemanha e na Europa. O demitido ministro da economia do governo alemão não conseguiu remover os reacionários diretores do *bank*. Como conseqüência, continua atuando com seus efeitos recessivos, a política de altos juros limitando o crescimento econômico.

Em terceiro lugar, os liberal-democratas no Japão insistiram em desvalorizar o iene, chegando a alcançar 160 ienes por dólar em 1997. Como o Japão se havia convertido no principal mercado dos Tigres Asiáticos, a desvalorização provocou uma queda das exportações das economias do Sudeste Asiático e as obrigou a desvalorizar suas moedas para recuperar sua capacidade exportadora. Há pouco conseguiu convencer-se o governo japonês a aceitar uma taxa de câmbio em torno de 110 ienes por dólar que permite restabelecer em parte o equilíbrio cambial entre o Japão, a região e os Estados Unidos.

Em quarto lugar, o capital especulativo se agigantou na década de 80 provocando aumentos de ativos colossais: valorização do dólar, altas taxas de juros, altos preços de imóveis, valorização de títulos públicos abundantemente emitidos por dívidas públicas crescentes. Na década de 90 (de fato, desde a crise de outubro de 1987) estes ativos entraram em queda: baixa do dólar, das taxas de juros, dos preços dos imóveis, desvalorização das dívidas públicas e sua diminuição. Só restaram ao capital financeiro as perspectivas de investimento na valorização das bolsas de valores nos países centrais e a especulação com os títulos públicos nos países chamados "emergentes". Esses países haviam acumulado importantes reservas em divisas devido à suspensão do pagamento dos serviços das dívidas internacionais no final da década de oitenta. Ao mesmo tempo, sob a pressão ideológica do neoliberalismo, muitos governos desses países se mostraram dispostos a privatizar seus ativos públicos. Estes eram importantes recursos dos quais o capital financeiro internacional conseguiu apropriar-se rapidamente.

Quando terminaram as reservas e os ativos privatizáveis, as moedas destes países que haviam sido artificialmente valorizadas entraram em crise e foi necessário encontrar outro destino para esses capitais especulativos. Isso se passou no México (1994), no Brasil (1999) e na Argentina (2001). A esses capitais, lhes sobrou o mercado de títulos públicos dos países centrais que pagam baixas taxas de juros e as especulações das bolsas estimuladas pela recuperação econômica dos Estados Unidos e Europa.

É necessário completar este marco referencial com a intervenção doutrinária e política do Fundo Monetário Internacional e do Banco Mundial. Esta intervenção tem um sentido profundamente conservador. Na década de 90, a baixa das taxas de juros permitiu a recuperação econômica dos Estados Unidos e Europa e a queda de seus déficits fiscais. Como já demonstramos várias vezes, a principal origem do déficit fiscal não eram os gastos públicos, mas os altos juros. Mas, nos países emergentes, primeiramente sob o domínio das políticas de ajuste estrutural – década de 80 – e depois sob o comando do chamado Consenso de Washington – que inverteu a preocupação corrente do FMI por superávits comerciais e desvalorizações cambiais para as valorizações cambiais e os déficits comerciais dos anos 90 – as taxas de juros subiam às máximas alturas e atraíam os capitais voláteis que abandonavam os mercados dos países centrais que se encontravam em queda. Essa queda se manifestava através da desvalorização de ativos monetários, financeiros e imóveis, ao mesmo tempo em que baixava a taxa de juros e se controlavam os déficits públicos.

A intervenção do FMI se converteu numa das origens do problema e não em um fator da solução da crise. Suas recomendações acentuaram os desequilíbrios fundamentais dessas economias que inviabilizaram sua capacidade de recuperação, conduzindo-as à recessão e ao desastre econômico e político.

Vemos, portanto, que a hegemonia do pensamento conservador – baseada numa retomada fundamentalista dos princípios do liberalismo clássico do século XVIII, conhecida nos países latinos sob o conceito de neoliberalismo – se converteu num dos obstáculos centrais à retomada do crescimento econômico mundial.

Estes princípios afirmam a preeminência absoluta do mercado para reger as relações econômicas e desataram a ação de forças conservadoras antes contidas pela ação do Estado, que se apoiava até então numa coligação de forças bastante ampla. Este arco de forças sociais incluía parte do grande capital nacional e internacionalizado (as Empresas Multinacionais) e amplos setores médios e do movimento operário organizado.

Com a crise de longo prazo, iniciada em 1967, e que se manifestou amplamente em 1973-75, esta frente de forças sociais se rompeu. De um lado, as forças operárias e populares se viram chamadas a tentar uma grande ofensiva mundial para garantir e aprofundar as conquistas realizadas depois da Segunda Guerra Mundial. De outro lado, nestes anos, as políticas de contra-insurgência (que tiveram sua expressão mais alta na Guerra do Vietnã) se consolidaram como caminho de garantia da conservação da ordem social e econômica. As contradições se exacerbaram e os setores mais conservadores terminaram por hegemonizar o poder mundial na década de 80 com a senhora Thatcher na Inglaterra, Ronaldo Reagan nos Estados Unidos e Helmut Kohl na Alemanha.

Esse foi o período de imposição dos princípios neoliberais, com a desregulação do mercado financeiro e outros mercados importantes, como a aviação civil e a indústria aeronáutica. O resultado desta política – consubstanciada na criação da OMC – não foi o surgimento e desenvolvimento de mercados mais livres, mas uma monopolização crescente dos mercados desregrados. Na década de 90 o sistema financeiro internacional se caracterizava pela fusão dos grandes bancos, a aviação civil pela quebra de empresas pequenas e médias e a fusão das grandes; a indústria aeronáutica se reduziu a duas empresas planetárias: a Boeing e a Airbus. Enquanto isso sobraram alguns marcos na aviação de pequenos e médios aviões, nos quais se meteu o Brasil, a partir de um forte apoio estatal com a Embraer.

Nesses anos se liquidaram setores econômicos inteiros (como a siderurgia na costa leste dos Estados Unidos e na Europa) que em geral estavam superados tecnologicamente. Ao mesmo tempo, abriu-se espaço para a introdução de novas tecnologias – particularmente no campo da informática com o avanço da robotização, da automação. Talvez, esta tenha sido a principal contribuição da ofensiva neoliberal. Ela abriu caminho para a decadência de vários grupos econômicos até então apoiados nos Estados, através de protecionismos abertos ou mais ou menos ocultos.

Mas isto não significou a implantação de novos mercados livres. Ao contrário, isto abriu caminho para uma forte competição monopólica que resultou na concentração industrial, no gigantesco aumento das *joint-ventures* e na formação de novos gigantes monopólicos – vejam o caso das investigações do governo norte-americano contra a Microsoft de Bill Gates.

É, pois, natural que as forças conservadoras entrassem em retirada quando se clarificassem os efeitos terrivelmente devastadores de sua hegemonia. Também é evidente que, aos primeiros sinais de recuperação econômica, os setores desprezados na década de 80 retomariam sua capacidade ofensiva. Esta é, na essência, a situação econômica internacional, que se inicia em 1994.

Trata-se de sistematizar as condições políticas que permitem reorganizar uma grande frente de forças sociais e políticas capazes de restabelecer os princípios do crescimento econômico, do pleno emprego, do planejamento democrático da organização social e econômica, da intervenção estatal em favor do progresso e da justiça social, de uma nova ordem mundial mais equilibrada e eqüitativa.

As eleições européias, desde 1995, confirmam esta tese. A vitória da Social Democracia, com o apoio dos Verdes e do crescimento dos Socialistas Democráticos (ex-comunistas) na Alemanha Oriental abriu uma conjuntura de transformações sociais, iniciadas com a vitória de Clinton – na década de noventa – nos Estados Unidos, continuadas com a vitória de Blair na Inglaterra, apesar de suas limitações ideológicas, e principalmente de Jospin na França. Não importa que ocorram marchas e contramarchas nesse processo como a demissão de Oskar Lafontaine do Ministério da Economia e da presidência do Partido Social Democrata Alemão.

Frente a estes fatos, o pensamento conservador se desesperou e seus políticos partiram para ações descontroladas como a oposição republicana nos Estados Unidos, obrigada a ter por principal programa de governo a condenação do comportamento sexual do ex-presidente Clinton. Os republicanos em 2000, para coroar este descontrole, utilizando os recursos institucionais de cunho claramente golpista, embarcaram na aventura política de levar ao poder o despreparado e psicótico George W. Bush (Bush filho) – assegurando a vitória de um candidato a presidente derrotado. Em torno dele e do vice-presidente Cheney se forma uma rede de conservadores fundamentalistas totalmente despreparados para gerir o processo de ajuste dos EUA às novas condições internacionais.

A aventura da ultradireita se reforça com outras personalidades semelhantes como a de Berlusconi na Itália, a só aparentemente mais moderada de Aznar na Espanha e outras forças de direita que só lograram se impor diante do fracasso da ofensiva popular que se chamou de "onda rosa". O caso mais dramático da degeneração de uma social-democracia totalmente aquém da missão histórica que lhe foi outorgada pelos seus eleitores é a de Tony Blair que se deixou subsumir totalmente aos projetos da ultradireita norte-americana, particularmente na guerra contra o Iraque.

A debilidade da social-democracia européia e do liberalismo norte-americano, associada às mais variadas formas de populismo de centro-esquerda na América Latina, na África e em parte da Ásia não tem que ver necessariamente com a profundidade da onda sócio-política que as recolocou no poder na segunda metade dos anos 90.

Como veremos, a imposição do pensamento único teve o caráter de um terrorismo ideológico colossal. Similar ao poder de que alcançou o irracionalismo nazista na década de 30. Destacaremos inclusive os vínculos entre o nazismo e o neoliberalismo durante este livro. Era, pois, natural que grande parte da social-democracia, do liberalismo norte-americano e do populismo do Terceiro Mundo se deixasse penetrar por este monstruoso retrocesso ideológico.

A chamada "onda rosa" foi vítima desta situação ideológica e os governos que gerou ficaram limitados em suas políticas econômicas tentando conciliar uma política econômica neoliberal (a *única* científica, isto é, a aceitação do pensamento único) e uma política social propositavelmente socialista. Como a política social e todas as políticas públicas dependem de sua base macroeconômica, elas se mostraram impossíveis. Ou se rompe a base doutrinária do pensamento único econômico e se estabelece uma nova agenda de políticas públicas ou se afundam os governos, quaisquer que sejam seus signos políticos. Vejamos mais em detalhe estas questões nos próximos capítulos.

A debilidade da social democracia para responder a esta nova situação vai gerar uma contra-ofensiva da direita que assume um caráter para-fascista e trata de abandonar os limites aceitos pelos conservadores para lançar-se num desesperado populismo de direita de clara inspiração fundamentalista.

Depois de várias vitórias de forças para-fascistas na Europa e o desenvolvimento do fundamentalismo islâmico, sobretudo no Oriente Médio, estas tendências chegaram até o centro hegemônico.

Na Inglaterra, os conservadores se desuniram seriamente. Na França se viram desautorizados pela direita fascista e entraram em séria luta interna.

Trata-se do ocaso do pensamento conservador de inspiração neoliberal. Sua derrota ainda mais grave se processou nas organizações internacionais onde há sinais crescentes de sua desmoralização. No Banco Mundial, no PNUD, na UNCTAD e certamente na OIT as teses neoliberais se encontram em bancarrota. Para constatar isso, basta analisar os relatórios destas instituições desde 1999. Eles refletem claramente um processo crítico que não se pode obviar, apesar dos limites teóricos que presidem o pensamento de seus autores, muito influenciados pela hegemonia do chamado "pensamento único" na década de 80 e princípios de 90.

Entretanto, fica por definir uma agenda para a recuperação da economia mundial.

2. MUDANÇA POLÍTICA E MUDANÇA ECONÔMICA

É interessante analisar o artigo do semanário conservador *The Economist* de 13 a 19 de junho de 1999, em sua seção sobre Grã-Bretanha, página 53. O *The Economist* foi uma espécie de escudeiro da senhora Thatcher, a rainha das privatizações. Este semanário foi também um dos ideólogos do trabalhismo *light*. Em sua prepotência, chegaram a redigir um programa "correto" para o trabalhismo. E eles foram um dos principais marcos da campanha internacional que pretendeu identificar Tony Blair com o Thatcherismo. A essência desta campanha é a tese de que os partidos de centro-esquerda e de esquerda só poderão ganhar os governos de seus países se aceitarem continuar a política neoliberal, no econômico, com algumas correções no social.

Há que entender, entretanto, os limites desta tese. Seus autores, os conservadores, não somente perderam as eleições em todas as partes, mas se dividiram e abrem caminho a uma ultradireita cada vez mais enraizada e ameaçadora. Querem assim deixar, em sua retirada, o terreno minado até que possam reagrupar-se. Este é o caso da tese segundo a qual a esquerda "tem" de governar com o programa da direita. Apesar de sua ampla divulgação mundial, ela terá de ceder lugar aos fatos. E os fatos são teimosos. Isto é o que nos mostra este artigo do *The Economist*.

Depois de lamentar-se de que o governo trabalhista, sob pressão dos sindicatos e de sua esquerda, não seguiu a linha "correta" das privatizações, *The Economist* se dedica a comprovar as vantagens das mesmas na Inglaterra e no resto do mundo. Mas qual é o veredicto do povo britânico sobre as privatizações? Seria interessante utilizar as próprias palavras do semanário:

"A evidência das pesquisas sugere que as privatizações nunca foram extremamente populares e que elas o são cada vez menos com o transcorrer do tempo. Em 1983, MORI (Agência de estudo de opinião pública) informou que 43% da população queria mais

privatizações, em 1992 estes dados haviam caído para 24% e no ano passado (1998) uma pesquisa informou que só 19% estavam em favor da privatização do metrô".

É claro que o prepotente semanário conservador não se submete ao julgamento popular. Tem de voltar a apresentar seus argumentos neoliberais em favor dos controles, das regulações e outras falácias. O mais grave é que os ingleses foram os primeiros a conhecer este fenômeno e sua opinião é cada vez mais taxativa e definitiva.

Mas não nos deixemos iludir. A grande imprensa continuará ameaçando com a rejeição eleitoral os candidatos da esquerda que se oponham às privatizações. Esta foi a tática dos conservadores que acabou sendo incorporada por parte significativa dos políticos social-democratas, trabalhistas e socialistas. No caso da Inglaterra os fatos foram taxativos. O candidato à prefeitura de Londres que se opôs radicalmente à privatização do metrô ganhou as eleições, embora tivesse de abandonar o Partido Trabalhista e apresentar-se como candidato independente.

Tomemos a opinião do *Commerzbank* que mantém uma *newsletter* dentro do referido semanário conservador *The Economist* cujo título é *Viewpoint* (Ponto de vista) e o subtítulo é *Commerzbank Focus on German and European Economic Issues*, (Foco do Commerzbank sobre os Temas Econômicos alemães e europeus). Uma publicação sua da época das eleições na Alemanha, que levaram ao triunfo da social-democracia, foi muita significativa. Ela se dedica ao seguinte tema: "As eleições alemãs e seus efeitos mistos no mercado de capitais".

De fato, a criação do EURO (a moeda única européia) se realizava num momento político muito especial que produziu importantes mudanças na agenda econômica mundial.

Como dizem os analistas do *Commerzbank*, os governos europeus que se constituíssem naquele período, independente de suas definições ideológicas, teriam de aceitar as regras macroeconômicas estabelecidas pelo tratado de Maastricht, que criou a moeda única européia. Elas são claras: equilíbrio fiscal (déficit fiscal máximo de 3,5% do PIB), equilíbrio cambial e baixa inflação. A mais importante e a mais difícil é a estabilidade orçamentária que, entretanto, foi relativamente bem sucedida no começo, em 2003 já estava ultrapassada.

Mas, o estabelecimento de um orçamento estável teve uma conseqüência inesperada. A queda das taxas de juros foi o instrumento principal para conseguir esta estabilidade. E a diminuição da dívida pública e dos juros fazeram cair os gastos com o serviço da dívida pública, abrindo caminho para uma nova onda de gastos produtivos e sociais.

A retomada dos investimentos públicos e dos gastos sociais diminui o custo das transferências para o setor social. A diminuição do desemprego será talvez o resultado mais importante de uma nova onda de investimentos comandados pelos social-democratas. Os orçamentos públicos se farão, ao mesmo tempo, mais estáveis e aumentarão os recursos para o gasto público. Esta é a evolução atual das finanças públicas norte-americanas.

Estes fatos nos mostram a profundidade da armadilha em que nos meteu a hegemonia dos princípios neoliberais na vida econômica da década de oitenta. A liberação dos mercados, o relaxamento do controle estatal sobre as empresas, particularmente sobre o setor financeiro, não conduziram a um mercado mais livre.

Pelo contrário, a desregulamentação favoreceu a monopolização dos mercados, em particular dos mercados financeiros nacionais e o mundial. Ao mesmo tempo, a elevação das taxas de juros, típica da década de oitenta, aumentou dramaticamente os gastos públicos. Paradoxalmente, a aplicação do neoliberalismo não conduziu ao equilíbrio do gasto público, mas ao mais aventureiro desequilíbrio fiscal da história do capitalismo. E o mais grave é que estas dívidas enormes não se convertiam em melhorias econômicas e sociais, e se destinavam exclusivamente a engordar os bolsos dos especuladores.

Somente a baixa das taxas de juros e a quebra da vasta onda especulativa e dos sistemas financeiros artificiais que gerou, puseram pouco a pouco a economia mundial num caminho virtuoso. Neste sentido, o conservadorismo dos dirigentes dos Bancos Centrais europeus vem mantendo taxas de juros ainda elevadas e contendo o crescimento econômico da Europa, além de manter as altas taxas de desemprego dos anos 80. A crise financeira asiática foi um dos últimos momentos desta crise mais geral. Deve-se esperar um certo desafogo no sistema financeiro mundial nos próximos anos, apesar de os Estados nacionais terem continuado protegendo um vasto setor financeiro claramente especulativo e inútil. A situação mais negativa persiste nos países de desenvolvimento médio, como os latino-americanos, onde se mantêm as políticas de altas taxas de juros e de proteção estatal ao capital especulativo que perde espaço no resto do mundo.

O surgimento desta oportunidade de recuperar as finanças públicas, e de diminuir a especulação financeira tem a ver com os novos programas de austeridade que se impõem na Europa a partir da metade da década (os Estados Unidos o iniciaram no começo da década e alcançaram melhores resultados até a nova aventura conservadora do FED em 2001, elevando brutalmente a taxa de juros). A Europa não o estabeleceu com os rígidos princípios de Maastricht e sim com a queda das taxas de juros, que apesar de insuficiente permitiu bons resultados a partir de 1994-95, devido ao fim das especulações com as moedas européias que tanto serviram de base à especulação cambial que se estagnou com a criação do Euro.

A austeridade fiscal não é um programa da direita, apesar de os conservadores a terem alardeado sempre como uma característica de seus governos. Ao contrário, o compromisso da direita com a especulação financeira inviabilizou sua capacidade de estabelecer uma verdadeira austeridade fiscal. Ela cortou drasticamente os gastos sociais, mas aumentou os gastos militares e os gastos financeiros e, como conseqüência da crise social que se aprofundou mundialmente, aumentou enormemente a necessidade dos gastos sociais. Este círculo vicioso foi o principal resultado da hegemonia neoliberal de Thatcher e Reagan.

Por isso assistimos a estas mudanças políticas, às vezes tão confusas para muitos. A social-democracia, antes considerada a irresponsável diante dos gastos públicos, foi chamada a dirigir um período de austeridade fiscal. Mas, como vimos, esta austeridade fiscal ao estabelecer-se pela via da baixa da taxa de juros paga pelo Estado liberou recursos crescentes para retomar os investimentos públicos e para as políticas sociais. É interessante notar a dificuldade de um economista progressista como Joseph Stiglits de entender esta situação. Em seu livro *Os exuberantes anos 90: uma nova interpretação da década mais próspera da história* (2003) ele faz uma autocrítica a respeito da geração de superávit fiscal do governo Clinton, ao qual assessorou.

Estas sociedades estão deixando de gastar em pagamentos de juros para voltar a gastar em crescimento econômico e justiça social. E a direita conservadora não tem nada a propor nestas circunstâncias. Por isso perde espaço para a centro-esquerda e principalmente para a ultradireita parafascista, que apresenta um programa de repressão às conseqüências das políticas neoliberais, como o aumento de imigrantes nos países desenvolvidos.

Por isso, o político e o econômico se aproximam mais uma vez e rompem as barreiras artificiais entre os dois aspectos da totalidade social, imposta por uma visão distorcida e mesquinha do humano.

Para responder a estas novas situações, uma parte do pensamento social-liberal abriu caminho para uma ofensiva mundial. Esta ofensiva uniu-se sob a bandeira da chamada Terceira Via. Depois de várias reuniões bilaterais procurou-se articular uma reunião mais ampla nesta direção.

Dentro destas articulações, reuniram-se em Florença (1999) os dirigentes do governo democrático norte-americano, Bill Clinton, do governo do partido trabalhista inglês, Tony Blair, do governo social-democrático-verde alemão, Schröder, o presidente do governo de centro-direita no Brasil (PSDB, PFL, PPB, PRB e em parte PMDB), Fernando Henrique Cardoso, e o chefe do governo de centro-esquerda italiano Máximo D´Alema, além do chefe do governo da esquerda pluralista francesa Lionel Jospin.

Por pressão de Jospin que claramente criticava as propostas da Terceira Via, a reunião não pôde identificar-se oficialmente com esta corrente. Mas como ele era o único a opor-se abertamente a esta tendência, a imprensa internacional continuou tratando esta reunião como o primeiro encontro ampliado da Terceira Via.

Não é sábio ignorar um encontro de poderes tão grandes, principalmente quando pretende lançar caminhos para a política do século XXI.

Quando se lançou a proposta da Terceira Via fomos os primeiros a chamar a atenção para sua importância. Ela refletia, por um lado, a constatação do fracasso das políticas neoliberais, até então consideradas intocáveis. Por outro lado, entretanto, ela arrastava consigo a visão defensiva de que não há êxito econômico sem livre-mercado e a aceitação geral do fracasso do planejamento econômico e da ação estatal.

O resultado desta autocrítica pela metade foi esta fórmula híbrida chamada Terceira Via. Segundo seus formuladores, o livre-mercado continuaria a ser a forma mais eficiente de escalonar os recursos escassos produzidos pelas economias nacionais. Entretanto, eles aceitavam que o livre-mercado oferecia soluções desfavoráveis para os mais pobres que não dispõem de pressão sobre o mercado. Como se vê, eles se inscrevem dentro do programa proposto ou imposto pelos ideólogos conservadores: neoliberalismo mais compensações estatais, sobretudo no plano social.

Em tal caso, o ideal para a Terceira Via seria completar a "eficiência" do livre-mercado com a "correção social feita pelas políticas públicas". Segundo seus "teóricos" (se é que podemos chamar de teoria esta manifestação de boa vontade e bons propósitos), a Terceira Via resgataria os aspectos positivos do mercado e da intervenção estatal.

Acontece que a realidade é muito mais complexa que as "boas intenções" de conciliadores de opostos. É evidente que os efeitos sociais negativos das políticas neoliberais não podem ser corrigidos pelo Estado por duas razões. Primeiro, porque os recursos públicos para políticas sociais são escassos no contexto das políticas de equilíbrio fiscal, promovidas pelo pensamento neoliberal. Segundo, porque este pensamento leva necessariamente ao corte dos gastos públicos que atendem aos pobres. Ao mesmo tempo, restringem a distribuição da renda como *condição econômica* para lograr o crescimento. Em suas cabeças atrasadas são os ricos que investem e garantem o crescimento.

Não é possível, pois, conciliar a restrição neoliberal dos gastos públicos sociais, para o crescimento e o pleno emprego com o aumento das medidas de bem-estar. Nem é aconselhável apoiar as políticas recessivas dos neoliberais (que aumentam o desemprego e a miséria, e concentram a renda em favor dos mais ricos) e, ao mesmo tempo, tentar corrigir seus "resultados". Pois os resultados são a própria essência da doutrina e política neoliberal.

Já bastariam estas razões teóricas gerais para desqualificar os pretensos resultados virtuosos da Terceira Via. Existem outras razões ainda mais profundas, para rechaçar as propostas estratégicas da chamada Terceira Via.

A evolução histórica e o comportamento real do capitalismo não seguem em absoluto os modelos abstratos gerados pela visão utilitarista e individualista que fundamenta o pensamento neoliberal enraizado nos filósofos do século XVIII. Tampouco a ciência contemporânea segue os princípios metodológicos arcaicos – puramente mecanicistas e economicistas – que fundamentam esta doutrina.

Mais evidente ainda é o fato de que o modelo de um mercado de vendedores e compradores individuais não tem nada a ver com os mercados reais, particularmente na fase atual do capitalismo mundial. Todos sabemos que o mercado real é composto de oligopólios e monopólios semi-privados e semi-estatais, que operam sob rígidos princípios de regulamentação estatal sem os quais não poderiam existir.

Vendedores e compradores são grandes firmas e principalmente, o Estado é um grande ator nessa troca. Eles determinam a direção da economia. Nos países da OCDE, os gastos estatais representam cerca de 47% do PIB, participação que cresceu exponencialmente desde o começo do século passado (XX) – quando em seu início não chegava a 10%. Principalmente depois da segunda guerra mundial, o Estado se converteu em parte integrante e necessária do funcionamento da economia capitalista mundial. E cabe afirmar, baseado em dados do Banco Mundial, que esta participação dos gastos públicos continuou crescendo entre 1980 e 1995, sob o domínio ideológico do neoliberalismo.

O que aconteceu entre 1980 e 1995 não foi uma diminuição do gasto estatal, mas uma drástica reorientação do gasto público para as "transferências", isto é, as transferências de renda do conjunto da população principalmente para o setor financeiro, o qual absorveu a maior parte dessas "transferências" sob a forma de pagamentos de juros pelos títulos das dívidas públicas. Trataremos mais detalhadamente este tema.

Estes fatos revelam os grandes e radicais limites do neoliberalismo. Trata-se de um modelo teórico totalmente arcaico, pré-industrial, sem falar da revolução científico-técnica contemporânea que não compreendem e cujos mecanismos econômicos nem sequer integram ou, quando muito, descrevem de maneira formal e empírica.

Desta forma, as reverências dos "teóricos" da Terceira Via à "eficácia" da economia do mercado e dos princípios neoliberais não encontraram nenhuma base na prática da vida econômica. O período de Thatcher só fez atrasar a Inglaterra cujo PIB caiu abaixo da Itália, China e Índia.

Os Estados Unidos de Reagan aumentaram sua dívida pública de 32,6% a 65,1% do PIB. Reagan elevou o déficit comercial a quantidades inimagináveis e o fez definitivo e estrutural. Estes desequilíbrios econômicos fantásticos tiveram de ser corrigidos, em parte, pelo governo Clinton, apesar das dificuldades que encontrou em sobrepor-se à oposição republicana. Esta impediu sistematicamente a plena adoção dos princípios do "capitalismo gerencial" proposto pela equipe econômica de Clinton.

Movido por razões políticas, Clinton realizou concessões aos neoliberais republicanos que lhe dificultaram manter o apoio dos trabalhadores e das minorias.

Um exemplo dessas debilidades doutrinárias foi a oposição moderada de seu vice-presidente, Gore, sobre a questão do *Medicare*. Ao abandonar a linha radical proposta por Hillary Clinton a favor da medicina pública, Gore se viu atacado pela esquerda e perdeu os votos significativos. Finalmente, tais vacilações o levaram à derrota nas eleições presidenciais de 2000, não tendo sido capaz de lograr uma margem segura de votos acima de seu oponente Bush filho – que acabou por manipular o resultado na Flórida, onde Gore foi incapaz de garantir seus votos.

Está claro, pois, que os gastos sociais não podem ser apresentados como uma espécie de sobremesa, posterior ao prato forte das medidas econômicas. Não há uma separação radical entre ambos os setores. Está clara, também, a adesão da população àqueles políticos que mostram mais decisão de enfrentar os princípios doutrinários neoliberais. Seus tecnocratas, muito hipocritamente, chamam tais políticos de "populistas". Segundo eles, trata-se de políticos que se deixam guiar pela "opinião pública" em vez de guiar-se pelos princípios "científicos" dos tecnocratas neoliberais.

Aonde nos levam estes princípios "científicos" do século XVIII, está cada vez mais claro. Basta ver o que se passou com a África sob o domínio do Banco Mundial, desde os anos 80. Basta ver o que se passou com a Europa Oriental, incluindo-se a União Soviética, sob a orientação dos técnicos neoliberais depois da vitória de Yeltsin. Basta ver o que se passou com os Tigres Asiáticos quando começaram a ceder em sua política de Estado desenvolvimentalista para abrir espaço à entrada de capitais de curto prazo e à desregulação de suas economias. Basta ver a situação gravíssima da América Latina depois de aplicar os ajustes estruturais dos anos 80 e o consenso de Washington dos anos 90.

Um espetáculo tão impressionante de dimensões planetárias não faz baixar totalmente as pretensões desses tecnocratas. Eles se negam a seguir a "opinião pública". Esta representa o regime democrático com o qual não podem conviver. Basta ver que a ascensão política dos neoliberais se inicia sob o terrorismo estatal de Pinochet, a violência social e anti-sindical da senhora Thatcher e Ronald Reagan, os regimes de direita, militares ou não, na década de 70 e de 80, o bombardeio do parlamento russo por Yeltsin, e outros atos de terror similares.

A Terceira Via nasceu no contexto destas terríveis conseqüências do neoliberalismo. Ela pretendia colocar um limite a seus efeitos mais negativos. A união do democrata Clinton com o trabalhista Blair encontrou um novo apoio no centro de Schröder, ganhou alguns pontos com as hesitações de D´Alema, alcançou o apoio do Partido Socialista Espanhol em crise. Chegou a incorporar o centro-direitista Fernando Henrique Cardoso.

Iniciada a ofensiva da Terceira Via, ela encontrou seus limites muito rapidamente. Blair encontra a oposição em seu próprio partido e viu crescer à sua esquerda o prefeito de Londres, o "vermelho" Livingstone, com apoio de 63% dos eleitores contra, principalmente, a privatização do Metrô de Londres, que Blair insistiu em realizar. Schröder assumiu as propostas neoliberais da direita alemã e propôs cortes de 25 bilhões de dólares no orçamento alemão, cortes contra os quais se rebelaram os eleitores alemães derrotando seu antecessor Helmut Kohl. Rechaçadas estas propostas por seu partido, Schröder deu giro de 180 graus e retornou ao programa do Partido Social Democrata Alemão, apesar de continuar propondo o corte de gastos públicos. Como conseqüência, esse partido se viu ameaçado nas eleições de 2003 por uma direita desmoralizada pelas denúncias de corrupção do governo Kohl.

Fernando Henrique Cardoso confessou, em 1999, à imprensa italiana que "*se as eleições para presidente fossem alguns meses mais tarde não as teria ganhado*". Seu governo sofreu, em seguida à desvalorização de 99, a rejeição explícita de 64% da população nas pesquisas de opinião. Não é preciso ir muito longe para compreender que as propostas neoliberais se converteram em algo totalmente impopular. Lionel Jospin, que se opõe ao neoliberalismo, e apesar de certas hesitações, expressas na mudança de sua equipe econômica, ganhou apoio todos os dias e indicou o caminho de superação do neoliberalismo ao aplicar a diminuição da jornada de trabalho na França. Posteriormente, recolocou no governo o Ministro Fabius, cuja perspectiva neoliberal reorientou a política econômica no caminho da direita e conduziu o Partido Socialista Francês à derrota humilhante nas eleições presidenciais de 2002.

3. O DEBATE PLANETÁRIO

Anteriormente à reunião da chamada Terceira Via, em Florença, a Internacional Socialista realizou seu congresso em Paris. Essa reunião foi extremamente importante para o destino da economia. Os líderes partidários, os primeiros-ministros e os chefes de Estado dos principais países da Europa formam parte desta reunião. Mas aí estavam também os partidos de origem nacional-democrática do Terceiro Mundo.

Da mesma forma, o Partido Democrata norte-americano, através do presidente Clinton, procurou aproximar-se de algumas lideranças da Internacional Socialista e o Partido Liberal Democrático do Japão se propôs substituir o Partido Socialista Japonês na Internacional. Forma-se, assim, um movimento internacional de centro-esquerda com o peso suficiente para determinar o destino da política econômica mundial.

Não devemos ignorar o fato de que muitos dos antigos partidos comunistas (europeus principalmente) se incorporaram ou pretendem incorporar-se à Internacional Socialista.

Ao mesmo tempo, movimentos de Liberação Nacional do Sul incorporam-se a ela como o ANC da África do Sul, a FRELIMO de Moçambique, os sandinistas da Nicarágua, e muitos outros.

Em seu seio se reúnem também inimigos históricos como o Al Fatah palestino e o Partido Trabalhista de Israel.

É estranho constatar, entretanto, a escassa cobertura dedicada pelos meios de comunicação a um evento tão significativo. Talvez isso se deva ao desprezo destes meios de informação pelo fenômeno do socialismo mundial.

Afinal, aprendemos por estes meios que o socialismo é algo totalmente superado e não existe mais. Torna-se muito difícil compatibilizar esta afirmação, considerada uma verdade absoluta, com a importância e o crescimento que a Internacional Socialista teve, principalmente nos últimos anos.

Para esta imprensa é difícil também administrar o fato de que esta associação de partidos pretende ser a continuidade histórica da Internacional Socialista fundada, entre outros, por Marx e Engels que se transformaram em seus principais líderes, ideológicos e políticos. Aprendemos também, nestes meios de comunicação, que estes senhores são pensadores totalmente superados e ultrapassados. Como podem ser uma referência importante para os principais partidos e movimentos políticos contemporâneos?

Se for verdade que hoje em dia a Internacional Socialista não se reivindica marxista, ela não oculta, entretanto, o papel hegemônico que os marxistas representaram nela até a Primeira Guerra Mundial, quando surgiu, em 1919, a 3ª Internacional Comunista. Mas esta influência marxista se manteve até os anos pós-Segunda Guerra Mundial, quando a Guerra Fria obriga a uma separação radical entre os socialistas e os comunistas.

Hoje em dia isto é um passado que pretende ser distante. Na década de 50 do século XX e principalmente nas décadas de 60 e 70, os partidos da Internacional Socialista assumiram os governos de vários países. E a verdade é que a experiência do poder mudou bastante sua orientação ideológica. Ou talvez seja o contrário: sua mudança de orientação ideológica lhes permitiu chegar ao poder sem graves restrições.

Para conseguir o apoio das classes médias e neutralizar a oposição radical dos conservadores, a maior parte dos partidos socialistas e social-democratas retirou de seus programas o objetivo de conseguir o socialismo.

No poder, esses partidos admitiram a função de gerenciar o capitalismo, impondo-lhe algumas restrições de caráter social, como as políticas de bem-estar social. Entretanto, é necessário assinalar que eles assumiram o poder nos momentos economicamente mais difíceis. Em conseqüência, ficaram em suas mãos as políticas de ajuste fiscal e de aperto dos cintos. As classes dominantes utilizaram o prestígio desses partidos junto aos trabalhadores para que estes aceitassem assumir os altos custos das estabilizações econômicas capitalistas.

Entretanto, em nossos dias temos uma situação nova. Os partidos da Internacional são chamados a assumir o poder num momento de recuperação econômica mundial, depois de anos de recessão e de tentativas de recuperação econômica via livre-mercado.

A experiência neoliberal desmoralizou ideologicamente os princípios capitalistas de gestão e produziu um movimento de repulsa crescente a seus princípios de política econômica e aos efeitos dramáticos desta experiência internacional.

Fica, entretanto, um vazio ideológico no momento atual. Reconhece-se cada vez mais o fracasso do "livre-mercado" como escalonador de recursos, além de se duvidar de sua existência, frente às "imperfeições de mercado" denunciadas por Joseph Stigliz, ainda quando estava à frente dos investigadores e *policy makers* do Banco Mundial.

A prova deste fracasso se encontra na incapacidade de evitar as crises internacionais; no perigo que representa a borbulha financeira; no fracasso da transição ao capitalismo na URSS e na Europa Oriental; no drama ou tragédia Africana, realizada sob a égide do Banco Mundial; nos resultados negativos da liberalização financeira nos Tigres Asiáticos, nas duas últimas décadas perdidas da América Latina, e assim sucessivamente.

Mas, por outro lado, ainda se aceitam as afirmações dogmáticas do neoliberalismo contra o planejamento. Estas "verdades", segundo se acredita, teriam se confirmado com o fracasso ou derrota do socialismo na Europa Oriental e na ex-URSS.

Não se valoriza claramente o fato de que o princípio do planejamento orienta a ação das empresas transnacionais ou globais e as políticas industriais do Estado moderno. Os dados mostram que os gastos públicos são cada vez mais importantes nos países capitalistas centrais. Apesar do neoliberalismo, cada vez se faz mais clara a impossibilidade de organizar a economia mundial sem políticas de longo prazo e sem planejamento econômico, político, social e cultural.

É difícil aceitar estes fatos num ambiente ainda impregnado das frases neoliberais, as privatizações, o terrorismo ideológico anti-estatista, antipopulista, anti-socialista. Mas os fatos são teimosos e é necessário ajustar-se a eles quando se repetem insistentemente.

O Banco Mundial já reconheceu a necessidade de revalorizar o papel das instituições, entre as quais está principalmente o Estado Moderno, para repensar as tarefas do desenvolvimento. Este banco, a UNCTAD, o PNUD, a OIT, o

Banco da Ásia e o próprio Fundo Monetário Internacional reconhecem o aumento da pobreza no mundo como o mais grave problema do processo de globalização atualmente.

Estas mesmas instituições começam a aceitar a idéia de uma intervenção reguladora sobre o sistema financeiro internacional e a necessidade de uma taxa (como a proposta de Tobin) sobre os movimentos financeiros internacionais.

Estas mudanças dão origem a uma nova agenda de política econômica internacional. Esta agenda veio esboçando-se em várias cimeiras mundiais que inauguraram uma nova era das relações internacionais: pela primeira vez na história, chefes de Estado, movimentos sociais, ONG´s e organismos internacionais se juntaram para produzir um ideário Planetário.

A questão ecológica no Rio de Janeiro, a questão populacional no Cairo, a questão social em Copenhague, a questão da mulher em Pequim, a questão das metrópoles na Turquia, a questão da infância e da juventude em vários foros formaram uma sucessão de projetos de políticas públicas que questionam radicalmente o princípio neoliberal da supremacia do livre-mercado.

Faltava agregar-se a esta agenda os partidos políticos organizados internacionalmente. A reunião da Internacional Socialista em Paris, em 2001, foi precedida pela preparação de um documento básico coordenado por Felipe González. Apesar da timidez de suas colocações, e da intenção de criar uma terceira via (já profundamente desmoralizada), a Internacional Socialista procurou preencher o vazio do qual falamos neste trabalho.

As resoluções do Documento de Paris apontam para a preeminência do político sobre o econômico (do plano sobre o mercado); do pleno emprego e do crescimento econômico sobre o puro equilíbrio fiscal e macroeconômico; do avanço tecnológico e científico a serviço da humanidade; do desenvolvimento humano sobre os critérios economicistas do crescimento.

Não devemos esperar muito destes encontros, mas hemos de convir que esta reunião preencheu um vazio e apontou para uma nova tendência. Esperamos que estes mesmos líderes sejam conseqüentes com seus ideários partidários nas reuniões do Grupo dos 7, do FMI, do Banco Mundial, das Nações Unidas e da OCDE e principalmente na nova Rodada do Milênio na Organização Mundial do Comércio. Na reunião de Seattle (que deveria dar o primeiro passo para a Rodada do Milênio) se pretendia esboçar o debate colossal que se travará no cenário mundial nos próximos anos.

Foi muito interessante ver como se juntaram forças para este colossal ressurgimento do debate ideológico planetário. Ele não assume mais a forma de dois grupos de Estados em conflito, mas se esboça entre duas grandes propostas globais para a humanidade. À guerra fria se substitui uma guerra ideológica planetária que contradiz quase 100% das análises teóricas postas em uso pelo neoliberalismo, o pós-modernismo e outros similares.

4. A OMC EM QUESTÃO: POR UMA NOVA AGENDA

A reunião da OMC em Seattle (2000) pretendia iniciar uma nova etapa de negociações no sentido da total liberalização do comércio mundial. Por sua importância, era chamada "a Rodada do Milênio". Entretanto, a reunião resultou num fracasso e se realizou cercada por vastas manifestações de rua. Os acontecimentos de Seattle causaram enorme perplexidade.

Em primeiro lugar, eles indicaram o interesse crescente das mais amplas camadas da população nos temas relacionados com a globalização. Este deixou de ser um tema de tecnocratas para ganhar a opinião pública em geral e várias organizações sociais em particular. Particularmente o movimento sindical norte-americano liderado por novos dirigentes da poderosa AFL-CIO, assumiu a responsabilidade de comandar um enorme movimento de massas em torno de sua concepção do comércio mundial que marca uma nova etapa do movimento trabalhista mundial.

Em segundo lugar, a reunião da Organização Mundial do Comércio revelou os limites e as possibilidades do livre comércio como princípio ordenador do intercâmbio mundial. As divergências entre governos e povos inteiros com respeito aos princípios que devem orientar suas relações mútuas indicam a impossibilidade de resolver estas questões em nome de princípios incompatíveis com o avanço da humanidade, entre os quais se ressalta o livre-mercado mundial, como fundamento do comércio.

Examinemos primeiramente as questões principais com respeito ao próprio conteúdo das atividades da OMC.

Esta instituição surgiu no final da Rodada Uruguai que levou a um estágio muito alto a liberalização do comércio mundial de tarifas e outras limitações portuárias. Apesar da pretensão de que estes acordos gerassem uma grande abertura comercial e uma liberdade de mercado excepcional devemos chamar a atenção para o fato de que estas afirmações não são corroboradas pelos fatos.

De um lado, a liberdade cambial e tarifária não elimina outros mecanismos de protecionismo tais como os subsídios diretos ou indiretos, as restrições não tarifárias à entrada de produtos como exigências de saúde, de apresentação e outras. Nem tampouco garante a capacidade de competir em termos de financiamento, marketing e outros instrumentos não previstos pelos acordos de liberação.

Existem ainda as questões de ordem cambial. Todos sabemos que a apreciação ou desvalorização das moedas é hoje o instrumento privilegiado da competição comercial entre as diversas economias nacionais. Tanto é assim que as alterações cambiais resultam em mudanças fundamentais das performances das exportações e importações de cada país.

O mais definitivo, entretanto, é o fato de que o comércio mundial está cada vez mais determinado pelos comportamentos monopólicos e oligopólicos que o dominam. Basta dizer que a maior parte do comércio internacional contemporâneo se realiza no interior das corporações ou empresas multinacionais, transnacionais ou globais. Este comércio intrafirmas não está submetido às relações de mercado e os preços são administrados pelas firmas de acordo com seu interesse de burlar o fisco ou de atender a outras razões econômicas e, principalmente, financeiras.

Esta é a razão verdadeira de estabelecer uma organização mundial do comércio. Os Estados nacionais mais poderosos assumem a tarefa de organizar e administrar o comércio mundial, não na perspectiva de um livre-mercado, mas, pelo contrário, na idéia de assegurar a hegemonia de suas empresas sobre os mercados nacionais e locais das nações menos pòderosas. Trata-se de impedir que elas disponham de mecanismos de defesa de seus mercados.

O domínio dos mercados nacionais e locais depende também do controle dos meios de informação e comunicação que conseguem, através da publicidade e de outros mecanismos mais sofisticados de influência cultural, determinar condutas e comportamentos que se traduzem em consumo solvente, isto é, em mercado.

Estes argumentos de ordem geral seriam suficientes para demonstrar que a idéia de uma organização mundial do comércio não é um instrumento de liberdade do comércio, mas do ordenamento do comércio mundial em favor dos mais fortes.

Entretanto, existem outras questões muito mais concretas que limitam estas aspirações formais de um livre comércio.

A competição entre países e nações não é um problema reduzível aos modelos abstratos de relações entre vendedores e compradores. Em primeiro lugar, as estruturas produtivas dos países correspondem a fenômenos culturais bastante decisivos. Este é o caso, por exemplo, da produção agrícola.

Apesar de hoje em dia uma grande parte dessa produção ser feita dentro de um complexo industrial e de serviços, durante muitos séculos, ela esteve associada a todo um modo de vida que hoje chamamos de camponês ou rural. Aceitar a destruição desse mundo agrícola forma parte de um comportamento irresponsável que corta definitivamente nossa relação com milhares de anos de história, de cultura, de referência para seus nacionais e, principalmente, para os moradores locais.

São formas de vida que não querem desaparecer para servir à imposição de uma pretensa modernidade. E, em verdade, os povos mais evoluídos socialmente não querem que se destruam esses patrimônios culturais. É assim como esses povos defendem radicalmente a conservação dessas formas culturais como a agricultura francesa, alemã ou japonesa. E estão dispostos a pagar por isto seja em forma de preços mais elevados, ou seja, sob a forma de subsídios estatais aos agricultores.

Mas existem razões mais pragmáticas para exigir a sobrevivência das economias rurais nesses países. Trata-se das razões de segurança alimentar. O Japão sabe muito bem o que isto significa. Durante a Segunda Guerra Mundial, os japoneses se viram privados de produtos essenciais para a sobrevivência de seu povo. Não se trata de nenhuma paranóia quando esses países afirmam sua necessidade de garantir um consumo básico de certos produtos essenciais, como o arroz no Japão.

Não se deve esquecer também que o desaparecimento de certas formas de produção significa a perda para sempre de técnicas e habilidades. É algo similar ao desaparecimento de formas de vida através da eliminação de espécies animais e vegetais. As formas de vida não se podem recuperar nunca. Daí a importância da luta pela conservação da biodiversidade no mundo contemporâneo.

Para definir esta preocupação com as formas de vida culturais, os europeus formularam o princípio da diversidade ou complexidade produtiva como fundamento da conservação de certas formas econômicas que perderam valor comercial ou que não podem defender-se de uma competição aberta.

O grave desta situação é que os latino-americanos apostaram no lado errado da história. Convencidos pelas forças mais reacionárias de nosso tempo da idéia do comércio livre como fundamento da modernidade, os latino-americanos abriram totalmente seus mercados à competição internacional entregando à sua própria sorte indústrias recém-criadas, setores agrícolas inteiros, serviços essenciais à sua identidade cultural e assim sucessivamente.

Hoje em dia, os latino-americanos e outros países do Terceiro Mundo são os campeões do livre-comércio, da mesma forma em que seus predecessores do final do século XIX defenderam o livre-câmbio, atacando as indústrias nacionais como "artificiais". Ou assim como seus homólogos na América do Norte rebelaram contra a União Norte-americana e as tarifas impostas pelo norte industrial. A guerra civil norte-americana impôs o protecionismo do norte industrial sobre o livre-câmbio do sul oligárquico-agrário-exportador e abriu as portas do progresso para os Estados Unidos da América.

Assim como as oligarquias latifundiárias impuseram a "modernização" e o "progresso" entre nós, especializando nossas economias na exportação de matérias-primas e produtos agrícolas, os tecnocratas e intermediários financeiros atuais nos converteram em clientes do sistema financeiro internacional. Isto conduziu à derrocada de nossas estruturas produtivas.

É, pois, duvidosa e até ridícula a estratégia de nossos governos que pretendem "abrir" as economias norte-americanas, européia e japonesa para o livre-comércio dos produtos agrícolas.

Em primeiro lugar, porque é muito difícil convencer os povos destes países a abandonar sua política de proteção a suas economias, sociedades e culturas rurais.

Em segundo lugar, porque uma abertura destes mercados agrícolas dificilmente favoreceria à agricultura, muito debilitada, das economias em desenvolvimento. Os dados mostram que a maior parte de nossos países se converteram em importadores líquidos de produtos agrícolas. Isto se deve à perda da competitividade de nossas economias devido à nossa dificuldade em adaptarnos às enormes mudanças tecnológicas que vêm operando na economia agrícola mundial.

O que deverá acontecer, caso triunfem as pressões norte-americanas por uma maior liberalização do comércio de produtos agrícolas, será o aumento de suas exportações para a Europa e o Japão. Será muito pouco o que conseguiremos aproveitar desta abertura.

Ao lado destas questões espinhosas do comércio mundial, visto do ângulo da política neoliberal, poderiam formular-se muitas outras questões num sentido e orientação diferentes. Era necessário, por exemplo, que os países em desenvolvimento conseguissem coibir o forte caráter monopólico e oligopólico do comércio mundial, restringindo o comércio intrafirmas, a imposição de preços cartelizados nas matérias-primas e *commoditties* que conduzem a uma baixa constante de seus preços em detrimento de nossas economias exportadoras.

Nos anos 70, em atenção ao crescimento da pressão dos países do Terceiro Mundo na economia mundial, Henry Kissinger propôs a criação de um mercado internacional de *commoditties*. Esse mercado deveria exercer um papel regulador de preços, e evitar o que os países centrais temiam, nessa época, isto é, a elevação dos preços dos produtos essenciais, igual ao que ocorrera com o petróleo. Já que havíamos aprendido com a OPEP a criar cartéis exportadores, os grandes compradores procuravam restringir nossa capacidade de formar e administrar preços internacionais.

Hoje em dia, nós latino-americanos estamos debilitados, depois de passar 20 anos pagando juros aos bancos privados dos países centrais e, principalmente, depois de privatizar nossas melhores empresas para ajustar nossas economias às políticas de valorização de nossas moedas e aos conseqüentes déficits de nossos balanços comerciais. Além disso, abrimos totalmente nossos mercados à competição internacional, regressando à condição de exportadores de matérias-primas um pouco mais elaboradas e de produtos agrícolas um pouco mais industrializados.

Também incorporamos à nossa pauta exportadora alguns produtos de maior nível tecnológico, que se inserem no comércio de partes, que se expandiu como resultado do complexo industrial contemporâneo. Segundo este complexo, a produção de certos bens supõe milhares de subdivisões ou partes cuja produção pode deslocar-se por todo o mundo, aproveitando o baixo custo do transporte, mão-de-obra e as várias vantagens comparativas. O caso mais evidente disto é a indústria automobilística, que está cada vez mais utilizando os países de desenvolvimento médio para produzir partes dos automóveis naqueles setores que supõem maior intensidade na utilização de mão-de-obra barata. Os países do sudeste asiático e as maquiladoras mexicanas são exemplos bem-sucedidos destas transferências.

"Bem-sucedidos" somente em parte, pois o caso do México mostra que estas economias terminam importando tanto ou mais do que exportam em conseqüência destas atividades comerciais intrafirmas. Desta forma, não conseguem resolver os problemas cambiais que deram origem a estas aberturas comerciais e facilitam a atração de capitais externos cujo comportamento é pouco favorável aos países que os hospedam.

Mas a maior novidade da reunião de Seattle veio das ruas. As enormes manifestações que ocorreram nesta cidade mostram que surgiram novos dados nas negociações internacionais. É necessário compreender que a liderança da grande central sindical norte-americana, a AFL-CIO, foi fundamental para o êxito e as dimensões destas manifestações. Um movimento somente de ONGs jamais alcançaria estas dimensões. Nem tampouco teria suas palavras de ordem escutadas pelo próprio presidente dos Estados Unidos.

Há muito vimos chamando a atenção para a nova realidade sindical dos Estados Unidos. A AFL-CIO mudou de direção desde 1996 e, apesar do ceticismo de setores da esquerda, transformou-se num fator político cada vez mais decisivo nos Estados Unidos. Como conseqüência, colocou-se na ordem do dia uma nova agenda internacional.

Em princípio a posição dos sindicatos norte-americanos é muito favorável ao protecionismo. A AFL-CIO tentou impedir a assinatura do NAFTA, ela conseguiu impedir o *fast track*, solicitado por Clinton, em 1999, e posteriormente conseguiu impor as condicionalidades sociais nos empréstimos internacionais e obrigou o presidente dos Estados Unidos a propor as condicionalidades sociais no comércio mundial, para obter o *fast track*.

Não nos encontramos diante de uns distúrbios de rua passageiros. A posição da AFL-CIO corresponde a uma evolução muito importante do movimento operário internacional, pois a globalização não é um privilégio somente do capital. A evolução posterior do movimento contra a globalização neoliberal demonstrou que se trata de uma reação muito profunda da Humanidade contra a direção que assumiu o processo de globalização sob o domínio do "pensamento único" neoliberal.

Se considerarmos as exigências de mudanças sociais e melhoria das condições do trabalho em escala mundial como parte desse processo crítico ativo, devemos colocar em xeque as estratégias de competitividade propostas pelas burguesias do Terceiro Mundo baseadas no trabalho barato.

É bom que se reflita seriamente sobre o perigo de formar uma ampla frente de forças latino-americanas e do Terceiro Mundo pelo trabalho escravo, pelo trabalho infantil, a flexibilidade do trabalho, a desestruturação da legislação do trabalho e os baixos e miseráveis salários que se pagam em nossa região. Tudo isto em nome de nossa competitividade no comércio mundial. Isto é ridículo quando os países mais competitivos no mercado mundial pagam os mais altos salários do mundo. Este caminho é a via mais rápida para conservar e aprofundar nossa miséria e nosso atraso.

5. A ECONOMIA MUNDIAL NO NOVO SÉCULO

Entramos no século XXI com mudanças importantíssimas no sistema econômico mundial. Depois de um longo período de 30 anos, iniciado em 1967, em que a economia se caracterizou por uma queda em seus principais índices de crescimento, a partir de 1994 até 2000, a economia norte-americana entrou em um processo de crescimento de grande alento que foi reajustando toda a economia mundial.

Depois de várias crises cambiais e financeiras com fortes repercussões econômicas, as demais regiões do mundo foram se reajustando a esta nova situação de recuperação econômica que teve como característica marcada o abandono dos altos juros e das políticas de supervalorização cambial.

O pensamento econômico ortodoxo encontra-se em uma situação cada vez mais difícil para explicar o funcionamento da economia. É particularmente complicado, para os padrões teóricos ortodoxos, explicar o crescimento contínuo da economia norte-americana entre 1994 e 2000 sem apresentar pressões inflacionárias visíveis.

Pelo contrário, apesar da larga recuperação e da utilização quase plena dos recursos, neste mesmo período, a inflação baixou significantemente neste país, contrariando a curva de Philips, um dos dogmas da ortodoxia neoliberal e inclusive dos próprios neokeynesianos.

De fato é uma questão de lógica formal muito clara e evidente a que fundamenta esta curva: se todos os fatores econômicos (terra, trabalho e capital) se encontram plenamente utilizados, deve-se esperar que seu preço aumente na medida em que aumenta a sua demanda sem possibilidade de crescer a oferta na mesma proporção. Em conseqüência, segundo esta lógica, o pleno emprego conduz ao aumento dos preços e, portanto a uma inflação de custos. Para este raciocínio formal, esta não é a única causa da inflação, mas é uma das principais.

Está claro que existem outras causas de inflação, como o aumento do déficit público que, para este pensamento econômico, obriga o Estado a emitir dinheiro para cobrir os gastos excedentes. As baixas taxas de juros também favorecem o consumo e desestimulam a economia, conduzindo a população a gastos excessivos. O câmbio supervalorizado tem efeitos similares ao estimular o excesso de gastos em importações.

Na realidade, todos os desequilíbrios assinalados por este esquema formal se apresentam na economia norte-americana, exceto um extremamente importante: o gasto público chegou a ser inferior às entradas fiscais ao final do governo Clinton. Neste período a economia norte-americana entrou em uma conjuntura de superávit fiscal que permitiu uma nova fase de aumento do gasto público, sobretudo na previdência social, considerada prioritária pelo governo democrata. Este aumento de gastos, contudo, não teve nenhum efeito inflacionário, pois era parte da utilização de um superávit fiscal.

O único setor macroeconômico fundamental que se encontrou em claro desequilíbrio e negativo foi o déficit comercial que era, no passado, compensado pelas entradas de serviços e por conta de capitais.

Apesar de que, devido à queda das taxas de juros, os Estados Unidos não estejam atraindo capitais na mesma proporção que o fez nos anos 80 e 90, este país continua sendo um importador líquido de capitais. Por isto tiveram de manter o dólar com um valor elevado. Assim mesmo não se deve esquecer que o dólar é a mais importante forma de ativo mundial e que a ninguém interessa uma forte desvalorização do mesmo.

Contudo, estamos frente a uma contradição insuperável. Para recuperar sua balança comercial, os Estados Unidos teriam de desvalorizar o dólar para aumentar suas exportações e diminuir as importações. Por outro lado, para poder atrair capitais do exterior e para proteger os investimentos mundiais em dólares este país tem de preservar o valor do dólar.

A impossibilidade de superar esta contradição tem como conseqüência a manutenção forçada e temporária do alto valor do dólar, com apoio de seus competidores comerciais. Paralelamente e necessariamente se mantém e ainda se aprofunda o déficit comercial que chegou a altos níveis em 2000 e 2001. Durante o governo de W. Bush este déficit tem se ampliado ainda mais.

Em longo prazo ficará mais custoso preservar o dólar e manter um déficit comercial tão elevado. Podemos prever, portanto, que, em 15 ou 20 anos uma crítica e profunda desvalorização do dólar e uma nova fase da economia norte-americana será absolutamente necessária. Nela, este país será obrigado a lutar pelo mercado internacional e perderá definitivamente o poder financeiro que hoje tem recuperado em parte, depois dos anos 70 e parte dos 80.

Não podemos dizer, portanto, que os Estados Unidos se encontram em uma situação macroeconômica estável. Contudo, a curto e médio prazo, enquanto os demais países do mundo suportam o endividamento dos Estados Unidos, podemos esperar que se prolongue uma situação virtuosa, favorável ao crescimento econômico deste país.

Esta situação internacional explica uma boa parte dos enigmas do crescimento da economia estadunidense de 1994 ao ano 2000.

Em primeiro lugar está a possibilidade de manter uma alta taxa de crescimento com quase nenhuma poupança interna. Como vimos, isto é possível devido à atração que exerce o dólar como moeda forte numa conjuntura internacional de desvalorização de ativos, na qual as demais moedas tendem a se desvalorizar.

Em segundo lugar, este crescimento pôde evitar seus efeitos inflacionários porque foi acompanhado de um superávit fiscal e de um déficit comercial compensado, em parte, pela entrada de capitais do exterior.

Além disso, a abundância de recursos com que contam os Estados Unidos para o investimento em ciência e tecnologia lhes permite assumir o mando do comércio de serviços no mundo e compensar em parte seu déficit comercial com um superávit nos serviços de alta tecnologia.

Tudo isto nos permite concluir que a economia norte-americana apresentou um conjunto de elementos positivos, todos eles favoráveis à manutenção do crescimento econômico sem inflação significativa por um período relativamente grande. Podemos afirmar que boa parte destes fatores favoráveis persiste apesar da recessão iniciada em março de 2001.

O conceito de "nova economia" não é necessário para explicar esta recuperação do crescimento econômico e suas características tão favoráveis. Contudo, quando vemos as bases em que se ergue este crescimento, se faz necessário destacar as especificidades da atual economia, não só norte-americana, mas de todas as economias de ponta no sistema econômico mundial.

A recuperação da economia mundial liderada pela recuperação do crescimento nos Estados Unidos se ergueu através da queda da taxa de lucro no sistema econômico mundial.

Esta recuperação se apoiou nas vantagens relativas obtidas pelo capital financeiro durante os anos críticos de 1967 a 1993. Em outras oportunidades vimos defendendo a tese de que estes anos de crise aguda permitiram um extremo aumento das taxas de exploração mundial e de desemprego, diminuindo a capacidade de organização e luta dos sindicatos e permitindo um retrocesso significativo das conquistas sociais obtidas no período de auge do Estado de bem-estar (1945-1968).

A crise prolongada entre 1967 e 1993 permitiu uma expansão espetacular da especulação financeira, apoiando-se, sobretudo no incrível crescimento do déficit público e num brutal aumento das taxas de juros, produzindo-se uma enorme transferência de recursos do setor produtivo para o setor financeiro internacional.

Com o início da quebra do setor financeiro em outubro de 1987, a violenta desvalorização do dólar que caracterizou, a queda das taxas de juros, a desvalorização de ativos fundamentais como o preço dos imóveis, se produziram as condições favoráveis para uma recuperação da economia mundial.

Em primeiro lugar, durante a década de 80 foram criadas as condições para uma recuperação dos investimentos em novas tecnologias produtivas e de serviços. Implantou-se, inclusive, um novo padrão tecnológico mundial apoiado na informatização generalizada da atividade econômica, na aplicação do robô a quase todas as atividades produtivas, na incorporação do laser e dos novos materiais ao sistema de produção em massa, no avanço da biotecnologia e da engenharia genética e em sua aplicação ainda inicial, mas já extremamente significativa.

Este conjunto de mudanças impressionantes converteu em inovações econômicas, conhecimentos científicos e tecnológicos acumulados após a Segunda Guerra Mundial. Contudo, estamos ainda no início das transformações microeconômicas e sócio-culturais precipitadas pela introdução massiva destas inovações na realidade econômica.

A compra da *Time-Warner* pela *America On Line* indica a importância das mudanças que ainda deverão acontecer. A fusão da *Time* com a *Warner* já havia causado grande impacto no mundo empresarial. Da mesma forma outras fusões impressionantes no setor automobilístico, na indústria química e em outros campos industriais e de serviços. Contudo, a fusão AOL-Time-Warner indica uma direção incontrolável da atividade econômica. Trata-se da integração da produção da informação, dos símbolos estéticos, culturais e morais com os instrumentos de comunicação sob a forma da multimídia (televisão, computação, telefonia, cine, áudio, vídeo e vários outros), sem deixar de considerar a importância de sua infraestrutura em termos de satélites, laser, telefonia e tantos outros elementos que se pretende juntar sob o conceito de *highways* da comunicação.

O interessante da conjuntura do auge de 94 a 2000 foi o rápido processo de ajuste dos instrumentos microeconômicos a esta nova realidade. A desvalorização dos ativos permitiu investimentos em alta tecnologia com o objetivo de substituir o antigo padrão tecnológico pelo novo. Os baixos níveis da taxa de juros asseguraram a transferência massiva de valores para as empresas que garantirem sua capitalização através da valorização dos ativos empresariais expressos nas bolsas de valores e outros mecanismos importantes de capitalização que as empresas passaram a utilizar para estar à altura das mudanças tecnológicas do momento. Muitos deles fraudulentos como se revelou na crise de 2002; Muitos autores têm sobrevalorizado a importância dessas fraudes e da corrupção generalizada do período. Contudo, esses "desvios" fazem parte de todo o período de expansão capitalista. O importante é que os roubos e fraudes reforcem a acumulação de investimentos produtivos em seu conjunto.

Ao lado disto tudo, está a necessidade de uma forte ação estatal para garantir a pesquisa fundamental e as novas exigências educacionais que visam adequar a ação e o conhecimento dos cidadãos e dos trabalhadores a um novo estágio civilizacional de caráter planetário.

Isto mostra também a dificuldade de combinar este estágio de evolução com a conservação de padrões culturais, sociais e morais extremamente desiguais no mundo. Daí a preocupação crescente com o aumento da miséria, da desigualdade social e da precariedade do trabalho no mundo subdesenvolvido.

A ciência econômica sob sua forma ortodoxa e, sobretudo do "fundamentalismo do mercado", do qual nos fala George Soros, se converteu em uma ameaça extremamente grave para a recuperação do crescimento mundial e a organização do conhecimento humano para facilitar esta nova etapa.

Por isto o conceito de "nova economia" pode e deve ser discutido no contexto de um repensar da atividade econômica e de uma economia política que nos indique os novos elementos próprios da fase atual e que resgate, ao mesmo tempo, os fatores de continuidade que permitam manter a acumulação do esforço teórico dos pensadores e investigadores que conformam uma ampla corrente teórica de signo crítico.

Os dados sobre o comportamento da economia mundial parecem destinados a desmentir as previsões e os alertas dos conservadores. De maneira cada vez mais prepotente, eles se dedicam a reclamar sobre o caráter excepcional destes dados. E continuam a advertir sobre o desastre iminente que nunca aconteceu. A este coro de Cassandra se somou o presidente demissionário do Fundo Monetário Internacional, em 1999, Candessus. Sua última previsão conhecida tinha sido o anúncio da estabilidade do desenvolvimento asiático, algumas semanas antes de explodir a crise nesta região do mundo. Não temos, portanto, razões para preocuparmo-nos com suas últimas "previsões" sobre a crise financeira mundial que sucedeu à sua saída do Fundo Monetário Internacional.

Neste mesmo grupo de alarmistas interessados se encontra o presidente do Federal Reserve Board dos Estados Unidos. O senhor Greenspan se dedicou durante vários anos, a anunciar a crise da bolsa norte-americana e o iminente aumento das pressões inflacionárias em seu país. Desmentido sistematicamente pelos dados de cada trimestre, ele transfere suas previsões para os trimestres seguintes. E apesar de fazer este exercício desmoralizante durante vários anos, continuou sendo considerado uma autoridade financeira incontestável, a ponto de ser reconduzido pela terceira vez ao posto de presidente da FED. Mas suas previsões não agregaram nada de novo e passaram a ser um dado a mais no folclore econômico. Quando finalmente ocorreu a séria crise da bolsa, foi reconhecido como um gênio. Acontece que esta crise foi a conseqüência e não a causa de sua política de elevação brutal da taxa de juros norte-americana de 3.5% para 6.5% em 2001.

Na verdade o fenômeno da recuperação econômica começou a desenhar-se também na Europa de 1996 a 2001. Neste momento as economias da França, Alemanha e Inglaterra, entre outras, começaram a apresentar um perfil de crescimento sustentável com taxas razoáveis de acréscimo do produto, diminuição do desemprego e baixa inflação. A terceira perna da economia mundial que é o

Japão, se recuperou a duras penas, pois dependia, e ainda depende, de massivos investimentos estatais que não são ainda aceitáveis por conseqüência do ambiente ideológico neoliberal. Assim mesmo as suas baixas taxas de juros continuam a desestimular os investimentos de capital financeiro e estes continuam escapando para os Estados Unidos que apresentavam, em geral, taxas de juros relativamente altas, inflação baixa e moeda valorizada. Estas variáveis não podem ser completamente controladas pelo FED, particularmente sob ameaça de uma grave recessão, como aconteceu de 2001 até o começo de 2002.

O Congresso do Japão se viu obrigado a votar um excepcional volume de gastos públicos para colocar novamente este país na rota do crescimento econômico. Isto significa um rompimento radical com as políticas neoliberais e uma retomada dos princípios keynesianos que favorecem a recuperação do crescimento pela via do gasto público. Contudo, a enorme intervenção estatal para preservar o superdimensionado sistema financeiro japonês impede uma salutar retomada do crescimento.

As respostas japonesa e européia foram, contudo, uma conseqüência necessária da política de altas taxas de juros posta em prática pelo FED norte-americano durante os anos 80, sua retomada no ano de 2000 e seu abandono em 2002 quando a taxa de juros foi rebaixada a 1.7% ao ano mostra as vacilações das autoridades financeiras dos EUA sem nenhum instrumental teórico para orientar suas políticas. Esta política atraía capitais de outras regiões do mundo para financiar a recuperação norte-americana e baixava as possibilidades de recuperação do resto do mundo.

Contudo, não é possível manter indefinidamente um modelo econômico baseado em uma valorização artificial das taxas de juros e do dólar devido a suas conseqüências cambiais. O déficit comercial norte-americano se agiganta e obriga a estabelecer correções que geram crises parciais com importantes efeitos depressivos, como vimos no sudeste asiático em 1997-99. Estes efeitos críticos deverão, contudo, fortalecer a necessidade de aplicar políticas de juros baixos, inclusive nos Estados Unidos, que se viram obrigados a rebaixá-las, devido à ameaça de depressão causada, sobretudo pela excessiva elevação da taxa de juros no final de 2000. Em conseqüência, a queda da taxa de juros deverá debilitar a hegemonia dos especuladores e reorientar a política econômica na direção da recuperação da economia mundial. Infelizmente, os conselheiros econômicos de

George W. Bush tentaram fortalecer esta incipiente recuperação através de uma retomada do gasto militar, cujos efeitos anticíclicos foram muito fortes nos anos do pós-guerra, mas que mostraram suas limitações desde a guerra do Vietnã. Discutiremos mais adiante as características e os efeitos desta opção reacionária.

Em outras regiões do mundo, como China e Índia, se assiste a um crescimento econômico consistente e de grande duração. Em ambos os casos o crescimento é somente, em parte, devido à sua inclusão no mercado mundial. Estes países contam com o fator dominante da expansão de um mercado interno demograficamente impressionante. Eles foram chamados de economias "baleias" devido a sua extensão territorial e ao importante volume de habitantes. Duas outras economias tipo "baleias" apresentam, em compensação, um panorama muito diferente. São elas Brasil e Rússia. No Brasil a ortodoxia neoliberal continuou a prevalecer e os resultados são desastrosos. Ao contrário do que afirmam os promotores das políticas econômicas, Brasil diminui a cada ano a sua participação no comércio mundial. Em vez de globalizar-se, como pretendem seus demiurgos, se desglobaliza ao reduzir drasticamente sua participação na economia mundial, exceto no que diz respeito a suas dívidas e à atração de capitais externos para apoderar-se de suas riquezas.

Na Rússia começou uma correção de rumos em 1999 com a moratória da dívida externa e uma retomada das políticas industriais. Apesar de a recuperação iniciada em 1999 depender em grande parte no preço do petróleo exportado por esse país, não se podem ignorar as importantes mudanças no sentido de um papel crescente do Estado na direção da economia.

Os dados nos mostram assim que o desenvolvimento de algumas regiões se faz à custa do retrocesso e do debilitamento de outras. A economia mundial, criada pelo moderno capitalismo, não conseguiu incorporar todas as economias, senão produzir graves desigualdades entre elas. Relações de exploração e dependência são a forma do processo de globalização que dá continuidade ao desenvolvimento desigual e combinado que Lênin, Trotsky e outros pensadores marxistas descreviam no começo do século XX.

Mas neste sistema mundial se revelam também descontinuidades importantes no interior das economias centrais do sistema mundial, quer dizer, na tríade Estados Unidos, Europa e Japão. Uma das características dos períodos de grande crescimento é exatamente uma diferenciação cada vez mais nítida dos ciclos curtos entre elas, de tal forma que raramente acontecem crises gerais significativas durante as fases: a) das ondas longas de Kondratiev, caracterizadas pelo crescimento econômico. Ao contrário, nos períodos de crises longas ou fases: b) de Kondratiev estas economias regionais tendem a apresentar um comportamento sincronizado durante as fases recessivas. Isto parece contraditório, pois as fases de crescimento integram mais fortemente as economias do que as fases recessivas.

A explicação desta contradição se encontra no fato de que os períodos de expansão produzem maior integração no conjunto das economias locais, ou regionais ou nacionais. Ao fortalecer-se internamente, estas economias colocam em relevo a lógica de sua acumulação autóctone, apoiada nos seus mercados internos. O comércio a longa distância, apesar do crescimento histórico de sua importância, devido ao desenvolvimento dos meios de transporte e comunicação, não conseguem ainda converter-se no fator dominante do comportamento das grandes economias e do processo de acumulação das mesmas. Apesar de sua importância estratégica, o comércio internacional tem sempre representado uma proporção pequena da renda das economias centrais do mundo.

Ao contrário do que se repete com uma ignorância histórica vergonhosa, os países latino-americanos e os países periféricos, em geral, são economias abertas, sociedades submetidas ao controle, domínio e exploração de outros países. Isto se pode ver pelos dados sobre a importância do comércio exterior destas economias em relação ao seu produto interno bruto. Claro que as economias baleias têm uma menor participação relativa do comércio exterior nas suas economias. Mas esta porcentagem nunca tem sido menor que as das outras economias continentais como os Estados Unidos. Apesar de seu domínio sobre o resto do mundo, o comércio exterior nunca representou mais que 10 por cento do produto interno bruto deste país.

Apesar das tensões vividas no período da recessão de 2001-02, isto não coloca em dúvida que se produziu uma nova fase de crescimento da economia mundial desde 1994. Mas isto não é sinal de tranqüilidade e paz. Pelo contrário, as tensões de um crescimento desordenado e caótico, nas quais seus principais agentes se submetem à plena expansão de seu entusiasmo, conduzem em geral a guerras violentas para resolver os problemas deixados no meio do caminho. Esta experiência nos levou a duas brutais guerras mundiais, depois da expansão econômica da *belle époque* nos finais do século XIX e no começo do século XX.

As contradições geradas por 25 anos de expansão imperialista desordenada e caótica não levaram aos equilíbrios sonhados pelos liberais e sim a um grande período de crise econômica e caos social, revoluções e novas experiências sociais, políticas e ideológicas que se prolongou por cerca de 30 anos, entre 1918 e 1940. É perigoso deixar-se levar pelas facilidades dos períodos de expansão. Quando acontecem, é necessário mais que nunca assegurar o domínio da razão humana sobre as forças cegas do mercado. Quer dizer: do plano sobre o caos, da política sobre a economia, da ética sobre a violência, do direito sobre a brutalidade incontrolada.

Desde 1994, assistimos à recuperação da economia norte-americana, imposta pelo triunfo dos economistas que apoiaram Clinton em sua proposta de uma economia capitalista dirigida. Na Europa, a chegada ao poder dos socialistas e social-democratas impôs, progressivamente, apesar das vacilações de seus ideólogos, princípios orientadores do crescimento econômico e políticas sociais positivas como a redução da jornada de trabalho. Trata-se do propósito de impor ordem a um período intenso e desordenado de luta pela competitividade, assumida como princípio organizador das políticas públicas.

O triunfo dos princípios privativistas somente aparentemente garante um bom funcionamento da economia. Na realidade, o que assistimos nestes anos de hegemonia neoliberal tem sido um aumento da concentração da renda e a concentração e centralização econômica. O "livre" funcionamento das forças do mercado tem produzido monopólios e fusões de empresas gerando uma anarquia administrativa colossal, uma acumulação de tensões impressionantes, o aumento da miséria e da exclusão social, o crescimento da distância entre os países ricos e pobres, o crescimento da economia informal nos países de menor desenvolvimento, o crescimento desordenado dos desequilíbrios ecológicos. Nenhuma pessoa sensata pode duvidar que, seguindo este caminho, os desequilíbrios deverão aumentar a níveis pouco controlados.

Participamos nos Encontros Internacionais de Economistas, em Havana (1999, 2000 e 2003), sobre a globalização e o desenvolvimento, com a presença de cerca de 600 economistas de todo o mundo, e pudemos constatar, nessas oportunidades, a generalização de um consenso cada vez mais claro em todos os campos ideológicos ali presentes, que chegava até a centro-direita. Apesar das diferenças em relação à extensão e profundidade da recuperação econômica atual, há uma aceitação comum da gravidade das tensões atuais e a necessidade de encontrar caminhos de consenso e coordenação da economia mundial. Nestes mesmos dias que se realizaram as reuniões em Havana, em Davos, na Suíça, empresários e políticos das mais distintas direções chegavam a conclusões similares. Em seguida, os informes anuais da OIT viriam a denunciar a grave situação da desigualdade social no mundo, a qual já se expusera radicalmente nos informes anuais do PNUD sobre o desenvolvimento humano. As mesmas preocupações se encontram, inclusive, nos Informes Anuais sobre o Desenvolvimento do Banco Mundial.

O Congresso da UNCTAD, que ocorreu em Bangkok, em 2000, ressaltou estas denúncias com novos dados sobre a instabilidade financeira mundial, ao lado das críticas às direções tomadas pelo livre comércio mundial, marcado pela imposição de liberdade cambial nos países dependentes e fortes restrições cambiais ou não cambiais nos países centrais. Não é, pois, estranho que a Rodada do Milênio da OMC tenha fracassado dramaticamente em Seattle. Cada vez fica mais difícil encontrar um caminho através da simples imposição do livre mercado aos mais frágeis.

A retomada da recuperação econômica depois da crise de 2001-02 deverá demonstrar até que ponto o capitalismo como sistema mundial poderá conter estas contradições. Até que ponto os princípios da propriedade e da gestão privadas poderão orientar a economia quando a humanidade chega aos mais altos níveis da revolução científico-tecnológica que serve de base para a recuperação econômica e para a globalização. Parece, cada vez mais, que os princípios democráticos de propriedade e gestão dos meios econômicos e do funcionamento da sociedade terão de se impor para impedir que as motivações de um punhado de endinheirados leve o mundo a um novo caos generalizado.

6. A BUSCA DE ALTERNATIVAS

Como vimos, estamos às vésperas do estabelecimento de uma nova arquitetura financeira mundial. Nessa nova estrutura, o FMI terá de sofrer mudanças substanciais. Criado para apoiar as economias nacionais em dificuldades financeiras – provocadas em geral por déficits da balança de pagamentos – esta organização atribuiu-se também o papel de orientar as economias deficitárias, impondo a elas um programa de estabilidade financeira que garantirá o uso "correto" de seus empréstimos. É evidente que este sentido intervencionista do FMI o afastou das economias nacionais importantes e dos Estados nacionais poderosos. Na década de 50 o presidente Juscelino Kubitscheck do Brasil se negou a seguir as orientações do Fundo Monetário Internacional e contou para isto com um forte apoio das classes dominantes do país, com resultados muito positivos no que diz respeito ao crescimento e desenvolvimento.

O FMI abandonou totalmente a aspiração de estabilizar as economias centrais do sistema econômico mundial. Os Estados Unidos, por exemplo, caminharam cada vez mais no pós-guerra para um desequilíbrio total de suas contas externas gerando uma instabilidade colossal da economia mundial. Contudo, o FMI jamais fez qualquer crítica aos seus insustentáveis déficits comerciais. Não falemos dos déficits fiscais e outras irresponsabilidades norte-americanas, políticas, que custariam tremendas represálias a qualquer país da periferia.

Com o tempo ficou claro que o FMI cumpria o papel de um Ministério das Colônias dos Estados Unidos. Neste papel demonstrava muito mais eficiência que os velhos funcionários coloniais que não contavam com a quantidade de recursos que o Banco dispunha. Ademais, contava com o aparato do sistema das Nações Unidas, do Banco Mundial, do GATT e de um conjunto de instituições internacionais e nacionais que interatuavam com ele para impor idéias, regras de comportamento, ajudas ou sanções, modelos de ação etc.

Nestes anos o FMI praticou uma doutrina econômica rigorosamente neoclássica, com uma forte conotação monetarista. Isto levou muitas vezes a um conflito aberto com os setores keynesianos que hegemonizavam as políticas públicas na maior parte dos países. Nos anos 80, com a crise do keynesianismo e a ascensão do neoliberalismo, de forte influência monetarista, o FMI ganhou uma força colossal pondo-se no centro do pensamento econômico do período.

Os últimos oito anos têm posto em xeque esta liderança através de um conjunto de erros de análises e de previsão econômica espetaculares. A crise do México nos finais de 1994 pôs em xeque o mais querido e predileto filho da comunidade financeira internacional: o presidente Salinas de Gortari. Nenhuma autocrítica sucedeu a esta manifestação de incompetência que vinha somar-se à crise estrutural da África, que era o discípulo mais disciplinado do FMI e do Banco Mundial, impossibilitando, conseqüentemente, a desenvolvimento de suas economias nacionais em formação e gerando a fome e o desespero de milhões de refugiados políticos, militares e, sobretudo econômicos.

Nos anos 80, através de suas políticas de ajuste estrutural, apoiadas nos fundamentos neoliberais, o FMI e o Banco Mundial aconselharam esses países a manterem-se no quadro colonial, voltado para a produção de produtos agrícolas e matérias-primas que melhor poderiam comercializar no mercado mundial. Debilitaram seus Estados nacionais nascentes e favoreceram a uma protoburguesia local que passou a viver da mediação dos financiamentos internacionais, da corrupção e do assalto às propriedades estatais.

Essa orientação destruiu conseqüentemente as economias de subsistência obrigando-as a incluírem-se em um mercado onde seriam necessariamente perdedoras, e lançou para os centros urbanos, com precárias condições de infraestrutura, uma massa de milhões de excluídos que se juntaram aos campos de concentração gerados pelas guerras intertribais, exarcebadas por estas miseráveis e desastrosas condições sociais.

Mas os erros do FMI se tornaram ainda mais graves quando forçou, a partir de 1992, o Sudeste Asiático a aceitar uma abertura para empréstimos internacionais que lhe permitissem evitar a desvalorização de suas moedas frente à perda do mercado norte-americano e à valorização absurda do yen, forçada pelo governo norte-americano. Mais grave ainda: nas vésperas da crise asiática de 1996, o FMI produz um informe extremamente elogioso das novas políticas econômicas desses países.

Algo mais sério ainda tem sido a política russa do FMI. Ele entregou cerca de 9 bilhões de dólares à nova plutocracia soviética que os ingressou, em grande parte, nas suas contas particulares, sem nenhuma reação dos dirigentes deste organismo. Tratava-se de apoiar Yeltsin nas suas políticas neoliberais, incluindo sua falta de respeito aos resultados do plebiscito sobre a conservação da URSS, seu bombardeio ao edifício da Duma, que se encontrava em rebelião para afirmar seus direitos constitucionais, e muitas outras demonstrações monstruosas de autocracia e falta de respeito à lei, de mau uso do dinheiro público e outros desastrosos e corruptos processos de privatização.

Mas o FMI chegou ao extremo da irresponsabilidade no caso brasileiro. Já a fins de 1997, sob a pressão da crise asiática, o FMI foi obrigado a chamar a atenção do governo brasileiro para a necessidade de desvalorizar o real. Em fevereiro de 1998 o ministro da economia do Brasil foi alertado sobre a necessidade de realizar de imediato uma desvalorização progressiva de sua moeda, que alcançaria 25% em poucos meses, evitando assim uma crise mais grave que levaria inevitavelmente a uma especulação com sua moeda e a uma liquidação de suas novas reservas internacionais (obtidas através do endividamento interno, realizado para atrair capitais do exterior a taxas absurdamente altas de juros; capitais que eram transformados imediatamente em falsas reservas para criar uma imagem favorável do país). O ministro da economia do Brasil fez saber ao presidente do FMI, conforme se fez público naquela época, que era impossível uma desvalorização antes das eleições presidenciais.

De maneira absolutamente irresponsável, o FMI renunciou a qualquer comportamento técnico para favorecer a candidatura de Fernando Henrique Cardoso à reeleição. Em conseqüência, às vésperas das eleições, começou a retirada massiva de capitais do país que alcançou mais de 50 bilhões de dólares, o que, somado ao déficit da balança de pagamentos brasileira, conduzia o país à total falta de liquidez e à sua inviabilidade internacional.

Assim, desta desastrosa situação, o FMI e o governo norte-americano se viram obrigados a criar um fundo de 41 bilhões de dólares para assegurar o funcionamento da economia brasileira, evitando uma crise financeira internacional de dimensões incalculáveis.

Estava muito claro que esta crise teria sido evitada se o governo Fernando Henrique Cardoso não desfrutasse do apoio do FMI e sua reeleição não fora considerada prioridade para a direção desta organização. Acontece que, para sustentar os resultados deste apoio insensato, o Congresso norte-americano teve de votar a dotação de cerca de 20 bilhões de dólares em recursos líquidos para o Brasil.

Temos de convir que nem as eleições do presidente dos Estados Unidos têm um custo tão elevado para o povo norte-americano. Isto está mais claro se vemos que este empréstimo foi feito sem nenhuma garantia patrimonial pública. Não oficialmente, se diz que o governo brasileiro teria entregado a Petrobrás e o Banco do Brasil como caução para este empréstimo. Não é necessário descartar a ilegalidade de tal acordo, se é que existe. Em resumo, tratou-se de um empréstimo de alto risco, sobretudo se considerarmos que a desvalorização do real não permitiu, em três anos, a criação de um superávit comercial com o qual se poderia retirar no futuro os recursos para pagá-lo. Ao contrário, com o esgotamento destes fundos enquanto persistiam os déficits cambiais do país, chegou-se à necessidade de um novo crédito de 30 bilhões de dólares no final do Governo Fernando Henrique. O candidato vitorioso à sucessão de FHC – Lula – assumiu a responsabilidade deste crédito e supeditou sua política econômica às exigências paralelas ao mesmo.

E é importante assinalar que esses financiamentos são somente uma parte de uma dívida internacional do Brasil de, pelo menos, 280 bilhões de dólares, se incluirmos as dívidas privadas, adquiridas durante o Plano Real, em conseqüência do diferencial entre as taxas de juros do Brasil e do exterior. Portanto, a política do FMI e das agências a ele relacionadas se mostrou cada vez mais perigosa e chega a ser igualmente desastrosa e inaceitável para os eleitores norte-americanos.

Nos Estados Unidos há duas forças políticas muito poderosas que se opõem cada vez mais radicalmente ao caráter atual do sistema financeiro internacional:

De um lado a direita americana, radicalmente liberal no econômico, não aceita a tese de que cabe aos Estados Unidos apoiar governos corruptos e incompetentes do Terceiro Mundo com o duvidoso objetivo de evitar uma crise financeira internacional. Para o pensamento neoliberal conseqüente, o dinheiro dos contribuintes norte-americanos não pode ser usado em tais intervenções estatais absurdas. Assim mesmo, eles querem defender os produtores norte-americanos do que consideram uma competição desleal do Terceiro Mundo. Trata-se do que chamam de dumping social: a oferta de produtos a baixo preço devido aos salários baixos e às condições sociais negativas em que as empresas do Terceiro Mundo mantêm seus trabalhadores.

Por outro lado está o movimento operário e sindical norte-americano em processo de renovação extremamente dinâmica, que concorda no fundamental com a posição da direita a partir de um enfoque diferente. Para eles é inaceitável que a especulação financeira oriente a retirada de recursos de bilhões de dólares dos Estados Unidos para apoiar a oligarquias locais, grupos financeiros e empresariais que operam no Terceiro Mundo. Por isto se opõem também aos empréstimos, como os que se fizeram ao Brasil para eleger a um presidente aliado da direita brasileira.

Ao mesmo tempo os trabalhadores norte-americanos, unidos na AFL-CIO, consideram as formas de trabalho escravo, de trabalho infantil e de salários ínfimos, aliados à perda das conquistas sociais mínimas do Terceiro Mundo, como a causa principal da saída massiva de capitais dos Estados Unidos para o exterior, gerando o desemprego no interior desta economia. Eles chamam a isto de "exportação de empregos" que prejudicaria drasticamente os trabalhadores norte-americanos. Por isto votaram contra a NAFTA e o *fast track* e propuseram e ganharam no Congresso norte-americano, com crescente apoio dos conservadores, a exigência das condicionalidades sociais nos empréstimos das agências internacionais, sobretudo o FMI.

Nas manifestações de Seattle, onde a AFL-CIO demonstrou uma enorme capacidade de mobilização em torno dos temas do comércio mundial, os trabalhadores norte-americanos elevaram a níveis mais altos sua exigência de uma equivalência das políticas sociais em todo o mundo. Esta proposta tão progressista exarcebou o redescobrimento, pelos governos mais entreguistas e globalizadores do sul, do conceito de "soberania nacional" que tinham colocado na lixeira há muito tempo.

Pois bem, sob a influência destas forças sociais e políticas tão significativas, o congresso norte-americano preparou um informe sobre o sistema financeiro internacional. Este documento, resumido pelas agências internacionais, chega a algumas conclusões muito significativas:

Em primeiro lugar diagnosticam o fracasso das políticas econômicas seguidas pelo FMI e sua clara incompetência para a análise e previsão dos fenômenos econômicos. Se eles lessem nossos artigos saberiam disso há algum tempo, assim como saberiam que estamos diante de uma crise geral do pensamento econômico dominante.

Constataram também a incapacidade das organizações internacionais para orientar e realizar o desenvolvimento destas regiões, eliminar a pobreza e a exclusão social crescente.

Em conseqüência propõem uma mudança de políticas muito incisiva. O FMI não deverá realizar empréstimos a longo prazo que contrariam sua função de apoio às crises de liquidez localizadas. Em segundo lugar não deverá cobrar juros baixos e subsidiados para não favorecer a irresponsabilidade dos governos locais. O governo Bush está completamente comprometido com este enfoque, apesar das dificuldades de colocá-las em prática.

Estes novos dispositivos foram aplicados friamente à crise argentina de 2001-02. Não houve e não haverá ajuda e empréstimos subsidiados a governos que não dão garantias. Contudo vimos a moderada determinação desta política nos finais de 2002, quando o Brasil necessitou de ajuda internacional significativa para fechar suas contas internacionais. Surgiram recursos de origem não muito clara para evitar uma crise de efeitos pouco previsíveis. Mas nos 35 bilhões comprometidos pelo FMI há muito pouco ou talvez nenhum dinheiro novo. Trata-se, sobretudo de uma reciclagem dos fundos criados em 1999.

Por último, estas forças políticas que assinalamos buscam restringir as funções do Banco Mundial que, segundo acreditam, deverá transformar-se numa organização de pesquisa e análise econômica que deverá oferecer projetos para serem realizados fundamentalmente com os recursos locais dos países afetados.

Trata-se evidentemente de uma agenda conservadora, mas não deixa de ser um fator moralizador no contexto de uma exacerbação do papel dos organismos internacionais na orientação das políticas econômicas dos países periféricos. A discussão se estabelece em um novo contexto no qual a miséria do Terceiro Mundo e a super-exploração de seus trabalhadores se convertem num limite crucial para o desenvolvimento da economia e da civilização.

Neste contexto, propostas como o imposto Tobin podem começar a parecer interessantes ao colocar sobre os ombros do capital financeiro a fonte de recursos necessários para tornar viável um programa social no Terceiro Mundo. Este pode ser um pára-quedas para evitar que comece uma queda por demais desastrosa da burocracia internacional, tão odiada pela direita e pelos trabalhadores norte-americanos. E há de se convir que a arrogância e a pedanteria desses técnicos internacionais encontraram finalmente sérias barreiras no interior do próprio sistema financeiro e econômico mundial.

Resta saber até que ponto os governos social-democratas e socialistas europeus estarão de acordo com estas propostas. Eles se preocupam sobretudo em fortalecer as soluções que favoreçam a regionalização do poder financeiro mundial, com o objetivo de retirar dos Estados Unidos o controle sobre as decisões internacionais. Estas questões estão por trás das dificuldades em encontrar um candidato unitário para a presidência do Banco Mundial no ano 2000, que resultou finalmente na imposição de um banqueiro alemão que se sente muito incômodo frente às exigências norte-americanas. Devemos esperar, portanto, uma crescente tensão no sistema financeiro mundial. Não seria tempo de fortalecer as soluções regionais sem depender dos escassos recursos disponíveis nos países centrais?

Parecia que o sonho ou pesadelo de uma ordem mundial guiado pela "mão invisível" do livre mercado está chegando a seu fim. Nas últimas reuniões dos 7 Grandes (mais um) tem-se reafirmado a necessidade do pleno emprego e do desenvolvimento econômico, com especial ênfase na eliminação da pobreza, como princípios fundamentais que devem orientar a definição e a coordenação das políticas macroeconômicas entre os países mais desenvolvidos.

Reconhece-se, cada vez mais claramente como um consenso latente, que o reino do pretenso livre comércio somente favoreceu a monopolização dos mercados globais, a fusão espetacular dos grandes conglomerados em gigantescas unidades econômicas, cuja eficácia é cada vez mais duvidosa; o domínio do capital especulativo, que leva à instabilidade alcançando, inclusive, os pontos mais distantes do sistema; ao aumento da desigualdade entre os povos e as classes sociais que leva à concentração brutal da renda em nível nacional, regional e local, ao desequilíbrio e à insegurança do mercado financeiro mundial.

Também se reconhece a impotência do Fundo Monetário Internacional e dos demais instrumentos institucionais de intervenção econômica global, como o Banco Mundial e a recém-implantada Organização Mundial do Comércio, para impor uma ordem estável a partir dos princípios neoliberais. Pelo contrário, teme-se que as reuniões desses organismos levem a novas manifestações de descontentamento de massas como as que ocorreram em Seattle, em Praga, em Davos, em Genova etc.

Mais grave ainda se conclui que um mundo globalizado pelo capital e pelas relações monopólicas não assegura um intercâmbio justo entre as partes que o compõem. Começa-se a aceitar temas-tabus como a perca dos termos de intercâmbio, a transferência da economia interna das regiões mais pobres para os centros de especulação mundial, o desequilíbrio cambial permanente, a exclusão social e o desemprego estrutural e um conjunto de temas desenvolvidos pela teoria da dependência nos anos 60 e 70.

Por esta razão renasce a Organização das Nações Unidas para o Comércio e o Desenvolvimento, a UNCTAD, sob a liderança de um diplomata brasileiro, Rubens Ricúpero, e com a assessoria de excelentes economistas que vêm juntar-se a um novo espírito dos técnicos das organizações internacionais.

O PNUD, com seus informes anuais sobre o desenvolvimento humano e dispondo da orientação teórica de Amartya Sen, um modelo de economista ético que recebeu o prêmio Nobel, até agora reservado, com raras exceções, aos amigos do clube exclusivo dos neoliberais dos encontros de Mont Pellérin.

A esses críticos deve somar-se a competência técnica de Joseph Stigliz, ex-diretor de investigação do Banco Mundial. Suas duras críticas ao FMI não o impediram de ganhar o Prêmio Nobel de Economia de 2001. A OIT, sob a liderança de um latino-americano eminente, Juan Somavía, aponta para um novo enfoque das relações de trabalho, tema crucial para uma recuperação do desenvolvimento humano e sustentável.

Não é, portanto, absurda a pretensão de Rubens Ricúpero ao fechar a décima sessão da UNCTAD, em Bangkok, em 19 de fevereiro de 2001, quando se referiu ao fim do chamado Consenso de Washington e à implantação do "espírito de Bangkok" como nova força consensual nas relações internacionais.

Segundo ele é necessário construir uma nova ordem internacional que assuma a existência de assimetrias fundamentais na economia mundial e estabeleça o princípio da reciprocidade respeitando as desigualdades como fundamento dessa reciprocidade.

Abre-se, portanto, uma brecha em pleno centro do sistema. O radicalismo, o fundamentalismo de mercado, como caracterizou o empresário e especulador George Soros, outro crítico acervo do neoliberalismo, transformaram-se numa ameaça tão concreta e material à própria sobrevivência do sistema que desenvolveu seus anticorpos. Mas ainda não estão claras quais serão essas alternativas. É importante que elaboremos mais nessa direção.

Em primeiro lugar deve-se tomar em consideração a ressaca do terrorismo ideológico do pensamento único. Por esta razão os intelectuais bem pensantes se vêem ainda na necessidade de considerar como superado o Estado de Bem-estar, o planejamento econômico, as políticas industriais e tudo o que permitiu o desenvolvimento da economia internacional no pós-guerra.

Ao mesmo tempo, os neoliberais opõem-se a qualquer proposta de crescimento econômico, sob a afirmação, sempre repetida, de que há uma "ausência" de recursos para a mudança. Em várias ocasiões demonstramos como é falsa esta afirmação. Ao contrário, existem hoje enormes recursos desperdiçados e subutilizados no mundo contemporâneo como conseqüência da concentração da renda nas mãos dos especuladores. Basta baixar a taxa de juros e tomar outras medidas antiespeculativas para que apareçam os recursos necessários para o crescimento econômico, como vimos durante o período Clinton nos EUA.

Já ressaltamos o caso do crescimento sustentável dos Estados Unidos de 1994 a 2000. Os agoureiros neoliberais (com a ajuda de equivocados economistas de esquerda) anunciaram o fim do "boom" americano todos os dias durante nove anos.

No começo de 2000 esses setores se viram aterrorizados com a possibilidade de uma onda inflacionária porque as taxas de crescimento superaram em muito as previsões. Contudo, ao contrário da teoria, a inflação caiu em todo este período de crescimento. Isto não impede que estes senhores considerem o crescimento uma ameaça inflacionária.

Tratam de demonstrar, com a ajuda da famosa curva de Philips, que existe um limite para o crescimento determinado por um certo nível do índice de emprego, a partir do qual a economia se movimenta para a inflação e esta para a anarquia.

O mais grave tem sido a pretensão de estabelecer como índice de pleno emprego a taxa de 5% a 6% de desemprego. As bases para este marco eram os padrões apresentados pelas economias européias e norte-americanas de finais dos anos 70 e durante a década de 80 e começo de 90.

Para sustentar estas afirmações abandonava-se toda a experiência histórica da pós-guerra. Esquecia-se também o fato de que o Japão manteve taxas de 2%

de desemprego inclusive nos anos 80 e princípios dos anos 90, quando alcançou altas margens de crescimento.

Mas, sobretudo, se desconheciam os ciclos longos da economia nos quais encontramos variações do índice de desemprego se estamos em uma fase A de ascensão econômica (25 anos de crescimento) ou em uma fase B (25 anos de desaceleração). E se tem ignorado sistematicamente o fato de que foi superada a fase recessiva do ciclo a partir de 1994 e entramos numa fase de crescimento sustentado, a partir, sobretudo, da recuperação da economia norte-americana, como ressaltamos todo este tempo.

Em resumo, tenta-se impor aos fenômenos econômicos leis de movimento, correlações e determinações que resultam de uma grave ausência de análise histórica e de observação científica. Apresenta-se como impossível o que é deveras inevitável e está incorporado à conjuntura econômica.

O resultado dessas orientações de políticas ortodoxas não tardaram. O FED (Banco Central dos EUA) aumentou a taxa de juros de 3,5% para 6,5% em 2000. O resultado foi dramático e a economia norte-americana ingressou em uma situação recessiva nos finais de 2001. O atentado ao *World Trade Center* em Nova York ajudou a definir a tendência recessiva que ameaça Europa e Japão e cria uma grave conjuntura mundial. Frente à gravidade da situação, o FED se viu obrigado a baixar drasticamente a taxa de juros para 1,75% e chegou a 1,2% em 2002. Este é o ridículo resultado dos aprendizes de feiticeiros do FED: são obrigados a fazer o contrário do que recomendavam. Frente ao fracasso do aumento da taxa de juros a diminuíram drasticamente, adotando um pragmatismo aberto que coloca em questão todo o universo teórico no qual se baseiam. Necessitam-se, contudo, outras medidas para abrir o caminho para uma recuperação do crescimento. Estamos diante de alguns fatos quase irreversíveis, que fazem parte da lógica global do capitalismo. Um deles é o perdão da dívida dos países mais pobres. Este perdão pode vir a ser mais ou menos amplo, mas é inevitável. Os sete grandes vacilam em tomar medidas radicais, mas não gostam das alternativas.

Será melhor para a recuperação da economia mundial que se perdoe a maior quantidade possível de dívidas para permitir uma recuperação do crescimento nos países de baixo desenvolvimento. Se essas medidas fossem estendidas aos países de desenvolvimento médio, como o Brasil, seria ainda mais saudável para a recuperação da economia do chamado Terceiro Mundo. A verdade é que os Estados dos países centrais pretendem assumir a maior parte do custo desta condenação das atividades, antes que uma moratória geral gere uma crise financeira incontrolável. A crise argentina em 2001-2 já apontava nesta direção e, para o sistema, seria melhor que se pudessem evitar novas moratórias.

Temos também a recuperação do cartel do petróleo e o restabelecimento de uma política de preços mais realistas a favor dos países produtores de petróleo. Este é um alerta para outros produtores de matérias-primas como o Chile, que tem aceitado uma política de sobreoferta do cobre pelas multinacionais que voltaram a dominar o setor em conseqüência do aumento de investimentos privados no cobre chileno na década de 90. O caso do Chile é mais grave porque é claramente um produtor monopólico e, portanto, um formador de preço, que renuncia a seu poder para acalmar os detentores do poder mundial.

Mas se fará necessário criar mais defesas para os produtores de matérias-primas e produtos agrícolas e para as grandes reservas de biodiversidade de que dispõem esses países. Ademais, precisa-se de um caráter mais igualitário do comércio de serviços por onde escorrem enormes recursos das economias dependentes para as economias dominantes.

É paradigmática, neste sentido, a ineficácia dos programas de ajuda e cooperação internacional que gastam bilhões de dólares para o pagamento de técnicos incompetentes dos países desenvolvidos para propor políticas estereotipadas em economias completamente diferentes. Na verdade, esses programas estão diminuindo cada vez mais devido a sua reconhecida inutilidade, pelo menos nos termos em que foram estabelecidos e realizados.

Como vemos, não se trata de ausência de recursos. A verdadeira dificuldade se encontra na maneira como as relações sociais se convertem numa crosta que impede o avanço de toda a sociedade. É evidente que as relações mercantis não podiam avançar enquanto se conservava a escravidão. Aos economistas do período parecia impossível dispor de recursos para fazer funcionar uma economia não escravista ou não servil.

Os fatos históricos colocaram abaixo todas estas elaborações ideológicas disfarçadas de lógica formal rígida ou de uma pretensa lógica científica.

Chegamos ao fim do caminho:

A idéia de que não há financiamento para o desenvolvimento; as fórmulas que querem manter o desemprego acima dos 5% ou 6% e conter o crescimento da economia; aquelas afirmações que dizem ser impossível uma profunda distribuição da renda e o avanço para formas coletivas de gestão da vida social e econômica, todas estas são falácias de ideólogos disfarçados de técnicos e cientistas.

7. RECESSÃO OU CRESCIMENTO? A CRISE DE 2001-2002

Há muito tempo que estamos chamando a atenção para as divergências no interior das organizações internacionais. Joseph Stiglitz, ex-vice-presidente para pesquisa do Banco Mundial, Prêmio Nobel de 2001, protagonizou seguramente um dos pólos do debate internacional. Em 2001, retirou-se do FMI Stanley Fischer, seu vice-presidente, que liderava o pólo oposto.

Se tomarmos em consideração declarações de Stiglitz feitas para a imprensa brasileira nessa ocasião, podemos conhecer mais detalhadamente os termos do debate. Segundo Stiglitz, que se mostrou feliz com a demissão de Fischer, este representou um obstáculo muito sério para a renovação do FMI. Ele seria o principal responsável pelos seguintes erros:

A falta de previsão sobre a crise asiática que se somou à proposta de uma política claramente recessiva para enfrentá-la. Fischer havia insistido nos métodos recessivos para combater as crises financeiras levando a uma situação extremamente grave os países assistidos pelo FMI.

O FMI insiste em deprimir a demanda de países extremamente pobres, acentuando a pobreza e a desigualdade social, além de impedir o seu crescimento.

As altas taxas de juros exigidas pelo Fundo desviam recursos dos setores sociais para o setor financeiro e impossibilitam novos investimentos produtivos.

Poderíamos acrescentar muitas críticas ao FMI e a seu papel negativo para os países dependentes e subdesenvolvidos. O interessante, contudo, é vê-las a partir do próprio interior do sistema financeiro internacional.

Mas o mais grave veio posteriormente. Trata-se da chegada ao Departamento do Tesouro dos Estados Unidos dos representantes da direita norte-americana que pretende diminuir drasticamente o papel do FMI. Alguns propõem até o seu desaparecimento.

Como vimos, para a direita norte-americana trata-se, sobretudo, de paralisar o apoio financeiro do FMI a países competidores comercialmente dominados por oligarquias corruptas que fazem desaparecer os empréstimos "generosamente" outorgados pelo povo norte-americano. Os escândalos do desaparecimento da ajuda à Rússia de Yeltsin, dos gigantescos fundos de ajuda ao Brasil para permitir a reeleição de Fernando Henrique Cardoso, entre outros, têm provocado uma reação que se refletiu em parte na ausência de ajuda à Turquia e à Argentina. Contra a sua vontade, as novas autoridades financeiras do governo George W. Bush permitiram ao FMI ajudar esses países, mas se recusaram a colocar dinheiro norte-americano nessas operações de salvação financeira.

O caso argentino voltou a ressaltar as questões estabelecidas por Stiglitz. Em excelente artigo ele questionou as propostas recessivas do FMI para monitorar a grave crise argentina.

Como vimos também, esta atitude se vê reforçada pelo apoio do movimento sindical norte-americano a grande parte das restrições propostas pela direita às quais acrescenta suas próprias propostas de condicionamento social do comércio com os países que praticam políticas anti-sociais, baixos salários e permitem a escravidão, o trabalho infantil e outras desgraças sociais.

O governo de Bush, filho, parece ser bastante coerente com a idéia do isolamento norte-americano que tanto atrai a imaginação do americano médio. Essa tendência choca com o processo de globalização em expansão e é, inclusive, uma reação a certos aspectos do mesmo. O norte-americano médio, que não participa nas empresas transnacionais, reage como qualquer cidadão médio de outras partes do mundo que teme a globalização como fonte de competição e destruição de seus empregos. A hegemonia deste ponto de vista se viu nos finais de 2001 nas enormes restrições protecionistas impostas ao "fast track" solicitado por Bush ao Congresso norte-americano. Tais restrições impossibilitam a ALCA no qual tanto se empenham os interesses globais nos EUA. Os desdobramentos posteriores do debate legislativo no Senado e na Comissão do Congresso que examinou a compatibilidade entre as duas casas aumentaram as restrições ao "fast track".

Até que ponto essa atitude pode prevalecer quando as escalas de produção se tornam planetárias e as mudanças tecnológicas integram física e culturalmente as regiões mais longínquas do Globo é difícil de prever, mas essa reação é plenamente compreensível.

Na realidade, o debate sobre crescimento, desenvolvimento tecnológico, o papel do setor financeiro e do Estado, protecionismo ou livre comércio atravessa toda a economia mundial e se sintetiza na oposição entre crescimento e recessão.

Nos EUA o partido da recessão lançou esta economia numa perigosa operação de "aterrissagem forçada", que levou à recessão. As forças do progresso terminaram impondo-se, contudo, aos reacionários e obrigando o Federal Reserve Board a recuar de suas tentativas recessivas em nome de uma ameaça inflacionária que nunca existiu, como vimos no item anterior. A baixa da taxa de juros a 1, 25% (depois de uma ascensão irresponsável para 6,5%) recriou as condições do crescimento sem nenhuma perspectiva inflacionária, imediata. De fato, a perspectiva inflacionária que se instaurou em seguida é o resultado da política militarista de George W. Bush que conduziu os EUA à retomada dos gastos militares no interior e no exterior do país, agravando o déficit cambial norte-americano e retomando em níveis intoleráveis o déficit fiscal. Contudo, devido à posição da moeda mundial de reserva do dólar, coloca essas irresponsabilidades como um problema não somente norte-americano e sim global. A pressão fiscal e cambial deve levar a uma desvalorização do dólar com efeitos deflacionários sobre a economia mundial. Essas aventuras fiscais e cambiais podem levar, portanto, a um aumento das exportações norte-americanas, de um lado, e dos investimentos produtivos (sobretudo militares) do outro.

Não podemos afirmar o mesmo da situação latino-americana. Aqui existem poderosas forças que pretendem deter a retomada do crescimento econômico, paralisado desde 1980 pelos enormes pagamentos da dívida externa e amenizados – hoje em dia – pelo aumento da dívida interna, mantida através das altas taxas de juros pagas por um Estado ferido mortalmente pelos seus gigantescos gastos financeiros.

Um exemplo das dificuldades que enfrentamos, depois de tantos anos de estancamento econômico, é o caso da situação energética do Brasil. Desde a década de 80 os economistas responsáveis advertiam sobre uma grave crise energética que se colocaria quando se iniciasse a recuperação do crescimento econômico, já que foram paralisados os investimentos no setor desde aquela década.

A onda neoliberal que assolou nossas mentes e nosso Estado inventou que a privatização do setor atrairia investimentos. No Brasil colocou-se especial esperança no crescimento das termoelétricas que substituiriam as gigantescas usinas hidroelétricas. Nada aconteceu nesse sentido e o ajuste do preço da energia e do gás desestimularam esses investimentos.

Já sabemos, faz algum tempo, que não interessam investimentos na produção de energia em países de baixa renda que não podem pagar por ela os altos preços. Hoje sabemos que até na Califórnia há restrições similares. E está claro que a estratégia dos monopólios do setor será sempre a criação da escassez para forçar o aumento de preços das tarifas.

É assim que completamos o ciclo de perversidades criadas pela política neoliberal. Restrições macroeconômicas ao crescimento nas políticas monetaristas, a elevação das taxas de juros, a contenção do gasto público, concomitante com o aumento do pagamento dos juros pelo Estado, e conseqüentemente a ausência de infraestrutura para assegurar o crescimento com o encarecimento dos insumos para a produção.

Esse ciclo de ferro somente poderá ser rompido se as forças da produção e do trabalho se unissem para retomar uma política de crescimento voltada para a atenção das necessidades básicas da população, entre as quais estão, sem dúvida, o desenvolvimento dos serviços fundamentais: a educação, a saúde, a moradia, que têm no Estado seu principal promotor.

Atualmente e nos próximos anos estão ocorrendo eleições na região sob o signo do fracasso das políticas neoliberais. É necessário que se construam alternativas teóricas e práticas para abrir um caminho para nossos povos.

O ambiente econômico e político internacional continua conturbado. Nos Estados Unidos e na Europa pareciam garantir uma perspectiva favorável até 2001. Os Estados Unidos manteve um crescimento econômico alto até 2001. Apesar do crescimento, o governo Clinton conseguiu uma inflação baixa e seu déficit fiscal foi convertido em superávit. Ainda assim os EUA não escaparam totalmente da crise financeira articulada com a enorme dívida pública, nem dos fenômenos de desemprego, a exclusão social e a pobreza.

Estes são problemas estruturais. O principal ponto débil da conjuntura da recuperação norte-americana era o déficit comercial. Esta é uma questão insolúvel. Na segunda metade de 2002 as conquistas de Clinton se desvaneceram. Bush acabou com o superávit fiscal devolvendo os impostos à população acomodada, mas aumentando drasticamente os gastos militares, aproveitando-se do clima emocional criado pelo atentado de 11 de setembro de 2001. A isto se somaram a queda do crescimento e o começo de uma recessão. Apesar das tendências recessivas o déficit comercial não caiu substancialmente. A diminuição da taxa de juros aponta para uma retomada do crescimento. Que podemos esperar neste contexto? É necessário, portanto, analisar os limites da situação internacional norte-americana.

Se os Estados Unidos baixassem o valor de sua moeda o suficiente para reverter o déficit comercial, teriam graves problemas como potência financeira. Por outro lado desencadearia (como já aconteceu com suas medidas de desvalorização do dólar no começo da década de 90) uma deflação de preços internacional de difícil controle. De fato este quadro, ainda que moderado, se desenhou no final de 2002.

Na realidade os preços internacionais estão muito acima dos preços de custo ou do valor dos produtos (o tempo de trabalho socialmente necessário para produzi-los). A incorporação da revolução científico-tecnológica à produção, também conhecida como 3ª revolução industrial, a partir da década de 80, abriu caminho para um incontido rebaixamento de preços em quase todos os setores industriais e em vários serviços onde ainda predominam as tarefas de caráter repetitivo.

Vem daí a preocupação do governo Reagan, continuada por seus sucessores, de especializar cada vez mais a economia norte-americana nas tecnologias de ponta. Somente o domínio da pesquisa e desenvolvimento e das inovações de ponta pode assegurar o controle da renda tecnológica, quer dizer, do monopólio das novas tecnologias que permite administrar os preços dos novos produtos muito acima dos custos de produção. Formar cientistas, gestores, criadores de símbolos, dirigentes e seus quadros médios; dominar a pesquisa e desenvolvimento; controlar os valores monetários e financeiros que determinam a assignação das atividades produtivas; hegemonizar os valores culturais e os gostos das massas, estas são as atividades chaves para manter e hegemonizar a vida econômica contemporânea.

Não se pode esperar, portanto, que um país de tecnologia de ponta, como os Estados Unidos, se converta em um campeão de exportações comerciais. A tendência normal é, inclusive, de deslocar as atividades industriais e mecânicas em geral para os países de desenvolvimento médio, que emergiram, na década de

70, como os novos centros dinâmicos da industrialização mundial. Muitos deles converteram-se em importantes exportadores de produtos manufaturados, seja por iniciativa direta de seus empresários, apoiados pelos Estados Unidos, seja, sobretudo, pelas atividades das filiais e hoje cada vez mais, dos contratistas das grandes firmas internacionais.

Europa e Japão também seguiram esses novos princípios da divisão internacional do trabalho. Contudo, ainda mantêm importantes setores exportadores para aproveitar-se do amplo mercado norte-americano. A baixa do dólar e o aumento da competitividade norte-americana no início dos anos 90 colocou em questão essas perspectivas. Europa (particularmente Alemanha) e Japão se viram cada vez mais obrigados a decidir se avançavam para a ponta da tecnologia mundial ou se continuavam a disputar o comércio de manufaturados.

Japão optou pela ponta desde 1986, com o brilhante "livro branco sobre a globalização" editado pelo seu governo. Mas há muitos limites a romper. Japão e o Oriente não estão associados à produção dos processos de conhecimento e dos símbolos próprios da modernidade. A compra dos estúdios de cinema de Hollywood e das principais estrelas da música norte-americana pela Sony não resolveu o problema. Eles tiveram de produzir filmes e discos... norte-americanos...

A Europa, onde nasceu a "modernidade", tem perdido a luta para a pós-modernidade. O conteúdo erudito e clássico de sua cultura se adapta mal aos valores levianos e anárquicos da pós-modernidade. Apesar de que a Europa é ainda um competidor pela produção do conhecimento de vanguarda e dos valores fundamentais, não consegue alçar-se à ponta da vanguarda pop, que comanda grande parte da produção cultural do fim do século.

A antiga União Soviética tentou organizar um novo sistema econômico baseado em um sistema de valores alternativos. Ela conseguiu durante algum tempo a alimentar um projeto ideológico próprio. Mas o custo dessa proposta ficou cada vez mais elevado. A expressão científica e tecnológica dessa disputa se concentrou nas corridas espacial e militar, de custo extremamente elevado para uma economia ainda bastante deficiente e desigualmente desenvolvida.

Os países de desenvolvimento médio, alguns deles de grande expressão cultural, como a Índia e a China, não encontram espaço na ponta do sistema de valores contemporâneos. Por isto elaboraram o grande projeto alternativo do Movimento dos Não Alinhados. Chegaram a formular a proposta de uma Nova Ordem Econômica Mundial e, sobretudo, de uma Nova Ordem Informativa Mundial. Ao mesmo tempo se apresentaram como uma opção para a Guerra Fria, como um terceiro pólo que desarticulasse a pretendida divisão do mundo entre EUA e União Soviética. Apesar de algumas vitórias parciais, como o aumento dos preços do petróleo em 1973, as propostas do chamado Terceiro Mundo não podiam escapar dos limites de sua participação especializada no mercado mundial. Apesar de avançar nas exportações manufatureiras, desde a década de 70, continuavam e em geral continuam extremamente dependentes das exportações de matérias-primas e produtos agrícolas.

Não é, pois, estranho que as grandes mudanças ocorridas na década de 80 começassem a encontrar-se com seus limites estruturais na segunda metade dos anos 90. Esta é a fonte principal das tensões atuais que envolvem as crises asiáticas, da Rússia e do Brasil, a rebelião da Índia e Paquistão contra o congelamento das experiências nucleares. A política do cartel petroleiro, a OPEP, é talvez a mais extensa iniciativa do Terceiro Mundo até o momento, mas com muitas dificuldades, em sua realização, devido aos limites da elevação dos preços de uma "*commodity*" tão estratégica. Isto estabelece uma sombra que condiciona a ação do cartel petroleiro. Ao mesmo tempo a intervenção militar norte-americana no Oriente Médio introduz um elemento de incerteza e de volatilidade nos preços do petróleo que pressionam gravemente a ação da OPEP.

8. A HEGEMONIA COMPARTILHADA, A DEFLAÇÃO E O CREPÚSCULO DO NEOLIBERALISMO

Chamamos a atenção dos nossos leitores para um evidente aumento das tensões no cenário econômico e político internacional. A recuperação da hegemonia norte-americana, alcançada na década de 80, somente foi possível através de um sistema de poder mundial que temos definido como uma "hegemonia compartilhada". Contudo ficam no ar muitas perguntas que anunciam graves conflitos e contradições.

1. Podem os EUA recuperar totalmente sua hegemonia? Ou têm de *compartilhá-la* com uma economia mundial cada vez mais complexa? O ponto frágil dessa hegemonia é a manutenção de um déficit comercial que tem de ser financiado por capitais externos. Em médio prazo, 20 a 30 anos, isto conduzirá a um debilitamento sistemático do poder hegemônico recuperado a duras penas. Devemos esperar, portanto, um desgaste nas relações dentro da Tríade (Estados Unidos, Europa Ocidental e Japão).

A Europa terá de reforçar sua integração regional e avançar para o Oriente, procurando minar o terreno do Atlântico Sul (América Latina e África) para impedir que os EUA unifiquem completamente o hemisfério e domine o Atlântico.

Por outro lado, o Japão tem de reforçar seus vínculos asiáticos, particularmente no Sudeste Asiático e no Pacífico, onde a aliança com a China deverá assumir um caráter estratégico (Japão e China não querem aceitar por razões históricas e culturais). Isto implica em elevar o valor do yen e do yuan e a ampliação dos mercados japonês e chinês, sem perder totalmente o seu acesso ao mercado norte-americano. Isto implica também no fortalecimento da integração de ambos os países com a região do sudeste asiático promovendo um pólo econômico regional extremamente dinâmico.

2. A incorporação da antiga URSS, hoje CEI, particularmente a Rússia, ao mercado mundial é possível sem grandes conseqüências no funcionamento do sistema econômico mundial?

À medida que a URSS abandona o caminho de sua expansão como potência mundial alternativa e busca um caminho de integração consensual na economia mundial se faz impossível ao sistema de poder atual tentar marginá-la e obstruir esse caminho. A primeira etapa caracterizou-se por um debilitamento do aparato científico-técnico, industrial e gestor da Rússia. Contudo, devemos imaginar que uma reestruturação do Estado russo, uma afirmação de sua moeda, a criação de um sistema financeiro, a definição de sua política industrial e exportadora transformará a Rússia e a CEI em um competidor ainda mais perturbador do equilíbrio econômico mundial que a China Continental. É bom lembrar que ambos somente iniciam sua entrada na economia mundial.

3. A acentuação da participação dos demais países continentais ou de grande concentração demográfica (como Índia, China, Brasil, México, Turquia, Irã, Indonésia, África do Sul etc.) na economia mundial, estimulada pela ideologia neoliberal nos anos 80 e 90 poderá realizar-se sem aumento substancial do comércio mundial e sem permitir a esses países adquirir algum grau de influência no processo de decisão mundial?

Se medirmos, ainda que superficialmente, o volume de tensões que essas mudanças representam, enquanto vemos a dificuldade dos Estados Unidos em ocupar seu papel hegemônico mundial, podemos entender a fonte das tensões atuais que são simples anúncio dos futuros distúrbios em perspectiva na economia mundial.

A crise asiática, econômica e política: seu impacto nas organizações internacionais em plena crise, a rebeldia da Índia e Paquistão frente ao monopólio nuclear, as dificuldades dos Estados Unidos de dobrar os radicais nacionalistas no mundo islâmico, na Iugoslávia ou em Israel as guerras resultantes da tentativa de impor a ferro e fogo a hegemonia norte-americana sobre estas e outras forças socioeconômicas emergentes, são pequenas amostras de uma crescente anomalia no sistema mundial. A pretensão de que as leis do mercado ajustem esses movimentos telúricos, como os chama Thurow, é simplesmente suicida.

Se somarmos a esses movimentos inter-regionais, os conflitos internos nos países, em função da crescente concentração da renda, o aumento da violência social, da pobreza e da exclusão; e se somarmos, finalmente, os graves problemas do meio ambiente, onde a retomada da corrida nuclear é uma das ameaças mais graves; se somarmos o fenômeno do crescimento do crime organizado internacional; se somarmos, finalmente, todos esses fenômenos e mais outros fatores desagregadores, poderemos compreender o caráter instável da conjuntura mundial.

Nas últimas décadas a humanidade tem aumentado sua capacidade material e técnica avassaladoramente, contudo, se deixou levar por uma anarquia crescente que demanda a ação conjunta e planejada da inteligência, da solidariedade, da compaixão e dos mais profundos sentimentos humanos.

É hora de abandonar rapidamente a fé no automatismo do mercado e outras forças espontâneas. É hora de reafirmar a centralidade da razão humana a serviço da sobrevivência da espécie humana. É hora de utilizar todos os recursos materiais e intelectuais a serviço da nossa sobrevivência.

Os egoísmos somente nos anunciam algo similar ao que aconteceu no começo do século XX. Um mundo dominado por conservadores liberais, crentes do livre-mercado, não pôde absorver os avanços da modernidade. Duas guerras mundiais e o neofascismo foram o preço do ajuste "espontâneo" do sistema mundial a esta nova realidade.

Como vimos, muitas foram as pressões para deter o crescimento econômico dos Estados Unidos que conseguiram alcançar seus resultados em 2001-2002. Apesar da queda da inflação e de uma nítida conjuntura deflacionária, pressionou-se por um aumento da taxa de juros com o objetivo de conter as pressões inflacionárias que definitivamente não existiam.

Mas, que importa a realidade se a teoria afirma que uma baixa taxa de desemprego deve gerar necessariamente inflação? Mas, o que importa a realidade se o setor financeiro norte-americano se viu ameaçado pela queda e desaparição do déficit público deste país que tem alimentado grande parte dos negócios do setor financeiro que precisava elevar as taxas de juros para evitar uma decadência de seus negócios?

Que importa a realidade se as baixas taxas de juros aumentavam os investimentos no mercado de ações e diminuíam a demanda de empréstimos? O que importa a realidade se a balança de pagamentos dos Estados Unidos se encontrava e se encontra ainda em déficit e precisa desesperadamente de capitais externos para equilibrá-la?

Temos de agregar o fato de que esses capitais externos estão se apoderando de grande parte das empresas norte-americanas, o que gerou um movimento defensivo pela restrição aos investimentos diretos, sobretudo quando se descobriu, em 1999, que as remessas de lucro haviam ultrapassado as entradas de capitais. Coisas que os latino-americanos conhecemos desde a década de 50.

Em resumo: há razões de Estado e razões de grupos e interesses específicos que justificaram a política de aumento da taxa de juros norte-americana, apesar de vesti-la com o disfarce de uma teoria econômica cada vez mais fracassada. Se o preço dessa política era a queda do crescimento econômico, muitos estavam dispostos a pagar o preço, principalmente os setores mais conservadores que temiam e temem, sobretudo o aumento das pressões por melhores salários e outras conquistas dos trabalhadores geradas nas situações de pleno emprego.

Mas a maioria da população se opõe às políticas recessivas e ao aumento das taxas de juros. Um setor em crescimento se solidariza com os efeitos positivos da diminuição da taxa de juros sobre os gastos em serviços da dívida pagos pelos governos. Esses pagamentos pressionam as políticas públicas e limitam a possibilidade de realizar avanços sociais cada vez mais exigidos pela população.

O corte dos serviços da dívida pública, obtido através da baixa das taxas de juros na década de 90, permitiu o surgimento de superávits fiscais em quase todos os países desenvolvidos e puseram na ordem do dia uma agenda positiva, baseada no aumento dos gastos públicos em segurança social, educação e outros objetivos sociais. Clinton incluiu entre os novos objetivos do país em superávit fiscal a diminuição do montante da dívida, o que contrariava muito diretamente os interesses do setor financeiro.

De outro lado, os conservadores, ligados a Bush, propuseram a diminuição dos impostos e a desaparição do superávit fiscal. Como pode ser que economistas sérios, principalmente neoliberais que ganharam sua vida atacando os déficits públicos, apóiem essas propostas? Estamos frente a um cinismo total que questiona a profissão de economista. Por estas e outras razões cada vez se respeitam menos as assessorias econômicas.

Qual foi o efeito da ascensão ao poder do grupo econômico e político de George W. Bush? Eles facilitaram o aumento da taxa de juros e conduziram os Estados Unidos para uma recessão não necessária e regressiva.

Chegaram ao poder em eleições duvidosas e levaram adiante seus propósitos reacionários provocando uma crise até então desconhecida neste país. Não por seus efeitos econômicos, que foram menos graves que os ocorridos nos anos 50, mas por seus efeitos políticos.

Apesar do consenso obtido com o atentado de 11 de setembro, a guerra contra o terrorismo que se seguiu, e a guerra contra o Iraque, pelo menos em sua fase inicial, desencadearam nos Estados Unidos uma crise de legitimidade que questiona a democracia norte-americana e aumenta a tensão que já tem se expressado no atual processo eleitoral presidencial. É difícil prever todos os desdobramentos desta situação pelo seu caráter inédito. É sobretudo grave considerar o adiamento devido de muitos de seus efeitos deletérios ao consenso a favor das guerras de vingança nacional.

Podemos considerar os antecedentes da crise de 2001, que teve claramente sua origem no contexto da exacerbação do liberalismo econômico.

Naquele momento, a crise a longo prazo estava em processo de superação quando as políticas conservadoras puseram em risco uma recuperação que apresentava um forte impulso e corrigia os efeitos desastrosos de cerca de 25 anos de queda de crescimento e de fracasso econômico. E não há nada mais perigoso que deter um processo de desenvolvimento e expansão das forças produtivas e tentar deter conquistas sociais de classes em ascensão.

Seguramente, um dos setores que mais se beneficiavam desta onda expansiva em marcha nos Estados Unidos e nos demais países da tríade desenvolvida (inclusive o Japão que ainda não saiu da crise) era a economia da informação, ponta de lança da fase atual da revolução técnico-científica. É muito difícil conter a ira de um setor econômico tão prometedor diante de uma conjuntura recessiva.

Devemos assinalar também o fato de que os sindicatos dos países centrais estavam alcançando um novo nível de mobilização depois de anos de perdas significativas de seus sócios e de sua disposição de luta. Seguramente, a diminuição da taxa de desemprego foi o fator fundamental dessa recuperação, que levou o sindicalismo norte-americano a converter-se na principal força eleitoral dentro do partido democrata nas eleições presidenciais de 2000, tendo elegido uma das maiores facções do Congresso.

É difícil acreditar que essas forças aceitaram e aceitarão tranqüilamente a contenção da recuperação econômica numa conjuntura claramente expansiva como a que se produziu nos oito anos da década de 90. Devemos esperar, portanto, grandes confrontos políticos que terminarão por refletir-se nas posições doutrinárias e na própria ciência econômica.

Se somarmos a isto a crise doutrinária que envolve as propostas neoliberais neste momento, alcançando as instituições internacionais e vários órgãos de imprensa e políticos, devemos desenhar um cenário de fortes embates políticos e ideológicos nos próximos anos. Podemos afirmar então que as análises sobre a sociedade norte-americana que iniciamos nos parágrafos anteriores se vêem enriquecidas pela análise da crise financeira e dos poderosos reajustes econômicos em perspectiva.

Não faltam especialistas que acreditam estar diante de uma crise de longo prazo, como a de 29. Contudo, vivemos uma crise de curta duração que incita um movimento social e político de correção de rumos extremamente importante.

O pensamento conservador se renovou diante da crise criada pelos bancos centrais que operaram como sabotadores dos governos democráticos, social democráticos e socialistas em todo o mundo ocidental. Os conservadores assumiram a crítica à reversão e ao desemprego. Os fascistas levaram estas críticas ao campo da emigração e do racismo, exacerbando a bandeira da luta contra o desemprego. Contudo cremos que os conservadores sofrerão uma derrota tão radical como a que varreu na Europa os governos conservadores na segunda metade dos anos 90. Os governos gerados por esta onda progressista foram estancados devido às dúvidas e vacilações dos partidos social-democratas e socialistas, cheios de contradições e facções derrotistas.

Sem falar de uma esquerda pretendidamente radical que não quer entender a profundidade das mudanças políticas em marcha e a necessidade de entregar propostas políticas ofensivas quando os trabalhadores começaram a levantar suas cabeças depois de tantos anos de derrotas.

Apesar de tudo, entre 2001 e 2002 chegamos próximos à recessão nos Estados Unidos. Ao mesmo tempo a economia japonesa se atolava e parece sem perspectiva de expansão em curto prazo. Nesta mesma ocasião, a economia européia parece não agüentar o ritmo de crescimento que vinha mantendo entre 1998 e 2000, como uma reserva significativa para o crescimento econômico mundial. No resto do mundo, há apreensões quanto às possibilidades de exportação e atração de capitais em circunstâncias tão negativas. A recuperação econômica nos Estados Unidos se mostra ainda vacilante e não consegue reverter totalmente o clima pessimista. A guerra anglo-americana contra o Iraque, apesar de ampliar significativamente a demanda militar, não parece ser um caminho sólido para assegurar uma recuperação permanente.

Não há dúvida que vivemos, entre 2001 e 2002, a primeira crise de dez anos, dentro da nova fase de recuperação econômica global do ciclo longo de Kondratiev. Para muitos economistas trata-se de um processo depressivo sem saída pelo menos a curto prazo.

Contudo, pode-se reconhecer que se trata de uma retificação dos excessos produzidos na primeira fase do período mais geral da recuperação do crescimento.

De fato, o custo da recuperação mundial concentrou-se demasiado sobre a recuperação norte-americana. A Europa tem demonstrado um limitado desejo inovador e, sobretudo o Japão se vê aprisionado em sua enorme liquidez, conquistada sobre a base dos excessivos superávits comerciais obtidos com os Estados Unidos nos anos 80 e parte dos 90. Transformados em poder financeiro mundial, não há dúvida de que o sistema financeiro do Japão se tornou demasiado grande e que este país terá de diminuir esse sistema se quiser recuperar seu crescimento econômico.

As chamadas economias emergentes estavam apoiadas, no começo da década de 90, na acumulação de reservas em divisas internacionais obtidas durante as negociações das dívidas internacionais no final dos anos 80 e começo dos 90.

Contudo, na metade da década de 90 essas reservas já se haviam esgotado, ao serem utilizadas para pagar as remessas dos lucros obtidos pelo capital especulativo e também pelos investimentos diretos realizados no período.

Para pagar essas remessas de lucros e as remessas de juros, que voltaram a pesar nas suas balanças de pagamentos, as economias dependentes entregaram quase todas as suas empresas públicas e suas riquezas naturais.

Não há muito de onde captar mais recursos para sustentar as saídas fantásticas de pagamentos de serviços técnicos e outros, de remessas de lucros, de juros, de rendas obtidas com a especulação de títulos da dívida pública e privada a altas taxas de juros.

Pode-se ver, portanto, que essas economias não se encontram em condições de garantir um crescimento econômico significativo em uma conjuntura de descenso das economias centrais. Essa relativa autonomia somente foi possível durante o período de expansão industrial e do mercado interno desses países.

A principal exceção é a China, que mantém sua força competitiva mundial através de um forte financiamento estatal. Contudo, ao estar impedida de desvalorizar sua moeda, depois de uma fortíssima desvalorização de seus vizinhos asiáticos, a China não pôde manter o mesmo ritmo de crescimento que havia alcançado no período pré-crise asiática.

Existem ainda outras exceções significativas. A Índia continua seu crescimento econômico que se baseia em uma oferta mundial de produtos agroindustriais, de indústrias de alta tecnologia e de serviços e mão-de-obra especializada, ao mesmo tempo em que um planejamento estratégico mais coerente assegura a produção e o consumo de bens essenciais para a população nacional.

O outro exemplo é a Rússia, que recuperou sua capacidade de crescimento em 1997 a partir de uma moratória e do aumento do preço do petróleo. Ademais, restabeleceram-se mecanismos de política industrial e de planejamento econômico, reincorporando as empresas de alta tecnologia a um sistema de crédito voltado para o financiamento do desenvolvimento.

Parece claro, contudo, que a recuperação do crescimento dependerá de importantes reformas da economia mundial. Será necessário reforçar, neste próximo período, e como condição de uma recuperação mais sã, a ampliação dos mercados internos dos países chamados emergentes.

Isto também é verdade para o leste da Europa, onde aconteceu um retrocesso brutal da distribuição da renda com a aparição do desemprego em grande escala, como resultado das reformas pró-capitalistas. No meio da crise, essas economias revelam um potencial de crescimento significativo ao estabelecer políticas industriais voltadas para sua articulação com os mercados europeus.

Estamos, portanto, diante de importantes questões ideológicas. Como temos assinalado em outras ocasiões, o tipo de "ciência" econômica que se pratica hoje em dia, de inspiração neoliberal, terá de ser substituído rapidamente por uma base ideológica mais séria, de signo oposto.

Como temos dito, não há dúvida de que a depressão de 2001-2002 foi causada, em grande parte, pela intervenção do Federal Reserve Board dos Estados Unidos, capitaneado por Allan Greenspan que, como vimos, elevou arbitrariamente a taxa de juros dos Estados Unidos com dois objetivos:

De um lado, de maneira bem explícita, tratava-se de deter o crescimento econômico devido à diminuição dramática da taxa de desemprego. A desculpa para tais políticas é o perigo de uma inflação embutido no pleno emprego, mas a economia norte-americana não apresentou nenhuma tendência inflacionária mesmo durante o aumento do preço do petróleo.

A verdade é que as tendências deflacionárias mundiais neutralizam essas previsões, da mesma forma como o fantástico aumento da produtividade, devido ao avanço tecnológico e sua incorporação em inovações enormemente significativas pressionam os preços de produção para baixo.

A segunda razão apontada pelo FED é a constatação do aumento de emprego e o conseqüente aumento do poder de negociação dos trabalhadores em nível local e internacional. Pode-se ver como o pensamento neoliberal volta a estabelecer a luta de classes como centro da vida econômica, ainda que sem admiti-lo explicitamente.

A conquista do governo norte-americano por um adepto aberto do neoliberalismo, em sua forma mais conservadora, não conduziu a uma boa evolução dos acontecimentos. Já vimos que as políticas de George W. Bush agravaram significativamente o quadro depressivo, sobretudo para os trabalhadores de baixa renda. O desemprego voltou a crescer e a concentração de renda foi favorecida pela política tributária.

Apesar dos sinais de recuperação econômica derivada da queda da taxa de juros, em 2002, somente podemos esperar, em tais condições, um aumento dos confrontos de classes, etnias, raças e nações no plano mundial. No contexto de uma crise econômica decenal, aprofundada abertamente por uma doutrina econômica conservadora, somente podemos esperar uns anos difíceis nos quais a violência deverá regular boa parte das relações humanas.

O abismo é, portanto, econômico, político, psicológico e cultural.

Desde outubro de 1987 configura-se uma conjuntura deflacionária na economia mundial. Suas primeiras causas foram o final da supervalorização do dólar e da bolha financeira. Na crise de outubro de 1987, o dólar se desvalorizou cerca de 40%, obrigando a intervenção dos bancos centrais da Alemanha e do Japão para deter a desvalorização; as bolsas entraram em vertiginosa queda, exigindo intervenção similar; e as dívidas internacionais dos países do Terceiro Mundo entraram em moratória aberta ou disfarçada, conduzindo ao Plano Brady, que oficializou a desvalorização dessas dívidas, perdoando parte delas, convertendo outra parte em bônus norte-americanos e definindo um "menu" de alternativas para a negociação das mesmas.

O começo dos anos 90 foi marcado por novos movimentos de desvalorização dos ativos mundiais. Ocorreu então a quebra de vários grupos financeiros, apesar da proteção dos Estados nacionais que procuraram garantir, através de fundos de proteção ao setor, as diversas empresas financeiras afetadas pela onda de desvalorização dos ativos em geral. Ao mesmo tempo a desvalorização dos imóveis (particularmente supervalorizados no período da bolha) produziu uma nova onda de crise bancária, pois grande parte das dívidas bancárias estavam apoiadas em imóveis supervalorizados. A queda dos preços dos mesmos deixou sem garantias os portifólios aparentemente mais sólidos.

Ao mesmo tempo, a queda inevitável das taxas de juros (elevadas artificialmente nos anos 80, como instrumento de captação de recursos para financiar o gigantesco déficit fiscal e o igualmente gigantesco déficit da balança comercial norte-americana) diminuía significativamente o gasto público. Ao fazê-lo, retirava do movimento financeiro mundial sua base de especulação mais importante do período: o crescimento ultra-exagerado do gasto público norte-americano em conseqüência do pagamento de altos juros por sua crescente dívida pública.

A enorme dívida pública, gerada nos anos 80 e começo dos 90, lançou no mercado financeiro um enorme volume de títulos públicos que pagavam altíssimos juros e atraíam capitais de todo o mundo, particularmente do Japão e da Alemanha, países que dispunham de enormes saldos em dólares devido ao seu superávit comercial com os Estados Unidos.

Ao mesmo tempo, o gasto público passou a ser alimentado pelo pagamento dos serviços da dívida, sob a forma de altos juros, o que terminou por impor um movimento similar em todo o mundo. Quando caíram as taxas de juros em 1989-90, os déficits públicos também diminuíram e a especulação com títulos da dívida baixou drasticamente. O capital financeiro, desprovido dessa fonte, passou a procurar as chamadas economias emergentes e a gerar títulos sem nenhum respaldo como os hedges e derivativos. Mas logo estes novos campos especulativos entraram em graves e sucessivas crises entre 1990 e 1998.

Em seguida, o processo deflacionário alcançou o mercado de commodities, as quais entraram em franca desvalorização ao diminuir drasticamente os excedentes monetários disponíveis internacionalmente.

Entre as commodities temos de assinalar o petróleo, cujos preços entraram em queda em 1989. Porém nos anos 90 se destaca o ouro, por sua função de reserva de valores mundiais a qual ainda cumpre, com muito menos importância que no passado. Foi assim que seu preço caiu para 18,9 dólares por grama em 1980, para 10,5 em 85, voltando a subir para 12,6 de 1990 a 1996, quando inicia sua queda mais séria chegando a 8,2 dólares por grama. A crise de 2001-02 revalorizou o ouro como reserva de entesouramento na conjuntura recessiva. O drástico derrubamento da taxa de juros nos finais de 2002 tem aberto caminho para uma desvalorização do ouro.

Entre estas commodities se destaca o petróleo. Este se encontra sempre ameaçado, nos Estados, por barreiras de entrada que tentam manter seu preço baixo. O cartel da OPEP é capaz de assegurar um aumento de preços por um certo período de tempo. Entretanto, a possibilidade de ampliar a exploração do petróleo cru em certas regiões é cada vez mais onerosa o que pode diminuir a margem de lucros.

Também se destaca o cobre, que vem aumentando sua produção devido a uma política suicida do governo chileno, que o levou ao caminho da queda de preço, combinando a superprodução com a deflação global. Assim mesmo, o avanço da tecnologia aumentou a produtividade e fez cair os custos de produção dos minerais e dos produtos agrícolas que passam por uma forte renovação tecnológica com o desenvolvimento da biotecnologia.

Por último, o surgimento de novos materiais vem substituindo dramaticamente o uso de várias matérias-primas provocando a queda de sua demanda e de seu preço. O desenvolvimento da cerâmica de alta temperatura favorece também a automação da produção de vários produtos e tem baixado drasticamente seus preços como é o caso do setor automobilístico, entre outros.

Como conseqüência disto produziu-se um movimento convergente entre a desvalorização dos ativos financeiros (o dólar, os imóveis, os títulos públicos e privados, os derivados e o próprio ouro) e a queda dos preços dos produtos básicos agrícolas e mineiros.

Esta convergência se faz ainda mais dramática com a terceira revolução industrial que se acelera na segunda metade dos anos 80, com a adoção industrial dos robôs cada vez mais freqüentemente. A incorporação do laser na produção e na comunicação, com o apoio dos satélites, tem diminuído drasticamente o custo dos serviços de comunicação. As mudanças tecnológicas na eletrônica, a utilização dos novos materiais, o uso crescente do laser e a incorporação de outras inovações fazem tender para zero os custos industriais e de serviços em vários setores da economia, exigindo ao mesmo tempo escalas de produção planetárias, ou pelo menos regionais, para possibilitar a incorporação dessas mudanças tecnológicas.

É assim que setores tradicionais como o siderúrgico, o automobilístico, os transportes em geral, os tecidos e a confecção, passam por mudanças revolucionárias que derrubam impérios inteiros e abrem as portas à competição de novas economias, como o caso da China, que dispõe de recursos minerais e humanos para desatar uma competição internacional em vários setores econômicos.

É grande o protesto dos produtores tradicionais contra a mão-de-obra barata na China (e até escrava, segundo afirmam sem nenhuma evidência) que estaria possibilitando a queda dos preços industriais. Sim, é verdade que o baixo preço da mão-de-obra pode proteger alguns centros produtores nas zonas do Terceiro Mundo. Contudo, a verdadeira causa de sua competitividade crescente nesses ramos é a possibilidade de incorporar as inovações tecnológicas a baixo preço e vender seus produtos por preços não monopólicos.

O que assistimos, na realidade, é uma queda dramática das barreiras de entrada que ameaçam monopólios tradicionais e estimulam as fusões entre empresas afetadas por estas mudanças tecnológicas. As fusões objetivam garantir o controle monopólico dos mercados e a possibilidade de administrar os preços industriais.

Esta situação geral explica o refúgio dos capitais financeiros nos movimentos de curto prazo desde 1987. Sua pressão por gerar novos campos de investimento especulativo, como os derivados, ou de abrir novas zonas de especulação, como as chamadas economias emergentes nos anos 90, revelam, contudo a debilidade desta gigantesca bolha especulativa. As sucessivas crises dos anos 90 são ajustes brutais das economias locais, nacionais, regionais e globais a essas mudanças. Por trás das mesmas atuam as forças deflacionárias que assinalamos, as quais são, entretanto, ignoradas pelas análises econômicas.

O contraditório da situação é que o capital financeiro, ao ver-se deslocado de vários setores e regiões através das crises cada vez mais graves, tem de voltar ao processo produtivo. Por esta razão o mercado de ações dos Estados Unidos captou, durante o auge dos anos 90, grande parte desse excedente financeiro mundial através da valorização especulativa de suas ações. Desta maneira, a deflação generalizada encontrou na bolsa de New York, com suas seqüelas mundiais, sua grande compensação.

A elevação da taxa de juros nos finais de 2000 tinha como um dos seus objetivos derrubar o mercado de ações, objeto de críticas do presidente do Fed. Os fatos posteriores demonstraram uma forte capacidade de resistência deste mercado, que voltou a fortalecer-se com a queda drástica das taxas de juros no começo de 2002. Sua volatilidade crescente demonstrou, contudo, suas dificuldades para incentivar este tipo de especulação e entraram em falência os maiores aproveitadores da onda especulativa dos anos 90, numa sucessão de denúncias de fraude e desmistificação de personagens e símbolos mercadológicos.

Os bancos centrais, sob o domínio dos conservadores, buscaram compensar esse movimento contraditório elevando as taxas de juros em nome de velhas teorias sobre o impacto inflacionário do crescimento econômico e do pleno emprego. Vimos o aumento de 3,5% a 6,5% nos fins de 2000 e sua queda a 1,25% um ano depois, com o fracasso estrondoso dessa política conservadora.

É hora de superar essas teorias atrasadas que não conseguem analisar a economia mundial como um movimento global que se impõe sobre as economias nacionais. Mas isto nos leva a questões mais complexas.

Os dramáticos acontecimentos de 11 de setembro aprofundaram ainda mais a crise radical das bases do pensamento neoliberal que tinha ocupado uma posição hegemônica quase unânime nos meios de expressão e comunicação do oficialismo.

O chamado pensamento único nos fez acreditar que o livre funcionamento do mercado levaria as sociedades a um equilíbrio quase perfeito entre as necessidades expressas na demanda das populações e a oferta expressa na capacidade produtiva de cada unidade econômica.

O livre comércio entre as nações permitiria a especialização de cada uma delas naqueles produtos em que tivessem mais vantagens comparativas de maneira que a economia internacional tenderia para uma produtividade ótima e o máximo de eficiência econômica.

O triunfo ideológico do neoliberalismo e a imposição de políticas por ele inspiradas na maior parte dos países no mundo levou a humanidade à crise mais profunda de toda a sua história. Desde 1987, quando desapareceu 1 trilhão de dólares da economia mundial em menos de uma semana, a instabilidade cultivada nos anos de hegemonia neoliberal nas administrações de Reagan e Thatcher explodiu e não foi possível retomar um mínimo de equilíbrio cambial, fiscal e financeiro até que a desvalorização da moeda dominante – o dólar – se instalou e iniciou a quebra do sistema financeiro internacional superdimensionado, criado pela falsa liberdade de mercado imposta nos anos setenta e oitenta.

Na realidade, nos anos 70 foi gerada uma dívida internacional colossal nos países do então chamado Terceiro Mundo. Nos anos oitenta esses países foram obrigados a pagar os serviços dessa dívida (acrescentada por renegociações puramente contábeis que inflaram de maneira colossal o seu volume). Ao mesmo tempo aparecia a gigantesca dívida norte-americana, gerada para financiar as massas gigantescas de déficit cambial e fiscal desse país. A dívida norte-americana serviu para financiar e impulsionar um enorme sistema financeiro internacional.

A fantástica liquidez que havia inundado os países do Terceiro Mundo nos anos 70 se deslocou para a tríade da América do Norte, Europa e Japão. A economia mundial aumentou dramaticamente seu desequilíbrio. A década de 90 se encarregou de repor, em parte, as coisas em seu lugar. A baixa do dólar, a queda das taxas de juros e do déficit público e cambial permitiram a recuperação da economia norte-americana de 1993 a 2000.

Durante os anos 80 e na primeira metade dos anos 90, a Europa aproveitou de seus superávits comerciais para valorizar suas moedas e criar uma moeda regional que a ajudará a consolidar um desenvolvimento regional que começou a manifestar-se na segunda metade dos anos 90. Contudo, a importância do euro é muito maior do que a viabilização de uma moeda regional. Ao revelar um forte potencial de valorização, o euro tende pouco a pouco a se converter numa moeda de reserva e a substituir o dólar como única moeda mundial.

O Japão foi o mais afetado pelas mudanças. Diante da desvalorização do dólar, realizada nos anos 90-96, o Japão viu cair radicalmente seu superávit comercial e a colossal liquidez que o havia favorecido até 1992. Baixa de crescimento e perda de competitividade para um país cujo dinamismo econômico se fundara, em grande parte, na penetração massiva no mercado norte-americano, significou uma crise a longo prazo da qual não logrou sair até 2003.

Como resposta à perda dos mercados norte-americanos, o Japão aprofundou sua integração com os mercados do leste asiático. Na realidade, foi obrigado a rever suas ilusões de que poderia dirigir um processo de globalização de dimensões planetárias. Seus investimentos se fizeram cada vez mais regionais e, como foi dito anteriormente, encontrou-se na necessidade de compartilhar com a China a perspectiva de uma economia regional cada vez mais poderosa, mas não necessariamente hegemonicamente japonesa.

As saídas norte-americana, européia e japonesa não passavam mais por uma perspectiva neoliberal. Enquanto o discurso econômico continuava a assumir as premissas do neoliberalismo, as políticas econômicas e industriais se faziam cada vez mais estatizantes e protecionistas.

No plano social, buscava-se conservar as políticas de flexibilização do trabalho que nada mais são que um rebaixamento dos níveis salariais, um aumento das taxas de exploração dos trabalhadores, a intensificação do trabalho e a busca de restabelecer as altas taxas de lucros, abaladas pelo crescimento do Estado de Bem-estar.

A retomada do crescimento econômico nos Estados Unidos e na Europa criou as condições para uma maior competitividade dos trabalhadores menos ameaçados pelo desemprego, que baixou de 8,5% para 3,4% nos Estados Unidos[1].

As greves dos trabalhadores franceses em 1996 fizeram voltar ao poder os socialistas que fizeram uma autocrítica incompleta de seu abandono da luta pelo

---

[1] As mudanças no processo do trabalho nos anos 80 e as mudanças sindicais geradas no movimento sindical do período têm produzido conclusões apressadas sobre o fim do sindicalismo. O renascimento sindical entre 1994 e 2000 começa a derrubar muitas das análises inspiradas na conjuntura recessiva dos anos 70 e 80.

pleno emprego, durante seus governos iniciais, quando foram convencidos pelos neoliberais da impossibilidade de uma política de crescimento econômico induzida.

Na Inglaterra, a terceira via de Tony Blair parecia abrir o caminho para uma união entre a economia eficiente do mercado e as políticas de compensação social da social-democracia. O inevitável fracasso dessa política levou contudo o povo de Londres a preferir o prefeito rebelde de esquerda, que se afastou do partido trabalhista, e o elegeu contra a política de privatização do metrô, proposta por Blair e seu candidato oficial. Os crescentes compromissos de Blair com os Estados Unidos o levaram a uma posição subordinada que coloca em risco o papel desse país na União Européia.

Na Alemanha os trabalhadores derrubaram as tentativas de restrição dos direitos dos trabalhadores propostas por Kohl e fizeram triunfar uma coligação social democrata-verde. Quando Schroeder afastou de seu governo seu primeiro ministro da economia, La Fontaine, de orientação anti-neoliberal, e tentou impor um plano econômico similar ao que tentara Kohl, foi paralisado por seu próprio partido e teve de abandonar suas pretensões pró-patronais para ganhar as eleições de 2002. Contudo, em 2003, ele volta a defender os fracassados princípios neoliberais que exigem a chamada "flexibilização" do trabalho como condição da retomada do crescimento econômico.

Em todas essas oportunidades, as grandes maiorias sociais recusaram eleitoralmente, com greves ou de outras formas, as propostas neoliberais. Esses movimentos puseram na agenda políticas econômicas que permitiriam retomar o crescimento econômico e o pleno emprego: a diminuição da jornada de trabalho, a baixa das taxas de juros, as políticas industriais e de formação de recursos humanos, com especial ênfase no papel da educação e da elevação do nível de vida dos trabalhadores como instrumento de competitividade, a recuperação da previdência social (ameaçada por cálculos contábeis que simplesmente ignoram o aumento da produtividade colossal que permite, que com o trabalho de um número cada vez menor de pessoas, se sustente uma quantidade cada vez maior de pessoas anciãs).

Este novo programa se estende ao plano internacional com a exigência de uma generalização das condições de trabalho e salariais européias e norte-americanas para todo o planeta, eliminando a competência negativa dos países do Terceiro Mundo, baseada na mão-de-obra barata que põe em risco os empregos dos trabalhadores dos países desenvolvidos.

Tudo isto é temperado por uma consciência ambiental cada vez mais madura que procura submeter o crescimento econômico aos objetivos de um desenvolvimento sustentável que garanta às próximas gerações a continuidade de uma política de desenvolvimento humano.

Esta nova agenda de paz e desenvolvimento foi em parte desequilibrada pelos acontecimentos de 11 de setembro que foram utilizados pelo governo Bush para justificar um plano de deslocamento de tropas para as zonas petroleiras do Oriente Médio e do norte da Ásia e realizar pelo menos duas guerras em pouco mais de um ano. Num retorno à barbárie, esse governo quer impor o direito à vingança como princípio de justiça nas relações internacionais.

Mas, ao mesmo tempo, as necessidades da intervenção geopolítica e a exposição ao mundo dos perigos de uma economia de livre mercado enquanto a humanidade não se organiza como um sistema de planejamento mundial, ficaram claras quando se constatou a debilidade de um sistema de segurança inspirado fundamentalmente na força.

Não são poucas as vozes que se levantam neste momento para afirmar que não é possível garantir a segurança dos Estados Unidos se não há uma solução planetária para os problemas da miséria e da pobreza.

Nada disto garante um novo caminho nas relações internacionais, mas aponta para isso. Cabe às pessoas de boa vontade trabalhar para criar a consciência desta necessidade.

Contudo é preciso reforçar a idéia fundamental de que é necessário superar o enfoque economicista como uma maneira de pensar o mundo e a sociedade. Este economicismo encontra sua máxima expressão no pensamento único de caráter neoliberal.

Temos de superar, sobretudo, a falsa noção da natureza humana que está por trás das fórmulas aparentemente técnicas e científicas do pensamento econômico contemporâneo.

Enquanto se creia que o homem é um ser individualista que procura sua felicidade através da maximização de seus bens e da atenção de suas necessidades possessivas, não poderemos conceber uma sociedade mundial na qual se imponham os princípios da paz e da convivência pacífica entre os homens. A competição, tão elogiada pelo neoliberalismo como fonte de eficiência e eficácia, tem de ser e pode ser substituída por valores mais sólidos como a solidariedade para encaminhar a resolução dos problemas da Humanidade. A atenção das necessidades humanas deve expressar-se na busca da qualidade de vida e no avanço de toda a humanidade para estágios superiores de civilização.

Apesar do pessimismo com o qual se analisa o papel dos Estados nacionais na etapa atual da evolução da economia mundial, é inegável que os Estados nacionais, devidamente modificados para adaptar-se às mudanças da economia mundial e às pressões das massas nacionais por maior participação na gestão pública, deverão cumprir um papel decisivo durante um longo período.

Devemos avançar nossos estudos para este tema que será objeto do próximo capítulo de nosso livro.

9. A RECUPERAÇÃO DA ECONOMIA MUNDIAL E SEUS LIMITES

Os principais institutos de análises da conjuntura mundial têm aceitado o diagnóstico que acusa uma recuperação mais ou menos sustentável da economia mundial a partir de 2003. Parece claro que a queda da taxa de juros nos Estados Unidos, Europa e Japão tem assegurado a volta dos investimentos nas bolsas e a alimentação das empresas com recursos para retomar os investimentos. Ao mesmo tempo o aumento dos gastos públicos norte-americanos, com a criação de um déficit fiscal colossal sobretudo para os gastos militares e "anti-terroristas" assim como para a "reconstrução" do Iraque, tem gerado um aumento colossal da demanda. Essa demanda aumentada transforma-se numa demanda internacional e se reverte para o setor externo produzindo um déficit comercial gigantesco, superior aos colossais déficits dos anos 80.

Como se vê, a recuperação econômica se apóia uma vez mais em colossais desequilíbrios macroeconômicos e não nos equilíbrios macroeconômicos que tanto recomendam os economistas de orientação neoliberal. Mesmo sendo eles quem dirigem as políticas econômicas – frente à possibilidade de colocar em prática seus princípios doutrinários – inspiram-se em modelos "teóricos" totalmente falsos, tornado-se "keynesianos" pragmáticos para colocar suas economias em funcionamento.

Somente escapam desses princípios de ação os economistas das nações dependentes, os quais sim acreditam rigidamente em princípios teóricos aprendidos em manuais das universidades norte-americanas ou em manuais do Fundo Monetário Internacional. Vejamos o caso da política de estabelecimento da taxa de juros.

O FED norte-americano baixou a taxa de juros paga pelo governo desse país, com reflexo universal, de 6,5% para 1,0% em menos de um ano para deter a recessão norte-americana – conseqüência sobretudo do irresponsável aumento da mesma taxa de juros realizado pelo FED em 2000. Nossos economistas locais afirmam com ar de superioridade que as absurdas taxas de juros que impõem aos nossos países são um produto do mercado e não podem ser reduzidas "irresponsavelmente". Descobrimos assim que as taxas de juros somente podem ser *aumentadas* irresponsavelmente... Trata-se de um princípio "científico" muito apreciado pelos especuladores.

A queda das taxas de juros é um movimento necessário na economia mundial e faz parte dos fatores de recuperação da economia mundial que começa a libertar-se da tirania do setor financeiro especulativo para retomar a dinâmica produtiva. Isto confirma nossas teses sobre a retomada de uma fase *a* dos ciclos longos de Kondratiev a partir de 1994.

E confirma também nossas previsões sobre o caráter de curto prazo da crise de 2000-2002, assim como nossa denúncia de que a gravidade que assumiu esta crise era produto das políticas equivocadas, conservadoras e interessadas do FED, expressas sobretudo no aumento da taxa de juros para fazer "aterrar" a economia norte-americana que estaria ameaçada por uma inflação que nunca veio, e nem virá em curto prazo, pois nos encontramos claramente numa conjuntura deflacionária.

Não era necessário, portanto, um desequilíbrio fiscal tão agudo, como o que gerou a aventura militarista do governo Bush, para recuperar a economia norte-americana. Ele se converte num grave problema para a sã recuperação. Obriga, por exemplo, a manter uma enorme dívida pública que enche os mercados financeiros de títulos do governo norte-americano criando uma perigosa fonte de especulação financeira.

O déficit afeta também a credibilidade do dólar, já desestabilizada pelo gigantesco déficit comercial desse país, aumentada pelos novos gastos militares no exterior e outros gastos que se fazem cada vez mais pesados para uma balança de pagamentos marcada por situações negativas generalizadas.

É necessário lembrar que desde a década de 1980 os Estados Unidos vêm acumulando uma dívida externa colossal que põe em questão cada vez mais a confiança em sua moeda. Esta situação tem sido sanada até o momento através da entrada massiva de capitais do exterior para cobrir o déficit de sua balança de pagamentos. Mas é crescente a desconfiança contra os títulos da dívida pública norte-americana e é crescente também o medo de investir numa moeda que está gravemente ameaçada de desvalorização.

Tudo indica, portanto, que a crise do dólar e sua brutal desvalorização deverão dominar o horizonte do sistema financeiro internacional nos próximos quinze anos, quer dizer, no tempo suficiente para que os países que fizeram suas reservas em dólares se desprendam das mesmas buscando de maneira crescente o ouro e outros mecanismos de defesa de seus ativos, o que inclui inclusive as novas moedas fortes internacionais, particularmente o euro.

No caso asiático a fortaleza do yen japonês e a resistência da China em desvalorizar o yuan apontam para uma luta entre moedas nos próximos quinze anos que terminará necessariamente por uma ampla desvalorização do dólar e pela perda definitiva de sua condição de moeda mundial.

É necessário assinalar também que a força que conserva o dólar num quadro tão desfavorável advém da importância do déficit comercial norte-americano na formação da liquidez mundial. Os superávits comerciais dos exportadores para os EUA alimentam de dólares os estoques das reservas mundiais. Mas esse mesmo déficit aumenta a debilidade do dólar a médio e longo prazo.

Os déficits fiscal e comercial foram o principal instrumento para a recuperação do poder hegemônico da economia norte-americana, depois da derrota do Vietnã e da crise do dólar em 1973.

Ao mesmo tempo essa recuperação foi ajudada pelos gastos em ciência e tecnologia, orientados basicamente para a recuperação do poder militar norte-americano no mundo e se baseou na entrada de capitais de todo o mundo para adquirir os títulos da dívida pública dos EUA.

Na década de 90 esses capitais foram atraídos sobretudo pela ultravalorização da bolsa norte-americana. Nos anos 2003-4 não haverá juros altos para atrair capitais e a valorização da bolsa deverá ser limitada pelo medo da desvalorização do dólar.

Não podemos esperar, portanto, uma recuperação extremamente sólida e poderosa. Nada que se possa comparar com os anos dourados do pós II Guerra Mundial. Mas teremos os fenômenos fundamentais do crescimento chinês, hindu e asiático em geral (incluindo a Sibéria e as Coréias) que produzirá uma economia nova no mundo, uma nova fronteira econômica com crescente integração regional.

Há que se agregar, contudo, outro elemento a esse cenário. Trata-se da diminuição do tempo de trabalho necessário para produzir os produtos industriais, o que tende a gerar na falta de uma diminuição da jornada de trabalho correspondente ao aumento da produtividade, uma drástica diminuição da mão-de-obra industrial.

É ridículo ver como se fala de uma crise, das previsões sociais e dos gastos públicos num momento no qual a humanidade produz um excedente econômico tão colossal. É absurdo também constatar que, nesta fase da história humana aumentam tão fortemente as populações pobres do mundo.

A única explicação para esta crise irracional é a injusta distribuição dos frutos do progresso tecnológico e científico no mundo, patrocinada por uma injusta distribuição da renda em cada região e em cada nação e entre as regiões e nações.

Mas trata-se também de uma injusta distribuição da renda entre os vários setores econômicos permitindo que o capital financeiro se aposse da maior parte da riqueza gerada no mundo através – sobretudo – da intervenção dos Estados nacionais que captam recursos de toda a população para transferi-los para o setor financeiro através da negociação de umas dívidas públicas colossais criadas nada mais que para favorecer o capital financeiro mundial.

O grave desta situação é não somente a debilidade da capacidade dos Estados de atenderem as necessidades das populações. É sobretudo a possessão dos gigantescos excedentes por um grupo de interesses defendidos por "técnicos" a serviço dos mesmos que impõem uma corrupção generalizada dentro das corporações privadas e sobretudo da administração pública.

O clima intelectual, moral e ético desta sociedade somente pode ser o mais negativo possível. A angústia da luta pela sobrevivência se faz mais penetrante quando a violência se converte no caminho da competição econômica com a expansão dos negócios ilegais, as "gangues" de todo o tipo e as formas de corrupção estatal e privada.

O desespero e o cinismo que se desenvolvem neste ambiente conduzem a uma filosofia do desânimo e do pragmatismo que ridiculariza o heroísmo e a vontade transformadora que não consegue se converter em renda. Este é talvez o efeito mais brutal deste ambiente ideológico e cultural: nada se pode esperar de uma humanidade que não acredita em seu poder de transformação máxima quando ela atravessa seus limites a cada dia com o avanço da ciência e da tecnologia em uma permanente e multifacética revolução.

V
HEGEMONIA E CONTRA-HEGEMONIA

1. EM BUSCA DE UM MODELO INTERPRETATIVO

O mundo está se transformando drasticamente. Estamos na fronteira de uma nova era econômica, social, política e cultural. O que define esta nova era é, essencialmente, a criação de uma dimensão global da vida que é o ponto de partida para uma civilização planetária. Neste momento, somos forçados a nos confrontar com o processo de globalização da vida econômica, social, política e cultural e suas demandas e conseqüências, e estamos criando os instrumentos teóricos para isto. Para descrever esta nova realidade usamos indiscriminadamente os termos globalização, sistema mundial, economia mundial e ordem mundial, que evocam ou precedem a formação de uma civilização planetária. Entretanto, eles representam diferentes faces de um mesmo fenômeno histórico, como podemos ver das seguintes tentativas de defini-los:

GLOBALIZAÇÃO (que corresponde ao termo francês "mondialisation" – em português, mundialização) significa essencialmente o surgimento e desenvolvimento de uma esfera de relações econômicas, sociais e políticas globais que tendem a se reproduzir como fenômenos mundiais que transcendem as fronteiras nacionais, formando um sistema global, apesar de que continua dependendo de sistemas nacionais ou locais para assegurar sua total reprodução. O conceito de globalização ou mundialização constitui-se num mais alto nível em relação aos conceitos de internacionalização, multinacionalização e transnacionalização discutidos intensamente nos anos 60 e 70 do século XX.

ECONOMIA MUNDIAL é um conceito que enfatiza a crescente autonomia do mercado mundial e a interdependência entre os diferentes ramos da economia industrial e os três setores econômicos (agricultura, indústria e serviços) no âmbito mundial, formando uma divisão internacional de trabalho que se encontra em permanente evolução. Esse conceito abarca também o papel das relações econômico-monopolistas, no âmbito mundial, e a presença dos Estados Nacionais nesse processo de integração mundial, e põe uma ênfase especial no papel das corporações multinacionais como uma célula desse processo. Esse conceito tem suas raízes na definição do imperialismo como um estágio do capitalismo mundial, e tenta também explicar as inter-relações entre o capitalismo monopolista e dependente e as economias socialistas como diferentes formações sociais no mundo contemporâneo.

SISTEMA MUNDIAL é um conceito amplo, que busca integrar as realidades globais e as realidades inter, multi e transnacionais. De acordo com este conceito, a reprodução do sistema mundial ainda é baseada nos Estados Nacionais. Michel Beaud, por exemplo, insiste particularmente nessas inter-relações, estabelecendo a noção de "*système national, mondial hiérarchisé*" (sistema mundial, nacional hierarquizado). Braudel e Wallerstein desenvolveram os conceitos de *économie-monde*. Eles analisam a formação histórica de diferentes *économies-monde* até a emergência do capitalismo moderno que dá a este conceito o caráter universal de um sistema-mundo único. Andre Gunder Frank dá ao conceito de sistema mundial um significado muito abrangente. Ele tenta identificar um sistema que se iniciou nos primórdios da Antigüidade, continuou através do período greco-romano, do Império Bizantino e de muitas outras formações imperiais (árabe, mongol, otomana etc.) até a criação do moderno sistema mundial. Este sistema baseou-se em permanentes interconexões e relações sistêmicas que foram desestruturadas e reestruturadas muitas vezes.

Nos anos setenta o conceito de uma nova ORDEM MUNDIAL tentou relacionar a idéia de sistema mundial com a questão da governabilidade. Medidas concretas foram propostas para assegurar uma distribuição mais igualitária da riqueza numa escala mundial. A Organização Trilateral tentou responder aos desafios do Terceiro Mundo com o conceito de um sistema trilateral de governabilidade do mundo contemporâneo, baseado na aliança entre os Estados Unidos, a Europa e o Japão. O conceito de Ordem Mundial reapareceu em 1991, colocado pela administração Bush, após a vitória contra o governo do Iraque, na Guerra do Golfo de 1991. O verdadeiro significado deste conceito ainda não está bem claro. Parece que ele está associado à idéia de uma Paz Americana, baseada no fim da Guerra Fria e na consolidação das democracias parlamentares e multipartidárias. Esta nova ordem mundial estaria estabelecida sob a hegemonia norte-americana. Esta concepção foi retomada pelo governo de seu filho, George W. Bush, sob uma forma mais radical. A possibilidade dessa hegemonia e seus limites serão discutidos mais adiante.

O conceito de uma *CIVILIZAÇÃO PLANETÁRIA* está baseado na idéia da convergência de civilizações e culturas em direção a um convívio plural num sistema planetário único. Este novo estágio de civilização ainda não se concretizou, mas já é antevisto pelos interesses comuns de todos os países e de todos os governos que precisam sobreviver num planeta único, integrado por modernos meios de comunicação e transporte. Todos eles estão subordinados aos mesmos recursos naturais globais, e suas populações dependem de uma herança biológica e cultural comum a toda a humanidade.

Mas antes de descrevermos e definirmos esta nova civilização planetária (que podemos conceber também como a consolidação do sistema mundial que é em grande parte baseado numa economia mundial), precisamos analisar as razões históricas de sua criação como uma nova formação histórica.

O que mudou tão radicalmente no mundo que desestabilizou a base institucional do atual sistema internacional? O que aconteceu que nos levou além dos limites dos Estados Nacionais que formavam até agora as fundações da ordem mundial?

No meu entendimento, a razão que está por trás dessa nova era histórica é a mudança nas forças produtivas que sustentam a produção de bens e serviços no mundo contemporâneo. A revolução científico-tecnológica que se consolidou nos anos quarenta do século XX mudou as relações entre a base produtiva da sociedade e seus elementos superestruturais. A hegemonia da ciência sobre a tecnologia e da tecnologia sobre a produção conferiu um papel hegemônico ao conhecimento, à educação, à formação e desenvolvimento dos recursos humanos em relação a outros aspectos das forças produtivas. Conseqüentemente a sociedade depende cada vez mais da existência de um grande excedente econômico criado pelas mudanças tecnológicas e pela crescente automação das atividades econômicas. Ao mesmo tempo, a emergência de um processo sistemático e institucional de pesquisa e desenvolvimento (como conseqüência da revolução científica e tecnológica) mudou o papel da inovação na acumulação e reprodução do capital. Nesse novo modelo histórico de produção, a inovação, a mudança tecnológica e a mutação da base material da sociedade são cada vez mais elementos permanentes de acumulação e reprodução do capital.

Até agora, cultura, tabus e religiões buscaram educar o ser humano para um consumo restrito e para reproduzir o que a humanidade acumulou. A revolução industrial passou a colocar a mudança social e tecnológica como um objetivo fundamental da vida cotidiana. Hoje, educação, ética e ideologia precisam preparar o indivíduo para aceitar e promover a substituição dos antigos meios de produção acumulados e de conhecimentos obsoletos por novas técnicas, novos conhecimentos, novas regras, nova ética, novo contexto ideológico, novos modelos estéticos etc. O homem precisa estar preparado para mudanças fundamentais durante cada década de sua vida. A humanidade não pode reproduzir-se como antes, mas sim como uma nova estrutura econômica, social, política e cultural adaptada a estas constantes mudanças qualitativas. Estas mudanças conduzem a humanidade a um novo estágio de desenvolvimento, como parte de um sistema mundial em constante mudança.

Cada novo estágio de desenvolvimento requer maior capacidade subjetiva de lidar com a natureza, a biologia, a psicologia, as relações e inter-relações humanas, bem como os ambientes humanos e não humanos. Estes estágios estão relacionados com os movimentos cíclicos da economia mundial que estão, por sua vez, profundamente relacionados com o sistema mundial e com o ambiente do planeta. Podemos mesmo admitir que a moderna economia mundial evoluiu sob o modelo de longas ondas cíclicas ascendentes e descendentes e que cada novo ciclo econômico longo está baseado num novo paradigma tecnológico, e que este novo paradigma emergente deverá acarretar mudanças radicais como conseqüência do impacto global da revolução científica e tecnológica. Estamos participando de uma profunda mutação histórica que reorienta o processo civilizatório de sua base acumulativa para uma nova fundação baseada na descoberta permanente de novos processos e produtos. Nesta nova realidade a mudança se sobrepõe à capacidade de conservar o anteriormente conquistado.

Presentemente, estamos no final de uma fase depressiva de um longo ciclo de 50 anos identificado por Kondratiev. Esta fase recessiva se iniciou em 1967, quando a economia mundial começou a diminuir sua taxa de crescimento, o dólar começou a ser desvinculado do ouro (o que ficou definitivamente estabelecido em 1971) e teve início a flutuação das moedas de circulação mundial. O mundo capitalista unitário criado por Bretton Woods em torno da moeda, do comércio e dos investimentos norte-americanos, estava definitivamente quebrado. A frente ideológica unida em torno dos Estados Unidos, que deu origem à Guerra Fria entrou em crise. E só agora, cerca de 30 anos depois, esta crise está terminando.

Neste novo período, o processo produtivo em massa, que fundou o crescimento econômico dos anos vinte aos oitenta, baseado na "administração científica" ou taylorismo ou fordismo foi superado. Esta "administração científica" era, de fato, uma apropriação sistêmica da atividade dos operários e de seu conhecimento do processo produtivo pelo capital, ou pelos observadores "científicos" pagos para isto. Foi usado para estabelecer uma regularização da produção, das correias de transmissão nos seus mais altos níveis de produtividade. Era a época da linha de produção e de outras formas de submissão autoritárias do trabalho à máquina ou, mais concretamente, ao sistema de decisão do capital.

O novo modelo tecnológico emergente da revolução científico-técnica é completamente diferente. Este modelo é baseado na *substituição* do trabalho por robôs flexíveis e *programados* e por sistemas de produção comandados por computadores através de programas bastante sofisticados. Se no período anterior nós tivemos o processo de *automatização* que substitui o trabalho humano pelo das máquinas, nesse novo período estamos alcançando o processo de *automação* que elimina o trabalho humano direto e substitui o controle e administração de produção humanos por sistemas eletrônicos e informáticos de informação e decisão.

Ao mesmo tempo em que esta automação avançou muito nos anos oitenta – com o uso de robôs na produção – aconteceram mudanças na posição relativa de setores econômicos. O *articulador central* da economia industrial era o aço e a indústria metalúrgica, base fundamental do desenvolvimento industrial. Nas últimas décadas eles foram substituídos por novos materiais das mais diferentes origens. As indústrias de construção, têxteis, de transporte e comunicação mudaram (e ainda estão em processo de mudança) completamente os materiais com os quais operavam. Inovações radicais transformaram por inteiro o papel dessas indústrias básicas. Os novos materiais são parte de um conjunto de tecnologias que ou já estão no processo de integração industrial ou ainda se constituem em tecnologias emergentes. Ambos se originam dos constantes avanços nas ciências básicas e aplicadas, especialmente na biotecnologia, na física nuclear, na físico-química, nos novos materiais, no laser, na nano ciência e na informática (com ênfase especial na inteligência artificial) e outros campos do processo de desenvolvimento. Entre esses campos é importante considerar as indústrias ecológicas ou ambientais que estão transformando em demanda industrial os apelos ao equilíbrio ecológico e à defesa do meio ambiente numa escala mundial.

Esta interdependência entre produção, novas tecnologias, pesquisa e desenvolvimento e ciências básicas e aplicadas está criando uma nova realidade econômica que obriga os agentes econômicos e sociais como empresas nacionais, multinacionais e globais e particularmente nações ou alianças de nações, a tomar novas decisões, no lugar dos agentes econômicos privados próprios da economia liberal. A escala de produção também está mudando rapidamente, para dimensões gigantescas que são medidas em termos de mega-mercados ou mesmo de mercados mundiais. A implantação de novas tecnologias revolucionárias tende a ocorrer numa escala mundial, para que seja economicamente viável. O caso da televisão de alta definição (HDTV) é um exemplo importante. O Japão já possuía a tecnologia para instalá-la desde 1985, mas foi obrigado a esperar por um sistema mundial único de produção e regulamentação. Os Estados Unidos concordava com ela, mas a Europa estava tentando inutilmente criar seu próprio sistema. Mesmo quando o Japão decidiu começar sua produção, em 1991, ela dependeu de:

a) regulamentação internacional da utilização do sistema;
b) tecnologia espacial para colocar em órbita satélites capazes de transmissões em HDTV.

Podemos encontrar uma situação similar num setor tradicional como a indústria automobilística que tem sobrevivido com plantas locais nos Estados Unidos e na Europa apenas amparada num forte protecionismo contra a superioridade tecnológica japonesa, baseada na adoção de novos materiais, e escalas mais favoráveis de produção em virtude de sua mais alta concentração combinada com uma flexível integração de empresas subcontratadas (terceirização). O mesmo problema ocorre em um setor avançado como o da eletrônica e da indústria de informática, onde todas as empresas do setor são obrigadas a integrar seus computadores e programas em sistemas ou *softwares* mundiais lógicos compatíveis. Podemos encontrar casos semelhantes em todos os setores do processo produtivo porque essas novas alterações nas forças produtivas afetam a todos pela implantação de um novo paradigma ou padrão tecnológico.

Esse novo modelo apresenta dois aspectos fundamentais:

a) a dependência crescente das novas tecnologias da pesquisa e desenvolvimento (P&D) vem sendo aprofundada para uma dependência da ciência básica e aplicada. Isto obrigou o Estado a subsidiar cada vez mais a P&D cuja execução no interior dos grupos empresariais promoveu um vínculo crescente das empresas com a chamada "alta ciência". A dependência da mudança tecnológica das ciências básicas está obrigando as grandes empresas a desenvolver seus próprios centros de pesquisa básica, em substituição aos centros universitários. Os investimentos estatais na chamada grande ciência permitiram saltos espetaculares como no caso do Programa Genoma.

b) as novas escalas de produção exacerbaram a disputa internacional pelo domínio de mercados. Isto conduziu à administração de complexos empreendimentos para combinar perspectivas geográficas globais e estratégias setoriais globais. Os novos padrões planetários de produção obrigaram as empresas a desenvolver a flexibilidade das estruturas industriais. Elas devem ser capazes, num curto período, de substituir velhas tecnologias, ou transferi-las para sub-contratantes ou para poderes sub-econômicos nacionais inter-relacionados (o caso do Japão com Coréia do Sul, Taiwan, Cingapura e em parte de Hong Kong, o sul da China e outros novos países industriais emergentes na Ásia). Isto tem criado a necessidade de uma nova divisão internacional de trabalho, altamente dinâmica, para permitir aos países líderes maior concentração nas tecnologias de ponta.

Neste novo mundo, a integração regional representa uma resposta possível a essas necessidades, ainda que temporária. É importante enfatizar o fato de que a regionalização gera confrontos entre coalizões de forças econômicas e políticas, criando alguns poderes e desintegrando outros, produzindo de um lado mais racionalidade entre os países integrados, mas, de outro lado uma crescente anarquia e irracionalidade no nível internacional. Em conseqüência, podemos perceber um crescente desenvolvimento desigual e combinado entre nações desenvolvidas, subdesenvolvidas e em desenvolvimento; entre empresas locais, multinacionais e globais; entre governos nacionais, locais ou regionais; entre grupos étnicos e forças nacionais e globais, etc.

Este novo padrão tecnológico está também relacionado com a nova divisão internacional do trabalho, que afeta diversos níveis de relações entre países, regiões e empresas. Ele cria novas taxas de exploração do trabalho, altera a jornada de trabalho, modificando substancialmente o processo de trabalho, o papel da mão-de-obra na produção, assim como sua responsabilidade e qualificação. Muda também as estruturas do emprego, a taxa de desemprego, de subemprego e de trabalho informal. Todas essas mudanças desestabilizam os antigos movimentos sociais, categorias sociais e grupos e estimulam uma importante intervenção de velhos e novos movimentos sociais na definição de um novo comportamento social e moral, nos partidos políticos e nas estratégias e políticas sociais.

É importante considerar que este novo padrão tecnológico – que vem impulsionando um novo período de crescimento e acumulação de capital numa escala mundial a partir de 1994, de acordo com o ciclo Kondratiev – está baseado numa intensiva automação da produção que já está causando e deverá causar ainda mais uma drástica redução da quantidade de trabalho socialmente necessário para produzir os mesmos produtos que temos hoje. Isto está afetando e irá afetar os custos dos produtos industriais, mas também o emprego e a duração da jornada de trabalho.

Conseqüentemente nós teremos dois grandes problemas nas próximas décadas:

a) a diminuição da força de trabalho e especificamente da demanda de trabalho manual irá produzir desemprego nestes setores, tornando-se um problema dramático, mesmo no período de crescimento. A extensão desse problema dependerá da diminuição da jornada de trabalho (atualmente todas as uniões de trabalhadores estão lutando por uma jornada semanal de 36 horas) e da extensão do período de escolarização da população e aumento do tempo de formação de recursos humanos (extensão dos estudos básicos, de graduação e pós-graduação, educação continuada, formação técnica, treinamento das forças de trabalho para novas funções, etc., assim como da redução da idade para a aposentadoria). Tudo isto está relacionado com a posição do movimento trabalhista na nova sociedade baseada na revolução científico-técnica, e com a influência das ideologias socialistas do antigo movimento operário na nova força de trabalho que se constitui como uma nova força salarial, vivendo em condições sociais muito diferentes dos antigos operários e participando de um novo processo de produção (novas regras, menor sincronização e coação externa, etc.) e participando de um novo modelo de consumo.

b) as alterações demográficas que estão ocorrendo em países desenvolvidos conduzirão o setor mais velho da população a prevalecer demograficamente, ao mesmo tempo em que nos países em desenvolvimento e subdesenvolvidos as populações mais jovens serão majoritárias ainda por um grande período. Como as oportunidades de emprego aumentam nos países desenvolvidos, essas populações pressionarão fortemente através da imigração ou desenvolverão comportamentos rebeldes e radicais em seus próprios países. A marginalização urbana e rural está criando uma nova categoria social, com cultura e comportamento próprios, que dá origem a novas fases do chamado "crime organizado". Radicalismo religioso fundamentalista e étnico ou tribalismo fazem parte desse contexto.

O surgimento de novas tecnologias orientadas pelo grande capital também fortificará a competição oligopolista internacional. Custos mais baixos de produção têm diminuído as barreiras de entrada em várias indústrias e novas empresas – mais especializadas e flexíveis – intensificam sua competitividade em escala mundial. Essas novas empresas estão lutando e continuarão a brigar para libertar o aparelho estatal do controle de velhos grupos monopolistas e podem utilizar a ideologia liberal em favor de sua entrada nos setores protegidos.

É evidente que, nesta situação, os grandes investidores que criaram grandes impérios econômicos não estão em boa situação competitiva. Capacidade instalada pode ser um fator negativo. Grandes empresas do passado estarão em posição desfavorável se não conseguirem se livrar de seus antigos valores. Coloca-se, em conseqüência, a necessidade de um período de desvalorização dos ativos especulativos e obsoletos que se iniciou a partir da crise de outubro de 1987. Isso vem permitindo substituir o capital fixo necessário para novos investimentos, favorecendo uma onda de crescimento econômico baseado em novas tecnologias. Falsa liquidez, baseada em crédito fácil, especulação financeira, imobiliária e estatal estão em declínio desde 1989 e precisam ser mais profundamente desvalorizados. A recessão de 1989-1992 mostrou que seria capaz de superar seu atraso econômico e criar as bases para uma nova fase de investimento que incorporou ativamente as tecnologias do novo paradigma, entre 1994 e 2000, particularmente nos Estados Unidos.

Acreditamos que este foi o início de uma nova fase de crescimento e, conseqüentemente, coloca a questão do poder hegemônico capaz de integrar esta nova fase de expansão do sistema mundial. Este deveria funcionar como o centro da acumulação de capital em escala mundial. Em torno deste centro colocar-se-ão as economias dependentes ou periféricas e semiperiféricas (aceitando-se os conceitos de Wallerstein, que segue a percepção "prebishiana" de uma economia mundial).

Os períodos de declínio nas "ondas longas" (fases *b*) estão marcados por uma desintegração da economia mundial e por uma luta pela hegemonia. Os períodos de crescimento (fases *a*) caracterizam-se pelo estabelecimento de um centro ou núcleo da economia mundial que está, geralmente, relacionado à hegemonia política e militar.

2. A PROCURA DE UM NOVO CENTRO HEGEMÔNICO E DE UMA "NOVA ORDEM MUNDIAL"

A geopolítica pretende ser uma "ciência" da distribuição física de poder em escala mundial. Esta disciplina tenta estudar a distribuição dos recursos naturais, do poder econômico, político e militar no âmbito internacional para estabelecer os objetivos estratégicos de cada nação. Ela foi concebida como base para estratégias nacionais militares e políticas. Sua identificação com a Alemanha relaciona-a ao Nazismo, colocando-a numa segunda linha do pensamento acadêmico e científico. Entretanto, ela continua a ser estudada nas academias militares e nos quartéis-generais de todos os exércitos nacionais.

Precisamos hoje ser muito cautelosos em relação aos princípios que orientam as análises geopolíticas. Vimos no item anterior os principais fatores econômicos que podem influenciar a distribuição do poder no mundo nos próximos vinte ou trinta anos. O sistema mundial que foi a base comum da economia capitalista nos últimos cinco séculos está passando por uma mudança radical. A revolução científico-tecnológica surgida durante a Segunda Guerra Mundial assegura as bases para uma acumulação mundial de capital e uma reprodução cada vez mais autônoma da economia mundial. Empresas multinacionais, transnacionais ou globais estão tentando substituir em parte os Estados Nacionais como base da atividade econômica. Mas elas ainda dependem do poder econômico do capital centralizado – esses capitalistas coletivos que são os Estados Nacionais. Os Estados proporcionam subsídios, bases financeiras e culturais para a expansão das EMN (empresas multinacionais). Ao mesmo tempo, os Estados cooperam entre eles e criam instituições regionais e internacionais para gerir e organizar esta nova fase da economia mundial.

Esses Estados Nacionais têm suas estratégias geopolíticas próprias, mas precisam submetê-las aos objetivos das alianças econômicas, políticas e militares (alianças interestatais) que organizam a vida internacional no presente momento. O fim da Segunda Guerra Mundial criou um sistema econômico mundial, em torno da hegemonia dos Estados Unidos, que representava naquele momento cerca da metade da economia mundial e tinha a liderança militar no mundo, com a bomba atômica, apenas compartilhada com a Inglaterra.

Nesta situação, a estrutura institucional do sistema mundial estava totalmente baseada na hegemonia norte-americana: Banco Mundial, Fundo Monetário Internacional, Acordo Geral de Tarifas e Comércio (GATT), Nações Unidas foram concebidos no quadro desta hegemonia, respeitando em parte os interesses das Forças Aliadas que venceram a Segunda Guerra Mundial. Essas instituições foram completadas logo em seguida pelas instituições da Guerra Fria, como o Plano Marshall, Ponto 4, OTAN e outras que tentaram estabilizar ou "conter" a influência militar e ideológica da União Soviética (que, na verdade, estava profundamente arrasada militar e economicamente, ainda que sua moral estivesse altíssima graças às vitórias militares contra o Fascismo). A União Soviética viu-se obrigada a aceitar as regras da Conferência de Yalta. Mas ocupar o posto de poder marginal no sistema mundial sob a hegemonia norte-americana foi uma vitória para ela. Concordo plenamente com Wallerstein e outros autores que não aceitam a idéia de que existiu um mundo bipolar. A União Soviética nunca teve poder econômico, político ou militar para se constituir num pólo (ou centro) alternativo aos Estados Unidos. Após a Segunda Guerra Mundial houve apenas uma potência mundial: os Estados Unidos. Depois dela, a Inglaterra e a União Soviética apareceriam como importantes forças na área militar mas muito longe dos padrões americanos.

A. *A hegemonia compartilhada dos Estados Unidos*

Mas a hegemonia dos Estados Unidos não poderia ser eterna. A recuperação das economias européias (principalmente alemã) e japonesa, a reconstrução e o crescimento da economia soviética (hoje tão mal reconhecida), as revoluções chinesa e indiana e seus efeitos na Ásia geraram novos centros de acumulação de capital, de desenvolvimento científico e tecnológico, e de expansão econômica.

As revoluções anticoloniais, com a emergência dos Estados do Terceiro Mundo e sua coordenação após a Conferência de Bandung e o Movimento dos Não-alinhados, permitiram que esses países se apropriassem de seus recursos naturais fundamentais. A nacionalização do petróleo no México, no final dos anos 30 e do Brasil nos 50 continuou no Leste Europeu, no Oriente Médio e na Venezuela nos anos 70 e 80. Essas nacionalizações completaram um processo iniciado nas décadas de 30 e 40. Muitos outros recursos básicos foram estatizados e explorados por empresas estatais, diminuindo a área de ação do capital privado, como o cobre no Chile, em 1972.

Neste mundo novo, os Estados Unidos não podiam mais exercer o mesmo poder hegemônico. Sua posição econômica relativa decresceu muito entre 1945 e 1967, da mesma forma, este decréscimo se acentuou do final da Guerra do Vietnã até os dias de hoje. Mesmo no período Reagan e na Guerra do Golfo, quando os Estados Unidos atribuíram-se importantes vitórias militares e econômicas, o país experimentou uma perda irreversível de poder econômico e *militar* em nível internacional. As vitórias nas duas Guerras do Iraque se deram contra um pequeno país, a um alto custo econômico e político. A campanha no Afeganistão em 2001-2 não conseguiu consolidar o controle do território deste país.

Historicamente, a hegemonia foi condição para o funcionamento do sistema mundial durante os períodos de crescimento. Mas uma das características das negativas ou recessivas fases *b* das ondas longas de Kondratiev foi exatamente a dissolução de uma clara hegemonia no sistema mundial e conseqüente perda de uma fonte central de acumulação de capital em escala mundial. O funcionamento sistêmico fica numa difícil situação quando não se tem uma hegemonia bem definida nas fases *a*, caracterizadas pela ascensão econômica. Neste sentido, o período atual assemelha-se ao período de 1890-1914, quando a economia mundial teve nova e importante expansão ao mesmo tempo em que a Grã-Bretanha perdia seu poder e a Alemanha, o Japão, a Itália, a Rússia e principalmente os Estados Unidos surgiam no sistema mundial, como potências centrais competitivas.

Atualmente, quando o sistema internacional pós-Segunda Guerra Mundial, baseado na hegemonia dos Estados Unidos (e o seu subsistema, que foi a Guerra Fria) está completamente desmantelado, encontramo-nos num período de transição em que um novo sistema de alianças deverá ser construído. Esse sistema – como tentarei demonstrar – não poderá ser outro do que um sistema em que os Estados Unidos manterão uma hegemonia compartilhada com os outros possíveis poderes centrais, ou seja, com a Europa integrada, sob a liderança franco-alemã, o sistema japonês-Ásia-Pacífico, no qual a China desponta como novo poder econômico e militar, e a antiga União Soviética, hoje CEI sob o comando da Rússia, que está sendo erroneamente marginalizada do centro do sistema mundial em virtude de algumas atitudes ideológicas.

Esta "hegemonia compartilhada" tentará assimilar, numa segunda categoria, as Novas Economias Industriais (NEIs) da Ásia (através da liderança japonesa) e abrir caminho para que economias industriais de países como México, Brasil e também as forças do Leste Europeu participem, numa posição subordinada e regional, deste novo sistema de decisão. Países como a China e a Índia também terão que encontrar seu espaço geopolítico nessa nova fase do sistema mundial, como forças regionais e internacionais.

Os Estados Unidos ainda constituem a maior força relativa mundial. Mas eles não podem deter o seu declínio. A nova fase de desenvolvimento das forças produtivas em escala mundial precisa do mais alto nível de competitividade no comércio, ao mesmo tempo em que necessita de uma forte intervenção estatal e da concentração econômica que não podem ser exclusivas de um país ou região. Por outro lado, os Estados Unidos têm sido dominados por uma nova burguesia militarista e tecnocrata, criada e desenvolvida sob o poder de compra do Pentágono e seus subsídios para pesquisa e desenvolvimento. Mesmo contrariando uma clara oposição da velha oligarquia americana e um amplo setor da opinião pública, eles continuam conseguindo um orçamento alto para despesas militares, que mantém e até aumenta o déficit fiscal no país. Este déficit cria, ao mesmo tempo, uma burguesia financeira, dependente desta política fiscal irracional. O déficit fiscal cria também novas demandas externa e internamente. Essas demandas foram a fonte do grande crescimento da exportação japonesa, alemã e dos novos países industrializados na década de 80. Nos anos 90, a contenção do crescimento europeu, japonês e dos tigres asiáticos abriu o espaço para a emergência da China como a mais importante potência exportadora para os Estados Unidos. Mas este comércio desigual é também a origem do déficit comercial americano que viabilizou estes superávits comerciais e que surgiu na mesma época com tremenda força e energia.

Esse modelo econômico criou um crescimento econômico na economia mundial de 1983 a 1989 e permitiu aos Estados Unidos um avanço em tecnologia militar que foi usado na Guerra do Golfo como demonstração de poderio militar e tecnológico.

Mas esse modelo é insustentável, pois é baseado num débito fiscal e externo não-administrável. Ambos tendem a produzir uma forte desvalorização do dólar, o que transformaria os Estados Unidos numa potência não-hegemônica. Atualmente, vivemos o processo de criação de um novo sistema monetário mundial com três moedas básicas (dólar, euro e alguma moeda asiática baseada no yen japonês e no yan chinês). Até agora, o Japão e a Alemanha têm sustentado o dólar no mercado mundial porque (entre outras razões) eles possuem grandes reservas em dólar. Mas eles não serão capazes de sustentar isso indefinidamente. O dólar caiu na década de 90, particularmente no governo Clinton, para permitir que os Estados Unidos aumentassem suas exportações e diminuíssem seu déficit comercial a um nível mais "aceitável" (cerca de 50 a 70 bilhões de dólares por ano, até 1997). Neste momento, os Estados Unidos confrontaram–se com o fato de sua transformação numa potência regional. Numa reação voluntarista contra esta tendência o governo Bush filho tenta, no século XXI reverter esta tendência e restabelecer a hegemonia norte-americana, como veremos adiante. Esta situação deve se prolongar por alguns anos até o momento da verdade, quando ficará claro que os Estados Unidos não terão meios de manter os seus déficits. Este período coincide mais ou menos com uma nova onda Kondratiev de investimento, entre 1994 e 2020.

Queiram ou não, durante esse período os Estados Unidos serão obrigados a reforçar seu poder regional. Eles precisarão promover não apenas o mercado comum norte-americano com o Canadá e o México (NAFTA), mas também a integração regional das Américas como propõe a ALCA. Os Estados Unidos precisarão negociar com os países latino-americanos e aceitar em parte sua integração num processo comercial e econômico bem mais amplo do que um simples acordo de livre comércio.

Durante esse período os Estados Unidos assistirão – impotentes – à emergência de novas forças e alianças mundiais. O mundo buscará uma nova hegemonia, ou podemos esperar uma *mutação* no sistema mundial e o aparecimento de condições para uma *civilização planetária* baseada no pluralismo cultural e econômico e no concerto mundial das nações? Antes que essa mutação se torne possível, acredito que teremos um período de instabilidade em razão da luta pela hegemonia mundial pela participação num poder relativo numa hegemonia compartilhada com os Estados Unidos. Tudo isto arrefecerá, e já o vem fazendo, o ímpeto do "boom" econômico iniciado em 1994. Isto já se percebe na profundidade e extensão da crise de 2001-2003.

É possível também que os Estados Unidos tentem reforçar suas relações com a Bacia do Pacífico. Mas essa política terá uma forte co-participação japonesa e não poderá assegurar aos Estados Unidos a recuperação de seu poder hegemônico nesta região. A emergência da China como potência comercial introduz no Oriente um novo pólo de poder financeiro, militar, ideológico e cultural de difícil assimilação. Ao contrário, a retração para a área do Pacífico, como uma conseqüência da perda de poder na área do Atlântico Norte, reforçará o poder de negociação do Japão e da China que, nesse momento, estarão numa melhor posição estratégica.

B. *Japão: do poder exclusivo no Pacífico à expansão no continente asiático*

A mais comentada alternativa à hegemonia norte-americana foi o sucesso econômico do Japão nas décadas de 70 e 80. Mas o Japão tinha limitações muito decisivas para tornar-se uma força hegemônica apesar de seu bom desempenho econômico que se encontra em crise a partir dos anos 90. A recente história do Japão foi determinada pelo seu fracasso em tornar-se um império e conduzir uma guerra contra os Estados Unidos no Pacífico. Esse fracasso também está tragicamente relacionado com o primeiro e único caso de uso de uma arma atômica. Ódio e frustração fazem parte de sua história recente. E produziram um forte sentimento antimilitarista em grande parte do povo japonês. Mas a humilhação da derrota foi também (para uma nação tão perseverante) um estímulo para a reconstrução, em novas bases, do poder japonês. E mesmo apoiando as forças progressistas do Japão contra a velha oligarquia que fizera a guerra (desmontando os "*keiretzus*", realizando a reforma agrária, suprimindo os investimentos militares), os Estados Unidos não deixaram de ser os responsáveis pelo bombardeio atômico do povo japonês. Neste contexto tão complexo e trágico podemos entender quão contraditório pode ser o comportamento japonês, e seus sentimentos mais profundos enquanto povo, cultura e civilização.

Este é o primeiro limite à hegemonia mundial japonesa. As classes dominantes no Japão não desenvolveram uma visão planetária geopolítica e estratégia e ficaram restritas ao seu problema (drama?) regional. Além disso, a cultura japonesa não apresenta uma tradição conceitual de modelos e visões de escala mundial. Isto está relacionado, também, aos seus limites territoriais e isolamento, que somente poderiam ser compensados (superados) através de conquistas imperialistas (rejeitadas como uma alternativa) ou por uma política de desenvolvimento regional capaz de colocar o Japão na liderança de uma região sul-asiática e do Pacífico fortemente desenvolvida.

A dependência do Japão aos Estados Unidos depois da Segunda Guerra Mundial não foi apenas econômica, mas também militar e estratégica. Tal fato obrigou o Japão a adotar a concepção de uma Aliança Global com os Estados Unidos, o que significou um abandono total de qualquer estratégia global própria.

Ao mesmo tempo, o Japão ainda teme as conseqüências do ódio gerado pelo seu poder colonialista. Ainda hoje se verificam fortes sentimentos antijaponeses, especialmente na Coréia, mas também em outras regiões de seu antigo império. O Japão justificava o império como uma alternativa antiocidental, e este tipo de propaganda ideológica não pode ser usada nos dias de hoje, mesmo que esses sentimentos antiocidentais tenham profundas raízes.

Simultaneamente, a estratégia da Bacia do Pacífico estava baseada no mercado norte-americano e numa forte conexão com a costa oeste dos Estados Unidos. O Japão investiu muito nesse mercado para desligar-se dele sem graves conseqüências.

Mas também precisamos pensar, por outro ângulo, que a situação global está se modificando diariamente.

Acima de tudo, a decadência dos Estados Unidos e a base artificial de sua força de mercado, sustentada pelo déficit fiscal, estão obrigando o Japão a repensar sua aliança global. O investimento japonês nos Estados Unidos se orientou cada vez mais para aplicações mais seguras, foram-se abandonando os investimentos em títulos da dívida pública para dar preferência aos investimentos diretos e novas associações empresariais com empreendimentos de importância estratégica. Não é mais tempo de se colocar todos os ovos na cesta econômica americana, especialmente nos riscos que implicam os bônus da dívida norte-americana.

Ao mesmo tempo, a pressão estadunidense e européia contra a expansão do capital japonês e sua competitividade, obrigaram o Japão a buscar novos mercados e campos de investimento, bem como a pensar por si só e a reconstruir sua estratégia mundial, desta feita de forma mais global e auto-sustentada.

Com isso o Japão precisou retomar suas relações com regiões de seu antigo império em novas bases. Mas isso significou o reencontro com uma velha vocação asiática do Japão.

A China era parte dessa "vocação" e está hoje aberta a uma complementaridade muito forte com a economia, a cultura e a política japonesa. A quantidade de investimentos japoneses na China é extremamente significativa e tudo nos leva a crer que isto se tornará uma tendência histórica cada vez mais importante. O fato, contudo, é que a expansão chinesa (ao mesmo tempo em que se produz uma estagnação japonesa) começa a desequilibrar a correlação de forças entre o Japão e a China em favor desta última.

A Coréia do Sul esteve integrada à política e estratégia industrial japonesa. Nos anos 90 ela tentou escapar dos limites da Bacia do Pacífico, numa reação à decadência do mercado norte-americano. Ela buscou novas zonas de investimento e a Sibéria é certamente a região mais importante para criar uma nova economia que já está emergindo nesta região asiática. E a Coréia tem o apoio total do capital japonês para esse novo direcionamento estratégico. No momento, os estrategistas japoneses sentem que forçar uma intervenção econômica direta numa região tão importante poderia ser um grande perigo para sua relação com os Estados Unidos. A unificação da Coréia do Sul e do Norte (mesmo respeitando os atuais Estados Nacionais) é absolutamente necessária e significará o surgimento de uma nova força econômica na Ásia. Se o Japão deseja ter vizinhos fortes que o protejam de pressões externas, esse será um bom caminho.

A integração da economia japonesa com a produção regional de matéria-prima e produtos agrícolas foi assumida pela política do MITI de uma divisão regional de trabalho. Esta política está baseada em indústrias subcontratadas produzindo para japoneses, americanos ou outros mercados. Supõe, também, uma transferência para os demais países da região, de tecnologia (semi-obsoleta, menos estratégica ou tecnologia poluidora) a fim de concentrar a especialização da indústria japonesa em uma tecnologia mais avançada. Este sistema vem sendo imitado pela Coréia do Sul, Cingapura e Taiwan que também estão transferindo tecnologia para uma terceira zona de investimento nos países asiáticos. A China deverá em breve reverter sua posição neste esquema regional, com fortes investimentos em inovação tecnológica.

Ao mesmo tempo, os países que formavam a antiga Indochina estão buscando a ajuda japonesa para seu desenvolvimento econômico. O Vietnã, o Laos e, principalmente, o Camboja podem ser altamente complementares à economia japonesa. Os Estados Unidos estão ficando de fora dessa região conflitada e até passaram o controle da complicada situação cambodiana e da Coréia do Norte e outros casos regionais ao governo japonês.

Resumindo, vemos uma tendência do Japão em assumir responsabilidades crescentes no continente asiático com uma perspectiva muito importante a longo prazo: recriar uma economia asiática poderosa, muito próxima de um centro de acumulação de capital, de estrutura monetária e de poder tecnológico próprios.

Paralelamente, o Japão vem aumentando sua influência na América Latina, onde tem sido visto como uma fonte de investimentos no lugar do capital europeu, que abandonou a região em favor do leste europeu ou como resultado das restrições impostas pela perda de poder econômico, como no caso dos Estados Unidos, que se transformou num país devedor e importador de capital. Em alguns casos, como o do México, o capital japonês tem um espaço aberto de investimento para penetrar no mercado dos Estados Unidos, através da NAFTA. O Brasil também está interessado no capital japonês, que goza de uma aceitação favorável na região. O ex-presidente peruano, Alberto Fujimori, foi eleito usando sua origem étnica japonesa como fator que o tornou um negociador para a captação de investimentos japoneses em seu país. Sua queda debilitou muito a penetração japonesa na região.

Mas o Japão não tem uma política clara com relação à América Latina. Os japoneses temem confrontar-se com os interesses norte-americanos na região. Além disso, há uma falha importante na visão japonesa do mundo. O Japão não tem uma política para o Oriente Médio, que consideram apenas como uma fonte de petróleo. O mesmo ocorre com relação à África, à Índia e ao Paquistão, onde o Japão não tem nenhuma penetração. Na Europa, ele teve de abandonar uma equivocada aliança com a Grã-Bretanha para considerar a hipótese, ainda confusa, de uma aproximação mais efetiva com a Alemanha e a França. Sua visão do leste Europeu e da Rússia é muito vaga e indefinida. Sua liderança tem usado a desculpa menor da recuperação de duas ilhas perdidas durante a Segunda Guerra Mundial, como base de uma política externa com relação a um país muito grande e importante como é a Rússia.

Afinal, a possibilidade de um acordo com a Rússia para uma exploração direta da Sibéria e a possibilidade de uma colaboração marítima e espacial com esta potência permitiria ao Japão uma maior aproximação do poder mundial do que a que usufrui com seu enfoque do Pacífico como centro estratégico. De qualquer forma, as duas próximas décadas serão um período de intensa reorientação da política internacional japonesa e abrirão espaço para que ele apareça no cenário internacional como uma crescente força geopolítica independente. A aproximação com a China permitiria apresentá-lo como representante da cultura e da civilização asiática. Contudo, o avanço cultural da China a coloca cada vez mais na liderança cultural de toda a Ásia e se projeta por todo o planeta. Um Japão independente dos Estados Unidos poderia mudar a direção dos ventos. Eles soprarão cada vez mais do Oriente, mas ainda não serão hegemônicos.

C. *A integração européia, o Leste Europeu e o papel da Alemanha Unificada*

Ao defender Berlim como capital da Alemanha unificada, Willy Brandt fez uma surpreendente comparação histórica. Para ele, aceitar Bonn como capital da Alemanha unificada seria o mesmo que a França aceitar Vichy como capital da França libertada. Esta comparação histórica mostra o quanto as feridas da Segunda Guerra Mundial ainda estão abertas. E o quanto a Alemanha se ressente de ter sido submetida e ocupada por forças externas durante todos esses anos de boas relações com um aparentemente intocável Atlantismo. Quiçá isto possa explicar o súbito rompimento do Atlantismo no episódio da discussão no Conselho das Nações Unidas sobre a intervenção norte-americana no Iraque em 2003.

O geopolítico inglês H. Mackinder, no início do século XX, via como o "pivô" mundial a área continental denominada Eurásia, cujo "coração" constituía, naquela época, uma ameaça potencial ao poderio naval da Grã-Bretanha, poderio esse que passou para os Estados Unidos depois da Segunda Guerra Mundial. Os geopolíticos norte-americanos mantiveram essa percepção de uma aliança eurasiana, como oposta à hegemonia americana. A oposição entre a integração atlântica e a européia é em parte uma expressão dessa percepção. A incorporação da antiga União Soviética, hoje CEI, numa política comum de integração com a Europa é um acontecimento perigoso e definitivo para a estratégia americana como força hegemônica no mundo.

A União Européia é essencialmente uma conquista geopolítica da Alemanha. Esta política foi capaz de neutralizar o "atlantismo" do primeiro mandato presidencial de Miterrand, no início dos anos 80. Neste período, uma política unificada entre os Estados Unidos e a Grã-Bretanha (a Aliança Reagan-Thatcher) constituiu-se em uma drástica ofensiva de forças conservadoras para dar suporte a uma posição contrária à União Européia. Como reação a esta política, no final dos anos 80, a França finalmente aderiu ao Europeismo. Uma Grã-Bretanha decadente ficou, então, isolada ao lado de um decadente Estados Unidos. Esta aliança apareceu em seu isolamento anti-histórico no episódio da invasão do Iraque em 2003.

A "revolução" do Leste Europeu foi em grande parte uma conseqüência dessa situação geopolítica. Enfrentando a possibilidade concreta de uma União Européia com a hegemonia alemã de um lado e um Japão ascendente do outro, a então União das Repúblicas Socialistas Soviéticas foi induzida a abandonar uma posição geopolítica desconfortável baseada em um confronto artificial com os Estados Unidos. A União Soviética começou, então, a articular novas políticas mundiais fora do modelo da Guerra Fria e deu passos importantes nesta direção, com o apoio da II Internacional (social-democracias), dos liberais americanos e até das forças conservadoras (trilateral, por exemplo), contrárias às altas despesas em tecnologia militar do Pentágono (especialmente a Guerra nas Estrelas ou IDS), o Papa e outras forças religiosas, inclusive a Democracia Cristã, o Movimento dos Não-Alinhados, os movimentos sociais para a paz e defesa do meio ambiente, e muitas outras forças políticas e culturais formaram uma ampla frente mundial pela liquidação da Guerra Fria, durante os anos 80.

Essa forte aliança de forças de centro-esquerda e até conservadoras conduziu a diplomacia russa a uma ativa liderança na execução e concepção de uma nova política mundial, através da "*perestroika*", da "*glasnost*" e da "nova mentalidade", iniciada por Mikhail Gorbachev. Mas essa nova fase política foi progressivamente determinada pelo enfoque russo da União Soviética e da geopolítica mundial. De acordo com o nacionalismo russo, a União Soviética e o Leste Europeu teriam sido um peso negativo para a sua nação (Rússia). Contrariamente a outras nações imperialistas, que recebiam excedentes econômicos do exterior, através da exploração de suas colônias, a Rússia teria sido obrigada a transferir seus excedentes (principalmente agrícolas, mas também de matéria-prima, especialmente petróleo) para as regiões mais atrasadas da União Soviética, para o leste europeu e outros aliados. Além disso, a Rússia fora obrigada a comprar produtos industrializados de má qualidade dessas regiões, em conseqüência do isolamento das mesmas do mundo, de acordo com o modelo socialista e igualitário da divisão de trabalho no interior do COMECON.

Esta percepção determinou um crescente consenso russo contra os custos da dominação soviética no Leste Europeu e contra a União das Repúblicas Socialistas Soviéticas. Estas idéias influenciaram cada vez mais a intelectualidade, o nacionalismo populista russo e a ideologia religiosa (que ainda é muito forte nesse país) e culminou por influenciar o setor reformista do Partido Comunista e o grupo chave que organizou, em grande parte, este movimento reformista. Do grupo original da *Perestroika*, Boris Yeltsin, primeiramente, e muitos outros (até um georgiano como Shevardnadze) aceitaram essas idéias básicas.

Se acrescentarmos a isso a conjuntura de um Gorbachev rodeado, internamente, de forças não-reformistas e sistemas conservadores no Leste Europeu, podemos entender a necessidade, com o apoio do grupo reformista do Partido Comunista e do aparato da KGB, forçar a eliminação das antigas burocracias comunistas do Leste Europeu. Esta política levou à conjuntura de 1989, quando ocorreram pressões (de Gorbachev e reformistas da União Soviética) para derrubar os fracos governos comunistas criados pelas tropas de ocupação soviética em cada país do Leste Europeu, em aliança com forças políticas socialistas e populistas locais sem muito poder (ou mesmo em aliança com as forças conservadoras, como no caso da Polônia).

Onde existia uma oposição madura, como no caso da Polônia e da Hungria, estas mudanças eram mais ou menos manobráveis. Onde isso não acontecia, as mudanças ocorriam em qualquer direção, mas sempre de cima para baixo. A reação popular foi muito mais radical do que se esperava inicialmente e uma mistura de nacionalismo anti-soviético, anticomunismo e sentimentos contrários aos privilégios burocráticos confluíram para um movimento popular anti-socialista e pró-liberal. Estas tendências eram, porém, muito superficiais e ideologicamente confusas. Elas seriam influenciadas por forças social-democratas e socialistas, que historicamente se opuseram, muito mais radicalmente do que os conservadores e os liberais de direita, ao Stalinismo, à autocracia e à ocupação do Leste Europeu.

Mas o fator mais importante neste novo contexto foi a abertura do Leste Europeu para reincorporar sua economia à Europa Ocidental à qual historicamente pertence. Mas isso deveria ser feito sem que se perdesse a importante expansão para o leste, ocorrida durante a integração com a União Soviética e o COMECON (que hoje está desmantelado, mas que precisará ser reconstruído em parte).

Para a Alemanha esta situação se mostrou muito favorável. Ela abriu um grande mercado na Europa Ocidental e um ainda maior na União Soviética, a ser conquistado, usando os investimentos no Leste Europeu para penetrar internamente na antiga União Soviética. Será esta integração do "coração do continente", a *heartland*: a Europa do Canal da Mancha ao Vladvostock, isto é uma Europa muito mais vasta do que a concebida por De Gaulle? Isto significará a consolidação da hegemonia euro-asiática e o declínio das potências marítimas, especialmente dos Estados Unidos? A aliança entre a França, a Alemanha e a Rússia contra a aprovação da invasão do Iraque no Conselho de Segurança da ONU será talvez uma primeira manifestação do potencial desta estratégia euro-asiática de que participou em parte a China que se mostrou simpática às oposições da tríade européia.

A resposta é: esta perspectiva é válida apenas parcialmente. Hoje, a globalização da tecnologia – que discutimos na primeira parte deste artigo – está criando novas condições geopolíticas baseadas muito mais em educação, treinamento, pesquisa e desenvolvimento e tecnologia avançada soviética (especialmente militar e espacial), que criará um novo poder econômico, social, político, militar e cultural que a humanidade nunca conheceu no passado. É muito difícil prever o efeito desta aliança na evolução da humanidade. De qualquer forma, ela desestabilizará completamente a hegemonia dos Estados Unidos.

Contudo, num período de transição, a colaboração dos Estados Unidos será solicitada e as forças locais européias (inclusive a Rússia) aceitarão uma posição secundária numa coalizão mundial de forças sob a hegemonia dos Estados Unidos (o que nós chamamos de hegemonia compartilhada); ao final de um período de crescimento econômico e de concretização destas tendências virtuais, essa hegemonia será completamente ameaçada e apenas uma nova mentalidade, uma ideologia e ação "planetárias" permitirão lidar com o enorme desequilíbrio que ocorrerá nesse período.

D. *A União Soviética: um "cachorro morto"?*

Vivemos um período em que a experiência histórica da União Soviética está sendo considerada um "desastre" político e econômico, acabada como regime econômico, sistema político e como federação de nações. Essas conclusões fáceis são fruto de uma propaganda muito superficial. A imprensa mundial continua com uma "guerra fria cultural" que impede um conhecimento real dos acontecimentos, tendências e situações globais.

A União Soviética não é um "cachorro morto". Se considerarmos como a união administrativa e política que sucedeu o antigo império russo, ela está viva e muito viva sob novas formas que ainda não se consolidaram, como a CEI ampliada. E influenciará decisivamente a evolução da economia mundial e do sistema mundial nas próximas décadas. O que está morto (desde 1954, mas hoje decididamente morto) é o Stalinismo como doutrina política e como sistema ideológico. O que também terminou (desde 1967, quando os Estados Unidos começaram a perder sua hegemonia em nível mundial) foi a Guerra Fria. Ela significava a capacidade do complexo industrial, militar e das forças de direita norte-americanas de comandar a diplomacia internacional. O Stalinismo não foi o inventor da Guerra Fria. Ao contrário, Stalin foi o líder soviético que mais recebeu apoio logístico e financeiro dos líderes ocidentais (claramente e entusiasticamente durante a Segunda Guerra Mundial, e também durante a "limpeza" de 1935, quando a imprensa ocidental deu cobertura e justificou os processos Stalinistas de Moscou, que "legalmente" assassinaram as lideranças bolcheviques na União Soviética).

Stalin foi transformado num monstro pela imprensa ocidental após a Segunda Guerra Mundial, como parte da Guerra Fria. E a Guerra Fria foi, em parte, uma contenção externa e em parte uma contenção interna (conforme os acordos de Yalta) do Exército Soviético na Europa e na Ásia (o que não pôde impedir as revoluções Chinesa e Iugoslava, entre outras).

Mas foi também um instrumento de consolidação ideológica da influência e hegemonia americanas no mundo "ocidental cristão" (inclusive no Japão que nunca se enquadrou no mundo "cristão" e "ocidental" assim como outras regiões asiáticas). Mas em parte a Guerra Fria foi também uma justificativa para o militarismo americano (e sua contrapartida soviética, que usou o Stalinismo como apoio ideológico) que deu origem ao que Eisenhower chamou de "Complexo Militar Industrial" e que alimentou e impôs políticas norte-americanas até o fracasso da Guerra do Vietnã. E esse interesse foi reintegrado ao governo durante a administração de Reagan, parte da de Bush pai e posteriormente de Bush filho.

O atual complexo militar desenvolveu-se num novo nível de pesquisa pós-industrial e de desenvolvimento de um complexo militar altamente sofisticado e profissional que mostraram sua eficiência (e limites!) nas duas Guerras do Golfo e no bombardeio e ocupação de Kosovo e Afeganistão. A política de Reagan foi baseada na tese da CIA, segundo a qual o crescimento das despesas militares obrigariam a União Soviética a um esforço militar impossível para ela. Como conseqüência, a União Soviética seria confrontada com uma escassez econômica e uma crise política nacional que destruiria seu poder militar e econômico. A tese da CIA, exposta no final dos anos 70, estava correta exceto em um ponto: a capacidade da liderança soviética – com o apoio de um número grande de forças numa escala mundial e especificamente nos Estados Unidos – de tomar a iniciativa de uma política mundial antimilitarista e abdicar de sua expansão militar, política e econômica no nível regional e mundial. A liderança da União Soviética pôde escapar muito rapidamente da armadilha de uma retomada da Guerra Fria, armada por Reagan, e criou uma nova situação internacional na qual, finalmente, a Rússia tem um lugar na economia mundial (como todos os seus líderes queriam, desde Lênin até Gorbachev, passando por Buckarin, Stalin, Kruschev, Brejnev e seus opositores, como Trotsky, Beria ou Andropov).

Portanto, para entender o que aconteceu na União Soviética precisamos desmanchar a confusão ideológica e "propagandística" que envolve e oculta o sentido real de sua experiência histórica. Do lado da ideologia anti-socialista existia a tendência de identificar o socialismo com os problemas históricos da economia e políticas soviéticas. Do lado dos pró-socialistas, entretanto, havia a intenção de identificar as "traições" que a prática do socialismo "real" representaram para o "verdadeiro" socialismo. Por parte do Stalinismo, procurava-se converter a racionalização dessa experiência histórica numa doutrina filosófica, econômica e política oficial fechada (produzindo uma das construções ideológicas mais monstruosas já ocorridas na história – o Stalinismo, também chamado, erroneamente de Marxismo-Leninismo).

O conceito de Leninismo foi criado por Stalin, em 1926, em seu famoso artigo "Princípios do Leninismo". Lênin nunca se identificaria com o exercício escolástico do pensamento político desse artigo e daquilo que veio depois dele. Outros seguidores de Lênin, como Trotsky, Zinoviev, Kamenev e Bukharin foram eliminados por Stalin.

Para estudar a experiência da União Soviética fora deste contexto ideológico – e cientificamente irrelevante – precisaremos começar por contestar muitas *inverdades consensuais:*

Primeiro, "O período pós-Segunda Guerra Mundial caracterizou-se por um confronto bipolar entre duas super potências: Estados Unidos e União Soviética". Esta é uma inverdade absoluta, transformada em verdade inquestionável. A União Soviética era, em 1917 e ainda nos anos 50, um país atrasado, essencialmente rural. Ao final da Segunda Guerra Mundial, apesar de sua vitória militar sobre a Alemanha, era um país destruído pela invasão nazista (20 milhões de soviéticos mortos, as cidades e uma grande parte dos campos completamente destruídos, enormes despesas militares, etc.), não tinha a bomba atômica (que ela obteria apenas em 1952, com a ajuda da espionagem industrial nos Estados Unidos e na Grã-Bretanha) e era, conseqüentemente, totalmente limitada, estrategicamente, pelo poder militar norte-americano e britânico.

A União Soviética somente começou a ter uma tecnologia *independente* (não alternativa) em 1958, quando deu início à tecnologia espacial com o Sputnick. De 1960 a 1985, a União Soviética teve um fantástico desenvolvimento tecnológico, industrial, científico, social e urbano que terminou com todas as bases geopolíticas e sociais do Stalinismo. Ela estabeleceu um equilíbrio militar com os Estados Unidos (com um custo social elevado, como a CIA prognosticara). Estabeleceu, também, um enorme aparelho científico, condicionado pelos investimentos bélicos que esgotaram sua energia científica e tecnológica devido à necessidade de competir nas várias e dispendiosas atividades da ciência e tecnologia avançadas (em conseqüência do boicote da COCOM à transferência da tecnologia militar existente para a União Soviética e em virtude da Guerra Fria em geral).

Nesse período – de 1950 a 1985 – a população urbana da União Soviética tornou-se majoritária, desenvolvendo-se uma estrutura de emprego muito peculiar em relação às economias capitalistas (uma classe trabalhadora mais numerosa que a dos países ocidentais, uma também maior população científica, intelectual e artística, uma restrita população dedicada a empreendimentos, comércio e finanças, uma enorme população de burocratas não apenas no Estado e nas empresas, como no Ocidente, mas também no partido, convertido num clone burocrático do Estado).

Todas essas mudanças converteram o edifício ideológico do Stalinismo num vazio fantasmagórico. O Stalinismo, que começou seu desenvolvimento em meados dos anos vinte, era a ideologia do "socialismo em um só país" e, após a Segunda Guerra, do "Socialismo em uma só área". Tentava justificar e defender o modelo de acumulação primitiva socialista que se desenvolveu na União Soviética, como um modelo intrínseco, exclusivo e desejável de socialismo. Suas dificuldades resultaram do atraso e da pressão externa e conseqüente isolamento interno, e sua forma necessariamente autoritária e despótica foi transformada em aspectos positivos e necessários do socialismo.

Quando essas condições geopolíticas foram suplantadas pelo desenvolvimento industrial e científico e pelo equilíbrio internacional, político e militar, a doutrina stalinista e sua sobrevivência política transformaram-se num dinossauro histórico, revoltante e opressivo. Isto significa que a Rússia e os povos da antiga URSS estão desenvolvendo hoje um novo sistema político e sócio-econômico que será um ajustamento entre sua experiência histórica e sua estrutura ideológica (uma fusão entre o absolutismo ortodoxo e a modernização esclarecida, embora tenha adotado, durante um certo período, a forma de um pensamento econômico, político, social e intelectual "marxista").

Se tentarmos entender a atual situação desta região como uma conseqüência do fracasso de um sistema econômico, como a imprensa da Guerra Fria continua a fazê-lo (com tremendos efeitos intelectuais) não entenderemos nada do que está acontecendo no mundo.

Em segundo lugar, afirma-se que "a revolução" de 1989, no Leste Europeu, foi um movimento anti-soviético que aconteceu contra a vontade e os objetivos soviéticos. Esta é outra idéia completamente equivocada. Sentimentos anti-soviéticos e anti-russos não eram novidade nessa região. O que foi absolutamente novo em 1989 foi a determinação, o desejo político e a ação das lideranças da União Soviética (através do partido, do governo, mas principalmente da ação da KGB) de aniquilar o Estado burocrático (criado, nutrido e apoiado pelas forças de ocupação soviéticas) nesses países, sob o nome de Partidos Comunistas. As forças sociais que pressionaram nessa direção eram muito fortes e claramente majoritárias após a eleição de Yeltsin como deputado por Moscou. Qual era o seu argumento?

Para uma grande parte dos russos (principalmente os russos europeus) a União Soviética, o COMECON e o internacionalismo proletário eram um contexto político desfavorável para a Rússia. Os camponeses russos teriam sido obrigados a pagar pela acumulação primitiva que permitia o desenvolvimento e industrialização das regiões mais atrasadas da União Soviética. Segundo a opinião russa nacionalista, depois da Segunda Guerra, o preço da reconstrução do Leste Europeu também foi pago pela indústria russa, obrigada a adquirir produtos de má qualidade tecnológica destas regiões em nome de uma divisão socialista do trabalho. A Rússia não possuíra o superávit imperialista que enriquecera a Grã Bretanha e a Europa Ocidental e, ao contrário, teria sido obrigada a pagar pelo desenvolvimento de regiões mais atrasadas da União Soviética, do Leste Europeu, Cuba, Vietnã e recentemente da África e do Afeganistão. Estas despesas, acrescentadas às despesas militares destinadas a defender o país do bloqueio econômico capitalista e do cerco militar ocidental, teriam produzido uma situação de pobreza e atraso pela qual os russos europeus não aceitavam mais pagar. O renascimento da Igreja Ortodoxa Russa, o ressurgimento da velha monarquia russa, a proximidade com a Europa e particularmente a possibilidade de integrar a União Européia, tudo isso criou uma moldura ideológica para a idéia de "libertar-se do Leste Europeu". Nada mais de trocas diretas e pagamentos em moedas desvalorizadas! Nada mais de petróleo subsidiado! Nada mais de importações obrigatórias de produtos do Leste Europeu. Mas sim a possibilidade de comprar da Europa Ocidental, dos Estados Unidos e Japão ou de qualquer outro lugar. Liberdade de comércio! Por que não?

Estas questões se aprofundaram. E ultrapassaram estes limites. Por que não regimes liberais parlamentares e democráticos que teriam funcionado tão bem (?) na Europa, Estados Unidos e Japão? Por que não um sistema partidário similar ao da Europa para permitir que a Rússia se tornasse parte integrante desse continente? Por que não fazer de tudo para incorporar-se à Comunidade Européia? É evidente que as conquistas sociais da Revolução Russa devem ser mantidas. Como? Isto se verá. Mas e a especificidade da Rússia? Sua religião ortodoxa? Sua herança cultural asiática? Sua perspectiva histórica? Pedro o Grande e São Petsburgo ou Petrogrado ou mesmo Leningrado deveriam ser novamente a vanguarda russa? Mas e o resto?

É evidente que esses sentimentos russófilos e pró-europeus exacerbaram conflitos nacionais na União Soviética. Os russos começaram apoiando as reivindicações de independência dos países Bálticos. Países pequenos, anexados à União Soviética nos anos 30, a contragosto. Eles foram os pontas-de-lança ideais para redefinir a União Soviética de forma mais favorável para a Rússia. Por isso é que tivemos em 1990 essa situação estranha: um plebiscito para decidir sobre o destino da União Soviética mostrou o centro do "império" votando por sua dissolução e a "periferia" votando por sua conservação. Isto evidencia que talvez a retórica russa corresponda à realidade. O imperialismo soviético era contrário aos interesses do Centro (Rússia). Ao contrário, uma Rússia independente, numa relação com Estados nacionais "independentes" da União Soviética, talvez possa explorar esses países e ampliar suas bases de acumulação de capitais.

Assim, a independência do Leste Europeu e o fim da União Soviética não foram um produto da oposição externa, mas, muito claramente, do desejo político e dos movimentos culturais, econômicos e sociais internos. O mesmo pode ser dito sobre a evolução democrática da Rússia, que foi planejada pela KGB na direção de uma Democracia Cristã ou Partido Populista, de um lado, a uma Social Democracia, ou Partido Social Democrático, de outro lado, e talvez de um pequeno partido Liberal pró-Ocidente, ao centro. Contudo, estes projetos artificiais não se realizaram. A Rússia se encontra hoje diante de uma ampla coligação de forças nacionais-populistas que apóiam o presidente Putin e um forte Partido Comunista Russo, profundamente nacionalista. O restante da União Soviética (exceto os Países Bálticos, a Ucrânia e a Bielo-Rússia) tende a uma orientação muito mais populista ou socialista. É por isso que ainda é difícil saber que tipo de acordo dos países Independentes (CEI) é possível. É necessário que todas essas forças meçam seu poder para que se estabeleça uma estrutura política comum.

Esta nova União Soviética (CEI) não estará diretamente ligada ao Terceiro Mundo pelas razões que expusemos, exceto em alguns pontos importantes:

A ex-União Soviética (hoje CEI) é hoje um produtor importante de matéria-prima e minerais (principalmente ouro e petróleo) e não pode ignorar o interesse dos países do Terceiro Mundo de obter melhores preços para esses produtos básicos. A tentativa russa de aproximação com a Arábia Saudita, numa política de petróleo comum com a OPEP, foi uma das razões da linha-dura norte-americana contra a invasão do Kuwait pelo Iraque. Era necessário marcar uma forte presença americana na área para conter esse possível acordo.

A Rússia também é um comprador de produtos agrícolas do Terceiro Mundo, principalmente da Argentina, pagando preços melhores do que os europeus e americanos. Com isso, pode estabelecer boas relações com as políticas econômicas do Terceiro Mundo, obtendo uma importação de alimentos mais diversificada e por melhores preços.

Mas não mais do que isso, a ex-União Soviética (CEI) diminuiu a ajuda que prestava a países subdesenvolvidos, quer no âmbito militar, quer em outros campos. O caso de Cuba era visto de forma especial, em virtude da relação histórica entre a Ilha e a União Soviética e de sua posição geopolítica, vizinha aos Estados Unidos. Mas estas relações especiais não se mostraram permanentes. Na verdade, Yeltsin tinha uma linha de afastamento em relação a Cuba. Para o ex-exército soviético, que ainda existe, de certo modo, esta não foi a melhor opção política.

A nova Comunidade dos Estados Independentes (CEI), que emergiu em parte desses ajustamentos, deverá colocar seu melhor esforço e energia em sua integração com a Europa, especialmente com a Alemanha, e em acordos de paz com os Estados Unidos. Mas essa estratégia russa deverá ser corrigida pela realidade: as fronteiras asiáticas da União Soviética terão grande influência em sua evolução. As relações com a Índia, a China e o Japão e o desenvolvimento da Sibéria criarão um novo contexto geopolítico para a Rússia (e para a Europa, que vê nessas fronteiras russas a extensão de suas próprias fronteiras). Espera-se que a sabedoria geopolítica européia compensará a falta de habilidade dos russos.

Mas a Europa (e a Alemanha em particular) mantêm um olho na parte islâmica da antiga União Soviética: uma importante porta para o Oriente Médio. Elas são potências petrolíferas e países islâmicos. São duas vantagens geopolíticas que os russófilos, em seu eurocentrismo vesgo, não conseguem perceber.

Alta tecnologia militar e espacial, um dos maiores aparatos científicos do mundo, fronteiras cruciais, matéria-prima básica, população educada no processo de modernização, formação cultural sólida, tudo isso fará da Rússia e da CEI uma peça importante no futuro. O fato de que obteve grande parte dessas vantagens num curto espaço de tempo e que um regime social e uma visão filosófica pós-capitalista foram os inspiradores de grande parte dessas conquistas é também um fator muito positivo, mesmo quando as mudanças ocorridas tentam ignorar isso em virtude de um movimento histórico dialético contra seu passado recente. A reconstrução do Partido Comunista como primeira força política individual na Rússia é um bom exemplo disso, apesar do caráter muito particular de sua postura ideológica que dificilmente se aproxima de qualquer contra parte européia.

A Rússia e a CEI não serão um substituto para os Estados Unidos nessa nova fase histórica (a antiga URSS nunca conseguiu também ser uma força hegemônica mundial. Ela concorda completamente em apoiar e compartilhar a hegemonia dos Estados Unidos em escala mundial). Mas nos próximos 20-30 anos avançará muito e ocupará (em aliança com a Europa e particularmente com a Alemanha) uma importante posição na formação de uma nova sociedade mundial. Talvez o que resta de sua estrutura econômica não-privatizada; sua orientação científica e tecnológica para a indústria espacial; suas ligações históricas com o pensamento filosófico dialético (ainda que deformado pela versão soviética dialético-materialista do marxismo) e os elementos humanistas da formação cultural de seu povo serão fatores decisivos para o avanço de um enfoque planetário baseado numa análise do sistema e da economia mundiais. Esses elementos já estão presentes em sua nova política internacional, que passou por várias e confusas fases para se enquadrar numa perspectiva nacional-populista que se alimenta de uma vasta tradição histórica.

E. *O Terceiro Mundo ainda existe?*

A idéia de um Terceiro Mundo foi produto do processo de descolonização ocorrido após a Segunda Guerra Mundial. A decadente Grã-Bretanha e as nações européias abriram seu espaço colonial para uma nova e competitiva dominação econômica sob a hegemonia dos Estados Unidos. Em outros países, os movimentos democráticos e nacionais que cresceram após a Primeira Guerra Mundial e durante a crise de 1929 geraram novos Estados Nações com ambições de autonomia e produziram uma nova subjetividade histórica capaz de elaborar um pensamento alternativo ao liberalismo. Ao mesmo tempo, muitas destas nações emergentes, sob o embate da Guerra Fria, viam na União Soviética um poder alternativo ao imperialismo. Este quadro global produziu um modelo ideológico mundial. Esses novos movimentos na Ásia e na África convergiram com a cultura nacionalista, democrática e antiimperialista da América Latina.

Ainda que os países das antigas regiões coloniais latino-americanas tenham se independizado e estabelecido Estados Nacionais no início do século XIX, eles não puderam assegurar sua independência econômica e foram subjugados a uma condição econômica semi-colonial ou dependente, primeiro pela Grã-Bretanha e depois pelos Estados Unidos, o que afetou também sua independência política. Em conseqüência, é natural que os países latino-americanos, ou melhor, seus movimentos nacional-democráticos dessem seu apoio aos movimentos independentes asiático-africanos. Estes interesses comuns levaram à criação da Organização Trilateral como uma militante instância revolucionária que se articulava com o Movimento dos Não-alinhados como organização dos Estados Nacionais emergentes. A Conferência de Bandung, de 1955, unificou as lideranças afro-asiáticas sob a influência da experiência socialista iugoslava e sob a concepção de Tito de uma articulação internacional contrária à Guerra Fria.

A aceleração da descolonização depois da Conferência de Bandung estimulou a criação de várias organizações e movimentos sob a inspiração de uma nova ordem mundial. Oposição à Guerra Fria e afirmação da possibilidade de paz mundial foram os princípios maiores dessa nova estrutura ideológica. A conceitualização dos termos negativos de intercâmbio no comércio mundial foi uma contribuição objetiva da América Latina a esse movimento que levou à formação do Grupo dos 77 e à criação da UNCTAD.

A ideologia, perspectiva ou abordagem do Terceiro Mundo se estruturou a partir de fatores tais como a crítica à dominação monopolista internacional, ao papel das empresas multinacionais – em conflito com os objetivos dos Estados Nacionais. Por outro lado, estavam as propostas de desenvolvimento nacional autônomo e a afirmação do direito internacional fundado na autodeterminação.

Este não é o espaço para se criticar essa ideologia e estabelecer suas possibilidades e limites históricos. É importante verificar, neste momento de nossa análise, que essa estrutura ideológica tornou-se tão consensual e majoritária que foi incorporada por pontos de vista completamente opostos como o liberalismo e o marxismo. Ambos têm em comum o fato de serem, por natureza, internacionalistas e cosmopolitas. Esses novos paradigmas ideológicos tornam estas doutrinas universalistas conscientes do vazio de suas concepções de humanidade, totalidade, globalidade e universalidade e as obrigam a aceitar cada vez mais uma concepção pluralista de humanidade, mundo, desenvolvimento, etc.

Como resultado desses movimentos históricos e da presença mundial dessas novas forças econômicas que criavam uma nova subjetividade, a estratégia mundial deve modificar-se. Ela precisa admitir a hipótese da generalização do desenvolvimento, da democracia, do igualitarismo, para todas as nações, todos os povos, todos os grupos étnicos, todas as minorias, etc. Num dado momento, em 1968, todos os subjetivismos convergiram para um novo contexto ideológico global radical, em nível econômico, político e ideológico. Mas essa nova estrutura geral era muito abstrata para gerar de imediato um novo paradigma histórico.

Os anos 70 se caracterizariam pela emergência de um mundo completamente novo: novos movimentos sociais desafiaram a essência do sistema mundial e os princípios econômicos, políticos e ideológicos em que estava baseado; a União Soviética estabeleceu um equilíbrio militar com os Estados Unidos e superou o poderio militar europeu até chegar a uma crise geopolítica e ideológica que levou à sua dissolução sob a sua forma revolucionária; o cartel petrolífero da OPEP estabeleceu novos preços e gerou um grande superávit de recursos financeiros e monetários (os petrodólares), desenvolvendo novas potências militares e econômicas no Oriente Médio e no Golfo Pérsico; os Estados Unidos foram derrotados militar e ideologicamente no Vietnã; a Europa e o Japão ganharam relativa independência estratégica e política no sistema mundial, baseada num crescente poder econômico; os novos países industrializados surgiram como importantes potências econômicas, mas também como novas fontes de vontade política e poder estratégico; a Índia e a China desenvolveram suas próprias concepções estratégicas como potências nucleares.

Todos esses fatos indicam uma crescente complexidade do sistema mundial e um fortalecimento dos agentes políticos e sociais nos níveis local e internacional. Nessa nova realidade, os países do Terceiro Mundo ganham uma nova posição que, nos anos 70 e 80, resultaram nas conferências Norte-Sul e, nos anos 90, numa nova perspectiva de regionalização do Mundo.

Para enfrentar esse novo desafio, foi concebida nos anos 70 a estratégia trilateral, cujos elementos básicos ainda sobrevivem. Ela visava coordenar as três regiões básicas do Norte (Estados Unidos, Europa e Japão) no confronto com o desafio representado pelo Terceiro Mundo e o apoio socialista por ele recebido. A União Soviética, que era hostil a uma estratégia de Terceiro Mundo nos anos 50 e 60, começou a mudar a sua posição na década de 70, promovendo uma ação comum com a OPEP, a Nova Ordem Mundial Internacional, o Movimento Não-alinhado, o Grupo dos 77, a UNCTAD, a nova ordem de informação internacional da UNESCO, etc. Estes novos poderes internacionais mudaram completamente a correlação de forças mundiais e obrigou a adoção de uma nova estratégia no centro. A revolução iraniana mostrou o potencial ainda existente no Terceiro Mundo. Para as potências hegemônicas ficou claro que deveriam ser "corrigidos" em sua essência os objetivos táticos e estratégicos. Os Estados Unidos precisavam ser mais ativos e agressivos para restabelecer sua hegemonia.

Esta nova estratégia teve início com a nova política econômica e diplomática de Reagan, que visou restabelecer o crescimento econômico e a liderança norte-americana em nível mundial. Mas o custo dessa política foi um débito fiscal cada vez maior, um enorme déficit na balança de pagamentos e um débito internacional dos Estados Unidos simplesmente colossal. A conseqüente debilidade do dólar foi retardada e encoberta por altas taxas de juros, que atraíam capital para os Estados Unidos, mas não conseguiam impedir o declínio da produção industrial (desindustrialização) e da produtividade em setores-chave. O preço da manutenção do dólar e do poder de consumo dos Estados Unidos foi a fragilidade econômica estrutural da América. Seu poder passou a basear-se no déficit fiscal, que produziu ao mesmo tempo um acentuado declínio financeiro ao final da década de 80. Mas o déficit fiscal financiou principalmente a recuperação tecnológica e o poder militar.

Esta política econômica voluntarista foi completada por uma diplomacia que diminuiu o papel das instituições multilaterais e internacionais para favorecer a livre ação dos Estados Unidos. Ao mesmo tempo, uma estratégia militar agressiva em guerras de baixa intensidade gerou uma deterioração econômica e moral dos regimes revolucionários, mas, ao mesmo tempo, fortaleceu um aparato clandestino dentro dos Estados Unidos.

Esta política teve um impacto importante no Terceiro Mundo. Antes de mais nada, acentuou a divisão entre os bem-sucedidos países que se apoiaram na exportação industrial e os antigos exportadores de produtos primários. Também gerou uma divisão entre os exportadores industriais e os países industriais orientados para o mercado interno, enquanto se marginalizavam cada vez mais as economias baseadas nas exportações das decadentes matérias-primas e produtos primários.

Os exportadores mundiais bem sucedidos foram os países que foram afetados positivamente pelo crescimento do mercado norte-americano, baseado no déficit fiscal e a conseqüente recuperação mundial de 1983 a 1988. Entre esses países, destacam-se os "Tigres Asiáticos" que não tinham grandes débitos externos e podiam usar o superávit comercial obtido nestas circunstâncias para reforçar a sua industrialização (como a Coréia do Sul, Cingapura, Hong Kong e Taiwan). Diferente é a situação dos exportadores industriais latino-americanos, como o México e o Brasil, que usaram seus superávits comerciais para pagar os juros da dívida externa e para outras transferências de recursos para os países desenvolvidos, e aprofundaram seu processo de enfraquecimento econômico, deterioração social e empobrecimento geral.

Alguns exportadores tradicionais de produtos primários de melhor mercado, como a Argentina, também tiveram um enorme superávit comercial externo, que foi usado para pagar os juros da dívida externa e para financiar os investimentos estrangeiros ilegais de argentinos. Como, nesse período, a remessa de lucros de empreendimentos estrangeiros era muito alta, sem novos investimentos na região, a transferência dos excedentes gerados nestes países periféricos para os países desenvolvidos foi muito mais alta do que em qualquer outra fase da história.

A situação dos exportadores tradicionais era ainda pior, em virtude da deterioração dos acordos comerciais e dos preços mais baixos dos produtos primários, ao mesmo tempo em que todo o superávit comercial era imediatamente remetido para o exterior para pagar juros de débitos fictícios. Se juntarmos a essa grave situação a lógica de destruição das antigas economias rurais, que pelo menos se auto-sustentavam, podemos entender como elas foram completamente arruinadas pela queda do preço dos produtos alimentícios e de matéria-prima (por causa dos excedentes agrícolas, subsídios agrícolas aceitos na Rodada do Uruguai e também em virtude das mudanças tecnológicas no setor). Poderemos enfim ter um quadro da marginalização destes países no mercado mundial se considerarmos as alternativas mercantis para investimentos ou atividades econômicas locais.

Ambas as lógicas afetam negativamente os países industrializados do Terceiro Mundo (como a Índia, o Brasil – em parte – e outros) que têm mercados nacionais importantes e população crescente e não podem especializar seus parques industriais apenas para a exportação e para produtos de alta tecnologia. Esta abertura para uma produção competitiva (como podem fazer os países pequenos e orientados para a exportação, como o Chile, Hong Kong ou Cingapura) é mais viável para países que podem diminuir o seu aparato produtivo drasticamente sem marginalizar grande quantidade de pessoas. Aqueles que dão continuidade ao seu processo de industrialização vêem ameaçada a sua capacidade de gerar empregos. As novas tecnologias, orientadas para a industrialização, são pouco capazes de resistir no mercado internacional e seus efeitos na geração de emprego são muito restritos. Quando estes países se vêem submetidos às indiscriminadas aberturas de mercado praticadas por uma nova geração de políticos comprometidos com a intermediação dos movimentos de capitais internacionais ampliados no período.

Mesmo os mais bem sucedidos casos de dependência da exportação industrial baseada no crescimento do mercado internacional (as NEIs) foram confrontados com a crescente massa de população marginal (vinda dos setores em declínio, principalmente remanescentes da economia de autoconsumo e produto das altas taxas de nascimento entre as populações mais pobres) concentrada cada vez mais nos grandes centros urbanos (megalópoles) do Terceiro Mundo.

Marginalidade interna, aparato produtivo restrito e pouca oportunidade de trabalho para pessoas escolarizadas da classe média, fazem estas pessoas emigrarem para países desenvolvidos, acentuando a desigualdade mundial, o fosso entre os países desenvolvidos e subdesenvolvidos e as contradições Norte/Sul.

Muitos analistas do cenário internacional acreditavam que essa contradição iria dominar os anos 90. Isto não era tão evidente, porque a "hegemonia compartilhada" também seria afetada por graves conflitos internos, como vimos anteriormente. Ao contrário, se tornou normal a todos os países desenvolvidos tentar conter os clamores do Terceiro Mundo para compartilhar as riquezas dos países desenvolvidos e principalmente as aspirações de importantes potências do Terceiro Mundo de participar na definição da política mundial.

O preço da bem sucedida contenção do desenvolvimento do Terceiro Mundo foi o aumento da marginalidade e um grande desequilíbrio mundial que coloca em perigo todas as intenções de criar uma ordem mundial estável. Abandonadas e marginalizadas, as massas do Terceiro Mundo irão cada vez mais apoiar as religiões messiânicas e fundamentalistas ou os movimentos étnicos ou nacionalistas.

Uma crescente democracia nesses países abrirá caminho para que essas massas vivam entre a aspiração do consumo moderno – estimulada pelos meios de comunicação e pelo contato com os mercados urbanos – e sua concreta marginalização, empobrecimento e até mesmo miséria. Um profundo vazio espiritual está conformando essas massas urbanas desempregadas (que também incluem importantes segmentos das populações dos países desenvolvidos) e uma profunda rejeição à modernidade será a forma de protesto contra essa situação, a qual termina por estimular algum tipo de rebeldia sem objetivos históricos claros.

Alguns setores dessas massas também podem ser utilizados pelos crescentes sistemas milionários de contravenção, principalmente a droga, o contrabando, as atividades clandestinas de sexo, prostituição, roubo, assalto e outros crimes que estão se desenvolvendo nessa contraditória situação mundial. Esse mundo do crime é certamente uma porta de escape e até mesmo de melhoria do nível de vida para os indivíduos mais inteligentes nesse vasto mundo marginal ou semimarginal. A valorização da "economia informal" é o resultado de uma falência completa do capitalismo em prevenir esse tipo de fenômeno. A economia informal não é nada mais do que uma organização dessa crescente marginalidade em seus diferentes níveis e estágios. Enquanto essa massa marginalizada está sendo reduzida à miséria e à fome, não há grandes problemas no âmago do sistema. Mas quando ela começa a se armar e organizar numa criminalidade poderosa, ela se torna um desafio.

E quando vemos como exemplos de recuperação econômica no Terceiro Mundo os países que estão relacionados à droga e que abrem seu sistema econômico à economia das drogas (como Bolívia, Colômbia, México, Tailândia, etc.) podemos entender a extensão da intervenção do crime organizado na economia, na política e na dimensão espiritual do Terceiro Mundo.

Também está claro que a força e a violência serão utilizadas para tentar mudar essa situação negativa. Não apenas movimentos revolucionários e oposições políticas, mas, principalmente, ações governamentais se oporão a essas condições de marginalidade mundial. A luta do Iraque para manter uma estratégia internacional independente — mesmo sob a ocupação norte-americana e das Nações Unidas — é similar à intenção dos regimes militares fascistas argentino e chileno dos anos 70 e 80 de terem a sua própria estratégia militar. O Irã dos Aiatolás, a intenção paquistanesa de produzir a bomba nuclear ou a ideologia militar brasileira do "Brasil grande potência" ou a aspiração da Índia de se tornar uma potência nuclear mundial, ou ainda a determinação da China de construir uma nação tecnologicamente independente etc., são expressões diferentes mas convergentes do descontentamento com uma ordem mundial que exclui esses povos e nações do poder de decisão mundial.

As perigosas políticas de poder, orientadas ainda por um eurocentrismo e um racismo historicamente superado, que tentam ignorar o Terceiro Mundo e que se recusam a abrir espaço institucional para sua participação na ordem mundial acentuam esses tipos de reação e não abrirão espaço para o equilíbrio e a paz.

3. É NECESSÁRIO E POSSÍVEL GOVERNAR UM MUNDO TÃO COMPLEXO?

A complexidade do mundo atual, a presença de novos e importantes agentes econômicos, sociais, políticos e culturais, e não apenas uma nova conjuntura internacional, tornaram obsoletas as instituições existentes no período pós-Segunda Guerra Mundial. Essas instituições estavam baseadas num mundo pós-liberal. Após anos de crise econômica mundial, assistimos à vitória da democracia sobre o fascismo que deteve sua expansão em todo o mundo. Ao mesmo tempo, o crescimento dos monopólios e do capitalismo de Estado, particularmente durante a guerra, o surgimento de uma economia socialista central planejada com a expansão e a vitória do exército soviético na Europa e o poder da resistência antinazista em vários países tornava difícil pensar num mundo regido pela mão invisível do livre mercado. As instituições pós-Segunda Guerra Mundial estavam baseadas na idéia de intervenção em escala mundial e em todos os aspectos da economia e da sociedade para garantir o pleno emprego e o desenvolvimento econômico. Essas instituições estavam dirigidas pelas potências vencedoras da guerra e particularmente pelos Estados Unidos, cuja hegemonia econômica, militar e ideológica não podia ser contestada. A Guerra Fria foi uma superdeterminação que impôs a exclusão da União Soviética e das novas potências socialistas desse novo mundo institucional.

Ambos os contextos estão completamente ultrapassados. A exclusão das nações derrotadas na Segunda Guerra Mundial do centro das decisões não é mais possível porque a Alemanha, o Japão e a Itália são hoje poderosas potências econômicas, políticas e diplomáticas (e potencialmente militares). Por outro lado, a exclusão da União Soviética, China e Coréia do Norte é completamente inadmissível em virtude da multiplicação, até 1989, desse tipo de regimes sócio-econômicos alternativos e seu crescente poder econômico, tecnológico, político e militar. Por essas razões, as estruturas institucionais da guerra mundial e da Guerra Fria se tornaram obsoletas. As forças emergentes que buscavam a sua preservação criaram novas instituições circunstanciais ou transitórias, mas o mundo necessita de uma estrutura institucional aceitável e racional para gerenciar novos sistemas e relações mundiais cada vez mais complexas. A tentativa de impor um sistema de hegemonia dos Estados Unidos, ainda que compartilhada, busca a preservação de toda esta parafernália institucional, sem uma clara racionalidade sistêmica, porque eles são a única nação que pode participar de quase todas as instituições mundiais e, conseqüentemente, ter um poder de influência global. Por isso, a diplomacia norte-americana desenvolveu a tese da interdependência das diferentes instâncias da política diplomática mundial.

Ao mesmo tempo em que o pós-Segunda Guerra Mundial e a Guerra Fria criaram suas instituições diplomáticas, a pós-situação colonial e suas conseqüências econômicas, políticas ideológicas e diplomáticas criaram, também, suas próprias estruturas institucionais como os grupos diplomáticos, as integrações regionais, as instituições político-ideológicas como o Movimento dos Não-Alinhados, influenciando, ainda, outras instituições, mudando a sua natureza (esse é essencialmente o caso das Nações Unidas e da UNESCO, mas também de muitas outras instituições globais).

Se é verdade que uma grande parcela dessas novas instituições não inclui os Estados Unidos devido à sua natureza regional, também é verdade que os Estados Unidos são, em geral, os principais interlocutores ou interface dessas instituições. É interesse dos Estados Unidos preservar algumas dessas organizações e acabar com outras (principalmente o Movimento dos Não-Alinhados, devido ao seu amplo alcance, ao seu poder representativo e à sua autonomia ideológica).

Conseqüentemente, podemos distinguir quatro níveis nas estruturas institucionais mundiais ou globais:

a – as instituições pós-Segunda Guerra Mundial, marcadas pela vontade dos vencedores da guerra e pela hegemonia norte-americana;
b – as instituições geradas pela Guerra Fria, marcadas pelas oposições entre as organizações pró-Ocidente e pró-Socialismo real;
c – as instituições pós-coloniais, com a sua evolução para a confrontação ou diálogo Norte-Sul;

d – as instituições pós-Segunda Guerra Mundial e pós-Guerra Fria que querem evitar o contexto Norte-Sul (numa mágica exclusão dessa realidade) mas que ainda não têm um perfil completo.

A. *As instituições pós-Segunda Guerra Mundial e pós-Guerra Fria*

O principal fruto da vitória dos aliados na Segunda Guerra Mundial foi a criação da Organização das Nações Unidas (ONU). A ONU tinha originariamente duas instituições básicas: a Assembléia Geral e o Conselho de Segurança.

A Assembléia Geral era uma instância ampla e democrática, com poderes importantes mas limitados. Essa instância foi decisiva para as mudanças do período pós-Segunda Guerra Mundial. A Assembléia Geral criou, ao seu lado, o Conselho Sócio-Econômico e um grande número de instituições destinadas a promover o desenvolvimento econômico e social. Pelas quais Estados pós-coloniais, em aliança com os Estados dependentes latino-americanos, infiltraram suas influências no sistema da ONU. A importância da Assembléia Geral teve seu momento máximo, nos anos 70, quando os países árabes, com o Movimento dos Não-Alinhados e o apoio mais ou menos consistente da União Soviética e do Leste Europeu criaram uma sólida maioria (quase consensual – excluindo os votos dos Estados Unidos, Israel, África do Sul, Chile e outras ditaduras nacionais e, finalmente, Grã-Bretanha e Japão). Esse novo contexto de política interna da Assembléia Geral não expressava, contudo, uma correlação real de forças porque os Estados Unidos ainda representavam, com o apoio do Japão e da Alemanha, uma ampla potência econômica, política e militar, perfeitamente capaz de se opor ao que Henry Kissinger chamou de "ditadura da maioria".

De fato, durante os anos 80, os Estados Unidos se isolaram cada vez mais nas decisões da Assembléia Geral e puniram as instituições do Conselho de desenvolvimento sócio-econômico com o boicote do orçamento da ONU, muito dependente do dinheiro norte-americano.

Ao mesmo tempo, os Estados Unidos abandonaram as instituições globais, como a OIT e a UNESCO, devido à influência da "ditadura da maioria". Hoje a Assembléia Geral das Nações Unidas é uma instância muito vazia da diplomacia e da política mundial, o Conselho Sócio-Econômico ainda sobrevive, mas suas instituições tiveram sua importância muito diminuída.

O Conselho de Segurança foi a arena por excelência da Guerra Fria. O poder de veto era o principal instrumento da União Soviética, numa situação minoritária até a integração da República Popular da China, em 1972 (durante vinte e sete anos, Taiwan, um satélite americano, representou a China no Conselho de Segurança!). A China Popular foi incluída num momento de aliança com os Estados Unidos e de posições ideológicas e estratégicas anti-soviéticas, mas, de qualquer forma, representava uma verdadeira potência mundial e não um satélite, como Taiwan. A China passa a representar, também, os interesses do Terceiro Mundo e cria um problema político para a simples divisão do mundo entre as potências dominantes.

Mas com o final da Guerra Fria, o Conselho de Segurança mostra seus limites: a ausência da Alemanha e do Japão dá a essa instituição um caráter obsoleto. A não representação de novas potências do Terceiro Mundo, como a Índia, o Brasil, o Irã e outras futuras possíveis potências (como a Coréia unificada, a Indochina, o Oriente Médio, etc.) tornarão o Conselho de Segurança cada vez mais irrelevante e alvo de possíveis reformas que não serão definitivas e conclusivas. A demonstração desses limites ficou óbvia durante a II Guerra do Golfo que se realizou sem o aval do Conselho de Segurança da ONU.

As outras instituições importantes do período pós-guerra são as instâncias econômicas do Banco Mundial, FMI e GATT hoje substituído pela OMC. Todas elas apresentam hoje limites muito importantes:

1. O perfil de componentes da Guerra Fria marcou essas instituições e levou à exclusão da União Soviética (uma das fundadoras do FMI e do Banco Mundial) e outros países socialistas (exceto a Iugoslávia, em virtude de seu conflito com a União Soviética). O Banco Mundial e o FMI são apresentados como expressões extremas da economia liberal quando na verdade são totalmente o oposto. A economia liberal exclui, por princípio a intervenção e planejamento nacionais e, ainda mais, internacionais dos mercados financeiros e monetários. A importância de uma taxa fixa de conversão do dólar em ouro entrou em conflito com os princípios liberais e foi o começo de uma economia mundial planejada e gerenciada. A intervenção do FMI para garantir liquidez internacional e assegurar o equilíbrio econômico em uma escala mundial não é uma política liberal (mesmo quando propõe e impõe medidas liberais ou "de livre negociação" em

países de Terceiro Mundo). É absurdo pensar nessas organizações como necessariamente excluindo os países socialistas. A exclusão era parte da política da Guerra Fria e não de razões de doutrina econômica. Esta situação tinha que ser e está sendo corrigida, com alguma resistência dos Estados Unidos, e vem alcançando sua efetividade num período pós-Guerra Fria. A oposição mais dura às instituições econômicas multilaterais parte exatamente da direita norte-americana que se encontra no governo com a presidência de George W. Bush. Ela considera absurdo o financiamento com os recursos do tesouro norte-americano das economias "mal administradas" que geram déficits fiscais e cambiais pela "incompetência e corrupção de seu líderes".

Outro limite dessas instituições econômicas é a hegemonia dos Estados Unidos sobre elas. A maior parte dos votos que os Estados Unidos ainda maneja no FMI e no Banco Mundial age contra fatos: a participação alemã e japonesa deveria ser alterada (a união dos votos europeus e japoneses seria suficiente para gerar uma nova maioria no FMI e no Banco Mundial). Na medida em que os Estados Unidos desenvolvem o seu perfil de ator unilateral, as contradições podem chegar à luta pelo controle destas instituições.

Como conseqüência da integração da Rússia e da China no FMI, no BIRD e na OMC, a participação hegemônica dos Estados Unidos terá que ser rediscutida. Desde 1971 os Estados Unidos tinham abandonado, unilateralmente, a conversão oficial do dólar e hoje temos mais uma moeda convertível no mundo que é o euro. Na realidade, temos agora uma competição do dólar ainda dominante com os ascendentes euro e o yen (a libra ainda tem algum peso, mas é completamente regionalizado e, o rublo também será uma importante moeda regional).

Portanto, vemos atualmente e veremos nas próximas duas ou três décadas, uma luta no interior dessas instituições para reformar suas doutrinas e políticas econômicas, para estender suas influências e para fazer com que elas sejam realmente instituições globais revertendo sua correlação interna de forças.

O GATT e seu sucessor, a OMC, representam outro contexto. Fingindo ser o palco do mercado liberal, a OMC é, na verdade, uma estrutura de relações negociadas de mercado (uma espécie de mercados estatais e oligopólicos praticamente reconhecidos). As necessidades de uma organização como a OMC é a mais completa demonstração de que o mercado livre é uma idéia totalmente obsoleta. Os negócios mundiais estão baseados cada vez mais em operações intrafirmas e acordos interestatais bilaterais ou multilaterais (com "quotas" e outros mecanismos "liberais" de comércio oligopólico e repartição ou cartelização oficial dos mercados). A OMC está se tornando um mecanismo multilateral necessário para ajustar e racionalizar as enormes operações oligopólicas estatais. Isto significa planejar as relações do mercado mundial, construir o mercado no nível internacional. Isto é absolutamente o contrário do que sustenta a ideologia oficial.

O novo período de um ciclo de Kondratiev (que começou na segunda metade dos anos 90) dará origem a um longo período de oscilação principalmente ascendente (e só localizadamente descendente) e necessitará de uma espécie de equilíbrio monetário e financeiro que permita uma estabilidade das moedas nacionais com algum sistema de moeda mundial de referência. Necessitará igualmente uma regulamentação mundial da vida econômica (relações de trabalho, de capitais e outros mercados) e da ajuda e cooperação econômicas como mecanismo de "correção" ou "compensação" do crescente desequilíbrio setorial, social, regional, local e mundial. Como o mercado "livre" não existe, esses mecanismos devem ser cada vez mais baseados em negociações e consensos explícitos, na intervenção subjetiva planejada pelo homem, mesmo pagando o custo de novas burocracias e da institucionalização e imposição dos poderosos sobre os fracos e das potências monopolistas sobre as não-monopolistas. Esta nova institucionalidade será, pois, um campo de debate e confrontação das várias concepções ideológicas sobre o futuro da humanidade.

Estas regulamentações econômicas precisam ser complementadas, evidentemente, por uma estrutura jurídica. A Corte de Haia não foi uma instância importante do período de pós-guerra. Os regulamentos estabelecidos pela ONU para um grande número de atividades setoriais e regionais só estão sendo respeitados em parte. Exemplos de integração têm sido eficazes em estabelecer uma quebra de regras no nível nacional e criar novas regras no nível regional, principalmente na Europa. É bem possível que tenhamos uma forte tensão nas próximas décadas entre os mecanismos reguladores e os instrumentos para aplicá-los.

Neste sentido, o problema do exercício e do monopólio da violência, que é um corolário natural da soberania, lei e justiça, será vigorosamente debatido, tornando-se o palco de violentas tensões.

O sistema de alianças militares do pós-guerra e pós-Guerra Fria estão completamente obsoletos. Foram construídos sob a concepção de contenção da expansão da União Soviética e instalação de bases militares norte-americanas por todo o mundo. As bases foram financiadas em parte por economias locais e, particularmente, a defesa norte-americana da Europa e no Sul da Ásia excluiu o Japão e a Alemanha como potências militares.

A evolução que descrevemos neste trabalho destruiu todas os pressupostos desses sistemas de segurança: primeiro, a União Soviética aumentou seu poder intensivamente – de uma potência do Leste Europeu, sem armas atômicas e sem tecnologia, transformou-se, depois da Segunda Guerra Mundial, em uma avançada potência nuclear, com influência e presença militar em toda a Europa (perigo da Finlandização européia), no Mediterrâneo, no Oriente Médio, na Península e no Oceano Indico, no Leste e Oeste da África, na área do Caribe, no Atlântico Norte e no Pacífico. A sua tecnologia espacial poderia até mesmo lhe dar supremacia militar no espaço e suas armas de longo alcance permitiriam que atingisse o território americano, o que deu origem à situação de "aniquilação comum" ou "destruição mútua assegurada" (MAD) e, conseqüentemente, levou à desistência, desarmamento e fim da competição nuclear capaz de destruir o mundo.

A política de Guerra Fria que apresentou os Estados Unidos como responsáveis pela defesa européia e asiática foi sempre um problema crítico. De Gaulle foi o primeiro a manifestar a oposição européia a essa situação e o desconforto da Alemanha com a contenção de seu poder militar foi sempre uma realidade mais ou menos sabida.

Na medida em que os Estados Unidos perdiam o seu poder econômico para financiar sua ocupação militar mundial, e que a Europa recuperava o seu, ficou claro que a política da OTAN chegaria ao fim e a concepção de De Gaulle, de uma Europa unificada, do Atlântico aos Urais, iria prevalecer. Este fato passaria a ser aceito como uma determinação geopolítica. A ambição da Europa unificada começou com os planos napoleônicos, foi contida pela florescente Grã-Bretanha e a Rússia feudal e continuou com a Primeira e Segunda Guerras Mundiais, com a intenção reacionária nazista de repetir, pelas armas, essa unificação européia em bases anticomunistas e antiliberais. Os nazistas foram detidos pela Grã-Bretanha decadente, os ascendentes Estados Unidos, e a Rússia revolucionária. Agora, quem irá deter essa tendência de unificação européia? A Rússia pós-socialista é a favor do "Lar Europeu" e a Grã-Bretanha é uma força completamente decadente, se opondo a isso sem convicção. Os Estados Unidos não têm mais o poder hegemônico de se opor, mas apenas de impor sua participação nesse processo. Desta forma, o Conselho de Segurança Europeu consolidará sua nova realidade estratégica com a sobrevivência da OTAN como uma aliança decadente.

Então, uma nova estratégia militar global, ainda sob a liderança americana, precisará integrar o antigo poder global soviético com um perfil moderado, representado pela CEI com liderança russa; a Alemanha e o Japão, ainda reprimidos, mas potências militares regionais já suficientemente importantes, e os outros centros regionais mais estratégicos de poder militar, como a Grã-Bretanha, a França, a China, a Índia e o Oriente Médio. A atual aspiração da aliança comercial-burocrática, científica e tecnológica norte-americana (que se encontra no poder nestes país), de ser uma única potência militar universal é um sonho (ou pesadelo!) completamente insano.

Forças internacionais e internas muito poderosas, que impedirão essa pretensão, apareceram durante a Guerra do Golfo, de 1990 a 1991. Esse não foi o início de uma nova era, mas um dos atos finais de uma era ultrapassada. O único consenso que sobreviveu da I Guerra do Golfo é a necessidade de contenção de novas potências militares no Terceiro Mundo, que o exército iraquiano e a estratégia de Hussein representaram. A estratégia de não-proliferação de potências militares nucleares, científicas e tecnológicas pode unificar a "instalação" da nova "hegemonia compartilhada" e certamente será uma fonte de conflito entre o Norte e o Sul nas próximas décadas. Como vimos na II Guerra do Golfo, a unidade entre os Estados Unidos e a chamada "velha Europa", assim como com a Rússia, não foi possível nem para um objetivo unitário de conter a "ameaça" militar de Saddam Hussein, quando não havia provas nem mesmo evidência dessa ameaça. Na verdade, a administração W. Bush tentou utilizar este consenso para justificar suas ambições geopolíticas e econômicas, sem lograr os resultados almejados.

B. *As instituições pós-coloniais e a nova fase do conflito Norte-Sul*

Mesmo quando os Estados Unidos tiveram um papel muito importante no processo de descolonização, dando intenso apoio aos movimentos mais moderados da África e da Ásia e também apoiando novos movimentos reformistas e liberais latino-americanos como a Democracia Cristã, no Chile, a Ação Democrática, na Venezuela, e muitos outros similares, a estrutura institucional que emergiu desse processo não excluiu, totalmente as forças pró-imperialistas. Os Estados Unidos não poderiam ser apresentados como uma nação não-imperialista porque assumiram completamente a herança das potências imperialistas. Por isto, o Movimento sócio-político que unificou as forças pós-coloniais excluiu com o tempo os Estados Unidos.

Podemos dividir a estrutura institucional pós-colonial em três níveis:

O nível estatal econômico, político e diplomático onde encontramos o Movimento dos Não-Alinhados como a maior expressão dos interesses do Terceiro Mundo, ainda que os países latino-americanos tivessem uma participação muito limitada nele. O Movimento dos Não-Alinhados vacilou entre uma política mais moderada, inspirada no ponto de vista iugoslavo e uma versão mais radical e pró-socialista, inspirada na concepção cubana. É verdade que um socialismo Não-Alinhado correspondia a uma certa tendência dos anos 70, em conseqüência da emergência de regimes pró-socialistas na África, mas não representava a maioria dos movimentos pós-coloniais nos quais as correntes nacional-democráticas tinham uma presença ativa e se misturavam com regimes reacionários que tiveram o seu espaço em expansão nos ano 60 a 70.

A radicalização do Movimento dos Não-Alinhados nos anos 70 foi em parte responsável por sua marginalização pelo poder imperialista e pela mídia mundial. A mudança das posições internacionais da União Soviética, sua extinção e substituição pela CEI, e a reorientação política do Leste Europeu afetou este movimento de forma muito negativa. Mas também é verdade que a coerência do movimento foi afetada pela diversidade de interesses entre as NEIs asiáticas e os países credores, pelo confronto entre os produtores e não produtores de petróleo, pelos interesses das integrações regionais e pelas divisões internas e regionais incentivadas pelas "guerras de baixa intensidade", assim como pelas divisões provocadas pela invasão soviética no Afeganistão, pelos conflitos locais entre diversos países participantes, pelas diferentes orientações políticas e muitas outras questões, que somente poderiam ser resolvidas no contexto de uma orientação ideológica e estratégica ampla e aberta. O fato de o Movimento dos Não-Alinhados ser menos ativo no presente momento, não significa que ele tenha terminado. Existem problemas comuns suficientes para revitalizar o movimento nas próximas décadas.

A UNCTAD é a expressão mais sofisticada da coordenação estatal dos países do chamado Terceiro Mundo. Como parte das Nações Unidas, esta organização é o foro privilegiado para negociações entre o Norte e o Sul. A UNCTAD vem sendo reativada pelo Grupo dos 77 que congrega 114 países do Terceiro Mundo. Mas nos últimos anos a UNCTAD também foi afetada pela marginalização das exigências do Terceiro Mundo em nível mundial. Como vimos, a marginalização da Assembléia Geral da ONU foi uma das razões para a criação dessa instituição. A fortificação de instituições nas quais o Terceiro Mundo não está representado, como o Grupo dos 7 e a Comunidade Européia, teve o mesmo efeito de gerar uma reação. Mas as diferenças internas entre os países do Terceiro Mundo foram um fator importante para a fraqueza da organização. É também muito importante considerar o efeito da mudança da economia internacional que evoluiu dos problemas principalmente de comércio (assumidos quase completamente pelo Encontro do Uruguai no interior do GATT e hoje da OMC) para o crescente papel dos serviços (especialmente com a aceleração da internacionalização financeira na década de 80) que obrigou a UNCTAD a renovar sua estratégia e sua agenda. Esse processo ainda não foi completamente absorvido pelas estratégias diplomáticas nacionais. É evidente que as presentes alterações na economia mundial forçarão mudanças no programa da UNCTAD e nos objetivos e estratégias do Terceiro Mundo, já anunciadas no Consenso de Bangkok.

Entre essas novas tendências, a mais importante é o fortalecimento das organizações regionais. Ela é conseqüência da tendência geral de reforçar a integração regional como estratégia principal de transição para a globalização da economia mundial. Os limites dos mercados nacionais, como escala para os novos padrões de produção, levam à integração regional, como ampliação mais imediata dos mercados primários para novos produtos, ou à reestruturação dos antigos. Esta tendência – que formalmente se iniciou na Europa – foi também posta em prática (em bases informais) nas relações entre os dragões asiáticos e o Japão, e na integração entre Estados Unidos, Canadá e México, que completam esse movimento de integração no âmago dos sistemas com a criação do NAFTA. Os países asiáticos tentam seguir essas tendências com o reforço da ASEAN no Extremo Oriente e o surgimento de tentativas de coordenação econômica na Ásia Central e no Oriente Médio. Na América Latina a integração regional foi revivida através de iniciativas regionais e sub-regionais, entre os quais se destaca o MERCOSUL, completadas por uma integração sul-americana que aspira a formação de uma Aliança Sul-Americana sob a liderança do Brasil. Ao mesmo tempo a diplomacia latino-americana, antes tímida à espera das coordenadas norte-americanas, começou a dar mostras de uma certa coordenação política regional que culminou com a realização do primeiro encontro de presidentes da América Latina, no México, em agosto de 1991, e a criação da conferência permanente Ibero Americana, que se reúne anualmente sob a proteção dos países ibéricos e da União Européia. Esta chegou a promover uma reunião conjunta da EU com o Mercosul e os governos de toda a região, incluindo o Caribe. Diante da ofensiva norte-americana para constituir um livre mercado das Américas (ALCA), a EU se vê na necessidade de propor algo mais avançado que não estimule contudo as burocracias diplomáticas latino-americanas: a integração e não somente uma União Européia. Desta forma, os acontecimentos avançam a passos largos. Na África, os países do Maghreb e a Liga Árabe buscam se integrar sob a égide da UE e podemos esperar outras iniciativas regionais, especialmente em torno de uma África do Sul democrática, que vem mudando as perspectivas da região subsaariana.

No momento em que os países africanos tentam acrescentar uma dimensão econômica à sua coordenação diplomática e política, a América Latina deverá agregar uma dimensão política às suas iniciativas anteriores de integração econômica. O aparecimento do governo Lula no Brasil é a consagração desta mudança: a unidade latino-americana se torna um objetivo estratégico politicamente assumido. O mais importante em todos esses fatos é a posição ainda confusa dos Estados Unidos diante dessas iniciativas que historicamente sofriam sua radical oposição diplomática e militar.

O conjunto delas criou redes regionais que dificilmente serão destruídas e se tornarão parte de uma futura rede global que reforçará os objetivos teóricos, doutrinários e práticos do Terceiro Mundo, como expressão do mundo pós-colonial e, agora, assumindo novas formas diante da nova fase pós-Guerra Fria.

C. *As instituições do futuro próximo*

Esse processo de mudanças globais que assinalamos de forma muito geral determina a necessidade de novas instituições internacionais e a reorganização de outras.

O Grupo dos 7 foi um produto da resposta trilateral aos confrontos entre Norte e Sul e entre os países capitalistas e socialistas. Ele foi criado para unificar interesses comuns da América do Norte, Europa e Japão e permitir que formulassem políticas comuns a todos os países desenvolvidos. A administração Reagan diminuiu o papel do Grupo dos 7, transformando-o num encontro entre o hegemônico Estados Unidos e "os outros". Bush e, sobretudo Clinton, foram obrigados a restabelecer a importância dessa instância de coordenação por ser ela a única organização internacional em que a Alemanha e o Japão ocupam um papel correspondente ao seu poder. Mas o Grupo dos 7 não incluía a União Soviética, o que era um limite definitivo ao seu novo papel de coordenação das forças hegemônicas que dividiram o domínio do mundo nas últimas décadas. Esta situação certamente se corrigiu em parte com a integração da Rússia. Mas como excluir a China, a Índia e o Brasil dessa coordenação? Sua última reunião em 2003 procurou diminuir em parte este furo com o convite a alguns governos do Sul para participarem de uma sessão específica do Grupo dos 7+1. Trata-se de uma iniciativa tímida que aponta, contudo, na direção realista, quando os PIBs da China e da Índia medidos por "*purchase power*" estão entre os cinco maiores do mundo. Sem falar em seu peso demográfico, civilizatório e de segurança.

A OECD é a coordenação técnica dos países industrializados e tem um papel importante na articulação das suas políticas econômicas e sociais. Mas há uma grande lacuna nisso: a não participação das NEIs, dos países médio-industrializados, do Leste Europeu e da Rússia. Certamente será necessário integrar – nesse nível mais técnico – essas nações industrializadas, para transformar a OECD em uma expressão mais efetiva da correlação de forças deste novo mundo.

O surgimento do Banco Europeu de Desenvolvimento para reconstruir a economia do Leste Europeu, uma estrutura internacional mais favorável e para integrar suas economias à Europa e ao mundo, foi o começo de uma reavaliação dos instrumentos regionais de desenvolvimento e integração, como o BID na América. A idéia de criar um instrumento similar para o Oriente Médio surgiu no final da Guerra do Golfo e seria possível como instrumento de canalização do superávit criado pela indústria petrolífera. Não podemos nunca esquecer a maneira criminosa como os estabelecimentos financeiros ocidentais dissiparam o grande volume de petrodólares, num momento muito crítico do ciclo Kondratiev. Podemos constatar um comportamento parecido na fase de expansão que ocorreu após 1994. Nas fases de crescimento econômico o capital produtivo é mais ativo e tende a assumir a liderança do sistema capitalista mundial, como vimos no auge do pós-Segunda Guerra Mundial. É por isso que a resistência do sistema financeiro internacional contra os bancos regionais não poderá ter sucesso a longo prazo. Vimos, por exemplo, o desastre provocado pela negativa do FMI de permitir ao Banco Asiático de Desenvolvimento de socorrer e gerenciar a crise asiática de 1997. Num novo contexto de crescimento econômico os bancos regionais terão que ser revitalizados, fortalecendo as integrações regionais.

O Conselho de Segurança Europeu – mesmo tendo sido criado na década de 70 – é um modelo dos novos conceitos de segurança do período pós-Guerra Fria e pós-Segunda Guerra Mundial. Esse conceito de segurança aponta para a idéia do Lar Europeu, núcleo de um extenso espaço territorial euro-asiático, que deverá integrar os Oceanos Atlântico e Pacífico, o Mar Mediterrâneo, o Golfo Pérsico e o Oceano Índico. Ao lado dessa grande integração territorial, temos a Bacia do Oceano Pacífico como outra poderosa força integradora. Esses dois grandes centros de integração diminuirão seriamente o papel da Coordenação do Atlântico Norte na segurança mundial, e permitirão a integração natural de algumas regiões que eram bloqueadas pela hegemonia do Atlântico Norte. Os países mediterrâneos vêm redescobrindo seus interesses comuns. O Golfo Pérsico terá de ser incorporado ao seu espaço regional original, ao lado do Oriente Médio, no Oeste, com sua circulação ao Norte, através da CEI, e a Leste, através do Oceano Índico. E a região do Atlântico Sul finalmente será ocupada pela integração Brasil e África, particularmente a África do Sul, em um destino histórico comum que também unirá a América Latina, a África e o Oceano Índico. A unidade Balcânica também reaparecerá e o velho Império Turco-Otomano poderá ser reconstruído. A Grande Aliança Sul-Asiática e do Pacífico tentada pelo Japão nos anos 30 e 40 do século XX pode ressurgir. Ao lado destas grandes tendências de integração regional, teremos novos espaços geoeconômicos, com crescimento forte e energético, como o Norte da Europa, a Coréia-Siberiana, o anel industrial Chinês, o Complexo Mediterrâneo, etc.

Tudo isso significa uma revisão completa do quadro geopolítico mundial. Esse processo não será imediato, mas operará durante os próximos vinte anos. Se somarmos a isso a nossa análise sobre as contradições internas da "hegemonia compartilhada" e a crescente complexidade do equilíbrio de forças mundiais, é fácil ver que ao final desse período a humanidade será obrigada a criar alguma espécie de mecanismo global de governo.

A Organização das Nações Unidas talvez possa ser o centro desse mecanismo, mas precisará ser profundamente reformulada para desempenhar esse novo papel. O Conselho de Segurança precisará ser ampliado, com a participação do Japão e da Alemanha em caráter permanente, e a presença atual de países membros não-permanentes deve ser baseada em uma participação bem distribuída de potências regionais, com direito a um assento permanente, como o Brasil e a Índia pelo menos.

A Assembléia Geral precisa recuperar seu poder e prestígio, mesmo que seu papel seja mais legislativo e instrumental, para criar princípios básicos. A ONU também precisará de mais recursos e poder militar e deverá ser respeitada como mediadora em conflitos. Será preciso respeitar as Cúpulas Mundiais estabelecidas na década de 90, desde a Eco-Rio à Conferência do Milênio. Elas desenharam uma agenda para o século XXI.

É evidente, também, que a Corte de Justiça de Haia precisará ser mais integrada no contexto diplomático e da política mundial. Guerras e atos de força devem ser sancionados por sua presença. A criação do Tribunal Internacional dos Direitos Humanos aponta na direção correta, apesar da recusa norte-americana de integrá-lo.

Por último, mas não menos importante, precisamos fortalecer o papel das ONGs na definição de políticas mundiais. É verdade que a força da mídia controlou a opinião pública e bloqueou o papel da sociedade civil durante os dois conflitos do Golfo e a crise Iugoslava e outras crises mundiais. Mas essa é a razão básica por que a sociedade precisa fortalecer a sua capacidade de intervir na orientação de políticas mundiais. Movimentos de paz, movimentos ambientalistas, anti-racistas, pelos direitos civis e direitos humanos, pela liberação feminina e muitos outros movimentos sociais, criaram um mundo novo, sensível a essas questões que afetam cada vez mais a formulação de políticas. A coordenação entre os partidos políticos, divididos hoje em três grupos internacionais (socialista e social-democrático, liberal e conservador) anuncia um enquadramento ideológico mundial que exclui, contudo, o aspecto nacional democrático, que não desapareceu da realidade política. É importante entender que a Internacional Comunista se autodissolveu nos anos 60 – antecipando a autodissolução do Partido Comunista Soviético, em 1991 – e que os partidos "verdes" ainda não criaram sua internacional partidária, mas eles são fatores importantes na mediação entre movimentos sociais e os poderes políticos em nível mundial, já que os partidos comunistas eram, e ainda são em parte, mediadores das clássicas "uniões sindicais, profissionais, e organizações de jovens e de trabalhadores rurais" com os Estados Nacionais. Ao mesmo tempo, os verdes e os movimentos não parlamentares abriram o caminho para uma interação das ONGs e dos novos movimentos sociais (ambientalistas, étnicos, de gênero e libertários) com as instâncias de decisão política. As organizações clássicas desenvolveram uma forte burocracia e foram em parte dominadas por tendências ideológicas e doutrinárias que diminuíram sua representatividade. Mas essa é uma tendência natural de todas as organizações e elas precisam ser permanentemente rompidas e pressionadas por suas bases. Mas isso somente ocorre em circunstâncias excepcionais, quando assuntos importantes estão em questão. Não existe uma política garantida de uma representação correta das forças sociais em nenhuma instituição. Historicamente essa é uma área de permanente conflito. Mas é verdade que um número cada vez maior de pessoas encontram instrumentos de organização para garantir suas conquistas históricas. O surgimento do Fórum Social Mundial de Porto Alegre foi um momento privilegiado desse processo de articulação de um grande leque de forças ideológicas, sociais e políticas que não encontraram ainda seus canais dentro da institucionalidade atual. Elas apontam para mudanças muito radicais cuja chispa se iluminou nos movimentos de 1968. São os germes de uma Civilização Planetária que se apoiará no pluralismo e na democracia para criar o ambiente institucional de uma transição da Humanidade para um estágio superior civilizatório baseado nos valores da justiça social, da democracia e da tolerância da diversidade.

VI
TRAGÉDIA E RAZÃO: REFLEXÕES SOBRE A GLOBALIZAÇÃO E A CRISE MUNDIAL

1. GLOBALIZAÇÃO HOJE: DIMENSÃO POLÍTICA, ECONÔMICA E SOCIAL

Os últimos anos vêm registrando uma evolução no sentido de que o pensamento econômico, social e político pense o mundo do ponto de vista global, como um sistema econômico e político mundial, que exige analisar cada nação, cada localidade nesse contexto mais amplo; não para ignorarmos o papel das nações, o papel das regiões na formação da economia mundial, mas para compreender que esse papel se situa num contexto global. Muitos dos problemas que nós vivemos podem ser melhor compreendidos quando assim situados.

No caso da América Latina particularmente, escutamos, todos os dias, que é uma região caracterizada pelo fechamento econômico e que só recentemente estaria se abrindo para o mundo. Mas, na verdade, somos uma região do mundo criada para a economia européia. Nós fomos conquistados e dominados, primeiramente pelos portugueses e espanhóis, depois pelos holandeses e ingleses e, agora, pelos norte-americanos, não para desenvolver as nossas economias, mas para organizarmos a nossa estrutura econômica em função da economia européia e sua demanda, em prol daquilo que a Europa queria e buscava. A luta desesperada dos europeus pelos metais preciosos levou ao desenvolvimento da mineração de prata e de ouro na América Latina. A busca por uma fonte energética, fundamental para os europeus – que não tinham sol num longo período do ano – fez com que buscassem desesperadamente uma fonte de açúcar. Esta fonte foi criada no Brasil e não porque já produzíssemos açúcar – pois a cana-de-açúcar foi trazida da Ásia para cá. Mas organizou-se aqui uma economia exportadora de açúcar. Ao longo do tempo, percebemos que toda a nossa economia se organizou em função disso. Assim foi: depois o ouro, depois o café, que era proveniente da África. Enfim, nós nos organizamos em função da economia mundial.

Nessa organização, consideramos sempre a nossa população como um instrumento para cumprir esse papel na economia mundial. A escravidão foi um sistema econômico que desenvolvemos aqui em função dessa demanda mundial. Esse sistema já tinha terminado como forma fundamental de organização da economia nos séculos XVI e XVII. Contudo, reestruturamos uma economia escravista exportadora no mundo, em alta escala, com a tecnologia de produção mais moderna possível. Nós desenvolvemos a mais alta tecnologia na produção de açúcar. No caso do ouro, isso não se observa porque tínhamos ouro aflorando, mas, à medida que as dificuldades foram sendo criadas, desenvolvemos tecnologia em todos esses setores.

Não somos uma região atrasada porque estivemos fechados. Isso é uma idéia totalmente falsa, absurda, já que se choca tão violentamente contra os fatos. Este é um problema cultural que foi implantado nos países coloniais, onde se exacerbou a capacidade que um sistema de informação tem de repetir certas idéias, a ponto de criar uma verdade absurda. Hoje, falamos com a maior tranqüilidade, "porque nossa economia era fechada e agora está se abrindo", quando, de fato, sempre fomos uma economia aberta. E, aliás, esta foi sempre nossa debilidade.

A economia européia entrou na economia mundial através da competição e da luta contra a hegemonia árabe das rotas comerciais. Ela desenvolveu a sua economia lutando e se colocando em posição hegemônica na economia mundial. Primeiro desenvolveu o sistema manufatureiro, depois realizou a expansão do sistema assalariado e industrial. Isso acabou por transformar a Europa em uma zona de distribuição de renda muito forte, de organização das forças sociais produtoras, particularmente a classe operária que se desenvolveu no século XIX e ocupou uma posição-chave na Europa contemporânea. Essas formas de produção e distribuição acabaram por desenvolver um mercado interno, uma economia nacional em que a exportação era importante, mas secundária em relação a uma poderosa economia nacional.

É esse também o caso dos Estados Unidos, que entraram mais tarde nessa economia moderna, para a qual tiveram duas coisas fundamentais. Primeiramente, a presença do pensamento de Hamilton, que vai defender o protecionismo como forma fundamental da afirmação da economia norte-americana. Depois, na segunda metade do século XIX, a vitória do norte industrial, do norte protecionista, liberal e democrata, sobre o sul exportador, escravista e liberaleconômico. O sul foi à guerra contra o norte para defender o seu direito de importar e exportar livremente os produtos e não aceitar os limites impostos e as restrições protecionistas exigidas pelo norte. Essa foi a origem de uma guerra civil.

Esse é um elemento-chave para compreendermos também a nossa história. O sul liberal, que defendia o livre-comércio, era também o sul escravista. Há um vínculo muito profundo entre o liberalismo e as formas extremamente duras de exploração do trabalho. Há uma confluência muito grande que se expressa muito bem nessa situação que foi a guerra civil norte-americana. Nos Estados Unidos, ganhou o norte e, para isso, o norte teve inclusive de liberar os escravos do sul, e desestruturar as tropas do sul que tinham bases escravistas. Os escravos guerreavam sob o domínio de seus senhores e, no momento em que se libertam, geram uma desestruturação militar do sul. Nesse ponto, o norte triunfa: o norte liberal, democrata, adota o liberalismo político. Mas era protecionista economicamente, e liberal e democrata nas relações de trabalho. É o norte assalariado que aceita o trabalhador livre. Inicia-se, assim, uma evolução dos Estados Unidos que vai transformá-los na potência mundial que são hoje.

Aqui na América Latina, quem triunfou? Foi o norte liberal, política e socialmente, industrial e protecionista, ou foi o sul, exportador agrícola, livre-cambista, oligarca e escravista? Aqui, ganharam os escravistas, aqueles que eram a favor do livre-comércio. Eles defendiam: Viva o livre-comércio no mundo, nada de protecionismo. Ao mesmo tempo, impunham o escravismo, a servidão e as formas autoritárias de governo. Essas forças transformaram nossa economia em economias dependentes e subordinadas ao movimento da economia mundial e sua demanda.

Então, essa realidade torna-se a chave para compreendermos o momento que vivemos atualmente. O triunfo do neoliberalismo nas décadas de oitenta e noventa impôs a reestruturação da nossa economia em função da demanda mundial. Nós tínhamos realmente conseguido um avanço dos anos trinta a setenta no sentido de criar uma base industrial interna, um começo de mercado interno mais organizado, mais influente sobre o destino de nossa economia.

O movimento a que vamos assistir na década de oitenta tem as mesmas características da rebelião dos oligarcas do sul: liberdade de comércio, flexibilização e sobreexploração do trabalho obrigando o trabalhador a recuar de suas conquistas sociais. Essa dinâmica é a mesma dinâmica reacionária que triunfou na América Latina do século XIX. Estamos, contudo, numa fase muito mais alta da revolução da humanidade, uma fase em que o processo de internacionalização está mais desenvolvido com a globalização contemporânea.

Assim, quando analisamos essas questões, vemos que estamos diante de uma falsa visão da realidade contemporânea. Isso porque estão querendo nos dizer que os problemas que temos hoje são fundamentalmente conseqüência de que vivíamos em economias fechadas e estávamos incapacitados de nos articularmos com o resto do mundo. Na realidade, é a maneira como estávamos articulados ao mundo que impediu nosso desenvolvimento, impediu que nós realmente avançássemos, que a nossa população avançasse.

Esse enfoque nos permite pensar de maneira crítica os fenômenos da globalização e o neoliberalismo, nos permite desenvolver uma visão crítica que garanta o desenvolvimento de uma economia mundial realmente global. Existe uma globalização positiva, existe uma tradição do movimento operário, dos trabalhadores, das forças sociais mais progressistas do mundo, que propõe uma sociedade mundial, uma sociedade global cujas fronteiras não sejam fator de divisão no mundo e sim, uma forma de organização de setores da humanidade, identificados étnica, histórica e culturalmente.

Essa civilização global, essa civilização planetária que nós temos de construir, que já estamos construindo, precisa moldar-se realmente em uma visão de homem como um ser de vocação universal. Essa visão, todos nós a cultivamos, e não podemos atribuir às forças do mercado o papel de serem as únicas geradoras da economia mundial. O mercado é parte dessa geração da economia mundial, mas outras forças têm operado também no sentido de permitir um avanço da civilização em termos mundiais.

Dentro da globalização, existem esses dois lados que estão aí permanentemente atuando. Quando nós olhamos para o progresso da ciência, da tecnologia, das forças produtivas contemporâneas, vemos que a capacidade de produção do homem e da humanidade avançou enormemente nas últimas décadas. Após a Segunda Guerra Mundial, as tecnologias foram incorporadas, intensivamente, à produção da vida humana, principalmente na década de oitenta. Essas tecnologias, esses avanços, sobretudo no campo da ciência, são avanços da humanidade. O conhecimento científico está permitindo à sociedade caminhar para uma civilização planetária.

A adoção e utilização desses conhecimentos para uma produção em grande escala, para o desenvolvimento da tecnologia, em busca de uma produtividade maior, como o momento que estamos vivendo agora, são fatos positivos para a história da humanidade. Mas, os efeitos que essa tecnologia está causando na humanidade não são necessários, não são conseqüências inevitáveis do avanço científico e tecnológico.

A questão do emprego exemplifica essa afirmação. O avanço tecnológico e o aumento da produtividade supõem que menos pessoas podem produzir mais, atendendo às necessidades da população do mundo. Até o final do século XX, de 70% a 80% da população do mundo trabalhava na agricultura. Hoje, em países como os Estados Unidos, apenas 3% da população está na agricultura. Esse aumento de produtividade da produção agrícola, e a especialização da atividade agrícola permitiram um grande avanço da humanidade do ponto de vista de atender às suas necessidades de consumo alimentício. Teríamos aqui um ponto positivo. Mas, por que ver esse fato como fonte de desemprego, como ocorreu em muitas partes?

O aumento da produtividade significa a necessidade de menos tempo de trabalho, mas isso não significa que se necessita de menos trabalhadores. O fato de que as pessoas precisem trabalhar menos para reproduzir os meios necessários para a sua sobrevivência significa que a jornada de trabalho deve ser reduzida. Essa é a maneira pela qual a humanidade pode absorver o resultado do desenvolvimento de sua produtividade e da tecnologia: menos tempo de trabalho diário.

No século XIX, trabalhava-se 12, 14, 16 horas por dia, inclusive sábados e domingos. O aumento da produtividade e o desenvolvimento da industrialização permitiram baixar essa jornada para 8 horas diárias. Chegamos já a 48 horas, avançamos para 38 horas e agora estamos baixando já para 35 horas semanais nos países onde a classe operária assumiu a liderança da luta pela diminuição da jornada de trabalho. A França, já nesse momento, tem uma jornada de trabalho de 35 horas.

A diminuição da jornada de trabalho é um fato positivo. Ela significa que os frutos do avanço tecnológico não serão apropriados pelos proprietários privados, pelos empresários, sendo simplesmente um instrumento de maior lucro para eles. Pela vontade desses senhores, as pessoas continuam a trabalhar o máximo de tempo, recebendo salários menores para trazer mais lucro para o capital. A luta do capital é no sentido de manter a máxima jornada de trabalho possível. Deixado a si mesmo, o capital vai buscar que o indivíduo trabalhe o dia inteiro; se pudesse, mais de vinte e quatro horas, já que o capital vive da exploração da força de trabalho.

Assim, o problema não é o avanço da ciência, não é aumentar a produtividade. O problema não é que precisemos trabalhar menos para consumir mais. O problema é que a ordem social, a organização econômica que está dirigindo esse processo, não deixa que a humanidade absorva plenamente os resultados positivos do mesmo. Dessa forma, o problema está na organização social, nas relações sociais.

Precisamos usar os instrumentos novos alcançados com o avanço da ciência de forma positiva. A intensidade do trabalho tem gerado um novo tipo de enfermidade, de caráter psicológico, que se origina do *stress*, da responsabilidade crescente do trabalhador e do fato de ele não poder mais deter sua atenção em nenhum momento, como ainda podia fazer até uns tempos atrás: atuar sem responsabilidade maior no processo de trabalho.

A responsabilidade do trabalhador aumentou enormemente nos sistemas industriais mais avançados, de alta tecnologia. Isso exige, portanto, um outro tipo de participação do trabalhador, um outro tipo de jornada de trabalho. Exige também formas de relações sociais completamente novas.

O velho sistema assalariado está em crise, a humanidade necessita passar para uma forma de organização superior. Esses temas estão obrigando os trabalhadores dos países desenvolvidos a revisar muitas posições que mantiveram durante grande parte das décadas de setenta e oitenta. Eles começaram a sentir que precisavam realmente pensar o problema do trabalho do ponto de vista global. Neste momento, no sindicalismo americano, por exemplo, surge o que eles chamam de tese da equalização social do mundo. Isso porque os trabalhadores do Terceiro Mundo são uma reserva de trabalho barato, que o grande capital utiliza para baixar os salários dos países centrais e para impor condições de trabalho negativas para seus trabalhadores. Eles vão buscar os trabalhadores baratos no resto do mundo em detrimento da mão-de-obra dos países desenvolvidos. Como resolver esse problema?

Uma fórmula de enfrentar essa questão seria o protecionismo, proteger as economias centrais. Mas a globalização mostra que essa proteção tem limites, e a classe operária norte-americana não pode se aliar aos conservadores dos Estados Unidos e simplesmente tentar impor uma situação de restrição das importações definitivamente. Então, qual seria a solução?

A solução seria uma elevação do nível salarial e das relações de trabalho em escala mundial. Além disso, produzir uma aliança do movimento operário por um avanço tecnológico e um avanço em relações sociais em todo o mundo. Esse seria um primeiro passo do movimento operário americano, porque eles vão descobrir que o problema é muito mais complexo. Para se chegar realmente a uma equalização social no mundo exigem-se intermediações referentes ao padrão de vida dos países desenvolvidos.

Isso mostra que a globalização está produzindo fenômenos extremamente importantes. Quando os companheiros dos sindicatos dos países desenvolvidos vêm pedir que não sejamos quebra-greve deles, observa-se um grande passo, mas é necessário um passo à frente. Nós temos de ser capazes de, em conjunto com eles, formular uma política mundial, criar uma política global para o movimento dos trabalhadores do mundo.

Estamos diante da necessidade de repensar o movimento socialista mundial, que esteve muito comprometido com a idéia de conquistas no interior de Estados Nacionais. É urgente que esse movimento produza propostas mundiais que, efetivamente, já se refletem nesses ataques que estão sendo feitos à ação da OMC, do FMI e do Banco Mundial, entre outros. Os dirigentes dessas instituições não são uma cúpula que está lá em cima fora da realidade, como parecia; são indivíduos que modificam e atuam profundamente sobre a história de cada um de nossos países, sobre a história de nossos povos.

Essa estrutura burocrática e tecnocrática está substituindo o poder democrático em grande parte do mundo. Ela pretende saber mais e deter as soluções econômicas, que são soluções técnicas. Portanto, segundo ela, para orientar as políticas econômicas, a população não deve ser consultada. Segundo ela, a democracia ganha o nome de populismo, corporativismo. As pessoas não sabem nada sobre suas vidas, "nós, os técnicos, é que entendemos. Nós é que sabemos como se deve organizar a vida deles, nós é que dizemos a eles como é que devem se organizar. Como é que eles se atrevem a querer se organizar de acordo com o que eles pensam? E não de acordo com o que nós sabemos, pois nós, inclusive, dominamos a ciência econômica, que é uma ciência exata!" Essa gente diz e pensa que a ciência econômica é uma ciência exata e fala como se fosse. Quando vemos as decisões concretas, começamos a rir, porque, sendo uma ciência exata, decide-se, por exemplo, de quantos por cento será a taxa de juros. As decisões parecem ser tomadas através de um sorteio, uma brincadeira.

Essas pessoas se apresentam para o mundo como se fossem os donos do conhecimento. Nós todos somos obrigados a aceitar suas perseguições aos trabalhadores devido à séria aparência do Senhor Malan. "O povo está errado, nós é que estamos certos": é esse o pensamento desse grupo que precisa ser confrontado realmente com a opinião pública mundial.

O movimento de rebelião mundial contra os caminhos da globalização precisa estar acoplado a uma luta interna, que se inicia dentro desses aparelhos de poder mundial. Nós vimos a responsabilidade do Banco Mundial e do FMI, por exemplo, sobre a África, na década de oitenta, originando a fome em todo o continente. A África foi uma das regiões do mundo produtora de um equilíbrio biológico que gerou uma capacidade das populações africanas – depois deslocadas para o resto do mundo – de serem líderes no esporte e em todas as manifestações que exigem gente bem alimentada. Pois, se não tivessem uma boa base alimentar, essas populações não poderiam ter essa influência. Atualmente, estão ameaçadas de serem submetidas à condição de povos basicamente famintos. E este é o resultado da política do FMI e do Banco Mundial.

A partir do ano de 93, essas instituições resolveram fazer um balanço, a fim de verificar o que estava acontecendo. Chegaram a algumas conclusões muito interessantes. A primeira conclusão foi que eles não haviam permitido que os Estados Nacionais africanos se organizassem. Eles então não puderam aplicar as políticas corretas, uma vez que não tinham Estados Nacionais capazes de aplicá-las. Assim, o erro não seria daquelas políticas, mas da falha de não haver permitido que os Estados Nacionais se organizassem. Ora, se a essência dessa política era o Estado mínimo, então, como poderia ser diferente? Como afirmar que essa política estava correta?

Um estudo do *The Economist* também mostra isso ao analisar a situação da França atual. Diz: A França está com uma economia em crescimento. Estão resolvendo os problemas principais do país. Têm uma economia com um êxito incrível e, contudo, é uma economia estadista. Não fizeram nada de privatizações, não fizeram as reformas que foram propostas e estão alcançando uma situação econômica melhor que o resto da Europa. Sabe qual foi a conclusão do *The Economist*, uma publicação conservadora? Imagine se eles tivessem feito aquilo que lhes fora recomendado: a França seria uma maravilha. Assim é o raciocínio desses indivíduos. E é dessa forma que disseminam suas "verdades".

Em todos os diagnósticos reconhece-se o aumento da pobreza, das diferenças entre povos e setores sociais, da miséria e da fome, das péssimas condições de vida. É preciso corrigir os efeitos negativos das "reformas" conduzidas pelo Consenso de Washington.

"Agora, vamos passar para a segunda etapa das reformas e tudo voltará a funcionar". Recentemente, eu estava vendo um artigo sobre a Bolívia que dizia: "Um país maravilhoso onde nós aplicamos a política do Fundo. Fizeram as reformas muito adequadamente". Portanto, é um país que deveria estar muito bem. Entretanto, há uma crise terrível ali. Falam, então, que o país deve passar por outras reformas para resolver a crise. Mas a crise da Bolívia é conseqüência das próprias reformas executadas por eles. E se a Bolívia teve soluções, e este é um problema que nós vemos hoje, é porque ela vive da coca, da cocaína. A política do Fundo não fala sobre isso, mas a verdade é que a coca foi a salvadora da política boliviana, como foi ela também que manteve toda a economia andina nesses anos.

A Colômbia, por exemplo, exporta mais coca do que café. Essa é uma economia extremamente poderosa, que se desloca para toda a região da América Latina. No começo da década de oitenta, estava dirigida por um senhor chamado Salinas, no México. O irmão dele está sendo processado por ser líder da coca no México e ele também está foragido por seu compromisso com a coca. Ora, o Sr. Salinas era o líder da aplicação do Consenso de Washington no continente.

No Panamá, sabe-se que está preso Noriega, que também estava vinculado à coca, inclusive por intermediação dos norte-americanos. Na Colômbia, tínhamos um presidente que havia sido eleito com o dinheiro da coca. Foi gravado um telefonema dele aos dirigentes da coca, pedindo dois milhões de dólares. Como resposta obteve: "Você vai receber". No Peru, um certo senhor Montesinos, que todos sabem que era um homem-chave da coca, era também um homem-chave do governo Fujimori. Na Argentina, defrontamos um senhor chamado Menem, cujo irmão é acusado de estar ligado à coca. A mulher de Menem o acusa de envolvimento com a máfia, que seria a responsável pelo assassinato de seu filho. No Brasil, nós tínhamos um sujeito chamado Collor, associado a um certo senhor chamado PC Farias, que estaria organizando o comércio da coca aqui.

Então, observamos que, no auge do neoliberalismo e do Consenso de Washington, estavam no poder os líderes principais e os dirigentes da cocaína. Contudo, querem nos dizer e nos fazer crer que quem dirige o fenômeno da coca, os donos da coca, os homens perigosos da coca, estão nos morros do Rio de Janeiro. E o Collor veio do morro do Rio de Janeiro? E o Menem veio dos setores populares da Argentina? O Fujimori era reitor, e Montesinos era capitão (não pôde ser promovido porque estava fazendo espionagem para a CIA e foi demitido de seu posto, mas voltou como dirigente do Serviço Nacional de Inteligência do Peru). E todos aqueles membros da oligarquia colombiana que formam o Cartel de Cali vêm de uma estrutura de poder.

Do ponto de vista do livre mercado, por que não? Esse mundo da criminalidade se desenvolve, por um lado, como resultado da competitividade, da forma que ela assume dentro desse avanço do capitalismo em nível mundial. É, por outro lado, um resultado do desemprego, que é um outro efeito dessas estruturas econômicas. Este é um mundo que tem a violência como princípio organizador das relações humanas, que estão inclusive transformando os grandes centros metropolitanos em zonas de uma instabilidade impressionante no mundo inteiro.

Podemos terminar com uma reflexão. No final do século XIX, o capitalismo teve um grande avanço no mundo. Foi a fase do imperialismo, foi a fase do crescimento das grandes organizações monopolistas nos Estados Unidos, na Europa. Foi a fase do sistema do capital financeiro. Foi o que se chamou a *belle époque*. A idéia era de que a humanidade estava entrando em uma fase na qual ela tinha grandes conquistas pela frente. E de fato as tinha, se nos baseássemos no crescimento tecnológico. E também, acreditava-se que as relações capitalistas garantiriam à humanidade um crescimento permanente. Havia muitos anos de controle da situação econômica internacional, assegurada pelas forças conservadoras que derrotaram Napoleão.

Dentro do movimento socialista, Bernstein escreveu um livro-chave de crítica ou "revisionismo" do marxismo, assinalando que Marx estava errado ao dizer que o desenvolvimento do capitalismo conduziria a contradições maiores e a um choque entre os elementos da engrenagem capitalista. O capitalismo estaria conseguindo resolver todos os problemas da anarquia de produção, das crises e estaria inclusive abrindo um caminho para que os trabalhadores conquistassem posições dentro da sociedade capitalista. O colonialismo também era um dado positivo do capitalismo, já que estaria levando a civilização aos povos primitivos. O imperialismo, no fundo, era uma forma positiva, pois levava a civilização aos atrasados.

O consenso ao final do século XIX era de que o capitalismo não tinha conseguido vencer suas contradições crescentes e suas crises internas. E, ao contrário da postulação revisionista, o movimento socialista mundial tinha uma grande expectativa de que se chegaria a uma guerra mundial, fenômeno que a humanidade não tinha conhecido ainda. O capitalismo, ao criar uma economia mundial, estava gerando também as condições para uma guerra mundial, porque as contradições do sistema levariam a um choque entre as grandes potências. Então, se fôssemos somente até 1913, diríamos que o Bernstein tinha razão. Entretanto, se entrarmos em 1914, na Primeira Guerra Mundial, se formos ao final da Primeira Guerra, da Revolução Russa, se formos ao pós-guerra e a todo movimento revolucionário europeu, chegamos aos anos 26 e temos alguma recuperação que não se mantém, e vemos instalar-se a crise de 29. Essa crise leva à generalização do desemprego no mundo e ao fechamento das economias nacionais no mundo inteiro.

Vamos sair de tudo isso na Segunda Guerra Mundial. Tivemos aí trinta anos de confrontações terríveis. Acrescente-se a isso que o carro-chefe da recuperação do capitalismo mundial, durante um certo período, na metade dos anos vinte, foi o fascismo italiano e, nos anos trinta, o nazismo alemão. Quem foram os líderes da economia nazista? Foram liberais econômicos. Schacht foi o mais importante deles, porque foi ministro de Hitler. Ele era o que se chama hoje um neoliberal. Aonde chegou o nazismo? O nazismo levou ao trabalho escravo em sua forma mais terrível, porque era o trabalho escravo para o escravo morrer, e depois se aproveita o corpo dele para fazer sabão, usa-se sua pele para fazer produtos de couro. Hoje, o trabalho escravo assumiu essa dimensão que conhecemos do trabalho escravo durante o nazismo, em que a própria Igreja reconhece sua cumplicidade com empresas utilizando escravos, todas essas empresas alemãs estão pagando aos judeus pela utilização de trabalho escravo durante aquele período.

Observem como é possível regredir do ponto de vista social. Todas as conquistas que tinham sido feitas durante o século XIX pelos trabalhadores foram postas de lado por uma economia de escravismo mais cruel do mundo. O senhor Schacht foi o ideólogo disso tudo. Existe um livro de sua autoria, traduzido para o português, em que ele se defende de todas as acusações. Nesse livro, há um prólogo do Gustavo Franco reconhecendo o papel positivo do Schacht, em grande parte inspirador de sua política econômica.

Portanto, não pensem que essa identificação entre o neoliberalismo e essas formas brutais de recuo do processo de trabalho, recuo das conquistas dos trabalhadores e defesa de formas brutais de trabalho seja algo ocasional. Estão totalmente integrados. A senhora Thatcher se afirmou como líder do neoliberalismo no mundo destruindo o movimento sindical inglês da maneira mais violenta possível, com tropas sobre os trabalhadores ingleses.

Concluindo, eu poderia dizer que nós não podemos condenar os elementos positivos da criação de uma economia mundial, do desenvolvimento de uma civilização planetária. Tudo isso é extremamente positivo. Mas podemos condenar, e saber nos organizarmos para prevenir a utilização desse potencial na manutenção de relações de produção arcaicas, processos de exploração, concentração de riquezas, em prol de uma minoria violenta e dura para a humanidade, enquanto deveriam ser usadas para o avanço da humanidade.

Se vocês – durante o processo eleitoral norte-americano de 2000 – assistissem ao debate entre Gore e Bush, poderiam ver essa temática reaparecendo nas eleições norte-americanas. Bush propõe que os avanços feitos nos Estados Unidos até aquele momento, o crescimento da economia americana, servissem ao fortalecimento de 1% da população: os ricos dos Estados Unidos. Essa foi a proposta denunciada e combatida claramente por Gore no debate.

Essa é a visão de um mundo que tenta usar a globalização, instrumentá-la, para que sirva aos interesses de uma minoria, e não a de uma visão que se utiliza desse potencial enorme para que a humanidade possa avançar e produzir uma sociedade superior.

2. ASCENSÃO E DEBILIDADES DA CENTRO-ESQUERDA

Desde o começo da década de 90 chamamos a atenção de nossos leitores para a tendência à recuperação da economia mundial que deveria deslanchar a partir de 94, de acordo com os ciclos largos de Kondratiev. De fato, entre 1994 e 2001, a economia norte-americana apresentou um quadro de crescimento econômico excepcional, baseada num impressionante crescimento da produtividade. Esta nova onda de crescimento gerou, inclusive, a ilusão de que entrávamos em uma nova economia sem ciclos econômicos. Na realidade estávamos assistindo a um momento ascendente de um deles.

A partir de 2001 começam a manifestar-se, entretanto, os sinais de uma recessão cujas razões temos discutido. Segundo nossas análises, as tendências recessivas se explicavam pela política do FED de elevar a taxa de juros absurdamente numa situação deflacionária.

Imediatamente depois que o FED, assustado pelas conseqüências de suas intervenções irresponsáveis, começou a baixar a taxa de juros a níveis muito inferiores aos de 2000, se mostram os resultados positivos. A economia norte-americana apresentou no primeiro trimestre de 2002 sinais de recuperação bastante vigorosos.

Tratou-se, portanto, de uma intervenção inútil e perversa. Os dados são duros: o FED elevou a taxa de juros de 3,5% a 6,5% entre o final de 2000 e o segundo semestre de 2001. Depois, do final de 2001 até o fim do primeiro semestre de 2002, teve de baixar a taxa de juros básica para 1,75%. E estava programado – corretamente – baixá-la até 1,2% quando se decidiu deter a baixa devido a sinais positivos do primeiro semestre de 2002. A economia mostrou seus limites com essa taxa de juros. No segundo semestre o FED teve de baixá-la para 1,25% e houve sinais de melhorias.

E não houve nenhuma autocrítica para essa desastrosa intervenção! Ao contrário, o sr. Greenspan, presidente do FED, continua a ser elogiado como um grande economista e sua palavra sobre a economia continua a ser respeitada e acatada.

Durante os anos 90 chamamos também a atenção para a crise final do pensamento neoliberal que não poderia encontrar respostas para uma conjuntura de crescimento econômico e recuperação dos investimentos em escala global. O pensamento neoliberal se funda na noção de equilíbrio e não contempla o crescimento econômico com todos os desequilíbrios que engendra.

Entretanto, não deixamos de assinalar que as aspirações teóricas do equilíbrio macroeconômico resultavam em uma prática política desastrosa que tendia a gerar desequilíbrios colossais na economia mundial. Esses desequilíbrios se fazem muito mais evidentes com a recuperação do crescimento econômico mundial.

Não é outra a razão para que o processo de globalização sofra uma contestação tão forte nas ruas de todo o mundo. E como o sistema mundial ainda não conseguiu delinear um novo inimigo comum de caráter global – como o foi a criação do fantasma do comunismo depois da segunda Guerra Mundial – não pode gerar uma explicação razoável para esse ativismo anti-globalização inesperado.

A propaganda também está concentrada na ameaça do "terrorismo". E apesar de alguns colunistas e políticos mais precipitados terem tentado impor-lhes o qualificativo de "terroristas" aos militantes antiglobalização, não obtiveram êxito. Também não alcançou resultados sólidos a tentativa de delinear o fantasma do fundamentalismo árabe para explicar a oposição crescente às políticas dos Estados Unidos.

Seria mais fácil reconhecer a gravidade das crises provocadas pelas políticas neoliberais, comandadas pelo Fundo Monetário Internacional e pelo Banco Mundial. Seria mais fácil reconhecer a necessidade de realizar políticas de defesa do meio ambiente, de desconcentração de renda mundial, de desarmamento e de apoio ao desenvolvimento econômico do resto do mundo.

O grave dessa situação é o efeito que essas políticas recessivas, praticadas nos Estados Unidos, na Comunidade Européia, nos países submetidos ao controle do FMI e do Banco Mundial provocam sobre um tecido social já desgastado e tenso.

Uma das vantagens do período de retomada do crescimento foi o redespertar das organizações sociais e partidos dos trabalhadores, estimulados pela perspectiva de queda do desemprego e de aproximação de uma situação de pleno emprego. De maneira confusa, os partidos tradicionais da social-democracia e socialistas assumiram a hegemonia da vida pública européia, com grandes hesitações na crítica ao pensamento "único" neoliberal.

Seus governos se mostraram fracos na tomada de posição em favor do crescimento e do pleno emprego, principalmente a favor da diminuição da jornada de trabalho, único caminho para absorver a mão-de-obra excedente gerada pelo aumento espetacular da produtividade.

Não fosse por suas hesitações na defesa da baixa da taxa de juros na Europa, os governos socialista e social-democrata poderiam ter contido em parte as pretensões conservadoras de Greenspan e sua gente. Na realidade, Schroeder entregou Oskar Lafontaine quando enfrentou o Banco Central alemão ao tentar reduzir a taxa de juros, Jospin chamou para seu ministro de economia os socialistas mais conservadores, e assim por diante.

O custo social destas políticas foi mais doloroso nos pontos fracos. Na Itália, uma frente de centro-esquerda vacilante terminou entregando o poder à direita mais violenta com Berlusconi na cabeça. Em Portugal, uma esquerda majoritária não consegue unir-se e entrega o poder à direita. Na Áustria, um socialismo em choque com a população camponesa por recusar-se a defender seus produtos, se vê substituído por um partido conservador com apoio fascista, e não consegue impedir seu reconhecimento pela União Européia.

Esta onda reacionária na Europa encontra seu apoio na discutível (ou claramente fraudulenta) vitória eleitoral de George W. Bush, nos Estados Unidos. Para agravar ainda mais esta contra-ofensiva reacionária, as forças do fundamentalismo islâmico, despertadas e apoiadas pelos Estados Unidos durante o governo Reagan, se erguem na arena internacional contra os Estados Unidos em geral e se opõem a seus próprios criadores.

Em 11 de setembro de 2001, essas criaturas da luta anti-soviética no Afeganistão, dirigem suas ações terroristas contra o coração de seus antigos aliados. Em resposta, os EUA abrem caminho para uma ofensiva militar inexplicável, que tudo consegue, exceto prender os pretensos responsáveis pelo espetacular atentado.

Respiramos desde então um odor da morte com a retomada aberta dos gastos militares para combater inimigos não militares, já que a inteligência norte-americana e seu serviço de imigração se mostraram incapazes de detectar os verdadeiros inimigos dos Estados Unidos.

Estes são climas muito apropriados para uma economia mundial em recessão. Mas não se deve dar a essas tendências um caráter definitivo. Assim como a recessão tem de dar passagem a uma tendência positiva do crescimento econômico nesta fase da economia capitalista, as tendências reacionárias que querem levar o mundo de volta a um época anterior ao Estado de Bem-estar e impor o reino do terror e do militarismo obscuro deverão dar passagem a uma política social mais avançada.

A onda rosa não se desbotou como se diz no momento atual. Ao contrário, as brutais contradições que se armam no cenário mundial talvez terão de tingi-la de vermelho.

3. CARÁTER DOS AVANÇOS NEOFASCISTAS

Não devemos subestimar os avanços do neofascismo na Europa. Não se trata de um fenômeno superficial. Sua extensão e profundidade o demonstram. Ele tem raízes profundas nas dificuldades que encontra o presente sistema de relações sociais, políticas e econômicas para administrar as poderosas transformações impostas pela revolução científico-tecnológica em curso.

Na realidade, nos últimos 20 anos, forças produtivas gigantescas foram liberadas a partir da incorporação dos robôs no sistema produtivo. Esta incorporação foi aliada à introdução de novos materiais e ao poderoso impacto da utilização do laser na sistemática produtiva. A generalização da informática e a expansão do sistema de comunicação baseado nos satélites e no laser completaram este quadro, ao mesmo tempo em que se anunciam mudanças revolucionárias na engenharia genética e nas biotecnologias em geral.

Como conseqüência dessas mudanças, a automação (a substituição da atividade humana na produção e na gestão das atividades produtivas por máquinas e computadores) e o redimensionamento das economias de escala revolucionaram radicalmente as perspectivas da gestão da economia e, sobretudo, as características do emprego.

Se na década de 80 esses efeitos se concentravam no Japão, que liderava o comércio mundial particularmente dirigido ao mercado dos Estados Unidos, na década de 90 os Estados Unidos retomaram a liderança das transformações produtivas, apresentando um crescimento impressionante do produto e da produtividade e revolucionando as bases materiais do mundo contemporâneo.

A Europa manteve, em parte, sua capacidade de crescimento enquanto o Japão submergiu em uma crise muito séria que comprometeu sua liderança no sudeste asiático. Ao mesmo tempo se consolidou o fenômeno do colossal crescimento da economia chinesa.

Apesar da importância da mão-de-obra barata de alta qualificação na entrada chinesa no mercado mundial, o fator mais decisivo da mesma tem sido a incorporação de novas tecnologias e o espantoso aumento de produtividade que elas implicam.

Na realidade, a competição dos produtos chineses reflete o aumento da produtividade aliada ao uso de mão-de-obra barata, a subvalorização cambial e a disposição de vender a preços próximos ao custo de produção. Essa atitude, apoiada por uma forte vontade competitiva de um poderoso capitalismo de Estado, põe em risco os preços administrados pelas empresas monopólicas multi, transnacionais ou globais.

Ao mesmo tempo, esse novo estilo de competição pressiona um avanço crescente na incorporação de novas tecnologias ao intensificar a competição mundial, derrubando os preços e favorecendo a deflação mundial.

Esses elementos gerais indicam-nos que as forças que impulsionam a competição mundial estão acelerando sua dinâmica. E todas as vezes que isso ocorre, aumenta a demanda pela proteção dos mercados nacionais e pela intervenção do Estado a favor dos capitalistas locais. O mais provável nestas circunstâncias é o aumento dos conflitos locais, nacionais e mundiais.

Ninguém deve subestimar o aumento da tensão internacional que produz estas reestruturações da economia mundial. Algo semelhante aconteceu no final do século XIX e no começo do século XX quando ocorreu um auge econômico similar para dar origem, em seguida, a um longo período de crise iniciado pela Primeira Guerra Mundial, aprofundado com a crise de 1929 e somente finalizado com a vitória aliada na Segunda Guerra Mundial.

No período da *Belle Epóque* articularam-se o militarismo e o nacionalismo agressivo apoiado nas lutas interimperialistas que conduziram a uma solução militar dos conflitos econômicos e geopolíticos. Na grande crise das duas guerras mundiais se desenvolveram os fascismos italiano, alemão, polonês, português e espanhol e o militarismo para-fascista no Japão.

O fascismo que se fortalece na Europa no presente momento tem um forte conteúdo nacionalista dirigido, em parte, contra a Comunidade Européia e, em outra parte, contra a migração (de origem árabe, centro-européia e africana, mas também latino-americana nos países latinos).

Trata-se de reações caóticas contra os efeitos de uma revolução nas relações econômicas internacionais que não são acompanhados pelas mudanças sociais correspondentes. O aspecto mais direto destes impactos se dá no emprego.

A adoção das novas e revolucionárias tecnologias que aumentam a produtividade em taxas crescentes diminui drasticamente o tempo de trabalho socialmente necessário para produzir os bens consumidos pela população. Em compensação a jornada de trabalho exigida dos trabalhadores diminui em proporção muito inferior ao crescimento tecnológico. Isto significa que os resultados do desenvolvimento tecnológico são apropriados somente pelos capitalistas, produzindo uma concentração colossal da riqueza.

Por outro lado, ao se produzir mais em menos tempo sem reduzir a jornada de trabalho, diminui a demanda de mão-de-obra e se produz um desemprego crescente, aparentemente estrutural. O fenômeno do crescimento que não reduz significantemente o desemprego produz uma angústia social aguda, sobretudo na juventude que não vê perspectiva de trabalho num horizonte imediato.

Sabemos muito bem que estas angústias são o tempero no qual se cozinha o fenômeno do fascismo de massas. Quando se combinam o desespero das classes mais desprotegidas com as angústias das burguesias nacionais frente à competição internacional temos a fórmula para viabilizar a adoção de regimes fascistas.

As mudanças que acontecem na Europa neste momento são ainda mínimas. Os neofascistas aumentam seus votos até 20% do espectro eleitoral e precisam dos conservadores para chegarem ao poder. Quando os conservadores são claramente europeístas e mantêm uma tradição liberal, como na França, os neofascistas não podem ultrapassar esses limites. Quando os conservadores vacilam nas suas políticas européias e têm uma tradição liberal frágil, como na Itália e na Áustria, as portas se abrem para a entrada dos neofascistas no poder.

O fascismo como fenômeno de massas não representa uma ameaça de poder a não ser quando um grande capital precisa utilizá-lo para seus próprios objetivos. Em geral isto ocorre quando se trata da necessidade de conter o avanço dos movimentos reformistas ou revolucionários a favor do trabalho. Mussolini somente se converteu em poder quando o Rei lhe abriu o caminho do governo. Hitler somente se converteu em ameaça real quando os conservadores alemães lhe abriram as portas do poder, para que se colocasse a serviço do grande capital alemão, cujas ambições expansionistas ele soube muito bem representar com uma guerra tresloucada.

Isto não é razão para subestimá-lo. Não faltam ocasiões nas quais os grandes capitalistas podem sentir-se tentados a utilizar esta perigosa arma. Muito mais ainda em uma fase na qual a humanidade desenvolveu um poder de autodestruição colossal, seja pela explosão nuclear, seja pelas várias formas de destruição do meio ambiente.

Este clima fica ainda mais perigoso quando a potência hegemônica mundial se entrega aos delírios de um grupo de ideólogos de direita que põem como meta fundamental do governo recuperar o poder dos Estados Unidos como força militar hegemônica. E, pior ainda, colocam este poder a serviço dos interesses de grupos econômicos bem definidos, como no caso da invasão do Afeganistão.

A truculência da política norte-americana é um grande fator complicador da situação européia e favorece os nacionalismos em todas as suas facetas. Quando o fascismo assume o nacionalismo sob a forma da perseguição dos emigrantes, por exemplo (como foi a perseguição aos judeus, eslavos e bolcheviques), ataca pelo lado dos mais fracos e se sustenta nas angústias dos trabalhadores não qualificados temerosos do desemprego, dos jovens pobres e dos pequenos proprietários sem perspectivas de competir na economia mundial.

A experiência dos partidos fascistas pode servir de treinamento ou de teste para ações mais ambiciosas e mais agressivas. E serve também de parâmetro para políticas de direita ou de centro que não se atreveriam a postular-se sem esta ameaça no horizonte ideológico.

Cuidado! Muito cuidado. Na América Latina não estamos livres desses ventos apesar dos rescaldos do fracasso das ditaduras militares ainda limitarem postulações fascistas mais claras. Entretanto o ambiente de crise econômica e política que se generaliza pelo Continente não assegura boas expectativas. O fortalecimento da direita chilena e colombiana no plano eleitoral são indicadores de novos tempos. O que a direita não conseguiu desde a perspectiva do golpe militar pode tentar alcançar sob a forma de uma direita popular pró-fascista.

Isto pode assustar, inclusive, a direita norte-americana, temerosa de movimentos nacionalistas em sua zona de influência. Ela abandonou os regimes militares quando se aventuraram em caminhos perigosos. A aventura argentina na guerra das Malvinas foi uma indicação nesta direção, o acordo nuclear Brasil-Alemanha foi outro sinal de alerta.

O que salva em parte a situação latino-americana é a existência de uma esquerda capaz de liderar estes sentimentos nacionalistas. Isto é o resultado de uma forte tradição antiimperialista apoiada por um amplo trabalho teórico como a teoria da dependência e em parte o estruturalismo da CEPAL.

O caso de Lula no Brasil é exemplar neste sentido. Um partido originalmente classista como o Partido dos Trabalhadores foi absorvendo em somente 20 anos grande parte das aspirações do conjunto de forças contrárias ao neoliberalismo patrocinador de uma participação subordinada e dependente no processo de globalização.

A força desta postura se manifestou nas eleições presidenciais de 2002 que desarmou, *de imediato*, qualquer resistência do capital mundial no plano político. Ele se dedica, atualmente, a fortificar as instituições e políticas neoliberais, mas afirma que se prepara para um programa de transformações mais profundas e de questionamento do modelo econômico neoliberal.

Não obstante, o que conta em última instância é a sobrevivência do sistema existente. Se os protagonistas do sistema o sentem ameaçado qualquer ideologia pode ser acionada se lhes parecer útil.

4. ESTADOS UNIDOS — AMÉRICA LATINA: CONTRADIÇÕES E APROXIMAÇÕES

Um assunto no qual vimos insistindo em várias oportunidades é a necessidade de uma maior compreensão da diversidade e das contradições internas da sociedade norte-americana. Tem sido um erro muito recorrente dos intelectuais na América Latina julgar a sociedade norte-americana como uma totalidade, com interesses comuns em relação à América Latina e ao Terceiro Mundo em geral. Esta visão reflete a autopercepção de uma parte da literatura sociológica norte-americana de que os interesses comuns de uma sociedade pós-industrial e de abundância predominam sobre as contradições entre os grupos e classes sociais.

Nesta sociedade de abundância os choques ideológicos são substituídas pelos issues ou questões concretas que cortam todo o espectro ideológico. Não haveria, portanto, uma diferença essencial entre os partidos, e os processos eleitorais seriam a oportunidade de cada eleitor escolher com seu voto ou sua ficha de jogo os candidatos propostos também como indivíduos, com suas qualidades e vantagens pessoais.

Para os latino-americanos, em geral, os Estados Unidos se apresentam como uma sociedade racista que não faz diferença entre os não-americanos, concebendo o resto do mundo como povos inferiores que devem subordinar-se à sua vontade.

Apesar desta concepção ter algum fundamento, é necessário separar grandes setores da sociedade norte-americana desta fórmula generalizada. Se é verdade que esta ideologia do grande destino norte-americano e da superioridade dos ideais democráticos, que haveria nascido na luta pela independência, foi introduzida em todo o jovem norte-americano e também nos emigrantes, a mesma se abranda a cada dia em seu conteúdo racial.

Os Estados Unidos são cada vez menos um país de brancos puritanos. Nas últimas décadas a queda da natalidade das populações brancas e a alta da natalidade dos negros, dos emigrantes latinos e asiáticos têm mudado, e tende a mudar cada vez mais num futuro imediato, a composição demográfica e cultural norte-americana.

A introdução do conceito de multiculturalismo se fez cada vez mais necessária para assegurar condições de convivência mínima entre os pioneiros brancos e a sociedade multicultural claramente majoritária. A filosofia norte-americana tende a incorporar ao pragmatismo que a caracteriza um relativismo cultural, cada vez mais generalizado a todos os aspectos da vida humana.

Não devemos esquecer-nos que a religião que mais cresce nos Estados Unidos é a muçulmana, que as etnias que mais crescem são as latinas, com suas variações internas que tendem a unificar-se progressivamente em uma só identidade indígena, ibérica e afro-americana. A música popular, a língua, as artes cênicas e os esportes desempenham um papel crescente na afirmação desta identidade na sociedade norte-americana. A elas se misturam símbolos religiosos, comportamentos e costumes que cada vez mais se reivindicam como autônomos e até "superiores" dentro de uma sociedade que no passado os havia reprimido como incivilizados e "inferiores". O mais importante é que os "latinos" são a primeira minoria étnica nos Estados Unidos. Eles contam ainda com a proximidade do México, Caribe e América Central. Sem contar o fato de que os mexicanos e os espanhóis eram os cidadãos de grande parte das atuais terras norte-americanas. Os meios de comunicação em espanhol ganham uma crescente audiência e a preservação da língua castelhana se identifica com uma afirmação cultural e não com uma idéia de inferioridade que prevaleceu por um longo período histórico.

O mesmo pode-se dizer de uma população asiática que ganha força a cada dia apoiada no êxito econômico de suas regiões de origem. Torna-se cada vez mais difícil reprimir suas religiões, culturas e costumes originais. O que assistimos mais uma vez é a confirmação destas diferenças culturais como absolutamente legítimas, exigindo uma revisão dos cânones educacionais e da visão norte-americana ou "ocidental" do mundo.

Não se pode subestimar a afirmação crescente das populações negras norte-americanas. Foram os negros os primeiros a desafiarem o "humanismo" ocidental, que estabelecia como meta para as populações negras assumir os valores da sociedade liberal e reivindicar o direito de tornarem-se "iguais" aos brancos, com seus cabelos alisados, suas roupas cinzas, seu andar duro e pouco sensual, sua frigidez corporal, sua concepção puritana da sexualidade. Todo esse pacote ficava integrado clandestinamente dentro da luta pela cidadania e pelos direitos civis.

Martin Luther King foi o primeiro a identificar a luta dos negros americanos com a luta anticolonialista do Terceiro Mundo. Isto tem colocado o movimento negro em posição avançada na sociedade norte-americana para exigir as políticas afirmativas e criar as condições para uma nova mentalidade pluricultural.

Mas a ascensão social e cultural dessas populações não tem sido absorvida tranqüilamente por grande parte da população norte-americana. Ainda existe um importante setor da população que reivindica a superioridade dos valores tradicionais do *self made man*, que, segundo eles, forjaram o êxito econômico e cultural norte-americano. Em torno desses valores tradicionais se constitui um movimento restaurador norte-americano.

Uma direita reacionária se alimenta do liberalismo econômico ortodoxo, combinado com o autoritarismo de costumes, o puritanismo, a defesa da propriedade privada como princípio ético, a da riqueza como recompensa divina aos mais capazes, etc. Esse movimento tem ganhado força nos últimos anos em torno da campanha contra os comportamentos sexuais do ex-presidente Clinton. Se bem que não ganhou a maioria do povo norte-americano, esta reação bloqueou, em parte, as forças que estavam ao lado do presidente Clinton e sua esposa, ao debilitar a defesa de Gore, como candidato democrata, do governo do qual tomou parte.

O governo Clinton pôs na ordem do dia grande parte da agenda colocada pela geração contestadora que surgiu nos movimentos de 1968. A recuperação do crescimento econômico, a superação do déficit fiscal, a afirmação das políticas sociais do governo democrata, sua identidade com o movimento negro e latino (exceto o exílio cubano que continua apoiando o que há de mais reacionário) têm posto em marcha novas forças econômicas, sociais e políticas na sociedade norte-americana.

A reação presidida por Bush filho reuniu o fundamentalismo neoliberal mais radical, as forças políticas e econômicas mais conservadoras, os ideólogos mais sectários do puritanismo e do ultra-individualismo. Para unificar estas correntes, Bush retomou o mito do destino americano como motor da política externa, reivindicou o liberalismo econômico sob sua versão ortodoxa, mas moderou seu reacionarismo com a idéia de um "conservadorismo com compaixão", utilizou seus modestos conhecimentos de espanhol para abrir um canal com as comunidades latinas e prometeu a diminuição dos impostos como forma de utilizar o superávit fiscal construído no governo Clinton.

Se for verdade que todo este esforço não foi suficiente para ganhar as eleições presidenciais, pelo menos o fez aproximar-se dos votos democratas, o que, com a ajuda (já comprovada pela comissão criada pelos principais jornais do país) do aparato eleitoral do estado governado pelo irmão de G. W. Bush e de uma Suprema Corte nomeada fundamentalmente pelo seu pai, garantiu a ele a presidência.

É claro que estamos frente a um governo que representa um setor minoritário da população. Mas os acontecimentos de 11 de setembro de 2001, a reação articulada em torno da guerra e da campanha contra o terrorismo asseguraram uma base de apoio majoritário para este governo.

Em compensação não podemos concluir, diante destes fatos, que as concepções ideológicas de Bush reflitam as forças majoritárias da sociedade norte-americana. Em temas como o hegemonismo e o unilateralismo norte-americano, o aumento indiscriminado dos gastos militares, a insensibilidade diante da questão ecológica, a rejeição da Corte Internacional dos Direitos Humanos e tantos outros, sabemos que há uma discordância muito evidente com a maioria da população. Em questões como o protecionismo – a opinião pública norte-americana se confronta com as aspirações das classes dirigentes na América Latina que desejam converter os Estados Unidos em livre-cambistas. Elas se esquecem que houve uma guerra civil nesse país para impor o protecionismo do norte contra o liberalismo do sul e que o Estado norte-americano moderno se fundou, portanto, sobre o protecionismo e não sobre o liberalismo que se exporta para outros países.

5. A ECONOMIA SEGUE SEU CAMINHO

Depois do 11 de setembro, a primeira frente que causa muita confusão é a econômica. Depois de uma tendência à queda da economia norte-americana, iniciada de fato em 2000, assistimos, a partir do 2° trimestre de 2003, a uma recuperação da produção industrial, dos investimentos em geral e das bolsas em particular. Neste ínterim, consolidaram-se as tendências a abandonar radicalmente os princípios neoliberais e a retomar as políticas anticíclicas, particularmente a baixa das taxas de juros e o aumento dos gastos públicos, ainda que numa direção negativa, isto é, os gastos militares comandam a recuperação.

Também se fortaleceram as coalizões de forças contra a hegemonia do setor financeiro, com especial ênfase na crise deste setor, golpeado por fortes desvalorizações dos ativos em todo o mundo. A queda da taxa de juros dos EUA a 1,0% e a desvalorização do dólar em marcha desvalorizam significativos volumes do capital financeiro.

O Japão foi o último bastião da resistência do setor financeiro, superdimensionado na década de 80, caracterizada por uma extrema liquidez, que se gerou através dos excedentes em dólar originados dos superávits comerciais obtidos principalmente com os Estados Unidos. No momento atual se tenta uma forte reestruturação do sistema financeiro japonês que se havia fortalecido devido ao apoio do Estado, que se transformou em devedor para apoiar o enriquecimento dos bancos. Por outro lado, a China acumula superávits colossais em dólar e se lança no sistema financeiro internacional, entre outras coisas comprando títulos da dívida pública norte-americana que a transforma num dos principais sustentáculos do "equilíbrio" fiscal norte-americano.

No mundo das economias emergentes, se vê uma acentuação da crise sobretudo na América Latina que tem sido a zona mais ortodoxa na aplicação das medidas estabilizadoras do Fundo Monetário Internacional. Esta região tem sido vítima de uma brutal contradição entre a vontade de seus povos, expressa nas urnas através de sucessivas derrotas eleitorais dos candidatos a favor das políticas recessivas, e suas administrações posteriores totalmente comprometidas com as políticas que se propuseram a impedir durante as eleições.

Vejam o caso da Argentina, imersa em colossal crise depois de ter adotado políticas altamente elogiadas pelo FMI. O ministro de economia da fase neoliberal, chamado para reeditar seus duvidosos êxitos, se apresentou nas eleições e seu partido não alcançou nem 1,5% dos votos. Entretanto, o senhor Cavallo continuou no governo, realizando uma política rechaçada massivamente pelas eleições. A ida da população para as ruas derrubou não só o ministro da economia mas inclusive o presidente De La Rua. Seus sucessores iniciaram o governo prometendo independizar-se do FMI e terminaram aderindo às suas políticas logo depois. Isto leva as massas de volta às ruas cada vez mais irritadas. A eleição de Nestor Kischner parece trazer finalmente um consenso, baseado não no default absoluto mas no estabelecimento das condições de negociação mais moderadas impostos pelo governo argentino, com apoio de cerca de 80% da população.

O que se pode concluir desta rápida análise é o fato de que a crise do terror permitiu acentuar tendências econômicas que se apresentavam anteriormente, as quais conseguiram reverter em parte políticas anteriores, aparentemente vitoriosas e imbatíveis. Contudo, o ambiente econômico internacional continua confuso e ameaçador. As crises despontam em várias partes e as potencialidades do crescimento econômico, a partir das inovações tecnológicas disponíveis devido ao avanço da revolução científico-técnica, continuam insuficientemente utilizadas devido ao atraso no desenvolvimento de novas relações sociais capazes de dinamizar o crescimento econômico mundial.

6. O TERROR COMO ARMA DA AVENTURA HEGEMONISTA

Outro campo em profunda revisão é o geopolítico. Desde o final da guerra fria se acentuaram mudanças radicais nas relações entre países, Estados e regiões. Uma região chave para o jogo geopolítico universal é o Golfo Pérsico, onde se concentra a maior parte do petróleo do mundo. A guerra do Golfo permitiu que os Estados Unidos concentrassem nessa região a maior massa de recursos militares aéreos e marítimos depois do Mediterrâneo. Fica fora de seu controle o Mar Índico, onde a marinha indiana exerce uma hegemonia incontestável. A crise entre Paquistão e Índia abre o caminho para uma maior penetração norte-americana no Oceano Índico.

A crise gerada pelas ações terroristas nos Estados Unidos trouxe uma desculpa muito clara para concentrar na região um poder militar que não se poderia pensar sem um acontecimento desta dimensão. Seja, ou não, o grupo terrorista dirigido por Bin Laden o responsável pelas ações terroristas que chocaram toda a humanidade, há fortes interesses de ocupar geopoliticamente a região e os fatos conjunturais servem a tendências anteriores.

Pode-se dizer, portanto, que os Estados Unidos lograram uma importante vitória diplomática e militar ao conseguir deslocar para a região uma massa tão impressionante de poder de fogo. Não está claro, entretanto, o efeito político desta operação colossal.

É provável que os norte-americanos se vejam numa difícil situação política na região. Depois de terem apoiado por décadas o crescimento de correntes fundamentalistas, para opor-se à URSS no Afeganistão e aos governos laicos de inspiração socialista na Índia, Argélia, Egito, Síria e outros países, eles vêem essas forças voltar-se contra os Estados Unidos e inclusive contra a realeza da Arábia

Saudita que havia inspirado e apoiado financeiramente grande parte destes movimentos.[1]

Treinadas pela CIA e devidamente modernizadas em suas técnicas de terrorismo, estas organizações se transformam numa ameaça aos Estados Unidos, inclusive aos governos republicanos que tinham apoiado tão entusiasticamente estes "heróis da liberdade"[2]. Lembremo-nos que Bin Laden inspirou a personagem coadjuvante principal de Rambo II, e foi elogiado abertamente em toda a imprensa mundial dos anos 80.

Isto, talvez, se deva à atitude negativa tomada pela administração Bush, filho, na questão palestina ou se deva às apreensões do governo norte-americano frente às conspirações contra a dinastia da Arábia Saudita. Esse choque com os antigos aliados se mostra sobretudo no crescimento impressionante das organizações fundamentalistas na região que está acompanhado de fortes sentimentos antinorte-americanos. A situação é também complicada com o perigo do fortalecimento de tendências radicais no Paquistão, país que dispõe de poder nuclear em expansão e que não cedeu às tentativas norte-americanas de contê-lo.

Se considerarmos que ao seu lado o outro poder nuclear, a Índia, está em mãos de correntes nacionalistas em forte choque com o Paquistão e que se faz muito difícil conseguir uma paralisação da corrida nuclear na região, parece claro que o apoio às correntes fundamentalistas foi um jogo extremamente arriscado, cujos frutos começam a ser colhidos agora, e eles são amargos.

Em tudo isto há algo parecido com as conseqüências das ações da inteligência e dos governos norte-americanos na América Latina ao apoiar os governos militares da região, treinando-os em técnicas terroristas, em atividades de tortura e outras ações que hoje estão bastante conhecidas pelas revelações dos documentos da CIA.

---

[1] O leitor pode acompanhar em detalhe estes acontecimentos através do livro de John K. Cooley, *CIA et Jihad – 1950-2001. Contre l'URSS, une désastreuse alliance,* Paris: AutrementFrontières , 2002.

[2] Lembremo-nos que Bin Laden inspirou a personagem coadjuvante principal de Rambo II, e foi elogiado abertamente em toda a imprensa mundial dos anos 80.

Depois de algum tempo, os atos terroristas se deslocaram para os Estados Unidos, como se conhece hoje detalhadamente, na operação contra Orlando Letelier, que matou também uma jovem norte-americana. Como sabemos, até hoje o principal responsável desta e de outras ações similares, o General Pinochet, não foi devidamente punido, apesar das evidências disponíveis nos tribunais chilenos e de vários países.

A mesma coisa podemos dizer dos ativistas anticubanos em Miami, que se dedicam a ações terroristas há trinta anos com o apoio do governo norte-americano e com uma impunidade legal defendida pela justiça norte-americana. Sabemos todos do apoio dos católicos norte-americanos ao IRA e conhecemos o apoio oficial do governo Reagan aos "Contra" na Nicarágua, e às ditaduras militares de toda a região. Pior que isto, só o apoio de Reagan aos Kmer Vermelho no Camboja, depois dos assassinatos em massa de seu povo. Hoje em dia vemos as FARC e o ELN ser consideradas como organizações terroristas na Colômbia enquanto os grupos paramilitares de direita usam de uma extrema violência terrorista e ficam excluídos da lista de organizações terroristas.

Esta conduta torna muito difícil derrotar o terrorismo como prática política generalizada no mundo. Mesmo quando suas ações causam os efeitos que vimos em Nova York e Washington não se demonstra uma vontade radical e definitiva de abandonar tais práticas contra os adversários do governo norte-americano.

A. *As vidas dos inocentes*

A mesma atitude dúbia fica evidente quando se proclama a idéia de que não importa a perda de vidas inocentes devido às ações militares nos países inimigos dos Estados Unidos, porque essas mortes não foram desejadas. Elas foram somente calculadas, pois fazem parte do custo inevitável dessas ações.

Parece necessário passar a um nível mais alto de civilização. Não se pode mais considerar ilegítimo o terror inimigo e legítimo o próprio terror. A humanidade alcançou uma integração planetária que não permite mais essas duplicidades éticas e morais. A humanidade tem de desenvolver uma ética realmente universal de respeite as diferenças sempre que não se oponham ao princípio da preservação e desenvolvimento da vida humana.

As civilizações e as religiões nascidas em condições locais específicas se abrem a um universalismo que encontra um exemplo fundamental no ecumenismo cristão a ser desenvolvido para todas as formas religiosas e de civilizações. Neste sentido é extremamente positivo o chamado do Irã a um diálogo entre as civilizações.

Neste contexto parece muito claro o perigo de tentar conter um dos mais importantes avanços da civilização ocidental: a liberdade de imprensa. O pior é que se apresentam as medidas restritivas à divulgação dos acontecimentos militares como uma forma de defesa desta civilização. Da mesma forma que se realizaram vários golpes militares para defender exatamente a democracia pretensamente ameaçada pelos inimigos da guerra fria.

Tudo indica que os Estados Unidos estão perdendo a guerra da opinião pública e isto se deve em boa parte a esta tentativa de monitorar abertamente os meios de comunicação quando o mundo árabe tem uma estação de televisão respeitada por todas as partes em conflito e o resto do mundo não pode ver com aprovação o sacrifício de um país para prender um chefe terrorista que nunca foi claramente uma ameaça aos Estados Unidos nem ao mundo.

É claro também que o pânico generalizado e a confusão entre o terrorismo e a religião maometana, que se transforma em preconceitos descontrolados, favorecem uma brecha crescente entre os muçulmanos e a civilização ocidental. Brecha ampliada pelo desprezo ocidental das religiões orientais em geral, que parece fortalecer o espírito fundamentalista do lado de cá.

Quando tais visões e tais comportamentos culturais são acompanhados do poder de fogo de que dispõem os Estados Unidos, da adesão de quase todas as nações do "Ocidente" a ações que levam à morte de centenas de milhares de pessoas e a milhões de refugiados. Não se deve esquecer as conseqüências históricas da criação dos refugiados palestinos, num momento em que se geram outros milhões de refugiados no mundo.

Ninguém pode crer que estamos criando um ambiente adequado para a paz mundial. É um absurdo pretender que se alcançará uma legitimidade ideológica e política num mundo como este. E os meios de comunicação perderão seu poder de influência quanto mais se identificarem com a criação e conservação deste mundo caótico e injusto.

Na era da informação, encontramo-nos diante de uma forte ameaça global às conquistas mais caras da evolução recente da humanidade.

7. EFEITOS INTERNACIONAIS DA TRAGÉDIA AMERICANA

Os dramáticos acontecimentos de 11 de setembro não modificaram essencialmente o quadro econômico mundial. Na verdade, a previsão dos acontecimentos terríveis das tragédias não costuma mudar a atitude dos seus personagens. A tragédia atual divide, no plano militar, o governo dos Estados Unidos entre os que buscam um consenso mundial para garantir suas ações de represália (como Collin Power) e os que crêem que os Estados Unidos têm direito a atuar unilateralmente (como Condoleezza Rice). Os democratas buscam um consenso que limite ao máximo a extensão das ações armadas. Todos se encaminham para atos de conseqüências imprevisíveis.

No plano econômico, os conservadores querem garantir o controle sobre os acontecimentos mantendo as variáveis macroeconômicas fundamentais sob contenção. Eles seguraram o crescimento econômico norte-americano provocando o aumento das taxas de juros em meados de 2000 para derrubar a inexistente "ameaça inflacionária" e os "perigos" do pleno emprego.

Contudo, diante da ameaça de uma recessão, provocada por essa intervenção insensata que se aprofundou devido aos efeitos da tragédia do World Trade Center e do Pentágono, os conservadores já se viram obrigados a retroceder em sua política de contenção e aceitaram a necessidade de baixar as taxas de juros, antes mesmo dos atentados terroristas.

Com este objetivo, Allan Greespan, o presidente do Federal Reserve, já estava na Europa, quando dos atos terroristas, em busca de um consenso no sentido da baixa comum das taxas de juros para evitar uma fuga de capitais dos Estados Unidos. A verdade é que há uma contradição importante entre os interesses que apóiam o aumento das taxas de juros (que favorece o capital especulativo) e aqueles que apóiam sua redução (que provoca o deslocamento dos capitais para as bolsas, reforçando como conseqüência o sistema empresarial e os investimentos produtivos).

Contudo, ninguém pode defender, num momento tão dramático, as medidas de aprofundamento da crise. Os fatores para a retomada dos investimentos ganham dinamismo numa conjuntura como esta. De imediato, as insanas pretensões de Bush de utilizar os excedentes orçamentários para diminuir os impostos e devolver poder de compra a uma população caracterizada pelo excesso de consumo estão liqüidadas como objetivo econômico. Frente à gravidade da crise, o Congresso votou o estabelecimento de 70 bilhões de dólares (equivalente à metade do excedente orçamentário) para medidas de salvamento, reconstrução e ação militar. Ao mesmo tempo, os conservadores não perderam a oportunidade para disponibilizar os fundos da previdência social dos funcionários para financiar a intervenção governamental frente à crise. Os gastos militares e os gastos de reconstrução liquidaram com o superávit fiscal norte-americano. Já em 2003, encontramo-nos diante de um déficit fiscal colossal de aproximadamente 600 bilhões de dólares.

Mas tudo isso funciona na direção de medidas anticíclicas de inspiração keynesiana. Paul Krugman já alertou seus leitores neste sentido. Liberam-se as portas para medidas favoráveis à inversão e ao aumento dos gastos públicos: reconstrução urbana, gastos militares, apoio ao consumo. Mas sobretudo impõe-se a diminuição incondicional das taxas de juros.Todos sabemos que numa conjuntura de recuperação econômica se faz necessário caminhar inclusive em direção às taxas de juros negativas, como forma de apropriação e transferência dos excedentes financeiros gerados nos períodos de queda do crescimento e aumento da especulação financeira que caracterizam as fases depressivas dos ciclos longos.

Ao mesmo tempo, sabemos que o dólar é o refúgio mais importante dos ativos mundiais. Todos os países põem suas reservas em dólares, boa parte das famílias e as empresas também. Uma desvalorização do dólar corresponde a uma desvalorização geral dos ativos mundiais. Também favorece uma transferência crescente das poupanças para o ouro, as *commodities* e as moedas competitivas, entre as quais se destacam o euro, em valorização, ou o iene também valorizando-se, de maneira mais flutuante.

Esta situação de desvalorização do dólar favorece a retomada das exportações norte-americanas visando diminuir o terrível déficit comercial norte-americano que chega também a mais de 500 bilhões de dólares e abre caminho para uma retomada do crescimento econômico com bases mais sãs.

Trata-se de uma clara contradição entre as funções da moeda dominante mundial (o dólar) como moeda ou meio de intercâmbio e sua função como fonte de entesouramento, como forma preferencial de expressão dos ativos mundiais. Isto se reflete fortemente dentro dos Estados Unidos entre os setores interessados no aumento das exportações e na competitividade do país como produtor e os setores ligados à especulação com o dólar como moeda supervalorizada.

As demonstrações de poder militar não ajudam, contudo, nesta conjuntura. Elas significam mais gastos de dólares no exterior, a não ser que os aliados se dispusessem a financiar a chamada "guerra contra o terrorismo", como fizeram com a guerra do Iraque em 1989.

Na atual conjuntura de ameaça de recessão e restrição de liquidez, é pouco provável que a solidariedade chegue a estes termos. Parece claro, então, que a crise resultante dos lamentáveis fatos que ensangüentaram Nova YorK e Washington deva acentuar tendências que já se apresentavam na economia mundial. Em essência trata-se de medidas que favorecem uma recuperação da economia mundial. Mas é claro também que os EUA não se livrarão facilmente de seu déficit da balança de pagamentos e se desenham no horizonte desequilíbrios crescentes e novas crises cada vez mais graves.

A redução da taxa de juros na Europa e nos Estados Unidos é ainda insuficiente mas a medida crucial para superar a crise. Ela adveio de um aumento artificial e injustificável dessas taxas. A retomada dos gastos públicos favoreceu a demanda e os investimentos. A baixa do dólar permitirá um melhor equilíbrio da balança comercial norte-americana e provocará uma desvalorização massiva de ativos financeiros, de imóveis, de divisas e de reservas.

Esta desvalorização funcionará também em favor dos ativos produtivos, das empresas e das bolsas de ações. Isto é: uma fuga para a atividade produtiva ou uma recuperação econômica generalizada. Não nos devem confundir as dificuldades por que passaram as bolsas norte-americanas. Elas refletem a necessidade de eliminar os exageros protagonizados pelos executivos de algumas das principais empresas durante o auge financeiro de 1994 a 2000.

Queira-se ou não, o único caminho possível é o da recuperação econômica e da retomada do crescimento. Esta parece ser a conseqüência mais evidente da tragédia.

8. CIVILIZAÇÃO E BARBÁRIE

A tragédia do 11 de setembro de 2001 estimula uma reflexão profunda sobre o destino da humanidade. Não é a primeira vez que um centro imperial ou hegemônico se vê atacado desde a sua periferia e se sente humilhado diante da demonstração de sua impotência. Sabemos que os gregos que dominaram grande parte do mundo a partir das conquistas de Alexandre Magno se tornaram escravos dos romanos, pequeno povo encerrado entre sete colinas. Sabemos também que o Império Romano terminou sob o impacto das invasões dos bárbaros. Sabemos que os orgulhosos portugueses e espanhóis tornaram-se um exemplo do atraso na Europa, dominados pelos povos de uma ilha inexpressiva e atrasada, na época de seu império, a Inglaterra.

Nada mais terrível do que ver "ataques bárbaros" destruírem os centros de cultura e saber de um império. Mas depois estes novos poderosos transformam em vitória seus atos destrutivos e humilham os povos derrotados. Contudo, a humanidade já alcançou um grau de desenvolvimento suficiente para não aceitar a destruição como um caminho adequado para derrubar um Império. A condenação ao ato de terrorismo insano das organizações que perpetraram o ataque às torres do World Trade Center e ao edifício do Pentágono foi generalizada no mundo.

Mas também é generalizada a reação do mundo diante da pretensão do governo Bush de se arvorar em vingador divino contra o reino do mal, desprezando os mecanismos institucionais que se criaram com grande dificuldade nos últimos cinqüenta anos, grande parte deles com o patrocínio do governo norte-americano.

É grave também constatar que os possíveis – pois até hoje não dispomos de uma prova definitiva sobre os verdadeiros organizadores do atentado – responsáveis por esta violência bárbara foram, num passado recente, formados e treinados pelas organizações de inteligência dos Estados Unidos. Tanto Bin Laden como os talibãs só chegaram ao poder no Afeganistão apoiados fortemente pelas inteligências norte-americanas que os treinaram e os financiaram para lutar contra a ocupação soviética.

É pois evidente que a inteligência norte-americana tem elementos para destruir ou limitar drasticamente a ação de seus antigos aliados. Contudo está claro que o governo de Bush está usando a ameaça terrorista como uma escusa para aumentar a presença militar numa zona de grande interesse geopolítico. Não parece que queira realmente enfrentar as redes terroristas que seu pai e ele mesmo ajudaram a implantar no Oriente Médio.

Também é evidente que os recursos para estas organizações terroristas fluem pelas redes do sistema financeiro internacional e até hoje não foram tomadas medidas eficazes para deter as fontes de financiamento do terrorismo. É também muito grave ver que o governo norte-americano continua apoiando grupos terroristas tão implacáveis como os grupos de exilados cubanos que sabotaram aviões, destroem plantações, usam a guerra química contra Cuba e tentaram, com a ajuda da CIA, matar o presidente Fidel Castro em mais de 150 tentativas, reconhecidas pela própria CIA.

Tudo isto pinta um quadro muito dramático para a paz mundial. Esta se encontra ameaçada pelo ataque norte-americano ao Iraque que desatou uma guerra em todo o Oriente Médio, na qual o Estado de Israel se vê envolvido numa multiplicidade de frentes até pouco tempo impensável. Quem sabe até onde poderá desdobrar-se esta situação?

Mas o que é ainda mais grave é que esta forma irresponsável como se está manejando a situação mundial e a própria ameaça terrorista deixam os Estados Unidos e o mundo à mercê de um fundamentalismo religioso que se alimenta de um ódio crescente pelo povo norte-americano e pelos valores mais avançados da democracia.

A guerra fria se fazia contra uma concepção diferente da democracia que era o socialismo. O fundamentalismo islâmico pretende restaurar Estados religiosos cujo fundamento não se encontra na soberania popular e sim na palavra de Deus e na ação iluminada de seus representantes. Durante anos os Estados Unidos estimularam esta concepção político-institucional no Oriente Médio, apoiando as monarquias da região contra o liberalismo e o socialismo árabe e o pan-arabismo de Nasser e do Baath. Agora ele colhe os frutos de seu plantio na região através da contestação radical do fundamentalismo islâmico que se opõe a toda a base religiosa, institucional e filosófica do Ocidente Cristão.

A força da tragédia parece rondar o nosso futuro: novas guerras, mais radicalismo irracional, mais terrorismo e outros métodos típicos do irracionalismo. O triunfo das forças da paixão irracional em ambos os lados. A busca desesperada por manter uma hegemonia em queda. A perda de qualquer legitimidade para esta hegemonia e para o sistema institucional que a sustenta, inspirado num conservadorismo radical e no pensamento único[3].

---

[3] O autor publicou vários capítulos de livros e artigos sobre o tema, entre os quais se contam os seguintes:

1. PEIXOTO, Antonio Carlos, MARTINS, Carlos Eduardo, PADOVANI, Fernando, ALVES, Ricardo Vieira, SANTOS, Theotônio dos. **Terrorismo: Tragédia e Razão**. Rio de Janeiro: Revan, 2002.

2. **Comunicação & Política – N° especial sobre Dossié 11 de Setembro** — Volume IX, N° 1, nova série, janeiro-abril. Rio de Janeiro: Centro Brasileiro de Estudos Latino-americanos – CEBELA, 2002.

3 **Nueva Sociedad, N° especial sobre Tragedia y Razón**, n° 177, Enero/Febrero, Caracas: 2002.

4. "10 meses depois da tragédia I" — **Monitor Mercantil** , Rio de Janeiro: 6,7,8 de julho de 2002.

5 "10 meses depois da tragédia – II", **Monitor Mercantil**, Rio de Janeiro: 13, 14 e 15 de julho de 2002.

6. "10 meses depois da tragédia – III" **Monitor Mercantil**, Rio de Janeiro: 20, 21 e 22 de julho de 2002.

7."10 meses depois da tragédia – IV".Rio de Janeiro:, 27, 28 e 29 de julho de 2002.

8. "10 meses depois da tragédia – V", Rio de Janeiro: 3, 4 e 5 de agosto de 2002.

9. A GUERRA E A DEMOCRACIA

Os acontecimentos de ordem planetária que se ligam à guerra norte-americana contra o Iraque têm inegavelmente múltiplas facetas. A ação unilateral norte-americana produziu um "stress" sobre todos os aspectos da vida contemporânea: no econômico, no social, no político, no ideológico, no ético. A vasta bibliografia que se expande por toda a imprensa reflete o enorme esforço dos pensadores de todos os campos por entender os acontecimentos e por buscar caminhos de intervenção sobre os fatos, apesar do sentimento de impotência que produz o avanço inexorável das confrontações militares.

Mas talvez o elemento novo e renovador mais impressionante neste contexto foram as manifestações populares contra a guerra que não se abateram ante a aparente indiferença dos detentores do poder mundial. Em vez de entregar-se à frustração, os jovens e velhos militantes aumentam suas energias e sua convicção sobre a importância de se manifestarem. Um fenômeno desta dimensão e profundidade deve ter razões muito profundas que o explicam e gostaria de tentar aproximar-me da formulação de uma teoria sobre a conjuntura atual:

Se observarmos o fato de que estas manifestações impressionantes têm se desenvolvido durante os últimos anos em oposição às reuniões das organizações internacionais, o que indica existir um sentimento que ultrapassa o acontecimento específico da guerra. Se somarmos o fato de que elas se estendem por todo o planeta, apesar de ter suas maiores expressões nos países centrais do sistema mundial. Se virmos que elas estão associadas a processos de discussão, investigação e ação política cotidiana que supõem um imenso aparato institucional que tem como fenômeno novo as organizações não-governamentais de diversas formas, que incluem também os antigos setores sindicais e cooperativistas, organizações e partidos políticos e grupos de intelectuais e militantes das mais diversas origens.

Se atentarmos para o fato de que este movimento buscou encontrar um centro de expressão no Fórum de Porto Alegre (Rio Grande do Sul, Brasil) que não esgota esta busca de coordenação e que se desdobra em vários foros locais e regionais. Se somarmos ainda os processos de contestação armada de novo tipo e de antigas formas que se desenvolveram nos últimos anos, sobretudo a partir do fenômeno do zapatismo no México.

Se notarmos ainda o aparecimento de novos movimentos étnicos de expressão continental como o movimento indígena latino-americano, que se associa ao fenômeno do zapatismo, com os antecedentes das guerrilhas guatemaltecas e outras manifestações de explosão indígena, locais e regionais como os casos recentes do Equador e da Bolívia. Quando atentamos para a existência de movimentos de novo tipo como o Movimento dos Sem Terra no Brasil, e as várias formas de associações de massa que se produziram na Argentina a partir da crise final do governo De La Rúa.

Quando finalmente consideramos os processos eleitorais nos quais deságuam estes vastos movimentos sociais sem que os governos por eles gerados assumam claramente todas as conseqüências de representar uma rebeldia tão significativa, vacilam nas suas políticas econômicas e tendem a ceder às pressões das instituições internacionais tão combatidas por este mesmo movimento. Quando somamos a todos estes elementos a presença crescente dos movimentos religiosos, fora e dentro das hierarquias eclesiásticas, envolvendo as mais diferentes religiões e as mais diferentes formas de articulação entre o religioso e o político. E isso é só um esboço do todo.

Enfim, quando somamos todos esses fenômenos sob o "stress" da ação insana do governo Bush filho, começamos a configurar um processo revolucionário cuja ideologia e objetivos estão ainda confusos, mas que claramente desejam "um outro mundo", como a consigna de Porto Alegre o identificou. Assim como o governo Bush é a coroação de uma vasta ofensiva contra-revolucionária que se iniciou nos governos Thatcher e Reagan na década de 1980.

Os elementos desta nova ofensiva popular estiveram articulados em torno ao combate ao que passou a se chamar de neoliberalismo: a doutrina dos ideólogos, economistas e políticos reunidos em torno das reuniões de Mont Péllerin desde o final da II Guerra Mundial, como vimos detalhadamente neste livro.

O que os unia era a oposição às teses, então dominantes, que colocavam em xeque o velho liberalismo econômico que se afogara durante a crise de 1929 e suas terríveis conseqüências sociais e políticas. Esses ideólogos tratavam de aprofundar e radicalizar o enfoque liberal, assumindo a crítica do Estado de Bem-estar, do planejamento econômico social, sem falar das experiências do socialismo soviético e suas áreas de influência. Para esses ideólogos (disfarçados em diferentes atividades, sobretudo de economistas, pela influência que ganharam sobre o Prêmio Nobel de Economia, que chegaram a outorgar a seu chefe máximo, o senhor Friedrich Hayek) havia que retomar os fundamentos do liberalismo do século XVIII que reconhecia sem nenhum pudor a legitimidade do *homo economicus* como fundamento da ética e da vida pública. Tratava-se de retomar a imagem do chamado livre mercado como uma entidade metafísica capaz de assinar os recursos de acordo com a mais mesquinha racionalidade (entendida como o ajuste econômico ou ótimo dos meios aos fins). Já discutimos bastante todas estas questões.

Um projeto ideológico desta dimensão exigia um grande rigor científico. Contudo se limitou a absorver doutrinários como Milton Friedman, com seu monetarismo desmoralizado pelos fatos e pela crítica acadêmica, e uns muitos economistas que se chamaram de "novos clássicos", e que assaltaram as escolas de economia de todo o mundo.

Muitos considerarão estas palavras muito duras, mas assim eram tratados estes senhores até a década de 70, quando o grupo da Universidade de Chicago, onde se entrincheiraram no pós-guerra, foi chamado a colocar em prática suas idéias no primeiro governo abertamente fascista do pós-guerra: o do General Pinochet no Chile. A crise geral do capitalismo que se aprofundou na década de 70 facilitou o caminho para a valorização artificial da experiência chilena.

O Chile pós-Allende gozava de vantagens excepcionais: ali havia se realizado a reforma agrária mais radical dos anos 60-70, iniciada pelos Democratas Cristãos, terminada radicalmente pela Unidade Popular, eliminando uma oligarquia latifundiária parasitária que não pôde recompor-se nem com o regime militar fascista. Durante o governo de Allende foi nacionalizado o cobre, por voto unânime do Congresso chileno, e posta à disposição do Estado chileno mais da metade de seus recursos cambiais. Os avanços educacionais do período Frei e Allende aprofundaram uma vocação histórica do Chile pela educação nas suas mais diversas manifestações.

A ditadura militar fascista não pôde deter as forças sociais que tinham impulsionado estas mudanças revolucionárias. O que ela conseguiu foi reorientar estes avanços para um capitalismo mesquinho e utilitarista que transformou o Chile atual numa nação de individualistas, excluindo dramaticamente as classes sociais mais baixas que tinham avançado para o poder durante o período do governo da Unidade Popular.

O caso chileno, apesar da crueldade dos dados sociais e das medíocres realizações econômicas do governo militar, o qual cai em 1986, sob a influência da terrível crise econômica que enfrentava o país, foi apresentado como modelo para o resto do mundo pela senhora Thatcher e pelos ideólogos que assessoravam Reagan. Estava aberto o caminho para que os "magos" da estabilidade econômica alcançassem o poder em vários países com o apoio sistemático dos maiores beneficiados da política econômica monetarista.

O Fundo Monetário Internacional, outra trincheira do pensamento monetarista, foi abrindo espaço para os ideólogos neoliberais e várias universidades os incorporaram aos seus departamentos que eles procuraram cooptar já que traziam toda uma "teoria" econômica, cujas raízes atrasadas (uma volta ao século XVIII, como vimos) obrigavam a incorporar um conjunto de conhecimentos cristalizados em manuais que os novos economistas dos países do Terceiro Mundo traziam das universidades norte-americanas, onde estudavam a custo dos limitados recursos de nossos contribuintes.

O espírito crítico e as contribuições do pensamento social e econômico latino-americano foram postos de lado, por exemplo, para abrir caminho a "cientistas exatos" que substituíam os antigos economistas que pretendiam ser "cientistas sociais". A profissão de economista já havia sido assaltada por engenheiros com pós-graduação em economia, que desconheciam totalmente que esta é uma ciência social e o que significa a complexidade dos fenômenos históricos.

Uma das características mais claras desta ideologia é considerar a ciência como uma descoberta de leis gerais das quais se deduzem as políticas econômicas e sociais. Nesta visão positivista arcaica não há espaço algum para a democracia. Para que consultar o povo e dar-lhe o poder de voto que define o tipo de governo que deseja se as políticas econômicas são fenômenos técnicos que se deduzem das "teorias" econômicas?

Creio que aí está um dos nós centrais que tem gerado um ódio tão generalizado dos povos ao chamado "neoliberalismo" e às instituições internacionais que o representam. Trata-se de uma ditadura dos técnicos que se colocam a serviço dos poderes econômicos que lhes abrem os recursos privados e dão origem a uma época de corrupção pública e corporativa colossal, como jamais se conhecera.

A forma mais comum que tem assumido este modelo de gestão estatal é o que temos chamado de "golpes de Estado eleitorais". É permitido que se realizem eleições relativamente limpas, mas, ganhe quem ganhar, tem de aplicar as políticas econômicas do FMI e dos novos e velhos aparatos institucionais internacionais. Quase sempre os novos governos se elegem contra estas políticas econômicas para adotá-las quando ocupam o poder. E, todavia, o povo tem de agüentar o escárnio desses ideólogos e de seus publicistas que sempre afirmam: "veja, eles não têm alternativas senão aceitar nossas políticas 'científicas'". Segundo eles, as campanhas eleitorais são o campo da demagogia e o governo é o campo do "realismo".

Temos discutido em várias oportunidades, e em particular neste livro, a essência destas teses pretensamente científicas e temos demonstrado que o que se apresenta como um plano coerente e "cientificamente" deduzido de um corpo teórico fechado não são mais que manifestações do mais descarado oportunismo pragmático a serviço de interesses pouco confessáveis.

A verdade é que as pessoas percebem o que está acontecendo. Este tecnocratismo tem transformado os processos eleitorais e a democracia num espetáculo, numa farsa para aquietar as pessoas. Este sentimento é extremamente forte no momento atual no qual vastas maiorias sociais se manifestam contra a guerra do Iraque e vêem os políticos ignorar olimpicamente suas manifestações. Há algo podre no Reino da Dinamarca, dizia o vate britânico, há algo de podre na democracia representativa contemporânea, diz o povo. Temos de encontrar uma forma de democracia não somente representativa senão também participativa, onde a voz do povo se imponha sobre os burocratas, os tecnocratas e seus patrões.

10. ESTRATÉGIA E IDEOLOGIA DO HEGEMONISMO

No plano militar e geopolítico a política norte-americana do destino manifesto alcançou seu desenvolvimento total e converteu-se numa justificativa de um hegemonismo necessário e ilustrado. O presidente George W. Bush vem produzindo um conjunto de declarações presidenciais que reuniu sob o título geral de "A Estratégia Nacional dos Estados Unidos".

Este documento é uma expressão impressionante de um novo fundamentalismo que ameaça gravemente o futuro da humanidade se tomarmos em consideração o poder econômico e militar que manejam aqueles que o formularam. Mais grave ainda é constatar que estas idéias alcançam um profundo enraizamento social que tem apoiado as propostas do presidente depois do atentado de 11 de setembro de 2001.

A idéia central desta doutrina encontra-se seguramente na identificação dos Estados Unidos com os valores fundamentais salvadores da humanidade que se encontram em grande parte do documento mas especificamente na seguinte afirmação:

"A estratégia de segurança nacional dos Estados Unidos se baseia num internacionalismo americano diferente que reflete a união de nossos valores e de nossos interesses nacionais. O objetivo desta estratégia é ajudar a criar um mundo não somente justo mas também melhor. Nossas metas no caminho do progresso são claras: liberdade política e econômica, relações pacíficas com os outros Estados e respeito à dignidade humana. E este caminho não é somente americano, ele está aberto para todos"[1].

---

[1] Afirma o presidente Bush em seu discurso de 1° de junho de 2002 em West Point.

Entre estes valores universais, que se encarnam nos Estados Unidos, estão o livre comércio e a propriedade privada. Desta maneira se estabelece uma relação perversa entre o mundo e os Estados Unidos. Já que esta nação é a portadora dos ideais universais e seus empresários são a ponta-de-lança deles, qualquer restrição a estes ideais ou qualquer restrição aos interesses norte-americanos e aos dos representantes da livre iniciativa são a mesma coisa.

"A América deve defender firmemente as não-negociáveis demandas de dignidade humana: o império da lei; os limites ao poder absoluto do Estado; a liberdade de palavra; a liberdade de trabalho; a justiça eqüitativa; o respeito pela mulher, à tolerância religiosa e étnica e o respeito à propriedade privada", afirma o presidente Bush novamente em seu discurso de 1º de junho de 2002 em West Point.

Vejam bem, leitores, estes princípios são defendidos em uma Academia Militar como parte da definição de uma estratégia militar. Isto quer dizer que se algum governo se recusa a implantá-los é passível de ação militar. Claro que estas declarações não podem corresponder à realidade. Todos sabemos que os principais aliados dos Estados Unidos no Oriente Médio, a começar pela Arábia Saudita e o Kuwait, não aceitam estes princípios, não são Estados laicos senão muçulmanos e portanto têm suas concepções próprias sobre o papel da mulher, sobre a noção de justiça, sobre a propriedade privada, sobre o poder do Estado etc.

Podemos citar dezenas de outros exemplos similares nas mais distintas regiões do mundo e em particular na América Latina que todos conhecemos muito bem.

Como preencher o abismo entre a perigosa doutrina de fundamentar as ações militares em princípios éticos associados a Estados e agentes econômicos e a realidade baseada em fatos totalmente opostos aos princípios invocados. Isto resulta numa disfunção moral e ética extremamente desintegradora. Estamos no campo de ausência total de princípios para orientar as relações internacionais.

Neste mesmo discurso de junho de 2002, o presidente Bush reforça suas preocupações não somente com o terrorismo – que passa a constituir um inimigo prioritário que não pode justificar-se por nenhuma razão – senão, sobretudo, por sua articulação possível com a alta tecnologia. Segundo ele:

"O perigo mais grave para a liberdade está na encruzilhada entre o radicalismo e a tecnologia. Quando a difusão das armas químicas, biológicas e nucleares em conjunto com a tecnologia da balística de mísseis ocorre, inclusive os Estados frágeis e os pequenos grupos podem alcançar um poder catastófrico para atacar as grandes nações. Nossos inimigos têm declarado ter esta intenção e foram descobertos procurando estas terríveis armas. Querem a capacidade de nos chantagear ou de ferir-nos ou a nossos inimigos. Nós nos oporemos a eles com todo o nosso poder".

Como podemos crer nestas afirmações quando o governo do Paquistão, fruto de golpe militar e claramente contrário aos direitos humanos, dispõe da bomba nuclear e é ajudado militarmente pelos Estados Unidos, que o convertem em um parceiro privilegiado na Ásia Ocidental. Ao mesmo tempo em que promove claramente ações terroristas na Índia sem nenhuma restrição norte-americana séria.

Sabemos também que operam no território dos Estados Unidos os mais diversos grupos de terroristas, que têm acesso a armas ultra-sofisticadas, cujo direito de livre venda é defendido ardorosamente pelo partido republicano do presidente Bush. Entre estes grupos, têm um status especial – por seus vínculos com a inteligência norte-americana – os grupos anticastristas que operam ações terroristas a partir do território norte-americano. Não é aqui o lugar de fazer desfilar as expressões destas contradições entre os princípios enunciados e a prática da política externa da América do Norte.

Seria mais tranqüilizador para o resto do mundo se uma visão mais pragmática e menos fundamentalista orientasse a geopolítica norte-americana. A afirmação, por exemplo, do princípio da tolerância entre as civilizações distintas que poderia substituir o princípio da autonomia das nações que Wilson colocou em vigor na Liga das Nações no final da Primeira Guerra Mundial. Isto poderia justificar mais abertamente a cumplicidade com os inimigos dos direitos humanos e com Estados de filosofia diferentes a respeito de vários aspectos.

Isto dificultaria também as justificativas inaceitáveis para a defesa de interesses restritos e locais em nome de princípios éticos universais. E em vez de recorrer a falsos argumentos éticos e principistas, isto deixaria mais claro, por exemplo, os interesses de levar adiante uma guerra contra o Iraque no maior centro petroleiro do mundo.

Não mudaria tão dramaticamente as contradições entre os interesses de um poder hegemônico que procura defender suas condições de dominação e o resto do mundo mas permitiria maior transparência nas Relações Internacionais. Neste momento se faz quase impossível o diálogo entre as nações e a implantação de condições de paz e cooperação no plano internacional.

VII
DEMOCRATIZAÇÃO, AJUSTE ESTRUTURAL E O CONSENSO DE WASHINGTON

1. OS REGIMES DE SEGURANÇA NACIONAL: A ONDA REVOLUCIONÁRIA E O FASCISMO

Durante as décadas de 60 e de 70 os países em desenvolvimento, em particular a América Latina, foram atingidos por severos golpes de Estado, que estabeleceram um novo tipo de regime militar de caráter institucional. Estes regimes foram baseados na doutrina de segurança nacional e em táticas de contra-insurgência, ambos criados por Escolas Militares e por alguns centros acadêmicos norte-americanos.

A doutrina de segurança nacional defendia a idéia de que a confrontação entre democracia e comunismo não era somente uma guerra frontal entre Estados, mas, sobretudo, uma luta interna em cada país. De acordo com esta doutrina, o comunismo teria desenvolvido uma estratégia de guerrilha e guerra psicológica que ameaçava, internamente, a segurança nacional de cada país. Esta situação obrigaria cada Exército Nacional a desenvolver uma doutrina de segurança nacional baseada sobretudo em táticas de contra-insurreição.

A contra-insurreição não somente exigia táticas militares, baseadas sobretudo em forças armadas irregulares (*marines* e outros), mas postulava também uma intervenção política nas comunidades com o objetivo de estabelecer políticas de desenvolvimento que visavam obter o apoio político das mesmas. Caso as guerras de guerrilha e a guerra psicológica fossem desenvolvidas em nível nacional, as intervenções deveriam assumir a forma de intervenção militar no Estado nacional para adequá-lo às necessidades da segurança nacional.

Estes foram os princípios doutrinários da intervenção militar nas décadas de 60 e de 70. Além disso, análises sócio-políticas formulavam argumentos mais substanciais em favor dos regimes militares. Alguns autores afirmavam que o desenvolvimento econômico (Rostow, 1971) dependia da liderança da classe média como ocorrera na Europa e nos Estados Unidos. Como este grupo social não existia nos países subdesenvolvidos, as elites sociais deveriam substituí-lo, uma vez que estavam em contato com as idéias e conceitos modernos. Entre estas elites (intelectuais, estudantes, empresários, camponeses etc.) os militares representavam o grupo mais bem preparado para orientar o programa de desenvolvimento, assumindo a liderança de um Estado nacional moderno e eficiente.

Esta doutrina incluía outros aspectos que não serão desenvolvidos no presente trabalho. Contudo, é importante chamar a atenção para suas relações com o programa de ajuda externa do governo norte-americano, sobretudo a AID ou Aliança para o Progresso. Este programa era ainda vinculado a um poderoso movimento de investimento internacional direto apoiado em agências governamentais como Eximbank ou ainda em agências multilaterais como o Banco Mundial, o Banco Interamericano e o Fundo Monetário Internacional.

Estas ações foram reforçadas pela diplomacia norte-americana, especialmente pelo *United States Information Service* (USIS), pelas operações do serviço de inteligência (sobretudo da CIA), e por movimentos político-civis controlados pela CIA (*Peace Corps*, AFL-CIO e outros). No plano militar, a Doutrina da Defesa Hemisférica propunha, desde 1947, uma estratégia militar comum para defender a América de "invasores externos" (principalmente os soviéticos que passaram a ser os "inimigos externos" após a vitória contra o nazismo e a implantação da Guerra Fria). Nas décadas de 60 e 70, a doutrina hemisférica foi mesclada com a doutrina de segurança nacional, criando a noção de "inimigo interno".

Em conseqüência, é obtida uma forte articulação entre os conceitos de livre mercado, políticas econômicas liberais, abertura para o capital internacional, economias orientadas para a exportação, ajuda externa, regimes autoritários, ideologias anticomunistas, administração tecnocrática e militar.

Este sofisticado aparato estatal, privado e social atuou de acordo com uma concepção estratégica comum. Assim sendo, é difícil aceitar a tese de Huntington (1994), segundo a qual os regimes militares representavam uma "onda" espontânea nesta época. Ao contrário, é possível analisar a existência de tão sofisticado aparato institucional antiinsurgência e antipopular como uma resposta à espetacular onda revolucionária e democrática nestes países, a qual teve de enfrentar a oposição dos Estados Unidos em aliança com as classes dominantes locais e as novas elites tecnocráticas.

Qual a razão do compromisso antidemocrático assumido pelos Estados Unidos nestes países? No Japão, e em algumas outras regiões como Coréia do Sul e Taiwan, os Estados Unidos apoiaram a reforma agrária e outras medidas antimonopolistas e antioligárquicas. Eles buscavam neutralizar a expansão da revolução chinesa, vietnamita e coreana, assim como a presença de tropas soviéticas na região. Contudo, na América Latina e outras áreas, nas quais os interesses norte-americanos tinham um espaço social e econômico relativamente escasso para penetrar sem uma ameaça de revoluções socialistas, os EUA optaram sempre pela formação de uma aliança com as oligarquias locais extrativistas ou agro-exportadoras. Em alguns casos, as empresas norte-americanas foram responsáveis diretas pela exploração econômica da monocultura exportadora, como Guatemala, Honduras ou Cuba. Na América Latina, a estratégia da Unidade Hemisférica era também um apoio importante às oligarquias políticas locais.

O Chile foi o único país latino-americano em que o governo norte-americano apoiou políticas reformistas. Em 1964, Eduardo Frei, um líder democrata-cristão, opunha-se à Unidade Comunista-Socialista que apoiou Salvador Allende em duas ocasiões (Allende venceu somente em sua terceira eleição, em 1970, devido à insuficiente política reformista da Democracia Cristã, o que atraiu para o campo popular parte dos radicais e dos democratas cristãos). Em todos os outros países da América Latina, a intervenção norte-americana se bateu contra líderes e movimentos populistas e reformistas.

A política norte-americana foi contra: Perón na Argentina (apoiando e promovendo o golpe de Estado de 1955); Vargas no Brasil (conduzindo o movimento pelo *impeachment* que foi detido em parte com o suicídio de Getúlio Vargas, em 1954); a Revolução na Bolívia, em 1952, sob a liderança do MNR (apoiando a reconstrução de um Exército Nacional que tomará o poder em 1961, através de um golpe de Estado); Jacobo Arbens na Guatemala (a invasão ao país foi organizada pela CIA em 1954); a Revolução Cubana em 1958-59 (a princípio, os liberais americanos apoiaram o levante Castrista, mas adotaram a estratégia do confronto com o Governo de Fidel Castro depois da reforma agrária cubana e da nacionalização de companhias petrolíferas).

Na década de 60, estas iniciativas diplomáticas e subversivas atingiram um novo estágio com o golpe de Estado no Brasil, em 1964. Logo após os acontecimentos no Brasil, na Argentina, Ongania tentou um novo golpe militar em 1966.

Depois de avanços e retrocessos, o ciclo autoritário argentino culminou no golpe de Videla, em 1976. O ciclo autoritário latino-americano continuou com os golpes de Estado na Bolívia em 1971, no Uruguai e no Chile em 1973. Merece destaque o fato de que, na metade da década de 70, somente México, Venezuela e Colômbia apresentavam regimes democráticos na América Latina.

2. A RECONSTRUÇÃO LIBERAL E A ONDA DEMOCRÁTICA

É importante notar que existiu uma leitura alternativa para a Doutrina de Segurança Nacional. Alguns Exércitos Nacionais entenderam que a ameaça guerrilheira era conseqüência da injustiça social, da submissão nacional a interesses externos e à oligarquia política. Nesta ótica, a política de segurança nacional deve ter como base a reforma agrária, a nacionalização de companhias estrangeiras que exploram o país e políticas de emancipação social. Foi o caso da Revolução Peruana liderada pelo Exército em 1968. Esta concepção foi também assimilada por Garcia Meza no Equador, pelo General Torres na Bolívia e pelo General Torrijos no Panamá. Na verdade, existia uma facção militar inspirada no nacionalismo do Exército peruano, em cada Exército latino-americano. Na África e no Oriente Médio, houve uma sucessão de golpes militares de caráter progressista, os quais criaram até mesmo regimes militares de inspiração "marxista-leninista", como Etiópia, ou os regimes de tipo do "socialismo-árabe", como Kadafi na Líbia. Em 1973, Huntington escreveu um artigo sobre o perigo do nacionalismo militar, o qual opunha Estado nacional à internacionalização e às corporações multinacionais.

Ao mesmo tempo, regimes militares que tiveram início com uma política econômica liberal reordenavam-se em direção à intervenção estatal, à nacionalização e às políticas econômicas antiliberais. Este período está relacionado com a formação do Cartel da OPEP, com a Carta dos Direitos Econômicos na ONU, com a coordenação da oferta dos produtos agrícolas e matérias-primas pela UNCTAD, e outras políticas econômicas intervencionistas que advogavam por uma nova ordem Econômica Mundial. Os regimes militares, portanto, não foram totalmente alheios aos efeitos ideológicos e às novas realidades criadas pela onda revolucionária que identificamos no período.

Estas novas realidades deram origem a uma profunda revisão estratégica, que foi transformada numa grande virada com a "Crise do Petróleo" de 1973 e a derrota norte-americana no Vietnã. Neste momento, a Comissão Trilateral apareceu como o principal centro estratégico. A estratégia da Trilateral consistia na idéia de que os países do Sul estavam numa rebelião global contra o Norte, com uma possível aliança com os países socialistas. Como forma de confrontação a esta tendência, era necessário unir o Norte (EUA, Europa e Japão — A Aliança Trilateral), dividir o Segundo Mundo (incitando o conflito China — URSS), e dividindo uma possível aliança entre o Segundo e o Terceiro Mundo, oferecendo uma "entente" com os países socialistas e uma oposição especial para algumas economias subdesenvolvidas, periféricas e dependentes nas instituições internacionais. Finalmente, era necessário dividir o Terceiro Mundo com políticas de pressão, de um lado, e a oferta de ajuda econômica e empréstimos (sobretudo, usando a reciclagem dos petrodólares), do outro lado.

A política de direitos humanos teve papel central nesta estratégia. Os governos norte-americanos, desde a Administração Carter, iniciaram o apoio a movimentos democráticos contra as ditaduras militares que os EUA tinham criado e apoiado anteriormente. Em conseqüência, os regimes ditatoriais foram obrigados a aceitar uma política de "abertura". A Social-democracia européia foi mobilizada na mesma direção com o objetivo de criar uma onda liberal nos países do Terceiro Mundo. Na década de 80, alcançados grande parte dos processos de liberalização política, a ideologia econômica neoliberal, expressa posteriormente no Consenso de Washington, uniu os governos norte-americano e britânico numa perspectiva conservadora – com apoio da Democracia Cristã e até mesmo de setores da Social-democracia – no sentido de impor políticas de ajuste estrutural nos países subdesenvolvidos, executadas sob a liderança do FMI e do Banco Mundial.

Com efeito, na década de 80, tornou-se nítido o efeito do processo de "*democratização*" global conduzido por partidos liberais e conservadores, que criaram uma arena internacional completamente diferente. Esta ofensiva incluiu os países socialistas que seguiram o mesmo modelo desde 1985. A democracia surge "de cima", como um raio caído do céu, na América Latina, África, Ásia, Europa Oriental e União Soviética. Os governos da China, Coréia do Norte, Vietnã e Cuba são os únicos a manter alguns princípios básicos do sistema de partido único. Contudo, também estão em processo de mudança. Na segunda metade dos anos 90 retomam-se alguns elementos da onda revolucionária dos anos 60 e 70. Este é o caso do governo da Venezuela que instaura uma "democracia participativa" de inspiração bolivariana. Na mesma época surge o movimento do neozapatismo em Chiapas, no México, e amplia-se especialmente a ação armada e política das guerrilhas colombianas, especialmente as FALC.

Não é verdade que estas mudanças democráticas ocorreram sempre "de cima para baixo". África do Sul, Brasil, Filipinas, Nicarágua, Rússia em parte e Polônia, e outros processos de democratização tiveram um forte apoio popular. Entretanto, em grande medida, mantiveram-se sob a hegemonia fundamental das forças conservadoras que conduziram, no plano internacional, o processo de liberalização.

Direitos humanos, liberalização e, inclusive, estratégias de democratização têm uma importante relação com a oposição aos regimes militares nacionalistas. O centro do sistema mundial reconheceu que havia uma tendência perigosa ao nacionalismo entre os militares, o que tornava difícil a condução dos regimes militares nacionalistas ou não.

Em termos gerais, as forças conservadoras nacionalistas, nos países subdesenvolvidos, mostraram-se cada vez mais como uma resistência perigosa à globalização e aos princípios neoliberais. Algumas vezes, social-democratas e socialistas parecem adaptar-se melhor à integração global e liberal do que partidos conservadores e velhos nacionalistas.

O direitismo populista de Reagan e Thatcher também foi favorável ao globalismo. Contudo, Estados Unidos e Grã-Bretanha encontravam-se bem colocados diante do processo de globalização, pelo menos em sua fase inicial. Desta forma, nestes países, foi possível combinar populismo de direita e nacionalista com globalismo e neoliberalismo. Somente na segunda metade da década de 80, ficou claro que Japão e Alemanha eram os países em melhor posição para explorar o processo de globalização, transformando a liderança de suas exportações em vantagens financeiras e tecnológicas. Era, entretanto, muito tarde para barrar este processo.

Com efeito, neste período, o processo de liberalização política e a transição democrática foram associados a políticas econômicas liberais. É ainda necessário salientar que a década de 80 foi profundamente caracterizada pela "Crise da

Dívida", cuja origem é decorrência do aumento nas taxas de juros imposto pelos EUA no início da década. A "política de ajuste econômico" foi imposta pelo FMI, BIRD, bancos privados e pela pressão de governos dos países industriais aos países devedores como forma de obrigá-lo a pagar juros absurdamente altos.

Esta política consistiu, nos países dependentes devedores, numa combinação entre o incremento das exportações, apoiado nas desvalorizações cambiais, e a diminuição das importações com base na restrição ao mercado interno, ou seja, compressão salarial e restrição do crédito para o consumo. O superávit comercial, obtido com o "ajuste", serviu basicamente para o pagamento dos altíssimos juros internacionais. Na década de 80, a América Latina consumiu uma imensa parte de seu superávit comercial sem nenhuma recompensa, nem mesmo como a amortização do principal da dívida externa. Conseqüentemente, os regimes liberais e democráticos foram restabelecidos associando-se contudo à depressão econômica e à concentração de renda.

A década de 80 será conhecida como a década perdida pelo baixo crescimento e até a queda do produto bruto da região. Ao mesmo tempo, pagaram-se bilhões e bilhões de dólares de juros enquanto crescia o montante da dívida.

Se o contexto global do processo recente de democratização for analisado com atenção, é imperativo ser muito cético com relação ao seu caráter "espontâneo". É obrigatório, portanto, criticar novamente a idéia de uma onda democrática durante este período, conforme sugeriu Huntington (1994). Ao contrário, é possível notar neste período um enfraquecimento das forças democráticas e populares – com o crescimento das mudanças liberais – que reforçaram as correntes políticas e econômicas conservadoras e até mesmo reacionárias. Ao lado das forças conservadoras liberais, uma Nova Direita está crescendo neste processo com uma clara estrutura ideológica populista e pró-fascista. A melhor expressão foram os admiradores do Governo Fujimori no Peru acompanhados do silêncio das democracias da região por suas ações ditatoriais. O Governo Collor, no Brasil, representou também um claro populismo de direita. Na década de 90 o fascismo começará a alcançar a sua participação em governos europeus e correntes reacionárias dos Estados Unidos assumem a hegemonia do governo de W. Bush, em 2000.

Diante da onda revolucionária, entre 1960 e 1970, a resposta foram regimes militares com estratégia de segurança nacional. Diante da vitória destes regimes e da emergência do nacionalismo militar, desde o começo da década de 70, foram fomentados regimes democráticos liberais e civis sob a liderança de forças conservadoras. O sucesso destes regimes, na década de 80, favoreceu políticas econômicas selvagens de livre-mercado, as quais arruinaram empresas nacionais e locais em favor das corporações *multi e transnacionais* e até *globais*. Além disso, os outros favorecidos foram a concentração da produção e da renda, a centralização do capital, o desemprego e a exclusão social.

A transição democrática foi cada vez mais postergada e começou a ser associada à agitação social. Nos dias atuais, os movimentos democráticos serão obrigados a reconstruir um movimento em favor da justiça social, do pleno-emprego e de outra concepção de desenvolvimento, no qual o problema ecológico é um dos aspectos básicos. Não-intervenção do Estado, livre-mercado e outros símbolos do neoliberalismo foram cada vez mais relacionados com apelos de mobilização social para defender a classe média do Estado, seus impostos e outras exigências "injustas". Atualmente, contudo, desemprego, exclusão social, violência social e agitação social estão no âmago da vida política. O aumento da exclusão nos países dependentes conduz a novos movimentos fundamentalistas, tal como o renascimento muçulmano. Neste caso, uma experiência civil e religiosa é usada para unir as forças excluídas como forma de oposição à globalização controlada pelo *establishment* internacional, criando uma contra-ofensiva de caráter mais reacionário do que revolucionário. É importante notar que o movimento terrorista que terminou voltando-se contra os Estados Unidos, sobretudo com o atentado ao World Trade Center e ao Pentágono em setembro de 2001, teve sua origem nos movimentos de defesa do Afeganistão contra a invasão soviética. A CIA e outros órgãos da inteligência ocidental tiveram um papel especial no financiamento, treinamento e apoio nos meios de comunicação àqueles que se converteriam mais tarde nos seus principais inimigos.

Em um primeiro momento (1960-1970), o *establishment* internacional opôs os regimes militares aos movimentos sociais de reforma social; no segundo momento (1980-1994), opôs o processo de liberalização e democratização (associado à globalização) aos regimes militares (acusados de estatistas e nacionalistas). Quando será consolidada a decepção com relação a este tipo de democratização sem desenvolvimento social? Qual será a nova política do *establishment* internacional?

O *establishment* internacional apoiará a democracia contra a mobilização fascista ou populista de direita? E, caso a social-democracia estabeleça uma aliança com a autodeterminação nacional dos países periféricos, um compromisso com o multi-culturalismo e com outras tendências em favor de um conceito de globalização de teor mais pluralista? De qualquer forma, surgirá uma nova agenda política cujas principais questões serão: pleno emprego, redução da jornada de trabalho, planejamento sócio-econômico global, crescimento dos movimentos sociais e participação nos governos, maior participação das minorias étnicas e sociais no poder estatal, preservação ecológica em níveis local, regional e global.

Esta agenda é compatível com a concepção conservadora que tenta restringir o processo de democratização? As forças autoritárias tecnocráticas foram preservadas e até mesmo aumentaram sua influência e poder, desenvolvendo-os durante a transição democrática com o apoio das classes dominantes. Estas formas autoritárias de administração estatal estão sendo combinadas com políticas econômicas neoliberais.

Diferentemente das proposições teóricas e dos seus princípios ideológicos e doutrinários, os governos neoliberais são profundamente intervencionistas, impondo superávits ou déficits externos, altas taxas de juros, crescimento e manutenção do déficit público, particularmente o norte-americano etc. A coerência com os princípios liberais é visível somente nos cortes das despesas do Estado de Bem-estar Social *(Welfare State)*. O abismo entre o Estado e os vários grupos de excluídos sociais está crescendo nos níveis nacional e internacional. Não é viável, portanto, uma evolução pacífica da situação, caso não ocorra uma importante mudança de políticas.

Todas as questões analisadas demonstram que não estamos no Fim da História. Longe disso, estamos construindo uma nova e absolutamente singular civilização planetária, que será uma nova síntese de tudo o que a humanidade já construiu. O processo atual de democratização deve ser entendido como o começo de um novo ciclo de contradições econômicas, sociais e políticas. Sociedades locais, Estados nacionais, estruturas civis serão mesclados num contexto de transição para uma nova civilização planetária, na qual as relações de mercado atuais estão imprimindo uma caótica realidade social e internacional. A nova civilização criará a base de uma nova experiência ideológica internacional. Neste sentido, é preciso estar preparado para as novas tendências, idéias e problemas.

3. GLOBALIZAÇÃO, REGIONALIZAÇÃO E POLÍTICAS ECONÔMICAS NA AMÉRICA LATINA

As rápidas e profundas transformações da economia mundial e das políticas internacionais originaram um novo fenômeno planetário, que é produzido em escala global, embora se realize através dos contextos regional, nacional e local.

Este processo de globalização se apóia na Revolução Científico-técnica que teve início na década de 40 e que mudou radicalmente a relação entre a ciência, a tecnologia e o processo produtivo, através da submissão da produção à tecnologia e da submissão da tecnologia à ciência. Esta revolução alterou violentamente as escalas de produção (que, atualmente, tornam-se planetárias e regionais em várias áreas). Com efeito, a Revolução Científico-técnica modifica o processo de produção com a implantação da automação por meio da robótica e da informática, incrementa potencialmente o período de descanso, diminui a jornada de trabalho, amplia o papel dos serviços e das atividades relacionadas com o conhecimento, o planejamento e design dos produtos, tornando-as flexíveis e integradas com sistemas automatizados.

Além disso, cria novos setores, indústrias e atividades econômicas; transforma a relação entre os setores econômicos, produzindo a Terceira Revolução Industrial; integra o planeta em um processo instantâneo de comunicação e reduz as distâncias entre as várias regiões do globo. Por fim, a Revolução Científico-técnica quebra a balança ecológica tradicional e ameaça a sobrevivência da humanidade com o holocausto nuclear, o efeito estufa, a destruição da camada de ozônio, a degradação dos oceanos, o aumento da desertificação e outros processos ecológicos planetários.

Neste contexto de rápidas transformações, as regiões do mundo que não participaram do surgimento da produção e da circulação industrial e pós-industrial estão cada vez mais distantes dos centros do poder mundial, ampliando-se o abismo entre os produtores de tecnologia e conhecimento e os produtores de produtos primários e mesmo os produtores manufaturados tradicionais. As barreiras de acesso ao desenvolvimento aumentam para os mais fracos econômica e financeiramente, enquanto a competição entre os mais poderosos monopoliza a luta pela sobrevivência, nestas condições de mutação permanente.

As regiões mais atrasadas, em termos tecnológicos, perceberam que são prisioneiras de um duplo movimento perverso. De um lado, o avanço de novas tecnologias e sistemas produtivos eliminou os resquícios de economias de subsistência (camponesas, tribais, artesanais, intercâmbio simples etc.), conduzindo uma grande parte da população na direção das regiões urbanas. De outro lado, a ausência de uma dinâmica global de desenvolvimento, isto é, uma industrialização equilibrada, a produção de novas tecnologias, uma dinâmica educacional moderna, integrada com as culturas locais, a geração de empregos em serviços que foram criados e generalizados pela Revolução Científico-técnica etc., não permitem a absorção destas populações no sistema produtivo moderno que vem sendo imposto nesses países. O resultado está sendo uma explosão das cidades que não contam com uma boa infra-estrutura sócio-econômica, a predominância dos fenômenos da marginalização urbana e o crescimento do fenômeno da miséria sócio-econômica urbana (reconhecido pela ILO, UNDP e outras organizações internacionais dedicadas ao estudo do problema).

A América Latina e o Caribe (o Brasil, em particular) foram subjugados a esta dinâmica no exato momento em que tentavam implementar um novo estágio de desenvolvimento industrial. Na década de 80, o volume da dívida externa de ambas as regiões alterou-se drasticamente em função da elevação das taxas de juros e da conseqüente suspensão de novos empréstimos, ocasionando uma retração das fontes financeiras para o pagamento do serviço da dívida, da remessa dos lucros das companhias multinacionais e dos investimentos externos de capitalistas locais. O efeito dessa situação foi a exportação massiça do excedente econômico produzido na região.

Tudo isso provocou o desajuste dos mercados financeiros locais, deteriorando as finanças públicas e as políticas monetárias, colocando estes países em uma situação inflacionária anual de três dígitos, próxima à hiperinflação. O esforço de ajuste estrutural imposto pelas autoridades e potências financeiras internacionais (especialmente pelo Banco Mundial e pelo FMI) requer custos sociais enormes. No sentido de assegurar o pagamento dos serviços da dívida, foi necessária a criação do superávit comercial. De um lado, o superávit foi obtido por meio de generosos subsídios concedidos pelos Estados nacionais, com o objetivo de expandir as exportações. De outro, os instáveis investimentos internos foram comprimidos por uma alta taxa de juros, e os salários, drasticamente reduzidos. Conseqüentemente, a demanda interna caiu e as importações foram limitadas. Nestas circunstâncias, houve uma redução dos investimentos internos e externos, afetando de forma severa as taxas de desenvolvimento econômico, causando uma negativa distribuição de renda e aprofundando a terrível realidade da pobreza na América Latina e no Caribe (ver a seguir Diagrama I).

Desse modo, a década de 80 aumentou nossa integração subordinada e dependente à economia mundial ao incrementar nossa dependência das exportações — mesmo que sejam, cada vez mais, exportações industriais —, ao passo que excluiu amplos setores do processo produtivo, ampliando a marginalização sócio-econômica e reforçando a economia informal. Em comparação com o período histórico prévio (no qual as recessões ampliavam as economias de subsistência, tornando-as uma reserva de trabalho), nos dias atuais, marcados por uma forte mercantilização de toda produção, têm-se uma diminuição drástica das tradicionais economias de subsistência e a criação de um novo tipo de marginalização (reforçado pelo aumento da criminalidade e do enriquecimento com atividades ilegais, tais como tráfico de drogas, contrabando, prostituição, seqüestro e assaltos urbanos cada vez mais organizados), atenuados por uma economia informal que, apesar de ser glorificada pelas organizações internacionais, é muito próxima da criminalidade, da marginalidade e das atividades ilegais descritas acima.

Na década de 90, as taxas de juros internacionais caíram, verificando-se um alívio nas pressões pelo pagamento da dívida externa em decorrência também de várias negociações que resultaram em acordos conciliatórios. As políticas de ajuste, em decorrência, assumiram um sinal oposto. A necessidade de equilíbrio na balança de pagamentos norte-americana, ameaçada por um amplo déficit comercial, impôs aos países dependentes a implantação de políticas de déficit comercial. A nova política econômica consistiu na valorização das moedas locais (por meio da famosa âncora cambial), no aumento indiscriminado das taxas de juros da dívida pública e na venda do patrimônio público conhecida como *"privatização"* da economia. Conseqüentemente, as exportações caíram, as taxas de crescimento diminuíram e as importações aumentaram, produzindo "déficits" comerciais, que são compensados pela entrada de capital de curto prazo em busca de juros altos e da especulação financeira decorrentes de indicadores macroeconômicos de curto prazo favoráveis. Esta política foi praticada sem restrições até a Crise do México em dezembro de 1994, mas ainda não foi totalmente abandonada (ver Diagrama II).

Diante deste cenário, as questão a responder são muito claras: até que ponto é possível e conveniente continuar um processo de globalização da economia mundial que causa uma situação imediata tão instável e negativa? Seria, contudo, possível ou conveniente pará-lo? Ao interrompê-lo, não seria gerada uma crise pior e mais forte? Existem formas alternativas à evolução do processo de globalização e à inserção dos países em desenvolvimento (especialmente da América e do Caribe) no processo?

4. DO AJUSTE ESTRUTURAL AO CONSENSO DE WASHINGTON E SUA CRISE (esquemas)

DIAGRAMA I

AJUSTE ESTRUTURAL DURANTE A CRISE DA DÍVIDA (1982-1990):

POLÍTICA DE SUPERÁVIT PARA PAGAMENTO DE JUROS

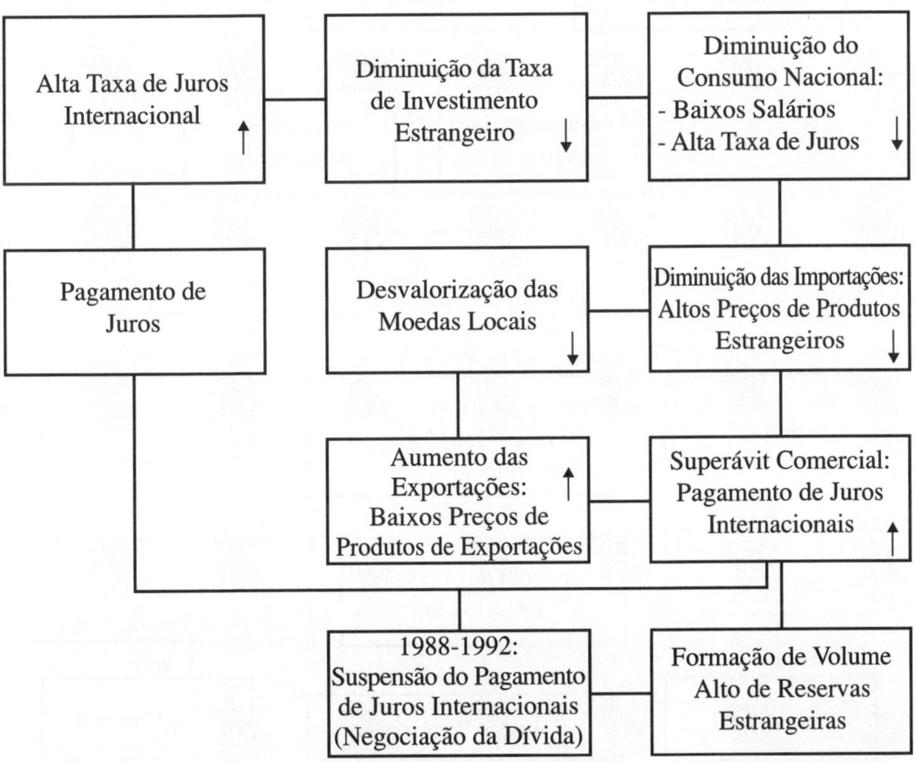

DIAGRAMA II

CONSENSO DE WASHINGTON PÓS-CRISE DA DÍVIDA

A POLÍTICA DE DÉFICIT NA BALANÇA COMERCIAL NORTE-AMERICANA (de 1990 a nossos dias)

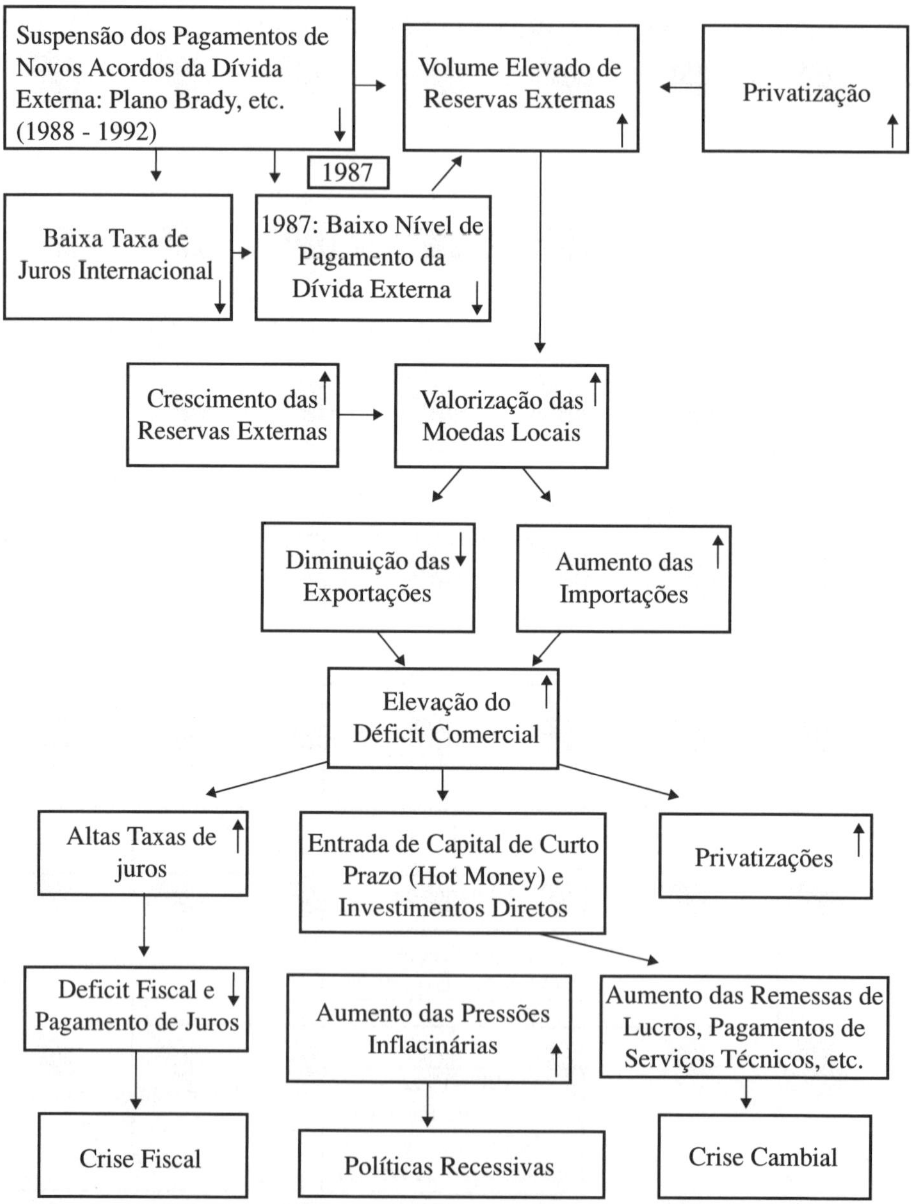

5. UM PROGRAMA DE ESTUDOS

Atualmente, os melhores estudiosos no Hemisfério Sul estão concentrados nestas questões. É necessário, entretanto, entender que as respostas dependem cada vez mais de uma análise correta das tendências globais descritas anteriormente. Existe, neste sentido, uma grande área de pesquisa e ensino a ser desenvolvida em comum com a "*intelligentzia*" do Norte. Portanto, é necessário um amplo esforço comum para:

1) Estabelecer bases conceituais que permitam descrever o processo de globalização em suas dimensões:
a — Tecno-produtiva;
b — Político-estratégica;
c — Cultural: hábitos e costumes.
2) Determinar quais são as tendências de evolução da economia mundial da atualidade, com base nas seguintes hipóteses:
a — A Revolução Científico-técnica eleva as escalas de produção a proporções planetárias, une a produção à ciência, inclusive à ciência pura e à fronteira científica; diversifica os mercados, a qualidade e a oferta de produtos; e vincula-se intimamente à acumulação de capital e ao desenvolvimento econômico cuja sustentabilidade se coloca em questão;
b — A ação das ondas longas (Ciclos de Kondratiev) chegou neste momento ao final de sua curva negativa na economia mundial, que começou em 1967 e atingiu seu ponto mais baixo em 1993. Inicia-se desde 1994, um novo período de crescimento econômico em longo prazo. Neste novo período de incremento positivo, as economias nacionais serão capazes de assimilar um grande número de inovações científicas e tecnológicas preparadas durante o longo período de recessão. Aliás, a rápida incorporação de novas

tecnologias produtivas iniciou-se durante a recessão da década de 80, quando a robótica e a produção flexível tiveram uma enorme aplicação na produção e nos serviços;
c — O novo período de crescimento, conforme informa a teoria das ondas longas, seria relativamente estável por um longo tempo. Contudo, a nova onda tem início associado a um grande problema de desemprego estrutural, como conseqüência do enorme avanço da automação do processo produtivo e de várias atividades de serviço. As principais questões deste período serão: período de descanso, diminuição da jornada de trabalho (horas de trabalho diário), aumento de tempo livre, mudança no sistema de monitoramento dos níveis micro e macro-econômicos cada vez mais globalizados, reestruturação do universo das empresas, das instituições e da administração pública diante do aumento da exclusão social, da violência criminal, do consumo de drogas, da degradação ambiental e outras manifestações da exclusão crescente e do desenvolvimento desigual da renda, dos desajustes básicos, das contradições essenciais a serem solucionadas como conseqüência desta nova era histórica;
d — As tendências de monopolização e oligopolização dos mercados locais, nacionais, regionais e globais, se cruzam com a formação de blocos regionais, o aumento do comércio intrafirmas, a crescente cooperação entre as corporações multinacionais e a formação de redes e mecanismos de administração sustentados pela informatização radical;
e — A questão da governabilidade destas novas realidades em níveis global, regional e nacional, conduzirão a uma reestruturação institucional e organizacional internacional, afetando particularmente a ONU e as organizações internacionais, e uma reconstrução das políticas econômicas e industriais globais;
f — A definição de um projeto global de desenvolvimento sustentável capaz de garantir a preservação e a melhoria do meio ambiente e de assegurar a eliminação da pobreza e da miséria num período de tempo historicamente definido.

3) Incrementar a capacidade do sistema internacional de pesquisa e, particularmente, das instituições de países menos desenvolvidos da América Latina, do Caribe, da África e da Ásia:

a — Para diagnosticar esta situação global e seus interesses próprios;

b — Para aumentar a capacidade das elites políticas, econômicas, empresariais, acadêmicas, tecnológicas e militares, para perceberem as mudanças globais e as relações de suas regiões com o planeta e com outras regiões do mundo;

c — Para determinar e estabelecer políticas de integração regional e de desenvolvimento sustentável capazes de superar os atuais limites econômico-sociais por uma política coerente e disciplinada que lhes permita colocar-se em um nível civilizatório compatível com a Revolução Científica-técnica.

6. NOTAS SOBRE AMÉRICA LATINA E GLOBALIZAÇÃO

A – DESENVOLVIMENTO E INTEGRAÇÃO

Nos últimos 20 anos a América Latina tem vivido um longo processo de desestruturação de seus esforços para alcançar um certo nível de industrialização que foi iniciado nos anos 30. Prisioneira de uma divisão internacional do trabalho que lhe havia reservado a condição de exportadora de matérias-primas e produtos agrícolas, esta região do mundo ficou dominada pelas oligarquias exportadoras que os *Yankees* tinham derrotado na guerra civil norte-americana em meados do século XIX.

Até hoje arrastamos os efeitos negativos de uma estrutura agrária latifundiária que sobreviveu a 200 anos de revolução agrícola no mundo, com uma distribuição de receita profundamente desigual e a manutenção de relações de produção com fortes elementos de sobreexploração da força de trabalho (trabalho intensivo e extensivo, baixas formas de remuneração do trabalho, baixa produtividade, ausência de educação pública básica etc.)

A explicação desta sobrevivência se encontra em sua funcionalidade para o sistema econômico mundial: esta foi a forma mais barata de abastecer os países hegemônicos e centrais, cuja demanda comandava o comércio mundial.

Claro que esta funcionalidade era, e é, cada vez mais relativa. Pois estas vantagens relativas produzem, por outro lado, uma economia internacional limitada em seu dinamismo pela ausência de demanda nestas zonas periféricas. Produziu-se assim um intercâmbio desigual entre os países centrais e as zonas periféricas.

Quando estes países lograram avançar nos seus objetivos nacionais, a partir da crise de 1914-18, quando se iniciou um longo período de estagnação do crescimento da economia mundial, os novos setores médios urbanos se encontraram profundamente comprometidos com as estruturas oligárquicas exportadoras que lhe deram origem. Elas surgiram nos centros portuários, vinculadas a Estados nacionais submetidos ao controle das velhas oligarquias.

Para complicar este quadro, em alguns países as atividades exportadoras estavam nas mãos de capitais externos que se articulavam muito mais com as economias centrais que com as locais. Nos anos 20 se desenvolveu nos Estados Unidos uma vasta literatura sobre as "*plantations*" e os "*trusts*" internacionais que iluminou a natureza reacionária destes sistemas, ao mesmo tempo que se destacava sua funcionalidade para os interesses econômicos dos centros coloniais ou semi-coloniais como os Estados Unidos.

A onda democratizadora e nacionalista que se expandiu nos anos 20 e 30, na esteira da revolução mexicana, apontava para uma mudança substancial nas condições sócio-econômicas da região. Um novo pensamento social apontava para a necessidade de orientar a produção para os mercados internos, industrializar-se e modernizar-se, para o qual se requereria um forte desenvolvimento democrático que desse às massas urbanas e rurais um papel protagônico na direção do Estado.

O populismo foi o método que encontrou um setor das classes dominantes para gerar um movimento de aproximação entre as forças modernizadoras (associadas às tarefas da industrialização, da urbanização e da democratização) das classes dominantes e as forças sociais emergentes operárias e agrícolas.

A ideologia nacional democrática coroou este processo procurando demonstrar a necessidade de associar os interesses da nação com o processo de desenvolvimento econômico e de ascensão social destas novas massas, com a ampliação dos sistemas de representação e a abertura do poder às classes médias urbanas, sobretudo às suas elites militar, profissional e empresarial.

Em torno destas definições estratégicas (sempre considerando suas variações locais) se desenvolveu, entre os anos 30 e 60 uma onda de transformações econômicas, sociais e políticas que permitiu um bem sucedido processo de industrialização, urbanização e modernização da região.

Este desenvolvimento voltado para dentro, quer dizer, para o mercado interno, encontrava, contudo, graves limitações. Apoiava-se na substituição de importações (antes dirigidas para o consumo das classes médias) por produtos locais, protegidos seja pelas dificuldades de importações geradas pela crise mundial do capitalismo, seja por uma tardia política protecionista, imposta com muita dificuldade às oligarquias exportadoras e às classes médias altas, acostumadas ao consumo ilimitado de produtos estrangeiros.

Na verdade, as classes emergentes com a industrialização se revelaram fracas frente ao setor exportador do qual dependiam para importar as maquinarias e a tecnologia com a qual se implantava o novo parque industrial da região.

Ao mesmo tempo, estes setores modernizadores se curvavam ante o capital internacional que dominava o grosso da tecnologia e do poder financeiro internacional, as técnicas de gestão e, sobretudo, os mercados, internacionalizados através de métodos monopólicos e oligopólicos com os "*trusts*" e cartéis.

O capital internacional, inclusive o norte-americano, que se havia formado em choque com as oligarquias exportadoras do sul dos Estados Unidos, havia se aliado historicamente às burguesias exportadoras, apoiando os latifundiários, os comerciantes e os aventureiros políticos de todo tipo a serviço de seus interesses.

Quando se iniciou o processo de industrialização eles se opuseram ao mesmo, mas pouco a pouco foram descobrindo as oportunidades que lhes ofereciam estas atividades voltadas para mercados internos já interessantes, apesar de insuficientes para uma expansão similar aos países de origem.

Esta mudança de atitude levou à criação das modernas empresas multinacionais que, ao contrário dos *trusts* anteriores, investiam nas indústrias e se voltavam para o controle dos mercados internos da região.

Esta nova política encontrava, contudo, a limitação histórica das velhas estruturas exportadoras. O restrito mercado interno exigia reformas agrárias radicais. A dependência do mercado externo continha, contudo, a vontade reformista das novas classes dominantes. Elas não viam a necessidade de confrontarem seriamente com um setor exportador que lhes garantia as divisas necessárias para importar os meios de produção da indústria nascente.

Este compromisso restringia gravemente as possibilidades de continuar o processo de industrialização. O capital internacional encontrava, contudo, uma saída para este impasse: a exportação de produtos industriais baseados numa certa elaboração das exportações tradicionais, na produção de partes de produtos finais, que exigem mão-de-obra mais barata e outras decisões administrativas no interior das estratégias das empresas multinacionais.

A este novo paradigma de desenvolvimento – que se configurou até final dos anos 60 – temos denominado o modelo de dependência secundária exportadora[1]. O caráter dependente deste método de industrialização indicava que estaria associado a um déficit crescente nos serviços, sobretudo a remessa de lucros, pagos em *royalties*, serviços técnicos, fretes e outros custos desta forma associados e dependentes de desenvolvimento. Devemos acrescentar a estas tendências econômicas o fracasso das elites políticas locais. Os antigos empresários e as elites profissionais foram progressivamente substituídos por um grupo de tecnocratas sem nenhuma capacidade de formulação teórica própria.

Esta gente preparou o caminho para a submissão do pensamento latino-americano às concepções neoliberais, cujo baixo nível teórico não encontraria pretexto nas formas intelectuais que tentaram sustentar um projeto de desenvolvimento nacional-democrático.

O desatino neoliberal encontrou ainda o apoio adequado nas novas camadas de intermediários, gerada pelo enorme setor financeiro que surgiu e se expandiu com o aumento da dívida externa e seu pagamento compulsivo, que levaram às políticas apoiadas no conceito do ajuste estrutural imposto pelo Fundo Monetário Internacional e o Banco Mundial nos anos 80.

Confiantes nas perspectivas de que uma maior integração no sistema internacional, se consumassem até o final a entrega de nossas economias ao capital financeiro internacional, estas mentalidades tecnocráticas, ajudadas pela elaboração ideológica que sustentava a impossibilidade de superar a condição de dependência, se incorporaram definitivamente ao Consenso de Washington dos anos 90 e, com maior ou menor capacidade técnica, se dedicaram ao desmonte do processo histórico emancipatório da região.

Gostaria de terminar esta parte citando um destes agentes: o então ministro de relações exteriores do Brasil. Em 1999, em Washington, dedicou-se a elaborar um lamento dramático da ingenuidade de seu projeto. Ingenuidade sim, porque começam a descobrir que, ao entregar sua base de poder local vão perdendo, com o tempo, seu poder de negociação. Começam a descobrir que têm entregado muito. Este é o caso do Brasil, sobretudo na década de 90, quando se aliaram

[1] Veja nosso livro: *El nuevo carácter de la Dependencia*, CESO, Santiago de Chile, tema retomado e profundizado em *Imperialismo y Dependencia*, México: Era, 1978.

setores de centro e de direita para consumar este modelo entreguista, sem conseguir, contudo, grandes melhorias nas suas exportações e uma contraparte significativa para a retomada do crescimento.

O que nos contava o então ministro das relações exteriores frente às dificuldades de consolidar o Mercosul enquanto avança o projeto norte-americano de um livre mercado das Américas, quer dizer, a ALCA:

"Existe um forte sentimento no Brasil de que, depois de uma década de reformas de mercado, essas medidas foram entendidas como uma concessão unilateral sem que tivesse havido uma reciprocidade (dos EUA), em igual intensidade, através da remoção das barreiras".

E continuava o então Ministro das Relações Exteriores do Brasil, Luiz Felipe Lampreia, com seu lamento frente ao subsecretário de comércio dos Estados Unidos:

"Nós sabemos que, apesar dos esforços que fez o Brasil no sentido de abrir sua economia nos últimos dez anos, as indústrias brasileiras são menos produtivas que as dos EUA em 2 ou 3 vezes. Se fossem forçadas a competir sem um sistema especial, seriam destruídas".

Tais atos de sinceridade não têm a conseqüência lógica: quer dizer, a demissão imediata das equipes que conduziram seus povos a tais desatinos e ao abandono radical de uma teoria ou doutrina econômica tão equivocada. O máximo que o Brasil desejou neste momento foi a intenção de adotar princípios mais flexíveis para o interior do Mercosul, veja-se o acordo automobilístico com a Argentina assinado em 1999, e ao mesmo tempo o Brasil tentou ampliar o acordo regional, incluindo os demais países da América do Sul em uma Aliança Sul-americana, que se faz muito desejável.

Tudo isto se iniciou sem abandonar a política de altos juros e de contenção do crescimento que caracteriza o pensamento conservador, felizmente derrotado nos Estados Unidos durante o governo Clinton e posteriormente reimplantado no governo de George W. Bush. Mas ainda se pode dizer que estes enfoques arcaicos e reacionários se encontram em direção da derrota na Europa e no Japão. Eles já impuseram um desastroso custo ao povo brasileiro por sua política de sobrevalorização cambial que os técnicos de Fernando Henrique Cardoso abandonaram às pressas sem maior autocrítica. A partir de 1999 abandonam pouco a pouco seus delírios de livre mercado e procuram aplicar as políticas industriais que desprezaram como peças econômicas do passado. Somente em 2002 elas deram resultados produzindo um superávit comercial significativo.

Para onde nos levarão estas improvisações políticas de uma "elite" sem vértebra, sem pensamento e sem pátria?

B – BOLIVAR OU MONROE MAIS UMA VEZ?

Seguindo a linha de ampliação da integração regional que assinalamos acima, o governo brasileiro convocou uma reunião de todos os presidentes da América do Sul, que se realizou em Brasília em setembro de 2000. O objetivo era o de criar uma Aliança da América do Sul que procurará repetir, num contexto geográfico ampliado, os êxitos alcançados pelo Mercosul. Apesar das dificuldades que passa o Mercosul a partir da desvalorização brasileira de 1999, como resultado em grande parte da maneira improvisada em que se realizou, seu êxito rotundo convenceu inclusive a burocracia diplomática brasileira e tem despertado o interesse dos governos do Pacto Andino, do Chile e do Equador.

Na realidade, a formação de uma Federação de Estados Sul-americanos é uma tarefa não concluída lançada por Bolívar, entre outras razões, para deter a então inicial hegemonia norte-americana na região. Esta tarefa não ficou concluída em parte pela resistência de setores da oligarquia local, em parte pela política inglesa e depois norte-americana de dividir a região para dominá-la. O mesmo se fez nos Bálcãs, o que deu origem a uma expressão idiomática: a balcanização.

Acontece que no caso do Brasil, a submissão da Coroa portuguesa aos objetivos ingleses permitiu que se mantivesse a unidade deste país continental. Unidade cultivada por todas as forças políticas do império brasileiro, apesar de alguns brotos republicanos radicais no sul do Brasil beirarem o separatismo.

Ao Brasil imperial e posteriormente ao Brasil republicano, hegemonizado por suas velhas oligarquias, interessava a balcanização da América Hispânica e nunca foi um aliado importante na definição de uma unidade latino-americana ou ainda sul-americana. Os republicanos, ao oporem-se à dominação inglesa, se aliaram aos Estados Unidos e foram campeões de um pan-americanismo que facilitou enormemente os objetivos imperialistas dos Estados Unidos.

Somente os governos populistas de Getúlio Vargas, Perón, Cárdenas e outras lideranças apoiadas numa classe industrial ou média emergente e nas novas massas de trabalhadores urbanos produzidas pela industrialização e urbanização dos anos trinta, puderam vislumbrar uma América Latina Unida, que estivera nos sonhos de Bolívar, de Martí e de Hostos.

Por que este sonho bolivariano esteve sempre adormecido pelas oligarquias e tem encontrado sempre um forte apoio nos setores populares? Porque os povos da América Latina se sentem identificados cultural e ideologicamente. Tanto é assim que todos os governos populares da região, de Cuba de Fidel a Chile de Allende, se deixaram impactar fortemente pela idéia de uma unidade continental. Inclusive o Brasil de Goulart se deixou enamorar por este sonho, assim também a Constituinte democrática brasileira de 1988 declarou a América Latina uma região prioritária da política exterior e da cooperação brasileira.

Os passos iniciais que deram origem ao Mercosul foram dados no governo Sarney sob a inspiração de seu então Ministro da Cultura: Celso Furtado. Tratava-se de romper um dos pontos centrais da balcanização latino-americana: a doutrina estratégica do confronto entre Argentina e Brasil.

A expansão das relações comerciais entre estes países se revelou de um potencial extremamente forte e em poucos anos um comércio até então inexistente passou a ser mais importante para ambos os países. É necessário realçar estas constatações lembrando-nos que, no mesmo período crescia o comércio entre os países do sudeste asiático e Japão e se consolidava a unificação européia, revelando uma tendência planetária que não nos cabe discutir neste momento.

O inesperado êxito do Mercosul para amplos setores da oligarquia e da burocracia brasileira colocou na ordem do dia novos temas subcontinentais sempre abandonados. O mais importante destes temas está relacionado à região amazônica e em particular às relações entre Brasil e Venezuela.

Queira ou não aceitá-lo, a região amazônica é objeto de cobiça internacional cada vez mais intensa à medida que sua biodiversidade se converte numa riqueza chave para o próximo século, dominado pela engenharia genética e pela biogenética. Se os países da bacia amazônica não se mostram capazes de explorá-la economicamente, se não criam mecanismos para a investigação de seu potencial energético, mineral e sua biodiversidade, serão deslocados de seu domínio.

Exige, pois, uma unidade efetiva dos estados amazônicos para gerar aí os mecanismos de uma nova onda civilizatória na região. E não há dúvida que a responsabilidade do Brasil é fundamental para este fim. Ao mesmo tempo se coloca para o Brasil a saída ao Pacífico, através da Amazônia, como condição para expandir seu comércio exterior limitado ao Atlântico, quando o Pacífico se converte na região oceânica fundamental.

Mas existe outro tema de grande interesse neste contexto: o Brasil tem sido sempre um país dependente da importação do petróleo. Apesar de ter ao seu lado um grande produtor como a Venezuela, era obrigado pelos Estados Unidos a comprar petróleo do Oriente Médio. Isto se devia ao princípio estratégico de que para a potência mundial o petróleo venezuelano era parte de sua economia interna. Assim se define também o petróleo mexicano e todo o caminho estratégico do Atlântico ao Pacífico pela América Central e Caribe, onde existem também importantes jazidas petrolíferas.

Este tem sido um limite estratégico para o Brasil, ao qual nossas oligarquias têm submetido em geral. Mas o fim das hostilidades entre Brasil e Argentina tem liberado as Forças Armadas brasileiras para concentrar suas forças na zona amazônica e tem chamado a atenção cada vez mais para esta dimensão da política exterior brasileira. Assim mesmo, do lado venezuelano se tem desenvolvido uma consciência crescente da importância de uma política amazônica.

A questão fica mais complexa quando se descobre um enorme campo petrolífero no lado brasileiro da região amazônica, o que representa uma reviravolta geopolítica espetacular já que o presidente Fernando Henrique Cardoso desejava iniciar sua exploração em seu governo, como tábua de salvação final para recuperar seu prestígio político. Desta maneira, a questão do petróleo amazônico estabelece de imediato ao Brasil a necessidade de integrar o clube da OPEP.

Não é sem razão que o governo norte-americano se vê obrigado a desenvolver uma cautela especial nas suas relações com o Brasil e o Mercosul. Como o definiu Arturo Valenzuela, principal assessor da Casa Branca para Assuntos Hemisféricos durante o governo Clinton, "o governo americano considera que a convocação de uma cúpula sul-americana pelo presidente Fernando Henrique

Cardoso confirma uma confiança crescente da região em seu destino comum, a iniciativa do presidente brasileiro estimula a convergência política e a integração econômica com o Mercosul, metas que os EUA compartilham com as demais repúblicas do hemisfério".

Para ele de nenhuma maneira os Estados Unidos se oporiam a esta iniciativa. Ele reconheceu nesta entrevista ao *Jornal do Brasil* (17/05/00) que a diplomacia latino-americana, desde Contadora e o Grupo do Rio, ganhou uma densidade crescente para a qual chamamos a atenção desde 1999, quando anunciávamos a inevitável afirmação da integração da região[2].

A atitude do governo Clinton frente ao Mercosul foi mantida em parte no governo conservador de George W. Bush. Não se pode dizer claramente que as forças políticas hoje no governo dos EUA têm liberado o Brasil para desenvolver uma política de liderança continental que terá de se estender no futuro à África e a parte do Oriente Médio. Regiões nas quais os Estados Unidos encontram fortes dificuldades culturais para transitar.

O que acontece, contudo, é que as oligarquias do Brasil têm-se convertido em burguesias do tipo "compradoras", quer dizer, meras intermediárias das operações do capital financeiro e comercial internacionais.

Faz-se muito difícil a uma classe dominante dominada e subjugada exercer um papel ativo numa política exterior, ainda quando disponham de uma burocracia estatal com grande tradição diplomática. Mas tem sido sempre uma característica desta diplomacia ficar nos limites de uma ação moderada. Para realizar uma política agressiva e criadora haveria de associar muito claramente a política exterior brasileira a um projeto nacional de grande audácia política. Isto é o que se espera do governo Lula que incorpora ao poder os setores sociais excluídos durante anos da administração.

Tudo isto era impossível para o governo Fernando Henrique Cardoso, nascido de uma aliança que se fez cada vez mais conservadora, com a direita mais rançosa do país. E que se revelou cada vez mais distante das bases populares, da intelectualidade e até dos quadros militares mais reconhecidos, cujo nacionalismo os apartou do governo FHC.

---

[2] Veja o nosso artigo "Integração Latino-americana: forças políticas em choque, experiências e perspectivas", na *Revista Brasileira de Ciência Política*, vol. 1, nº 1, março de 1989, Brasília, p. 71 a 90.

O que aconteceu foi uma situação contraditória de um governo submisso e dependente sendo empurrado para tomar atitudes mais ativas pelo próprio centro do poder mundial. Apesar de ter moderado o impulso para a Aliança da América do Sul, a diplomacia brasileira continua apresentando as convocações nesta direção. Sem dúvida a Europa veria com bons olhos um Brasil mais ativo em sua política exterior, particularmente em sua política integracionista. O que resta da classe empresarial dentro do país também a saudaria como uma tábua de salvação. Esta também é a expectativa da Rússia e da China e certamente a da África do Sul, todos extremamente interessados na consolidação do Mercosul. Maior ainda é a expectativa dos países andinos, sem nenhuma perspectiva efetiva de desenvolvimento se não encontram um mercado importante no qual possam se apoiar.

Mas tais expectativas dependem de uma política agressiva de redistribuição de renda, de reforma agrária e de crescimento econômico e pleno emprego no Brasil. Nada disto se delineou na política do governo FHC, dominado por um grupo de técnicos colonizados, em choque inclusive com a direita brasileira contra a elevação do salário mínimo do Brasil, incapazes de resolver a violenta crise fiscal que eles criaram para o país. Entre 1994 e 2002 elevaram a dívida interna (respaldada em dólares) de 54 bilhões de reais para 850 bilhões de reais. E apesar desta orgia fiscal são saudados pela burocracia financeira internacional do FMI e do Banco Mundial como um modelo de *disciplina fiscal*!

Frente a estes fatos cada vez mais urgentes, o governo brasileiro se viu obrigado a tomar iniciativas para sustentar as mudanças na política continental. Improvisadamente destinou o Banco Interamericano, às vésperas do Primeiro Encontro da futura Aliança, a tarefa de apresentar um plano de desenvolvimento para a região. Mas este plano é desconhecido para a nação em sua forma concreta e ninguém sabe se o governo o tem realmente pronto e se o aplicou em alguma parte.

Mas apesar de todas as improvisações, de todas as restrições ideológicas e até racistas de uma diplomacia a serviço de um Brasil branco e ocidentalizante, os fatos obrigam avançar na direção de uma Aliança da América do Sul e no futuro de uma América Latina e até de uma Aliança Atlântica.

É interessante notar como o setor das classes dominantes norte-americanas e de sua intelectualidade vêem com mais lucidez a direção da história e correm para colocar-se na direção correta, enquanto que nossas oligarquias se embaraçam em sua fraqueza dependente.

Serão capazes as forças populares da região de assumir essas responsabilidades estratégicas e realizar os acordos e pactos necessários para impulsionar e viabilizar a integração regional que nossas classes dominantes tanto vacilam em realizar?

C – EFEITOS DIPLOMÁTICOS MAIS GERAIS

Estamos frente a uma mutação da vida diplomática da América. De um lado o governo norte-americano toma decisões cada vez mais firmes para estabilizar a NAFTA, consolidar a iniciativa do Caribe e estabelecer a ALCA como consolidação do edifício integracionista pan-americano.

De outro lado, o MERCOSUL, apesar de sua crise, afirma-se como um princípio ordenador da integração econômica no sul do continente, tendo o Brasil como líder indiscutível. Como vimos, o MERCOSUL tende a converter-se no germe de uma Aliança da América do Sul, que integrará o Bloco Andino e o Pacto Amazônico.

É claro que estamos frente a improvisações similares às que deram origem ao MERCOSUL. Contudo, não podemos exigir de uma região maltratada por 20 anos de estancamento um projeto realmente planejado para sua integração. Além disto, existem no continente as referências ideológicas neoliberais que insistem em outorgar ao mercado o papel de gestor de recursos e planificador da convivência humana.

Contudo, com toda a improvisação do caso, não podemos esquecer que a unidade sul-americana estava na mesma base da tradição bolivariana que, neste sentido, vem sendo retomada nos nossos dias como referência doutrinária, particularmente pela experiência política em curso na Venezuela. Hoje o ideal integracionista incorpora o Brasil, que historicamente esteve de costas para o continente, sob a influência dos interesses geopolíticos ingleses e logo os norte-americanos.

Contudo, são muitas as perguntas que se colocam frente a este novo quadro geopolítico. Como foi possível que governos que jamais se reuniram em nível presidencial possam, de repente, superar o veto que os impediam de associar-se?

Sabemos que o princípio de pan-americanismo se opôs intransigentemente a fórmulas sub-regionais como América Latina, hoje já consagrada. Sobretudo depois que a Europa Unificada apoiou Portugal e Espanha para reunir a cúpula iberoamericana, tão mal recebida pelos Estados Unidos.

A geopolítica norte-americana inspirou também o boicote do governo Augusto Pinochet ao Bloco Andino, levando-o quase à inação. O MERCOSUL se formou também sem a simpatia norte-americana, que induziu sua restrição a um projeto de zona de livre mercado, quando havia propostas e ações avançadas no sentido de uma cooperação social, econômica, tecnológica e cultural, que nunca foram suficientemente desenvolvidas.

Hoje o governo norte-americano aceita a existência de iniciativas sub-regionais que começam a ser vistas como etapas em direção à Associação de Livre Comércio das Américas – ALCA, que coroaria estes esforços. Neste sentido o governo Clinton reeditou a tese de Kissinger, que atribuía ao Brasil um papel de líder regional, ou de sócio preferencial. Claro que este papel de liderança se coloca depois da prioridade atribuída às relações com o México, país vizinho já incorporado estrategicamente através da NAFTA. O governo Bush se mostra vacilante em manter esta linha mas não a tem rechaçado totalmente, inclusive na perspectiva do governo de centro-esquerda presidido por Lula.

Acontece que as coisas não são tão simples. Depois do golpe de 1964, Ruy Mauro Marini e eu debatemos muito detalhadamente sobre sua pioneira tese que atribuía ao golpe de estado brasileiro o início de um complexo processo histórico que ele chamou de sub-imperialismo. O que nos desafiava eram as contradições inerentes a este processo que parecia inexorável.

O próprio General Golberi do Couto e Silva havia enunciado as bases de um acordo geopolítico neste sentido, no qual os Estados Unidos aceitariam um papel principal do Brasil na América do Sul e no Atlântico Sul, incluindo a África.

Acontece que as classes dominantes brasileiras sucediam cada vez mais em sócias menores do capital internacional, perdendo, desta maneira, sua capacidade de liderar um processo de tamanha dimensão.

Já os anos 70 demonstraram estas dificuldades. Os militares no poder, numa etapa de crescimento econômico, tenderam a confrontar-se com a liderança norte-americana chegando a elaborar uma doutrina que considerava os Estados Unidos como o principal inimigo da conversão do Brasil em grande potência.

Era natural que as classes dominantes brasileiras terminaram afastando-se do projeto militarista e buscando novas condições de negociação num contexto liberal democrático.

Neste ínterim, o processo de submissão ao capital internacional se aprofundou e se orientou para uma total, ou quase total identidade com os interesses do capital financeiro internacional, cujas altíssimas comissões e ofertas de "*take over*" pareciam garantir um mundo de enriquecimento fácil.

Em declaração dessa época, o presidente da Federação de Indústrias do Rio de Janeiro fez uma grave denúncia contra os industriais que, em vez de resistir, entregam suas empresas para dedicar-se às suas vidas privadas.

Neste novo contexto quem se disporia a sustentar um projeto geopolítico de liderança regional do país, ainda quando existe um relativo respaldo dos Estados Unidos?

Devemos considerar, pelo menos, novos fatores importantes. O principal deles é a presença da Europa e uma crescente influência do capital espanhol e português na região. Isto significa a presença de novos componentes ideológicos como o Opus Dei e outras correntes do velho fascismo ibérico. Sabemos, por exemplo, do papel da Telefônica da Espanha na sustentação e apoio a Fujimori no Peru e que sustentava projetos diferenciados na região.

Qual é a ligação desses projetos com a posição do governo brasileiro que foi tão abertamente favorável a Fujimori? Será uma simples coincidência o fato de que aconteceu nessa mesma época o outorgamento do prêmio Príncipe de Astúrias de Cooperação ao presidente Fernando Henrique Cardoso? O que levaria Cardoso a entrar em choque com as correntes social-democratas que o apoiaram sempre, apesar de dirigir um governo de centro-direita no Brasil? O que levaria Cardoso a entrar em choque com os demais governos (talvez com exceção do Japão) do Grupo dos 8 que tanto aspirava integrar? Ou, todavia mais grave, o que o levaria a romper com as posições dos partidos da Terceira Via ao sustentar o ditador peruano?

Tudo isto encontrará a sua resposta parcial nos próximos passos da aliança sul-americana, que parece converter-se num instrumento de interesses políticos cada vez mais complexos tais como a defesa de reeleições sucessivas, apoio a regimes autoritários, conservação de baixos salários, trabalho infantil e trabalho escravo, assim como desprezo pelo meio ambiente.

Está, pois, configurando-se no horizonte uma união reacionária na defesa do atraso da região em nome da soberania nacional. Governos absolutamente displicentes na defesa do capital nacional, das propriedades públicas, do direito de estabelecer políticas econômicas frente às cartas de intenção do FMI, da defesa das culturas nacionais, etc., etc., se tornam repentinos campeões da soberania nacional quando se prendem líderes fascistas como Pinochet, quando se questionam processos eleitorais desmoralizados como a reeleição de Fujimori, ou inclusive quando se exige a aplicação de recursos do Banco Mundial e do BID em políticas sociais, ou quando se impõem condicionalidades sociais através do FMI.

Estamos, pois, navegando em águas revoltas, em zonas de insegurança. Não podemos acreditar que os povos da região vão aceitar que seu ideal integracionista se misture com ambições reelelicionistas, regimes autoritários e interesses reacionários. Obscurece-se o horizonte das transformações democráticas da região quando se sustentam ditadores e ex-ditadores sob os mais variados pretextos. O golpe armado da Venezuela contra o presidente eleito Hugo Chávez, com o aberto apoio norte-americano demonstrou a debilidade de nosso ambiente democrático. Fica muito confuso o panorama ideológico quando bandeiras tão importantes como a soberania nacional servem para a manutenção de regimes autoritários e regimes de trabalho completamente superados assim como servem para a proteção à violação dos direitos humanos.

Tudo indica que a oligarquia reacionária que nos impediu de desenvolver-nos e situar-nos entre as nações civilizadas pretende bloquear a integração regional, a democratização e nossa integração progressista com as sociedades avançadas contemporâneas.

7. A CRISE ARGENTINA E AS POLÍTICAS NEOLIBERAIS

Ao analisar a crise Argentina atual, situamo-nos no coração do processo de globalização. Se houve um país que acreditou nas virtudes de uma adesão total à globalização, este foi a Argentina, principalmente a partir da operação Menem, isto é, desde o rompimento da frente nacional peronista que permitiu debilitar qualquer resistência à globalização.

É interessante destacar que operações similares foram realizadas nos núcleos duros do movimento nacional democrático latino-americano. Salinas no México deslocou totalmente o PRI de suas tradições revolucionárias.

Ele tentou, inclusive, refazer a história ensinada nas escolas para revalorizar Porfírio Días em detrimento da revolução mexicana. Ele preparou a consciência do povo mexicano para uma dolorosa autodestruição que lhe permitisse aceitar naturalmente sua integração subordinada e passiva na NAFTA.

As glórias da política exterior independente do México foram enterradas em nome das vantagens de um comércio externo mais dinâmico. O PRI foi evacuado de todo conteúdo nacional e popular para abrir caminho para uma vitória do PAN, cujo conservadorismo político e liberalismo econômico terminaram confundidos com um desenvolvimento democrático antiditatorial.

No Chile coube ao Partido Socialista de Salvador Allende dar continuidade ao modelo econômico neoliberal iniciado por Pinochet, seu verdugo.

Na Venezuela, a adesão ao neoliberalismo pela social-democracia, expressada pela ADECO, deu origem ao Caracazo, insurgência popular contra a política do FMI, que dará origem à rebelião militar da qual nasce Hugo Chávez, a quem caberá, dez anos mais tarde, derrubar todo o sistema institucional venezuelano. Neste meio tempo, o Movimento ao Socialismo juntou-se com os social-cristãos, assumindo a responsabilidade de dar continuidade ao modelo neoliberal.

No Peru, o candidato contrário ao FMI, que fez retroceder a Esquerda Unida, que terminou por apoiá-lo contra os conservadores unidos em torno a Vargas Llosa, Fujimori, foi o destruidor da institucionalidade peruana nascida do esgotamento da revolução comandada por Velasco Alvarado.

No Brasil, depois da experiência de um calouro como Collor, foi necessário recorrer a um quadro da nova Social-democracia, uma divisão do Movimento Democrático Brasileiro, para consolidar uma política neoliberal consistente, através de uma aliança com a direita brasileira mais tradicional. Os dois governos de Fernando Henrique Cardoso cristalizaram esta reversão política em torno de um programa político neoliberal.

Estas considerações se fazem totalmente necessárias quando se olha a presente situação argentina. Pois o mais dramático da realidade desse país não é tanto a gravidade de sua crise econômica que poderia ser superada com um governo forte, arraigado na consciência nacional democrática.

A questão mais grave é a desmoralização deste movimento nacional democrático, que chegou a identificar-se com toda uma liderança política e a maior parte da classe trabalhadora argentina, sem contar com um substituto devidamente constituído. O fracasso do radicalismo liberal, associado a facções da esquerda, completa este vazio ideológico e político.

Que se trata de uma questão basicamente política e ideológica fica claro quando vemos uma potência econômica como a Argentina perder qualquer confiança em sua capacidade de organizar sua economia em favor da maioria de sua população.

Isto é mais evidente ainda quando assistimos a um país exportador extremamente dinâmico, com uma cultura industrial bastante avançada e um potencial de inovação tecnológica extremamente positivo sofrer um grave problema cambial e um endividamento internacional e nacional espetacular.

Apesar das justificativas ideológicas, inspiradas num pensamento neoliberal totalmente arcaico e afastado da realidade, não há nenhuma razão econômica para que uma economia como esta se veja numa situação tão negativa. A única explicação para esta situação é a ação nefasta de uma elite tecnocrática e política a serviço de interesses econômicos contrários às necessidades da população.

Esta elite ajustou a política econômica de maneira a facilitar a saída maciça de capitais do país, inviabilizando os novos investimentos internos, voltados para o desenvolvimento industrial e tecnológico que depende de decisões estatais ousadas, confiantes na capacidade de auto-realização do povo argentino.

Claro que esta opção exige um esforço político para integrar a Argentina no MERCOSUL e no continente sul-americano que pode constituir-se num mercado importante para assegurar sua viabilidade. É evidente que propostas como estas não têm nenhum significado para um pensamento econômico neoliberal que está voltado exclusivamente para a geração de um equilíbrio macroeconômico que atenda às exigências imediatas do mercado.

Neste tipo de enfoque não se entende que a geração dos mercados é fruto de ações políticas e mudanças históricas, da criação de marcos institucionais novos, de invenção e inovação no plano sócio-econômico, de distribuição da renda e de colocações ideológicas.

Estas considerações são particularmente importantes quando vivemos momentos históricos de transição como no momento atual. A criação de certos marcos institucionais permite mudar dramaticamente a situação econômica dos países.

O México, por exemplo, pôde aumentar suas exportações de 43 bilhões de dólares em 1995 para 180 bilhões em 2001 ao integrar-se ao NAFTA e ao adotar a flexibilidade cambial. É verdade que não pôde impedir um crescimento similar de suas importações ao adotar indústrias de montagem (maquilas) como base principal destas exportações.

Podemos destacar mudanças similares na China ao adotar certas decisões institucionais que a transformaram numa potência econômica mundial. Mais significativas serão nos próximos anos as mudanças que ocorrerão em conseqüência da conversão da China em uma potência financeira.

Da mesma maneira, podemos esperar mudanças extremamente significativas de uma clara opção da Argentina por um desenvolvimento mais voltado para a América do Sul. Isto será favorecido, é verdade, por uma decisão mais clara do Brasil nesta direção. O drama atual da Argentina aponta claramente para a necessidade de buscar estes novos marcos institucionais. O modelo neoliberal está definitivamente em crise na região.

Trata-se de abrir a cabeça das pessoas, pois existem muitos projetos importantes, tecnicamente viáveis. No momento em que as decisões políticas sejam tomadas surgirão os recursos necessários para realizá-los. A idéia de que a América Latina é uma região com baixa disponibilidade de economia é falsa. A região exporta suas economias seja sob forma de investimentos de residentes no exterior, seja sob forma de pagamento de juros, remessas de lucros, pagamentos de fretes e serviços técnicos, gastos excessivos no exterior e outras atitudes que refletem principalmente a ausência de políticas públicas mais coerentes com os interesses das economias nacionais e das populações majoritárias.

A Argentina tinha uma vantagem em relação ao resto da América Latina por seus altos investimentos na educação que lhe permitem dispor de uma mão-de-obra qualificada, de um desenvolvimento tecnológico e científico importante, de uma consciência política bem articulada.

Todas estas vantagens são postas em questão quando se adotam princípios de política econômica contrários aos interesses do país. Na verdade, o Fundo Monetário Internacional e o Banco Mundial exerceram um poder ideológico profundo sobre a consciência das elites latino-americanas.

É verdade que as comissões dos empréstimos internacionais e dos processos de privatização, certas facilidades da expansão do comércio de armas ou do contrabando da droga e outras atividades ilegais, ajudadas pelos altos salários pagos por estas instituições, assim como as mais diferentes formas de corrupção associadas ao livre-mercado formam um campo de cultura muito importante para estes "desvios" ideológicos.

Não é uma coincidência que Salinas tenha de estar foragido do México, que Fujimori viva na mesma situação, que Menem e Cavallo estejam ameaçados de prisão, na Argentina, que Collor se veja marginalizado da vida política e processado, que Noriega se encontre na prisão, nos Estados Unidos, que Carlos Andrés Pérez tenha cumprido prisão e se encontre com novos processos na Venezuela.

Há uma imbricação íntima entre as políticas neoliberais e a corrupção. A corrupção das mentes e a corrupção ética e moral caminham de braços dados.

8. A CRISE CHEGA À AMÉRICA LATINA

Em geral, os governos latino-americanos têm procurado a explicação das dificuldades geradas por suas políticas econômicas na "crise mundial". Vem daí a necessidade de definir a natureza da crise que se iniciou na Ásia em 1997 e que se expandiu por todo o planeta.

Segundo o nosso ponto de vista, ela é a extensão e desdobramento da quebra e esvaziamento da onda de expansão financeira iniciada em 1973 (com os petrodólares) e realimentada em 1979 (com o aumento da taxa de juros nos Estados Unidos e o agigantamento da dívida pública norte-americana na década de 80).

Esta quebra iniciou-se em outubro de 1987, quando se produziu a mais grave crise financeira desde 1929. Grave por sua profundidade (perda de 1 bilhão de dólares num dia na economia mundial e desvalorização do dólar de 40%) e grave por sua extensão a todo o planeta. A queda do índice Nikei das bolsas japonesas para a metade jamais se recuperou.

A intervenção dos bancos centrais do Japão e da Alemanha para conter a queda do dólar mostrou-se eficaz somente por um curto período. Nos dois anos seguintes o governo republicano dos Estados Unidos começou a entender a impossibilidade de seguir a política econômica do senhor Reagan. A política deste país abandonou o modelo baseado em dólares supervalorizados, déficit comercial, altos juros pagos pelo Estado, endividamento público crescente, atração de capitais do resto do mundo.

A partir de então, ajudado pelo Consenso de Washington, o modelo da política econômica norte-americana se inverteu: moeda desvalorizada, recuperação do déficit comercial, taxa de juros em forte queda, diminuição da necessidade de atração de capitais do exterior, perdão para parte das dívidas externas do Terceiro Mundo (Plano BRADY).

É evidente que, para estabelecer esta política nos Estados Unidos, eram necessárias políticas opostas no resto do mundo: valorização das moedas competidoras de todos os países, reversão dos superávits comerciais desse países e déficits ou pelo menos a diminuição dos mesmos superávits.

Tais políticas econômicas, fiscais e financeiras eram ao mesmo tempo interdependentes e concomitantes. Era necessário obrigar as demais nações a ajustarem-se e elas. Já temos mostrado a resistência do Japão, depois de aceitar a valorização artificial do yen em 1992 e 1995. A China também resistiu a uma valorização excessiva do yan mas também fez concessões. Contudo ambos os países continuaram com superávit em seu comércio com os Estados Unidos, mantendo-o (no caso do Japão) e aumentando-o (no caso da China) com efeitos diretos nas suas reservas monetárias internacionais.

A imposição da nova política norte-americana teve excelentes resultados para esta economia. A baixa do dólar e da taxa de juros permitiu restabelecer as exportações e estimular o setor produtivo. O déficit fiscal tendeu a zero e chegou mesmo a um superávit de aproximadamente 200 bilhões em 2000. O déficit comercial diminuiu significativamente. Até que o Japão começou a liderar a rebeldia nos finais de 1996.

Aproveitando-se da necessidade de renovação dos títulos da dívida pública norte-americana, o Japão forçou uma queda do yen de 82 yens por dólar para aproximadamente 140 yens por dólar.

Como resultado o déficit comercial norte-americano voltou a valores dos anos 80... Estados Unidos resolveu utilizar os poderes de sua economia em recuperação para colocar em xeque esta situação. Um aumento da taxa de juros norte-americano assinalou para a economia mundial a nova estratégia. A migração de capitais para os Estados Unidos colocou em xeque as economias em torno do Japão.

Debilitados pela queda do yen e pela baixa da demanda japonesa, os tigres e gatos asiáticos estavam obrigados a desvalorizar suas moedas. Os especuladores se prepararam para tal fim. Em 1994 o México já tinha mostrado que as ondas especulativas terminam em situações semelhantes. Em 1997 o Sudeste Asiático não fez mais que confirmar tais constatações.

Na América Latina temos nos subordinado à nova política do Consenso de Washington por etapas. Primeiro o México, depois a Argentina, em terceiro lugar o Brasil e, em parte, Venezuela. O Chile manteve um espaço próprio pois a boa situação do cobre, hoje em queda, e de suas exportações para a Ásia, também em queda desde 1997, permitiam-lhe evitar o déficit comercial.

A crise do México em 1995 provocou uma quebra de expectativas na região. Para superá-la alguns governos resolveram acentuar ao paroxismo os desequilíbrios estruturais da economia. Este tem sido sobretudo o caso do Brasil.

Recém-vitorioso em conter a inflação, o que o levou ao poder, o governo Fernando Henrique Cardoso não dispunha de excedentes cambiais pois a sua moeda supervalorizada levou a um déficit comercial cada vez mais grave. Como "única" solução, sem comprometer de imediato o seu modelo, aumentou drasticamente a taxa de juros paga pelo Estado brasileiro para atrair capitais de curto prazo do exterior. Com uma inflação de um dígito, o governo brasileiro elevou a taxa de juros a mais de 50% ao ano. Era irresistível para os especuladores. Valia a pena correr qualquer risco para embolsar tão substanciosos interesses. Mas qualquer economista sério sabia que a médio prazo estas taxas de juros seriam insuportáveis.

Os resultados não tardaram a aparecer: a dívida interna brasileira saltou de 63 bilhões de reais em 1994 a 330 bilhões de reais em 1998. As reservas internacionais, único destino dos dólares que entraram no país, cresceram de 36 a 70 bilhões de dólares. O governo tentou posteriormente baixar a taxa de juros mas os movimentos para a baixa da taxa de juros levaram à fuga de dólares. O governo se viu apanhado por um gigantesco déficit fiscal de cerca de 7% do PIB, cuja origem está exclusivamente nos enormes pagamentos de juros pelo Setor Público.

Para compensar a saída de capitais de curto prazo, aumentaram as vendas do patrimônio público a qualquer preço. A Vale do Rio Doce, uma das maiores empresas mineiras do mundo, foi vendida por 6 bilhões de dólares. Em 1998 esperava-se vender a Telebrás, uma das mais promissoras empresas de telecomunicações, por 36 bilhões de dólares. Terminou sendo vendida por 22 bilhões. Trata-se de atrair dólares para compensar os déficits comerciais e cambiais crescentes. A moeda supervalorizada aumentou os gastos de turismo dos brasileiros. Os pagamentos de juros da dívida externa foram reiniciados em 1996 e as saídas de capital aumentaram.

Mas ao lado destas sangrias cambiais, a economia brasileira desenvolveu outras fontes de déficit cambial que somente agora mostram seus efeitos. Os altíssimos juros do país e a estabilidade da moeda estimularam a busca de empréstimos no exterior por empresas privadas brasileiras. Esta nova dívida subiu de 30 bilhões de dólares em 1994 para cerca de 140 bilhões. Trata-se de títulos de curto prazo que estão por vencer de imediato com pouca perspectiva de renovação devido à crise cambial e financeira atual.

Uma parte destes títulos foi estimulada pelo governo pretensamente para créditos agrícolas. É evidente que os tomadores brasileiros que pagaram taxas de juros de um dígito ao ano no exterior aplicaram seus recursos no setor financeiro nacional em títulos públicos com juros muitas vezes mais altos.

Como se vê, não se pode responsabilizar as crises econômicas internacionais por orientações de políticas econômicas contrárias ao interesse nacional que aumentaram a exposição destes países às oscilações internacionais.

Frente às crises, os vários governos reagiram de forma diferente alcançando resultados muito diferenciados desde Malásia, que impediu a saída de capitais por lei, até a Rússia, que decretou moratória, ambos em excelente situação no ano 2000, até os Tigres Asiáticos que foram obrigados a desvalorizar suas moedas, até os latino-americanos que reconheceram o aumento das taxas de juros e a privatização desenfreada para atrair capitais sem desvalorizar no primeiro momento. O Brasil em 1999 e a Argentina em 2001 são casos de desvalorização forçada com retiradas massivas de capitais. Como o fora o México em 1995...

Enfim, cada país é responsável por suas políticas frente às crises do capital financeiro mundial.

9. MERCOSUL: UM PROJETO HISTÓRICO

O pensamento econômico latino-americano produziu, sobretudo na CEPAL, uma abundante literatura sobre a importância da integração econômica no começo dos anos 50. Naquela época, mal se poderia imaginar que uma política siderúrgica entre alguns países europeus, que até pouco tempo se matavam entre si numa guerra odienta, chegaria a constituir esta obra colossal da cooperação humana que é hoje a Europa Unificada.

Na América Latina tivemos de assistir às impotentes as dificuldades da colaboração regional, iniciada pela ALALC em 1960. Tivemos de restringir nossas pretensões integracionistas sob a pressão da doutrina do pan-americanismo, mas sobretudo pela pesada herança do nosso passado colonial e dependente.

Nossas infra-estruturas de estradas e de comunicação se encontravam dirigidas fundamentalmente para a exportação de produtos primários aos centros da economia mundial. Desconhecíamos, e até hoje assim é em grande parte, o que se passava nos nossos países vizinhos. Nossa diplomacia se orientava fundamentalmente para os centros do poder mundial dando uma importância secundária à América Latina.

Neste ambiente pouco favorável, assistimos ao debilitamento da ALALC, atribuindo muitas vezes razões técnicas ao seu fracasso, quando sofríamos de fato as conseqüências de uma estrutura de poder mundial na qual éramos mais espectadores do que autores.

Dos anos 30 à década de 80, conseguimos avançar na criação de uma estrutura econômica mais voltada para nossos mercados internos. E pudemos aumentar a densidade de nossas relações diplomáticas regionais até a criação do MERCOSUL, em 1992.

Esta cooperação no Cone Sul da América mostrou as potencialidades do intercâmbio entre economias de desenvolvimento médio, como Brasil e Argentina. O êxito do MERCOSUL veio estimular novas iniciativas diplomáticas regionais de grande repercussão para o destino das Américas e de nossas relações com o resto do mundo.

Hoje, registramos o entusiasmo que esta experiência, ainda restrita e localizada, despertou em todo o subcontinente da América do Sul. Os países que compõem o Pacto Andino e o Pacto Amazônico desejam, ardentemente, unir-se ao MERCOSUL, visto como uma exitosa experiência de cooperação econômica e diplomática.

Conseguimos romper a paralisia diplomática que se inspirava no medo de enfrentar o pan-americanismo exclusivista. Conseguimos construir uma cooperação ibero-americana, com claro apoio da União Européia. Em 1989, os presidentes da América Latina puderam reunir-se, pela primeira vez, na Primera Cumbre Iberoamericana.

Rompemos, definitivamente, as amarras que nos impediam de autoperdernos como uma complexa identidade cultural, como irmãos com interesses econômicos e políticos comuns.

Por isto, aqueles que sempre aspiramos pela unidade da América Latina vimos com muita satisfação que a União Européia tenha compreendido a importância geopolítica da cooperação da América Latina e do Caribe (cada vez mais identificado conosco) com a nova Europa que nasce da firme decisão de criar sua moeda própria e de levar até as últimas conseqüências o espírito da cooperação entre os povos.

Queremos fazer parte desta aventura européia. Não compartimos em absoluto as dúvidas e o ceticismo daqueles que desconfiam da capacidade de latino-americanos e europeus de construir uma colaboração efetiva e profícua.

Não reduzimos a proposta européia de uma integração entre o MERCOSUL e a União Européia a um projeto de zona de livre mercado. Sabemos que a perspectiva européia não é a de uma ALCA interatlântica. Trata-se da criação de um espaço de cooperação econômica, sócio-política e cultural.

Não concordamos, pois, com a redução deste debate a uma tentativa ingênua, em parte nascida aqui, de exigir dos europeus uma coerência com as idéias neoliberais que nunca orientaram efetivamente a realidade européia.

É descabido exigir que a Europa abandone seu conceito de segurança alimentar (que por sinal deve muito a um grande brasileiro, Josué de Castro, hoje esquecido por obra da ditadura brasileira) como condição para o avanço desta integração de grande importância geopolítica.

É plenamente possível avançar por partes e fazer acordos específicos e bilaterais que permitam uma maior participação de nossos produtos agroindustriais na economia européia. Também é possível avançar nos acordos de cooperação científica e no intercâmbio de investimentos.

Há um precedente importante neste sentido que é o avanço da cooperação ibero-americana.

Se acompanharmos com atenção a constituição e desenvolvimento das cúpulas ibero-americanas, veremos que elas representaram um salto geopolítico para a América Latina. A primeira reunião dos presidentes da América Latina se realizou na oportunidade da criação destas cimeiras ibero-americanas.

Sempre estivemos proibidos pelos Estados Unidos de nos reunirmos separadamente do gigante do norte. A doutrina Monroe quis atrelar-nos a um pan-americanismo suicida. O autodesignado líder das Américas e do mundo não via e não vê com bons olhos nossa identidade ibero-americana.

No entanto, os fatos demonstraram que quando a comunidade européia respaldou o projeto de reconstituição de uma herança histórica tão profunda como o ibero-americanismo, ele grassou, fincou raízes e se implantou definitivamente.

O mesmo ocorreu quando o Brasil e a Argentina superaram uma competição artificial, manejada historicamente pelos interesses favoráveis a uma balcanização da América Latina, e estabeleceram o Mercosul. O salto obtido em nosso comércio exterior em menos de uma década é uma amostra da força de uma perspectiva de cooperação latino-americana.

A Argentina está revivendo este projeto depois de que seus inimigos tentaram impedir sua continuidade e ensaiaram estabelecer um falso dilema entre Mercosul e nossa integração na economia mundial.

Ao contrário do que pensam estes senhores, que representam uma velha oligarquia de inspiração colonial, a nossa integração na economia mundial não será feita com a submissão às imposições das grandes potências e sim por nossa integração regional e nacional.

Somente nações poderosamente integradas internamente podem ocupar um lugar privilegiado no comércio mundial. Veja-se o exemplo recente do Brasil. Ao abrir unilateralmente todas as suas portas para o comércio mundial só conseguiu derrubar suas exportações e agora suas importações depois da desvalorização inevitável de sua moeda em 1999.

Como resultado desta integração subordinada ao mercado mundial, diminuímos nossa participação no comércio mundial de 1,2% para 0,8%. Isto quer dizer que a política de abertura irresponsável, em vez de globalizar-nos, como nos prometia, só conseguiu nos desglobalizar!

Não se trata de fechar economias que, ao contrário do que se diz, estiveram sempre abertas e submissas ao mercado mundial. Trata-se de assegurar um efetivo caminho de integração no mercado mundial. E para isto temos de saber respeitar nossas origens históricas, nossas heranças culturais e nossos interesses geopolíticos.

E nosso projeto de afirmação cultural passa claramente pelo reconhecimento de nossas raízes ibéricas e de nossa aventura comum latino-americana.

Neste momento os investimentos espanhóis ganharam um papel especial no Brasil e em toda a América Latina. Isto é um bom sinal. Não se trata de afastar o capital norte-americano, mas de contrabalançar qualquer domínio unilateral na região.

Desde então reconhecemos nossa realidade hemisférica apesar de nunca termos tido nenhum papel protagonista em sua configuração estratégica.

Juscelino Kubitschek, por exemplo, lançou a Operação Pan-americana (OPA), em 1959, mas soube ao mesmo tempo romper com o Fundo Monetário Internacional que queria bloquear seu Plano de Metas, que permitiu ao Brasil avançar 50 anos em 5.

A OPA foi seguramente um dos antecedentes da Aliança para o Progresso, mas não lhe foi reconhecido nenhum papel na formulação e implantação desta. A OEA teve forte apoio brasileiro mas se transformou, durante muitos anos, num simples apêndice da política exterior norte-americana.

Tudo isto é muito diferente do projeto da cooperação ibero-americana que desenvolve a América Latina junto com a Espanha e Portugal, e começa a dar fruto em vários setores. Podemos encontrar aí os antecedentes de uma futura cooperação euro-latino-americana que mudará positivamente a direção de nossa inserção internacional com a abertura de novas opções comerciais, tecnológicas e culturais.

10. VOLATILIDADE E BEM-ESTAR

Após três décadas de hegemonia do pensamento único na economia mundial, notamos o aparecimento de um novo conceito que é cada vez mais usado. Trata-se da idéia de "volatilidade". São conceitos fundados na intuição e não na ciência. Na verdade, estes anos de desregulamentações, privatizações e chamados ao livre mercado somente conseguiram ampliar a margem de desequilíbrio e "volatilidade" das economias nacionais no ambiente de uma economia mundial cada vez mais desequilibrada.

Talvez o exemplo mais evidente deste fenômeno seja a participação cada vez mais intensa do Fundo Monetário Internacional no "monitoramento" das economias nacionais. Na realidade, o FMI foi criado depois da Segunda Guerra Mundial para apoiar situações de desequilíbrio cambial, que no princípio acreditava-se que seriam raras. Contudo, em nossos dias, o FMI está metido em quase todas as economias nacionais dependentes e periféricas, onde mantém missões mais ou menos permanentes.

É evidente que nenhum país desenvolvido recorre ao apoio do FMI. Muito menos se submetem ao seu controle. No ano passado o governo japonês lhe passou um pito muito duro por se atrever a recomendar políticas para este país. Isto não acontece porque estes países não apresentam desequilíbrios cambiais e fiscais colossais. Eles são campeões em déficits cambiais e fiscais. Qualquer pessoa mais ou menos informada sabe que estes chamados problemas "técnicos" na economia não passam de questões de poder político.

Por sinal, sob o ponto de vista "técnico", o FMI é campeão de previsões equivocadas e recomendações desastrosas. Os que têm dúvidas a respeito podem ler o relatório da comissão encarregada pelo próprio banco de revisar suas políticas nos últimos anos. Nenhum ministro de economia de países desenvolvidos se submeteria às recomendações destes "técnicos".

Se querem um exemplo, podemos citar o caso das taxas de juros administradas pelos Bancos Centrais. Nos Estados Unidos, no Japão e na Europa as taxas de juros foram baixadas drasticamente recentemente para deter a ameaça de recessão. A questão inflacionária foi decididamente colocada em segundo plano. Para desmentir uma vez mais os conhecimentos "técnicos" destes senhores, a inflação vem baixando na medida em que baixa a taxa de juros e estamos diante de uma situação de deflação.

Estes fatos não significam nada para os "técnicos" do FMI. Eles continuam obrigando os presidentes dos Bancos Centrais do mundo periférico a concentrar suas decisões única e exclusivamente nas metas de inflação. Metas inventadas e corrigidas cada ano, pois nunca conseguem acertar uma.

Como podem ver os leitores (e gostaria que os políticos de esquerda que chegam ao poder o observassem também) nenhum governo sério segue as recomendações do FMI. No momento atual, todos se preocupam em primeiro lugar com a recessão e somente secundariamente com a inflação. Na verdade, a relação entre taxa de juros e inflação parece ser exatamente o oposto do que a "teoria" econômica de origem ultraliberal pretende.

A verdade é que a intromissão do FMI nas economias dependentes somente fez aprofundar as suas dificuldades, agregando às limitações estruturais destes países, os desequilíbrios impostos pelo sistema financeiro internacional. Mas o problema não são somente os desequilíbrios pois há os bons e os ruins.

Bons são os desequilíbrios cambiais dos países centrais, particularmente os dos Estados Unidos que são financiados por uma entrada massiva de capitais do resto do mundo. Bons por um certo tempo, pois os demais países não estão dispostos a continuar investindo numa economia cuja moeda se encontra em queda e cuja taxa de juros chega a quase zero. Se não fosse pela dificuldade em que se encontram as demais moedas e a queda generalizada das taxas de juros, estes investimentos já teriam sido paralisados completamente e não somente caído drasticamente como vem acontecendo nos últimos anos.

Mas os nossos desequilíbrios são claramente perversos. Que chamem de "volatilidade" os movimentos de entrada de capitais (quando há excedentes, como nossas reservas e os lucros de nossas empresas estatais para captar) e saídas de lucros e remessas de renda, quando esta captação ameaça a estabilidade de nossas moedas, trata-se na verdade de um recurso de linguagem para ocultar os fatos, técnica na qual são mestres.

Na realidade não há nenhuma "volatilidade". O que há é uma captação brutal dos excedentes econômicos gerados em nossos países através dos mecanismos manejados pelo sistema financeiro internacional. Mecanismos que se somam aos procedimentos tradicionais de captação de nossos excedentes, desenvolvidos desde a época colonial até hoje e que contam com a cumplicidade de nossas classes dominantes locais, sempre interessadas em retirar seus excedentes para os países centrais que são mais livres deste tipo de "volatilidade".

Vejamos os dados e as conclusões apresentadas por Ashoka Mody e Diego Saravia, segundo seu *working paper*: "*Catalyzing Capital Flows: Do IMF-Supported Programs Work as Commitment Devices*", de maio de 2003. Eles conduzem às seguintes conclusões:

a) "Um programa do Fundo não é automaticamente um selo de aprovação de boa execução do 'dever de casa'. Os investidores parecem valorizar a participação do Fundo para resolver os problemas de pagamento externo mas somente quando os vêem como esforços bem sucedidos".

b) "A inter-relação entre os fundamentos da economia do país e os programas do FMI apontam para a credibilidade das medidas de reformas. Nossa descoberta é que o Fundo pode ajudar a mitigar a aversão do mercado à volatilidade do crescimento das exportações, garantindo as reservas do país". Quer dizer, garantindo que haverá divisas para financiar as saídas de lucros e rendas e do principal quando seja necessário.

c) "A natureza voluntária baseada no 'convite' a aceitar a disciplina do Fundo e o potencial para enviar os recursos para fora, se necessário, ajudam a aumentar o acesso ao mercado. A este respeito o uso repetido dos programas do Fundo significa um mau sinal".

Esta última conclusão indica, portanto, que as intervenções longas e freqüentes do Fundo Monetário Internacional conduzem a uma ineficiência crescente de suas intervenções. Por isso se deve ver com apreensão o crescente intervencionismo do FMI e sua conversão num Ministério das Colônias dos países centrais, particularmente dos Estados Unidos. Os dados apresentados pelos autores são muito impactantes e com eles terminamos este artigo, chamando à reflexão dos nossos leitores, das lideranças e dos políticos em geral que acreditam ser viável patrocinar estas intervenções indefinidamente:

"Entre 1990 e 2000 foram negociados 250 programas do FMI, variando entre 20 e 35 por ano. Exceto em 1990, quando foram menos de 20 no ano. Não há uma tendência quanto ao número ou ao volume desses programas. Em particular, o apoio financeiro foi maior nos tempos de crise. Os maiores saltos foram em 1995, refletindo o enorme pacote para o México e os grandes compromissos de 1997-8 que se seguiram às crises Asiática e Russa".

"Entre 1991 e 2000 em aproximadamente um terço de todos os países em desenvolvimento e dos mercados emergentes, os títulos foram emitidos por devedores que já estavam comprometidos com programas do FMI. Os *spreads* cobrados foram tipicamente mais altos nos países com programas comparados com os que não tinham compromisso com programas no momento em que foram emitidos os títulos (respectivamente 406 e 223 pontos básicos)".

"Isto demonstra que os programas do FMI estão associados com baixa capacidade de acesso ao mercado mundial. Isto não é surpreendente pois os programas do Fundo estão associados a maus fundamentos: alto endividamento/PIB, baixo crescimento recente e maior volatilidade".

11. MUDANÇAS À VISTA

O que está acontecendo? De um lado se instaura um governo de direita ideológica nos Estados Unidos e se instaura uma conduta imperial que nega o multilateralismo e afirma a hegemonia indiscutível do centro imperial. Aumentam os gastos militares e as pressões por uma adesão incondicional dos aliados pelo governo norte-americano.

Por outro lado, cresce na região mais diretamente submetida à ação imperial uma nova liderança política com tradição de centro-esquerda assim como novos movimentos sociais com inspiração política antiimperialista. Se fizermos um balanço da situação latino-americana no momento atual não parece refletir o que acontece na metrópole, senão, ao contrário, a região parece avançar na direção contrária. Não foi sem razão que o presidente do Fundo Monetário Internacional acaba de nomear uma comissão para explicar o que está acontecendo na América Latina.

No México assistimos à queda do prestígio político de Fox, abrindo caminho para uma nova configuração política ainda indefinida, ao mesmo tempo, os zapatistas do subcomandante Marcus voltam a surgir no cenário nacional como conseqüência da agudização do conflito em Chiapas.

Na América Central vemos os Sandinistas ganharem força na Nicarágua e o crescimento da Frente Farabundo Martí em El Salvador.

Na Venezuela cresce a radicalização em torno de Hugo Chávez, sobretudo depois da intenção frustrada de Golpe de Estado contra ele. Em Cuba, Fidel Castro mantém sua posição de centro da unidade nacional e recupera a sua economia, apesar do embargo comercial norte-americano cada vez mais desmoralizado.

Na Colômbia, as FARC e o ELN sobrevivem a uma tentativa de liquidação militar. No Equador, os sociais-democratas e as novas lideranças indígenas e de esquerda surpreendem nas eleições. O mesmo acontece na Bolívia, onde o movimento indígena se agiganta e disputa o segundo turno.

No Peru, depois da derrubada do ditador Fujimori, recupera-se o prestígio do APRA e renascem as forças da esquerda unida que chegaram a ser majoritárias nos anos 70.

Na Argentina desmoraliza-se a hegemonia neoliberal que conseguiu penetrar no próprio peronismo com Menem na cabeça. E se estabelece a perspectiva do surgimento, finalmente, de uma esquerda com perspectivas de massas e até de uma vitória eleitoral.

Mas o mais surpreendente é a perspectiva de uma vitória esmagadora da centro-esquerda no Brasil, sob o comando do Partido dos Trabalhadores, de fortes raízes no movimento operário e nos movimentos sociais alternativos.

A vitória de Lula no Brasil é vista, inclusive, como um catalizador deste estado de espírito contestatório ainda que moderado. Apesar da coligação de apoio a Lula incorporar forças de centro extremamente importantes, não é absurdo pensar que terá de abrir um espaço significativo para a esquerda do Partido dos Trabalhadores e dos partidos aliados de esquerda, como o PC do Brasil, o PCB, o Partido Socialista e inclusive o PPS, o ex-Partido Comunista, hoje bastante moderado.

A verdade é que se deve esperar uma mudança fundamental no clima ideológico da região onde o pensamento único neoliberal tinha obtido uma força impressionante.

Mas esta mudança não está ainda bem definida. Não se trata de voltar ao marco ideológico nacional-democrático e popular que serviu de fundamento para os movimentos populistas na região. Não se trata de reviver o movimento guerrilheiro Castrista e Guevarista que procurou reinterpretar este quadro nacional democrático numa forma mais radical.

Temos de lembrar que nos anos 60 e 70 o marxismo teve um desenvolvimento espetacular na região, mas se dividiu em várias correntes que iam desde uma teoria da dependência que resgatava a especificidade da condição da dependência e das realidades latino-americanas, até às tentativas de aplicar um esquema abstrato de origem stalinista, de inspiração maoísta ou até de Henver Hoxja, o dirigente albanês.

É importante relembrar que o pensamento conservador produziu também sua versão desenvolvimentista da ideologia nacional-democrática, buscando incorporar as transformações por um desenvolvimento independente e autônomo num quadro político mais liberal.

Os golpes de Estado iniciados na década de 60 atingiram o seu auge nos golpes militares de tipo fascista declarado, como o governo Pinochet no Chile, e confrontaram abertamente estas definições ideológicas. Sua inspiração fascista se baseava mais nos fascismos subjugados e dependentes como os de Portugal e Espanha e não podiam deixar de enfocar a questão do desenvolvimento.

Foi no Chile de Pinochet que os ultraliberais, derrotados durante a Segunda Guerra Mundial, encontraram um abrigo. O grupo dos economistas de Chicago, centro do enfoque ultra-liberal desenvolvido nos encontros de Mont Péllerin, foi chamado para pôr em prática suas idéias nas condições ideais criadas pela ditadura de Pinochet.

A ausência de uma oposição ativa, uma economia de grande presença internacional através de um produto chave, o cobre, nacionalizado por Allende e colocado a serviço de uma experiência de desenvolvimento econômico, com uma reforma agrária que criara as melhores condições possíveis para a modernização da produção agrícola e uma classe dominante coesa pelo medo da revolução socialista foram as bases para iniciar a experiência neoliberal que logo se estendeu para a Inglaterra de Thatcher e os Estados Unidos de Reagan.

Nos anos seguintes a perspectiva neoliberal tentou impor-se no mundo todo, mas teve uma difusão especial na América Latina, pressionada por seu endividamento internacional e por outras aventuras econômicas inspiradas pelas ditaduras militares e pelo domínio do pensamento reacionário.

Este se instaurou nas organizações internacionais e em várias universidades até chegar ao controle dos comentaristas econômicos da grande imprensa e estender-se por todos os poros da sociedade, particularmente entre as elites empresariais, políticas, profissionais e burocráticas.

Mas as marcas da modernização neoliberal tiveram seu lado perverso claramente exposto na medida em que avançava a aplicação de seus preceitos à vida econômica das pessoas. O fortalecimento da concentração da receita, o aumento das populações pobres e miseráveis, o crescimento do desemprego e da economia informal, o aumento da dependência econômica, social, política e sobretudo cultural, a intensificação da violência e da desintegração das instituições básicas da sociedade foram minando o discurso neoliberal até que as crises econômicas e a volatilidade dos movimentos financeiros produziram seu questionamento radical.

Esta é a situação que vemos hoje na região. Os enormes aparatos culturais manejados pelas mídias não conseguem convencer as pessoas das bondades das políticas neoliberais. O avanço democrático, que os líderes da proposta pensavam manejar sem problemas através do marketing eleitoral, começa a minar o projeto neoliberal de ponta a cabo do continente.

É claro que este rechaço popular não comove em nada os neoliberais. Para eles as políticas econômicas são meras aplicações dos princípios abstratos que manejam. O voto somente tem sentido como um mecanismo para atender a necessidade de participação das pessoas, aumentando a legitimidade do regime e das políticas que cabe aos entendidos definir.

Suas gestões foram baseadas no esmagamento e na total insensibilidade para com os protestos populares. Assim como Pinochet entrou no governo sobre os cadáveres dos trabalhadores chilenos, a Sra. Thatcher reprimiu com fúria excepcional os mineiros de carvão na Grã-Bretanha, e Reagan deu uma lição radical nos trabalhadores aeroviários nos Estados Unidos. Este método intimidante, junto às medidas de choque, passou a caracterizar a metodologia das experiências neoliberais.

Em nenhuma parte desta doutrina a força da representação popular ocupa algum espaço. É, pois, natural, que não respeitem a vontade popular expressa nas urnas. Não foram poucos os governos que se elegeram contra a política do FMI e se entregaram a seus princípios "científicos" logo que chegaram ao poder.

É interessante ver, por exemplo, como um governo rechaçado por 70% da população brasileira tenta impor a seu provável sucessor as condições para deixar de ser demagógico e "populista". Quer dizer, os derrotados que levaram o país ao caos e que recebem o repúdio da grande maioria "exigem" do novo governo que abandone as políticas que o levaram ao poder.

Esta visão tecnocrata do Estado e de suas funções é outra característica essencial do neoliberalismo. Trata-se de um programa político profundamente antidemocrático. Isto explica a dimensão do caos que provocam na vida das pessoas que desprezam radicalmente. Isto explica também a profundidade da crise em que nos afundamos.

Devemos esperar que se produza uma mudança radical no plano intelectual e não somente no plano político. Necessitamos recompor os elementos chaves de uma nova governabilidade que se apóie mais diretamente na ação organizada e consciente das pessoas. É importante que estejamos superando estes obstáculos através de movimentos democráticos e da busca de reforçar nossas instituições democráticas como condição para a mudança. Trata-se de um colossal amadurecimento da consciência de nossos povos.

12. AMÉRICA LATINA: OUTRA VEZ O MESMO DIAGNÓSTICO

Enquanto os fatores assumem estas formas dramáticas, no dia 16 de novembro de 2003 se reuniu em Playa Bávaro a 16ª Cúpula Ibero-americana que reúne os presidentes e chefes de Estado da América Latina, Espanha e Portugal. Poucos se lembram da impossibilidade para que se reunissem os presidentes da região devido ao veto norte-americano que somente foi questionado quando a União Européia respaldou a iniciativa de Portugal e Espanha de convocar pela primeira vez os presidentes da América Latina em 1986. Por isso não posso concordar com aqueles que consideram estes conclaves um fracasso. Sua mera existência já é um passo adiante na emancipação da região.

Contudo, é lamentável constatar a dificuldade dos presidentes dos Estados da região de apresentar caminhos sólidos de superação das chagas que nos conduzem à barbárie, à fome e à violência. É relevante assinalar a presença de organizações internacionais como a FAO, a CEPAL, o BID para reforçar, com os dados existentes, a evidência da extensão da tragédia que recai sobre o sub-continente.

Independentemente de alguns dados positivos encontrados por estes organismos, devido sobretudo às mudanças de critérios de medição, os diagnósticos são sempre os mesmos: ampliam-se a miséria, a fome, a deficiência educacional, a distribuição negativa da renda, a concentração da mesma, a violência generalizada, a rebeldia social e política, sem encontrar um canal de realização de suas críticas e tantos outros diagnósticos tremendamente negativos.

O dramático não é que os diagnósticos se repitam senão que se reforce, ao mesmo tempo, a defesa dos princípios de política econômica que conduzem ao aprofundamento dos mesmos problemas. A apresentação dos fatos é acompanhada das análises reacionárias que ocultam em vez de revelar os dramas de nossos povos.

Continua-se acreditando que temos baixa capacidade de poupança e necessitamos de capital internacional para apoiar nossa deficiência em investimentos. Contudo, os dados mostram claramente que se extraem de nossos países quantidades cada vez maiores de recursos sob a forma de fuga de capitais, pagamento de juros, remessas de lucro, pagamento de serviços muito duvidosos e outros necessários, mas que poderíamos substituir por produção interna.

Está absolutamente claro que a submissão aos princípios monetaristas e recessivos do Fundo Monetário Internacional tem aumentado de maneira dramática os impasses das políticas econômicas dos países da região. É totalmente falso afirmar que a região não tem possibilidades de resolver seus problemas fundamentais por falta de recursos materiais e humanos.

Pelo contrário, toda a região se caracteriza por dispor de amplos recursos minerais, agrícolas e humanos. O que falta é a vontade política organizada para romper os termos de intercâmbio desfavoráveis no cenário mundial. Ao mesmo tempo, falta uma vontade política unificada para orientar as políticas econômicas para a defesa e para o bom aproveitamento destas riquezas, para o desenvolvimento tecnológico consistente e para a elevação da qualidade de nossos recursos humanos.

Claro que para re-orientar tão drasticamente séculos de dependência, concentração da riqueza, sobre-exploração do trabalhador, marginalização e exclusão das grandes massas sub-empregadas ou abertamente desempregadas é necessária uma mudança da correlação entre as forças sociais. E é aí onde o diagnóstico se perde ao darmos a entender que estas situações tão negativas são uma conseqüência de nossa pobreza e não as criadoras da mesma.

Na realidade, vivemos numa etapa de desenvolvimento da humanidade na qual existem os meios materiais, técnicos e humanos para eliminar definitivamente a pobreza, a fome, o analfabetismo, a alta taxa de mortalidade infantil, as pestes e as grandes enfermidades. Estes problemas são coisas do passado que somente se perpetuam e se agravam em conseqüência da manutenção de relações sociais e políticas arcaicas baseadas na dependência, o desprezo das massas, o autoritarismo como método de governo e outras tristes expressões de nossa história colonial, oligárquica e escravista.

É verdade que não podemos esperar de governantes comprometidos, com os poderosos interesses que dominam nossas sociedades, uma disposição para uma mudança social profunda. Mas sim se poderia esperar alguma disposição para reformas mínimas, capazes de mover para frente a roda da história através de uma valorização dos fatores de progresso. O crescimento econômico, uma reorientação da distribuição da renda, uma defesa mínima da soberania nacional, de seu próprio mercado interno, do pleno emprego, da utilização do Estado como fator de equilíbrio social e defesa dos interesses nacionais.

O grave da situação latino-americana é o abandono destes valores básicos pelas classes dominantes locais e até por setores importantes das classes médias. A adoção do pensamento neoliberal como referência dogmática, importada dos centros fundamentais do poder desde uma perspectiva totalmente acrítica, se converteu num instrumento de bloqueio mental e político que afastou radicalmente de seus próprios povos um setor muito significativo desta oligarquia.

Se quisermos um exemplo desta alienação intelectual devemos analisar com um pouco de atenção as propostas que se reforçam, nesta cúpula, no sentido de exigir dos países centrais do sistema econômico mundial, o chamado primeiro mundo, que abandonem suas políticas protecionistas para permitir o aumento das exportações de produtos agrícolas ou semi-industrializados dos países dependentes.

A primeira conclusão evidente é constatar o caráter infantil de uma demanda típica dos discípulos que pedem coerência aos seus mestres. Estes senhores acreditaram no conto do livre comércio que nenhum país soberano leva à prática.

É simplesmente ridículo pretender obrigar os Estados Unidos à prática do livre comércio. Isto seria pedir-lhe que negue os fundamentos de seu Estado nacional. Desde a independência com Hamilton até a guerra civil com Lincoln, ou ao imperialismo com Theodore Roosevelt até os nossos dias com Bush, a burguesia norte-americana lutou pelo protecionismo e, para impor o mesmo, recorreu às armas levando à morte milhões cidadãos.

A maior parte da Europa (exceto a Grã-Bretanha iniciadora da revolução industrial) tem vivido entre guerras, o que a levou a fundar a sua identidade cultural numa agricultura familiar cuja destruição, em nome do livre mercado, representaria não somente uma perda dramática de identidade, mas também de condições de segurança alimentar que dificilmente estaria disposta a aceitar. E o que dizer do Japão que iniciou e perdeu uma guerra para assegurar sua independência das importações de bens essenciais como o petróleo e os alimentos básicos?

Nenhum povo solidamente implantado está disposto a entregar ao mercado a definição de seus valores fundamentais. O delírio neoliberal que pretende atribuir ao mercado a direção e a orientação das mais profundas atitudes humanas não encontra raízes em nenhum povo civilizado. Podem adotar em seu discurso para consumo externo mas jamais se disporão a praticá-lo em seus países.

Mas há razões mais profundas para questionar esta estratégia de "exigir" dos países centrais que se abram para permitir-nos aumentar nossas exportações de produtos primários que só aprofundarão nossa posição dependente na economia mundial. A atual oligarquia latino-americana renunciou ao sonho de uma geração de empresários que pretendiam transformar as bases de nossas economias e assegurar a industrialização, a inovação tecnológica e a competência de ponta na economia mundial. A oligarquia dependente insiste em competir na economia mundial através de nossas chamadas "vantagens comparativas": os bens naturais e a mão-de-obra barata.

Depois da Segunda Guerra Mundial, sob a ocupação norte-americana, os dirigentes do Japão se propuseram a competir na ponta da tecnologia mundial e não aceitar as teorias ocidentais das vantagens comparativas. Mas o leitor dirá: a classe dominante do Japão nunca havia sido uma classe dominante dominada e não conhecia a condição colonial. Pois sim: esta é uma boa razão para explicar a diferença.

Mas os acontecimentos são irredutíveis. Quando uma classe dominante se mostra inferior às oportunidades históricas de que dispõe para atender à maioria de sua população, se coloca no caminho do abismo. Isto explica os vastos movimentos sociais que assumem formas revolucionárias por não disporem dos canais institucionais para tornar realidade suas demandas. A América Latina passou o século XX prisioneira de limites institucionais superados. Contudo, nas lutas democráticas dos últimos anos, que buscaram retirar do poder as ditaduras militares e outras formas de autoritarismo, se cristalizaram novos caminhos institucionais para a mudança social e econômica que as massas reconhecem como positivos.

É por esta razão que, enquanto somente 38% dos norte-americanos vão às urnas, no Brasil cerca de 80% da população reivindicou um candidato atípico, distanciado das oligarquias tradicionais e ainda das classes médias. Atípicos também têm sido os líderes indígenas que têm se aproximado da vitória eleitoral na Bolívia e Equador, ou a eleição de um militar rebelde para expressar suas aspirações na Venezuela.

Isto não é suficiente para garantir uma mudança significativa, mas é o reflexo de sentimentos e motivações que vêm do mais profundo de nossos povos. Esperemos que as próximas reuniões entre os dirigentes da região estejam mais próximas dos corações da gente comum e corrente e possam assegurar um futuro verdadeiramente democrático para a região.

13. UM NOVO CONSENSO?

Várias notícias apresentam um conjunto de manifestações no sentido do fim da ortodoxia neoliberal. Elas provêm de várias origens e indicam realmente um descenso da ortodoxia do pensamento único que se impôs a partir da década de 80. Vejamos alguns exemplos:

O secretário geral da CEPALC, Antonio Ocampo, deixa a instituição para ocupar a secretaria adjunta da Comissão Econômico-social das Nações Unidas e manifesta sua convicção no declínio final das concepções neoliberais que levaram a região a uma situação econômica e social extremamente negativa. Aproveita a oportunidade para reafirmar o ponto de vista da CEPALC sobre a necessidade de um crescimento com eqüidade.

Esta consigna, elaborada por Fernando Fanzilbert no final dos anos 70 do século passado, não conseguiu converter-se numa prática política, ao ser atropelada pelo pensamento único neoliberal. Ela era, contudo, uma tentativa de ajustar as antigas teses sobre o desenvolvimento econômico-social da CEPAL às realidades criadas pelo esgotamento da fase chamada fácil da substituição de importações.

Fanzilbert imaginava a possibilidade de uma política exportadora mais agressiva buscando uma competitividade internacional da região que se utilizaria de um sistema de planejamento econômico flexível, ao mesmo tempo em que se incorporariam políticas sociais capazes de formar recursos humanos superiores e aumentar assim a capacidade de avançar competitivamente no campo industrial e nos serviços.

Seria interessante ver renascer a problemática que levou a esta concepção de desenvolvimento que abraçou a CEPALC dos anos 80. Nela se buscava superar o debate sobre estabilização e crescimento, imposto pelas primeiras investidas do monetarismo abrigado no FMI desde o começo dos anos 50. Os monetaristas tinham sido derrotados nestes anos pela ortodoxia neokeynesiana que afirmava a importância da intervenção estatal através do aumento da demanda para garantir o crescimento econômico e o pleno emprego.

Entre neokeynesianos, transformados em estruturalistas na América Latina (devido à sua interpretação da inflação, vista como resultado da dificuldade da oferta em atender à demanda da região, em conseqüência das debilidades estruturais que limitavam a produção local) e monetaristas (num período, adaptado à ortodoxia neokeynesiana, ao aceitar a importância do crescimento econômico como meta, mas sempre reafirmando a necessidade de controlar a oferta de moeda e crédito como fator de estabilidade) havia uma polêmica na qual se radicalizavam os instrumentos de interpretação do fenômeno inflacionário, considerado inimigo absoluto pelos monetaristas e possível aliado pelos estruturalistas.

A prática é o critério da verdade para as lutas sociais. E a prática neokeynesiana estava ligada ao êxito de suas recomendações, na medida em que avançava a industrialização da região e sua capacidade de gerar emprego para a sociedade, lucros para os capitalistas nacionais e sobretudo para os internacionais, que aqui instalavam suas empresas multinacionais aproveitando-se dos mercados nacionais em expansão.

Nesta época as multinacionais estavam contentes com as altas restrições tarifárias impostas pelos governos locais para garantir suas vantagens em monopolizar os mercados nacionais. A literatura econômica sempre se esquece da importância do livre câmbio quando as classes dominantes necessitam de mercados nacionais protegidos. Era a época das teorias do desenvolvimento econômico social e o debate se concentrava na maior ou menor capacidade de lográ-lo.

As dificuldades geradas por um crescimento econômico baseado na importação de capitais que visavam e visam sobretudo captar todos os recursos disponíveis nos mercados nacionais protegidos, começaram a aparecer na metade dos anos 60. O golpe de Estado de 1964 no Brasil entregou o poder aos monetaristas com o objetivo de assegurar a estabilidade monetária contra a proposta estruturalista de ampliar os mercados nacionais pela via da reforma agrária e de outras reformas capazes de distribuir a renda e ampliar o consumo.

Os monetaristas de então não deixavam de preocupar-se com o desenvolvimento e terminaram por servir aos militares ao atender suas ambições de crescimento sem distribuição da renda e sem rompimento com as multinacionais. Como demonstramos na época, este modelo de desenvolvimento conduziria ao endividamento internacional, à concentração econômica e à centralização do capital, à dependência, à concentração da renda e à exclusão social. Apontávamos também para a implantação do capital financeiro na região, o que levaria ao triunfo do enfoque monetarista. Em seu primeiro momento, este enfoque se demonstrava capaz de enxaguar o aparelho produtivo deixado pelo protecionismo "à outrance", gerado pela prática estruturalista, e seus artífices foram capazes de provocar um novo período de crescimento como o demonstramos na época (1964) apesar da quase unanimidade da opinião contrária dentro das forças progressistas.

Este caminho de um desenvolvimento autoritário e concentrador se explicava também pelas dificuldades do capital multinacional de superar as tensões geradas no centro do sistema mundial devido aos limites que se impunham ao processo de acumulação do capital. Os mercados externos tendiam a esgotar-se como o indicamos. Apostar em sua expansão tinha altos custos políticos que as grandes metrópoles não queriam pagar. Daí a idéia de mudar para estes países de desenvolvimento médio grande parte da atividade industrial de menor valor agregado. Estava-se criando o modelo de desenvolvimento secundário exportador que a literatura econômica crítica da região tão bem estudou.

Mas na década de oitenta o projeto do capital multinacional se viu cada vez mais atropelado pelas dificuldades da acumulação internacional de capital e pela ascensão do capital financeiro, no qual se concentravam os excedentes econômicos bloqueados pela dificuldade de ampliar os investimentos produtivos. A crise obrigou o grande capital a se apoiar cada vez mais no Estado para dirimir suas dificuldades.

Foi assim que a sra. Thatcher na Inglaterra e o sr. Reagan nos Estados Unidos iniciaram um período da economia mundial baseado nos mais espetaculares déficits fiscal e cambial da história humana. Em 1973, os Estados Unidos abandonaram a convertibilidade do dólar em ouro, estabelecida em Bretton Woods, realizando a maior quebra de contratos conhecida na história. Este ato de aventura econômica foi realizado por um conservador, que teve de admitir que "todos somos keynesianos". Tratava-se de salvar os Estados Unidos dos efeitos negativos de sua política de déficit fiscal (levada ao extremo durante a guerra do Vietnã) e de seu déficit comercial (ampliado pela especialização da economia norte-americana na tecnologia de ponta de signo militar). Era necessário que o resto do mundo pagasse o devido custo desta política vendo seus dólares se desvalorizarem maciçamente (do valor oficial de 35,00 US$ por onça ouro para o valor de mercado de aproximadamente 350 US$ por onça ouro).

A derrota no Vietnã pôs em crise a política aventureira de déficit fiscal, enquanto os Estados Nacionais do chamado Terceiro Mundo se fortaleciam sobretudo os países petroleiros que formavam um cartel – a OPEP que lhes permitiu elevar o preço do petróleo mais ou menos na mesma proporção que a desvalorização do dólar em relação ao ouro. Os exportadores de matérias-primas buscavam mudar as regras das relações internacionais através do estabelecimento de uma Nova Ordem Econômica Mundial, em aliança com os países socialistas. Ao mesmo tempo, os aliados dos Estados Unidos, como o Japão e a Alemanha, se mantinham em crescimento, alterando a correlação de forças entre os países centrais do sistema mundial.

O restabelecimento do poder hegemônico norte-americano, ameaçado nestas novas condições, baseou-se numa retomada do valor do dólar e de sua capacidade de atrair capitais do resto do mundo para os Estados Unidos, abrindo o mercado norte-americano para o exterior, através de um gigantesco déficit comercial, enquanto se ampliava a demanda deste país enormemente através de um extraordinário déficit público, coberto pela compra de títulos da dívida estatal norte-americana.

É incrível constatar como a maior intervenção monetária da história humana se realizou em nome do equilíbrio fiscal e cambial gerando o maior desequilíbrio fiscal e cambial da história. As taxas de juros passaram a ser o principal instrumento de política econômica, provocando uma transferência colossal de recursos do resto do mundo para os Estados Unidos e desde o setor produtivo para o financeiro.

É incrível constatar como se produziu, então, um verdadeiro assalto aos Estados Nacionais para salvar as taxas de lucro do capital privado, custe o que custar. Como foi possível recorrer aos neoliberais para justificar o maior movimento de endividamento estatal da história?

Como se conseguiu elevar os desequilíbrios fiscais e cambiais aos níveis mais altos da história em nome de uma doutrina que se baseia na tese do equilíbrio geral como condição para o bem-estar social?

Como aumentaram dramaticamente a dívida e os gastos públicos sob o auge das teses neoliberais?

É a constatação destes fatos que fez o grande "teórico" neoliberal Milton Friedman, em seus 92 anos, auto-criticar-se e dizer que hoje em dia não está mais seguro de sua defesa do controle da emissão monetária e do gasto público pois, nos anos de hegemonia de seu pensamento, o que mais aumentou no mundo foi o gasto público. Este só foi controlado na década de 90, através de uma administração democrática, para seu desencanto político e agora se encontra ameaçado novamente por um presidente republicano, "tão gastador como seu pai". O neoliberalismo ainda seria uma piada, como seus teóricos eram tratados nos anos 50, quando ninguém lhes dava bola. Mas infelizmente ele se converteu numa realidade para servir a interesses econômicos muito concretos e poderosos. Apesar da crise que se expande no mundo em função de suas políticas aventureiras, eles procuram se disfarçar de sérios e austeros escondendo-se atrás de uma "teoria" que nada mais fez do que disfarçar a verdadeira realidade: a crise, o desequilíbrio, a concentração, a pobreza e a exclusão.

14. PERSPECTIVAS DA INTEGRAÇÃO LATINO-AMERICANA

A integração latino-americana deve ser o objetivo prioritário de nossa política como vimos nesta sessão. Tão importante que a terminemos com um balanço sintético do tema.

O LIMITE PRINCIPAL É POLÍTICO

O primeiro e fundamental limite à integração latino-americana é a dificuldade política de estabelecê-la. O custo de uma política latino-americana aberta e consciente tem sido o rompimento com o pan-americanismo e, portanto, um choque com a hegemonia norte-americana sobre a região. O medo de um enfrentamento, mesmo indesejado, com a potência norte-americana tem suas razões objetivas:

Quase todos os países da região têm nos EUA seu principal cliente comercial, investidor, credor, patrono militar etc. Qualquer ameaça de retaliação do Tio Sam provoca arrepios, terror e pânico nas classes dominantes de todo o continente.

Ao mesmo tempo, os EUA são considerados o pólo irradiador da modernidade em todos os campos, particularmente o avanço científico-tecnológico. E mesmo que nunca transfiram essa modernidade para a região, há sempre a esperança e a promessa de fazê-lo. Afastar-se dos EUA é percebido então como um mergulho no atraso e na barbárie.

Mas a história mostra que os aliados dos EUA na América Latina não são os setores mais avançados, mais progressistas, mais democráticos. Pelo contrário, os interesses dos EUA na região se ligam aos setores mais oligárquicos das classes dominantes locais, ligados à produção e comercialização para o exterior de produtos mineiros e agrícolas. Em seguida, quando se interessou em investir nos setores industriais da região o capital norte-americano tendeu a substituir uma burguesia industrial local pelos gerentes das suas filiais. Hoje se opõem ao pleno desenvolvimento da estrutura industrial da região para limitá-la à produção de peças e complementos de suas indústrias nos centros econômicos mundiais.

É por esta razão que há uma correlação direta entre o pan-americanismo e a hegemonia oligárquica e entre o latino-americanismo e a democracia de massas. Quanto mais popular o governo maior sua busca de raízes latino-americanas e maior o enfrentamento com a hegemonia norte-americana. Há, pois, um conteúdo de classe implícito na questão do pan-americanismo versus latino-americanismo.

AUTONOMIA E CAPACIDADE DE NEGOCIAÇÃO

A integração latino-americana depende não só da unidade de ação política e diplomática dos Estados regionais, mas sobretudo de sua capacidade de gerar instâncias autônomas de decisão, instituições e estruturas sociais e políticas capazes de garantir a soberania de cada país.

Em primeiro lugar ela depende evidentemente da definição do papel norte-americano na região, como uma potência amiga ou inimiga ou como um poder incontrastável, com funções reitoras do conjunto da vida de cada país.

Em segundo lugar está a definição das outras potências do mundo capitalista. A relação da América Latina com a Europa esteve marcada em outras épocas, pela herança colonial. Hoje, a Europa aparece como uma contra-potência, como uma força capaz de neutralizar em parte o domínio norte-americano.

Do ponto de vista econômico, Europa e Japão têm também muito que oferecer e retirar da região. Seus capitais entraram fortemente na América Latina na esteira das inversões norte-americanas, a partir da segunda metade da década de 1950 e passaram a cumprir um papel similar diante das economias nacionais, exceto por sua maior capacidade de aceitar uma composição com capitais locais e com os Estados nacionais. Disposição esta, decorrente, muitas vezes, de sua maior debilidade estratégica na região.

Durante algum tempo, a Europa e o Japão foram vistos pelas elites políticas latino-americanas como aliados para uma nova ordem econômica internacional.

Contudo, foram muito poucos os passos da Europa e do Japão nesta direção, mesmo os países ligados à região por suas origens latinas como Espanha e Portugal.

Tudo isto revela que uma América Latina integrada terá de tratar a Europa e o Japão como iguais e não como tutores ou substitutos de tutorias anteriores.

O outro grupo de países com que a América Latina integrada necessita definir suas relações são as nações do leste europeu e a ex-URSS. Durante muito tempo, esta região foi objeto de imagens mitológicas, que passavam inclusive por formulações teóricas pretensamente científicas. Pouco a pouco, o crescimento econômico, político e militar da antiga União Soviética foi quebrando as barreiras de relacionamento com a região (antes limitado aos partidos comunistas, únicos porta-vozes de um mundo socialista também mitológico).

Nada melhor que as relações econômicas e humanas em geral para destruir estas imagens e impor as realidades do mundo prático e real. Já na década de 70, a União Soviética e os países da Europa oriental mantinham um contato estreito não só com as nações então aliadas (como Cuba e posteriormente a Nicarágua), mas também já tinham fortes relações econômicas com países como o México, a Argentina (já no período da ditadura militar) e o Peru. Pouco a pouco, a literatura científico-social soviética e da Europa oriental começou a interessar-se pelas questões do Terceiro Mundo e da América Latina em particular e pelas teorias originadas na região. Suas posições diplomáticas, antes arredias, baseadas na não-intervenção nos problemas criados pelas potências coloniais, dos quais a URSS não era responsável, foi evoluindo nas décadas de 70 e primeira metade de 80 para uma postura cada vez mais ativa por uma Nova Ordem Econômica, Política e Informativa Internacional.

UMA NOVA ORDEM MUNDIAL E A INTEGRAÇÃO LATINO-AMERICANA

A atração desses países para uma diplomacia mais próxima ao Terceiro Mundo foi fruto de sua ação crescente no mundo, mas também de um papel cada vez mais ativo e audaz das nações do Terceiro Mundo, sobretudo em torno de organismos como a UNCTAD, o Grupo dos 77 e o Movimento dos Não-Alinhados. Muitos observadores vêem hoje um retrocesso nesta aproximação, em conseqüência da extinção da URSS, de sua profunda crise econômica, e do crescente diálogo entre a ex-URSS e os Estados Unidos. Esta visão é limitada, pois a presença crescente da ex-URSS na política internacional e as perspectivas de paz no mundo só poderão favorecer a longo prazo uma ação progressista no Terceiro Mundo. Inclusive nos Estados Unidos, a distensão e a aproximação cada vez maior com a ex-URSS fortalecem os setores mais liberais deste país. Com estas afirmações, introduzimo-nos numa questão fundamental para o movimento de integração latino-americano e de outras regiões do Terceiro Mundo. A possibilidade do fortalecimento dessas iniciativas locais, sub-regionais e regionais passa pela pressão do Terceiro Mundo por uma Nova Ordem Internacional em todos os planos que retire estes países de uma postura defensiva de nações avassaladas para incluí-los na dimensão de povos criadores de idéias, ideais, políticas e ações internacionais.

Desde a Conferência de Bandung, em 1955, o Terceiro Mundo foi aumentando o seu poder de influenciar na reestruturação do mundo contemporâneo.

O anátema ao colonialismo historicamente superado, ao racismo, ao etnocentrismo, ao eurocentrismo e a outras heranças coloniais foi-se introduzindo nas organizações internacionais e na consciência da humanidade.

A resistência das potências capitalistas às teses do não-alinhamento (resistências que alcançaram às vezes o campo socialista, sobretudo durante o stalinismo e algumas correntes social-democratas) terminou opondo mais nitidamente o imperialismo norte-americano à luta de libertação nacional no Terceiro Mundo.

Pouco a pouco, como fruto das condições históricas, a frente anticolonialista e antiimperialista foi assumindo uma feição socialista cada vez mais marcante. O recuo do Movimento dos Não-Alinhados na década de 80 não paralisou o avanço de suas idéias e concepções que voltarão à tona num futuro não tão distante, adaptadas às condições de um mundo pós-Guerra Fria.

Com o apoio de um número maior de Estados nacionais progressistas, populares, democráticos e soberanos a idéia do Não-Alinhamento foi se convertendo numa força ofensiva, num elemento central ético, estratégico e diplomático de articulação de uma nova sociedade planetária.

Esta nova sociedade planetária se apoiará na revolução científico-técnica que, através da conquista do espaço, converte a Terra em entidade única, limitada e restrita num Universo que vem sendo conhecido pouco a pouco e que já faz parte da experiência prática do homem contemporâneo. Mas apóia-se também na idéia do pluralismo que rompe com os limites simplistas do racionalismo do século dezoito que encontrava a unidade e a universalidade através da abstração formal, na qual o universal era concebido como a negação do particular. Num mundo que se vê às vésperas de criar uma nova sociedade planetária, a diversidade de civilizações e culturas, de raças e etnias, de histórias e nações que fundamenta o universal.

Esta é pois a vocação universal do Não-Alinhamento. E é no bojo deste universal-concreto e histórico que o pensamento e a ação do Terceiro Mundo ganharam força e coesão para redimensionar o planeta. As tarefas mais limitadas ganham outra dimensão nesta perspectiva histórica e permitem às forças sociais e políticas locais encontrar energias para realizá-las mesmo quando parecem impossíveis no contexto das relações de força do mundo atual.

POSSIBILIDADES DA INTEGRAÇÃO REGIONAL

Encontramos assim os termos gerais da equação integracionista latino-americana e de outras regiões do Terceiro Mundo.

Suas bases se encontram na capacidade de hegemonia das forças populares, democráticas e nacionalmente soberanas sobre os Estados nacionais.

Sua viabilidade se encontra na capacidade de esses Estados articularem com outros Estados soberanos e democráticos uma estratégia de relacionamento econômico, diplomático e político baseada nos interesses comuns das partes e não na dominação política, na exploração e na expropriação da riqueza socialmente produzida. Esta estratégia de relacionamento Sul-Sul, de aliança entre as novas economias industriais, de colaboração entre tecnologias de domínio dos trópicos e de preservação e utilização de suas grandes reservas de biodiversidade e do poder energético da biomassa formam um campo de colaboração infinito a ser explorado.

A viabilidade dessa estratégia passa, por fim, pela capacidade dessas forças de produzirem ações, políticas e propostas de rearticulação das relações econômicas, políticas, diplomáticas e culturais internacionais na direção de um mundo mais justo, equilibrado e pacífico.

Dentro desses termos globais encontram-se as políticas concretas de integração, com suas formas de intercâmbio bilaterais e multilaterais mais ou menos livres ou planejados, com seus mecanismos de compensação comercial relativamente independentes do controle exercido pelo dólar sobre o sistema financeiro internacional e sobretudo com a criação de uma capacidade de preservar no nível de cada nação, os excedentes nelas gerados. Excedentes que são enviados para o exterior em quantidades crescentes, sobretudo com o agravamento da dívida do Terceiro Mundo, criada por mecanismos financeiros artificiais, baseados em relações de força, corrupção e domínio das elites locais.

Nesta nova fase, o Terceiro Mundo vem comprimindo drasticamente sua capacidade de inversão para atender à remessa de recursos para o exterior, na forma de pagamentos de juros.

É preciso derrubar de uma vez por todas a idéia de que o Terceiro Mundo é subdesenvolvido por falta de capitais. Eles são grandes exportadores de seus excedentes nacionais em forma de preços relativos desfavoráveis, pagamento de serviços técnicos (falsos!), dos lucros das empresas multinacionais, pagamento de serviços de uma dívida externa montada contabilmente, remessas de rendas das oligarquias locais para os centros econômicos.

O que falta ao Terceiro Mundo é soberania nacional para defender e preservar seus recursos e produzir com liberdade os produtos necessários para seus povos. Não será ajustando-se passivamente às novas exigências de uma economia mundial — cuja divisão internacional do trabalho aprofundará o papel subalterno e dependente do Terceiro Mundo — que esses países conseguirão encontrar o caminho da riqueza e do atendimento às suas necessidades sociais.

As políticas de integração têm de ser parte dessas lutas e como tais devem ser estudadas. Nestes apontamentos gerais cremos haver esboçado uma análise capaz de justificar esta afirmação. Assim como a conquista da soberania nacional exige luta e tem altos custos históricos, ao voltar-se contra os poderes hegemônicos do sistema econômico mundial, uma efetiva política de integração das nações hoje dependentes e colonizadas encontrará sempre resistências brutais ou tentativas de cooptá-las, desviando-as de seu objetivo inicial.

Contudo, como vimos, a evolução da economia mundial se dá no sentido de limitar a sobrevivência de um imperialismo econômico fundado num poder central e hegemônico incontestável. A crise de hegemonia no mundo contemporâneo favorece a ação negociadora das partes subjugadas e dependentes. A América Latina tem assim uma oportunidade única para afirmar sua unidade sem chocar-se abertamente com a hegemonia norte-americana. Esse país poderá por fim reconhecer sua necessidade de negociar com uma América Latina forte e integrada. Esse reconhecimento poderia inclusive assumir a forma de um mercado livre de todas as Américas como propõe a ALCA. Contudo, será um erro brutal da região renunciar à sua unidade mais profunda em troca desse livre comércio que não existirá sem a sua força sub-regional. Ela deverá ter a força de impor a combinação de ambas as realidades: a unidade bolivariana do continente deverá ser respeitada pelos Estados Unidos. E sobre essa base poderá haver um novo pan-americanismo no qual uma América Latina fortalecida poderá negociar o destino comum do continente americano. Parece um sonho, mas poderá ser realidade. É hora de ousar.

VIII
O BRASIL: DA ARMADILHA NEOLIBERAL AO NOVO BLOCO HISTÓRICO (1994 – 2004)

1. O PLANO REAL E SEU CONTEXTO

A crise financeira e cambial que se abateu sobre a Ásia entre maio de 1997 e a metade de 1998 afetou duramente alguns países latino-americanos. Não é aqui o lugar de aprofundar sobre a crise asiática. Publiquei no Jornal Reforma do México, e em vários outros periódicos, textos nos quais exponho minhas impressões sobre as razões e as projeções destes fenômenos.

Para mim, a crise asiática refletia mudanças globais nas relações das economias do leste asiático com os Estados Unidos devido à reorientação da política econômica desse país. O governo Clinton abandonou a política de altas taxas de juros, déficit fiscal, valorização cambial e déficit comercial realizada durante os governos Reagan e Bush, para passar a uma política de baixas taxas de juros, equilíbrio fiscal, desvalorização monetária e diminuição de seu déficit comercial.

A nova política limitava drasticamente o mercado norte-americano no qual havia se apoiado a expansão comercial dos chamados "tigres" asiáticos, dos "gatos" que os seguiram e do próprio Japão. A valorização do yen (que valia de 136 yens por dólar, no começo da década de 90, a 84 yens por dólar em 1996) levou a uma mudança das correntes comerciais da Ásia, particularmente do Pacífico leste. Grande parte das exportações que se orientavam para os Estados Unidos se reorientaram para o Japão, cuja valorização monetária o transformava num grande importador, sem necessidade de nenhuma desvalorização cambial das demais economias exportadoras. Nesse período, a China Continental veio a ocupar o espaço deixado livre no mercado norte-americano. Sua moeda esteve profundamente desvalorizada durante todo o período. Aliados a uma política industrial, profundamente favorável à exportação, desenvolveram uma série de iniciativas voltadas para a participação ativa da China na economia mundial.

Essa situação mudou radicalmente com a desvalorização do yen conseguida por pressões japonesas no final de 1996 e começo de 1997. O yen que havia alcançado o alto valor de 84 yens por dólar caiu em poucos meses para 130 e até 140 yens por dólar. Em conseqüência o mercado japonês para os "tigres" e "gatos"asiáticos desabou.

Como voltar ao mercado norte-americano já ocupado pela China Popular? Haveria que desvalorizar drasticamente as moedas destes vários países (na mesma proporção da desvalorização japonesa) para recuperarem seu poder de venda, tanto para os Estados Unidos quanto para o Japão. Haveria que reestruturar a política industrial de complementaridade com o Japão para enfrentar-se ao mercado americano e ao competidor chinês.

Neste contexto, as economias do leste asiático, menos a China Continental, Hong Kong e Taiwan, converteram-se em presas fáceis da especulação internacional. Os créditos fáceis de origem japonesa, as entradas de capitais especulativos de curto prazo para explorar a valorização bursátil e as oportunidades de investimento converteram-se em fatores de fragilidade. A desvalorização era o único caminho. Mas com ela vinham a fuga de capitais e o agravamento da crise cambial. E a intervenção estatal inexorável ao lado do capital financeiro.

Pois, sejamos claros, como vimos defendendo no transcorrer deste livro, no mundo sob inspiração neoliberal que ainda rege a ação das instituições financeiras internacionais, o dogma da não intervenção estatal desaparece imediatamente quando se trata de defender os interesses do setor financeiro. Juros altos, aumento da dívida pública, financiamento das instituições financeiras em quebra são formas brutais de intervenção estatal que não provocam nem uma só restrição dos neoliberais. Claro que todos sabemos a quem servem estas teorias.

Devemos assinalar também que os bancos centrais dos países desenvolvidos já sabiam destas ameaças. O Federal Reserve Bank antecipou-se à crise e elevou a taxa de juros norte-americana preparando-se para atrair os capitais especulativos antes orientados para as economias emergentes.

Havia a ameaça de uma corrida de capitais de volta aos Estados Unidos atingir não somente os países asiáticos, mas também os demais países que se apoiavam e se apóiam neste tipo de inversões. Entre eles, as economias latino-americanas apareciam, e aparecem, como as mais frágeis presas da especulação mundial.

Contudo, o México já havia passado por sua crise e se encontrava sob proteção do FMI e do governo norte-americano. A Argentina se havia tornado cada vez mais dependente do mercado brasileiro para o qual destinava cerca de 30% de suas exportações. Restava, portanto, o Brasil, fragilizado por uma sobrevalorização cambial e um déficit cambial crescente. A ameaça de uma retirada maciça de capitais do país era bastante real. Que capacidade tinha o governo brasileiro para reagir a esta situação?

Dado o alto grau de compromisso do plano real com a chamada "âncora cambial" só restava ao governo provocar um movimento contrário à saída de capitais ou mudar sua política. Baseado nos altos níveis de suas reservas (62 bilhões de dólares nos meados de 1997), o governo brasileiro lançou-se numa aventura só possível num espaço econômico altamente centralizado e diante de uma sociedade civil débil e passiva: elevou a taxa de juros quase ao dobro (de 28,6% a 42%) e lançou grandes quantidades de títulos no mercado financeiro para garantir estas taxas de juros incríveis, totalmente artificiais e impossível de ocorrer segundo as leis de um mercado livre. Tratava-se de uma das mais violentas intervenções estatais conhecidas na história econômica mundial. Uma vez mais a intervenção estatal brutalmente arbitrária e violentamente contraditória com as tendências do mercado foi aplaudida de forma unânime pelos defensores da soberania do consumidor e do respeito às leis cegas do mercado!

Para respaldar os enormes custos desta política, o governo viu-se compelido a criar um novo arrocho no gasto público, sobretudo aquele orientado para as verdadeiras funções do Estado. Vemos assim como se amplia a intervenção estatal a favor de uma política monetária que coloca a seu serviço a política fiscal, enquanto os verdadeiros objetivos do Estado são terrivelmente debilitados em anos e anos de mal uso dos recursos públicos da nação. Para servir a uma dívida pública que nunca cresceu tanto como nesses anos e que paga juros estratosféricos, não cabia outro caminho senão cortar mais ainda os gastos em educação, saúde, habitação etc., enquanto se buscavam novas fontes de arrecadação. A dimensão avassaladora dos custos financeiros transformou em insuficientes os cortes sucessivos e crescentes de gastos públicos, sempre inferiores ao aumento puramente contábil do pagamento dos serviços da dívida.

O déficit público brasileiro teve um comportamento extremamente esclarecedor do custo desta aventura de política econômica.

O déficit público representava 5,66% do PIB em janeiro de 97. Uma custosa política de diminuição da taxa de juros havia permitido baixá-lo para 4,39% do PIB em Agosto de 1997. Com a resposta à crise asiática e a elevação da taxa de juros, o déficit fiscal regressa ao nível anterior e o suplanta: 6,18% em janeiro de 1998.

Para que o leitor possa entender a gravidade do problema, notemos que nesse mesmo mês de janeiro de 1998 a receita do governo central brasileiro superou as despesas em 211 milhões de dólares! Nesse mês os gastos com juros nominais chegaram a 5,58 bilhões de dólares. Nesse mesmo mês, a dívida pública brasileira se elevou a 316,7 bilhões de dólares, alcançando 35,3% do PIB. Porcentagem relativamente baixa, mas muito assustadora para um governo cuja dívida pública era de 62 bilhões de reais 3 anos antes. Não é pois difícil de entender a preocupação generalizada que se apresentou já nesse instante com o destino do plano real brasileiro.

Diante destas graves restrições e poderosos desequilíbrios, existiu no momento uma apreensão geral que envolvia o Banco Mundial, o Fundo Monetário Internacional, *The Economist*, os presidentes de bancos centrais europeus, economistas de orientações opostas como Dornbuch e Barro e, evidentemente, os empresários, os líderes sindicais e a população em geral sobre o destino do plano real.

Para organizar a análise sobre a evolução desta situação, talvez seja interessante rediscutir os fundamentos deste "Plano Econômico" e analisá-los à luz dos acontecimentos posteriores[1]. O "plano" real tinha por objetivo a estabilização monetária diante de uma situação próxima à hiperinflação, e se assentou em 3 âncoras principais:

- a âncora cambial, baseada no estabelecimento de uma paridade, mais ou menos rígida, do real com o dólar;
- a âncora monetária, baseada na contenção da emissão e do crédito;
- a âncora fiscal, baseada no equilíbrio orçamentário.

[1] Marcelo Carcanholo realizou em detalhes esta análise em sua tese doutoral, apresentada no final de 2002 na Universidade Federal do Rio de Janeiro. Seu trabalho deverá ser publicado em livro na série que se inaugura com o presente livro.

É evidente a inspiração monetarista e neoliberal deste plano que reproduziu as tentativas anteriores de conter a inflação brasileira. Mas havia dois novos detalhes importantes: a inflação mundial estava em queda pelas razões que já analisamos neste livro e os métodos de intervenção estatal já estavam consagrados no país, provocando uma apatia colossal da sociedade civil capaz de aceitar qualquer coisa (como a expropriação de suas poupanças determinada pelo plano Collor sem nenhuma reação popular).

2 . A ÂNCORA CAMBIAL

O primeiro fundamento do plano real foi a âncora cambial. Como se sabe, através de um artifício bem dominado pelos economistas brasileiros, criou-se em 1993 uma moeda de referência equivalente ao dólar (a UFIR), à qual se reportaram os preços de todos os produtos e serviços no país. Em seguida transformou-se esta moeda puramente *contábil* numa moeda *real* (desculpem o aparente trocadilho). Com isto inaugurou-se um novo período de política estabilizadora com uma nova moeda em circulação: o real. O que causou estranheza foi o fato desta nova moeda ter nascido em julho de 1994 com um valor superior ao dólar: 0,94 centavos por dólar.

Deste fato, surgiu, já em seu nascedouro, o tema da sobrevalorização. Como todos os preços estavam referidos ao dólar através do artifício da UFIR, e como a nova moeda deveria equivaler ao dólar, sua sobrevalorização criava de imediato uma defasagem entre os preços nacionais e os preços em dólares. Se considerarmos ainda que os preços nacionais tendiam a ser extremamente elevados devido ao medo dos agentes econômicos de um congelamento de preços como havia ocorrido durante o Plano Cruzado em 1986, podemos avaliar a extensão do fenômeno da sobrevalorização dos produtos e serviços nacionais. Esta tendência aumentou ainda mais após a criação do real: o dólar chegou a valer 0,84 reais em novembro de 1994 e 0,85 em fevereiro de 1995, por euforia ingênua ou especulação muito matreira.

Criou-se um "mercado livre" para o câmbio, mas logo se percebeu que não era tão livre. Na verdade, desapareceram as taxas oficiais de câmbio mas criou-se uma situação estranha. O valor do real se forma num mercado de divisas cujo montante é irrisório, pois no Brasil não circulam quase moedas internacionais. Este mercado é facilmente monitorável pelo Banco Central que iniciou este processo com cerca de 32 bilhões de dólares de reservas. Logo se descobriu que o real não tinha livre conversibilidade e sim estava submetido a um sistema de controle do câmbio dominado pelo Banco Central. Através deste sistema, manteve-se o dólar desvalorizado.

Entre junho de 1994 a dezembro de 1997, o real se desvalorizou aproximadamente 33% (De 0,84 por dólar a 1,12 por dólar). Enquanto isto, a inflação interna aumentou oficialmente 37%. Se descontarmos a inflação do dólar no período (em torno de 6%), vemos que as mercadorias brasileiras se tornaram mais caras em dólar de 30 a 32% e perderam, em conseqüência, competitividade internacional na mesma proporção.

Se tomarmos em consideração a alta taxa de juros e a *conseqüente alta taxa de lucro* embutida nos preços brasileiros, esta desvantagem torna-se ainda maior. Se somarmos ainda as escalas de produção restritas devido à insuficiente renda do mercado interno, a obsolescência tecnológica, a baixa qualidade da mão-de-obra e o chamado custo Brasil[1], pode-se entender a nossa baixíssima competitividade internacional já naquele momento: fins de 1997.

O efeito desta administração sobrevalorizada da chamada âncora cambial não se deixou esperar. De um país que detinha um *superávit* comercial anual de 10,797 bilhões de dólares, em 94, (13,3 bilhões em 1993 e 15,6 bilhões em 1992) caímos para um *déficit* anual em torno de 3,3 bilhões em 1995, 5,5 em 1996, 8,9 em 1997 e talvez 12,0 em 1998.

Este efeito era desejado por uma poderosa ala dos economistas do plano real. Eles se inspiravam na experiência do governo Salinas, no México, que levou às últimas conseqüências este modelo de âncora cambial, baseado em déficit comercial alto coberto por entradas de capitais de curto prazo. A meta deste grupo de economistas era aumentar o déficit comercial o máximo possível. Chegaram a comemorar entusiasticamente os primeiros dados de déficit comercial. Este modelo era completado pelo pagamento de juros altos que cumpria dois objetivos: de um lado, servia como um fator de restrição do crédito e da demanda, como exigia a segunda âncora. De outro lado, os juros altos passaram a ser fundamentalmente um instrumento para atrair capitais especulativos que compensassem o déficit comercial com um superávit na balança de capitais e serviços.

---

[1] Custos advindos de corrupção, burocracias desnecessárias, portos e aeroportos deficientes e custos de impostos sobre a mão-de-obra.

Ninguém pode duvidar do temporário bem-estar e até euforia que provoca esta política (usada pela primeira vez, como vimos na segunda parte deste livro, no governo Reagan, nos anos 80). A população pode abandonar a produção industrial e descuidar das exportações. Apesar de trabalhar menos, sua moeda forte permite aumentar as importações a bom preço. As entradas de capitais provocam altas rendas no setor financeiro, o superávit da balança de capitais e as importações baratas detêm a inflação. A moeda nacional forte permite gastar no exterior em viagens e compras...

Não há dúvidas que os monitores desta política (o presidente Salinas em especial) demonstraram uma grande habilidade e muita ousadia. A admiração por sua "capacidade" levou os Estados Unidos a apoiar o nome do presidente "economista de Harvard"[2] para presidente da recém-criada Organização Mundial do Comércio. Nada melhor para recompensar o melhor economista — presidente do mundo.

Mas havia um defeito neste milagre. Não nos referimos aqui às quebras do setor produtivo mexicano, obrigado a competir num mercado aberto com a maior potência mundial. Independente disto, o dinheiro que entrava para recolher os juros altos pagos pelo Estado, revertia sua orientação a partir de um determinado momento.

Para formar as reservas com que pagar os juros internos altos, o governo mexicano lograra suspender o pagamento dos juros da dívida externa que (por sinal, se encontravam em baixa) através da renegociação extremamente favorável de sua dívida externa, alcançada no começo da década de 90. As sobras representadas pelas divisas que se deixaram de utilizar para pagar o serviço da dívida externa, permitiram aumentar as reservas e com elas garantir os títulos da dívida externa.

Contudo, o pagamento dos elevados juros dos títulos da dívida interna tornaram insuficiente estes recursos. Foi necessário vender os ativos estatais através de privatizações cuja imoralidade é hoje unanimemente reconhecida — (ver artigo de *Newsweek*, 26 de agosto de 1998) e geraram-se ainda outros recursos fiscais, através do drástico corte dos gastos em investimento e em serviços públicos. Através dos cortes nos gastos foi possível manter um superávit primário no orçamento nacional.

Contudo, nem as reservas, nem as privatizações, nem os cortes do gasto público bastaram para diminuir a dívida pública e mal serviram para pagar os

[2] Depois se "descobriu"que o Sr. Salinas tinha feito somente um curso não regular em Harvard.

altos juros dos títulos públicos. Nestas circunstâncias, é fácil entender como se deterioraram rapidamente o equilíbrio fiscal e as reservas obtidas a duras penas, através do sacrifício da população.

Quando se esgotaram todos os recursos, com a deteriorização crescente dos serviços públicos, o Estado mexicano viu-se sem meios para pagar os juros escorchantes e sua moeda entrou em crise, a âncora cambial ruiu e só quem conseguiu retirar seu dinheiro antes do país pôde garantir seus enormes ganhos. Que fazer com os 40 ou mais bilhões de dólares dos investidores internacionais que ficaram no México depois da crise?

Foi neste ponto que entrou a "comunidade internacional" sob pressão norte-americana. Criou-se um fundo de cerca de 40 bilhões de dólares para proteger os investidores estrangeiros, recuperar o peso mexicano e obrigar o Estado mexicano a saldar suas dívidas às custas de novos cortes nos gastos públicos e outros meios de captar recursos de uma população miserável. Para viabilizar este fundo, o Estado mexicano teve de alienar ao governo norte-americano — que administra o fundo — os recursos das exportações petroleiras mexicanas.

Ao assistirem a tudo isto, em 1994, os economistas do Banco Central brasileiro tiveram de revisar à força as suas políticas (apesar de que não revisaram as bases teóricas que os levaram — junto com Salinas — a estas insanidades, pagas pelo trabalho duro da população).

Em primeiro lugar, ampliaram a margem de flutuação do Real criando a banda cambial, operação que teve um alto custo em dólares, extraídos das reservas do país. Por outro lado, começaram a criar restrições ao déficit comercial, buscando restituir a proteção tarifária aos setores econômicos que haviam liberado, de qualquer maneira, à competição internacional. Contudo, até 1998, não alcançaram reverter a tendência ao "déficit" comercial pois nenhuma destas medidas pode compensar uma defasagem cambial de mais de 30%.

Ao mesmo tempo, temerosos do "efeito Tequila" que levaria à conseqüente saída de capitais especulativos da América Latina, elevaram os juros da dívida pública a níveis estratosféricos, provocando uma importante entrada de capitais externos. Para um país que transferia 4,7 e 4,1 bilhões de dólares em remessas para o exterior em 1990 e 1991, é impressionante passar a ter uma conta de capitais positiva de 25,2 bilhões em 1992, 9,9 bilhões em 1993, 8,9 bilhões em 1994, 30,7 bilhões em 1995, 33,0 bilhões em 1996 e algo similar em 1997. Valia a pena correr os riscos de uma economia totalmente insana devido à remuneração excepcional que o capital especulativo recebia no país com todas as garantias do Estado, pois este era quem pagava os juros gigantescos da dívida criada *única* e *exclusivamente* para atrair o investimento externo e enxugar os capitais internos. Quando digo que a dívida foi criada pelo governo por razões de política econômica é porque nesse período já tínhamos superávit fiscal primário e, portanto, não tínhamos nenhuma razão para contrair dívidas. Por sinal, esta situação fiscal favorável é característica de nossos países latino-americanos. No caso brasileiro, tínhamos uma modesta dívida interna de cerca de 64 bilhões de reais já criada por estes mecanismos financeiros (altos pagamentos de juros por uma falsa dívida pública que gerava emissão de mais dívidas para pagar os serviços das falsas dívidas anteriores).

Não podemos imaginar pois um quadro de maior perversidade que se escondia atrás de uma falsa bonança. Ele teria de estourar logo em seguida como México o fizera em 1994 e 1995. A âncora cambial já estava pois definitivamente comprometida em 1998.

3. AS ÂNCORAS MONETÁRIA E FISCAL

Com esta política, os economistas do governo FHC colocaram em risco a segunda âncora: a restrição aos meios de pagamento. Para conter a liquidez gerada pela entrada maciça de dólares na economia (que comprometia suas metas de contenção inflacionária), os estrategistas do real não dispunham de outra alternativa do que "esterilizá-los". Para isto aumentaram cada vez mais os juros e emitiram mais e mais títulos da "dívida pública".

Vejam bem: a dívida pública aumenta não para cobrir o gasto público, cada vez mais restrito e até superavitários, e sim para impedir o crescimento da massa monetária. Os recursos assim captados foram transformados em reservas internacionais que cresceram de 40 bilhões de dólares em julho de 1994 a 50 bilhões em dezembro de 1996 e 51 bilhões em dezembro de 1997, enfrentadas à saída de capitais motivada pela crise asiática. Mas como estas reservas rendem juros de 1 dígito enquanto se pagava mais de 50% de juros a mais ao investidor estrangeiro, as reservas subiram para 60 bilhões e a dívida interna para 160 bilhões, em 1995, chegando a 250 bilhões em 1998.

Ao mesmo tempo, à custa de elevar desta forma a dívida pública, comprometeram seriamente a terceira âncora, isto é, o equilíbrio fiscal. Desta maneira, criou-se um círculo vicioso: a segunda âncora se tornara totalmente dependente da primeira: enquanto houver déficit comercial e outros déficits cambiais (saída de "royalties", lucros, gastos no exterior, fretes etc), o Estado brasileiro será obrigado a atrair capitais especulativos do exterior. Para atrair capitais é necessário esterilizá-los, aumentar os juros da dívida interna e comprometer o equilíbrio fiscal. A primeira âncora leva à crise da segunda e da terceira. Os gastos com juros da dívida interna do governo federal, dos governos estaduais e das empresas estatais chegaram a crescer 41,27% em 1997.

Mais grave ainda: em algum momento o Estado brasileiro teria de gastar tudo o que vinha acumulando nesses anos, em forma de reservas, pelas mesmas razões que levaram o México a zerar suas reservas. As principais fontes de formação das reservas foram:

1. A suspensão de pagamentos de juros internacionais e sua renegociação foi mais fácil no início da década de 1990, diante da queda dos juros internacionais. Esta queda diminuiu o interesse dos credores em cobrá-los de imediato. Este foi um recurso importante no início dos anos 90. Mas na metade da década esta fonte de divisas já estava esgotada, pois já retomamos os pagamentos de juros internacionais, se bem que mais modestos do que na década de 80;

2. O aumento da arrecadação do Estado via "privatizações", ou melhor, venda dos ativos estatais mais lucrativos (será que no futuro descobriremos, como no México atual, que estas privatizações serviram a enriquecimentos similares aos encontrados a favor dos irmãos Salinas e seus sócios?). Apesar de existirem ainda, em 1997, tinham os setores de telecomunicações, elétrico e petroleiro para privatizar, estes recursos tinham um limite e não poderiam neutralizar os imensos compromissos em pagamentos de juros assumidos pelo Estado;

3. Os cortes dos investimentos públicos, já profundamente restringidos no Brasil, foi outra fonte para formar excedentes fiscais chamados de primários. Isto afeta sobretudo o crescimento econômico, provoca recessão e aumento do desemprego. Por outro lado, a diminuição ou estagnação dos gastos em educação, saúde, transporte e habitação põe em risco o chamado "capital humano" e compromete qualquer política de retomada do desenvolvimento e de aumento da competitividade internacional;

4. Os cortes dos gastos operacionais, dos salários e do número dos servidores públicos etc..., colocam em risco o próprio funcionamento do Estado e sua capacidade de formular políticas públicas.

É evidente que estas medidas levam o Estado à ineficiência crescente (ponto de chegada e não ponto de partida do processo). Apesar das ineficiências, do patrimonialismo e do corporativismo anteriores (que, por sinal, não se eliminam e sim, pelo contrário, se agravam num ambiente de escassez crescente de recursos) não são eles que provocaram a atual crise do gasto público e sim o aumento dos pagamentos de juros e os gastos para defender o sistema bancário e financeiro em crise geral.

Devem-se considerar ainda os efeitos da recessão econômica. Entre outros, seu impacto negativo sobre a arrecadação fiscal é uma das origens mais sérias do déficit público que leva a um aumento de carga fiscal impressionante durante o Plano Real.

Os gastos em pagamentos de juros da dívida representam uma forma de gasto público que dificulta qualquer tentativa de lograr o equilíbrio fiscal. No início do plano real o governo estabeleceu como meta zerar o déficit fiscal primário (sem incluir o serviço da dívida). De fato, há muitos anos vínhamos dispondo de um superávit fiscal primário, como se pode ver na tabela 6. Em 1994, ano do real, este superávit foi aumentado de 2 a 4,2% do PIB em nível nacional e de 0,6% a 0,9% do PIB nos estados e municípios. Contudo, nos anos seguintes não foi possível manter estes resultados tão altos pois não havia mais gastos públicos que cortar sem causar um caos econômico e social. Os superávits primários foram totalmente consumidos pelos aumentos do serviço da dívida pública.

O período de agigantamento da dívida pública na década de 80, para pagar a dívida externa (e a longa e quase hiper-inflação dela resultante), exacerbou a especulação financeira e elevou a participação deste setor na renda nacional a níveis inaceitáveis. Num período de reajuste como o que se seguiu nos anos 90, este setor teria de voltar a ocupar uma proporção razoável de uma economia capitalista equilibrada. Isto significaria a falência do monstruoso aparato financeiro que se criou neste país e em várias partes do mundo. Até agora, contudo, o governo só patrocinou um aspecto desta contenção: a dispensa maciça de trabalhadores bancários. No mais, os artificiais ativos financeiros foram preservados pelo Estado, em nome de garantir a confiança no nosso sistema financeiro. Criou-se o Programa de Estímulo à Reestruturação e Fortalecimento do Sistema Financeiro que gastou 14 bilhões de dólares somente no primeiro ano de seu funcionamento (1996).

Em conseqüência, o Tesouro Nacional — já assaltado pelo pagamento dos juros absurdos ao capital especulativo internacional — teve de se responsabilizar pela especulação financeira nacional. E se destinaram recursos incontáveis do Tesouro Nacional a esta tarefa inglória pois, a longo prazo, ninguém poderá impedir a quebra destes bancos. Grande parte deles se passou inclusive às mãos de bancos estrangeiros.

Estas são questões de prioridades, de políticas públicas, estabelecidas por aqueles que têm poder sobre o aparelho estatal. No entanto, elas são apresentadas ao povo brasileiro como questões de teoria econômica, como necessárias e inevitáveis opções de política econômica. Utilizam-se até os conceitos de livre mercado e equilíbrio econômico para defender uma intervenção estatal brutal, contra as tendências do mercado e provocadora de desequilíbrios estratégicos pelos quais deveremos pagar durante muitos anos ainda... É interessante ver muitos liberais radicais se calarem ou fazerem moderadas restrições ao intervencionismo econômico quando esta intervenção favorece os setores sociais com os quais estão comprometidos...

Por isto não é de estranhar que a comunidade de economistas internacionais das mais diferentes orientações teóricas e doutrinárias tenha se mostrado apreensiva com os destinos da economia brasileira. Se este intervencionismo estatal voluntarista, a favor do sistema financeiro especulativo internacional e nacional se mantivesse, os 62 bilhões de dólares de reservas acumuladas, de 1994 a 1998, com pesados sacrifícios no período, não poderiam assegurar o monitoramento dos desequilíbrios resultantes.

Estes desequilíbrios cambiais e déficits fiscais tão profundos se acentuaram em parte com a crise asiática, que levou a um novo aumento da taxa de juros. Este aumento teve de ser muito alto já que o governo eliminou radicalmente a alternativa da desvalorização cambial. Conseqüentemente, foram necessários novos cortes dos gastos públicos agrupados num pacote de 51 medidas fiscais. Ao mesmo tempo vemos uma acentuação das rigidezes da política cambiária. O Brasil tornou-se o principal cliente da Argentina (30% mais ou menos de suas exportações se dirigiam nessa época ao Brasil) e foi fortemente pressionado para não desvalorizar a moeda durante a crise asiática pelo Presidente Menem pessoalmente.

Ao mesmo tempo, o medo de que uma desvalorização cambial provocasse um surto inflacionário e um choque psicológico que interviriam nas eleições de 1998 presidenciais, impediu uma correção destes desequilíbrios.

À falta de soluções racionais que levariam a um equilíbrio macroeconômico, só restava o caminho das privatizações forçadas a toque de caixa que se propunham como "solução" imediata. Os 40 a 50 bilhões que se esperava conseguir com elas no ano de 1998 não resolveram a situação de desequilíbrio global que o país enfrentava. Mal serviram para pagar os juros da vertiginosamente ascendente dívida interna. Contudo esta era a única "solução" disponível, apesar de seu caráter forçado.

O único caminho que poderia dar alguma conotação virtuosa a este processo perverso seria o aumento das exportações. Mas como aumentá-las com o câmbio excessivamente valorizado, a taxa de juros interna altíssima — num mundo de baixas taxas de juros — e diante da ausência de qualquer política industrial no país? A outra alternativa seria aumentar a atração do capital produtivo, dos investimentos diretos voltados em geral para a exportação, já que o mercado interno estava ameaçado pela diminuição do crescimento e até mesmo pela recessão que ocorreu em 1999 e 2000.

Apesar de que os investimentos externos aumentavam sua entrada no país, se dirigiam à compra de empresas no setor de eletricidade, telecomunicações e outros serviços e excepcionalmente ao setor automobilístico e outros setores industriais, visando o aumento de exportações de autos e peças às próprias empresas produtoras. Trata-se de uma indústria de "maquilagem" bem menor que a que se desenvolveu na fronteira do México com os Estados Unidos.

Para atrairmos investimentos produtivos diretos teríamos de assegurar mão-de-obra qualificada e barata além de outros subsídios estatais. Mas como vamos atrair estes investimentos com uma mão-de-obra sem preparação, sem educação, saúde, habitação, lazer etc, com um ensino público fracassado e sem recursos senão para cozinhar este fracasso? E como poderia ser diferente com um Estado em processo de destruição?

Não é preciso ir mais longe para mostrar o que todos sabemos: era necessária uma revisão drástica das concepções econômicas e das prioridades. Toda a nação reagia e reage à política econômica e às políticas públicas brasileiras as quais tinham por prioridade absoluta a valorização da moeda nacional, ainda que às custas do equilíbrio cambial, monetário e fiscal. As políticas públicas tiveram de ajustar-se a uma escassez crescente de recursos gerada pelo desequilíbrio cambial e fiscal produzido pela política econômica.

Considerar tal política um exemplo de estabilidade econômica é simplesmente grotesco. Avançamos para desequilíbrios brutais através de uma violenta intervenção estatal contra as tendências do mercado.

Tal intervencionismo, contudo, não se fez e não se faz a serviço da população e de seu bem-estar como se pretende haver ocorrido nos chamados Estados de Bem-estar ou da Providência.

Ela se faz a serviço de setores muito restritos da população, apesar de que a estabilidade da moeda possa ser útil a um setor significativo da população, enquanto dura.

Vimos contudo a que custo se logra esta estabilidade e quanto o futuro da população estava envolvido nesta aventura. Uma crise similar à do México de Salinas era inevitável, a prevalecer esta política. Disto ninguém podia duvidar. Era preciso mudar rápido, porque, quando a crise ocorresse, as mudanças seriam dramáticas. Violentas desvalorizações cambiais, e novos ajustes fiscais levariam o país a uma crise social e política considerável cujas conseqüências eram muito difíceis de prever. Até as eleições presidenciais de 1998, em que o presidente se candidatava à reeleição, ele não realizaria a necessária desvalorização da moeda. Tudo indicava, contudo, que teria de realizá-la imediatamente após as mesmas. Esta era então uma expectativa geral que colocava o plano real diante de sua primeira crise significativa.

4. A ESSÊNCIA DO PLANO REAL E A CRISE DE 1999

Em várias oportunidades demonstramos as contradições internas do plano econômico iniciado em 1994 e que deu origem à nova moeda: o real. O plano era tão monetarista que ficou com o nome da moeda: o plano real. Esta é a marca dos planos ou "pacotes" dos últimos anos. Trata-se de simples exercícios de políticas financeiras que passam a governar nossos países.

Não se trata de negar a importância do fenômeno financeiro. Com inflações próximas à hiper-inflação fica muito difícil o funcionamento de qualquer economia. Era necessário conter a forte inflação mundial das décadas de setenta e oitenta. De fato, a queda dos preços do petróleo em 1979 foi o primeiro golpe nos países centrais. Mas as economias periféricas estavam em más condições devido à crise da dívida externa que gerou uma onda inflacionária quando os governos aceitaram pagá-la a qualquer custo entre 1982-86, até que se iniciou uma renegociação em 1988.

Mas as origens globais da inflação demonstravam a dificuldade de superá-la sem profundas mudanças políticas que não pareciam viáveis na conjuntura de avanço conservador em marcha durante os anos oitenta.

A década de noventa, ao contrário, se desenvolveu sob o signo da deflação, como anunciamos — já em 1989 – em vários trabalhos.

A crise de outubro de 1987 iniciou o movimento deflacionário com a queda dos ativos monetários devido à desvalorização do dólar. De imediato caia também o mercado de ações. Em seguida, a partir de 1989, rompe-se a "bolha" financeira norte-americana com as quebras bancárias que se generalizam nos anos seguintes em todo o mundo.

Caíram os preços dos imóveis supervalorizados na onda especulativa anterior. Os governos da periferia realizaram moratórias de fato e o plano Brady iniciava o reconhecimento do caráter político das dívidas externas e uma negociação das mesmas que se consolidou no princípio dos anos 90.

O Brasil esteve sempre na periferia destas crises. Apesar de ter contraído a maior dívida internacional não assumiu nenhuma posição de liderança nas negociações da dívida mundial. Absorvido em suas lutas internas para desfazer-se de uma ditadura militar paralisante, o povo brasileiro apoiou uma proposta de política econômica nacionalista em seus métodos, mas totalmente subordinada nas suas concepções estratégicas: o plano cruzado. Outra vez tratava-se de um plano de mudança de moeda: o "cruzado" substituía os vários "cruzeiros".

O plano cruzado estabeleceu o controle generalizado dos preços e inclusive um "congelamento" dos mesmos em um primeiro momento. Tratava-se de umas das modalidades muito cruas de política econômica: se todos os preços sobem resolveremos o problema decretando seu congelamento. Mas isto gera uma "explosão" de consumo e o problema dos preços relativos conduz inexoravelmente ao mercado negro. Foi decretada a igualdade do cruzado com o dólar e sua estabilidade já que os preços estavam estáveis. Além do câmbio negro, isto gerou um auge das importações e uma queda das exportações com o esgotamento das reservas. Lembrem-se que, apesar destas tendências à perda de reservas, os juros internacionais continuavam sendo pagos.

Fracassou! E como não fracassaria? Mas a dureza tem manifestações mais sutis (vale o paradoxo). Se decretar o congelamento dos preços pode provocar tais problemas de demanda desastrada tomemos todas as poupanças do país, terminemos com a liquidez e cairá a inflação. Isto foi o que o plano Collor realizou. Desta vez a loucura foi tão generalizada que preferiram nomear o chamado "plano" com o nome do louco presidente que o apoiou.

Mas como não era possível apropriar-se destes recursos sem devolvê-los posteriormente (a não ser que fosse feita uma revolução) estas poupanças foram devolvidas progressivamente aos seus donos fazendo retornar a situação anterior. Tudo perdido: a inflação regressa aos níveis anteriores.

Mas as argumentações elementares têm ainda novas possibilidades. Afinal o povo brasileiro demonstrou-se capaz de servir de cobaia para qualquer tipo de experiência pseudo-científica dos tecnocratas.

A linguagem é mudada: fala-se agora de âncoras. Uma imagem adequada à viagem sem rumo a que se submete o país. Fala-se então que a âncora monetária falhou (plano cruzado) e a âncora financeiro-monetária-fiscal de Collor também fracassou. O dragão da inflação deveria ser domado com a âncora cambial em primeiro lugar, ajudado pelas âncoras monetário-financeira e fiscal.

Como vimos, depois de dolarizar os preços, decreta-se o Real igual e até superior ao dólar. Para todo efeito é o mesmo: a moeda supervalorizada conduz ao déficit comercial, ao crescimento do turismo externo, ao aumento de outros gastos no exterior. Mas se descobre a solução exigida desde fora pelo Consenso de Washington: há capitais de curto prazo sobrando no mundo. Temos de trazê-los para cobrir o déficit comercial e da balança de pagamentos. Para tal deve-se elevar os juros pagos pelo Estado por seus títulos. O Estado passa a emitir títulos ainda quando não haja gastos a serem efetuados.

Mas isto eleva a dívida interna de 60 para 300 bilhões de dólares em 2 anos!

Em conseqüência, temos de mudar o tipo de capitais que são importados: temos de agilizar as privatizações e atrair capitais a longo prazo. Por sorte deles, o Brasil tinha e ainda tem muito o que vender. Mas os resultados das vendas não são suficientes para pagar os juros da dívida interna! O país paga 50 bilhões de dólares de juros em um ano. O déficit fiscal sobe para 7% do Produto Nacional, apesar dos enormes cortes de gastos públicos e aumentos de entradas fiscais.

O que fazer? Abandonar o modelo tão brilhantemente montado? A pressão do FMI por uma desvalorização cambial e por um ajuste fiscal assim o indicava. Suas razões eram sérias:

Não é possível aceitar um "ajuste estrutural" que assegure a solidez da moeda através do desequilíbrio profundo de todas as variáveis macroeconômicas: apreciação cambial absurdamente alta, déficit comercial e de pagamentos, atração de capitais que geram uma pressão monetária, esterilização destas entradas de capitais com a formação de reservas artificiais em divisas, endividamento crescente para formar estas reservas, déficit público também crescente. Desequilíbrios sobre desequilíbrios incontornáveis. Em algum momento teria de ajustar as contas.

Ante a pressão internacional o governo brasileiro promete um ajuste cambial depois das eleições, nas quais o presidente se candidata a uma reeleição. Os capitais sabidamente se retiram a partir de um mês antes das eleições. Aproximadamente de 1 bilhão a 1,7 bilhão de dólares por dia saem do país, fazendo cair as reservas em 20 bilhões de dólares. A crise internacional e a moratória russa somente fazem acentuar estes comportamentos.

O governo se vê obrigado a indexar seus títulos ao dólar e elevar ainda mais os juros para tentar deter a saída de capitais. Isto faz elevar o déficit público e exige 5 bilhões de dólares *mensalmente* em novos pagamentos de juros. São prometidos cortes de 4 bilhões de dólares do gasto público *ao ano*. O déficit público se eleva a 10% do PIB.

Podia esta política restabelecer a confiança no real enquanto se esperava as eleições no seguinte 4 de outubro de 1998. Temos de lembrar que uma vitória inferior a 50% exigiria um novo turno eleitoral com os dois candidatos mais votados. Neste caso, o Presidente Fernando Henrique Cardoso teria de manter esta situação até o dia 15 de novembro, o que era simplesmente impossível. Assim nos encontrávamos em meados de 1998. Atônito e confuso, submetido ao controle de imprensa mais rígido da nossa história, o povo brasileiro se apressava em tornar-se mais uma vez a vítima de uma nova experiência tecnocrática.

5. O BRASIL NA ARMADILHA NEOLIBERAL

No dia 4 de outubro de 1998 se realizaram no Brasil as eleições presidenciais, para parte do Senado, toda a Câmara dos Deputados, governadores e assembléias estaduais. Um elemento absolutamente novo nesta eleição era o direito dos executivos (no caso de presidente e governadores) se apresentarem para a reeleição.

O Brasil é um verdadeiro mosaico político. O Presidente Fernando Henrique Cardoso era apoiado por uma aliança política extremamente ampla. Seu partido é o PSDB, Partido da Social Democracia Brasileira, formado em 1987 de uma dissidência do Partido do Movimento Democrático (PMDB), o sucessor do MDB. A grande frente das oposições à ditadura militar, que se manteve de 1964 a 1989 (quando foram restabelecidas as eleições diretas para presidente).

Seu aliado mais incondicional, que indica para vice-presidente, Marco Maciel, é do Partido da Frente Liberal (PFL), uma dissidência formada em 1983 do Partido Democrata Social (PDS), partido que sustentou a ditadura militar (no período de 1966 a 1980 com o nome de ARENA). O PFL reúne algumas das mais expressivas lideranças da ditadura, mas alguns deles passaram para o PMDB e para outros partidos de oposição. O caso mais exótico é o do ex-presidente José Sarney que era o presidente do partido da ditadura até 1984, quando passou para a oposição como candidato a vice-presidente de Tancredo Neves. Com a morte de Tancredo antes de assumir o poder, coube a Sarney realizar a transição democrática como membro do Partido do Movimento Democrata Brasileiro onde se encontra até hoje com vários trânsfugas da ditadura.

Em seguida Fernando Henrique Cardoso tinha o apoio um pouco incerto do PPB, partido que herdou os quadros mais conservadores e mais neoliberais da ditadura militar. Aí estão Paulo Maluf, presidente do PPB, Roberto Campos, já falecido, Delfim Neto e outros elementos da ditadura. A representação deste partido no ministério é discreta pois não controlava os ministérios econômicos que gostaria de ocupar e seus economistas discordavam de parte da política econômica de FHC como o gigantesco déficit fiscal, a supervalorização cambial, etc.

Depois veio o apoio de um partido muito "especial". O governo militar não permitiu aos herdeiros políticos de Vargas e Goulart recuperar o nome do antigo PTB (Partido Trabalhista Brasileiro). Em uma insólita decisão, o Tribunal Eleitoral entregou em 1982 a legenda histórica do PTB a uma senhora casada com um sobrinho de Vargas e que levava o seu sobrenome (Ivete Vargas). Este partido era dominado por um banqueiro recém-falido durante o governo FHC, mas apoiado à ajuda do Programa de Defesa dos Bancos estabelecido pelo governo FHC.

Mas o mais curioso sempre foi a posição do PMDB que, como vimos, conta com ex-dirigentes da oposição e notórios ex-dirigentes da ditadura como José Sarney. Apesar de dispor de ministérios importantes, o PMDB tinha uma ala (que chegou a ser hegemônica na direção do Partido) contrária ao apoio ao Presidente Fernando Henrique e que pretendeu lançar candidato próprio à presidência sem êxito. Portanto, este partido não tinha candidato a presidente mas a sua maioria apóia Fernando Henrique. O curioso é que o PMDB voltaria a ser o maior partido político no Congresso Nacional nas eleições de 4 de outubro, além de eleger governadores na maioria dos Estados do país.

Uma curiosa composição de forças sustentava portanto o governo Fernando Henrique Cardoso. Três partidos de direita mais ou menos conservadores (PFL, PPB e PTB), um partido de centro dividido entre centro-direita e centro-esquerda (PMDB) e seu próprio partido (PSDB) que se considera de Centro Esquerda, apesar de ter assumido um programa nitidamente conservador e ter estabelecido uma aliança claramente de centro direita.

A oposição a FHC se organizou em torno de uma aliança das esquerdas muito dificilmente estabelecida apesar de apresentar-se unida no Segundo Turno presidencial de 1989. A verdade é que ainda há resistências regionais à união do PT, Partido dos Trabalhadores (formado em 1980 ao reunir o sindicalismo de São Paulo e vastos setores intelectuais, das igrejas de esquerda e de movimentos sociais que lutaram contra a ditadura) e o Partido Democrata Trabalhista, PDT, que uniu à ala esquerda do antigo PTB, sob a liderança de Leonel Brizola, setores do movimento revolucionário armado contra a ditadura e políticos da oposição descontentes com os limites de uma Frente Ampla contra a ditadura. Em seguida aderem a esta frente o Partido Socialista Brasileiro, unido em torno do governador de Pernambuco, Miguel Arraes, o Partido Comunista do Brasil (PC do B), criado em 1961 com a cisão pró-chinesa do Partido Comunista Brasileiro (PCB) dividido entre o defensor da manutenção do antigo Partido Comunista Brasileiro que ser formou quando sua ala majoritária formou o Partido Social Popular (PSP), em 1989.

De fato o PSP se recusou a participar da Frente das Esquerdas e apoiou a candidatura à presidência do ex-governador do Estado do Ceará, Ciro Gomes. Este foi ministro da Economia de Itamar Franco quando FHC se candidatou à Presidência e um dos principais fundadores do PSDB. Ele não conseguiu, contudo, atrair uma cisão significativa deste partido que continua fiel à frente de centro direita atual. Sua candidatura se inspirava na Terceira Via de Tony Blair.

A força política de FHC advinha de dois fenômenos concomitantes. De um lado o êxito inicial de sua política econômica de reduzir drasticamente a inflação (de fato esta já chegara a uma hiperinflação de 2.000% ao ano). Por outro lado, ele se constituiu na única opção a um governo de esquerda, liderado por Lula e Brizola, que assustava não somente a direita mas também importantes setores da classe média.

É necessário acrescentar o fato de que a queda da inflação, acompanhada de um aumento do salário mínimo, deu a FHC uma base de apoio muito sólida nas camadas de baixa renda. Ainda que as conseqüências recessivas do Plano Real tenham aumentado o desemprego já em 1998, e tenham feito diminuir as poupanças dos setores médios, os setores de mais baixa renda temia, como a classe média, a volta da inflação. E apesar da oposição não ter participado de nenhum dos governos responsáveis pela inflação, ela é acusada de ameaçar a política anti-inflacionária por ter criticado o plano que estabeleceu o real.

Quais eram os pontos críticos do plano que estabeleceu a nova moeda brasileira: o real?

Como já vimos, acima de tudo, o plano se apoiava em uma âncora cambial que pretendia manter a paridade do real com o dólar mas estabeleceu um valor mais alto para o real. Era natural que esta supervalorização do câmbio levaria inevitavelmente ao déficit comercial e a graves déficits nas transações correntes do país com o exterior. Isto ficava ainda mais provável pelo fato de que o governo realizou uma baixa geral de tarifas pretendendo "abrir" a economia.

O resultado foi dramático. De 1994 a 1997 o Brasil pulou de um superávit comercial de 10 bilhões de dólares para um déficit de 8 bilhões de dólares. Ainda mais grave: o pagamento de fretes (que se agigantou com a ruína da navegação e da indústria naval brasileiras) se elevou a 5 bilhões por ano; os gastos com o turismo subiram para 7 bilhões; as dívidas do país no exterior se elevaram de 148 para 190 bilhões e o pagamento das mesmas conseqüentemente aumentou a saída de lucro das empresas multinacionais (que se apoderaram de novos setores via privatizações). O resultado era um déficit em transações correntes com o exterior de aproximadamente 1,7 bilhões em 1994 que subiu para 33,4 bilhões em 1997.

O mais grave contudo foi o mecanismo que se utilizou para cobrir o déficit das contas correntes. Na ausência de perspectivas comerciais favoráveis e de vendas de serviços no exterior a única solução era a atração de capitais. Dada a urgência, os capitais de curto prazo foram privilegiados, atraídos por altíssimas taxas de juros dos títulos públicos, que chegaram a subir do piso de 20% para 50% depois da crise mexicana. O outro mecanismo de atração de capitais externos foi a privatização de empresas estatais de alta rentabilidade como a Cia. Vale do Rio Doce.

Desta maneira o endividamento público saltou a alturas incontroláveis. Não porque o governo estivera gastando muito, como falsamente se dizia, senão porque o governo estava e está pagando enormes juros. Na realidade, os títulos públicos lançados no período buscavam captar os dólares do exterior e convertê-los ("esterilizá-los") na forma de reservas cambiais. Isto permitiu aumentar as reservas de 36 para 70 bilhões de dólares.

Contudo, o pagamento de juros gigantescos elevou a dívida pública do Brasil de 56 bilhões para 360 bilhões de dólares em 4 anos. Para que o leitor possa entender a origem puramente especulativa desta dívida — que era modesta em 1994 — a elevação do pagamento de juros aumentou o déficit nominal (déficit ou melhor, superávit primário + pagamentos de juros) do Estado para 7,18% do PIB. Em 1996 e 1997 caiu a taxa de juros e este déficit caiu para 5,87 e 6,15 do PIB. Com a crise asiática os juros voltam a subir em 1998, chegou-se a um déficit fiscal de 7,70% do PIB.

Muitos economistas consideram esta política econômica como ortodoxa mas a sua ortodoxia é muito duvidável. Elevar o déficit da conta corrente de um superávit de 10 bilhões para um déficit de 37 bilhões e elevar a dívida pública de 65 bilhões para 360 bilhões e um déficit fiscal de 1 a 2% do PIB para 7,7% do PIB não são precisamente políticas ortodoxas.

Seus efeitos são similares às políticas ortodoxas: em 1997 a taxa de investimento médio estava estagnada em 16,8% do PIB, abaixo da média de 18,37 da década perdida dos anos 80 e muito abaixo dos 22,8% do final da década de 70. A distribuição da receita continuava extremamente concentrada (índice de Gini de 0,581). A dívida externa cresceu de 148 para 190 bilhões de dólares e surgiu uma nova dívida de empresas brasileiras no exterior que já alcançava os 140 bilhões de dólares. O desemprego, segundo os dados do governo (contestados pelos dados do Departamento Intersindical de Estatísticas - DIEESE), aumentou de 5,41% em 1994 para 9% em 1998. Por fim o crescimento econômico, que é o reflexo da política e o canalizador destes efeitos, caiu para 1% em 1998 e uma segura recessão em 1999 quando se realizou a retranca fiscal já prometida.

Era evidente o caminho de tal política para o desastre. Um déficit em transações correntes em aumento e sem possibilidades de reversão (basta dizer que a participação brasileira nas exportações mundiais caiu de 1,96% do comércio mundial para 0,97% da década de 80 a 1997) obrigava a uma desvalorização cambial que o governo se recusou a realizar "até as eleições presidenciais". Um déficit fiscal em aumento devido às altas taxas de juros que não podiam cair para não desestimular as entradas de capitais. São dois elementos contraditórios: o endividamento público tende a aumentar e ficar fora de todo controle, arriscando gravemente a política antiinflacionária e destruindo a âncora fiscal do real. Ao mesmo tempo, o déficit em transações correntes se manteve em crescimento e terminou por derrubar a âncora cambial.

A desvalorização cambial era pois inevitável e seria cada vez mais violenta de acordo com o tempo que fosse adiada. Durante essa espera não havia como empregar mais capitais em uma economia tão desequilibrada e instável. Dois meses antes das eleições começou a saída de dólares esperando a desvalorização depois delas.

O governo dispunha de altas reservas mas fazia muito tempo que vinha fazendo dívidas de curto prazo em dólares para cobrir seus enormes déficits cambiais. Faça você mesmo a conta, caro leitor:

O Brasil dispunha em julho de 1998 de aproximadamente 72 bilhões de dólares em reservas.

Em agosto e setembro saíram 30 bilhões de dólares com a expectativa de desvalorização e continuavam saindo dólares na expectativa da desvalorização. Isto baixou as reservas para 42 bilhões em setembro.

Em outubro havia aproximadamente 30 bilhões de dólares em dívidas vencidas. Se elas não se renovassem, como ocorreu, sobrariam 12 bilhões de dólares em reservas.

Até o final do ano havia aproximadamente 20 bilhões de dólares em pagamentos de juros da dívida por honrar e aproximadamente 17 bilhões de dólares em déficit cambial por cobrir. Entramos em uma crise de liquidez de 25 bilhões de dólares!

Aonde conseguir estes recursos? Havia somente uma fonte: o FMI e o auxílio das economias centrais. É aí onde entrava a crise internacional. Os recursos do FMI estavam quase zerados. Os 7 Grandes estavam comprometidos com vários processos de quebra bancária e crises cambiais na Ásia, na Rússia e em outros países da América Latina.

Foi necessária uma ação de emergência dos Estados Unidos e do FMI para tentar obter estes recursos. Mas era necessário estancar a origem da crise: desvalorizar o real (o FMI exigia uma desvalorização de 15% mas a supervalorização era superior a 30% e o choque psicológico elevava para 50 ou 60% a desvalorização do real). Isto provocava uma crise gravíssima na Argentina que vendia 35% de suas exportações ao Brasil. Ao mesmo tempo seria muito difícil manter a estabilidade interna de preços. A crise se propagará para a América Latina e para várias empresas norte-americanas. A crise política se tornaria demasiado grave.

É portanto evidente que para surgir uma ajuda imediata seria muito difícil evitar a desvalorização cambial. O FMI não exigia a queda dos juros mas é evidente que esta era a questão central. Sem isso não haveria estabilidade fiscal e era um absurdo obrigar o governo a cortar mais 3 a 4% do PIB em gastos públicos para pagar juros. Assim mesmo a depressão resultante desta política de juros altos diminuiria drasticamente as entradas fiscais obrigando a maiores cortes com gastos.

Era necessário reverter o processo vicioso em que estávamos e isto somente seria possível com a queda drástica da taxa de juros, a entrada de grandes ajudas financeiras não especulativas (25 bilhões de imediato e um fundo de mais 20 bilhões foi o que se conseguiu surpreendendo os meios financeiros internacionais), e uma desvalorização cambial, se possível progressiva, era inevitável. A partir daí se poderia retomar o crescimento e iniciar um círculo virtuoso que permitiria ao país sair da crise sem tragédias colossais.

6. A CRISE BRASILEIRA: PALAVRAS... PALAVRAS...

O presidente Fernando Henrique Cardoso cultivou nos seus 8 anos de governo uma dupla imagem que não poderia administrar indefinidamente.

Nas suas intervenções internacionais se apresentava como um líder de centro esquerda ligado à chamada terceira posição; assim mesmo mostrava-se como um crítico da desregulação do sistema financeiro internacional e feroz adversário do capital de curto prazo e dos altos juros que favoreciam sua volatilidade, chegando mesmo a apoiar a proposta de Tobin (a taxa tobim) de estabelecer um imposto para o capital financeiro, sobretudo de curto prazo. Por fim apoiava firmemente as políticas de integração sub-regional com o MERCOSUL e se opunha à tentativa norte-americana de impor a curto prazo um mercado comum das Américas (ALCA). Algumas vezes inclusive levantou sua voz a favor de amplos programas sociais.

Se olharmos o seu governo no Brasil vamos encontrar, contudo, uma realidade totalmente oposta.

Em primeiro lugar, o seu governo era uma aliança de centro direita. Seu partido (o PSDB) onde existia um descontentamento importante com o seu governo seria, segundo ele, o bastão do centro na coalizão governamental. Em seguida vêm os dois partidos que sustentaram a ditadura militar: em primeiro lugar o PFL era o mais forte aliado do governo e indicava seu vice-presidente, um ex-ministro de vários governos militares; o seguinte partido era derivado do partido da ditadura, o PP. Em seguida vêm os apoios mais condicionados a seu governo.

O PMDB se divide em várias facções, algumas favoráveis ao governo e outras contra. Seu Congresso Nacional decidiu não apoiar oficialmente nenhum candidato a presidente, durante a sua reeleição foi um aliado importante no congresso com presença de ministros leais.

O PTB é um conglomerado de interesses econômicos e políticos. Seu presidente apoiou firmemente FHC em 1994 mas se irritou com o governo ao perder finalmente seu banco (Banco Mercantil), apesar da forte ajuda recebida deste governo.

Trata-se portanto de uma coligação de partidos e forças de centro direita que sustenta uma política econômica e social claramente definida neste espectro político. Isto é ainda mais claro quando vemos que sua proposta governamental se apresenta contra a esquerda que se apresentou em 1994 dividida em várias listas e que começou a unificar-se somente nas eleições de 1998. Sob a liderança do PT (Partido dos Trabalhadores) e seu presidente de honra Lula da Silva, tendo como candidato a vice presidente o ex-governador Leonel Brizola, presidente do PDT. Inclusive, nessas eleições foi apresentada uma candidatura de centro contra o governo FHC através do ex-governador Ciro Gomes, o que definiu mais claramente o conteúdo direitista do governo FHC. Podia-se inclusive duvidar do caráter de centro do governo FHC.

Isto nos conduz à segunda duplicidade do presidente brasileiro. Enquanto internacionalmente se opõe ao capital de curto prazo, internamente, afundou e ancorou a sua política econômica na importação deste capital. O modelo do plano real no qual baseou-se até o final de seu governo, apesar do hiato de 1999, era claramente inspirado nos princípios do Consenso de Washington e a sua ligação com o FMI e o Banco Mundial só foi ignorada para defender a insensata sobrevalorização do real por razões eleitoreiras e, pasmem-se os leitores, para escapar das obrigações sociais exigidas pelos empréstimos do Banco Mundial em 1999. Pois este banco é uma agência de fomento de desenvolvimento e não pode emprestar dinheiro para cobrir déficit financeiro como de fato o fez, ilegalmente, ao juntar-se ao fundo organizado em janeiro de 1999 para salvar o Brasil do *default* absoluto. Por quanto tempo seria possível manter a duplicidade de palavras do ex-presidente se viu nas eleições de 2002.

O povo brasileiro disse não e 77% votou nos candidatos da oposição no 1° turno das eleições presidenciais.

A coalizão de forças políticas que sustentou o governo Fernando Henrique Cardoso durante cerca de oito anos entrou definitivamente em crise em 1999. A origem desta crise se encontra no esgotamento de uma política econômica que parecia bem-sucedida no começo, mas que levou de fato o país a uma das mais graves crises de sua história.

Esta foi a história das experiências neoliberais dos anos 90. Salinas durou seis anos de esplendor, até a crise de 94. Menen conseguiu reeleger-se uma vez, mas não logrou a segunda reeleição até que seu país entrou na dramática crise de 2001. Fujimori também conseguiu uma reeleição e caiu quando quis impor seu terceiro mandato. Na Venezuela a crise explodiu no "Caracazo", com Andrés Pérez no governo, mas foi suplantada com mais dez anos de consenso neoliberal, que ganhou a maioria da esquerda e passou o bastão da oposição ao líder da tentativa insurrecional que nascera do "Caracazo": Hugo Chávez.

Estes e outros casos indicam que se amplia a convulsão social e política a que nos levou a adoção do Consenso de Washington na região. E é necessário levar em conta que os primeiros anos de êxito destas políticas se deveram fundamentalmente à existência de reservas em divisas significativas em todos estes países no começo destas experiências.

As reservas acumuladas durante a suspensão do pagamento da dívida externa na segunda metade dos anos 80 asseguraram as políticas de supervalorização das moedas nacionais de cada país. Somadas aos recursos gerados pelas privatizações no mesmo período, permitiram a atração de capitais especulativos dos centros financeiros internacionais para cobrir os déficits comerciais gerados pelas políticas de câmbio supervalorizado.

Dentro de seis a sete anos os compromissos gerados com a entrada de capitais externos, atraídos por altos juros pagos pelos Estados envolvidos em gigantescas dívidas públicas em moeda local ou em dólares, começam a esgotar-se. Em seu rastro deixara um endividamento público colossal que impossibilita qualquer política de investimentos públicos e atinge inclusive os gastos públicos tradicionais, provocando um recuo da participação do Estado na economia real e uma crise fiscal sem precedentes. A origem desta crise são os pagamentos do serviço da dívida pública.

É necessário insistir que a diminuição dos gastos públicos não impede que este mesmo Estado aumente enormemente seus gastos no pagamento de juros que é hoje em dia a verdadeira fonte do déficit público. No caso do Brasil, os pagamentos de juros pelo setor público alcançavam mais de 12% do PIB. Enquanto isso a balança primária (excluindo os juros) do orçamento apresenta um superávit que chegou a 5% do PIB no governo Lula!

Estes governos conseguiram inverter totalmente o sentido da atividade estatal. A partir deles, o Estado existe para pagar juros e não para realizar políticas públicas. Enquanto os capitais entram mais do que saem, e as vendas de empresas públicas aumentam a liquidez das contas públicas. Parece que estamos no paraíso. Quando o contrário se instaura com as remessas de lucros e pagamento de juros e outros "tributos", instaura-se o inferno.

O mesmo ocorre no setor cambial: a existência de uma moeda forte aumenta de maneira milagrosa o poder de compra da classe média no exterior e põe à sua disposição produtos importados de todo o mundo a preços bem mais acessíveis. Depois, o esgotamento das divisas é provocado pelos gastos excessivos no exterior, pelo déficit comercial e pela saída de lucros obtidos pelo capital especulativo ou pelo envio dos lucros extraordinários obtidos através de uma privatização corrupta. Em conseqüência, estas mudanças geram seu contrário. Inicia-se a era das desvalorizações cambiais, da escassez de divisas, dos créditos não reembolsáveis, das quebras do setor financeiro.

Passamos assim do céu ao inferno em poucos dias. Os líderes desses processos se transformam de milagrosos gênios da economia em vulgares criminosos processados pelos poderes públicos de seus países. As ambições de um terceiro mandato se esvaem junto com o fracasso econômico e as revelações sobre seu custo ético.

Esta é a etapa do ciclo do Consenso de Washington que viveu Fernando Henrique Cardoso em 2002. Impossibilitado de tentar um terceiro mandato, que dependeria de uma reforma constitucional, coube a ele presidir um processo eleitoral complicado.

Havia uma convicção crescente, que saia das pesquisas de opinião pública, de que o povo brasileiro não votará mais num candidato de Fernando Henrique Cardoso. Mas ao mesmo tempo, seu partido reivindicava comandar qualquer processo eleitoral para sucedê-lo, propondo um esquema mais de centro sob o lema da "continuidade sem continuísmo".

Esta determinação deu origem a um enfrentamento crescente entre o PSDB e o PFL, que foi um fiel escudeiro do Presidente quando ele governou com um programa de direita, mais ao gosto deste partido do que de seu próprio. O instinto de sobrevivência política do PFL o encaminhou para a oposição, nas vésperas das eleições.

Em conseqüência o PFL lançou uma candidatura própria que lhe permitisse negociar em melhores condições a sucessão, frente à determinação do PSDB de ter seu próprio candidato a presidente e preferir fazer um acordo com o PMDB para a vice-presidência. Desta forma completou-se um ciclo de distanciamento entre o PSDB e a direita liberal mais conseqüente.

Assim, todas as forças políticas queriam abandonar o barco do fracasso econômico das políticas neoliberais. De um lado, reivindicavam que se deteve a inflação através do plano real. Mas, ao mesmo tempo, reconhecem que se pagou um custo extremamente elevado por esta estabilidade econômica e que talvez exista alguma alternativa para esta política que conduziu o país a oito anos de estagnação e a uma situação de claro perfil recessivo.

Em 2001 o crescimento do PIB do Brasil foi de 1,5% em um país no qual a população cresce 1,3% e o mercado de trabalho absorve a cada ano uma população jovem equivalente a 2,3% da população. Geramos a cada ano uma massa incrível de jovens desempregados, melhor dito, excluídos do mercado de trabalho que servem de combustível para o aumento da violência.

Os estudos de opinião indicavam que os temas da violência e do desemprego eram os que preocupavam a maioria da população brasileira. E cada vez se fazia mais clara a correlação entre os dois fenômenos. Da mesma forma se atribuía cada vez mais claramente esta situação aos efeitos de uma política econômica fundamentalmente recessiva.

Estes fatos explicavam as contradições na frente governista. De um lado, o PSDB e a fração governista do PMDB procuravam separar-se do PFL, cujo perfil direitista era apresentado como o principal inspirador das políticas recessivas do plano real. Do outro lado, o PFL procurava separar-se do governo em seu conjunto para apresentar uma candidatura presidencial "independente". A primeira escolhida foi a governadora do Maranhão, Roseana Sarney, filha do ex-presidente José Sarney.

Desconhecida da maioria da população do país (como era Fernando Collor, tornado presidente pela mídia eletrônica), Roseana foi levada ao segundo lugar nas pesquisas eleitorais em poucas semanas de programas publicitários baseados em sua condição de mulher. Enquanto isso o candidato do PSDB e do governo, José Serra, não conseguia crescer eleitoralmente.

Frente a esta situação, setores do governo iniciaram uma exposição à opinião pública das múltiplas acusações que existiam na justiça contra a sra. Roseana e seu marido. Isto incluiu uma devassa da Polícia Federal em uma de suas empresas. Roseana, seu pai e seu irmão, conhecidos como o "clã Sarney" reagiram violentamente, exigindo o rompimento imediato do PFL com o governo.

As coisas se precipitaram pondo em risco a hegemonia da direita no país. Neste contexto, ampliaram-se as possibilidades da esquerda. Havia uma clara intenção de ganhar as forças de centro para uma proposta alternativa que o país tanto desejava. Mas se buscava uma fórmula sólida, que excluísse o fracasso de De la Rua na Argentina, que terminou chamando ao governo o ministro Cavallo, o símbolo do governo neoliberal. Estava claro que era necessário partir para uma nova política econômica que recolocasse o país no caminho do crescimento econômico, do pleno emprego, do desenvolvimento humano e sustentável. E apesar das afirmações contrárias do pensamento único, por demais fracassado e desmoralizado pela prática social, este caminho existe. Basta que se criassem as condições políticas para tal.

7. OS FUNDAMENTOS DO FRACASSO CONSERVADOR

José Serra foi o candidato do governo. Ele foi, nos anos 60 e parte dos anos 70, militante da Ação Popular, organização política da esquerda cristã fundada em 1962, que depois do golpe de Estado de 1964 se declarou marxista-leninista, aderindo ao maoísmo; foi ex-presidente da União Nacional dos Estudantes e foi companheiro de campanha eleitoral de Lula em 1978 nas lutas anti-ditadura. Sua plataforma pretendeu diferenciá-lo de Fernando Henrique Cardoso pelo seu maior interesse na questão social e no crescimento econômico, aproximando-o, em parte, à oposição. Seu lema era a "continuidade sem continuísmo". Quer dizer, rigor fiscal e monetário com crescimento moderado e maiores gastos sociais.

A vitória de Serra significaria a continuidade da aliança entre as forças conservadoras nacionais e internacionais e um importante setor dos quadros técnicos e empresariais do país. Esta aliança ganhou um amplo apoio social em 1994 ao administrar a queda da inflação brasileira que foi concomitante à queda da inflação mundial.

Se no começo da década de 90 quase todos os países do mundo registravam altas taxas inflacionárias, no começo do século XXI há somente uns três casos de inflação de dois dígitos mas em evidente queda.

Isto não impediu que todos os governos que coincidiram com esta deflação mundial, apresentassem seus planos anti-inflacionários como a explicação dos êxitos conseguidos no período. O grave é que continuam com este discurso quando a preocupação mundial é cada vez mais claramente a ameaça deflacionária. Esta é uma das principais causas de seu envelhecimento.

Na verdade, a continuidade desta aliança encontra-se gravemente ameaçada. A razão é simples: o favorecimento do capital financeiro nacional e internacional no período levou a grandes transferências dos recursos de toda a população para este setor e levou à recessão, ao aumento do desemprego e à perda de posição do país na economia mundial. Um exemplo desta decadência é a perda da liderança do produto bruto latino-americano para o México e a diminuição significativa da participação do Brasil no comércio mundial.

Apesar da insistência do governo e da mídia sobre a solidez dos fundamentos da economia brasileira, os investidores internacionais não acreditam neste conto. Diminuíram seus investimentos, deram um alto valor ao risco Brasil e especularam em torno da queda do real diante de um dólar em desvalorização mundial. Apesar de atribuírem esta desconfiança a razões políticas, em função de uma possível vitória da oposição, a verdade é que os fundamentos da economia brasileira iam muito mal e assim continuam até agora, só que não se mudou de política.

O elogiado superávit fiscal de aproximadamente 3,5% a 3,7% do PIB era nada mais nada menos que um "superávit primário", pois o pagamento de juros do Estado brasileiro alcançou de 8% a 9% do PIB, obrigando o Estado a procurar fontes externas de financiamento para seu déficit nominal, que é o verdadeiro déficit do governo. Este alcança 4 a 6% do PIB, o que exclui o Brasil de qualquer situação de equilíbrio fiscal.

O mais grave, porém, é que a dívida pública aumentou, durante os 8 anos da equipe econômica do real, de 26% do PIB para 67% do PIB representando um dos casos mais espetaculares de irresponsabilidade fiscal em toda a história da economia. E isto aconteceu ao mesmo tempo em que o governo conseguiu elevar as receitas públicas de 27% para 34% do PIB. Contudo, este aumento de 9% a 10% do PIB foi destinado ao pagamento de juros da dívida pública.

Ao mesmo tempo a situação cambial, depois da política irresponsável de manter uma moeda supervalorizada por cinco anos, era muito grave. O impressionante déficit comercial gerado por esta política desastrosa havia sido agravado pelos déficits nos gastos turísticos, pagamentos de fretes e seguros e outros itens negativos, como a remessa crescente de lucro para o exterior por empresas que se instalaram no país em condições de altas taxas de lucros.

Não é necessário insistir nas dificuldades que o país se encontrava em fechar suas contas externas ao final de cada ano. Isto só foi possível através da atração de capitais do exterior. Para isto se impôs (contra a evolução natural do mercado) estes juros colossais para empréstimos de curto prazo. Ao mesmo tempo buscou-se atrair capitais do exterior para comprar empresas estatais, privatizadas a preços extremamente convenientes para os investidores. Ambas as fontes desapareceram quando ficou clara a necessidade de desvalorizar a moeda. Isto levou à retirada maciça de dólares do país na segunda metade de 1998 até a desvalorização de janeiro de 1999, que não conseguiu reverter a situação cambial. Somente com a "generosa" ajuda de um fundo de 41 bilhões de dólares, administrados pelo FMI, o Brasil pôde sair do passo.

Em 2002 a situação não mudou significantemente em relação a 1999. O superávit comercial, esperado como resultado da desvalorização, foi extremamente modesto até o segundo semestre de 2002 e o buraco do balanço de pagamentos se afundava cada vez mais. O medo dos investidores em relação às novas desvalorizações do real era maior que todas as vantagens que pudesse oferecer o governo brasileiro.

Não se poderia, portanto, mascarar a gravidade da situação com os discursos sobre "sólidos fundamentos" absolutamente inexistentes. Já vimos estes elogios ao México de Salinas, à Argentina de Menem e de Cavallo, ao Peru de Fujimori, ao Chile de Pinochet antes do desastre de 1982 etc.

O grave da situação era a intenção da equipe econômica, responsável por esta situação desastrosa, de exigir a continuidade de sua política, inclusive por parte da oposição. Mais grave ainda foi e é a vacilação de setores da então oposição frente a estas pressões que se articulam com as pressões especulativas em um mercado frágil e fluido. Este foi o caminho do presidente De la Rúa na Argentina que terminou por chamar de volta o inimigo número um, o próprio Cavallo, ao Ministério da Economia, com o conhecido fracasso de uma nova gestão.

Este quadro de incerteza imediata mudou o debate político no Brasil para o tema da transição. Haverá ruptura, disse Lula na Convenção Nacional do Partido dos Trabalhadores, mas deverá haver um período de transição. Alguns apontavam inclusive para a "necessidade" de manter os quadros da equipe econômica que conseguiu conservar sua autoridade apesar dos desastrosos resultados de sua gestão.

Os demais candidatos da oposição (Ciro Gomes e Anthony Garotinho) criticavam qualquer vacilação em determinar um caminho de rompimento com o modelo do Real, apesar de Ciro Gomes ter sido Ministro da Economia de Itamar

Franco quando começou o Plano Real e se iniciou a abertura econômica unilateral, tão questionada juntamente com os aspectos financeiros do modelo. Esta contradição foi explorada eleitoralmente por Serra empurrando a candidatura de Ciro para o último lugar.

Como vemos, o clima de "aproximação" entre os programas dos candidatos não pareceu garantir uma situação tranqüila. Ficou no ar a necessidade de aprofundar o debate sobre as verdadeiras coincidências e diferenças. Não há dúvida que este debate teria uma importante repercussão nos meios políticos, profissionais e acadêmicos. Sobretudo quando a experiência argentina parece indicar os possíveis desdobramentos da conjuntura brasileira.

Ao contrário, todos procuravam evitar uma tensão tão grave e sacrifícios tão definitivos para a população. Mas o caminho para a superação da crise está cheio de perigosos abismos. O mais perigoso de todos são as imposturas tentadas pelos "economistas de terceira linha" das universidades mais conceituadas no ranking, os quais dominam os organismos internacionais, segundo Joseph Stiglitz. O que não impede que sejam seguidos em massa pelas quartas e quintas linhas que dominam grande parte dos meios de comunicação a serviço destas falsidades e imposturas. Foi assim como o país se viu imerso em sua pior recessão, no ano 2003. Na verdade, estes incompetentes "técnicos" da direita foram chamados para dirigir um governo nascido do repúdio de seus malabarismos verbais e de suas práticas genocidas.

8. ROMPER O IMPÉRIO DO PENSAMENTO ÚNICO

Não há dúvida que a implantação do pensamento único por umas duas décadas produziu uma incapacidade de colocar sobre a mesa as questões corretas. Em seu lugar, se desenvolveu um discurso fechado que, frente a qualquer contestação, recorre sempre às mesmas perguntas, carregadas de preconceitos e estigmas lançados contra os adversários com o intuito de desmoralizá-los. Trata-se de um método de imposição de idéias recusando-se a analisá-las ou discuti-las. Ninguém pode questionar a "verdade" indiscutível dos princípios do pensamento único...

O grave é que esta atitude não é adotada somente no plano teórico. A mesma tática é utilizada no plano político, visando assegurar a continuidade de práticas já fracassadas, ainda quando as evidências contrárias tenham se tornado incontestáveis. Exatamente porque não podem contestar as evidências contrárias às suas propostas, seus epígonos fogem do debate através das perguntas capciosas. Elas se apresentam como um reflexo das verdades eternas decorrentes dos altos conhecimentos técnicos dos sacerdotes da "ciência" econômica.

É necessário ressaltar que este capítulo retorna uma argumentação que desenvolvemos em várias ocasiões, inclusive na primeira parte deste livro e que procura demonstrar a tese de que a ciência econômica, sob sua forma neoliberal, tem assumido um papel similar ao da escolástica na Idade Média Ocidental. Trata-se de um bloqueio mental com o objetivo ideológico de garantir a manutenção de uma ordem existente. Ela visa manter, no plano intelectual e moral, todo um modo de produção e organização social que já se encontra condenado por suas contradições internas, mas sobretudo por suas contradições com as potencialidades humanas de alcançar novos níveis de vida e de civilização.

Vejamos alguns exemplos que afetam dramaticamente as lutas políticas e sociais nos nossos dias:

O primeiro exemplo é o que se refere à capacidade da humanidade de resolver alguns dos problemas históricos que a perseguiu através dos tempos, como a erradicação da fome e da pobreza, ou a generalização da educação, da saúde e do ócio.

Todos nós sabemos que o impressionante desenvolvimento das forças produtivas baseadas na revolução científico-técnica permite que todas estas questões sejam resolvidas tecnicamente. O fato de não serem implementadas as soluções possíveis é uma conseqüência evidente da organização social e política superada a que nos referimos nas linhas acima.

O pensamento neoliberal quer exatamente restringir as soluções destes problemas fundamentais aos limites do funcionamento do "livre mercado" e de uma noção antiquada e reacionária do equilíbrio econômico. Ao estabelecer um modelo ideal de equilíbrio baseado nos chamados fundamentos da economia: o monetário, o fiscal, o cambial, o da oferta de trabalho (infiltrado nas conclusões da inefável curva de Phillips que considera o pleno emprego uma situação de desequilíbrio e uma fonte absoluta de inflação), o pensamento neoliberal opõe as condições de realização deste equilíbrio ao desenvolvimento econômico e social da humanidade.

É necessário destacar que este equilíbrio não acontece em nenhum lugar da Terra, como vimos nos capítulos anteriores. Pelo contrário, a economia mundial contemporânea, particularmente na fase atual, dominada pela globalização selvagem, é caracterizada por um brutal desequilíbrio fiscal, que tem sua expressão na aventura do déficit fiscal norte-americano; no brutal e incontrolável déficit comercial e cambial norte-americano; e nas dificuldades derivadas do crescimento econômico sem geração de emprego, e que reflete a não-transferência dos avanços tecnológicos e da produtividade para a diminuição da jornada de trabalho dos assalariados.

É claro que estes desequilíbrios são a conseqüência direta de uma "ciência" econômica baseada num modelo construído a partir de premissas ideológicas das quais se deduz uma realidade.

Mais claramente: a partir da noção do indivíduo utilitarista e possessivo como o fundamento da natureza humana se deduz que o livre mercado é a opção ótima para a humanidade e que seu pleno funcionamento terá efeitos virtuosos definitivos, formalizados em equações matemáticas mais ou menos sofisticadas.

Como a realidade não se comporta de acordo com estes modelos, nunca será possível encontrar uma realidade que se aproxime dos mesmos. Isto ainda é mais grave quando a competência mercantil assume a forma da competência monopólica ou oligopólica (ou das imperfeições do mercado que estuda Joseph Stiglitz), como ocorre no nosso tempo.

Em tais circunstancias, as políticas de "liberalização" de mercados nada mais fazem que entregar ramos inteiros da economia às corporações monopolistas cujos comportamentos se fizeram cada vez mais óbvios na última crise "ética" das bolsas de ações dos Estados Unidos.

É óbvio que os limites de gastos que se impõem sobre os Estados locais, regionais ou nacionais derivam diretamente dos brutais desequilíbrios fiscais e cambiais criados pelas transferências colossais de recursos públicos ao capital monopolista, em particular do capital financeiro, sob a forma de pagamento dos serviços das dívidas públicas, administrados pelos Bancos Centrais e outros instrumentos de operação de uma tecnocracia cada vez mais poderosa.

É para ocultar estes fatos brutais que se inventou a pergunta infalível quando se demanda a ação do Estado para resolver os problemas-chaves da humanidade que nos referimos acima: de onde virão os recursos? Pois nunca haverá recursos disponíveis quando os gastos públicos são comprometidos com o pagamento de juros administrados segundo objetivos oportunistas, disfarçados de rígidos princípios técnicos.

Vejamos o caso da chamada crise da Previdência Social. Os gastos com a previdência social e com o bem-estar aparecem como "déficits" públicos insustentáveis enquanto o pagamento de juros aos capitalistas aparece como "responsabilidade fiscal" iniludível até com pena de prisão.

O mesmo acontece com as "empresas" públicas, item no qual se incluem facilmente instituições que são sustentadas somente pelo tesouro nacional. Ou, no caso de empresas realmente lucrativas, cujos gastos em investimentos são contabilizados como "déficits" fiscais!

E assim temos de suportar as perguntas repetidas: como financiar o déficit crescente da previdência social quando o número de anciãos é cada vez maior? Claro que a resposta é simples: quando a produtividade cresce mais rapidamente que os anciãos haverá sempre recursos para financiá-los com o mesmo tempo de trabalho anterior ou até menos tempo. Isto desde que os resultados do aumento da produtividade sejam distribuídos socialmente de maneira justa.

Vejamos o exemplo da taxa de juros. Todos sabemos que as taxas de juros se converteram em um item das políticas públicas, administradas pelos Bancos Centrais, mais ou menos independentes. Os critérios para a fixação dessas taxas de juros estão ligados ao aparato conceitual dos economistas neoliberais. As taxas de juros são usadas para conter a demanda e restabelecer o equilíbrio macroeconômico antiinflacionário. Seus efeitos são claramente depressivos e permitem justificar taxas de juros que são absolutamente contrárias à função do setor financeiro que é a de financiar a produção. Estas escolhas disfarçadas de decisões técnicas não passam de recursos públicos a favor de certos grupos sociais.

Outras vezes, como em nossos países, as taxas de juros são elevadas para atrair capitais do exterior. Não se pode dizer jamais que sejam taxas de juros formadas no mercado. Ao contrário, trata-se de um instrumento reconhecido de políticas públicas.

Em compensação, quando determinadas correntes políticas ou ideológicas defendem a necessidade de reduzir as taxas de juros para alcançar os objetivos contrários aos princípios reacionários que orientam a tecnocracia neoliberal, vem sempre a pergunta capciosa: E como pretende reduzir a taxa de juros?

A resposta deve ser bem contundente, definitiva e radical. A verdadeira questão é exatamente a oposta: como podem ter elevado tanto a taxa de juros em nossos países? Como podem ter agredido de maneira tão radical o funcionamento do mercado a ponto de estabelecerem taxas de juros muito superiores à taxa de crescimento da economia, que seria teoricamente o limite para a taxa de juros não cumprir um papel negativo, deixando de ser um fator de financiamento para transformar-se numa força de desfinanciamento da economia... Ou, mais claramente, através de uma taxa de juros superior ao aumento da renda cria-se um instrumento de transferência da mesma dos setores produtivos para os setores parasitários da sociedade.

É evidente que os que formulam as questões deveriam responder as verdadeiras perguntas que cabe à sociedade fazer frente aos responsáveis pelas políticas econômicas cuja arrogância oculta os interesses que defendem. É evidente que não podem responder estas questões sob um ponto de vista técnico em que dizem situar-se. Pois não há sustentação técnica possível para estas taxas arbitrárias de juros assim como para a fixação de valores cambiais administrados por estes técnicos, no princípio da década de 90, na maior parte dos países da América Latina. Assim como não há nenhum fundamento técnico para a maior parte das medidas que tomam estes senhores em benefício do capital financeiro internacional.

Não sei se os leitores terão a ousadia de romper com o terrorismo intelectual imposto pelo pensamento único mas temos de dar nome aos bois: apesar de suas pretensões de serem técnicos independentes estes senhores são péssimos técnicos a serviço de interesses extremamente contrários à solução dos problemas fundamentais da humanidade. Em vez de responder a suas perguntas arrogantes, somos nós que temos muitas perguntas a fazer-lhes...

9. DISSONÂNCIA COGNITIVA

Na psicologia social se fala de uma dissonância cognitiva entre os sujeitos cognoscentes e a realidade que percebem. Este é um fenômeno muito comum, sobretudo em nossos dias, nos quais nossa percepção da realidade é mediatizada pelos meios de comunicação, que servem a interesses contrários à revelação da verdade.

O presidente Fernando Henrique Cardoso utilizou, num discurso no Uruguai em 2002, este conceito para referir-se a uma pretendida "dissonância cognitiva" entre a percepção dos mercados financeiros e a realidade econômica do Brasil. Infelizmente quem sofre de uma dissonância cognitiva é o ex-presidente do Brasil ao tentar ocultar, sinceramente ou não, a gravidade da situação financeira que seu governo impôs ao Brasil.

Apresentemos, de início, um argumento definitivo. O governo do Brasil pagava então, e infelizmente paga até hoje, a mais alta taxa de juros do mundo sob o argumento de que ela reflete as altas taxas de risco do país. Pois bem: se o Brasil paga as mais altas taxas de juros do mundo, tem de estar necessariamente entre os países de maior taxa de risco do mundo, tal como o qualificam as agências especializadas nestas estimativas.

Se estas estimativas são absurdas, como dizia o presidente, também são absurdas as altas taxas de juros que paga o Banco Central do Brasil. Em compensação, quando a então oposição e grande parte dos empresários criticavam as altas taxas de juros, o antigo governo e seus técnicos respondiam que estas são um reflexo realista do mercado e ridicularizam as propostas da oposição de baixá-las.

Ou uma coisa ou outra: se se justifica o pagamento das maiores taxas de juros do mundo, justifica-se também a localização do Brasil entre os mais altos índices de risco do mundo. Ou vice versa: se é um erro situar o Brasil entre as economias de maior taxa de risco do mundo, temos de baixar significativamente a taxa primária de juros que inviabiliza o crescimento e nos conduz a um déficit fiscal gigantesco, que somente faz aumentar nossa taxa de risco.

Mas as dissonâncias cognitivas do então presidente iam muito além. Ele pretendeu levar o país à modernidade, ter equilibrado suas finanças e instaurado o reino da estabilidade monetária e do rigor fiscal no país. Todo o governo afirmava com ênfase que a economia do Brasil apresentava sólidos fundamentos. É necessário não saber nada do que acontece em seu país para acreditar nestas fábulas que infelizmente se repete no governo Lula.

Vamos por partes:

Comecemos pela questão cambial. O presidente FHC iniciou seu governo com uma situação cambial extremamente positiva. Ao assumir o governo, o Brasil dispunha de 32 bilhões de dólares de reserva, um superávit comercial de 16 bilhões de dólares e havia equacionado razoavelmente o pagamento de suas dívidas externas depois de uma longa negociação na qual participou o próprio, então senador, Fernando Henrique Cardoso.

Fernando Henrique Cardoso deixou o governo com 5 bilhões de dólares de reservas, um superávit comercial de 6 bilhões anuais e um déficit em conta corrente de cerca de 40 bilhões de dólares. Os pagamentos de juros internacionais estavam em plena elevação e as obrigações do governo com o Fundo Monetário Internacional implicavam em gastos imediatos em dólares cujo adiantamento de 30 bilhões de dólares pelo FMI foi o que permitiu dispor destas modestíssimas reservas.

Ao mesmo tempo, para complicar ainda mais a gravidade da situação cambial, várias empresas brasileiras lançaram títulos no exterior na fase de valorização artificial da moeda nacional e altíssimas taxas de juros internas. Hoje, com uma desvalorização de cerca de 3 vezes do real, a capacidade de pagamento destes empréstimos pelas empresas brasileiras que vendem ou prestam serviços para o mercado interno é simplesmente catastrófica e os bancos internacionais vacilam em renegociar estas dívidas que vencem maciçamente a cada ano. Calculava-se em cerca de 14 bilhões de dólares os pagamentos imediatos que devem fazer estas empresas, as quais pressionam dramaticamente o mercado interno de dólares, desvalorizando ainda mais o real.

Porém não pára aqui a dissonância cognitiva do presidente. Ele pretende apresentar o Brasil como um modelo de responsabilidade fiscal. Vejamos os fatos: o presidente chegou ao governo em 1994 quando o governo federal tinha uma dívida total de cerca de 64 bilhões de reais. Esta dívida equivalia a pouco mais de 20% do Produto Interno Bruto (PIB). No fim de seu governo, produziu-se um volume de dívida de mais de 800 bilhões de reais. Dívida que cresce todos os dias por estar em grande parte dolarizada (apesar de ser resgatada em reais). Esta dívida se aproximava ao valor total do PIB, na medida em que o real se desvalorizava e aumentava o valor em real das dívidas do governo federal.

Para agravar ainda mais a situação, tratava-se e ainda trata-se de uma dívida a muito curto prazo. Basta dizer que sua rotação total se fazia em 24 meses. Depois de um enorme esforço do governo para prolongá-la, estes prazos tendem a ser de 18 meses. Ainda mais grave: devido às altas taxas de juros o pagamento destes juros se aproximam de 10% do PIB, obrigando o Estado a produzir "pelo menos" 3,7% de superávit fiscal anual para cobrir parte destes pagamentos, completando-os com empréstimos do FMI. O governo Lula elevou a mais de 5% do PIB de superávit primário, transformando os contribuintes brasileiros em vacas de produção de recursos para os parasitas financeiros.

Chamar este desastre fiscal de uma das mais altas expressões de responsabilidade fiscal no mundo é um caso dramático de dissonância cognitiva. O pior é que o povo brasileiro foi submetido a um verdadeiro assalto fiscal para sustentar estas transferências brutais de recursos públicos para o setor financeiro e para os especuladores nacionais e estrangeiros. As entradas fiscais do Estado brasileiro se elevaram no período de 26% do PIB para 34% do PIB.

É evidente que neste quadro fiscal não há nenhum lugar para os investimentos públicos que foram zerados, não houve aumento salarial para o funcionalismo público em todo este período, os investimentos sociais em educação, saúde e habitação estiveram muito abaixo do aumento dos preços, sem falar de qualquer cálculo em dólares que daria resultados dramáticos.

O leitor então deve perguntar pelos resultados reais na economia. Nesse mesmo período o crescimento do Brasil tem sido dos mais baixos de sua história (se calculamos em reais, pois se calculamos em dólares teremos uma queda colossal desde a desvalorização de 1999). O crescimento do PIB em 2002 ficou em 1%, bem abaixo do crescimento da população, o que tecnicamente pode caracterizar-se como uma recessão. O desemprego alcançou este ano o mais alto nível da história do país. A concentração da renda põe o Brasil entre os mais injustos países do mundo.

Este descalabro cambial, fiscal e econômico pretende ser compensado pelo controle da inflação. Contudo nem esta "conquista" pode ser reinvidicada pelo governo FHC. A taxa de inflação estava em plena alta no final de seu governo, fim de 2002, com algo em torno de 10% de inflação. Com uma crise fiscal desta dimensão e uma crise cambial do porte da que vivemos, pode-se imaginar uma dificuldade muito grande para controlar a inflação. O único recurso que utilizou e utiliza o governo até o momento é o aumento da taxa de juros, a contenção drástica do crédito e a recessão.

Em compensação a alta taxa de juros é a culpada do déficit público, provoca a recessão e impacta dramaticamente sobre os preços dos produtos e serviços em toda a economia. Nada justifica mantê-la portanto num nível tão elevado. Ao contrário do que dizem os economistas oficiais do Estado, em vez de ser um fator de controle da inflação, a alta taxa de juros primários paga pelo Estado, aliada ao brutal controle do crédito, tem se convertido em um terrível fator inflacionário.

Não sabemos se Fernando Henrique Cardoso sofria realmente de uma dissonância cognitiva tão dramática ou se simplesmente tentava ocultar os fatos para favorecer a propaganda de seu governo. Os especuladores internacionais não acreditam. O povo brasileiro também não e votou maciçamente nos candidatos da oposição que alcançaram 77% dos votos no primeiro turno, recuando para 64% quando teve de optar por um só candidato da oposição, no segundo turno.

10. O DEBATE SOBRE A NOVA ORDEM INTERNACIONAL

Entre os anos cinqüenta e setenta alguns intelectuais africanos alcançaram a direção política de seus países recém-liberados do jugo colonial. Formados na Europa, tinham uma linguagem e compartilhavam ideais adquiridos nas universidades européias nas quais estudaram.

A intelectualidade européia de esquerda os recebia com entusiasmo apesar de que nos seus países colocavam em prática uma política muito diferente dos princípios doutrinários que defendiam para o mundo. Seu prestígio pessoal os colocava muito acima do prestígio de seus países em graves dificuldades econômicas e com populações submetidas a condições econômicas, sociais e culturais muito precárias. Este foi o caso de Senghor no Senegal, de Nkruhma no Congo, de Sekou Touré na Guiné Konakiri.

Durante um longo período, foram dirigentes de processos revolucionários que não poderiam chegar às suas últimas conseqüências mas que continuaram incorporados ideologicamente aos seus valores e símbolos originais, procuraram demonstrar sua fidelidade revolucionária através, sobretudo, de suas políticas exteriores. Este foi particularmente o caso do PRI mexicano, cuja política exterior de vanguarda conseguia ocultar as concessões crescentes aos inimigos da Revolução Mexicana.

Assistimos ao renascimento de situações aparentemente similares. Quando o presidente do Brasil, um intelectual de prestígio internacional, realizou um discurso no cenário predileto dos casos citados acima: a Assembléia Nacional Francesa. A opinião pública brasileira foi informada de que esta era uma situação absolutamente excepcional que se devia ao prestígio do Brasil e de seu presidente.

Em seguida o presidente Fernando Henrique Cardoso realizou várias entrevistas e uma reunião com o presidente George W. Bush onde tentou estabelecer uma tese crítica à política norte-americana. Consagrando estas intervenções, que tinham sido precedidas de uma conferência acadêmica realizada na Espanha no mesmo tom, desenvolveu seus argumentos sobre a democracia como valor universal.

Surgiram imediatamente várias críticas que reclamavam sobretudo da distância entre as colocações intelectuais que não correspondiam em nada às políticas realizadas pelo presidente no Brasil, como vimos nos capítulos anteriores.

É importante analisar esta situação para avaliar corretamente a extensão e profundidade de um discurso internacional que aspirava colocar seu autor e a diplomacia brasileira na liderança dos países emergentes e subdesenvolvidos.

Seria extremamente positivo que estes setores, excluídos dos centros protagonistas, tivessem encontrado uma voz autorizada para expressar suas necessidades e aspirações nos foros internacionais.

Comecemos por analisar os antecedentes históricos assinalados no começo deste capítulo. Senghor, Nkrumah, Sekou Touré enfrentavam terríveis dificuldades internas nos seus países e duras restrições internacionais para colocar em prática seus ideais nacionalistas e democráticos.

Isto os diferencia profundamente de Fernando Henrique Cardoso. Para chegar ao governo, FHC optou por aliar-se a forças decadentes no país. Particularmente a uma direita que vinha de um longo compromisso com a ditadura militar, expressada no Partido da Frente Liberal (PFL), desprendimento do partido ARENA, responsável civil pela ditadura militar; o Partido Progressista Popular, PPB, que era a continuidade da ARENA; o Partido Trabalhista Brasileiro composto de um grupo de oportunistas que tinha usurpado a sigla histórica de Vargas, Goulart e Brizola através de um golpe do Tribunal Eleitoral da ditadura militar.

Por outro lado, FHC e seu partido desprendido do Partido do Movimento Democrático Brasileiro, o PMDB, opuseram-se às demais forças da frente democrática brasileira: o Partido dos Trabalhadores, o Partido Democrata Trabalhista, o PPS, ex-Partido Comunista Brasileiro, o PC do B, o PCB, enfim todas as forças que compunham uma ampla Frente de Centro-esquerda no país.

As eleições de 1994 polarizaram assim, uma frente de centro-esquerda, da qual se desprendeu o Partido da Social-Democracia Brasileira (PSDB) para aliar-se à direita e formar uma frente de centro-direita. Seu governo se constituiu claramente sob esta orientação de centro-direita.

No começo havia várias justificativas para defender essa aliança. A principal procurava situar as forças em torno de Lula em uma perspectiva de ultra-esquerda e, por outro lado, procurava explicar a necessidade de contar com a direita para garantir a governabilidade.

Contudo, com o passar dos anos, FHC assumiu de tal forma o programa da direita no país que eliminou qualquer possibilidade de uma liderança autônoma da direita que passou totalmente para o seu controle. A primeira razão para esta aliança tão estreita era o objetivo cada vez mais explícito de reformar a constituição brasileira para obter o estatuto da reeleição. Para tal FHC necessitava dos dois terços do parlamento e não contava para nada com os votos da esquerda. Para conquistar estes votos era melhor polarizar com a esquerda.

Também eram necessários os dois terços do parlamento para aprovar uma nova lei de privatizações que permitiu a dilapidação total do Estado brasileiro construído durante os anos do varguismo, iniciados com a revolução de 1930 e que a ditadura militar, instaurada em 1964 não conseguiu destruir, apesar de ter chegado ao poder com o programa liberal preparado por Roberto Campos e os ultraliberais que assaltaram o poder junto com os militares.

Eram necessários dois terços do parlamento para terminar com a propriedade nacional do subsolo e das minas do país, para terminar com o monopólio do petróleo que pertencia à Petrobrás, para terminar com a maior companhia mineradora do mundo, a Vale do Rio Doce, reduzida à condição de uma companhia privada que maneja minérios avaliados em trilhões de dólares adquiridos por uns 6 bilhões de dólares.

A frente de centro-direita serviu, portanto, para introduzir "reformas", ou melhor, contra-reformas, fundamentais exigidas pelo Fundo Monetário Internacional e pelo Banco Mundial, apesar de que no momento inicial, o governo FHC não sofreu restrições internacionais significativas.

Como já vimos, Fernando Henrique Cardoso chegou ao poder no Brasil com a dívida externa recém-renegociada (em condições inferiores a países como México mas bastante razoáveis em curto prazo), com reservas em divisas de 32 bilhões de dólares, com um superávit comercial em torno de 16 bilhões de dólares anuais, com uma situação fiscal bastante razoável, com uma dívida interna de 65 bilhões de dólares, correspondendo a 35% do Produto Interno Bruto. Tinha, portanto, excepcionais condições de negociação nacional e internacional.

É terrível constatar que a depredação do Estado, realizada por seus aliados e por seus companheiros tenha levado o país para um desastre colossal. Ao final de seu governo a situação era completamente oposta. O Brasil tinha então uma dívida externa em explosão, não tanto por seu valor direto mas pelo aumento das dívidas de particulares que dobrou a dívida do país e que terminará assumida pelo Estado caso continuem no poder as forças que representam o capital financeiro internacional.

A dívida pública aumentou 10 vezes. O Estado brasileiro deve hoje aproximadamente 850 bilhões de reais em forma de dívidas internas que estão comprometidas em grande parte segundo uma indexação ao dólar. Isto representa 56% mais ou menos do PIB. O pior, contudo, são os serviços desta dívida que chegam a 10 ou 12% do PIB devido às altíssimas taxas de juros pagas pelo Estado aos seus devedores internos, nacionais e estrangeiros.

Em conseqüência desses gastos colossais para o pagamento do serviço da dívida interna, o Estado Brasileiro, que apresentava uma invejável situação de equilíbrio fiscal em 1994, apresenta hoje um déficit nominal de aproximadamente 6% do PIB. Isto porque o setor público produz um "superávit primário" de aproximadamente 5% do PIB que se destina única e exclusivamente ao pagamento de juros.

Para coroar esta situação, foi imposta, através do parlamento, uma lei de responsabilidade fiscal que obriga os governos locais, estaduais e nacionais a destinar todos os superávits fiscais ao pagamento das dívidas públicas, com pena de prisão aos administradores que se negarem a destinar seus recursos públicos aos bancos e não às necessidades sociais de seus cidadãos.

Como vemos, portanto, não se trata de um governo que não dispunha de recursos para desenvolver importantes políticas sociais. Tratava-se de um governo que, propositalmente, utilizando argumentos da má "ciência" econômica, prefere comprometer seus recursos, obtidos através de impostos cobrados da população, ao pagamento de juros a um sistema bancário que vive hoje com mais de 80% de empréstimos para o Estado, negando-se a realizar qualquer empréstimo a particulares.

É necessário assinalar que o governo criou um programa de apoio aos bancos em quebra (apesar de todas as vantagens obtidas) de aproximadamente 35 bilhões de dólares que se somam aos 120 bilhões transferidos anualmente em forma de pagamentos de juros.

Não se pode comparar esta situação à dos líderes africanos que contavam com sérias restrições, apesar de sabermos que acumularam em geral fortunas pessoais muito superiores às possibilidades de seus países.

Também não se pode comparar o caso brasileiro ao mexicano. Seja como for, o PRI defendia nos foros internacionais posições de vanguarda que deram Prêmios Nobel a muitos mexicanos na área de direito internacional e da literatura. Sua política exterior ia desde o rompimento diplomático com a Espanha fascista até o rompimento com Pinochet e a negativa de rompimento com Cuba quando a OEA estabeleceu esta consigna em 1961.

Na verdade, as colocações de Fernando Henrique Cardoso no campo intelectual pouco se destinavam ao público interno brasileiro. Elas ficaram num plano extremamente abstrato e não empolgavam a intelectualidade brasileira. Elas não apontavam de maneira coerente na direção de uma ordem internacional mais justa e eqüitativa.

Durante seu governo, gerou-se o fenômeno das grandes manifestações da massa contra a globalização, e na cidade de Porto Alegre se concentraram as forças contestatórias internacionais, sem que o governo brasileiro se sentisse aludido. Na verdade, FHC não conseguiu empolgar a intelectualidade de esquerda como seus predecessores africanos ou mexicanos. Ela se esvaeceu em sua essência conservadora diante da radicalização do cenário internacional.

11. 2002: ELEIÇÕES CRUCIAIS E O SOCIALISMO MADURO

As eleições de outubro de 2002 foram talvez as mais significativas da história do Brasil. Temos de lembrar, nesta oportunidade, de que o povo brasileiro elegeu o presidente da República, os deputados, senadores, os governadores de todos os Estados e suas respectivas Assembléias Legislativas. Somente não foram renovadas nessa ocasião as autoridades municipais cujas eleições foram realizadas em 2000, apresentando um crescimento muito significativo de todos os partidos da oposição, particularmente o Partido dos Trabalhadores.

Como vimos no capítulo anterior, o bloco de forças que sustentou Fernando Henrique em dois mandatos começou a dividir-se como resultado da perda do apoio eleitoral do governo e a convicção de grande parte dos políticos de sua inevitável derrota em outubro de 2002. É interessante notar que todos procuravam separar-se da política econômica do governo. As pesquisas de opinião revelaram claramente que existia uma forte maioria favorável a um programa de centro-esquerda no país e uma decisão firme de derrotar o governo. Inclusive foi por esta razão que o candidato do PSDB José Serra se apresentou como um opositor à política econômica. Oposição esta que o teria levado a pedir demissão do cargo de Ministro do Planejamento para ser recolocado como Ministro da Saúde.

Para completar este quadro temos de assinalar que o quinto partido que apoiava o governo FHC era o Partido Popular Brasileiro (PPB), que reúne os setores da ditadura militar que continuaram fiéis à mesma em 1984. Eles lançaram a candidatura de Maluf à presidência no Colégio eleitoral de 1984. E continuam muito ligados a ele. Têm feito críticas à política econômica por erros de aplicação e má gestão dos princípios com os quais estão de pleno acordo. Insatisfeitos com sua posição secundária no bloco do poder, pretendiam lançar candidatura própria para a presidência mas desistiram desse projeto terminando, como o PFL, sem candidatos a presidente e vice-presidente.

Este bloco de forças de centro-direita, no qual a direita era o peso principal, sobretudo na medida em que FHC assumia a liderança pessoal sobre as forças da direita, diminuindo o papel de seus líderes históricos, confrontou-se em várias ocasiões com uma oposição de centro-esquerda, com forte influência da esquerda. Ela foi unida à eleição de 1998, tendo Lula como candidato a presidente e Leonel Brizola como vice. Lula, presidente de honra do Partido dos Trabalhadores, fora o candidato do PT em 1989, conseguindo chegar ao segundo turno contra Fernando Collor, do qual perdeu por 3% de diferença. O país se dividia ao meio entre centro-direita e centro-esquerda. Em 1994 uma parte do centro se alia à direita, com Fernando Henrique Cardoso encabeçando esta nova frente. Era esperado que o centro dominasse o governo mas os fatos demonstraram o contrário, sobretudo no plano da política econômica. Em conseqüência, o país se voltou para a centro-esquerda outra vez. E o próprio PSDB tentou salvar-se prometendo um governo de continuidade mas não "continuísta".

É natural que, no novo contexto, a candidatura de Lula aparecera como o desaguamento natural desta tendência eleitoral. Acontece, contudo, que uma grande parte do centro desconfiava de um governo do Partido dos Trabalhadores e temia a ascensão à direção do país de um candidato de origem popular e partidária tão marcada. Todo o esforço do PT se concentrou em fixar uma imagem moderada de um partido que amadureceu em 22 anos de luta institucional, dispondo de várias prefeituras, governos de Estado e vasta tradição parlamentar.

Os demais membros da Frente de esquerda que apoiou Lula em 1998 se sentiram inseguros com sua candidatura dirigida tão claramente para o centro. Leonel Brizola abandonou a Frente para apoiar Ciro Gomes, depois de ter tentado inutilmente atrair Itamar para o seu partido. Isso fez a candidatura de Ciro Gomes ficar mais confusa. Entre Ciro Gomes, que pertenceu ao governo Fernando Henrique como Ministro da Economia, o ex-Partido Comunista, hoje PPS, o PTB, criado pela ditadura e sem nenhum perfil ideológico e o PDT de Leonel Brizola, não havia muita coisa em comum.

Anthony Garotinho se elegeu Governador do Rio de Janeiro em 1998 numa frente de forças de esquerda onde estava o PDT, ao qual pertencia, o PT, o Partido Socialista Brasileiro (PSB), o Partido Comunista do Brasil (PCdoB) e o Partido Comunista Brasileiro. Durante o seu governo, Leonel Brizola entrou em choque com ele por ter-se lançado candidato a Presidente da República e por discordar da candidatura de Brizola a prefeito da cidade do Rio de Janeiro, o que rompia a Frente de Esquerda que tinha decidido lançar um candidato do PT a prefeito do Rio. Garotinho teve de sair do PDT, no qual militava desde sua fundação em 1982, para incorporar-se ao PSB, que o lançou à presidência. Ele levou consigo a maioria esmagadora do PDT do Rio de Janeiro e agregou ao PSB importantes lideranças políticas de todo o país.

A candidatura de Garotinho era ainda uma incógnita. No Estado do Rio de Janeiro contou com uma aprovação esmagadora ao seu governo que deu substância à sua votação e o projetou para o resto do país. Evangélico, deteve um apoio muito amplo em todo o país dos seguidores desta religião, que permitiu que chegasse a 17% dos votos. Com isto o Partido Socialista Brasileiro ficou como o segundo partido da esquerda. Unidos, o PT, o PSB, o PDT e o PPS obtiveram uma importante votação no primeiro turno. O conjunto da oposição alcançou 77% dos votos para presidente.

A oposição se uniu para o segundo turno e Lula obteve 64% dos votos. Trata-se, portanto, de eleições cruciais. Em uma América Latina em convulsão, o Brasil parecia ser uma exceção ao dirimir graves diferenças de política através de um caminho eleitoral. Ninguém podia duvidar que um governo da oposição brasileira significaria uma reviravolta na história da região.

Como vimos, em 2002, o Brasil se encontrava num momento muito especial. Termina um ciclo econômico e político e se inicia um novo cujas características essenciais ainda não se encontram perfeitamente desenhadas.

O ciclo que termina com o descontentamento generalizado em relação ao governo de centro-direita, caracterizou-se por uma transição incompleta da ditadura militar para uma democracia, na política e na economia. Na verdade a derrota da ditadura não se opôs ao processo de abertura econômica iniciado com o golpe militar de 1964.

Estas afirmações talvez possam causar espanto em muitas pessoas, pois tem-se conseguido identificar erroneamente o golpe militar com a estatização da economia. Na realidade, o golpe de 1964 foi feito em nome do livre comércio e do livre mercado. Em seu comando estavam os economistas liberais mais radicais do país, Roberto Campos, Bulhões e Gudin.

Ao mesmo tempo no Ministério das Relações Exteriores era declarado o princípio "o que é bom para os Estados Unidos é bom para o Brasil". Na realidade era a ruptura definitiva com o período nacional democrático de Vargas e o "desenvolvimentismo" de Kubistchek.

Posteriormente, a ditadura militar se viu obrigada a estimular a intervenção estatal e entrou em choque com o governo norte-americano em muitos aspectos. Em primeiro lugar os fatos demonstraram que era impossível alcançar um alto grau de modernidade e trazer o capital internacional sem uma forte infra-estrutura econômica que somente seria possível alcançar através da intervenção estatal.

Este é um paradoxo do pensamento liberal no século XX: não é possível uma economia capitalista importante na fase atual do desenvolvimento das forças produtivas sem uma forte intervenção estatal. Cremos haver comprovado esta tese no transcurso deste livro.

Por outro lado, os militares descobriam que o grande aliado norte-americano era contrário à transformação do Brasil em uma grande potência do Atlântico Sul, como os líderes geopolíticos do golpe o conceberam.

De fato, desde 1973, nos Estados Unidos, que patrocinaram as ditaduras militares na região e no Terceiro Mundo em geral para conter a revolução popular generalizada, abandonaram os regimes militares devido às suas tendências nacionalistas e apoiaram um regresso aos governos civis.

Daí resulta a atual confusão. Foi iniciada uma operação ideológica muito especial. Tratava-se de identificar os regimes militares com a intervenção estatal, o populismo e o corporativismo sindical, todos considerados os inimigos do livre mercado, que buscou também se identificar com a democracia e os direitos humanos.

Desta maneira foi possível confundir a luta contra a ditadura militar com o liberalismo econômico e político. Ao identificar a ditadura (que se estabeleceu contra as forças nacionais e democráticas) com o estatismo e o nacionalismo, os governos que sucederam a ditadura no Brasil se deixaram hegemonizar pelas mesmas forças que estabeleceram a ditadura.

O presidente José Sarney (1894 a 1989) era o presidente do partido da ditadura e conseguiu comandar o período de transição para um regime civil. O presidente Fernando Collor era filho de um senador da ditadura e foi prefeito imposto pelo governo militar. Também foi governador associado à direita. Derrubado do poder por uma coligação de forças de direita e esquerda muito ampla, foi sucedido por Itamar Franco, seu vice-presidente, historicamente associado à oposição da ditadura.

Fernando Henrique Cardoso chegou ao governo como um presidente que fez sua carreira na oposição. Mas se apoiou em uma coalizão de forças que tinha como principal aliada a Frente de Liberação Nacional, liderada por uma das principais figuras da ditadura, Antonio Carlos Magalhães. Sua candidatura se estabeleceu sobretudo com uma oposição às candidaturas populares de Lula e Brizola, em 1994 e a uma unidade das forças de esquerda em 1998.

Seu governo se caracterizou como de centro-direita mas foi-se orientando cada vez mais para a direita. De fato, Cardoso definiu seu governo como o final da "era Vargas". Tratava-se de pôr mais água no moinho das confusões ideológicas montadas na operação de suceder as ditaduras militares, sem destruir suas bases de poder.

Como vimos e como todos sabemos, o golpe militar e a ditadura que se instalou em 1964 foram impostos contra o "populismo" varguista, ao derrubar João Goulart, seu herdeiro político. Os governos que sucederam a ditadura tinham dado continuidade a essas forças. Fernando Henrique saiu das mesmas forças que fizeram a ditadura. Como poderia então seu governo iniciar uma era pós-Vargas? Na era pós-Vargas estava o Brasil desde 1964 e qualquer intenção de mudar esses fatos é uma violência total contra a verdade histórica.

Na realidade o que terminou com o governo FHC foi a sustentação popular da direita. Ela se encontrava rechaçada maciçamente pelo país, a era da ditadura militar e das forças favoráveis a um modelo de desenvolvimento apoiado na associação com o capital internacional e com a hegemonia absoluta da política norte-americana entrou definitivamente em crise.

Esse modelo levou o país a 20 anos de estagnação econômica, desde os anos oitenta até os nossos dias. Fez-nos passar por uma hiperinflação assustadora e por uma política de "ajuste estrutural" e deflacionária que nos levou às dificuldades cambiais atuais.

Ao mesmo tempo essa política levou o Brasil a uma crise fiscal absurda que se encontra associada à privatização de grande parte da economia e aos cortes de gastos estatais criminosos em investimentos e serviços públicos.

Como vimos o déficit fiscal e a enorme dívida pública do Brasil não se originaram de nenhum gasto público. A dívida do país se elevou de 56 bilhões de reais em 1994 para 860 bilhões em 2002, somente devido ao pagamento de juros colossais (que chegaram a 52% ao ano em 1996) aumentados arbitrariamente pelo governo com o objetivo de atrair capitais externos ou de impedir a "explosão de consumo" que anularia a política anti-inflacionária, segundo uma teoria econômica de muito baixo nível teórico que comanda hoje em dia os meios acadêmicos.

O resultado desses fracassos sucessivos se fizeram fortemente presentes com a desvalorização do real em 1999, com a crise energética gerada pela total falta de investimentos em um setor submetido a privatizações financiadas pelo próprio Estado. Como justificar o financiamento público das privatizações? Se havia recursos para financiar os compradores das empresas públicas, por que não destiná-los a investimentos no setor?

Neste contexto, a oposição se dividiu em torno de 3 candidatos presidenciais: Lula, Ciro Gomes e Anthony Garotinho. Deles Lula era o mais reconhecido e apoiado e seu partido, o Partido dos Trabalhadores, se apresenta como a força política mais forte da oposição.

Estranhamente, esta possibilidade não causou um desespero na classe dominante como nas oportunidades eleitorais anteriores. O próprio presidente Fernando Henrique declarou em entrevista ao *Financial Times* que uma vitória de Lula não significaria uma ameaça à normalidade do país.

Neste contexto saiu à luz pública o programa de governo que pretendia restabelecer a dignidade da nação brasileira e iniciar um governo com efetiva prioridade no social. A natureza moderada do programa causou algum debate. Alguns pretenderam desqualificar o caráter radical da oposição associando-a à experiência fracassada de De La Rúa ou aos limites extremos do governo socialista chileno.

Contudo temos de considerar três fatores fundamentais.

Primeiro, que na Argentina a oposição defendeu a conversibilidade do peso como pedra angular de sua política econômica. O programa do PT desqualifica a presente política econômica e se propõe a mudá-la totalmente. É necessário tomar em consideração que Anthony Garotinho também propunha mudanças radicais no modelo econômico. Somente Ciro Gomes tinha compromisso com o plano Real como Ministro da Fazenda em seu começo.

Em segundo lugar é necessário considerar que a ditadura militar está definitivamente superada no Brasil enquanto que, no Chile, Pinochet se encontra ainda com parte do poder militar e as sombras da ditadura ainda limitam gravemente a vida política do país. O mesmo ocorre em parte na Argentina, na qual Menen assegurou uma anistia aos algozes que estabeleceram a ditadura militar.

Em terceiro lugar é necessário considerar que as forças da oposição brasileira chegaram próximas às eleições presidenciais por 3 vezes e que é impossível separar a oposição da hegemonia política alcançada pelas forças de esquerda, principalmente o PT.

Neste contexto o debate do programa de governo deverá ater-se à correlação de forças que se desenhou no país. É necessário considerar que muitos membros do partido de Fernando Henrique Cardoso (PSDB) não se encontravam nada satisfeitos como os rumos direitistas de seu governo. Assim, a frente de forças que se dispõem a tentar uma experiência política mais avançada era enorme.

O que podíamos esperar desta situação? O programa do PT sugeria que deveríamos iniciar um debate com as forças de oposição marcados por uma grande maturidade. Tratava-se da criação de um novo bloco de poder no Brasil que afetará fortemente toda a América Latina. Vejamos mais um detalhe, a composição deste nosso bloco histórico.

12. A CAMINHO DE UM NOVO BLOCO HISTÓRICO: AUTO-ESTIMA E POLÍTICA

A vitória de Lula no primeiro turno das eleições presidenciais com pouco mais de 46% dos votos deu origem a um segundo turno eleitoral. Seu adversário foi José Serra, do Partido da Social-Democracia Brasileira, que se encontrava no poder com Fernando Henrique Cardoso. Foram eliminados do segundo turno dois candidatos da oposição. Mas se somarmos os votos da oposição chegamos a 77% dos votos para presidente, atribuídos aos opositores do governo.

Esta cifra é absolutamente igual aos resultados apresentados por pesquisas de opinião, segundo as quais esta mesma porcentagem de entrevistados não votariam jamais no governo FHC. Os 23% de votos obtidos por Serra, no primeiro turno, coincidem também com a proporção de cidadãos que apoiavam o governo Fernando Henrique Cardoso.

Estes dados indicam claramente as dificuldades que tinha o candidato do governo para crescer no segundo turno. Seu principal recurso publicitário foi o de tentar separar-se do governo. Serra tentou usar esta tática no primeiro turno sem muito êxito. Somente lhe restou utilizar o recurso do ataque pessoal ao adversário, tática que foi muito útil para derrubar as candidaturas de Roseana Sarney e Ciro Gomes no primeiro turno. Ao optar por esta tática ele encontrou um rechaço muito forte dos eleitores. Esta tática não funcionou com Lula.

Por outro lado, Luis Inácio Lula da Silva tinha a necessidade de ganhar os votos correspondentes ao eleitorado que apoiou os demais candidatos de oposição. Para que isto acontecesse deveria reconstituir a frente de esquerda que funcionou para as eleições de 1998 e que se manteve por um ano, mais ou menos, depois das eleições. Isto funcionou eleitoralmente e sua candidatura captou pelo menos a metade dos votos de Garotinho e Ciro Gomes. A vitória eleitoral estabeleceu em seguida o tema da governabilidade.

Volta à baila, conseqüentemente, o tema da frente de esquerdas ou de centro- esquerda, sua possível composição, seus métodos de atuação, seu programa e seu alcance. Sobre a sua composição se impõe uma definição de imediato: desde 1998 até as eleições de 2002 afastaram-se da frente os principais partidos de esquerda aliados ao PT.

O Partido Socialista Brasileiro lançou a candidatura presidencial de Anthony Garotinho, ex-governador do Estado do Rio de Janeiro, o Partido Democrático Trabalhista articulou uma Frente Trabalhista que serviu de apoio à candidatura de Ciro Gomes, lançada originalmente por outro membro da frente de 1998, o Partido Popular Social (ex-Partido Comunista Brasileiro).

Ao mesmo tempo, de 1998 ao presente ampliou-se a participação na frente que apóia Lula, incluindo o Partido Liberal que indicou o vice-presidente de Lula, o empresário José Alencar. Os três partidos excluídos na confrontação do primeiro turno (PSB, PDT, PPS) voltariam a compor uma nova frente ampliada. Até hoje contudo esta frente nunca se institucionalizou, nem mesmo teve uma só reunião.

Em seguida se coloca outra questão ainda mais complicada quando se discute o caráter da nova Frente. Era necessário estendê-la ao plano parlamentar para assegurar uma base ao novo governo, seria preciso incorporar outras forças políticas para garantir a maioria no parlamento.

Neste plano se estabelece a opção entre a participação de membros individuais ou uma negociação mais ou menos ampla com partidos como o PMDB (que apoiou oficialmente Serra mas que tinha amplas dissidências que apoiavam Lula). Ou com o PTB (que apoiou oficialmente Ciro Gomes e que dificilmente apoiaria Lula no segundo turno, mas que é um setor sempre disponível para negociar o poder).

Até que ponto estes partidos comporiam uma frente de centro-esquerda ou somente aceitariam fazer acordos parlamentares em torno de projetos específicos? Na verdade, este segundo caminho vem prevalecendo, baixando a qualidade da frente parlamentar de apoio ao governo.

Mas o fato mais importante das eleições é, sem sombras de dúvida, o fortalecimento do Partido dos Trabalhadores como opção política e ideológica e como um amplo e disciplinado aparato institucional que se estende a todo o país. Temos de assinalar que um país com as dimensões continentais do Brasil tem muita dificuldade de criar instituições de dimensão nacional.

As forças armadas e a Igreja eram, talvez, as únicas instituições verdadeiramente nacionais com que contava o país até 1940. A criação de um sindicalismo estatal, de âmbito nacional, durante o governo Vargas criou as condições de uma estrutura nacional popular e de esquerda depois de muitas idas e vindas da nossa vida constitucional, comprometida pelo golpe de Estado de 1964. O PT contou ainda com o apoio das organizações de base da Igreja em sua formação e conseguiu um respaldo em todo o país que poucos poderiam esperar.

É necessário assinalar que, diante da desnacionalização da economia e do compromisso tão acentuado com as políticas norte-americanas realizados pelo governo FHC, a maioria das Forças Armadas brasileiras têm se aproximado significativamente do PT e de outras forças da antiga oposição em nome da soberania e da segurança nacional. A frente política que se arma no país ganha assim a dimensão de um bloco histórico com um vasto projeto nacional.

Este caráter mais profundo se faz ainda mais claro quando se observa uma adesão crescente do empresariado ao programa da esquerda brasileira. O fato do vice-presidente da chapa de Lula ser um importante empresário, ex-presidente da Federação das Indústrias de Minas Gerais, é talvez uma demonstração bastante evidente da amplitude e profundidade do bloco de forças que se uniu nas eleições de 2002.

É a auto-estima do povo brasileiro que se atreveu a colocar Lula no governo confiando em uma virada histórica. Darcy Ribeiro e outros antropólogos brasileiros insistem na especificidade da civilização brasileira. Talvez exagere. Quem sabe possamos falar de uma civilização afro-americana que se estende do Brasil ao sul dos Estados Unidos, passando sobretudo pelo Caribe. Mas não devemos deixar de considerar a unidade histórico-cultural desta vertente afro com a força da herança indígena que se levanta no mundo andino, na América Central e no México.

Este também é o caso do governo que Lula montou. Sob forte pressão do chamado "mercado", quer dizer, um grupo de especuladores que domina a cobertura jornalística das operações financeiras, Lula partiu para uma operação genial. Convidou e conseguiu atrair para a presidência do Banco Central nada menos que o ex-presidente internacional do Banco de Boston. Recém-aposentado, o Sr. Henrique Meirelles candidatou-se a deputado federal pelo seu estado natal alcançando a mais alta votação em 2 meses de campanha.

O mercado, através de alguns de seus principais representantes, ex-ministros da economia que levaram o país ao desastre, mas que mantêm um protagonismo inexplicável junto à imprensa, acusam seu mais bem sucedido colega de "demasiado político". E tem razão: o novo presidente do Banco Central estava tão por cima de todos eles que não tinha de escutar suas bobagens nem se deixar intimidar por elas. Sua carreira bancária já estava feita, não poderia chegar mais alto e não teria de garantir um emprego quando sair do Banco Central. A ele somente pode interessar agora uma consagração política: atuar a favor do povo brasileiro. Pelo menos é assim que uma visão otimista deveria encarar a questão, apesar das medidas equivocadas da primeira reunião do COPON causarem uma grave decepção e esta se aprofundou ainda mais nas reuniões seguintes. O Banco Central só fez demonstrar que a sua decisão por uma política exclusivamente antiinflacionária de corte monetarista é um insulto à nação. Primeiro porque as metas antiinflacionárias foram até agora sistematicamente equivocadas revelando a incompetência teórica de sua formulação. Segundo, que nenhum povo pode se deixar guiar por uma fórmula antiinflacionária fracassada, ao desprezo das necessidades da população, que se traduzem em pouco ou nenhum crescimento e desemprego.

Lula buscou formar ministério de alto nível com poucas concessões ao espírito de clã dos partidos e dos lobbies. Isto é essencial: um ministério deste tipo afirmaria a auto-estima do povo brasileiro. Se o futebol volta com a vitória do Santos à época de Pelé e Garrincha, valorizando o espetáculo e a eficiente ofensiva, a política deve também voltar aos grandes protagonistas regidos por um homem do povo, sem pretensões de brilhar sozinho, senão a reger uma orquestra, que esteve sem tocar por um longo período devido às conseqüências da ditadura militar, que elegeu a mediocridade como princípio administrativo.

Entre 1950 e 1964, a política brasileira foi marcada por personagens de ponta, como os que cercaram Vargas, Kubistcheck e Goulart. A arquitetura de Niemeyer e Lúcio Costa fez Brasília (contra os medíocres economistas oficiais, como Roberto Campos, que odiavam esta aventura econômica que colocou o povo brasileiro de pé), a música fez a "bossa nova", as artes cênicas fizeram o "teatro do oprimido", a pedagogia do oprimido de Paulo Freyre redefiniu a educação com a nova fase da "escola nova" de Anísio Teixeira e de Darcy Ribeiro, a poesia e as artes plásticas criaram o concretismo, movimento de modernização extremamente ousado, as Ciências Sociais abriram o caminho da teoria da dependência depois do avanço representado pelo ISEB. E assim por diante...

Podem-se inter-relacionar estas e muitas outras demonstrações da auto-estima nacional que se expressaram popularmente no futebol arte e no desenvolvimento espetacular das escolas de samba e no Carnaval brasileiro, com suas muitas variantes expressas formas da música e dança popular brasileira, que tiveram sua versão erudita no balé de Klaus Viana e seu encontro com o corpo, o ritmo e a dança brasileira.

Tudo isto refletia um arranque cultural que teve no Movimento Modernista iniciado em 1922 sua pré-história e que alcançou seu auge nos anos 50, mas foi bloqueado pelo golpe de Estado de 1964. Somente agora podemos retomar em sua plenitude a força desse movimento cultural afirmativo de todo um processo civilizatório.

Ousadia, decisão, compromisso com a realidade e com as aspirações do povo vão acumulando atos transformadores que apontavam para mudanças substanciais. As formas culturais são absolutamente necessárias. O tom europeu, antiutópico, elitista, racionalista que Fernando Henrique Cardoso deu ao seu governo reflete uma ideologia tecnocrática que procurava consagrar o papel de uma lógica formal, pretensamente científica, e uma frieza emocional, pretensamente moderna, como método de governo e administração. Este estilo entra em contradição com a realidade de um povo que luta com espontaneidade e vontade contra a miséria e o analfabetismo que lhe impôs a classe dominante.

A ascensão de Lula ao governo reintegrava a emoção na vida política, valorizava a simplicidade e substituía os tecnocratas por figuras de ponta, por protagonistas e criadores que não precisam dos rituais burocráticos para consagrar sua liderança.

O povo brasileiro participou de todas estas mudanças políticas e sobretudo culturais antes mesmo da chegada de Lula ao poder. Os cidadãos latino-americanos e de todo o mundo também tiveram a oportunidade de entrar em contato com esta nova realidade na medida em que o governo Lula interveio ativamente na defesa da democracia na Venezuela e prometeu mudanças mais profundas que repercutem em todo o planeta. Este clima de expectativa se apresentou no Fórum Social Mundial, no qual Lula foi recebido com extremo carinho. Ao mesmo tempo, as forças do estabelecimento internacional o recepcionaram no Foro Econômico de Davos com expectativas favoráveis, e a imprensa européia e internacional apresentou como altamente positiva a sua visita à Alemanha e à França. Aí se elogiam a "serenidade e responsabilidade" das medidas econômicas e se comparte a necessidade de uma postura mais decidida pela paz mundial.

Os brasileiros se sentiram enormemente reconhecidos nessa situação nova. Desenvolveu-se um clima de autoconfiança na população e um redimensionamento de nosso papel no mundo. São forças extraordinárias que estão despontando do seio da mesma nação. Elas deverão romper em pedaços a crosta autoritária e elitista, de inspiração neoliberal, que oprime nosso povo e conduz o mundo à insanidade da guerra, ao desequilíbrio social e ao atraso.

É enorme a responsabilidade que se coloca aos políticos, aos intelectuais e aos técnicos para estar à altura desta nova fase da política brasileira. É hora do debate franco, da ousadia do pensamento, do rigor das análises e das propostas decididas.

13. TRANSIÇÃO E RUPTURA

A. *A CRISE DO MODELO NEOLIBERAL*

O que fica claro uma vez mais é que vivemos o final de uma orientação de política econômica que obedecia a uma doutrina (o neoliberalismo, assumido como justificativa para as ações econômicas mais inconsistentes) e a um programa de ação (o Consenso de Washington utilizado como marco internacional de poder institucional e financeiro).

Deste modo, a maioria esmagadora da população brasileira rejeitou o governo Fernando Henrique Cardoso e expressou seu desejo de um novo programa econômico que retome o crescimento econômico e o pleno emprego como meta, sem abandonar a preocupação com o controle antiinflacionário. Trata-se de uma mudança total de prioridades, pois o governo FHC tinha por objetivo, em primeiro lugar, o controle inflacionário, mesmo quando ele conduza à recessão e ao desemprego generalizado.

Mais grave ainda: a recessão, o desemprego e a destruição do tecido social, resultantes da estagnação econômica, ameaçam o equilíbrio econômico, monetário e financeiro que se converteu na meta fundamental do Banco Central. Isto se demonstra nos seguintes pontos:

Em primeiro lugar, a crise cambial se encontra em marcha e ameaça deixar o país sem divisas para atender os enormes déficits cambiais gerados pela política de supervalorização do real (a famosa âncora cambial que gerou um período de falso controle inflacionário) e de atração irresponsável de capitais internacionais que cobraram seus lucros e se retiram do país, desde 1998. A recuperação das exportações lograda a partir da desvalorização cambial de 1999 só teve um efeito mais sério em 2003, mas ele ainda é insuficiente para atender os compromissos internacionais diante do FMI e dos credores internacionais.

Em segundo lugar encontramos a crise fiscal resultante dos enormes pagamentos do serviço de uma dívida interna colossal, gerada para atrair capitais do exterior a altíssimas taxas de juros. Em vez de atacar a verdadeira origem do déficit fiscal que são os pagamentos colossais dos serviços da dívida, o FMI e os economistas do sistema financeiro mundial impõem ao país a criação de um "superávit primário" nas contas públicas com o objetivo de gerar parte dos recursos exigidos para pagar estes montantes fantásticos de juros que chegam a representar 10% do Produto Interno Bruto do país.

Em terceiro lugar vivemos a angústia de uma recessão que coroa um período de baixíssima taxa de crescimento, iniciada nos anos 80 do século vinte e agravada pelas políticas irresponsáveis do governo atual. Politicamente, o país, liberado da ditadura militar há cerca de 13 anos, encontra-se com uma liderança civil debilitada, formada pela coligação entre as forças da chamada "oposição consentida" contra a ditadura (que criou em 1996 seu próprio partido de oposição - o MDB) e os liberais "realistas" que colaboraram abertamente com o autoritarismo (agrupados principalmente no PFL, formado em 1984 para eleger Tancredo Neves no Colégio Eleitoral criado pela ditadura).

A crise ideológica, econômica e política desta frente pós-ditadura demanda a formação de uma nova frente social que reúna os vários setores sociais afetados por estas políticas. Trata-se de unir os setores produtivos (empresários e trabalhadores) dispostos a desenvolver o país, distribuir a renda e assegurar uma verdadeira democracia participativa.

B. *O QUADRO DAS FORÇAS EM CONFRONTO E SUA EVOLUÇÃO*

A força de oposição ao modelo econômico imperante mais evidente e conhecida era o Partido dos Trabalhadores, cuja candidatura presidencial se manteve em primeiro lugar nas pesquisas eleitorais durante os últimos anos. Com o objetivo de ganhar estas eleições, no preciso momento em que entra em crise o modelo neoliberal e se define a necessidade de uma frente social alternativa, o PT definiu uma política de alianças em direção ao centro. Com isto desprezou o apoio dos partidos de esquerda mais significativos da frente de esquerda que encabeçou nas eleições de 1998 (o PDT de Leonel Brizola e o Partido Socialista

Brasileiro de Miguel Arraes) e alienou definitivamente o ex-Partido Comunista Brasileiro, reunido no PPS, que insistia contudo em formar parte de uma frente ainda mais ampla.

A movida do PT para o centro não somente logrou atrair para a vice-presidência de Lula um importante líder industrial, José Alencar, homem de idéias nacionalistas apoiado por um partido liberal de complexa composição política mais à direita do que ao centro. A dureza do cisma das forças governistas, divididas pela tentativa do PSDB, de garantir sua liderança numa nova frente de forças políticas, encabeçada por José Serra, permitiu a Lula atrair elementos descontentes da frente governista tais como o presidente José Sarney, o ex-governador de São Paulo Orestes Quércia, inclusive o apoio para o segundo turno de Antonio Carlos Magalhães, um dos mais destacados líderes da direita brasileira.

Tomando em consideração a orientação nacionalista que assumiu o PT nos últimos anos, ao abandonar a perspectiva classista absoluta que marcava seu programa original, Lula se viu aplaudido de pé pela elite militar e fechou assim um amplo arco de apoio político a favor do abandono das perspectivas neoliberais e da defesa de um programa de desenvolvimento econômico, distribuição da renda e democracia participativa.

A configuração desta ampla frente garantiu a Lula a possibilidade de uma vitória eleitoral espetacular. Contudo, havia e há uma dúvida a esclarecer que se encontra no ar: poderá Lula levar adiante um plano de governo que realmente rompa com o modelo neoliberal apoiado em forças políticas tão contraditórias?

A candidatura de Ciro Gomes havia crescido em parte para responder a esta dúvida. Segundo ele, seu governo seria mais conseqüentemente anti-neoliberal que o de Lula. Contudo, a coligação de forças que o apoiava não correspondia ao discurso político do candidato. Ela incluía dois partidos de esquerda bem diferenciados entre si (o PDT de Leonel Brizola), e o PPS, muito criticado pelas suas alianças políticas muito amplas) e um agrupamento de oportunistas políticos de orientação ideológica não definida (o PTB) que apoiava até pouco tempo, o governo FHC. Mas a situação de Ciro ficou mais complicada quando recebeu o apoio da direção nacional do PFL, irritada com as manobras de Serra para tirá-lo do comando da frente que apoiou FHC.

Mais grave ainda: para atender esta direitização de sua campanha, Ciro Gomes quase contratou para sua assessoria econômica o ex-diretor do Departamento de Economia da Universidade de Chicago, Shenkman, um brasileiro completamente comprometido com a tese dos Chicago boys de Pinochet. A reação de sua assessoria afastou essa hipótese de direitização. Quem poderia crer que este grupo se concentraria na coluna vertebral do Ministério da Fazenda do Lula!

Estas mudanças políticas se aliaram à exposição das características autoritárias de sua personalidade formada nos ambientes da oligarquia nordestina, cujo recente verniz modernizador não logra ocultar suas origens colonialistas e escravistas.

C. *O PONTO DE INFLEXÃO*

Nesta brecha emerge a candidatura de Anthony Garotinho. Eleito governador do Rio em 1998 pela mais ampla frente de esquerda que se realizou no país, viu-se envolvido numa grave crise em 2000 com a quebra desta frente e a sua saída do PDT por pressão do líder do partido, Leonel Brizola, que já neste momento estava preparando a frente com o PTB que terminou incorporando-se à candidatura de Ciro Gomes para presidente.

Garotinho baseou a sua campanha na crítica aos acordos de Lula com a direita e na afirmação de sua capacidade administrativa quando governador do Rio de Janeiro. Depois de uma luta enorme para consolidar sua candidatura, sempre questionada como inviável, logrou reafirmar sua condição de líder de seu estado ao garantir a vitória no primeiro turno de sua candidata ao governo do estado do Rio de Janeiro, sua esposa Rosinha Garotinho, que revelou uma solidez e uma liderança política surpreendente para os que não a conheciam. Ao fazê-lo no contexto do debate sobre o caráter da frente que apóia Lula, se credenciou para representar uma alternativa de esquerda a Lula e lograr um terceiro lugar surpreendentemente próximo do candidato oficial que alcançou o segundo lugar.

Lula sempre assumiu claramente uma postura de transformação social profunda e de rompimento com o modelo neoliberal. Contudo, as exigências da campanha eleitoral voltada para o centro e algo mais à direita colocou algumas dúvidas sobre o tempo e a duração desta ruptura. Alguns de seus assessores falam de um período de transição no qual se respeitariam as exigências do Fundo Monetário Internacional de um "equilíbrio" cambial, fiscal e monetário. Definir a política econômica inicial do governo respeitando este diagnóstico falso tem levado o país a uma paralisia similar à que viveu De La Rúa na Argentina: uma recessão brutal sem terminar com a inflação e sem garantir o tão decantado "equilíbrio".

Por outro lado, colocava-se a necessidade de tomar medidas rápidas e eficazes com a baixa da taxa de juros, o aumento do salário mínimo, a expansão do crédito e uma reforma fiscal a favor da produção e da exportação para enfrentar a crise cambial e definir com clareza a necessidade de renegociar os acordos com o FMI. Ao rejeitar tal política como radical, Lula deixou o flanco aberto para o aparecimento de lideranças como Nestor Kischner na Argentina que vem praticando esse programa com resultados favoráveis.

Parecia claro que se Lula não conseguisse explicar claramente ao povo brasileiro a natureza, a composição e o caráter do bloco de forças sociais que pretendia, poderíamos chegar a um impasse extremamente sério, que se manifesta depois de 1 ano desta transição, e que se apresenta para ficar.

Discutamos um pouco mais o caráter dessa "transição.

14. COMO SAIR DO NEOLIBERALISMO

O debate político no Brasil postula uma nova problemática para a teoria da economia política. O governo do Presidente Lula pretende aplicar uma nova política econômica que privilegie o crescimento econômico, a distribuição da renda e garanta a auto-determinação no plano econômico e a integração nacional e regional da economia. Ao mesmo tempo pretende manter a inflação sob controle e assegurar o equilíbrio e, sobretudo, a moralidade das contas públicas.

Para realizar estas metas o governo Lula tem de reverter a política econômica do anterior que levou o país à recessão, à concentração de renda, à desintegração do aparato econômico nacional e ao debilitamento da integração regional (comprometida pela aplicação de políticas econômicas instáveis e mesmo opostas). Ao mesmo tempo, nos últimos anos, verificamos um aumento da inflação assim como uma acumulação de escândalos financeiros que comprometeram gravemente a moralidade pública.

Contudo o governo Lula se confronta com graves bloqueios ideológicos, psicológicos e sobretudo científicos. O chamado "pensamento único" colocou na cabeça das pessoas a idéia de que ele é o único capaz de garantir a "estabilidade econômica" e de orientar corretamente as políticas econômicas. Ainda que sua aplicação tenha levado à acentuação dos desequilíbrios econômicos, à recessão e ao fracasso de suas metas, o aparato publicitário que o implantou continua sustentando sua correção e a impossibilidade de substituí-lo.

Mas não é somente um bloqueio mental. Há vastos interesses que reivindicam a manutenção da política do desastre. Trata-se sobretudo do poderoso capital financeiro nacional e internacional que conseguiu organizar nos últimos 20 anos um aparato de sucção dos superávits fiscais e cambiais disfarçados de políticas públicas respeitáveis e sobretudo insubstituíveis.

É necessário assinalar, contudo, o aparecimento de amplos setores no plano das forças populares cuja sorte vem se ligando a este setor financeiro. Este é o caso por exemplo dos fundos de pensão – por representante dos trabalhadores e governo. São aproximadamente 50 bilhões de dólares, boa parte das quais se encontram investidos no melhor negócio do país: os títulos da dívida pública a altíssimas taxas de juros. Pode-se compreender o interesse destes fundos de impedir uma queda demasiado rápida da taxa de juros mesmo que isso prejudique tão amplamente o conjunto do povo brasileiro. Esta emergência dos fundos de pensão e outros negócios dirigidos por representantes dos setores mais bem remunerados por trabalhadores brasileiros no enquadramento das políticas públicas é uma nova realidade que coloca o PT sob a influência dos interesses mais negativos do estabelecimento brasileiro.

É interessante notar como o aparato ideológico é contraditório. Ele apresenta como seu objetivo a realização do equilíbrio automático da economia, garantido pela força estabilizadora do mercado que é ao mesmo tempo uma garantia de eficiência através de sua capacidade de assinação racional dos recursos. Na prática, as políticas neoliberais têm dado origem aos desequilíbrios cambiais, fiscais e monetários mais dramáticos. Contudo, com o auxílio dos meios de comunicação e do terrorismo intelectual, os responsáveis por estes desatinos conseguem transformá-los numa razão a mais para continuar as políticas que os geraram.

Este é o caso do Brasil onde os derrotados nas eleições presidenciais de 2002, devido à gravidade de seus desatinos técnicos e morais, conseguiram paralisar até o momento a aplicação de uma nova política econômica, em conseqüência das dificuldades geradas pelas políticas que seguiram e devido às debilidades de seus opositores e seus compromissos com a ordem existente.

Está em primeiro lugar a questão inflacionária. Por ter derrubado a hiperinflação que se acumulara nos anos oitenta eles se apresentam como insubstituíveis. Esta inflação fora o resultado das políticas de "ajuste estrutural" impostas pelo FMI para pagar as dívidas da região para um sistema financeiro internacional convertido em captador de bilhões de dólares da América Latina. Foram elaboradas muitas propostas teóricas e práticas para conter esta inflação e nenhuma funcionou até que, milagrosamente na década de 90, como resultado da crise do setor financeiro mundial e da suspensão generalizada do pagamento de juros da dívida internacional e a queda generalizada das taxas de juros internacionais entramos numa deflação mundial. Se no final dos anos 80 todos os países capitalistas apresentavam inflações superiores a 1 dígito, na metade e no final da década de 90 somente dois ou três apresentavam inflações superiores a 1 dígito. Claro que em cada país houve um "gênio" da política econômica que se responsabilizou por sua vitória particular sobre a inflação.

Mas o fato é que a inflação tendeu a voltar à cena, não como resultado de uma pressão inflacionária internacional que não existe neste momento preciso, senão como resultado da manutenção de uma política econômica desestabilizadora. Uma das origens da nova fase inflacionária que irrompeu nos anos de 2000 e se acentuou em meados de 2002 e começo de 2003, foi precisamente a elevação irresponsável da taxa de juros básica paga pelo setor público, com o objetivo de atrair estes famosos dólares do exterior (que já saíram em quantidades muito superiores às que entraram, sobretudo aproveitando a não-desvalorização do real durante o ano eleitoral de 1998, como o denunciamos amplamente na ocasião sem nenhuma repercussão na imprensa brasileira, ainda no período eleitoral). Além da elevação da taxa básica (SELIC) os gênios financeiros estabeleceram inusitados limites ao crédito para o setor privado, através do estabelecimento de encaixes colossais para os empréstimos normais. Isto converteu o Brasil no país dos mais altos juros do mundo.

Contudo, a alta taxa de juros é apresentada como um resultado do "mercado" quando é claramente uma taxa administrada pelo Estado para atender a objetivos não muito honestos. O efeito desta taxa de juros absurda e antimercado serve somente a interesses monopolistas e especulativos e é claramente inflacionário. De um lado a alta taxa de juros gera (sim: *gera*) um déficit fiscal que não existe. Desde o começo da década de 1990 as contas públicas do Brasil apresentam superávits fiscais primários ou no máximo pequenos déficits. De maneira nenhuma o país gerou uma gigantesca dívida pública para financiar déficits primários significativos que nunca existiram.

Fica a pergunta com o ar de quem fala de "alta" ciência econômica: como baixar a taxa de juros? A resposta é extremamente simples: da mesma forma como esta aumentou irresponsavelmente, contrariando as tendências do mercado mundial para satisfazer interesses pouco defensáveis. Isto é, através de decisões *administrativas* do Banco Central e do tal de COPON.

Órgãos que adquiriram o direito abusivo de definir a taxa de juros do país fingindo basear-se num modelinho "técnico" que qualquer economista *sério*, de qualquer corrente do pensamento econômico considera simplesmente ridículo. A partir daí inventaram esta explicação insustentável de que as altas taxas de juros são um efeito do "mercado". O FED norte-americano baixou a taxa de juros básica dos Estados Unidos de 5,6% para 1,0% em aproximadamente 10 meses e nenhum deles se atreveu a chamar o Sr. Greenspan de irresponsável.

Os técnicos governistas inventaram a tese de que os déficits públicos transformados em bônus da dívida pública não são inflacionários. Estes tenderiam a fortalecer a poupança, conter os gastos e limitar a demanda, contendo a inflação. É verdade que nunca tiveram a ousadia de defender estas loucuras irresponsáveis em nenhum texto sério da ciência econômica.

Ao contrário do que afirmam, a emissão de títulos da dívida pública é duplamente inflacionária. Além de gerar inflação como qualquer dívida pública, a aumentam ainda mais devido ao pagamento da taxa de juros, que se transforma em mais uma forma de gasto público.

Mas há outro efeito ainda mais grave da transformação da dívida pública em títulos em lugar da emissão pura e simples. O pagamento de taxas de juros cada vez mais altas para cobrir estas políticas insanas afeta dramaticamente o custo do dinheiro em geral e leva ao sufoco o setor produtivo que depende do crédito para operar.

O aumento da taxa de juros eleva o custo dos produtos e é um forte componente inflacionário. Ainda quando o empresário não faz uso do crédito, ele está usando o seu próprio dinheiro que poderia emprestar e obter uma alta taxa de juros. Ele tem de embutir esses custos financeiros no preço de suas mercadorias via aumento de sua taxa de lucro.

Além do mais, é fácil ver o efeito do pagamento de altos juros pelo Estado nas contas públicas gerando déficits públicos colossais. E eu disse "gerando", porque não é logicamente razoável dizer que um governo como o brasileiro, que tem um superávit fiscal primário mais de 4% do PIB, gera déficit público através dos seus gastos.

Por princípio, um orçamento superavitário não gera déficit público. O que gera déficit público no nosso país é o pagamento do serviço da dívida pública (que chega a representar 10% do PIB), que por sinal foi criada para pagar juros e atrair capitais do exterior.

Detenhamo-nos nestes dados assustadores. Gerar dívida pública para atrair capitais do exterior e para deter a demanda! Fazer políticas públicas terrivelmente inflacionárias e fiscalmente irresponsáveis em nome de uma falsa teoria econômica? O mais grave ainda é a impostura com que se justificam as mais altas taxas de juros do mundo, pagas pelo Estado brasileiro.

Trata-se de uma taxa de juros imposta pelo "mercado". Senhores leitores, prestem atenção: de que mercado se fala? Os bancos operam hoje em dia quase exclusivamente para captar poupança de toda a população para aplicar em títulos da dívida pública. Isto representa atualmente cerca de 80% da atividades bancárias.

Portanto, quem é o "mercado" do setor financeiro? O Estado, o tesouro nacional. Ao mesmo tempo, este luta como louco para pagar os juros colossais. Ele os necessita para pagar os gastos públicos? Não, senhores, pois há superávit nas contas primárias do Estado.

Sim, senhores leitores: o "mercado" financeiro é a dívida pública, é o Estado, é ele que determina a taxa de juros para financiar uma dívida que não precisa ter pois tem superávit fiscal. E tudo isso se faz sob a justificativa da ameaça inflacionária.

Trata-se de um fundamentalismo econômico terrível porque condena à miséria e à fome milhões de pessoas em nome de princípios formais pretensamente intocáveis, dogmas. Tudo isto está fundamentado em teorias econômicas de baixíssimo nível, elaboradas por matemáticos e engenheiros que fizeram pós-graduação em economia. Para eles a economia é uma ciência exata e não uma disciplina das Ciências Sociais.

O governo Lula necessita romper com as falsas teorias econômicas e atuar com simplicidade e bom sentido e colocar no bom caminho as contas nacionais que um grupo de "técnicos iluminados" colocou a serviço de alguns poucos beneficiados. Para isso, ele necessita ter clareza sobre os seguintes pontos:

A inflação está de volta porque os desequilíbrios macroeconômicos estão cada vez mais insustentáveis e a principal causa deste desequilíbrio são os altos custos do serviço de uma dívida pública interna desnecessária. Foram inventados falsos argumentos para justificar esta dívida mas o seu verdadeiro objetivo é o de servir a um pequeno grupo de pessoas que vivem às custas destas altíssimas taxas de juros.

A inflação voltou porque os custos de produção são extremamente elevados, devido aos elevados custos do dinheiro que inviabilizam a produção. Porque a oferta se encontra pressionada por enormes fatores entre os quais os "técnicos" só destacam o salário. Este é o único aspecto da oferta que estas "teorias" enfocam, o que mostra seu caráter de classe e os interesses que defendem. A produtividade está sacrificada pela subutilização da capacidade instalada devido à recessão. As taxas de lucro estão nas nuvens para compensar os altos juros. Por tudo isso, os juros sobem, a recessão aumenta e com ela a inflação. É preciso cortar o nó gódio. E já.

A inflação volta porque as tarifas de vários serviços básicos passaram para o setor privado que se adapta às escandalosas taxas de lucro médias no país, enquanto os serviços que ainda estão nas mãos do Estado pretendem atuar segundo os princípios da economia privada, com altas taxas de lucro.

A inflação volta porque os serviços públicos e os impostos são cobrados com taxas de juros colossais e multas que sacrificam gravemente os contribuintes. É hora de mudar de enfoque. Não se trata de conter a demanda, por demais contida neste país de fome e miséria. Trata-se do contrário: facilitar a produção, aumentar o crédito, diminuir a taxa de juros, baixar os preços, usar os recursos públicos para estimular o crescimento econômico, reverter o clima perverso em que vive o povo brasileiro e colocá-lo em uma perspectiva virtuosa. Depois discutiremos o restante.

15. O MOMENTO ADEQUADO!

Há alguns anos, depois de uma boa conversa no Conselho de Londres decidimos, três de nós, continuar nossas conversas numa nova boate que estava na moda. Na porta tivemos a desagradável recepção que simplesmente nos impedia de entrar. A razão, segundo o musculoso porteiro, era insólita: "Vocês não se encontram devidamente trajados". Ao nosso lado jovens punks com roupas estranhas entravam livremente no estabelecimento. Tentamos uma reação: Quem decide isto? Queremos falar com ele. A resposta foi definitiva e contundente. O porteiro respondeu com um enfático: "Eu!".

Esta é a posição que os bancos centrais e os tecnocratas das instituições financeiras nacionais e internacionais se arrogaram para si. Eles definem o que é bom para nossas economias. O que detém a inflação, que eles decidiram ser o único objetivo das políticas monetárias e financeiras. Qual é o momento adequado para subir ou baixar as taxas de juros e qual é seu nível, quais são os encaixes exigidos do sistema de crédito, os níveis de emissão de moeda ou de títulos da dívida pública. Nos últimos anos deram a si mesmos o direito de especular no mercado cambial depois de abandonarem a fracassada tentativa de prefixá-los. E fazem todas estas violentas intervenções estatais em nome do livre mercado!

Enquanto a sociedade, os agentes governamentais e privados, são submetidos a rigorosos controles para utilizar os recursos públicos ou privados, eles podem gastar bilhões de dólares em operações cambiais, sempre fracassadas, sem nenhuma consulta à sociedade ou aos poderes da nação!

E quando se cobram deles os resultados destas condutas irresponsáveis respondem com a mesma ênfase do nosso porteiro de Londres: EU decido! Eu sou o poder. Dirijo um órgão que deve estar por cima da sociedade e do Estado: o Banco Central Independente ou mesmo autônomo. E não aceito pressões da sociedade! O princípio que está por trás deste poder colossal e irresponsável deriva da pretensão destes tipos de representar uma ciência econômica exata.

Não importam os dados. Eles usam imagens ridículas para qualquer cientista social sério, como a de que a inflação é uma febre que cabe aos médicos controlar... Os médicos são eles! E tome mais inflação em conseqüência de suas decisões irresponsáveis baseadas em manuais de economia estudados em cursos universitários que desconhecem a história da economia e do pensamento econômico, sua evolução, suas dificuldades, a diversidade de seus métodos e muitas coisas mais.

O FMI com seus economistas de terceira linha, como os define o prêmio Nobel Joseph Stiglitz, dá as normas destes conhecimentos intocáveis de economia e continuam sustentando, contra todas as evidências dos fatos econômicos, que a inflação somente se controla com restrição ao crédito. Mas, o que dizem os fatos?

Tomemos os países com a mais baixa inflação do mundo neste momento: Estados Unidos, com 2,2% de inflação ao ano; Japão, com –0,1%, Grã-Bretanha, com 3,1%, França, com 2,0%, Alemanha, com 1,1%. Tomemos ainda alguns países em desenvolvimento para que não digam (eles que negam a diferença estrutural entre economias desenvolvidas e subdesenvolvidas ou dependentes) que não incluímos as chamadas economias emergentes ou em desenvolvimento. O Chile tem uma inflação de 4,0%, o México de 5,3%, a Coréia do Sul de 3,7% e a Índia de 4,1%.

Segundo a teoria que aceitam ingenuamente esses senhores, estes seriam os países de menor volume proporcional de crédito, medindo-o pela relação do volume do crédito e o Produto Interno Bruto. Contudo o que dizem os dados do FMI, a quem nunca ocorreu confrontar suas teorias com os dados que eles mesmos dispõem?

O Japão que tem a mais baixa inflação (de fato, uma deflação aberta) tem o mais alto índice de endividamento (relação crédito/PIB) do mundo: 186%! Os Estados Unidos vêm perto com 145,2%. A Grã-Bretanha não está muito atrás, com 138,8%. A Alemanha tem uma taxa de crédito/PIB de 121,0%. A França tem 89,8%. Entre os países emergentes, o Chile apresenta uma relação de 65,9%, o México de 11,5%, a Coréia do Sul — não dispomos dos dados mas sabemos que tem alta taxa de endividamento e a Índia com 29,1%.

Como vemos, a relação inflação/volume de crédito é exatamente o contrário do que diz a teoria (com exceção do México, que tem um volume muito alto de liquidez por causa das remessas clandestinas de dinheiro dos emigrantes e pelo fator da lavagem de dinheiro, entre outros fatores que deformam esta relação crédito/PIB).

O Brasil, onde há um debate intenso sobre a política de contenção de crédito e de juros altos neste momento é um exemplo claro do fracasso da teoria que associa baixo crédito, alta taxa de juros e baixa taxa de inflação. Neste momento o Brasil tem uma das mais altas taxas de inflação dos países chamados emergentes: 16,7%, quer dizer, um dos poucos países do mundo que tem inflação de dois dígitos na atual conjuntura deflacionária mundial.

Segundo a "teoria" oficial e ortodoxa deveria apresentar este país um alto volume de crédito cuja contenção, através das altas taxas de juros, é absolutamente necessária. Contudo, estamos frente a um caso de baixíssima taxa de crédito com relação ao PIB: 23% neste momento. Quando se iniciou o Plano Real, que trouxe estabilidade de preços para o país, esta relação crédito/PIB estava em 37%, com uma inflação de 1 dígito. Quanto mais se diminuiu o crédito e foi aumentada a taxa de juros, aumentou também a inflação.

Não são necessárias muitas voltas para entender o fenômeno. As altas taxas de juros cumprem um papel inflacionário e não deflacionário como pretendem as "leis" deduzidas (e mal deduzidas, que fique claro) da ciência econômica "exata" que manejam esses tecnocratas incompetentes. As altas taxas de juros provocam uma violenta inflação de custos elevando as taxas de lucros em geral e os preços em conseqüência. A alta taxa de juros aumenta (na verdade, *cria*) o déficit fiscal elevando drasticamente as pressões inflacionárias. Isso explica por que o Brasil está entre as mais altas inflações do mundo, tendo a mais alta taxa de juros e uma das piores relações crédito/PIB.

Mas esses senhores jamais se dignarão a responder a evidência dos dados que demonstram que suas teorias não têm nada de exatas nem são sérias. Não podem jogar pela janela os anos de estudo que fizeram em suas salas de aula. Assim como os monges medievais não podiam abandonar o edifício teórico espetacular do tomismo, que estudaram nas suas versões mais rústicas. Foi assim que eles conseguiram deter durante anos a compreensão do sistema solar e da astronomia, assim como tentaram deter a missão de Cristóvão Colombo se as ambições dos banqueiros e mercadores genoveses não falassem mais alto que seus tediosos manuais.

Insistimos neste livro na tese de que a ciência econômica ortodoxa de corte neoliberal cumpre um papel similar ao que cumpriu a filosofia escolástica na Idade Média. O tema deste capítulo é um exemplo mais da correção desta tese. Poderíamos citar vários outros casos que formam um círculo de fogo contra o crescimento econômico, a redistribuição da renda e os avanços do trabalho num momento histórico no qual o avanço da revolução científico-tecnológica cria as condições materiais para uma mudança qualitativa das condições de vida de toda a humanidade.

É lamentável assistir ao espetáculo dramático da luta entre a sabedoria popular – que intui essas possibilidades de transformação e as expressam eleitoralmente – e a incompetência prepotente dos senhores donos das cifras mal monitoradas que dão as normas das políticas públicas. Estamos diante de golpes de Estado eleitorais dados em nome de teorias fracassadas enquanto é barrada a entrada no Estado de uma geração de economistas e cientistas sociais realmente afinados com a realidade e com a intuição popular.

Caberá ao povo definir, numa verdadeira democracia, "o momento adequado" para romper definitivamente com esta camada de falsos cientistas e técnicos a serviço dos interesses econômicos contrários ao progresso de nossos países. Este é "o momento adequado" de abrir as janelas, fazer entrar o ar e impor a verdade dos fatos contra a poeira da falsa teoria e ortodoxia. Não nos deixemos intimidar pelo porteiro de Londres!

REFERÊNCIAS BIBLIOGRÁFICAS

"The Reagan economic era begins". In: **Economic impact:** a quarterly review of world economics. Washington DC: Editorial Office International Communication Agency, 1981/4.

ABUGATTAS, Luis; TORRES, Jorge; REY, Alberto; FAIRLIE, Alan. **El sector industrial peruano en el nuevo contexto internacional**. Serie Cuestión Perú. Lima: Friedrich Ebert Stiftung, 2002.

AGLIETTA, Michel; MOATTI, Sandra. **Le FMI:** de l'ordre monétaire aux désordres financires. Paris: Economica, 2000.

AGNEW, John. **The United States in the world-economy.** New York: Cambridge University Press, 1987.

ALPERSTEIN, Aida Lerman. **Multilateralismo y regionalismo en América Latina.** México DF: Universidad Autônoma Metropolitana; Miguel Angel Porrua, novembro de 2002.

ALVATER, Elmar. "The social implications of introducing new technologies during ´long cycles` of economic growth". In: **Socialism in the world n. 29.** International Journal of Marxist and Socialist Thought. Novi Sad: RO Stamparija "Buducnost", 1982.

AMARAL, Roberto. "Globalización y neoliberalismo". In: **Comunicação e política:** pela integração latino-americana. Vol. IX; nºI; nova série; pág. 128-139; janeiro-abril. Rio de Janeiro: Centro Brasileiro de Estudos Latino-Americanos, 2002.

AMIN, Samir. **L'échange inégal et la loi de la valeur**: la fin d'un débat. Paris: Anthropos, 1973.

______ **Le développement inégal:** essai sus les formations sociales du capitalisme périphérique. Paris: Minuit, 1973.

______ "L'avenir de la polarisation mondiale" In: CASANOVA, Pablo G. (coord) **El mundo actual:** situación y alternativas. México: UNAM, 1994.

______ **Los desafíos de la mundialización. México D.F.: Siglo Veintiuno, 1997.**

______ **Le virus libéral:** la guerre permanente et l'américanisation du monde. France: Le temps des Cerises, 2003.

AMIN, Samir; FAIRE, Alan; HUSSEIN, M.; MASSIAH, G. **La crise de l'impéralisme**. Paris: De Minuit, 1975.

ANDERSON, P.; CAMILLER, P. (Org.). **Um mapa da esquerda na Europa Ocidental**. Rio de Janeiro: Contraponto, 1996.

ARAUJO, Octavio R. "Política y neoliberalismo" In: SAXE-FERNADÉZ, John (coord). **Globalización:** crítica a un paradigma. pág. 349-65. México DF: Universidad Nacional Autónoma de México; Instituto de Investigaciones Económicas; Dirección General de Apoyo al Personal Académico; Plaza Janés, 1999.

ARCEO, Enrique. **ALCA:** neoliberalismo y nuevo pacto colonial. Buenos Aires: Central de los trabajadores argentinos; Instituto de Estudios y Formación, 2001.

ARISTON, Augusto; CHEDIAK, Jesus. **Brasil:** país do presente. Rio de Janeiro: Palavra e Imagem, 2001.

ARNSON, Cynthia; KLARE, Michael T. "Exporting repression: U.S. support for authoritarianism in Latin America". In: FAGEN, Richard R. **Capitalism and the state in U.S. – Latin American relations.** pág. 138-68.California: Stanford University, 1979.

ARNSPERGER, C.; PARIJS, P.V.; **Éthique économique et sociale.** Paris: La Découverte, 2003.

ARRIGHI, Giovanni. **O longo século XX:** dinheiro, poder e as origens de nosso tempo. Rio de Janeiro: Contraponto, 1996.

ASSIDON, Elsa. "L'éclipse du <consensus de Washington>." In: **L'état du monde:** annuaire économique géopolitique mondial. Paris: La Découverte, 2001.

AUGERAM, Jean-François. Les Soviétiques s´apprêtent à mettre au place une station orbital de 90 tonnes. **Le Monde**. Paris, 2 jun, 1990.

BARAN, P.; SWEEZY, P. **Capitalismo monopolista.** 3ed. Rio de Janeiro: Zahar, 1978.

BARAN, Paul. **A economia política do desenvolvimento.** 4ed. Rio de Janeiro: Zahar, 1977.

BARR, Kenneth. "Long waves: a selective, annotated bibliography". In: **Review.** vol. II, n.4, pág. 675-718. California: Sage, 1979.

BARRO, Robert. Novos clássicos e keynesianos, ou os mocinhos e os bandidos. **Literatura Econômica**. número especial, jun 1992, p.5.

BASLE, M. et al. **Histoire des Pensées Economiques**. Paris: Sirey, 1988.

BAUMAN, Zygmunt. "El desafio ético de la globalización". In: **Pânico en la globalización.** pág. 46-56. Cali: FICA, 2002.

BAUMANN, Renato (Org.). Brasil, uma década em transição. Rio de Janeiro: Campus, 1999.

BEAUD, Michel. "The crisis of development in the light of economic-systems analysis". In: **Review.** vol. X, n.3, pág. 425-34. California: Sage, 1987.

______. Le basculement du monde: de la Terre, des homes et du capitalisme. Paris: La Découverte, 1997.

BEAUD, Michel; DOSTALER, Gilles. **La pensée economique depuis Keynes**. France: Du Seil, 1993.

BECK, Ulrich. **Qué es la globalización?** Falacias del globalismo, respuestas a la globalización. Barcelona: Paidós Ibérica, 1998.

BEINSTEIN, Jorge. **Capitalismo senil**. Rio de Janeiro: Record, 2001.

BELL, Daniel. "The cultural contradictions of capitalism". In: BELL, Daniel; KRISTOL, Irving. **Capitalism today.** pág. 27-57. New York: A Mentor Book, 1971.

BERGESEN, Albert; FERNÁNDEZ, Roberto. "Quién posee las 500 empresas líderes mencionadas por *Furtune*?" In: SAXE-FERNADÉZ, John (coord). **Globalización:** crítica a un paradigma. pág. 247-88. México DF: Universidad Nacional Autónoma de México; Instituto de Investigaciones Económicas; Dirección General de Apoyo al Personal Académico; Plaza Janés, 1999.

BERGNER, Jeffrey T. **The new superpowers**. New York: St. Martins, 1991.

BIANCHI, Álvaro. "Neoliberalismo e resistência operária contra FHC". In: **A crise brasileira e o governo FHC.** pág. 105-22. São Paulo: Xamã, 1997.

BID (1995) **O trabalhador e o processo de integração mundial**. Relatório sobre o Desenvolvimento Mundial. Washington DC.

BID (1996). **Do plano ao mercado**. Relatório sobre o Desenvolvimento Mundial. Washington DC.

BID (1997). **O estado num mundo em transformação.** Relatório sobre o Desenvolvimento Mundial, Indicadores Selecionados do Desenvolvimento Mundial. Washington D.C.

BID (1998). **América Latina frente a la desigualdad**. Informe 1998-99. Washington DC.

BID (2002). **Globalization, growth and poverty**. Research Report. New York.

BIELSCHOWSKY, Ricardo. **Pensamento econômico brasileiro.** Rio de Janeiro: Contraponto, 1988.

BIRD (1996). **Do plano ao mercado:** relatório sobre o desenvolvimento mundial. Washington DC.

BLANCHARD, Olivier Jean. Novos Clássicos e Novos Keynesianos: A longa pausa. **Literatura Econômica**. número especial, jun 1992, p. 20.

BONELLI, Regis; MALAN, Pedro. "El éxito de las políticas de crecimiento en Brasil" In: TEITEL, Simón. **Hacia una nueva estrategia de desarrollo para América Latina:** caminos abiertos por el pensamiento de Albert Hirschman. pág. 51-112. Washington: BID, 1995.

BOSSERELLE, Éric. **Le cycle Kondratieff:** théories et controverses. Paris: Masson, 1994.

BOURGEOIS, Christian B; SAXE-FERNÁNDEZ, Eduardo. "La democracia en el globalismo neoliberal latinoamericano" In: SAXE-FERNADÉZ, John (coord). **Globalización:** crítica a un paradigma. pág. 289-348. México DF: Universidad Nacional Autónoma de México; Instituto de Investigaciones Económicas; Dirección General de Apoyo al Personal Académico; Plaza Janés, 1999.

BOUSQUET, Nicole. "Esquisse d'une théorie de l'alternance de périodes de concurrence et d'hégémonie au centre de l'économie-monde capitaliste". In: **Review.** vol. II, n.4, pág. 501-518. California: Sage, 1979.

BRAGA, José Carlos de Souza. "Financeirização global – o padrão sistêmico de riqueza do capitalismo contemporâneo". In: FIORI, José Luís; TAVARES, Maria da Conceição (org). **Poder e dinheiro:** uma economia política da globalização. pág. 195-242. Petrópolis: Vozes, 1997.

BRUNHOFF, Suzanne de. **A hora do mercado**. São Paulo: UNESP, 1991.

BRUSSI, Antônio. "Crise no sistema mundial e o fim da hegemonia americana". In: **Comunicação e política:** pela integração latino-americana. Vol. IX; nºI; nova série; pág. 96-101; janeiro-abril. Rio de Janeiro: Centro Brasileiro de Estudos Latino-Americanos, 2002.

BRZEZINSKI, Zbigniew. **El gran tablero mundial**: la supremacía estadounidense y sus imperativos geoestratégicos. Barcelona: Piados, 1998.

BUKARIN, Nicolai. **Imperialismo e economia mundial.**

BURKI, Sahid Javed; PERRY, Guilherme E. **Más allá del Consenso de Washington**. Washington DC: Estudios del Banco Mundial sobre América Latina y el Caribe, 1998.

BUTLER, J.; LACLAU, E.; ZIZEK, S. **Contingencia, hegemonia, universalidad:** diálogos contemporáneos en la izquierda. Buenos Aires: Fondo de Cultura Económica, 2000.

CACHEUX, Jacques de. "Les deux faces de la monialisation". In: **Alternatives economiques.** n. 56 2tri. pág. 64-7. Paris: 2003.

CAGGIOLA, Osvaldo ; KATZ, Claudio. **Neoliberalismo ou crise do capital?** São Paulo: Xamá, 1996.

CANABRAVA FILHO, Paulo. **No olho do furacão.** São Paulo: Plaza y Valdes; Cortez, 2003.

CARNEIRO, F. Ascensão e queda da economia de oferta. **Conjuntura Econômica**. v. 4. n. 7. Rio de Janeiro, 31 jul, 1989. p. 83-86.

CARNEY, Larry S. "Globalización: el legado final del socialismo?" In: SAXE-FERNADÉZ, John (coord). **Globalización:** crítica a un paradigma. pág. 167-214. México

DF: Universidad Nacional Autónoma de México; Instituto de Investigaciones Económicas; Dirección General de Apoyo al Personal Académico; Plaza Janés, 1999.

CARSON, Robert B. **O que os economistas sabem?** Rio de Janeiro: Jorge Zahar, 1992.

CASANOVA, Pablo González. "Globalidade, neoliberalismo e democracia". In: GENTILI, Pablo (coord) **Globalização excludente:** desigualdade, exclusão e democracia na nova ordem mundial. pág. 46-62. Petrópolis: Vozes, 1999.

_____. 'El estado y la política". In: **América Latina hoy.** pág. 64-122. México DF: Siglo Veintiuno, 1990.

CASANOVA, Pablo González; SAXE-FERNÁNDEZ, John. "Globalidad, neoliberalismo y democracia". In: **El mundo actual:** situación y alternativas. pág. 45-58. Buenos Aires: Siglo Veintiuno, 2002.

CASTELLS, Manuel. "Globalización y antiglobalización". In: **Pânico en la globalización.** pág. 37-45. Cali: FICA, 2002.

CASTRO, Fidel. **Capitalismo actual:** características y contradiciones. Neoliberalismo y globalización. Selección temática 1991-1998. La Habana: Política, 1999.

_____. **La crisis económica y social del mundo:** sus repercusiones en los países subdesarrollados, sus perspectivas sombrías y la necessidad de luchar si queremos sobrevivir. La Habana: Informe a la VII Cumbre de los Países No Alineados; Oficina de Publicaciones del Consejo de Estado, 1983.

CEPAL (1994). **América Latina y el Caribe: políticas para mejorar la inserción en la economía mundial**. Santiago de Chile.

CEPAL (1995). **Panorama social de América Latina**. Santiago do Chile.

CEPAL (1997). **La brecha de la equidad**. Primera Conferencia Regional de Seguimiento de la Cumbre Mundial sobre Desarrollo Social. São Paulo.

CEPAL (1998). **La inversión extranjera en América Latina y el Caribe**. Santiago de Chile.

CEPAL (1998). **Panorama social de América Latina**. Santiago de Chile.

CHANDLER JR, Alfred D. **Scale and scope:** the dynamics of industrial capitalism. Cambridge, London: The Belknap Press of Harvard University Press, 1990.

CHASE-DUNN, Christopher; PODOBNIK, Bruce. "La próxima guerra mundial: ciclos y tendencias del sistema mundial" In: SAXE-FERNADÉZ, John (coord). **Globalización:** crítica a un paradigma. pág. 131-66. México DF: Universidad Nacional Autónoma de México; Instituto de Investigaciones Económicas; Dirección General de Apoyo al Personal Académico; Plaza Janés, 1999.

CHAVAGNEUX, Christian. "Le trois niveaux de l'instabilité financière". In: **Alternatives economiques.** n. 56 2tri. pág. 58-9. Paris: 2003.

CHAVANCE, Bernard; MAGNIN, Éric; RAMINE, Motamed-Nejad; JACQUES, Sapir (org). **Capitalisme et socialisme en perspective:** évolution et transformations des systèmes économiques. Paris: La Découverte, 1999.

CHEVALLIER, Marc. "Demain, une croissance verte?". In: **Alternatives economiques.** n. 56 2tri. pág. 90-1. Paris: 2003.

CHOMSK, Noam. "Democracia e mercados na nova ordem mundial". In: GENTILI, Pablo (coord) **Globalização excludente:** desigualdade, exclusão e democracia na nova ordem mundial. pág. 7-45. Petrópolis: Vozes, 1999.

CHOSSUDOVSKY, Michel. **A globalização da pobreza:** impactos das reformas do FMI e do Banco Mundial. São Paulo: Moderna, 1999.

CLERC, Denis. "Le retour en force du libéralisme économique a eu pour effet une certaine <revanche> du capital sur le travail". In: CORDELLIER, Serge. pág. 102-04. **Le nouvel etat du monde:** bilan de la décennie 1980-1990. Paris: La Découverte, 1990.

COGGIOLA, Osvaldo. "A esquerda e o governo FHC". In: **A crise brasileira e o governo FHC.** pág. 29-36. São Paulo: Xamã, 1997.

"Dossié 11 de Setembro" In: **Comunicação & Política.** n° especial; volume IX, n° 1, nova série, janeiro-abril. Rio de Janeiro: Centro Brasileiro de Estudos Latino-americanos; CEBELA, 2002.

"10 meses depois da tragédia I" — Monitor Mercantil, Rio de Janeiro, 6,7,8 de julho de 2002.

"10 meses depois da tragédia – II", Monitor Mercantil, Rio de Janeiro, 13, 14 e 15 de julho de 2002.

"10 meses depois da tragédia – III" Monitor Mercantil, Rio de Janeiro, 20, 21 e 22 de julho de 2002.

"10 meses depois da tragédia – IV".Rio de Janeiro, 27, 28 e 29 de julho de 2002.

"10 meses depois da tragédia – V", Rio de Janeiro, 3, 4 e 5 de agosto de 2002.

COOLEY, John K. **CIA et Jihad — 1950-2001**: contre l'URSS, une désastreuse alliance. Paris: Autrement Frontières, 2002.

CORRÊA, Arsênio Eduardo. **A frente liberal e a democracia no Brasil.** Rio de Janeiro: Expressão e Cultura, 1997.

DAVIS, Tom E. "O ´fim` do estado no desenvolvimento econômico: aspectos conceituais". In: ZINI JR. Álvaro Antônio (coord). **O mercado e o estado no desenvolvimento econômico nos anos 90.** n.137; 57-66. Brasília: IPEA, 1993.

DE LA TORRE, Armando. **A ética do lucro**. Rio de Janeiro: Instituto Liberal, 1998.

______. **A ética do lucro**. Rio de Janeiro: Instituto Liberal, 1998.

______. **Os fundamentos do liberalismo**. Rio de Janeiro: Instituto Liberal, 1988.

DEL BÚFALO, Enzo. "El estado y la pobreza en América Latina". In: **Desarrollo:** hacia una nueva articulación de políticas económicas e sociales en América Latina y el Caribe. Pág. 109-43. Venezuela: CEPAL; CLAD; Nueva Fronteira, 1996.

DELORME, Robert. "Intervenção econômica na história do estado francês e de outros estados europeus". In: ZINI JR. Álvaro Antônio (coord). **O mercado e o estado no desenvolvimento econômico nos anos 90.** n.137; pág.9-30. Brasília: IPEA, 1993.

DEMMA, Claude. "La nouvelle économie, au-delà du mythe". In: **Alternatives economiques.** n.56; pág. 14-5; 2° trimestre de 2003.

DENIS, Henri. **História do pensamento econômico**. Lisboa: Livros Horizonte, 1978.

Documentos de Santa Fé II. Uma estratégia para a América Latina nos anos 90. **SEDOC**-Serviço de Documentação. Petrópolis: Vozes, v. 22, n.216, set-out, 1989. p. 190-1.

DOMÍNGUEZ, Nadima Simón; PEIRO, Isabel Rueda. **Globalización y competitividad:** la industria siderúrgica en México. México: Universidad Nacional Autónoma de México, Facultad de Contaduría y Administración, Instituto de Investigaciones Económicas, 2002.

DORNBUCH, Rudiger. Novos Clássicos e Novos Keynesianos. **Literatura Econômica**. número especial, jun 1992, p.31

DREIFUSS, René. **O jogo da direita**. Petrópolis: Vozes, 1989.

DUPAS, Gilberto. **Economia global e exclusão social:** pobreza, emprego, estado e o futuro do capitalismo. São Paulo: Paz e Terra, 1999.

______. **Ética e poder na sociedade da informação**. São Paulo: UNESP, 2000.

______. **Tensões contemporâneas entre o público e o privado.** São Paulo: Paz e Terra, 2003.

DUVAL, Guillaume. "Où va le travail?". In: **Alternatives economiques.** n. 56 2tri. pág. 78-9. Paris: 2003.

DUVAL, G.; FRÉMEAUX, P. "Une economie toujours mixte". In: **Alternatives economiques.** n. 56; pág. 32-3; 2° trimestre de 2003.

DWECK, Ruth Helena. "O federalismo norte-americano: questão fiscal – "Reaganomics". In: **Transit circle.** Revista Brasileira de Estudos Americanos. pág.8-43; vol.2; nova série. Rio de Janeiro: Contra Capa, 2003.

Economic survey of Japan 1988-1989. Economic Planning Agency and Japanese Government, 1989.

EMMERIJ, Louis; ARCO, José Nunez. **El desarrollo económico y social en los umbrales dé siglos XXI.** Washington DC: BID, 1995.

ESSER, Klaus (coord). "Libertad de acción nacional a través de competitividad sistémica". In: **Competencia global y libertad de acción nacional:** nuevo desafío para las empresas, el Estado y la sociedad. Venezuela: Instituto Alemán de Desarrollo; Nueva Sociedad, 1999.

EVANS, Peter. "Shoes, OPIC, and the unquestioning persuasion: multinational corporations and U.S. – brazilian relations". In: FAGEN, Richard R. **Capitalism and the state in U.S. – Latin American relations.** pág. 302-336.California: Stanford University, 1979.

ERNST, D.; O´CONNOR, D. **Technology and global competition**: the challenge for newly industrializing economies. Paris: OECD, 1989.

FABRA, Paul. **L'anticapitalisme:** essai de réhabilitation de l'économie politique. Paris: Champs; Flammarion, 1979.

FAJNZYLBER, Fernando. Reflexões sobre os limites e potencialidades econômicas da democratização. **Revista Econômica Política**. n. 1, v. 6, jan-abr, 1986.

FERRAJOLI, Luigi. **A soberania no mundo moderno**. São Paulo: Martins Fontes, 2002.

FRENCH-DAVIS, Ricardo. "As Políticas de ajustes e suas repercussões sócio-econômicas". In: **Política externa.** vol.3; n.3; pág.33-50 dezembro-janeiro-fevereiro. São Paulo: Paz e Terra, Núcleo de Pesquisa em Relações Internacionais e Política Internacional e Comparada, 1994-95.

_____. "Chile, entre el neoliberalismo y el crecimiento con equidad". In: **Economia y desarrollo.** N.183. Venezuela: Nueva Sociedad, ene-feb, 2003.

FIGUEROA, Adolfo. "Políticas sociales, pobreza y distribución de ingresos en América Latina". In: DEL ARCO, Jose Nuñez. **Políticas de ajuste y pobreza:** falsos dilemas, verdaderos problemas. Pág. 201-26. Washington DC: BID, 1995.

FILHO, Ernani Teixeira Torres. "A crise da economia japonesa nos anos 90 e a retomada de hegemonia americana". In: FIORI, José Luís; TAVARES, Maria da Conceição (org). **Poder e dinheiro:** uma economia política da globalização. Petrópolis: Vozes, 1997.

FIORI, José Luís. "Globalização, hegemonia e império". In: FIORI, José Luís; TAVARES, Maria da Conceição (org). **Poder e dinheiro:** uma economia política da globalização. pág. 87-150. Petrópolis: Vozes, 1997.

FMI (2000). **Perspectives de l'économie mondiale:** prix des actifs et cycle économique. Études économiques et financières. Washington DC.

FONSECA, Odemiro. **Crônica de uns liberais impenitentes**. Rio de Janeiro: Instituto Liberal, 1993.

FONTVIEILLE, Louis. "The labor force in long-term fluctuations". In: **Review.** vol. X, n.3, pág. 535-85. California: Sage, 1987.

FOSTER, John Bellamy. "Contradictions in the universalization of capitalism". In: **Monthly Review.** vol.50; n.11. New York: Monthly Reviewn Foundation, april 1999.

FOSSAERT, Robert. **El mundo en el siglo XXI.** Buenos Aires: Siglo Veitiuno, 2003.

FRANCO, Gustavo. Prefácio: Schacht, aspectos econômicos. In: SCHACHT, Hjalmar. **Setenta e seis anos de minha vida**: a autobiografia do mago da economia alemã da República de Weimar ao III Reich. São Paulo: Editora 34, 1999.

FRANK, Andre Gunder. "A theoretical introduction to 5000 years of world system history". In: **Review**. vol.13; n.2; p.155-248,1990.

______. **Crisis in the third world.** New York: Homes; Meier, 1981.

______. **Crisis in the world economy.** New York: Holmes ; Meier, 1980.

______. **Reflections on the world economic crisis** (revised). New York: Monthly Review, 1981.

______. **World accumulation 1492-1789**. New York and London: Monthly Review; Macmillan, 1978.

FRANK, Andre Gunder; AMIN, Samir; ARRIGHI, Giovanni; WALLERSTEIN, Immanuel. **Dynamics of global crisis (crise, quelle crise?)**. New York: Monthly Review, 1982.

FREEMAN, C. (org). **Long waves in the world economy**. Londres: Frances Pinter, 1984.

FREEMAN, C. "The Kondratiev long waves: technical change and unemployment. In: **Structural determinants of employment and unemployment.** *v*ol.2. Paris: OCDE, 1979.

FRÉMEAU, Philippe. "Les prélèvements obligatories freinent-ils la croissance". In: **Alternatives economiques.** n. 56; pág. 28-9; 2° trimestre de 2003.

______. "La protection sociale face aux inégalités". In: **Alternatives economiques.** n. 56; pág. 30-1; 2° trimestre de 2003.

FRIEDMAN, Milton. **Episódios da história monetária**. Rio de Janeiro: Record, 1992.

FRIEDMAN,Milton; BRUNNER, Karl; MELTZER, Allan; TOBIN, James; DAVIDSON, Paul ; PATINKIN, Don. **El marco monetario de Milton Friedman.** México: Premia, 1979.

FUKUYAMA, Francis. **O fim da história e o último homem**. Rio de Janeiro: Rocco, 1992.

_____. **Trust: the social virtues and the creation of prosperity**. London: Hamish Hamilton, 1995.

FURTADO, Celso. **Brasil:** a construção interrompida. Rio de Janeiro: Paz e Terra, 1992.

_____. **Em busca de novo modelo:** reflexões sobre a crise contemporânea. São Paulo: Paz e Terra, 2002.

GALBRAITH, J.K. **A sociedade afluente**. São Paulo: Pioneira, 1987.

_____. **Capitalismo, comunismo e coexistência**: de um passado amargo a esperanças melhores. São Paulo: Pioneira, 1988.

_____. **O novo estado industrial**. Rio de Janeiro: Civilização Brasileira, 1968.

GANDÁSEGUI, Marco A. "El ALCA y sus difíciles combinaciones: comercio, salud y ambiente". In: **Economia y desarrollo.** N.183; pág. 106-118. Venezuela: Nueva Sociedad, ene-feb, 2003.

GARCIA, Alfredo T. "Liberalización financeira y comercial y relación ahorro-inversión en América Latina". In: **Realidad Económica:** pueblos y democracia. pág. 126-42; n.174. Buenos Aires: Revista de economia editada por el Instituto Argentino para el Desarrollo Económico, 2000.

GIDDENS, Anthony. **A terceira via:** reflexões sobre o impasse político atual e o futuro da social-democracia. Rio de Janeiro: Record, 1999.

GILPIN, Robert. **El reto del capitalismo global:** la ecconomía mundial en el siglo XXI. Madrid: Turner, 2003.

GIRÓN, A.; CORREA, E. (Coord.).Crisis financiera: mercado sin fonteras. México D.F.: IIE/UNAM, 1998.

GLYN, Andrew; SUTCLIFFE; Bob. "El nuevo orden capitalista. Global pero si liderazgo?" In: SAXE-FERNADÉZ, John (coord). **Globalización:** crítica a un paradigma. pág. 103-30. México DF: Universidad Nacional Autónoma de México; Instituto de Investigaciones Económicas; Dirección General de Apoyo al Personal Académico; Plaza Janés, 1999.

GOGGIOLA, Osvaldo. "O governo FHC e o movimento sindical". In: **A crise brasileira e o governo FHC.** pág. 67-84. São Paulo: Xamã, 1997.

GÓMEZ, José María. "Globalização da política: mitos, realidades e dilemas". In: GENTILI, Pablo (coord) **Globalização excludente:** desigualdade, exclusão e democracia na nova ordem mundial. pág. 128-179. Petrópolis: Vozes, 1999.

GONZÁLEZ, Jorge Iván. "La apertura económica: dogmas en crisis". In: **Apuntes del CENES.** vol. XX, n. 31/32 Tunja: Centro de Estudios Económicos; Escuela de Economía; UPTC, 2001.

GONÇALVES, Reinaldo. **Ô abre-alas**: a nova inserção do Brasil na economia mundial. Rio de Janeiro: Relume-Dumará, 1994.

GRAY, John. **Falso amanhecer**. Rio de Janeiro: Record, 1999.

GRJEBINE, André (coord.). **Théories de la crise et politiques économiques.** Paris: Éditions du Seuil, 1986.

GROSFOGUEL, Ramón. "Cambio conceptuales desde la perspectiva del sistema-mundo. Del capitalismo al neoliberalismo". In: **Economia y desarrollo.** N.183; pág. 151-65. Venezuela: Nueva Sociedad, ene-fed, 2003.

GUELLEC, Dominique; RALLE, Pierre. **Les nouvelles théories de la croissance.** Paris: Decouverte, 2003.

GUERRIEN, Bernard. **La theorie neo-classique**. Paris: Economica, 1989.

GUIMARÃES, Samuel Pinheiro. **A política dos Estados Unidos para o mundo e o Brasil.** São Paulo: Consulta Popular, 2000.

GURRIERI, Adolfo. **La obra de Prebisch en la CEPAL.** N.46. México: Fondo de Cultura Económica, 1982.

HAYEK, F.A. **Desestatização do dinheiro**. Rio de Janeiro: Instituto Liberal, 1986.

_____. **The fortunes of liberalism**: essays on Austrian economics and the ideal of freedom. The collected works of F. A. Hayek, v. 4. Peter Klein (Ed.). Chicago: University of Chicago Press, 1994. p. 147-149.

HELD, David. "La globalización tras el 11 de septiembre". In: **Pânico en la globalización.** pág. 127-139. Cali: FICA, 2002.

HILFERDING, Rudolf. **O capital financeiro.** Edição Grandes Economistas. São Paulo: Abril

HIRSCHMAN, Albert. The political economy of Latin American development. **Latin American Research Review**. n. 3, v. 22,1987.

HUERTA G, Arturo. **La globalización, causa de la crisis asiática y mexicana.** México DF: Diana, 1998.

HUNTINGTON, Samuel P. **O choque das civilizações.** Rio de Janeiro: Objetiva, 1996.

_____ **A terceira onda.** São Paulo: Atica, 1994.

HURTIENNE, Thomas; MÁRMORA, Leopoldo; MESSNER, Dirk; MÜLLER-PLANTENBERG, Urs; TÖPPER, Barbara. **Cambio de rumbo en el Conosur:** crisis y oportunidades. Caracas: Nueva Sociedad, 1994.

INOZEMTSEV, Vladislav L. **One world divided.** Bradford: Wisdom House: 2001.

______. **The constitution of the post-economic state:** post-industrial theories and post-economic trends in the contemporary world. Vermont: Ashgate Publishing Company, 1998.

ISAZA, Fabio Giraldo. "La globalización: integración psíquica al mercado". In: **Pânico en la globalización.** pág. 07-26. Cali: FICA, 2002.

ISAZA, Francisco G. "El monetarismo y el neo-estructuralismo". In: **Apuntes del cenes 31/32**. pág. 25-46. Tunja: CENES; Escuela de Economía; F. Ciencias Económicas; U. Ped. Tecnológica, 2001.

JOHNSON, Chalmers. **MITI and the japanese miracle:** the grouth of industrial policy, 1925-1975. Tokyo: Charles E. Tuttle, 1987.

JUNIOR, Lier P. Ferreira. **Estado, globalizacao e integracao regional.** Rio de Janeiro: America Juridica, 2003.

KALECKI, Michal. **Crescimento e ciclo das economias capitalistas.** São Paulo: Hucitec, 1983.

KALMANOVITZ, Salomón. **Crisis y "recuperación" de la economia mundial.** Bogotá: Pluma, 1976.

KELEHER, R.; ORZECHOWSKI, W. Classical origins of supply-side economics. **Economic Impact**. n. 36, Washington, 1981.

KÉBABDJIAN, Gérard. **Les théories de l'économie politique internationale:** la pensée économique contemporaine. France: Du Seuil, 1999.

KEYNES, J.M. **A teoria geral do emprego, do juro e da moeda**. São Paulo: Abril Cultural, 1983.

KINDLEBERGER, Charles P. **Economia internacional**. São Paulo: Mestre Jou, 1968.

KLAMER, Arjo. **Conversas com economistas**. São Paulo: USP, 1988.

KON, Anita; BANKO, Catalina; MELCHER, Dorothea ; CACCIAMALI, Maria Cristina. **Costos sociales de las reformas neoliberales em América Latina.** Caracas: PUC-SP, FAPESP, USP/PROLAM, Universidad Central de Venezuela, 2000.

KONDRATIEV, N.D. "The long waves in economic life". In: **Review.** v. 2, n.4, pág. 519-62. California: Sage, 1979.

______. **Los ciclos largos de la coyuntura económica.** Cuadernos de Economía. México DF: Instituto de Inesvtigaciones Económicas; Universidad Nacional Autónoma de México, 1992.

KOSAI, Yutaka. **The era of hight-speed growth:** notes on the postwar japanese economy. Tokyo: University Press, 1986.

KRUEGER, Anne O. "Reformas orientadas para o mercado e a economia internacional na década de 90". In: ZINI JR. Álvaro Antônio (coord). **O mercado e o estado no desenvolvimento econômico nos anos 90.** n.137; pág. 09-30. Brasília: IPEA, 1993.

La crise actuelle par rapport aux crises anterieures . **Cahier du gemdev:** gis economie mondiale, tiers monde, developpement. Binghamtom: Fernand Braudel Center; MICEFA, novembre 1985.

LACERDA, Antônio Corrêa de. **O impacto da globalização na economia brasileira.** São Paulo: Contexto, 1999.

LAFERRÈRE, Armand. "Les administrations financières de l'etat". In: **Finances publique:** les moties. pág. 7-12. Paris: La Documentation Française, 2001.

LARRAIN, Felipe; SELOWSKY, Marcelo (ed.) **The public sector and the Latina American crises.** San Francisco: ICS, 1991.

LEME, Francisco Og. **Sistemas econômicos comparados**. Rio de Janeiro: Instituto Liberal, 1992.

LIMA, João Heraldo. "A teoria quantitativa nas obras monetárias de Keynes". In: AMADEO, Edward J. (org.) **Ensaios sobre economia política moderna:** teoria e história do pensamento econômico. pág. 103-108. São Paulo: Marco Zero, 1989.

LIMOEIRO-CARDOSO, Miriam. "Ideologia da globalização e (des)caminhos da ciência social". In: GENTILI, Pablo (coord) **Globalização excludente:** desigualdade, exclusão e democracia na nova ordem mundial. pág. 96-127. Petrópolis: Vozes, 1999.

LOMELÍ, Enrique Valencia; GENDREAU, Mônica; TEPICHÍN, Ana Maria. **Los dilemas de la política social.** México: Amarona, 2000.

LONGO, Lucía; Tomasini, Daniel; Galonge, Patricio. "Los costos del deterioro del suelo: aspectos micro y macroeconômicos". In: **Realidad Económica:** pueblos y democracia. pág. 143-53; n.174. Buenos Aires: Revista de economia editada por el Instituto Argentino para el Desarrollo Económico, 2000.

LÓPEZ, Pedro (Coord.). **La crisis del capitalismo**: teoría y práctica. México: Siglo XXI, 1984.

LOPEZ, Simon Bossa, EASTMAN, Jorge Mario, VALDERRAMA, Augusto Espinosa et al. **Hacia um liberalismo social**. Bogotá: Dirección Liberal Nacional/Fondo Editorial Liberal, 1979.

MACEWAN, Arthur. "Globalization and stagnation" In: CASANOVA, Pablo G. (coord) **El mundo actual:** situación y alternativas. México: UNAM, 1994.

MACRAE, Norman. Banks in trouble. **The Economist**. London, 8 Sep, 1990. p.21-24.

MADDISON, Angus. **Phases of capitalist development.** Oxford: Oxford University, 1982.

______. **The world economy in the 20th century**. Paris: OECD, 1989.

______. **The world economy:** a millenial perspective. Paris: OECD, 2001.

______. **Two crises:** Latin America and Asis 1929-38 and 1973-83. Paris: Development Centre Studies; OCDE, 1985.

MAGDOFF, Harry; SWEEZY, Paul M. **Dinamica del capitalismo norteamericano.** México DF: Nuestro Tiempo, 1972.

MAIRA, Luis. "A crise de hegemonia internacional dos Estados Unidos e seu impacto para a América Latina" In: BOUZAS, Roberto; PLASTINO, Carlos Alberto (org). **A América Latina e a crise internacional.** Pág.25-40. Rio de Janeiro: Instituto de Relações Internacionais PUC-RJ, IEEU-CIDE, Graal, 1985.

MALFATTI, Seluino Antônio. **Raízes do liberalismo brasileiro**. Porto Alegre: Pallotti, 1985.

MANDEL, E. **Long waves of capitalist development:** the marxist interpretation. New York: Cambridge University, 1980.

______. **O capitalismo tardio.** São Paulo: Nova Cultural, 1985.

______. **El dólar y la crisis del imperialismo.** México DF: Serie Popular Era/23, 1974.

______. **La crisis:** 1974-1980. México DF: Serie Popular Era/75, 1977.

______. **Late capitalism.** London: Unwin Brothers Limited, 1975.

MARRI, Stephen. **Les déficits et le dollar:** l'économie mondiale en péril. Centre d'Etudes Prospectives et d'Informations Internacionales. Paris: Economica, 1987.

MARX, Karl. **Elementos fundamentales para la crítica de la economia política (Grundrisse)**. 15.ed. México D.F.: Siglo XXI, 1987.

MATELLANES, Marcelo. "El fracaso del capitalismo". In: **Realidad Económica:** pueblos y democracia. pág. 44-65; n.158 Buenos Aires: Revista de economia editada por el Instituto Argentino para el Desarrollo Económico, 1998.

MAURIN, Louis. "Le retour des classes sociales". In: **Alternatives economiques.** n. 56 2tri. pág. 74-5. Paris: 2003.

MÉDA, Dominique. **Qu'est-ce que la richesse?** Paris: Flammarion, 1999.

MEDEIROS, Carlos Aguiar de. "Globalização e a inserção internacional diferenciada da Ásia e da América Latina". In: FIORI, José Luís; TAVARES, Maria da Conceição (org). **Poder e dinheiro:** uma economia política da globalização. pág. 279-346. Petrópolis: Vozes, 1997.

MENCHIKOV, S. **Le cycle économique:** phénomènes nouveaux dans le dévelop´pement économique du capitalisme. Moscou: Progrès, 1976.

MENGKUI, Wang. (coord) **China's economic transformation over 20 years.** Beijing: Foreign Languages Press, 2000.

MERQUIOR, José Guilherme. **Algumas reflexões sobre os liberalismos contemporâneos**. Rio de Janeiro: Instituto Liberal, 1991.

MISES, Ludwing Von. **Ação humana: um tratado de economia**. Rio de Janeiro: Instituto Liberal, 1992.

MITCHELL, Wesley C. **Os ciclos econômicos e suas causas.** São Paulo: Nova Cultural, 1987.

MODY, Ashoka; SARAVIA, Diego. **Catalyzing capital flows: do IMF-supported programs work as commitment devices?** IMF Working Paper, may 2003.

MOLLO, Maria de Loudes Rollemberg. "O pensamento monetário de Hayek: capital fictício e crises". In: AMADEO, Edward J. (org.) **Ensaios sobre economia política moderna:** teoria e história do pensamento econômico. pág. 89-102. São Paulo: Marco Zero, 1989.

MORIN, Edgar. "El siglo XXI empezó en Seattle". In: **Pânico en la globalización.** pág. 27-36. Cali: FICA, 2002.

NAU, Henry R. **O mito da decadência dos Estados Unidos:** a liderança americana na economial mundial na década de 1990. Rio de Janeiro: Jorge Zahar, 1992.

NAKAMURA, Takafusa. **The postwar japanese economy:** its development and structure. Tokyo: University Press, 1990.

NICOLAS, Françoise. "Économies en développement: le mythe de la souveraineté confisquée".In: MONTBRIAL, Thierry de; DEFARGES, Philippe Moreal. **Ramses:** les grandes tendances du monde 2004. pág. 127-140 Paris: Dunud, 2003.

NUEVA SOCIEDAD (mar-abr 2003). **El trabajo entre la exclusión y el mercado.** Caracas.

Nueva Sociedad, N° especial sobre Tragedia y Razón, n° 177, Enero/Febrero, Caracas, Venezuela, 2002.

O'DONNELL, Guillermo; FRENKEL, Roberto. "The ´stabilization programs' of the International Monetary Fund and their internal impacts". In: FAGEN, Richard R. **Capitalism and the state in U.S. – Latin American relations.** pág. 171-216.California: Stanford University, 1979.

O'DONNELL, Guillermo. "Estado, democracia y globalización". In: **Realidad Económica:** pueblos y democracia. Buenos Aires: Revista de economia editada por el Instituto Argentino para el Desarrollo Económico. n.158, p. 7-20, 1998.

O'CONNOR, James. **The fiscal crisis of the state.** New York: St. Martin, 1973.

OCDE (1996). **Privatisation in Asia, Europe and Latin America**. Paris.

OCDE (200-2001) **Estudos econômicos da OCDE:** Brasil. Rio de Janeiro: FGV.

OCDE. **Human capital investment**: an international comparison. Paris, 1998.

OCDE. **New horizons for foreign direct investment.** Paris, 2002.

OLIVEIRA, Armando de Salles. **Escritos políticos**. São Paulo: Instituto Tancredo Neves, ARX, 2002.

OKITA, Saburo. **The developing economies and Japan.** Tokyo: University Press, 1989.

OPPENHEIMER, Andrés. **Ojos vendados:** Estados Unidos y el negocio de la corrupción em América Latina. Buenos Aires: Sudamerica, 2001.

OURIQUES, Nildo Domingos. "plano real: estabilização monetária e estratégia recolonizadora". In: **A crise brasileira e o governo FHC.** pág. 123-47. São Paulo: Xamã, 1997.

OSBORNE, David; GAEBLER, Ted. **Reinventando o Governo**: como o espírito empreendedor está transformando o setor público. Brasília: MH Comunicação, 1994.

PAIM, Antônio. **Evolução histórica do liberalismo**. Belo Horizonte: Itatiaia, 1987.

PANITCH, Leo. "The state in a changing world: social-democratizing global capitalism?" In: **Monthly review**. vol.50, n.5. New York: Monthly Reviewn Foundation, oct 1998.

_____. "Globalization and the state" In: CASANOVA, Pablo G. (coord) **El mundo actual:** situación y alternativas. México: UNAM, 1994.

PASSET, René. **L'illusion néo-libérale.** Paris: Flammarion, 1999.

PEIXOTO, Antonio Carlos, MARTINS, Carlos Eduardo, PADOVANI, Fernando, ALVES, Ricardo Vieira, SANTOS, Theotônio dos. **Terrorismo**: tragédia e razão. Rio de Janeiro: Revan, 2002.

PEKEA (2003). **Economies et sociétés.** Cahiers de L'Isméa, Hors-sério, n°39. France.

PELLET, Rémi. "La gestion du système de protection sociale". In: **Finances publique:** les moties. pág. 145-52. Paris: La Documentation Française, 2001.

PERRY, Guillermo E.; BURKI, Shahid Javed. **Más allá del consenso de Washington:** la hora de la reforma institucional. Washington: Estudios del Banco Mundial sobre América y el Caribe; Banco Mundial, 1998.

PETERSON, Wallace C. **Income employment and economyc growth.** New York: W.W. Norton and Company, 1962.

PETRAS, James; MORLEY, Morris. "Los ciclos políticos neoliberales: América Latina 'se ajusta' a la pobreza y la riqueza en la era de los mercados libres" In: SAXE-FERNADÉZ,

John (coord). **Globalización:** crítica a un paradigma. pág. 215-46. México DF: Universidad Nacional Autónoma de México; Instituto de Investigaciones Económicas; Dirección General de Apoyo al Personal Académico; Plaza Janés, 1999.

PLIHON, Dominique. **Le nouveau capitalisme.** Paris: La découverte, 2003.

POMIAN, Krzysztof. "The secular evolution of the concept of cycles". In: **Review.** vol. II, n.4, pág. 563-646. California: Sage, 1979.

PORTER, M. The competitive advantage of nations. London: Macmillan, 1990.

POULIGNY, Béatrice; POUYÉ, Raphaël. "Le state building au secours de la sécurité internationale?" In: MONTBRIAL, Thierry de; DEFARGES, Philippe Moreal. **Ramses:** les grandes tendances du monde 2004. pág. 47-60 Paris: Dunud, 2003.

RAMONEDA, Josep. "Misioneros de la globalización". In: **Pânico en la globalización.** pág. 89-96. Cali: FICA, 2002.

RAMSEY, Stewart W. Interview with M. Peter McPherson. **Economic Impact**. n. 35, Washington, 1981. p. 42.

RAPORT, Mario. **Tiempos de crisis, vientos de cambio:** Argentina y el poder global. Buenos Aires: Norma, 2002.

REAGAN, Ronald. "A program for economic recovery". In: **Economic impact**. Vol .3, n. 35, pág.25-46. Washington, 1988.

REICH, Robert. **O trabalho das nações**: preparando-nos para o capitalismo do século 21. São Paulo: Educator, 1994.

RESPLANDY-BERNARD, Alain. "Les dépenses de l'état". In: **Finances publique:** les moties. pág. 43-6. Paris: La Documentation Française, 2001.

RIVERA-BATIZ, Luis A. "Liberalización del comercio: perspectiva tradicional y crecimento endógeno". In: DEL ARCO, Jose Nuñez. **Políticas de ajuste y pobreza:** falsos dilemas, verdaderos problemas. pág. 117-66. Washington DC: BID, 1995.

ROITMAN, Marcos. "América Latina en el proceso de globalización. Los límites de sus proyectos".In: CASANOVA, Pablo G. (coord) **El mundo actual:** situación y alternativas. México: UNAM, 1994.

ROSTOW, W. W. **The world economy:** history and prospect. Austin and London: University of Texas, 1978.

______. **Politics and the stages of growth**. Cambridge: University Press, 1971.

SALAMA, Pierre. "Novas formas de pobreza da América Latina". In: GENTILI, Pablo (coord) **Globalização excludente:** desigualdade, exclusão e democracia na nova ordem mundial. pág. 180-222. Petrópolis: Vozes, 1999.

SANTOS, Theotonio dos (coord.) **Os impasses da globalizacao**. Rio de Janeiro: PUC-RJ, Loyola, REGGEN, 2003.

SANTOS, Theotonio dos. "As ilusões do neoliberalismo". In: **Carta**. Informe de distribuição restrita do Senador Darcy Ribeiro, n. 8, Brasília, 1993 a. Edição em espanhol: Nueva Democracia, n.117, Caracas, ene – feb. 1992; Edição em espanhol: Ritsumeikan Jornaul of International Studies, v.4, n.2, Kyoto.

_____."Globalização hoje: dimensão política, econômica e social". In: **Comunicação e política:** pela integração latino-americana. Vol. IX; nºI; nova série; pág. 140-151; janeiro-abril. Rio de Janeiro: Centro Brasileiro de Estudos Latino-Americanos, 2002.

_____."O neoliberalismo como doutrina econômica". In: **Econômica**. Niterói: Revista da Pós-graduação em Economia da UFF, ANPEC, vol.1, n.1, junho 1999.

_____. **Economia mundial integração regional & desenvolvimento sustentável**. Petrópolis: Vozes, 1994.

_____. **Imperialismo y corporaciones multinationales.** Santiago: PLA, 1973.

_____. **Imperialismo y dependencia**. 2ª parte. México: ERA, 1975.

_____. **La crise internacional del capitalismo y los nuevos modelos de desarrollo**. Buenos Aires: Contraponto, 1987.

_____. **Revolução científico-técnica e acumulação de capital**. Petrópolis: Vozes, 1987.

_____. **La crisis norte-americana y América Latina**. Santiago: PLA, 1970.

_____. O papel do Estado num mundo em globalização. **SEP**-Revista da Sociedade Brasileira de Economia Política. n.2, jun, 1998.

_____. **Os elos perdidos de uma teoria elegante**. Niterói, 1994.

_____. **A Teoria da Dependência**: balanços e perspectivas, Rio de Janeiro: Civilização Brasileira, 2000.

_____. **Socialismo e democracia no capitalismo dependente**. Petrópolis: Vozes, 1991.

_____. La cuestión de las ondas largas. **Ensayos de Economía**/Universidad Nacional de Colombia. Medellín, jul 1998. p.9-33.

_____. **Teorias do capitalismo contemporâneo**. Belo Horizonte: Vega,1983.

_____. **La crisis norteamericana y América Latina**. Santiago: PLA, 1970.

_____. **Imperialismo y dependencia**. México: Era, 1978.

_____. **La crisis internacional del capitalismo y los nuevos modelos de desarrollo**. Buenos Aires: Controversia, 1987.

_____. **El nuevo carácter de la dependencia**. Santiago: CESO, 1968.

______. Integração latino-americana: forças políticas em choque, experiências e perspectivas. **Revista Brasileira de Ciência Política**. Brasília. v. 1, n.1, mar. 1989. p. 71-90.

SANTOS, Theotônio dos; MELO, Ovídio de Andrade et al. "Colóquio: a nova ordem internacional". In: **Comunicação e política:** pela integração latino-americana. Vol. IX; nºI; nova série; pág. 18-80; janeiro-abril. Rio de Janeiro: Centro Brasileiro de Estudos Latino-Americanos, 2002.

SAXE-FERNADÉZ, John. "Glabalización e imperialismo". In: SAXE-FERNADÉZ, John (coord). **Globalización:** crítica a un paradigma. pág. 09-68. México DF: Universidad Nacional Autónoma de México; Instituto de Investigaciones Económicas; Dirección General de Apoyo al Personal Académico; Plaza Janés, 1999.

SILVA, Ilse Gomes. **Democracia e participação da 'refoma' do estado.** Questões da nossa época 103. São Paulo: Cortez, 2003.

SCANDELLA, Luigi. **Le Kondratieff:** essai de théorie des cycles longs économiques et politiques. Paris: Economica, 1998.

SCANTIMBURGO, João de. **História do liberalismo no Brasil**. São Paulo: São Paulo, 1996.

SCHACHT, Hjalmar. **Setenta e seis anos de minha vida**: a autobiografia do mago da economia alemã da República de Weimar ao III Reich. São Paulo: Editora 34, 1999.

SCHAFF, Adam. **Meditaciones sobre el socialismo**. México DF: Siglo XXI, 1998.

SCHUMPETER, Joseph A. **Business cycles:** a theoretical, historical and statistical analysis of the capitalist process. USA: Mc Graw-Hill, 1964.

SEN, Amartya. **Sobre ética e economia**. São Paulo: Cia. Das Letras, 1999.

SHIMIZU, Koichi. "Dynamics of capitalism: business cycle, innovation and crisis on J. Schumpeter and K. Marx". In: **Keizaigaku-Ronso.** The Doshisha University Review. Kyoto: The Doshisha Daigaku Keizaigaku-kai; The Doshisha Economic Association; Doshisha University, nov. 1988.

SHINOHARA, Miyohei. **Industrial growth, trade, and dynamic patterns in the japanese economy.** Tokyo: University Press, 1982.

SIEGAN, Bernard H. **Proteção constitucional aos direitos econômicos e de propriedades**. Rio de Janeiro: Instituto Liberal, 1993.

SILVER, Beverly J. **Forces of labor**. Cambridge Studies in Comparative Politics. New York: Cambridge University, 2003.

SOARES, Laura Tavares Ribeiro. **Ajuste neoliberal e desajuste social na América Latina.** Rio de Janeiro: UFRJ, 1999.

SOLOMON, Robert. **O sistema monetário internacional 1945-1976**. Rio de Janeiro: Zahar, 1979.

SOLOMOU, Solomos. "Kondratieff long waves in economic growth, 1850-1913". In: **Review.** vol. X, n.3, pág. 507-34. California: Sage, 1987.

SOROS, George. **La crisis del capitalismo global**: la sociedad abierta en peligro. México D.F.: Plaza Janés, 1999.

SPRAOS, John. "Falsas dicotomias sobre linhas paralelas: mercado *versus* estado e orientação para dentro *versus* orientação para fora". In: ZINI JR. Álvaro Antônio (coord). **O mercado e o estado no desenvolvimento econômico nos anos 90.** n.137; pág.67-80 Brasília: IPEA, 1993.

STEINER, Peter O. **Mergers:** motives, effects, policies. Michigan: Ann Arbor, University of Michigan, 1975.

STEINER, Philippe. **La sociologie économique.** Paris: La Découverte, 1999.

STERDYNIAK, H. 'L'etat à l'heure de la mondialisation". In: **Alternatives economiques.** n. 56; pág. 34-7; 2° trimestre de 2003.

STEWARD, Donald. **Correntes do pensamento econômico**. Rio de Janeiro: Instituto Liberal, 1993.

STIGLITZ, Joseph E. "El descontento con la globalización". In: **Pânico en la globalización.** pág. 57-88. Cali: FICA, 2002.

______. Más instrumentos y metas más amplias para el desarrollo: hacia el Consenso post-Washington. **Instituciones y Desarrollo**. n. 1, oct. 1998.

______. **Globalization and its discontentes**. New York: Norton Company, 2002.

______. **Os exuberantes anos 90:** uma nova interpretação da década mais próspera da história. São Paulo: Cia. das Letras, 2003.

SWEEZY, Paul M. **El capitalismo moderno y otros ensayos.** México DF: Nuestro Tiempo, 1972.

______. "Capitalismo y democracia". In: **Monthly Review.** vol.4; n.4. New York: Monthly Reviewn Foundation, enero 1981.

TEITEL, Simón. "Que estrategia de desarrollo debe adoptar América Latina?" In: TEITEL, Simón. **Hacia una nueva estrategia de desarrollo para América Latina:** caminos abiertos por el pensamiento de Albert Hirschman. Washington: caminos abiertos por el pensamiento de Albert Hirschman. pág. 397-435. Washington: BID, 1995.

THERDORN, Göran. "Dimensões da globalidade e a dinâmica das (des)igualdades". In: GENTILI, Pablo (coord) **Globalização excludente:** desigualdade, exclusão e democracia na nova ordem mundial. pág. 63-95. Petrópolis: Vozes, 1999.

THORP, Rosemary. **Progress, poverty and exclusion.** Maryland: The Johns Hopkins University Press, 1998.

THUROW, Lester C. **O futuro do capitalismo:** como as forças econômicas moldam o mundo de amanhã. Rio de Janeiro: Rocco, 1997.

TOFFLER, Alvin. **A terceira onda:** a morte do industrialismo e o nascimento de uma nova civilização. Rio de Janeiro: Record, 1980.

TORRES, Juan Carlos; GERCHUNOFF, Pablo. "Que papel le corresponde cumplir al estado en América Latina?" In: TEITEL, Simón. **Hacia una nueva estrategia de desarrollo para América Latina:** caminos abiertos por el pensamiento de Albert Hirschman. Washington: caminos abiertos por el pensamiento de Albert Hirschman. pág.289-311. Washington: BID, 1995.

TSURU, Shigeto. **Japan's capitalism:** creative defeat and beyond. Cambridge: Cambridge University Press, 1993.

______ **Japan´s capitalism**: creative defeat and beyond. Cambridge: Cambridge University Press, 1993.

VALECILLOS, Heinz Rudolf Sonntag Héctor. **El estado em el capitalismo contemporâneo.** México, España, Argentina, Colombia: Siglo Veintiuno, 1976.

VAN DUIJN, J.J. **The long wave in economic life**. London: Allen; Unwin, 1983.

VÉLEZ, César Verduga. **Gobernar la globalización:** la historia que comienza. Buenos Aires: Lumen Hvmanitas, 2000.

VILAS, Carlos M. "Globalización o imperialismo?". In: **Realidad Económica:** pueblos y democracia. pág. 68-87. Buenos Aires: Revista de economia editada por el Instituto Argentino para el Desarrollo Económico. n.174, 1998.

______ "Seis ideas falsas sobre la globalización". In: SAXE-FERNADÉZ, John (coord). **Globalización:** crítica a un paradigma. pág. 69-102. México DF: Universidad Nacional Autónoma de México; Instituto de Investigaciones Económicas; Dirección General de Apoyo al Personal Académico; Plaza Janés, 1999.

______ "América Latina en el 'nuevo ordem mundial'". In: CASANOVA, Pablo G. (coord) **El mundo actual:** situación y alternativas. México: UNAM, 1994.

VILLA, J. M. Vidal. **Teorias del imperialismo.** Barcelona: Anagrama, 1976.

VILLAFAÑE, Víctor López. Asia en transición: auge, crisis, y desafíos. México D.F.: Siglo Veintiuno, 1999.

VON BÖHN-BAWERK, Eugen. **Capital and interest**. USA: Libertarian, 1959.

WACHTEL, Howard M. **Os mandarins do dinheiro.** Rio de Janeiro: Nova Fronteira, 1986.

WALLERSTEIN, Immanuel. "Kondratieff up or Kondratieff down?". In: **Review.** vol. II, n.4, pág. 663-74. California: Sage, 1979.

_____. **Despues del liberalismo.** Nueva York: Siglo Veintiuno, 2001.

_____. **Geopolitics and geoculture:** essays on the changing world-system. New York; Port Chester; Melbourne; Sydney: Cambridge University, 1991.

_____. **Le capitalisme historique**. Paris: La Decouverte, 1987.

_____. **Unthinking social science:** the limits of nineteenth century paradigms. Cambridge: Polity, 1991.

_____. **Conocer el mundo saber el mundo:** el fin de lo aprendido uma ciencia social para el siglo XXI. Buenos Aires: Siglo Veintiuno, 2002.

_____. "A reestruturação capitalista e o sistema-mundo". In: GENTILI, Pablo (coord) **Globalização excludente:** desigualdade, exclusão e democracia na nova ordem mundial. pág. 223-51. Petrópolis: Vozes, 1999.

_____. **The capitalist world-economy**. Cambridge: Cambridge University Press, 1979.

WEE, Herman Van Der. **Histórica econômica mundial del siglo XX.** Barcelona: Crítica, 1986.

WEIL, Jorge. "Strategies de developpement alternatif en Amerique Latine: utopies, realite, perspectives". In: **Cahiers du cral.** N. 15. Paris: Centre de Recherche sur L'Amerique Latine; Université de Paris VIII, 1998.

WILLIAMS, Walter E. **O papel do estado nas sociedades livres**. Rio de Janeiro: Instituto Liberal, 1994.

WILLIAMSON, John. Revisión del consenso de Washington. In: EMMERIJ, L.; ARCO, J. N. (compiladores). **El desarrollo económico y social en los umbrales del siglo XXI**. Washington: BID, 1998.

WISE, Carol. **Reinventando el estado:** estrategia económica y cambio institucional em el Perú. Lima: Universidad del Pacífico, 2003.

World Bank (1991). **Global economic prospects and the developing countries**. Washington DC.

ZINI JR, Álvaro Antônio. "Reforma monetária, intervenção estatal e o plano Collor". In: ZINI JR. Álvaro Antônio (coord). **O mercado e o estado no desenvolvimento econômico nos anos 90.** n.137; pág.291-335. Brasília: IPEA, 1993.

_____ **O Mercado e o estado no desenvolvimento econômico nos anos 90**. Brasília: IPEA (série n°137),1993.

ÍNDICE REMISSIVO

Editoração, impressão e acabamento: GRÁFICA E EDITORA SANTUÁRIO - *Rua Pe. Claro Monteiro, 342*
Fone 012 3104-2000 / Fax 012 3104-2036 - 12570-000 Aparecida-SP